中国新华书店

双年鉴

2021—2022

《中国新华书店双年鉴》编纂委员会 | 编

中国出版集团
研究出版社

图书在版编目 (CIP) 数据

中国新华书店双年鉴 . 2021-2022 /《中国新华书店双年鉴》编纂委员会编 . -- 北京 : 研究出版社 , 2024.4

ISBN 978-7-5199-1660-2

Ⅰ . ①中… Ⅱ . ①中… Ⅲ . ①新华书店— 2021-2022 —年鉴 Ⅳ . ① G239.23-54

中国国家版本馆 CIP 数据核字 (2024) 第 066309 号

出 品 人：陈建军
出版统筹：丁 波
责任编辑：毛艳琴

中国新华书店双年鉴（2021—2022）

ZHONGGUO XINHUA SHUDIAN SHUANG NIANJIAN(2021—2022)

《中国新华书店双年鉴》编纂委员会 编

研究出版社出版发行

（100006 北京市东城区灯市口大街 100 号华腾商务楼）

北京建宏印刷有限公司印刷 新华书店经销

2024 年 4 月第 1 版 2024 年 4 月第 1 次印刷

开本：710 毫米 ×1000 毫米 1/16 印张：44.75 彩插：30

字数 683 千字

ISBN 978-7-5199-1660-2 定价：200.00 元

电话（010）64217619 64217652（发行部）

★领导关怀

◆ 2021 年 4 月 23 日，中共中央政治局委员、中央宣传部部长黄坤明视察北京图书大厦

◆ 2021 年 7 月 16 日，中央宣传部副部长张建春现场观看庆祝建党 100 周年全国新华书店主题出版物造型设计大赛

庆祝建党百年重点活动之一★党建交流会

◆ 2021年4月24日，全国新华书店系统“百年党建·情系新华”交流会暨培训基地挂牌仪式在陕西延安举行

◆ 全国新华书店系统“百年党建·情系新华”主题教育培训班现场

◆ 中国新华书店协会常务副理事长张雅珊向陕旅集团延安公司授牌“新华书店红色培训基地”

庆祝建党百年重点活动之二 ★ 网上商城读书大会

◆ 新华书店网上商城读书大会

◆ 新华书店总店城市书房读书大会

◆ 上海新华一城书集网读书大会

庆祝建党百年重点活动之三 ★ 图书捐赠

◆ 2021年6月18日，为庆祝中国共产党成立100周年，武汉新华书店开展“百店百馆百本书，我为建党百年献份礼”图书捐赠活动

◆ 2021年6月29日，湖南省新华书店为衡山县新桥镇送上图书“大礼包”，打通服务基层党史学习“最后一公里”

◆ 2021年7月6日，浙江省新华书店集团向龙泉市图书馆捐赠图书

◆ 山西新华

◆ 浙江新华

◆ 江苏新华

庆祝建党百年重点活动之五 ★ 图书造型设计大赛

◆ 一等奖:《有你，山河无恙》
新疆新华书店发行有限公司
参赛作品

◆ 一等奖:《百年跨越》
甘肃省新华书店参赛作品

◆ 一等奖:《科技托起强国梦》
山东新华书店集团有限公司
济南分公司参赛作品

庆祝建党百年重点活动之六★摄影比赛

◆ 特等奖:《建党百年庆　新华百岁人》
摄影者：梁钢
单位：新华书店总店

◆ 一等奖:《三代同乐》
摄影者：李小榕
单位：福建新华发行集团总部

◆ 一等奖:《留学生参与新华书店“外语角”品牌活动》
摄影者：梁京
单位：湖北省外文书店

◆ 一等奖:《防疫出行》
摄影者：邹向荣
单位：江西新华发行集团有限公司上高县分公司

庆祝建党百年重点活动之七 ★ 演讲比赛

◆ 一等奖:《我的新华情》
袁莉雯
陕西新华出版传媒集团
有限责任公司

◆ 一等奖:《一路传承》
刘霞
湖南新华书店集团

◆ 一等奖:《传承新华精神
尽显时代担当》
陈晓萱
湖北新华书店集团

★庆祝建党 100 周年主题展

◆ 2021 年 4 月，北京市新华书店举办“红色经典　献礼百年”优秀图书展

◆ 2021 年 6 月 23 日，天津市新华书店举办庆祝建党 100 周年出版物造型设计大赛

◆ 2021 年 7 月，山东新华书店集团庆祝建党百年展台

◆ 2021 年 3 月，安徽新华发行集团庆祝中国共产党成立100周年主题出版物展区

◆ 2021 年 3 月，新疆新华国际图书城庆祝中国共产党成立100周年主题出版物展台

◆ 2021 年 7 月，黑龙江新华书店集团举办庆祝建党百年图书造型比赛

★ 党的二十大文件发行

◆ 2022 年 10 月 27 日，党的二十大文件及学习辅导读物贵州首发式在贵阳新华文渊超市云岩广场店举行

◆ 2022 年 10 月 28 日，天津市新华书店集团举办党的二十大文件及学习辅导读物首发式

◆ 2022 年 11 月 1 日，党的二十大文件及学习辅导读物江西首发式在南昌书城举行

◆ 2022 年 11 月 3 日，河南新华全力做好党的二十大文件及学习辅导读物发行工作，全省各级书店均在门店显著位置设置专题展台

◆ 2022 年 11 月，四川天府书展专门设置了党的创新理论著作和党的二十大重要文件文献主题区

◆ 2022 年 10 月，青岛市店党的二十大文件及学习辅导读物主题展台

★《习近平谈治国理政》第四卷发行

◆ 2022年7月2日，《习近平谈治国理政》第四卷在第十二届江苏书展现场重点宣传陈列

◆ 2022年7月，江西新华文化广场《习近平谈治国理政》第四卷展台

◆ 2022年7月，陕西省汉中书城《习近平谈治国理政》第四卷主题展台

★重点主题出版物发行

◆ 2022年6月6日，《闽山闽水物华新——习近平福建足迹》读者见面会在福建新华发行集团福州鳌峰坊书城举行

◆ 2022年10月，读者在山西太原书城重点主题出版物展台边驻足阅读

◆ 2021年，深圳书城罗湖城举办党史学习教育主题读物图书展

◆ 2021 年 6 月 18 日，中国新华书店协会第四届第三次常务理事会在吉林长春召开

◆ 2021 年 12 月 24 日，中国新华书店协会第四届第三次理事会以视频会议形式在北京召开

★ 全民阅读

◆ 2022 年 7 月 2 日，为期 5 天的第十二届江苏书展在苏州拉开帷幕

◆ 2021 年 10 月 9 日，第七届浙江书展在宁波盛大开幕。本次书展以“致敬百年　读领风尚”为年度主题，除在宁波设主会场外，还在全省各地市设立 100 多个分会场

◆ 2021 年 4 月 23 日，2021 新时代乡村阅读季暨“多彩贵州　书香高原”全民阅读活动启动仪式在贵州省遵义市娄山关举行

◆ 2022 年 8 月，第十届北京惠民文化消费季“书香京城”主题活动在北京图书大厦举办

◆ 2021 年 4 月 23 日，上海书城福州路店举行市民文化客厅第 19 期特别活动——“寻找红色记忆 传承百年荣光”暨《百份红色记忆展》开幕仪式

◆ 2021 年 4 月，重庆市全民阅读月惠民书展在全市开展

◆ 2022年8月26日，第十二届河北省图书交易博览会在线上线下同时启幕，为迎接党的二十大召开献礼

◆ 2022年7月22日，福建新华发行集团“新华·悦读驿站”在第五届数字中国建设峰会上发布

◆ 2022年11月25—28日，第4届天府书展在四川成都举行。本届书展共组织200余家出版发行单位、80余万种图书、430余场文化活动，以场景化、交互化的方式亮相书展

◆ 2022 年 4 月，“阅读新时代　奋进新征程”2022 年书香内蒙古全民阅读活动启动仪式在呼和浩特举行

◆ 2022 年 8 月 17 日，“喜迎党的二十大　共享阅读新时代——首届山东省全民阅读大会暨齐鲁书香节”在济南开幕

◆ 2021 年 4 月 17 日，山西新华书店集团举办首届山西省青少年“悦读 明理 笃行”爱国主义读书教育活动演讲比赛

◆ 2021年5月25日，浙江省台州市路桥区关工委“五老”党史读书会在浙江省首个5G乡村书店台州新华书店“水心草堂”举行

◆ 2021年6月，“奋斗百年路，启航新征程”——广东新华庆祝建党百年系列活动现场

◆ 2022年11月18日，由湖南新华书店集团承办的首届“岳麓书会”·沿着总书记的足迹阅读分享会岳阳市华龙码头分会场在岳阳市君山区“守护好一江碧水”展陈馆举行

◆ 2021 年 4 月 23 日，辽宁北配公司举办馆配订货会

◆ 2022 年 9 月 23 日，在河南首届阅读大会期间，河南省漯河市新华书店在红枫广场举办为期 3 天的书展

◆ 2021 年，黑龙江省黑河市新华书店在国庆节举办“朗读者计划·我和我的祖国”特别活动

◆ 2021 年 9 月 26 日，第十三届海南书香节暨 2021 年海南全民阅读活动正式启动

◆ 2022 年 7 月 16 日，百万人气作家——七英俊携全新脑洞力作《成何体统》走进湖北外文书店，与粉丝分享创作故事

◆ 2022 年 11 月 5 日，“讲好江西故事，共绘江西文化新画卷”系列文化阅读推广活动启动仪式暨《海昏十谜》新书发布会在南昌书城拉开序幕

◆ 2021年4月23日，2021年书香陇原阅读季开幕式在甘肃省新华书店西北书城举行

◆ 2021年4月23日，青海省达日县新华书店以“书香达日·红色阅读永远跟党走”为主题开展朗读活动

◆ 2022年9月9日，广西扶绥县少数民族读者在农家书屋里阅读图书

◆ 2021 年 7 月 11 日，陕西省商洛市新华书店举办茅盾文学奖获得者陈彦长篇小说分享会

◆ 2022 年 4 月 23 日，3 位“百花文学奖”获奖者在青岛明阅岛 24 小时书店参加岛上读书会

◆ 2022 年 6 月 11 日，银川市新华书店在书香苑举办“大家谈”文学公益系列讲座

◆ 2022年1月27日，沈阳市新华书店玖伍文化城举办“礼赞冬奥一起向未来”活动

◆ 2022年4月23日，西安市新华书店旗下曲江书城举办文化大讲堂活动

◆ 2022年11月11—20日，第四届深圳书展期间读者踊跃购书

◆ 2021年4月，武汉新华书店开展“书香武汉，全民读书月——江城晚八点”大型夜读活动

◆ 2021年8月20日，2021南国书香节暨羊城书展正式开幕。图为广州购书中心会场

◆ 2022年6月2日，大连市新华书店举办“‘粽’情端午，与爱‘童’行”公益社会实践活动

★文化“走出去”

◆ 2021年12月，南国书香节分会场首次落地澳门

◆ 2022年2月15日，2022年“书香两岸迎新春”活动在福建新华发行集团鳌峰坊书城举行。本次活动首次在福州、台北和马祖三地同时举办

◆ 2022年12月28日，由浙江出版传媒股份有限公司、浙江省新华书店集团有限公司联合主办，台湾天龙文创事业有限公司承办的“绿水青山就是金山银山——台湾浙江图书图片展”在台北市重庆南路天龙书局举行

★门店转型升级

◆ 2021年6月26日，上海新华连锁打造的1925书局开业

◆ 2021年12月，山东省济宁市新华书店·漫舟BOOKS文化综合体惊艳绽放，为读者带来全新的阅读空间和多元的文化体验

◆ 2022年4月，湖南新华长沙乐之书店·橘子洲店荣获“首届全民阅读大会·年度最美书店”称号

◆ 2021 年 6 月 29 日，由新华书店总店建设运营的中国共产党历史展览馆配套工程——新华书店百年书房正式开业

◆ 2021 年 10 月 1 日，河北保定市新华书店图书大厦重装开业，多元文化空间为市民打造全新城市会客厅

◆ 2021 年 9 月 12 日，山西太原新华书店晋阳湖共享书房向公众开放。该书房坐落于太原市晋阳湖北岸二号码头，枕湖而栖，闹中取静

◆ 2021 年 12 月，江西省抚州市汤显祖书店建成开业。书店以汤显祖戏曲为主题元素，构建了集阅读、文创、体验、休闲于一体的文化交流平台

◆ 2022 年 4 月，湖北省外文书店荣获“首届全民阅读大会·年度最美书店”称号

◆ 2022 年 12 月，河南新华牢固树立“美好生活提供商”鲜明定位，对开封书城进行重装升级

◆ 2021年9月30日，始建于1975年的甘肃兰州张掖路新华书店升级改造后，一跃成为当地网红打卡地，绽放出新的光彩

◆ 2022年4月，安徽合肥新华书店三孝口店荣获“首届全民阅读大会·年度最美书店”称号

◆ 2022年9月28日，吉林省长春市福祉大路书店开业，成为长春市东南部区域的阅读打卡地

◆ 2021年7月1日，武汉新华书店在武昌首义学院创办了首义书苑

◆ 2021年9月10日，西安市新华书店打造的新华读书阁投入试营业，这是一家以艺术文化、绿色自然、旅游生活为主题的“驿站性实体书店”

◆ 2022年4月23日，在广州市北京路步行街拥有72年历史的北京路书店经过升级改造后重新开业

◆ 2021 年 4 月，重庆新华书店集团公司在石柱土家族自治县中益乡华溪村建设的农村发行网点——“初心书屋”落成开业

◆ 2022 年 4 月 19 日，贵州省新华书店打造的全省首家社区 24 小时无人值守书店——文渊阅智慧书房落地贵阳市云岩区头桥街道

◆ 2022 年 8 月，云南省临沧市易成实验学校校园书店惊艳亮相，以中国风的文化元素，为师生们打造了一个别样的阅读空间

★网上直播

◆2021年，河北邯郸书城积极开展线上直播活动，与读者相约云端，引领“书式”生活

◆2022年8月，安徽新华发行集团在中国黄山书会期间开展直播活动，向线上线下读者推介新书好书

◆2022年，沈阳市新华书店玖伍文化城开展线上直播活动

◆ 2021 年 7 月，重庆新华书店集团公司设计开发的全国图书行业首款社群团购平台——“新华优享”上线

◆ 2022 年 4 月 23 日“世界读书日”当天，大连市新华书店联合大连新闻传媒集团举办 423 分钟不间断直播活动

◆ 2022 年 8 月，山东新华书店集团员工在卖场开展图书直播，向读者宣传推荐重点主题出版物

★服务读者

◆ 2021 年 3 月 5 日，海南新华旗下琼西校园书店“史丹书屋”建成揭牌

◆ 2022 年 4 月 15 日，“江苏凤凰校园文学基地”授牌仪式在南京举行

◆ 2022 年 7 月 15 日，宁夏自治区属国有企业团工委在宁夏新华书店发行集团德胜仓举行了自治区国有企业青年之家暨青年阅读基地揭牌仪式

◆ 2022 年 4 月 23 日，北京图书大厦全国新书首发平台正式启动

◆ 2022 年 6 月 3 日，曹灿杯 · 第八届青少年朗诵展示活动湖北省市级展示在湖北省外文书店举行，现场 110 多名选手参加

◆ 2022 年 7 月 9—13 日，福建新华发行集团和福建人民出版社共同协办“追寻习近平总书记的足迹——闽山闽水物华新”（2022 年）全省大学生暑期社会实践活动

◆ 2021年3月，吉林省延吉市新华书店为读者推荐图书

◆ 2021年9月28日，内蒙古锡林郭勒盟新华书店联合锡林浩特市委宣传部等单位开展“秋收幸福满　草原书香飘——我为群众办实事”活动

◆ 2022年7月12日，云南省临沧市镇康县新华书店开展“说出你的爱 诵读中国”书香进村寨活动

◆ 2021 年 4 月，深圳南山书城开展书香进校园活动

◆ 2021 年 4 月 28 日，大连市新华书店在大连大学举办图书优惠展销

◆ 2021 年 10 月 31 日，宁波市新华书店打造的 24 小时城市书房开业

◆ 2021 年 3 月，广西新华书店集团旗下容县新华书店开展“全民阅读推广车”暨“红色经典 传颂百年”图书进校园活动

◆ 2021 年 4 月 23 日，辽宁桓仁满族自治县新华书店举办图书展销

◆ 2022 年 4 月 23 日，天津市教材发行中心、天津市海光寺图书城、天津市南开区店、天津市津南区新华书店联合组织“我爱阅读——露营图书大篷车”活动

◆ 2021年7月，山西省太原市新华书店本着公益的原则，在太原书城五层开辟400平方米专区，开展暑期托管服务

◆ 2021年8月，乌鲁木齐市新华书店购书中心与永和巷社区共同开展“六点半课堂”

◆ 2022年1月18日，贵州省新华书店主办的新华“心阅读”寒假系列活动在安顺启动，活动期间共走进8个市（州），行程5000公里

◆ 2022 年 1 月 29 日，银川市新华书店在春节前夕邀请当地知名书法家到鼓楼书店为广大读者免费写春联送祝福

◆ 2022 年 10 月，西安市新华书店高陵分公司开展流动售书

◆ 青海省大什字新华书店开展流动售书进军营活动

◆ 2021 年 5 月 15 日，湖南新华书店集团联合湖南省妇女联合会、湖南省国防教育办公室，邀请知名军事理论专家、国防大学战略教研部教授金一南少将作党史教育主题宣讲

◆ 2021 年 6 月 24 日，上海新华连锁在长江剧场隆重举行庆祝建党百年“七一”主题活动

◆ 2021 年 7 月，黑龙江新华书店集团举办庆祝建党百年歌咏活动

◆ 2021年4月17日，甘肃省新华书店在会宁开展“追忆党史荣光　践行长征精神”主题党日活动

◆ 2021年6月4日，新疆新华书店党委在毛泽民故居开展“缅怀先烈功绩，激发前行动力”主题党日活动

◆ 2021年6月20日，青海省新华发行集团有限公司举办庆祝建党100周年“两优一先”表彰大会暨“奋进百年路，启航新征程”职工文艺汇演

◆ 2021年，广西新华书店集团组织开展“感党恩 跟党走”“打卡红色教育基地”系列主题活动。图为崇左市新华书店有限公司党支部党员身着红军服在红军故道全州段徒步前行

◆ 2022年6月，宁夏新华书店发行集团举办党史知识竞赛活动

◆ 2022年7月，陕西省汉中市新华书店组织参观红色教育基地

★高层论坛

◆ 2021 年 9 月 16 日，由中国出版协会、国际出版商协会、中国出版集团有限公司主办，新华书店总店、《国际出版周报》等单位承办，新华万维国际文化传媒（北京）有限公司、新华国采教育网络科技有限责任公司、新华互联电子商务有限责任公司协办的“2021 国际出版企业高层论坛”在北京举办

◆ 2021 年 10 月 15 日，由中国出版协会、中国出版集团有限公司主办，中国出版协会“一带一路”出版工作委员会、新华文轩出版传媒股份有限公司、《国际出版周报》承办，新华万维国际文化传媒（北京）有限公司、辽宁北方出版物配送有限公司协办的第二届“一带一路”出版合作经验交流会在四川成都举办

◆ 2021 年 10 月 16 日，由中共成都市委宣传部、韬奋基金会全民阅读促进会和四川新华出版发行集团有限公司主办的第二届全民阅读研究年会在成都举行

◆ 2022年2月25日，浙江省新华书店集团与吉林省新华书店集团在杭州签署战略合作协议

◆ 2022年9月，重庆市渝中区政府、重庆新华书店集团公司、华润万象生活共同举行解放碑新华项目商业合作签约仪式

◆ 2022年11月2日，云南新华书店集团有限公司与云南省林业和草原科学院在昆明举行战略合作协议签订仪式，从图书出版、文创产品、科普基地、科普温室、研学活动、生物资源等方面开展合作

★队伍建设

◆ 2022 年 9 月 20—27 日，江苏凤凰新华书店集团举办“喜迎二十大”岗位技能大赛，以实际行动迎接党的二十大胜利召开

◆ 2021 年 9 月 29 日，为庆祝中国共产党成立 100 周年，甘肃省新华书店举办全省党史知识竞赛

◆ 2021 年 5 月，吉林省新华书店集团举办新媒体运营培训班

◆ 2021年3月，西藏新华书店营业网点工作人员赴四川新华文轩进行培训学习

◆ 2022年5月6—7日，宁夏新华书店发行集团开展教材教辅发行ERP信息管理系统连锁门店征订业务培训

◆ 2022年5月20日，宁波市新华书店在市委党校举办首期干部培训班

★改革与发展

◆ 2021年12月24日，内蒙古新华发行集团股份有限公司在上海证券交易所主板上市。内蒙古自治区党委常委、呼和浩特市委书记包钢，自治区党委常委、宣传部部长郑宏范，自治区地方金融监督管理局局长姜华，内蒙古新华发行集团股份有限公司党委书记、董事长秦建平共同为内蒙新华鸣锣开市

◆ 2021年12月18日，深圳“新时代十大文化设施”——湾区书城（含湾区民俗馆）正式开工建设

◆ 2022年6月，广东新华发行集团岭南文化创意产业园正式启动

◆ 2022年，山东新华书店集团投资约3.5亿元，启动智慧物流项目（智能化自动化联合工房）建设及新技术利用。图为该项目效果图

◆ 2022年4月，新华文轩正式迁入新华之星科研生产总部基地办公，事业发展迈入了一个新阶段

◆ 2022年12月28日，在第二届数字化仓库创新论坛暨2022国际数字供应链发展论坛上，江苏凤凰新华书店集团有限公司荣获全国数字化仓库试点企业

★物流配送

◆ 2021 年，安徽新华发行集团加快物流体系建设，打造全国首个基于 5G 物联网技术衔接工厂末端的智能仓储系统

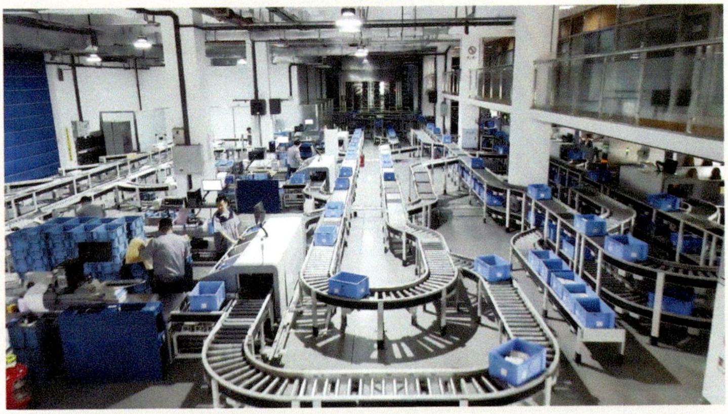

◆ 黑龙江新华书店集团现代化物流流水线

◆ 广西新华书店集团各基层公司利用“东风工程”流动售书车深入农村开展流动售书活动。图为桂林市新华书店有限公司“书香满桂林 文化进万家”流动售书车队在路上

◆ 2022 年 10 月，河北新华全力做好党的二十大文件配送发运工作，坚持全天 24 小时随到随发，确保第一时间与全省读者见面

◆ 2022 年 10 月 27 日，江苏凤凰新华连夜将首批党的二十大文件配送至全省各地新华书店，确保第一时间上架，与广大读者见面

◆ 2022 年 10 月，广东新华发行集团党的二十大文件及学习辅导读物配送专车

◆ 2022 年 10 月，云南出版集团物流有限责任公司开启绿色通道，连夜将印制好的党的二十大文件及学习辅导读物运送至全省各地新华书店

★课前到书

◆ 2022 年，西藏自治区新华书店员工克服新冠疫情带来的困难，24 小时坚守库房，加班加点抢运中小学教材

◆ 2022 年，重庆新华人战高温、防疫情、守初心、保发运

◆ 2022 年 2 月 8 日，江西上高县新华书店工作人员正在加紧整理和分发新学期教材

◆ 2022 年 1 月，河南西峡县新华书店在新冠疫情期间将中小学教材配送到校后，配合学校按年级、班级进行分类摆放

◆ 2022 年 8 月，在新冠疫情暴发的严峻形势下，乌鲁木齐市新华书店员工穿着密不透气的防护服，冒着高温酷暑，24 小时驻守在羊毛湖库区，全力抢发中小学教材

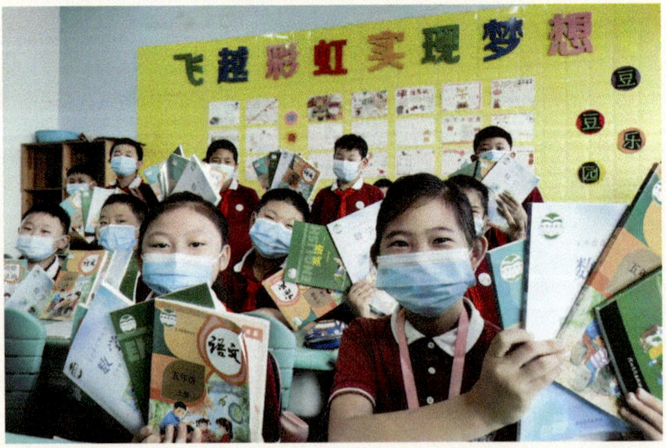

◆ 2021 年 9 月 1 日，河北省石家庄市桥西区红星小学的学生们高高兴兴领到了新课本。河北新华人用顽强拼搏的精神，再一次践行了“课前到书，人手一册”的诺言

◆ 2021 年 1 月 29 日，由北京市委宣传部主办的“红色百年 福佑中华”实体书店春节送福公益文化活动启动仪式在北京图书大厦举行

◆ 2021 年 5 月 22 日，河北省新华书店向平山县西柏坡镇北庄村农家书屋捐赠党史学习教育图书

◆ 2022 年 6 月 28 日，海南新华向儋州市南丰中学和南丰镇中心学校捐赠教育装备及图书

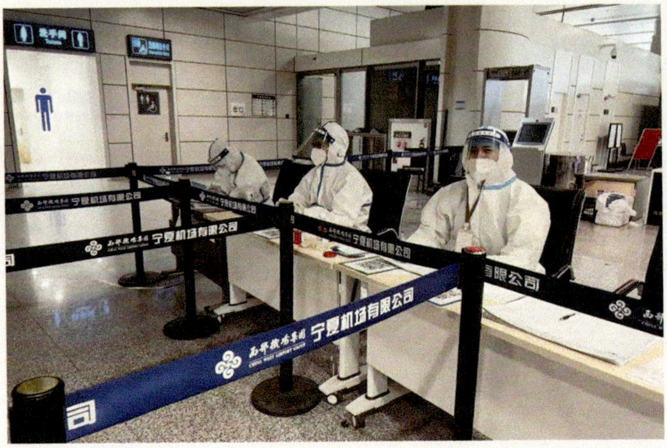

◆ 2022年2月18日，银川市新华书店员工在河东机场参加抗疫志愿服务

◆ 2022年3—4月，广西新华书店集团旗下各级子（分）公司积极响应当地疫情防控指挥部的号召，组织新华志愿者配合医护人员做好核酸常态化筛查检测工作。图为大新县新华书店志愿者在核酸筛查现场

◆ 2022年10月，内蒙古新华发行集团向自治区红十字会捐款100万元

◆ 2021 年 4 月 20 日，沈阳市新华书店有限公司携手华育沈阳分公司，在沈阳市皇姑区岐山路第一小学博雅校区开展了以“点燃读书激情 共建书香校园”为主题的图书捐赠活动

◆ 2021 年 6 月 1 日，乌鲁木齐市新华书店向和田地区皮山县古勒巴格村小学捐赠图书

◆ 2021 年 3 月 3 日，陕西省咸阳市新华书店向陕西科技大学咸阳强华学校捐赠图书

《中国新华书店双年鉴》（2021—2022）
编纂委员会

序

◎茅院生

星奔川骛，岁月如流。

历史在不断前行，中国新华书店也在高质量发展的道路上不断续写着新的华章。

2021年是中国共产党成立100周年。在以习近平同志为核心的党中央领导下，中国开启了全面建设社会主义现代化国家、向第二个百年奋斗目标进军的新征程；2022年，党的二十大胜利召开，擘画了以中国式现代化全面推进中华民族伟大复兴的宏伟蓝图。这两件在党和国家历史上具有里程碑意义的大事，决定了2021年和2022年一定是波澜壮阔、极不平凡的两年！

这两年，新华书店主渠道、主阵地、主力军作用进一步彰显。作为党的重要宣传思想文化阵地，全国新华书店始终坚持以习近平新时代中国特色社会主义思想为指导，深入学习贯彻党的十九大、二十大精神，紧紧围绕党和国家中心大局，立足新发展阶段、贯彻新发展理念、构建新发展格局，加快产业融合与转型升级，扎实推进新华书店事业高质量发展；全力做好党和国家重要文件文献和主题出版物的展示、宣传、发行工作，为全国各行各业深入开展党史学习教育、贯彻落实党的二十大精神、推动习近平新时代中国特色社会主义思想落地生根提供了强有力的学习用书保障；积极践行国有发行主渠道的政治责任和文化使命，克服新冠疫情封控、发运集中、极端恶劣天气等重重困难，全力做好中小学教材发行工作，圆满完成了“课前到书，人手一册”的政治任务。

这两年，全国新华书店两个效益进一步彰显。各地新华书店聚焦主责主业，统筹抓好新冠疫情防控和企业经营发展，在市场环境极其艰难的形势下，全国新华书店营业收入、营业利润和资产总额稳中有增，人员文化结构全面提高。着力构建布局合理、层次分明、各具特色的城乡发行网络体系，网点数量不断增加，全国新华书店总营业面积达到 437 万平方米。经营环境及质量不断优化，经营管理水平得到进一步提高。社会责任意识不断增强，公共服务和文化扶贫成果日益彰显，新冠疫情期间，全国新华书店共计减免合作方租金近 4 亿元。全国新华书店坚守意识形态阵地，坚守文化高地，强化阅读引领，以书市、书展、读书节、图书“七进”等为抓手，持续开展丰富多彩的全民阅读活动，为营造多读书、读好书、善读书的舆论氛围，推动书香中国建设作出了重要贡献。

这两年，全国新华书店改革创新成效进一步彰显。面对互联网对实体书店传统经营模式、传统业务结构和运营体制的冲击，全国新华书店勇于创新，积极开拓，在贯彻发展新理念、构建发展新格局上发力，在攻坚克难、创新业务、经营管理上发力，及时把握知识消费、文化需求与科技创新带来的新机遇。以品牌为核心，以创新为灵魂，以服务为抓手，围绕新时代人民大众的阅读文化需求，大力推动实体书店转型升级，为读者打造有颜值、有温度、有情怀的多元阅读空间。面对数字经济、大数据、人工智能的迅猛发展，特别是线上营销、短视频直播平台等对实体书店的挤压分流，各地新华书店顺势应变，加快营销创新和渠道变革，积极构建店内与店外、线上与线下双循环运营机制，积极推动创新融合协同发展，坚持服务大文化、大教育的发展方向，努力在行业互联互通、线上线下、共建共享上有新思路、新布局、新作为，新华书店的文化魅力与品牌价值持续提升。

历史的画卷总是在激扬奋进中铺展，时代的华章总是在接续奋斗中书写。

回望过去，我们一路豪迈。展望明天，我们任重道远。在新的时代，全国新华书店将始终坚持以习近平新时代中国特色社会主义思想为指导，深入贯彻落实党和国家的战略部署，牢记初心使命，坚持改革创新，坚持以高质量发展为引领，踔厉奋发，担当作为，努力为中国式现代化和文化强国建设作出新的更大贡献！

2024 年 1 月

目　录

中国新华书店协会

2021年，中国新华书店协会（以下简称“协会”）以庆祝建党100周年和推动新华书店高质量发展为主线，始终坚持党的领导，坚持以习近平新时代中国特色社会主义思想为指导，深入学习贯彻党的十九大和十九届二中、三中、四中、五中、六中全会精神，认真落实全国宣传思想工作会议部署，积极开展党史学习教育，围绕中心、服务大局，坚持守正创新，履行使命任务。面对新冠疫情给各地新华书店带来的严重影响和结合疫情常态化防疫措施要求，注重发挥协会上通下联的纽带作用，反映需求，贯彻指示，努力推动全国新华书店事业实现高质量发展。

2022年，协会团结带领全国新华书店，始终坚持党的领导，坚持以习近平新时代中国特色社会主义思想为指导，深入学习贯彻党的二十大精神，落实2022年全国宣传思想工作会议的部署，围绕中心工作，服务国家大局；坚持守正出新、履行使命任务，按照协会章程开展工作；坚持把工作重点放在关注新华书店高质量发展、推动做好《习近平谈治国理政》第四卷、党的二十大报告及相关辅导读物和主题出版物的宣传发行工作上；积极宣传全国新华书店在防疫抗疫过程中的坚守与担当，反映新华书店新风貌、新气象，宣传新华书店新作为、新举措。

坚持正确方向，全力做好党和国家重要文献及主题出版物发行工作

2021 年，协会积极响应中央号召，发挥沟通协调职能，组织全国新华书店认真做好习近平总书记《在庆祝中国共产党成立 100 周年大会上的讲话》单行本、《中共中央关于党的百年奋斗重大成就和历史经验的决议》等党和国家重要文献及主题出版物发行工作。协会充分利用网站、会刊、公众号和各类工作微信群，及时发布相关文件、出版动态和各地新华的发行经验，从不同角度推动重点主题出版物的快速发行。七一前夕，协会专门发文，组织全国新华书店举办主题出版物联展，为党的百年华诞献礼，全国各地有近万家新华书店门店共同参加，形成了主题出版物的发行热潮，也为 2021 年党的重要文献和主题出版物扩大发行量作出了应有的贡献。

2022 年，在协会的推动下，全国新华书店始终坚持党的领导，坚持正确的舆论导向，坚持弘扬社会主义核心价值观，传承红色基因，传播先进文化，始终把党和国家领导人著作、重要文件文献和重点主题出版物发行放在首位，调动一切资源，全力做好《习近平谈治国理政》第四卷、党的二十大报告单行本等重点政治图书发行工作，发行数量再创新高。各地新华书店在所有卖场均设立了重点图书和主题出版物专区、专柜，做到常年品种齐全、数量充足，保证了重点主题出版物的供应满足全社会需要，突出了国有新华书店作为图书发行主力军、主平台和主阵地的服务功能。

举办庆祝建党 100 周年七项重点活动

2021 年，在党的百年华诞之际，协会在中宣部的大力支持下，组织全国新华书店开展了庆祝建党 100 周年七项重点活动。全国新华书店系统积极响应，认真参加，同频共振，彰显了新华人爱党爱国的巨大热情，在业内及社会上引起强烈反响。

2021 年 4 月 24 日，由协会主办、河北省新华书店有限责任公司和陕西新华出版传媒集团新华书店分公司承办、延安新华书店协办的全国新华书店系统“百年党建 情系新华”党建工作交流会（重点活动之一）在延安举行，

来自全国新华书店的50余位代表参加。代表们座谈交流党建经验，参观新华书店旧址，聆听新华书店在延安的实地党课教学，出席了延安新华书店红色教育基地和红色培训基地的挂牌仪式。

4月23日，由协会主办、新华书店总店和全国新华书店共同参与的“第三届新华书店网上商城读者大会”（重点活动之二）拉开序幕。本次活动包括新华万店“学四史、守初心、担使命、筑信仰”线上线下图书联展、全民阅读读书周、新华书店阅读狂欢节和主题出版物直播推广等多项内容，将全国新华书店共庆建党100周年、新华书店84周年店庆、世界读书日有机结合。

6月30日，由协会主办，中国新华书店协会品牌与多元经营发展工作委员会、江苏凤凰新华书店集团有限公司、新华书店总店、全国各省（自治区、直辖市）新华书店和网上商城承办的“颂建党百年辉煌、承新华不渝初心”庆祝建党百年主题快闪活动（重点活动之三）在全国新华书店同步展开。各省（区）市新华书店及数百家大型门店共同唱响“唱支山歌给党听”，深情表达新华人敬党爱党热情与始终跟党走的坚定信念。59家书店还把快闪活动制作成视频，在新华书店网上商城平台持续展播，成为建党百年庆祝活动中的一大亮点。

自6月起，由协会主办、浙江省新华书店集团有限公司承办的“为党的生日献份礼”百店百馆百本书捐赠活动（重点活动之四）在全国各地新华书店集团拉开序幕。各店积极响应，认真准备，在七一前夕把捐赠的图书全部送到受捐单位。据统计，此次全国新华书店共向百余家中小图书馆及中小学校捐赠图书3万余册、总价值近百万元，充分体现了新华书店的社会责任和文化担当。

自6月起，由协会主办、新华书店总店新华互联电子商务公司承办、全国新华人共同参与的“我与新华书店”摄影大赛（重点活动之五）正式启动。活动以展示新华风采、凝聚新华力量、推动新华高质量发展为宗旨，用镜头真实反映新华人的精神风貌。本次大赛共收到全国新华书店的参赛作品588幅，评出获奖作品100余幅。

7月16日，由协会主办，中国新华书店协会实体书店建设委员会、新华书店网上商城、深圳出版集团、山东新华书店集团有限公司泰安分公司承办的“庆祝中国共产党建党100周年全国新华书店主题出版物造型设计大赛”决赛（重点活动之六）在山东泰安举行，从全国万余家新华书店门店选拔出的34家代表队参加了比赛。选手们以书台为画纸，以图书为笔墨，堆码出千姿百态的造型。精美的图书造型成为第三十届全国图书交易博览会泰安分会场内一道亮眼的风景。

11月24日，由协会主办、湖南新华书店集团承办的“我和新华书店”演讲大赛决赛（重点活动之七）落下帷幕，来自全国新华书店的31位选手以饱满的热情，抒发了对新华精神的感悟、对新华事业的热爱。演讲视频在新华书店网上商城及协会微信公众号平台展播后，获得了广泛好评。

加强党建工作，强化党建引领

2021年3月，根据中宣部机关党委的要求，中国新华书店协会和中国版权协会共同组建了联合党支部，进一步完善了协会党支部建设，双方相互学习借鉴，优势互补，使支部进一步壮大，活力进一步提高。在中宣部机关党委的统一部署和领导下，协会联合党支部扎实开展党史学习教育，认真制定实施方案，组织支部成员学习相关文件和书籍，按照“学史明理、学史增信、学史崇德、学史力行”的要求，全面了解党史、新中国史、改革开放史、社会主义发展史，使每个党员的思想认识得到了提升，进一步坚定了理想信念。联合党支部召开支部学习交流会，畅谈学习心得，交流思想认识，互相学习借鉴，共同提高觉悟。在党史学习教育过程中，协会联合党支部组织全体党员和入党积极分子参观了北大红楼纪念馆和中国共产党历史展览馆，重温入党誓词，使每个党员受到了深刻的党史学习教育。在支部民主生活会上，支部成员认真开展批评与自我批评，勇于剖析自我，查找不足，提出今后努力的方向，党性修养得到进一步提高。联合党支部按照中宣部机关党委的具体要求，完成了年度党史学习教育和组织建设、学习建设的各项工作，得到中宣部机关党委第四指导组的充分肯定。

2022 年，协会联合党支部在制定相应组织建设和学习制度的基础上，认真开展党支部工作，每月召开一次支部会议，开展党员学习和组织生活。在3 月初开始的“学查改”专项工作中，按照中宣部机关党委的工作部署，认真学习文件，检视不足，制订改进措施。在支部会上相互交流心得，提高思想认识。联合党支部组建后，活动内容和视野不断丰富和扩大，在党支部民主生活会上，大家畅所欲言，秉公评议，交心互助，共同提高。党支部的核心保障作用得以充分发挥，带动作用日益彰显。组织支部成员和入党积极分子认真收听收看党的二十大开幕会和习近平总书记所作的报告，安排专题学习，开展交流互动，并结合协会实际，推动学习成果落地转化。

落实上级工作部署，积极争取政策支持

协会按照规定接受民政部组织的检查监督，按期完成协会 2020 年度、2021 年度工作报告及审计报告，并对上级主管单位检查中提出的问题认真研究整改措施，逐条予以改进改正，同时，积极参加民政部组织的国家级社会组织负责人培训学习；认真落实中宣部印刷发行局的部署，开展 2020 年度、2021 年度新华书店社会效益考评工作，圆满完成《2020 年度新华书店社会效益考核评价工作报告》《2021 年度新华书店社会效益考核评价工作报告》；对 2022 年全国新华书店征订发行《习近平谈治国理政》第四卷情况及时调研，整理汇总有关材料专题向中宣部领导汇报；对全国新华书店受疫情影响情况和防疫抗疫过程中涌现出的先进事迹，通过会刊和微信公众号不断报道和宣传；对各地新华书店遇到的问题进行调查了解，对行业专项业务具有倾向性的问题主动向上级主管部门反映汇报，争取政策支持；同时，对各地新华书店开展新型业务和扩展业务给予“新华书店”商标品牌授权的有力支持。

2021 年，为适应新华书店系统改革和发展需要，积极贯彻执行国家财务和税收政策，协会和财务管理工作委员会举办了 4 期财务人员培训班，近 200 名财务人员参加了培训。2022 年 11 月，针对全国供销社加快在农村及县以下进一步恢复和完善网点建设的新动态，协会和新华书店总店陪同中宣

部印刷发行局领导到中华供销合作总社调研交流，探讨新华书店与供销社在农村图书发行和农村网点建设等方面的深度合作方式。

发布《中国新华书店社会责任报告书（2019年）》《中国新华书店社会责任报告书（2020年）》

2021年7月16日，中国新华书店协会在山东第三十届全国图书交易博览会泰安分会场发布了《中国新华书店社会责任报告书（2019年）》。报告书分为五大部分十个章节，全面展示了全国各级新华书店坚持党的领导，坚持传承红色基因、传播科学真理、弘扬先进文化、履行社会责任，为推进全民阅读、建设书香社会、营造积极向上的舆论氛围所发挥的重要作用、作出的重要贡献。报告显示，2019年全国新华书店营业收入1280.1亿元，资产总额1986.85亿元，利润105.21亿元。新华书店网点总数16373个（含加盟网点），员工总数10.75万人。

2022年3月，协会对外发布了《中国新华书店社会责任报告书（2020年）》，向社会各界全面展示了全国新华书店2020年承担企业社会责任的举措及成果，对各地新华书店在重点图书发行、卖场升级改造、网点布局建设、全民阅读推广、公益扶贫捐赠、文化企业担当等方面的成绩和做法一一进行了介绍。报告显示，2020年全国新华书店营业收入1291.6亿元，资产总额2134.22亿元，利润105.57亿元。新华书店网点总数16241个（含加盟网点），员工总数10.71万人。

主动参与行业重大活动，彰显新华书店品牌实力

2021年，协会参与了中宣部主办，中国出版协会、中国书刊发行业协会承办的第三十届全国图书交易博览会；协会与中国出版协会等单位联合主办了首届文化出版领域文创产品博览会；参与了中国出版集团、新华书店总店等单位主办的“2021全国馆社高层论坛”；参与了中国出版协会与全国老龄工作委员会主办的优秀老龄出版物评选活动；作为指导单位，参与了中国出版传媒商报社主办的书业非书品经营展订研讨会等。以上这些大型活动都产

生了良好的社会影响，彰显了新华书店红色品牌的社会张力和服务社会、服务读者的郑重承诺。各项活动得到了《中国新闻出版广电报》及行业报刊的专题报道，“学习强国”平台也对新华书店社会责任报告书发布及协会举办的全国新华书店庆祝建党百年系列活动进行了宣传。

2022 年，协会作为指导单位，参加了由中国出版协会主办、中国新闻出版研究院承办的中国数字出版博览会的筹备组织；对《中国出版传媒商报》《图书馆报》的年度活动和社会相关文化平台主办的弘扬主旋律、传播正能量的活动，以指导单位或支持单位的名义积极参与，努力通过活动进一步展示新华书店形象，彰显新华书店品牌。

加强协会规范化管理，推进协会制度建设

2021 年，协会大力加强理事长办公会集体决策机制建设，通过现场会议、视频会议和通讯会议、理事长办公群在线会议等多种方式，学习贯彻中央精神，研究协会建设和全国新华书店在改革发展中遇到的新问题，探讨全国新华书店擦亮品牌、协同共进的新举措。6 月 18 日，协会在长春召开协会第四届第三次常务理事会，学习习近平总书记的系列重要讲话精神，督导庆祝建党百年系列活动的准备及开展情况，交流常务理事单位“十四五”规划的编制工作经验。完善秘书处工作例会制度，全年秘书处共召开办公会议 15 次，研究相关工作议题 46 项。

2022 年，协会认真分析图书市场新形势，研究制定团结全国新华书店、共同擦亮新华书店品牌的新举措。加强秘书处建设，做好秘书长工作群的联系沟通，指导各专业委员会的组建和工作进程。坚持秘书处例会制度和党支部学习制度，保证协会工作的上通下达。2022 年，秘书处召开办公会议 11 次，研究相关议题 29 项，召开党支部会议 7 次，编发简报 3 期，接受专业机构年度检查 1 次，完善和修订现有管理制度 10 个，对上年度审计中提出的不足全部落实改进。协会采用财务委托管理模式，强化财务管理，健全财务制度和审批程序；严格会费收取标准和减免程序；严格费用开支的审批程序，保障协会办公及日常活动的正常稳定运行。

强化媒体宣传，提升新华书店品牌影响力

在中宣部印刷发行局的支持指导下，协会充分利用网站、微信公众号和会刊的平台作用，传达党和国家的行业政策，宣传新华书店的发展成果，介绍新华书店的社会责任履行情况和服务读者举措，发布行业信息，介绍主题出版物和重点图书。为大力弘扬新华书店品牌，提升社会美誉度，协会先后在《中国新闻出版广电报》《新华书目报·新华书店协会专刊》等媒体发布了《中国新华书店社会责任报告书（2020年）》，向社会全面介绍了全国新华书店2020年承担企业社会责任的举措和成果，扩大了新华书店品牌影响力。在2022年4月24日新华书店建店85周年之际，协会通过行业媒体及协会自身平台，广泛宣传新华书店85年来的光辉历程。9月下旬，协会在《中国出版传媒商报》上刊发了《新华书店的这十年》，宣传介绍全国新华书店在党的十八大以来的发展新成就和改革创新的新局面。2021年出版会刊12期，推送微信公众号文章157篇。2022年出版会刊12期，推送微信公众号文章195篇，向有关媒体推荐新华书店的宣传稿件和庆祝新华书店成立85周年的纪念文章多篇。2022年，协会网站进行了重新改版，及时发布最新行业动态及新华书店融合创新经验，信息内容更加丰富，用户浏览量持续增加。协会还充分利用微信工作群传达上级指示，发布新华动态，介绍行业信息，为协会会员搭建交流平台，初步形成了协会宣传推广的多媒体矩阵。

服务会员，加强沟通，积极发挥社会组织作用

协会充分发挥上传下达的桥梁纽带作用，密切保持与理事单位及会员之间的联系，全力做好服务和组织协调工作。2021年总计向上级提交报告7件，向各常务理事单位发布通知文件等22件。2022年总计发文9件，向民政部报送报告3份，向中宣部和机关党委报送报告8份。

为了全面记录中国新华书店的发展进程，展示新华精神，反映年度创新业绩，协会于2022年3月启动了《中国新华书店双年鉴》（2019—2020）编纂工作，组建了《双年鉴》编委会和编辑部，向全国各省级新华书店下发了

文件，提出了指导意见和要求。2022 年 10 月，协会和所属财务管理工作委员会联合撰写了《中国新华书店行业 2021 年度资产运行情况》，对各省、自治区、直辖市新华书店集团和单独建制集团 2021 年经营质量从近 30 个方面进行分析、排序和打分，提出分析意见和建议，报告对全国新华书店提升经营管理水平具有重要意义。

根据各地新华书店拓展新业务的需要和新华书店商标授权使用请求，协会积极配合，2021 年发出商标使用授权书 23 件，2022 年发出商标使用授权书 11 件。对安徽亳州商标侵权事件给予维权支持并以此为案例通报全国。

2022 年，在全国新冠疫情多点暴发、持续蔓延的严峻形势下，各地实体书店因受疫情防控政策影响，图书销售陷入很大困境。协会通过微信、电话等形式，及时与全国各地新华书店沟通联系，着重对各级书店在经营方面的困难和业务创新举措进行了解。每当一些地区暴发疫情或发生洪涝、地震等自然灾害时，协会都是第一时间与受灾新华书店联系，给予支持鼓励，表达协会和全国新华人的关心厚爱。为支持常务理事单位的工作，切实减轻会员单位负担，经协会第五次常务理事会审议同意，对全体会员单位减半收取 2022 年会费，减收金额超过 100 万元，收到了为会员单位办实事、保实效的效果。

2021—2022 年末领导班子成员名单

理　　事　　长：茅院生

常务副理事长：张雅珊

副　理　事　长：吕晓清　李　涛　于慧丰　刘金凤　金国华
蒋传洋　吴文胜　亓新民　周亦翔　蒋鸣涛
肖　陵　罗　勇　梁　葆　丘　干

附：中国新华书店协会 2021—2022 年工作简报

全国新华书店系统党建工作交流座谈会在延安举行

2021 年 4 月 24 日，由中国新华书店协会主办的全国新华书店系统“百年党建 情系新华”党建工作交流会在延安举行。中国新华书店协会常务副理事长张雅珊，广东新华发行集团股份有限公司总经理何宝贤，河北省新华书店有限责任公司党委副书记刘凤岭，延安市新华书店党委书记、总经理姚福明及来自全国各省（区）市新华书店的代表共计 50 余人参加座谈交流，集体学习党史和新华书店发展史。

张雅珊副理事长结合新华书店红色历史，为参加会议的代表们作了党史学习辅导。他指出，我国出版发行事业是我们党的事业重要组成部分，新华书店作为中国共产党亲手创建和领导的图书发行企业，在 84 年的发展历史中同党的历史始终紧密相连，始终听党的话，坚持党的领导，坚持为读者服务。在 84 年的发展中形成了艰苦奋斗、不怕牺牲、改革创新和全心全意为读者服务的新华精神，为我国的出版发行事业作出了重要的贡献。在新的时代，全体新华人要认真学习贯彻习近平总书记重要讲话精神，学党史、悟思想、办实事、开新局。要把党史学习教育同党建工作有机结合起来，把党史学习教育同新华书店的红色历史结合起来，认真做好党史学习教育，进一步做强新华书店的党建工作。

各省（区）市新华书店代表分别就党史学习教育和党建工作作了交流发言，并集体参观了延安新闻纪念馆、新华书店发祥地旧址、中国红色书店、梁家河、宝塔山、杨家岭革命旧址等。通过红色教育课堂和实践活动，让全体参会者从“延安精神”“新华精神”中汲取了力量，为推动新华书店高质量发展筑牢了思想基础。会议期间还举行了“新华书店红色教育基地”“新华书店红色培训基地”授牌仪式。

中国新华书店协会召开第四届第三次常务理事会

2021年6月18日，中国新华书店协会第四届第三次常务理事会在吉林长春召开。中宣部印刷发行局发行处处长武远明，中国新华书店协会理事长茅院生出席会议并讲话。协会副理事长、秘书长、常务理事共计50余人出席会议，协会副秘书长及各专业委员会负责人列席会议。协会副理事长王忠义主持会议，会议承办单位吉林出版集团股份有限公司副总经理、吉林省新华书店集团有限责任公司党委书记、董事长曾昭群致欢迎辞，新华书店总店总经理朱涛应邀出席会议并作了发言。

会议首先集体学习了习近平总书记关于“十四五”规划编制工作的系列重要讲话精神，就新华书店“十四五”时期发展思路进行研究。新华书店总店以及天津、河北、山西、吉林、黑龙江、河南、湖南、海南、云南、陕西等部分省市新华书店交流了本单位“十四五”规划编制设想。

中宣部印刷发行局武远明处长在讲话中表示，中宣部印刷发行局组织编制的“十四五”规划充分考虑了国有新华书店在未来行业发展中的地位、作用，基本涵盖了各省市新华书店关注的重点，各单位提出的好思路、好建议，为完善发行业“十四五”规划编制提供了有益的启发。下一步，各地新华书店要加快推进“十四五”规划编制工作，进一步用好相关政策，尤其要做好中小学教科书发行工作，将国家给予的优惠政策及印刷发行局制定的保障政策真正落到实处。

会上，协会秘书处就协会上半年工作开展情况、协会组织的全国新华书店庆祝中国共产党成立100周年系列活动的进展情况向会议做了汇报。

最后，茅院生理事长做会议总结讲话。他指出，当前全国新华书店行业面临着巨大的挑战：一是传统的经营模式与广大读者日益增长的文化需求不相适应。二是新华书店传统的发行优势面临巨大的冲击。三是实体门店的创新发展遇到了瓶颈。四是现有新华书店体制所带来的发展阻力越来越大。他强调，面对这些问题，全国新华书店要把握新发展阶段，贯彻新发展理念，构建新发展格局，主动攻坚克难，在机遇中勇开新局。一要提升认识，主动把握机遇。要准确认识“十四五”时期文化强国建设为图书发行业带来的机遇；准确把握高质量发展带来的供给侧结构性改革、知识消费、科技创新等机遇；充分认识到新华书店作为党在延安建立并亲自领导的红色文化企业的品牌优势。二要坚持四个“坚定不移”。坚定不移地坚持党的领导，加强党的领导；坚定不移地做强做优主业；坚定不移地服务读者、服务教育；坚定不移地做响做优新华书店的品牌。三要准确把握三个关键词：一是“协同”，加强采购、营销以及互联网电商线上线下的业务互联互通；二是“创新”，在多元业态、混业经营、融合发展等方面不断探索创新思路；三是“现代化”，要提升企业治理能力的现代化、努力实现新华物流的现代化、加强人才队伍的现代化。

庆祝中国共产党建党100周年全国新华书店主题出版物造型设计大赛决赛在山东泰安举行

2021年7月16日，庆祝中国共产党建党100周年全国新华书店主题出版物造型设计大赛决赛在山东泰安泰山国际会展中心举行。中宣部副部长张建春，山东省委常委、宣传部部长白玉刚莅临现场观看比赛，听取了中国新华书店协会理事长茅院生对造型大赛情况的汇报，对本次活动给予了充分肯定。中宣部副秘书长郭义强、印刷发行局局长刘晓凯、进出口管理局局长王志成，山东省委宣传部分管日常工作的副部长袭艳春，山东省委宣传部副部长、新闻出版局（版权局）局长钟华，泰安市委副书记、市长张涛，泰安市委常委、宣传部部长刘洪海，泰安市副市长赵德健等一同参观。

大赛由中国新华书店协会主办，中国新华书店协会实体书店建设委员会、新华书店网上商城、深圳出版集团、山东新华书店集团有限公司泰安分公司承办。作为第三十届全国图书交易博览会的重点活动之一、中国新华书店协会为庆祝建党百年组织策划的七项重点活动之一，大赛5月起在全国新华书店进行选拔赛，500余支代表队参加了初赛。协会选取其中的89件作品在新华书店网上商城进行展示和人气奖评选，近10万人次在网上参与投票，最终推选出34支代表队参加本次主题出版物造型设计大赛决赛。

决赛以“百年建党正青春 万店共庆书风华”为主题。新疆维吾尔自治区新华书店发行有限责任公司的《有你，山河无恙》、甘肃省新华书店的《百年跨越》和山东新华书店集团有限公司济南分公司的《科技托起强国梦》荣获一等奖；湖南省新华书店有限责任公司的《半条被子的温暖》等6个作品荣获二等奖；青岛新华书店有限责任公司的《红色基因，薪火相传》等13个作品荣获三等奖；吉林省新华书店集团有限责任公司的《中国最美乡村——梁家河》等12个作品获得优秀奖。内蒙古新华发行集团等10个中国新华书店协会常务理事单位获得组织奖。

中国新华书店协会理事长茅院生，第一、第二届中国新华书店协会会长王俊国，中共山东泰安市委宣传部副部长王艳艳，山东省泰安市文旅局副局长董焕芹，中国版权协会副理事长兼秘书长孙悦，中国新华书店协会常务副理事长张雅珊，中国书刊发行业协会监事尹楚鸿，新华书店总店总经理朱涛，中国新华书店协会实体书店建设工作委员会主任丘干，山东省新华书店集团副总经理王岐等出席大赛为获奖团队颁奖。中国新华书店协会副理事长兼秘书长吕晓清担任本次大赛的裁判长。

34支参赛队伍将百年党史、社会历史发展、地方特色融入图书造型设计之中，每件作品都是极具创意和特色的精品。在庆祝中国共产党成立100周年之际，全国新华书店以书台抒发爱党、爱国之情怀，彰显出新华人对党的一片深情，更体现了中国新华书店坚决跟党走的信念和决心。

“我和新华书店”全国演讲大赛决赛圆满结束

2021年11月24日，由中国新华书店协会主办、湖南新华书店集团承办的全国新华书店庆祝建党百年七项重点活动的最后一项“我和新华书店”全国演讲大赛决赛圆满结束。经过选手们的激烈角逐，最终评选出一等奖3名，二等奖5名，三等奖9名，优秀奖14名。湖南新华书店集团等15家单位获得大赛组织奖；山西新华书店集团、黑龙江新华书店集团、河北省新华书店有限责任公司荣获网上公众投票最佳人气奖；陕西新华出版传媒集团有限责任公司的袁莉雯等9名选手分别获得大赛专项奖。

中国新华书店协会召开第四届第三次理事会

2021年12月24日，中国新华书店协会第四届第三次理事会在北京召开。本次理事会以视频形式举办，中宣部印刷发行局副局长、一级巡视员董伊薇，中国新华书店协会理事长茅院生，中国新华书店协会常务副理事长张雅珊及协会各副理事长、各理事单位负责人、协会各专业委员会负责人参加了会议。新华书店总店总经理朱涛作为理事单位代表，在北京主会场参加了会议。

董伊薇副局长在会上做了题为“牢记使命 守正创新 推动发行业高质量可持续发展”的讲话。她对协会及全国新华书店2021年的工作成果表示了充分肯定与感谢。她认为协会充分发挥桥梁纽带作用，凝聚奋进力量、传承弘扬品牌，创新服务形式、提升工作效能，开展了一系列服务会员、服务行业、服务政府的工作，成效显著。同时，董伊薇对理事会未来发展提出希望和建议。一是提高政治站位，坚决守好意识形态和文化阵地。二是坚持守正创新，充分发挥新华书店主阵地主渠道主力军作用。三是加强协调沟通，切实发挥行业协会的桥梁纽带作用。四是加快自身建设，努力成为让行业信服的行家里手。五是围绕重点工作，协助主管部门推动落实各项工作。

常务副理事长张雅珊向理事会做了协会2021年工作总结。在过去的一年中，协会以庆祝建党百年和推动新华书店高质量发展为主线，不仅积极做好党和国家重要文献及主题出版物的发行工作，还组织举办了庆祝建党100周年七项重点活动。在加强党的领导、开展党史学习教育、积极参与行业重大活动、贯彻落实上级主管部门的工作安排、推动新华书店防疫抗灾、服务会员及唱响新华书店品牌、提升新华书店的社会及行业影响力等方面做了积极的努力。展望未来，张雅珊指出，2022年协会将以深入学习贯彻党的十九届六中全会精神和党的二十大精神为契机，继续推进党建工作，推动新华书店持续改革。他围绕如何推动新华书店高质量发展、优化创新服务模式、提升协会服务能力、加强新华书店品牌建设、推进国际化与文化输出能力、履行国有文化企业社会责任、健全协会机构建设等方面，提出了2022年工作设想。

协会的八个专业委员会以视频连线方式，向理事会报告了各专委会2021年工作和2022年工作要点。副理事长兼秘书长吕晓清对2021年协会主办的庆祝建党百年七项重点活动的组织及获奖情况做了说明。会议还将协会副理事长的变更情况提交理事会审议。茅院生理事长在总结发言中首先感谢中宣部及印刷发行局对协会工作的有力支持和精心指导，对全体会员、各专业委员会在2021年所做的工作给予了充分肯定。他指出，2022年是党的二十大召开之年，也是新华书店成立85周年。协会要以党的十九届六中全会精神和党的二十大精神为指引，推动新华书店高质量发展；要强化协会成员在主题出版物发行领域的主导地位，做好教材、一般图书在互联网平台和线下门店的发行工作；要充分发挥桥梁和沟通作用，努力抓好自身建设，提升自身影响力，把新华书店品牌擦得更亮。

会议由中国新华书店协会副理事长兼秘书长吕晓清主持。协会副秘书长张京义、综合事务部主任相盼在会上分别就2021年协会财务收支情况和2021年会费收取及减免情况向会议做了汇报与说明。

中国新华书店协会召开第四届第五次常务理事会

2022年8月17日，中国新华书店协会第四届第五次常务理事会在北京召开。根据会议议程，大会审议了中国新华书店协会2022年上半年工作报告，通报了《习近平谈治国理政》第四卷在全国新华书店征订发行情况、《中国新华书店双年鉴》(2019—2020)、《中国新华书店社会责任报告书(2021)》的编制进展情况和规范新华书店门店网点品牌授权等事项。针对新冠疫情对新华书店经营活动带来的影响及压力，为减轻企业负担，会议通过了协会2022年会费减半收取的决议。

本次常务理事会以视频会议形式举办，中国新华书店协会各副理事长、副秘书长、常务理事单位负责人及办事机构负责人等60余人参加线上会议。中宣部印刷发行局发行处处长武远明参加线上会议并讲话。中国新华书店协会副理事长兼秘书长吕晓清主持会议。

协会常务副理事长张雅珊汇报了协会2022年上半年工作开展情况。一是加强党的建设、建立学习型组织，有序开展“学查改”专项工作。二是积极争取主管部门支持，主动作为，推动协会的工作与建设，依照章程进行品牌授权。三是积极宣传新华书店品牌形象，大力推动主题出版物发行，做好喜迎党的二十大的活动宣传。四是积极联系会员单位，密切协会与会员的沟通互动。五是不断完善协会规范化管理，推动协会制度建设，提高办事效率。

张雅珊还通报了《习近平谈治国理政》第四卷在全国新华书店的征订发行情况。根据协会的统计，截至2022年8月，各地新华书店征订发行总数已超过前三卷的发行数量，且仍在持续热销中。新华书店将全力以赴，保证供应，满足用书单位和读者的需求。

武远明处长在讲话中对协会工作提出了五点要求：一要提高政治站位，发挥行业引导示范作用。二要坚持守正创新，切实发挥新华书店主渠道、主阵地、主力军作用。三要加强协调沟通，压紧夯实行业协会的桥梁纽带作用。四要加快自身建设，努力成为让会员满意、行业信服的服务型社团。五要围绕重点工作，协助主管部门推动落实各项工作。

协会副理事长兼秘书长吕晓清代读了中国新华书店协会理事长茅院生为会议所做的书面讲话。茅院生理事长要求，协会和各级新华书店要按照上级的工作部署，努力促进提升新华书店经营发展。一是要认真学习落实中宣部印刷发行局领导的讲话精神。二是要继续切实做好党的十八大以来重要文件文献、习近平总书记系列重要讲话著作和《习近平谈治国理政》第四卷发行工作，以优异成绩向党的二十大献礼。三是新华书店要在图书发行主业、发行网点建设、服务大众读者、推动创新发展和新技术利用等方面发挥出主渠道、主阵地、主力军的作用。四是新华书店要有鲜明的品牌意识、责任意识，要以勇为人先的创新作为和优异的发展成果促进国家文化建设，惠及行业和读者。

协会副秘书长张京义、综合事务部主任相盼也在会上分别就负责事项向会议作了汇报与说明。

中国新华书店协会第四届第六次常务理事会召开

2022年12月27日，中国新华书店协会第四届第六次常务理事会以视频会议形式召开。中宣部印刷发行局副局长、一级巡视员董伊薇出席会议并讲话，中国新华书店协会理事长茅院生对2023年重点工作做了部署。会议审议了常务副理事长张雅珊做的中国新华书店协会2022年度工作报告，听取了协会专业委员会组织建设及有关工作情况、协会2022年度财务收支情况及2022年会费收取情况、《中国新华书店双年鉴》（2019—2020）编制进展、协会成立20周年纪念活动方案征集等事项报告。协会副理事长、秘书长、副秘书长、常务理事单位主要负责人、协会各专业委员会负责人等出席会议。副理事长兼秘书长吕晓清主持会议。

董伊薇副局长对全国新华书店充分发挥国家出版物发行主力军主渠道主阵地作用，在主题出版物发行等方面取得的成绩给予充分肯定；对协会发挥桥梁纽带作用，传承弘扬红色品牌，坚守使命责任，科学统筹疫情防控和行业发展，创新开展服务会员、服务行业、服务政府的工作给予高度评价。要求中国新华书店协会和全国新华书店在新一年的工作中要进一步提高政治站位，加强示范引导。要深入学习贯彻党的二十大精神，增强“四个意识”、坚定“四个自信”、做到“两个维护”，在思想上政治上行动上同党中央保持高度一致。要坚持“双效”统一，科学统筹文化事业和产业发展，履行好新时代宣传思想工作职责使命，全力做好重点主题出版物和中小学教科书发行保障工作，以实际行动守好意识形态和文化阵地。要坚持守正创新，擦亮新华书店品牌。要认真落实《出版物发行业“十四五”时期发展专项规划》，提升新华书店系统竞争力，规范新华书店商标授权使用管理，提升品牌市场转化水平。要鼓励新华书店系统聚合行业优质资源，提升互联网、物联网应用水平，鼓励新华书店网上商城拓展平台功能。要支持新华书店系统拓展业务范围，在图书馆配、公共文化服务、教育培训等方面提升经营水平。要搭建发展平台，通过举办新华书店融合发展年会、“走进新华”系列培训活动等多种方式，推动新华书店系统交流工作经验，创新经营模式。要加强协调沟通，发挥桥梁纽带作用，不断完善上下沟通机制、加强工作衔接，与主管部门继续保持密切联系，步调一致、同频共振。要加强协会建设，提升服务水平。要加强协会联合党支部建设，完善支部学习制度，充分发挥协会党组织战斗堡垒作用和先锋模范作用。要完善协会管理体制，健全协会内设机构及专业委员会工作机制。要落实工作任务，积极建言献策。要围绕出版物发行工作部署要求，引导新华书店系统规范图书网上营销行为，集合行业智慧，协助主管部门完善倡导性意见和管理规范。要引导新华书店各门店积极参与实体书店示范工程建设，提升抗风险能力和可持续发展能力，支持推进CNONIX国家标准和行业标准应用。要规范新华书店举办的读书会、研讨会、论坛、讲座等活动。要落实好新华书店社会效益评价考核报告编写等相关委托任务，为行业发展建言献策。

茅院生理事长在总结讲话时指出，2022年，在中宣部和各地党委、政府的领导下，中国新华书店协会和全国新华书店认真学习习近平新时代中国特色社会主义思想，全面贯彻落实党和国家决策部署，统筹新冠疫情防控和改革发展，努力克服疫情对实体书店经营带来的巨大影响，坚持守正创新、服务读者，在《习近平谈治国理政》第四卷、党的二十大报告及辅导读物等重点主题出版物发行、保障中小学教材供应等方面，彰显了新华书店作为国家出版物发行主力军、主渠道、主阵地的作用，取得的各项成绩殊为不易。茅院生强调，在新的一年，协会和各级新华书店要按照上级主管部门的工作部署，深入学习党的二十大精神、中央经济工作会议精神和全国宣传部长会议精神，对标对表，切实抓好贯彻落实。要充分发挥好新华书店主力军主渠道主阵地的作用，不断创新营销模式，做好主题出版物发行。要研究如何做到全国新华书店一盘棋，对重要主题出版物努力做到全国首发，统一营销。要充分发挥协会专业委员会的功能，研究创新商业模式和运营模式，推动全国新华书店高质量发展。要适应新技术、新需求，发挥新华书店中小学教材发行传统优势和新华书店网上商城线上线下互联互通的网络发行优势，积极推进全国新华书店中小学教材线上线下发行工作落到实处。要不断加强协会能力建设，做好上传下达，努力协调解决全国新华书店在发展中遇到的实际困难，推动各项工作不断迈上新台阶、取得新成效。

张雅珊汇报了中国新华书店协会2022年度工作报告及2023年工作要点。2022年，中国新华书店协会第四届理事会在中宣部的领导下，团结带领全国新华书店，始终坚持党的领导，坚持以习近平新时代中国特色社会主义思想为指导，学习贯彻落实党的二十大精神，落实2022年全国宣传思想工作会议的部署，围绕中心工作，服务国家大局。全国新华书店发挥国家出版物发行主力军主渠道主阵地作用，《习近平谈治国理政》第四卷等重点主题出版物发行数量再创新高；努力开展全民阅读活动，主办第四届新华书店网上商城读书大会，推动行业融合发展；完成中宣部印刷发行局委托的2022年新华书店社会效益评价考核报告编写工作；发布《中国新华书店社会责任报告书（2020年）》；不断擦亮新华书店品牌，通过各种形式广泛宣传新华书店85年来特别是党的十八大以来的奋斗历程和责任担当，指导各级新华书店品牌授权维权，确保商标品牌合法依规使用；充分利用协会网站、微信公众号和协会会刊的平台作用，传达党和国家的行业政策，介绍全国新华书店服务读者的创新举措。

新华书店总店

年度概况

2021年，新华书店总店有限公司（以下简称“总店”）坚持以习近平新时代中国特色社会主义思想为指导，全面贯彻党的十九大和十九届二中、三中、四中、五中、六中全会精神，全国宣传部长会议精神，围绕开局“十四五”、开启新征程，立足新发展阶段、贯彻新发展理念、构建新发展格局，扎实推进新时代总店事业高质量发展。以党史学习教育为抓手，推动高质量党建。承建运营中国共产党历史展览馆“百年书房”项目，举办“第三届新华书店网上商城读书大会”系列活动，策划推出“庆祝建党百年百社万种优秀教材联展”，组织“强国梦”党建桌游大赛，出版《庆祝中国共产党成立100周年特刊》等，生动展现新华书店的光荣历史与新时代使命形象，以建党百年庆祝活动促进党建与业务融合发展。以加快融合创新，推动产业转型升级。新华书店网上商城聚焦图书主业进行组织架构调整，强化渠道建设，引入竞争机制，迅速提升公司运行效率，激发团队活力，连续三年成为习近平新时代中国特色社会主义思想重点数字图书线上传播平台。全国大中专教材网络采选系统创新打造省级运营中心模式，全面提升院校服务效率，完成100家院校的真实使用；“1+X器乐艺术指导职业技能等级证书”项目取得突破，对接院校116所，实现新业务拓展。以深化体制机制改革，提升公司治理水平。提高预算管理水平，做好现金流的统筹管理和风险防控。严格落实重大决策与督查督办重要制度，加强重大活动管理。稳步推进重点法律诉讼工作取得进展。完善制度体系建设，修订出台一系列管理办法。切实履行亏损企业治理要求，积极推进风险企业投资退出。加强人才队伍建设，完成总店组织机构调整、竞聘上岗、组织选拔工作。压紧压实“四方责任”，扎实做好疫情常态化防控工作。稳步推进退休人员社会化工作。2021年，总店实现营业总收入69164万元，利润总额2507万元。

2022年，总店坚持以习近平新时代中国特色社会主义思想为指导，深入学习宣传贯彻党的二十大精神，以“围绕主业健全体制机制、优化完善商业模式、开源造血找到生存之本”为核心目标和思路，狠抓重点项目建设，贯彻新发展理念，推动总店高质量发展。全面加强党的领导，以高质量党建推动高质量发展。始终把党的政治建设摆在首位，做好党的二十大精神的学习宣传贯彻，开展两轮战略发展研讨会、“用实际行动诠释对党忠诚”专题教育等活动。党建责任不断压实，党委与各支部签订全面从严治党主体责任书，把党建工作纳入考核机制。基层党组织建设进一步规范化标准化，第一党支部被中央和国家机关工委命名为“中央和国家机关‘四强’党支部”。稳中求进守正创新，积极推进业务发展。根据中国出版集团有限公司部署完成了“十四五”时期发展规划制定，重点项目进一步聚焦主责主业，大力推动资源整合。新华书店网上商城较好地完成了《习近平谈治国理政》第四卷发行工作，连续4年承担“新时代 新经典”专栏上线，承办“首届全民阅读大会”活动。全国大中专教材网络采选系统落地院校、平台用户总数、订单码洋实洋等指标均同比快速增长。新兴业务板块守正创新，积极拓展加快布局。新华书店网上商城围绕“北京冬奥会，一起向未来”主题，精选高质量奥运产品进行线上线下联合推广，实现营收近亿元，利润约900万元。“1+X”器乐艺术指导证书项目实现突破，共有191所院校申报试点，同比增幅超过40%。加强高质量对外合作，整合资源持续提升品牌影响力。与南方电网、中国海关出版社、太平洋保险、中核集团等大型央企国企开展战略合作并推动项目落地，与中国人民公安大学合作建设“新华书店公大书房”，与湖南卫视芒果TV合作开展“鲁迅文学奖”获奖作品传播营销等。加强和完善制度体系建设，全年补充制定管理制度7项，修订制度3项。首次实施三年任期绩效考核，调整形成以利润为核心的绩效考核机制。建立统一财务中心，加强财务集中统一管理。切实加强风险防控，建立和完善重大项目管理、租金催收风险控制管理办法。2022年，总店实现营业总收入76942万元，利润总额2660万元。

领导关怀

2021年6月29日，中央宣传部副部长张建春到中国共产党历史展览馆配套工程新华书店百年书房调研指导，并参观了中国出版集团公司“礼赞辉煌——庆祝中国共产党成立100周年精品出版物联展”。中央宣传部副秘书长郭义强，出版局局长冯士新，印刷发行局局长刘晓凯，进出口管理局局长王志成，出版局副局长李一昕，中国印刷博物馆馆长孙宝林等一同参加调研。张建春副部长充分肯定了百年书房的建设成果和展陈内容，对百年书房发展提出殷切希望，鼓励总店勇于开拓创新，坚持读者至上，不断丰富图书种类，增加更多沉浸式体验，营造文化书香氛围，努力将百年书房打造成为人民群众喜爱的网红书店。

2021年11月24日，中央宣传部文化体制改革和发展办公室一级巡视员、副主任高书生一行就国资项目发展、文化大数据建设等情况到新华书店总店进行调研。文改办国资管理处处长高升，产业发展处张印昊、吴堃陪同调研。高书生同志介绍了国家文化大数据建设的目标架构，在肯定总店近年来在出版发行行业融合转型发展上所做的工作基础上，希望总店依托新华书店网上商城与各地新华书店的紧密合作，将新华书店网点打造成为数字化文化消费的新场景；建议总店继续加强数据资源积累，进一步打通全国新华书店数据链路，为接入国家文化专网做足相应准备。高书生同志介绍了深化文化体制改革的最新政策，建议总店可以在国有文化企业融合创新工程和激励机制两个方面进行探索。

2021年12月24日，中央宣传部印刷发行局副局长、一级巡视员董伊薇就新华书店网上商城建设工作到总店进行调研。她指出，积极培育有序、健康的行业生态，避免资源垄断、侵权盗版等不良现象的发生，是中宣部作为出版发行行业主管部门的根本责任。印刷发行局对新华书店网上商城建设高度重视，将拓展网上商城平台功能作为明年重点工作。建议总店会同中国新华书店协会在兼顾各方利益诉求的基础上，进一步完善相关建议，印刷发行局将进行认真研究。

2022年5月12日，中宣部印刷发行局副局长、一级巡视员董伊薇一行到新华书店总店调研，探讨新时代下农家书屋建设工作，就推进实施全民阅读乡村促进工程进行座谈交流。中宣部印刷发行局发行处处长武远明、办公室（农家书屋办公室）主任何彬、办公室（农家书屋办公室）副主任徐雪、发行处调研员王成斌陪同调研。董伊薇指出，在新形势下，要以农家书屋全面覆盖为基础，通过改革创新举措实现农家书屋改造升级，从解决农村没书看的问题向解决农村书屋建设好不好这一问题转变，推进更高水平、更高标准、更高质量的全民阅读乡村促进工程建设。她希望总店能够充分发挥积极性、主动性，提出新思路、新想法，从项目设计层面进一步深入思考，开拓新思路。

荣誉奖项

2021年，总店新华互联公司荣获中华全国妇女联合会颁发的“全国巾帼文明岗”称号。

2021年，新华互联公司荣获中华文化大讲堂“文化创新传播大使”称号。

2021年，在北京市文化和旅游局主办的“北京礼物”旅游商品及文创产品大赛中，“强国梦”桌游获得红色主题竞赛单元“优秀项目”荣誉。

2022年，总店新华互联公司在首届全民阅读大会中完成了乡村阅读推进论坛暨2022“新时代乡村阅读季”启动仪式协办工作，中央宣传部印刷发行局、农业农村部农村社会事业促进司、国家乡村振兴局政策法规司给予充分肯定，并发来感谢信。

2022 年，总店第一党支部被中央和国家机关工委评为“四强”党支部。

2022 年，新华书店网上商城（含新华读佳 APP）作为 19 家网络传播平台之一，积极参与“新时代 新经典——学习习近平新时代中国特色社会主义思想重点数字图书专栏”专项工作，央视新闻联播进行了宣传报道。

组织人事

2021 年 6 月，许维华同志任中国出版集团有限公司投资与资产经营部主任，不再担任新华书店总店有限公司副总经理职务。

2021 年 9 月，任江哲同志任新华书店总店有限公司执行董事、党委书记，茅院生同志不再担任新华书店总店有限公司执行董事、党委书记职务。

党建工作

2021 年，总店坚决贯彻落实习近平总书记重要指示批示精神和党中央决策部署，以党的政治建设为统领，以党史学习教育为抓手，牢固树立“四个意识”、坚定“四个自信”、做到“两个维护”。一是坚持把党的政治建设摆在首位抓紧抓实。深入学习贯彻习近平新时代中国特色社会主义思想，狠抓党的十九届六中全会精神学习贯彻，严格落实党建工作主体责任，加强意识形态管理，制定总店《网络意识形态工作责任制实施办法》，对总店中层干部以职务名义开设“两微一端”的情况进行排查。二是深入推进党史学习教育取得实效。精心组织、深抓落实，领导干部带头学、党员干部跟进学，中心组开展 9 次专题学习，书记带头讲专题党课，组织各党支部、青年理论学习小组每周集中学习。举办党史学习教育“大讲堂”，邀请百岁老党员梁天俊、党史专家及总店老领导做专题讲座；组织参观党史展，开展联学联建，开展“我为群众办实事”和征集员工“金点子”活动。三是以建党百年庆祝活动促进党建与业务融合发展。承建运营中国共产党历史展览馆百年书房项目，举办“第三届新华书店网上商城读书大会”系列活动，策划推出“庆祝建党百年百社万种优秀教材联展”，组织“强国梦”党建桌游大赛，出版《庆祝中国共产党成立100周年特刊》等，生动展现新华书店的光荣历史与新时代使命形象。四是持续加强党风廉政建设，营造良好政治生态。严格落实中央八项规定精神，强化日常监督，落实“一岗双责”，抓好重要时间节点的提醒、警示教育工作，开展酒驾醉驾问题专项整治和专题警示教育，结合党风廉政建设风险防范情况组织各公司、各部门开展自查自纠。

2022年，总店坚持以习近平新时代中国特色社会主义思想为指导，认真学习宣传贯彻党的二十大精神，聚焦政治建设，强化党建引领，推动企业高质量发展。一是全面落实党的绝对领导。深入学习贯彻习近平新时代中国特色社会主义思想，全面抓好党的二十大精神学习宣传贯彻，先后开展两轮战略发展研讨会，巩固党史学习教育成果，开展“用实际行动诠释对党忠诚”专题教育活动。二是不断压实党建责任。党委对重要事项进行前置研究，全年召开党委会38次，审议研究“三重一大”事项87项，党委与各支部签订全面从严治党主体责任书，把党建工作纳入考核机制，加强意识形态阵地管理，压实主体责任，建立“意识形态零报告”制度。三是着力加强基层党组织建设。配齐建强各党支部班子，加强党员教育培训，持续开展党支部标准化、规范化建设，推进基层党组织全面进步、全面过硬，第一党支部被中央和国家机关工委命名为“中央和国家机关‘四强’党支部”。四是持续抓好作风建设。持之以恒反对形式主义、官僚主义，大力提倡唯实作风，持之以恒抓好中央八项规定精神落实，压紧压实两个责任，召开警示教育专题大会，开展自查自纠，开展“节约粮食，拒绝浪费”专题宣传教育活动。

门店建设

2021年6月，在中国共产党百年华诞来临之际，中国共产党历史展览馆配套工程——新华书店百年书房正式开业。百年书房由新华书店总店建设运营，总面积约600平方米。百年书房继承新华书店红色品牌精神，以“围绕中心、服务大局”为核心理念，以“主题出版物首发地”为书店定位，以为广大读者提供优质阅读内容和多元化文化产品为经营模式，通过融入多种带有科技元素的智能设备，采用先进的数字化应用技术，连接新华书店网上商城，致力于为客户提供便利服务，线上线下融合的智慧、网红、特色书店，助力全民阅读推广。百年书房可承办新书发布会、读者座谈会、培训讲座、机构团建等丰富多彩的活动，并通过直播、短视频等方式，实现线上线下互动，为广大读者带来全方位的优质文化消费体验，使书店与读者的联系更加紧密。

融合创新

2021 年 3 月，“2021 全国馆社高层论坛”（以下简称“论坛”）在北京成功举办。本次论坛由北京图书订货会组委会、中国出版集团有限公司、新华书店总店有限公司主办，图书馆报、新华万维国际文化传媒（北京）有限公司承办，新华互联电子商务有限责任公司、辽宁北方出版物配送有限公司、山东中教产业发展股份有限公司协办。论坛以“后疫情时代的资源建设与馆配转型”为主题，就行业热点、焦点问题进行深入研讨，为馆社店三方信息交流与合作提供重要平台，更好地推动馆配事业高质量发展。

2021 年 7 月，为隆重庆祝中国共产党成立 100 周年，新华书店总店、新华国采公司联合全国百余家出版社面向全国院校举办“庆祝建党百年百家出版社万种优秀教材联展”。此次联展活动在全国大中专教材网络采选系统（www. aijiaocai.com）隆重上线，“爱教材”公众号同步推广。高等教育出版社、机械工业出版社、化学工业出版社、清华大学出版社、北京大学出版社、中国人民大学出版社、中国建筑工业出版社等百余家教材出版大社共同参与，共展示近三年出版的国家规划教材、省部级规划教材、思政教材、畅销教材与“双一流”教材等 1.6 万余种，党史专题课程、数字教学资源 3000 余种。

2021 年 9 月，“2021 国际出版企业高层论坛”在京成功举办。本次论坛由中国出版协会、国际出版商协会、中国出版集团有限公司主办，新华书店总店有限公司、广西师范大学出版社集团、东方出版中心、中国出版协会“一带一路”出版工作委员会和《国际出版周报》承办，新华万维国际文化传媒（北京）有限公司、新华国采教育网络科技有限责任公司、新华互联电子商务有限责任公司协办。中国、美国、英国、德国、阿联酋、巴基斯坦等多个国家和地区的代表、百余位国内外出版界高层人士，围绕论坛主题“国际传播能力与国际市场”，通过线上线下相结合的形式，共同探讨如何加强国际传播能力建设和国际出版合作高质量发展，为推动构建人类命运共同体作出积极贡献。

2021 年 10 月，第二届“一带一路”出版合作经验交流会在四川成都成功举办。本届交流会由中国出版协会、中国出版集团有限公司主办，中国出版协会“一带一路”出版工作委员会、新华文轩出版传媒股份有限公司、《国际出版周报》承办，新华万维国际文化传媒（北京）有限公司、辽宁北方出版物配送有限公司协办。来自全国出版发行界的近 200 名代表围绕“‘一带一路’出版合作新机遇新举措”进行了深入交流和探讨。会上，“一带一路”出版合作典型案例征集和国际化人才遴选活动结果名单同时公布。

2022 年 11 月，第三届“一带一路”出版合作经验交流会在四川成都成功举办。本届交流会由中国出版协会、中国出版集团有限公司主办，中国出版协会“一带一路”出版工作委员会、新华文轩出版传媒股份有限公司、《国际出版周报》承办，新华万维国际文化传媒（北京）有限公司、锐拓传媒有限公司支持。交流会线上线下同步举办，全程网络直播，来自全国出版发行界的代表围绕“国际组稿：新形势 新趋势 新方法”进行了深入交流和探讨。会上，“一带一路”出版合作典型案例征集和国际化人才遴选活动结果同时公布。

网络运营

2022 年 8 月，华为云计算技术有限公司副总裁、全球 Marketing 与销售服务总裁石冀琳一行 4 人到新华书店总店进行交流座谈。双方就云产品及其技术应用进行了充分交流，围绕新华书店网上商城、全国大中专教材网络采选系统未来可能的合作方向进行了深入探讨。双方一致认为，要在战略合作的基础上，加强沟通交流，发挥各自优势，积极挖掘新业务，不断深化合作关系，期望应用华为提供的新技术、新手段助力总店融合发展、传承创新，力争在数字化转型发展中实现优势互补、合作共赢。

2022年9月，新华书店网上商城文化供给大数据平台项目启动，计划2023年底完成所有系统上线并开始试运行。新华书店网上商城文化供给大数据平台将整合商城现有商品、库存、交易、会员等数据资源，基于大数据技术建立商城统一数据中心，形成多维度数据分析和可视化大屏能力，为商城业务发展提供更为真实、有效的数据参考。

2022年，总店所属新华国采公司全面启动采选系统二期1.0的平台设计与研发工作，从原有的单一教材选审功能向更符合网络发行实际的教材线上交易平台转型，全面提升教务端、学生端、经销商及运营后台功能。全年发布124家出版单位的17.2万余种可供教材数据。其中，高等教育出版社已实现书目数据库的全面对接，占上线教材品种数的28.9%，机械工业出版社占比11.48%，其余教材可供品种大社为化工、科学、北理工、电子、北师大、农业、清华、建工、人大及民营教材出版公司金企鹅等。

全民阅读

2021年4月，在第26个世界读书日，同时正值新华书店网上商城上线三周年之际，在中国新华书店协会指导下，新华书店总店联合各省（区）市新华书店共同举办“第三届新华书店网上商城读书大会”。大会以新华书店网上商城、“学习强国”新华书店网上书城、“学习强国”新华书店文创商城、全国新华书店线下门店及新华书店“学习强国”体验空间等线上线下平台为依托，以“阅读点亮信仰 共庆百年华诞”为主题，紧紧围绕庆祝中国共产党成立100周年这条主线，推出全国新华书店主题出版物线上线下联展、新华书店网上商城读书大会主题出版物联合首发、2020年度“中国好书”及各出版社“镇社之宝”专题推荐等一系列精彩活动。整个活动亮点纷呈，为读者带来了丰富的文化体验，为建设书香社会贡献新华力量，彰显了全国新华书店传承百年奋斗精神，矢志不渝永远跟党走的决心。

2021年6月，由中国出版协会、韬奋基金会、中国书刊发行业协会、中国新华书店协会、中国出版集团有限公司、吉林东北亚出版传媒集团、长春市文化广播电视和旅游局主办，《国际出版周报》《图书馆报》、长春市图书馆承办，新华万维国际文化传媒（北京）有限公司协办的“2021 出版发行界图书馆界阅读推广论坛”在长春成功举办。论坛以“书香百年路 阅读新征程”为主题，这是主承办单位与出版发行界、图书馆界一道以习近平新时代中国特色社会主义思想为指导，深入学习贯彻党的十九届五中全会精神，加快推进文化强国建设、助力全民阅读走进新时代的重要举措。

2022 年 4 月，由中宣部出版局指导，北京市委宣传部、中国出版集团有限公司主办，北京广播电视台、新华书店网上商城承办的首届全民阅读大会新时代主题阅读推广分论坛在北京举行。本次论坛以“喜迎二十大 奋进新征程”为主题，致力于大力推动习近平总书记著作、党的创新理论读物，以及党史、新中国史、改革开放史、社会主义发展史等主题出版物的推广和传播。中宣部出版局副局长杨芳，北京市委宣传部一级巡视员王野霏，中国出版集团有限公司副总经理、党组成员陈永刚等出席论坛。

2022 年 4 月，在第 27 个世界读书日和新华书店成立 85 周年纪念日来临之际，在中国新华书店协会指导下，新华书店总店联合各省（区）市新华书店共同举办“第四届新华书店网上商城读书大会暨‘春润书香浓’全民阅读月”系列活动。本届读书大会通过新华书店网上商城、“学习强国”新华书店网上书城、全国新华书店线下门店及新华书店“学习强国”线下体验空间等线上线下平台为依托，推出“一卷在手 书香满城”全国新华书店线上线下联展、主题出版物联合首发、新华书店网上商城阅读狂欢节、2021 年度“中国好书”、中国出版集团好书推荐专题等一系列精彩活动，邀请广大读者参与阅读活动，建设书香社会。

人才培养

2021—2022 年，总店坚决贯彻新时代党的组织路线，紧紧围绕总店发展战略，坚持重实干、重实绩、重担当的用人导向，扎实稳妥推进人才队伍建设。在人事管理制度方面，先后修订了《总店所属企业负责人薪酬管理办法》《“双效”业绩考核办法》《总店员工福利管理办法》《薪酬管理办法》《中层以下员工职级晋升管理办法》等10余项人事管理制度，进一步规范工作流程，优化完善干部管理体系，提高科学管理服务水平。在推进干部“能上能下”“能进能出”方面，强化业绩导向，突出对所属公司利润指标考核，加强考核结果研判和运用，将工作业绩作为“能上能下”“能进能出”的重要依据。优化调整年终考核指标及等次评定，限定优秀比例，不搞“大锅饭”和“无原则的一团和气”，同时与党建考核联动，严格执行党支部书记述职考核未达到“好”的不得评为优秀的规定。在人才队伍教育培养方面，制定出台总店年度培训计划，结合“四力”教育、党史专题教育、业务需求，针对党支部书记、中层干部、业务人员等分类开展不同的培训，先后举办党史店史学习教育专题讲座、新华大讲堂专家讲座、“媒体融合及内容向度”专题培训、心理健康专题讲座、财务风险防控专题讲座等近30次。截至2022年底，总店员工平均年龄37岁，大学本科及以上学历占比81%，硕士研究生及以上学历（学位）占比23%。中层干部均为大学本科及以上学历，硕士研究生及以上学历（学位）占比60%。

社会责任

2021年9月，由总店第二党支部（互联公司支部）组织策划的公益“小书包”活动在青海省泽库县第一民族中学举行。总店第二党支部发挥新华书店网上商城的平台优势以及资源优势，为泽库县第一民族中学捐赠各类图书以及学生文具用品350余件（套），通过公益“小书包”等方式，为泽库地区部分学生提供阅读、学习服务，用知识的力量巩固脱贫成果，用实际行动推进当地产业发展，助力乡村振兴。

2021年12月，总店向集团帮扶工作点——青海省泽库县进行爱心捐赠。本次活动共募集捐赠衣被200余件，图书670余册，码洋21000元，以及480余件文化用品。为切实解决泽库县群众生活、学习上的困难作出力所能及的贡献。

2022年9月，为深入推进“我为群众办实事”实践活动，总店联合属地展览路街道开展公益捐书活动，为内蒙古自治区鄂伦春自治旗等贫困地区捐赠图书 889 本，总码洋 28149.6 元。

2022 年，为认真贯彻习近平总书记关于巩固脱贫成果和乡村振兴的重要讲话精神，总店积极落实中国出版集团 2022 年乡村振兴任务，与青海省黄南州泽库县开展对接，帮助帮扶企业优选当地特色农产品，上线新华书店网上商城及“学习强国”商城助农板块，2022 年完成青海泽库县农副商品 115 万元的销售任务。

2021—2022 年末领导班子成员名单

任江哲　党委书记、执行董事

朱　涛　党委副书记、总经理

姜红新　党委委员、副总经理

戴　昕　纪委书记、副总经理

北京发行集团有限责任公司

年度概况

2021 年是中国共产党成立 100 周年，也是“十四五”开局之年。北京发行集团有限责任公司（以下简称“北京发行集团”）以习近平新时代中国特色社会主义思想为指导，全面贯彻党的十九大和十九届历次全会精神，扎实开展党史学习教育，将学习教育成果转化为集团转型升级和提质增效的生动实践，并围绕全国文化中心建设和“书香京城”建设，积极推动全民阅读，聚焦实体书店建设，坚守国有图书发行主渠道主阵地，坚持守正创新，实现了“十四五”时期的良好开局。

2022 年是党的二十大召开之年。北京发行集团坚持以习近平新时代中国特色社会主义思想为指导，全面贯彻党的十九大和二十大精神，认真落实全国文化中心建设的重要部署，团结带领全体党员干部职工，以喜迎喜庆和贯彻落实党的二十大为工作主线，筑牢党建引领之基；以全面推进综合改革为抓手，筑牢现代企业管理之基；以扎实推进实体书店转型升级为重点，筑牢书香京城建设之基；以国有资产保值增值为目标，筑牢企业提质增效之基，为实现企业全面转型升级奠定了基础，为“书香北京”建设和全国文化中心建设作出了应有的贡献。

领导关怀

2021 年 2 月 11 日，北京市委书记蔡奇以“四不两直”的方式到王府井书店视察，亲切慰问在岗干部职工。他仔细察看了营业店堂的每个区域，询问了图书销售和文创产品信息，观看了数字货币的使用流程及冬奥智能穿戴设备的演示，听取了北京发行集团对 10 家书店 24 小时不打烊的简要介绍。

2021 年 8 月 14 日，北京市副市长王红以“四不两直”的方式到新华连锁公司花市书店检查疫情防控工作，对书店防疫工作表示肯定。

2021 年 8 月 30 日，北京市委宣传部副部长、市新闻出版局局长王野霏带队，对北京发行集团全面从严治党和贯彻落实全国国有企业党的建设工作会议精神情况进行督导检查。

2021 年 9 月 3 日，北京市委宣传部常务副部长赵卫东，副部长王杰群、张爱军到中国国际服务贸易交易会北京发行集团展区视察指导工作，听取北京发行集团为推进实体书店数字化转型而搭建的模拟场景——新华 · 未来书店的介绍。

2021 年 9 月 4 日，北京市委常委、宣传部部长莫高义到中国国际服务贸易交易会北京发行集团展区视察指导工作，听取了集团为推进实体书店数字化转型而搭建的模拟场景——新华 · 未来书店的介绍，以及在重力感应的科技赋能下，实现图书与读者快速、准确的互动荐书方式。莫高义部长对未来书店给予肯定，指出未来书店充分体现了科技与书店融合发展的趋势。

2021 年 9 月 7 日，北京市委宣传部副部长、市新闻出版局局长王野霏到中国国际服务贸易交易会北京发行集团展区视察指导工作，听取了集团为推进实体书店数字化转型而搭建的模拟场景——新华 · 未来书店的介绍，对集团展区的创新构想给予肯定。

2021 年 9 月 14 日，中共中央政治局委员、中央宣传部部长黄坤明，北京市委常委、宣传部部长莫高义，市委宣传部副部长、市新闻出版局局长王野霏一行到第十九届北京国际图书节北京发行集团展区视察指导工作。

2021 年 10 月 3 日，中共中央政治局委员、北京市委书记蔡奇到台湖会贸中心调研，提出要加快A库转型工作，助推台湖演艺小镇建设的工作要求。

2021年11月10日，中央宣传部副部长张建春到北京发行集团所属中国书店调研指导，参观了中国书店古籍库房和中国书店邃雅斋，听取了中国书店对古籍修复、雕版印刷技艺、拍卖等情况的详细介绍，肯定了中国书店在传承和保护中国传统文化方面的积极贡献，并对下一步发展提出了要求。

2022年5月1日，北京市委常委、宣传部部长莫高义以“四不两直”的方式到北京图书大厦检查疫情防控工作，在肯定成效的同时，也提出了防疫工作的具体要求。

2022年9月29日，北京市委宣传部副部长张劲林到北京图书大厦检查安全生产、疫情防控工作，仔细查看了扫码测温、公共区域消杀、人员分流等常态化疫情管控措施落实情况，详细询问了大厦防火措施、重大会议期间值班、日常巡查等情况，对大厦安全、防疫工作表示肯定，并提出了工作要求。

2022年10月25日，北京市委宣传部常务副部长赵卫东、副部长张爱军一行到北京图书大厦调研，对主题图书发行和童书借阅服务等工作给予充分肯定，并要求北京图书大厦积极践行“推荐好书、营造氛围”的使命责任，实现图书内容价值延伸，提升读者及会员的文化阅读体验感；要充分发挥北京图书大厦全国新书首发平台功能，打造“永不落幕”的图书展，为读者服务、为作者服务、为出版社服务；要通过体制机制创新，引进高级人才，不断提升企业内生动力。

2022年11月22日，北京市委宣传部副部长张劲林到北京发行集团调研，现场指导中国书店京华印书局修缮工程，到中国书店琉璃厂店指导工作并观看“书海70年主题展览”，视察北京图书大厦二期工程并开展座谈，对集团近两年所取得的成绩表示充分肯定，对集团发展提出了具体意见。

荣誉奖项

2021年1月，北京发行集团杨峰同志被人力资源社会保障部、国家广播电视总局、国家新闻出版署授予“全国新闻出版广播影视系统劳动模范”称号。

2021年1月，北京图书大厦杨新媛同志荣获中共北京市委、北京市人民政府颁发的2019—2020年度“首都精神文明建设奖”荣誉称号。

2021年10月，北京发行集团被商务部、中央宣传部、财政部、文化部、国家新闻出版广电总局评选为“2021—2022年度文化重点出口企业”。

2021年10月，王府井书店白国伟同志荣获北京市教育委员会颁发的“第十二批首都市民学习之星”称号。

2021年10月30日，王府井书店荣获由北京出版集团有限责任公司、北京十月文学月联合评选的第六届北京十月文学月“特别支持单位奖”。

2021年12月，中关村图书大厦荣获中国书刊发行业协会、韬奋基金会颁发的第三届“全民阅读·书店之选”系列活动“百佳阅读推广单位”称号。

2021年12月，王府井书店荣获北京市双拥工作领导小组办公室颁发的“2021至2024年度首都社会化拥军成员单位”称号。

2022年3月，中关村图书大厦获得国家版权局颁发的“2021年全国版权保护示范单位”称号。

2022年4月，北京图书大厦荣获中国书刊发行业协会颁发的“首届全民阅读大会·年度最美书店”称号。

2022年4月，王府井书店杨杨同志荣获北京市总工会、北京市人力资源和社会保障局颁发的“首都劳动奖章”。

组织人事

2022年7月，陈嘉平同志任中共北京发行集团有限责任公司委员会副书记。

2022年11月，张钵同志任北京发行集团有限责任公司副总经理（试用期一年）。

2022年11月，免去丁树臣同志北京发行集团有限责任公司副总经理职务。

党建工作

2021年，北京发行集团党委始终坚持以习近平新时代中国特色社会主义思想为指导，围绕庆祝建党100周年系列工作，牢固树立“抓好党建是最大政绩”的理念，切实为集团高质量发展提供坚强政治保证。在加强思想建设、强化政治引领方面，利用集中学习、专题研讨等多种方式，提高全体党员政策理论和前沿科技知识水平；通过编制集团“十四五”时期发展战略，修订完善《党委会议事规则》等各项细则和工作制度，切实发挥政治领导核心作用，进一步提高集团党建管理的规范化水平。在转化学习成果、抓牢党史教育方面，举办领导干部专题读书班、专题党课，高质量召开专题组织生活会；组织全员参与党史知识竞赛，利用红色资源开展党史体验教育；把学史力行作为落脚点，加快推进资源盘活、书店升级改造项目，加速实现企业提质增效；扎实开展“北京书市”等全民阅读活动，担起全市党史学习教育用书发行服务保障政治任务。在压实主体责任、筑牢党建根基方面，立足监督首要职责，引导党员领导干部提升党性修养，增强廉洁自律意识；细化党建《责任书》《责任清单》，逐级压实党建工作责任制；科学优化基层组织设置，严格落实述职评议考核制度，着力提升基层党建工作质量。在坚持党管干部、发挥群团优势方面，严把干部选用政治关、程序关，持续深化干部队伍作风建设；带领团员青年在重点任务中发挥骨干作用，展现青春风采；充分发挥工会职能，统筹做好集团系统退休人员社会化管理工作，将党组织的温暖送到职工群众身边。

2022年，北京发行集团坚持以习近平新时代中国特色社会主义思想为指导，聚力聚焦迎接和庆祝党的二十大胜利召开，各项工作在创新探索中开局起步，在强本固基中全面推进，为集团全面扭亏为盈打下坚实基础。在深化理论武装、严守意识形态阵地方面，集团班子成员带头学，研究制订了学习宣传方案，切实在全面系统掌握党的思想理论和精神方面走在前、作表率；在党的二十大等重要节点对意识形态工作进行全面部署及排查，坚持正面宣传引导，严格出版物、营销活动的政治审核和内容把关，不断提高驾驭意识形态工作的能力。在坚守政治站位、保障主题图书发行方面，集团始终以党的政治建设为统领，坚持党建工作与国企改革发展同频共振，把“迎接党的二十大”作为贯穿全年工作的主线，在百家门店组织开展“习近平总书记系列著作”等主题图书展示展销活动，开展冬奥、图书节等特色主题活动，切实满足社会各界的学习需要。在建强基层组织、筑牢战斗堡垒方面，推进集团及系统各企业党的建设与机构改革同步部署，及时增加、撤销、调整不匹配党组织建制，优化系统党员队伍结构；开展各类评先评优活动，发挥先进典型的示范带动作用，提升职工与企业同呼吸共命运的凝聚力和创造力。在锻造干部队伍、夯实体制机制方面，按照“扁平化、集约化”原则，深化干部任用和管理制度改革，优化班子结构；以领导干部为重点组织开展专题教育，完善落实全面从严治党责任制度体系建设，提高治企水平，推动企业政治生态进一步优化。

教材发行

2021 年，北京发行集团认真贯彻落实教育部精神，积极配合北京市教委各项教材发行部署，克服教材目录出台晚、报订时间短、到货时间晚且到货集中、工作环节增加等不利因素，高效完成一年两季的教材招标、征订、进货、发货到店等项工作，圆满地完成了“课前到书，人手一册”的政治任务。2021 年因新冠疫情频发，教材库房被所在地划为重点防控区域，集团通过积极协调，最终把教材库房从所在村剥离出来单独规划管理，既保障了防疫安全，同时也确保了教材收发货业务正常开展。出版社由于疫情原因货运进京困难，影响了部分教材的到货时间，为此集团本着“与疫情争时间，向环节要效率”的工作思路，逐一联系各供货单位、印刷厂，协助出版社为印刷厂提供教材送货证明，确保教材按约定时间送达。集团发挥宣传企业政治敏感性高的优势，2021 年 4 月，《习近平新时代中国特色社会主义思想学生读本》首次出现在教育部目录上，集团积极指导各区计发店做好本区教研和学校的工作争取订数，于 8 月 5 日收齐了本市全部学校的订数，圆满完成了该书的征订工作。

2022 年，北京冬奥会举办之际，为保证春节课本按时到货，北京发行集团提前两个月启动了 2022 年春季课本征订工作。同时，所属教材发行部门与印刷厂、台湖库房密切联系，确保第一时间安排收货，并紧盯各城区疫情变化，随时沟通各区计发店收货、送货情况，确保各环节不拖沓、不积压，保证到库课本顺利发送到各店。此外，集团还及时通过微信群将供货单位出书、印刷、送书信息告知各店，并建议各店与本区教委、各学校加强联系，确保在寒假前送书到校。打破课本一年两季的征订惯例，在北京市疫情最严峻的时刻，教材业务员通过居家办公的方式开启了 2022 版《义务教育课程方案和课程标准》征订工作，全力满足学校老师对新课程标准的需求。

门店建设

2021 年，北京发行集团不断加快实体书店建设，践行“推荐好书、营造氛围”的使命责任，同时，加快推进重点项目建设，为集团改革发展注入新动能。一是以进社区、进校园、进园区为主要方向，积极拓展主题书店。在北京城市副中心服务大厅、北京市委保卫处、回龙观大地院线新建了 3 处阅读空间；在行政副中心绿心公园开设了集团首家公园书店；打造全国首家以“幽默”为主题的特色书店——幽默书店；在军民融合园与中关村科学城四季科创中心合作开设了四季书房园区书店，在万泉河社区开设了新华驿站社区书店。二是在拓展新图书网点的同时，集团所属新华连锁公司还全面改善中小门店整体形象，对 30 多家门店进行墙面刷新、店招更换或翻新等，一改十几年未变的老旧模样。

2022 年，北京发行集团继续加快推进实体书店建设和转型升级。一是积极推进实体书店进机关、进商圈、进校园、进社区等，助力构建 15 分钟文化生活圈。全年新增北京图书大厦市纪委 A5 店、新华书店东方时尚驾校店、北京理工大学良乡校区店、世界公园店、回龙观云智中心店等 5 家实体店，与建设银行合作打造“善读港湾”阅读空间品牌，满足读者、客户的多方位需求。二是“一店一策”推进转型升级。按照专精特新原则，对中小门店进行主题化、专业化、特色化升级改造，构建场景化、沉浸式经营布局，打造了6家新型特色主题书店。三是推进大型书城业态改造升级。王府井书店在春节前夕仅用10天时间就完成了一层经营布局调整，实现近10年来一次较大规模升级，为读者提供了全新的阅读体验。四是优化了王府井外文书店升级改造项目实施方案，并上报北京市规划和自然资源委员会、北京市委宣传部。初步设计方案已经北京市规划和自然资源委员会书面复函同意，并获得市领导圈批。

融合创新

2021年，北京发行集团不断推动创新融合发展。一是构建实体书店选品体系。制定选品制度，建立选品专家团队，组织各企业完成了门店调研、门店选品定位、选品流程制定、构建常备品种库、规范图书分类、规划重点展区、加强宣传推广等工作，还与第三方公司合作，利用其选书平台为图书选品提供数据支撑，实现了精准进货和高质量选品，全年共推出10余个书单品牌，较好地发挥"推荐好书"作用。二是推出店长负责制，陆续在中小门店推行店长负责制，进一步扩大选人用人视野，选好"带头人"，赋予店长灵活充分的经营自主权、选人用人权、工资奖金分配权，强化业绩导向，激发基层门店的积极性和创造性，充分释放经营活力。三是创新打造特色阅读文化活动，丰富市民的文化生活。2021年，北京发行集团积极响应全市"在京过年"倡议，春节期间组织北京图书大厦、王府井书店、中关村图书大厦、王府井外文书店等开展春节特色文化活动，让在京过年的读者感受到浓浓的"书香味儿"；组织所属近百家书店与街道社区"结对子"，将1万余个"福"字与"福"袋送到近600个社区和抗疫志愿者、基层党员及群众的手上，让在京过年的市民感受到书香里的北京温情；在部分门店增设学习空间，在北京图书大厦开设共享书房，拓展了书店的文化服务功能；打造了潮玩市集和创意市集活动，吸引众多年轻人打卡，实现了"老"书店的"新"变化。

2022年，北京发行集团积极创新经营发展格局。一是在首届全民阅读大会上正式推出北京图书大厦全国新书首发平台，打造新书首发第一站。这是集团构建新型社店合作模式和出版发行产业生态链的一次积极尝试，实现了书店既服务读者、也服务出版单位和作者的发展设想，有效提升了实体书店对优质阅读内容的发行与传播能力。二是将台湖会贸中心定位调整为图书供应服务平台和台湖演艺小镇支持平台，实现由物流配送中心到供应链服务平台的转变。三是实现教材一体化建设。重塑北京市新华书店中小学课本发行体系，与新华振兴公司高效协同，实现从征订、采购到仓储、配送的一体化运营，提升课本发行的信息化和数字化管理水平，提升发行效率和发行质量。四是探索策展、市集等运营模式，新华文化公司成功打造自有品牌文化市集活动——“我的文具节”，已逐步显现出品牌效应。五是加快数字化转型升级。落实集团数字化转型规划，统筹推进“线上线下整合项目”深化建设，重点推出“会员营销管理平台”“文化服务平台”和“门店智能零售支撑系统”三大项目。

网络运营

2021年，北京发行集团所属各单位大力发展第三方平台，创新销售模式、开拓新增长点。下属中国书店与杨多杰合作积极探索社群营销模式，单本定价1280元的310册《唐茶诗抄》在20分钟内一抢而空。创新推出线上线下同步展销、同步拍卖方式，全年第三方平台累计销售同比增长71.7%。

2022年，北京发行集团坚持线上线下融合发展，全方位拓展新经济增长点。北京图书大厦于国庆期间联合HICOOL商学院创新打造嘉年华活动，联动5个百万级微博粉丝号、小红书号花式“种草”，吸引客流量高达4万+；中关村图书大厦积极探索阅读活动和流动市集的有机结合，参与外展流动市集58场，带来可观经济效益。中国书店推进传统拍卖与网络快速融合，开展特色专题网拍，创造了非现场拍卖成交额首次达到千万级的佳绩。

全民阅读

2021年，北京发行集团积极推动首都全民阅读，助力“书香京城”建设。一是围绕“建党100周年”开展主题文化活动。在北京图书大厦承办

“红色经典，献礼百年”优秀出版物展，全方位展示出版发行行业向党的百年华诞献礼的优秀成果，并创新打造了“沉浸式”红色主题体验场景；组织各企业开展“‘书’适生活——北京书香社区行”活动，将万册党史读物送到百余家社区居民手中；组织所属书店走进社区和学校举办红色讲堂系列活动；按照中办部署，圆满完成了北大红楼建党100周年主题展览图书展厅的布置，为主题展览增添一抹亮色。二是精心组织各类大型图书展会活动。成功承办2021年“北京书市”，将各有特色的国有、民营实体书店汇集一堂，设置了主旋律展区、时光古书局、时尚潮玩区等九大展区共500多个展位，有160余家单位参展，11天接待读者30余万人次，为首都市民奉上了一场有趣、有料、有颜的文化盛宴；圆满完成2021年北京图书订货会图书馆馆配会组织工作，吸引3000余家图书馆、馆配商前来采购，成为北京图书订货会的一大亮点。三是在全国青少年中广泛开展中华传统美德教育和爱国主义教育，引导青少年树立正确的世界观、人生观、价值观。同时，积极组织参加北京国际图书节、北京阅读季、北京惠民文化消费季、十月文学月等市级全民阅读活动，较好地发挥了国有图书主渠道的引领示范作用。

2022年，北京发行集团把“迎接党的二十大”作为贯穿全年工作的主线，努力提升全民阅读服务水平。一是以“喜迎（喜庆）二十大 奋进新征程”为主题，在百家门店组织开展主题图书展示展销活动，集中展示党的二十大学习文件及辅导读物、习近平总书记系列著作、习近平总书记掌舵领航下取得的伟大成就等主题图书，并在各大书城开展“北京这十年”主题书展。组织各门店通过书花、造型展台、横幅等方式营造喜庆、热烈、庄重的环境氛围。同时，为丰富文化供给，特别推出了迎接和庆祝党的二十大系列阅读文化活动。二是全力做好党的二十大主题图书发行服务保障工作。始终将弘扬主旋律作为一项重要政治任务，举全集团之力狠抓主题图书宣传发行，先后承办了《习近平谈治国理政》第四卷、党的二十大报告及相关辅导读物等主题图书的首发活动，并配合中央电视台进行了首播和报道。《习近平谈治国理政》第四卷、《让群众过上好日子——习近平正定足迹》等四部系统记述习近平同志地方工作经历的主题图书一经出版，立即组织所属各单位面向首都各界广泛开展征订工作。党的二十大胜利召开后，及时在各大书城和门店最显要位置设置党的二十大学习读物专题展区，通过设置绿色通道、新书首发首播、推出党的二十大学习文件纪念套装等创新举措，较好地完成了主题图书发行保障任务，切实满足社会各界的学习需要。三是深入推进全民阅读，承办首届“全民阅读大会·全民购书节”。4 月 23 日，由中宣部主办的首届全民阅读大会开幕，由北京市委宣传部主办、北京发行集团等承办的“全民阅读大会·全民购书节”同步启动。集团积极发挥主力军主阵地作用，组织四大书城、北京市外文书店、中国书店等联动中国出版集团、中信出版集团、人民出版社等百家出版社，开展百社万种图书大联展，为广大市民提供了丰富的高品质图书。四是承办第二十届北京国际图书节大型文化展节项目。引入全新科技设备，利用数字化、科技化呈现方式，打造场景化、沉浸式、体验式环境氛围。受到央媒和行业媒体的广泛关注。五是成功举办全国“中华魂”（强国有我）线上演讲成果展示活动，为提升活动影响力和选手参与积极性，特别增设了线上投票环节，取得了较好的效果。此外，集团还积极参加北京阅读季、十月文学月、北京惠民文化消费季、护苗 2022 等市级全民阅读活动，充分发挥国有图书发行主渠道的引领作用。

内控管理

2021 年，北京发行集团制定了《北京发行集团企业内部控制体系建设实施方案》。

2022 年，北京发行集团积极推动内控体系建设，有效推进内控体系建设工作，2022 年 7 月通过竞争性谈判，聘用北京正为远达管理顾问咨询有限公司开展内控体系建设工作。全面梳理原有制度，对内部控制制度不健全，已建立制度未能有效执行的情况进行梳理，在充分研究的情况下修改和健全相关内部控制制度，逐步实现内控机制全覆盖，形成“用制度规范、靠制度管人、按程序办事”的内控体系。新增、修订各项制度 91 项，包括《北京发行集团有限责任公司内部控制基本规范》《北京发行集团有限责任公司合同管理办法》《北京发行集团有限责任公司领导干部经济责任审计规定》《国有资产产权登记管理暂行办法》《国有资产评估管理暂行办法》《国有资产交易管理暂行办法》《房屋出租管理暂行办法》《无形资产管理办法（试行）》，研究起草了《北京发行集团有限责任公司重大经营风险管理办法（试行）》。截至2022年末，已完成内控管理手册的初稿核定，完成26个业务领域、89个业务流程的流程框架梳理和控制点位优化。

人才培养

2021年，根据北京发行集团“十四五”战略方向及目标，一是加强人力资源顶层设计，助力集团战略目标实现。在对集团现有人力资源年龄结构、知识结构、技能结构全面系统梳理盘点的基础上，结合集团“十四五”战略目标和发展方向，聚焦人才数量质量、选拔评价、培养使用和激励机制建设等方面，制定了集团“十四五”人才发展规划和人才培养三年行动计划，为有效承接战略落地，实现驱动增长，奠定坚实的人才支撑。二是加大优秀人才引进力度，优化人员素质结构。针对集团产业升级和多元业态融合发展对急需紧缺人才的需求，进一步拓宽选人用人渠道，全年通过社会招聘、外部推荐引进高层次、高学历专业技术人才21人，其中研究生学历8人，人员学历水平、素质结构持续优化。三是加强职工培训，进一步提升人员整体素质能力。一方面，紧密结合企业改革、新业态拓展、品牌提升和数字化转型等重点工作，加强与专业培训机构合作，组织开展陈列策展、线上营销、数据分析、文化空间运营等新知识、新技能专题业务培训，累计参训800余人次，进一步助力干部职工拓展思路、开阔眼界，补短板、强弱项、固根基，跟上形势发展变化；另一方面，积极依托线上培训资源，组织集团所属企业职工700余人次参加人社部、财政部开展的“互联网＋职业技能”提升行动和文创产业提质扩容专项培训。

2022年，北京发行集团针对现有人员年龄老化、知识结构单一、人才梯队建设缺失等问题，一是研究制定《优化集团人才结构加快青年人才引进培养工作的意见》，对青年人才引进培养工作进行路径规划，提供机制保障。二是制订管理培训生培养方案。建立健全管培生引进、培养、使用、激励的常态化、制度化工作机制。三是组织开展青年人才招聘引进工作。通过组织开展校园招聘、非京生源引进和社会公开招聘工作，择优引进 7 名集团急需紧缺的新媒体运营管理、财务管理、审计法务、产业政策研究等方面的应届毕业生和高层次技能人才，进一步加强了青年人才储备，优化了专业人才结构，充实了专业人才队伍。四是开展新员工入职培训，增强企业认同感。集团统一组织新入职人员到会贸中心、中国书店、外文书店、北京图书大厦、王府井书店进行实地参观学习，了解企业的历史沿革、经营现状和未来规划，并通过专题研讨、交流互动，加快对集团整体情况的熟悉了解，实现角色转变。五是畅通发展渠道，量身定制职业发展规划。根据企业发展需要，结合每名新员工的职业学识、职业性向和职业意向，“一人一表”差异化制定培养计划，建立导师制度，完善集团人才培养机制，合理挖掘、开发、培养后备人才队伍。

物流配送

2021 年，北京发行集团所属台湖会贸中心积极推动中盘恢复供货和供应链重建。同时，在深入分析图书产业发展变化趋势的基础上，会贸中心重新调整了经营定位，由物流中盘调整为供应链服务平台，并据此优化库区布局，再造业务流程，重订发货规则。按照集团“采销一体”的工作要求，加强图书选品体系建设，做好与供应商的货款结算工作，重建企业商誉，逐步推进上游供应链恢复；持续完善库存管理、配送业务系统，确保主营业务恢复承载能力。

2022 年，北京发行集团加快推动供应链重构。将台湖会贸中心定位调整为图书供应服务平台和台湖演艺小镇支持平台，实现由物流配送中心到供应链服务平台的转变。研究制定了《出版物结算管理办法》。同时，集团所属台湖会贸中心积极落实集团转型升级相关精神，制订了《库区调整方案》，对库房作业区域和物流设备重新进行优化调整，提高库区空间使用效率。

社会责任

2021年，北京发行集团组织所属单位认真开展“书”适生活——北京书香社区行，助力全民阅读。自2021年6月起，在集团的统一部署下，各单位将红色经典优秀读物送进社区，积极发挥书店连结市民读者、传播先进文化的纽带作用。

2022年，北京发行集团所属北京图书大厦聚焦民情民意，着眼实体书店建设发展，7月为钟声胡同社区困难党员捐赠图书。9月在教师节为属地小学教师送上了优惠购书年卡。2022年初，亚运村图书大厦分别向内蒙古梨花镇中心学校和吴桥县所属前寺、辛集两个小学捐赠课桌椅及教学设备等物资，希望通过公益善举帮助孩子们提高教学条件，改善学习环境，培养良好的学习习惯，托起孩子们的梦想。

2022年，集团减免小微企业和个体工商户租金。根据《北京市人民政府国有资产监督管理委员会等7部门关于减免服务业小微企业和个体工商户房屋租金有关事项的通知》（京国资发〔2022〕5号）文件有关精神，集团所属各企业认真履行国有文化企业的责任担当，全面落实政府租金减免政策，在规定时间内完成了小微企业和个体工商户的租金减免工作，惠及170家商户，减免租金总金额2816.09万元。

2021年末领导班子成员名单

郭小明　党委书记、董事长
龙晓雯　党委副书记、总经理
梁丽玮　副总经理
丁树臣　副总经理
石鸿印　副总经理
徐　威　副总经理

2022年末领导班子成员名单

郭小明　党委书记、董事长

龙晓雯　党委副书记、总经理

陈嘉平　党委副书记、工会主席

梁丽玮　副总经理

石鸿印　副总经理

徐　威　副总经理

张　钵　副总经理

上海新华传媒连锁有限公司

年度概况

2021—2022年，上海新华传媒连锁有限公司（以下简称“新华连锁”）以全面贯彻党的二十大精神和习近平新时代中国特色社会主义思想为指导，以深入开展党史学习教育为抓手，以庆祝中国共产党建党100周年为契机，凝聚共识，汇聚力量，充分发挥党的政治引领和政治保障作用，全面贯彻落实新华传媒三年行动计划，推动企业转型融合发展，以昂扬向上的精神状态、真抓实干的积极行动凝聚发展新华的正能量，共创“新华梦”。

两年来，新华连锁开拓创新，锐意进取，在主题图书发行、上海书城升级改造、临港科技智慧图书馆建设、实体书店转型升级、网点布局调整、两季教材发行、数字化转型等重大项目中，充分发挥线上线下资源优势，推动各项工作齐头并进，取得了较好的成绩。2021年，新华连锁主营业务净收入为11.06亿元，主营业务收入同比增加3.18%；2022年，公司积极克服疫情对生产经营工作带来的冲击和影响，迎难而上，打赢了疫情防控和企业发展两场硬仗，净收入同比增加315万元，实现主营业务收入同比增加0.28%。

领导关怀

2021年6月26日，新华连锁将当年陈云同志入党和工作过的商务印书馆虹口分店重装开业，命名“1925书局”。上海市委宣传部副部长徐炯，上海报业集团党委书记、社长裘新，上海报业集团党委副书记、总经理、副社长、上海新华传媒股份有限公司党委书记、董事长陈启伟，上海市虹口区委书记郭芳，虹口区委常委、宣传部部长吴强，上海市委党校常务副校长徐建刚，陈云纪念馆党委书记、馆长吴瑞虎，商务印书馆有限公司副总经理何光宇，上海联通党委副书记、副总经理李爽等领导和嘉宾，以及新华传媒股份、新华连锁主要党政负责人出席了开业仪式。

2021年9月25日，由中共虹口区委宣传部主办的“纪念鲁迅”主题活动正式举行。上海市委宣传部副部长徐炯，上海报业集团党委副书记、总经理、副社长、上海新华传媒股份有限公司党委书记、董事长陈启伟，中共上海市委党史研究室主任严爱云，虹口区委书记郭芳，虹口区委常委、宣传部部长吴强，中国工商银行上海市分行副行长张晓琪，上海新华传媒股份有限公司总裁刘航，新华连锁党委书记、执行董事钮也仿，副总经理江利等领导参加了活动。新华连锁同工商银行上海分行、长远文化集团签订了三方合作协议，“1927·鲁迅与内山纪念书局”项目正式启动。

2022年11月19日，由新华连锁与徐汇区图书馆联名打造的“灯塔×城市书房”在枫林科创园全新开幕。徐汇区文旅局副局长蒋艳，虹梅街道副主任陈涛，新华连锁副总经理祖谷，枫林集团副总经理潘太生，上海枫林科创发展有限公司总经理杨筱燕出席了本次仪式。

2022年11月26日，在内山书店原址上恢复并扩建的“1927·鲁迅与内山纪念书局”全新开业。上海市委常委、市委宣传部部长赵嘉鸣，上海市委常委、副市长、虹口区委书记郭芳，上海报业集团党委书记、社长李芸，上海报业集团党委副书记、总经理、副社长、上海新华传媒股份有限公司党委书记、董事长陈启伟，虹口区委常委、宣传部部长吴强，鲁迅先生长孙、鲁迅文化基金会会长周令飞，中国工商银行上海市分行党委委员、副行长王睿，上海新华党政班子出席了开业仪式。

2022 年 11 月 29 日，“江南书局”首店“江南书局·书的庭院”对外试营业。奉贤区委常委、宣传部部长向义海，上海报业集团党委副书记、总经理、副社长，上海新华传媒股份有限公司党委书记、董事长陈启伟，上海新华传媒股份有限公司总裁刘航，新华连锁党委书记、执行董事钮也仿，上海作协副主席赵丽宏等领导和嘉宾出席了开业仪式。

荣誉奖项

2021 年 1 月，上海书城五角场店被人力资源社会保障部、国家广播电视总局、国家新闻出版署授予“全国新闻出版广播影视系统先进集体”称号。

2021 年 2 月 4 日，在中国书刊发行业协会主办、百道网承办，时代出版传媒股份有限公司冠名赞助的“新时代杯”2020 时代出版·中国书店年度致敬活动中，新华连锁旗下新华书店日月光店店长张榛、汤臣店店长葛新荣获“年度店长”称号。

2021 年 3 月 31 日，在由中国出版集团有限公司、新华书店总店有限公司主办，图书馆报、新华万维国际文化传媒（北京）有限公司承办的“2021 全国馆社高层论坛”中，新华连锁被授予“年度影响力馆配企业”称号。

2021 年 7 月，在中国新华书店协会主办的庆祝建党百年全国新华书店主题出版物造型设计大赛中，新华连锁选派的参赛选手荣获三等奖，公司荣获组织奖。

2021 年 11 月，在中国新华书店协会主办的庆祝建党百年“我和新华书店”演讲大赛中，新华连锁参赛选手郑超演讲的《与新华同行 将使命传承》荣获优秀奖和优秀文采奖。

2021 年 11 月，新华连锁被中宣部学习出版社授予“重点通俗理论读物宣传推广突出贡献奖”。

2021 年 12 月，在中共上海市委宣传部、上海市人力资源和社会保障局联合开展的第九届“上海出版人奖”和“上海出版新人奖”评选表彰活动中，新华连锁总经理许伟国荣获“上海出版人奖”。

2022 年 2 月，在中国书刊发行业协会主办、百道网承办，时代出版传媒股份有限公司冠名赞助的“新时代杯”2021 时代出版 · 中国书店年度致敬活动中，新华连锁旗下 1925 书局荣获“年度主题书店”称号；新华书店罗宾森店店长周颖荣获“年度店长”称号。

组织人事

2021 年 2 月，钮也仿同志担任上海新华传媒连锁有限公司党委书记、执行董事。

2021 年 7 月，祖谷同志担任上海新华传媒连锁有限公司副总经理；朱伟同志兼任上海新华传媒连锁有限公司工会主席；朱晓芬同志不再担任上海新华传媒连锁有限公司党委副书记。上海新华传媒连锁有限公司副总经理潘汉裕退休。

2022 年 2 月，尹毅歆同志不再担任上海新华传媒连锁有限公司副总经理。

党建工作

2021 年，公司党委进一步健全组织机制，强化保障，充分发挥党组织的政治优势，全面指导公司发展，顺利筹备组建了新一届党委班子。面对公司调整改革及新的管理格局，公司党委牢牢把握新时代党的建设总要求，以提升组织力为重点，坚持协调推进、统筹推进、一体推进，突出政治功能，着力推进各级党组织建设，坚持人在哪里，党员在哪里，党建工作重点就在哪里，不断扩大党组织覆盖面。

2021 年，公司党委完成 5 家党支部换届改选工作；另有 2 家党支部因门店调整、人员变动等因素延期改选。在党组织创新活动方式方面，公司党委注重指导党支部充分运用新元素来创新活动，特别是结合公司自身红色书店优势，增强活动吸引力，带动书店业务实践与活力，让党的旗帜在书店阵地高高飘扬。公司党委始终把党的政治建设摆在首位，把开展党史学习教育作为全年重大政治任务，为每一位党员发放《论中国共产党历史》《习近平新时代中国特色社会主义思想学习问答》等学习用书，为各支部发放《毛泽东 邓小平 江泽民 胡锦涛关于中国共产党历史论述摘编》等指定学习读物。组织党政班子、支部书记参加复旦大学党的建设研究院院长刘红凛教授所作的《深入学习党史 严明政治纪律和政治规矩》专题讲座；前往陈望道纪念馆及复旦经世书局进行参观学习，并同复旦大学出版社开展交流活动；推进落实以“永远跟党走”为主题的书法、美术、摄影作品征集活动等。建党百年之际，公司党委隆重举办“百年礼赞心向党，新华追梦再出发”大型活动，全方位组织开展“文明与文化同行，我为群众办实事”系列活动，切实把党史学习成效转化为工作动力和实在成果。同时，持续正风肃纪，常抓党风廉政建设，加强各环节风险防控工作。

2022年，公司党委始终把坚持学习贯彻习近平新时代中国特色社会主义思想作为首要政治任务，组织党员深入学习《习近平谈治国理政》第四卷、《当好改革开放的排头兵——习近平上海足迹》、《习近平在上海》等和党的二十大文件及辅导读物。公司党委以中心组学习、专题党课、座谈研讨等形式，组织参加了“喜迎二十大 奋进新征程”学习纪念活动、《稳中求进度时艰 勠力同心创未来》辅导讲座、围绕《习近平谈治国理政》一至四卷专题讲座等，引导广大党员干部深入领会精神实质，不断增强“四个意识”、坚定“四个自信”、做到“两个维护”，自觉在思想上政治上行动上同以习近平同志为核心的党中央保持高度一致。同时，公司党委认真贯彻落实党中央“从严从紧落实落细疫情防控工作”的精神要求，做到主动防控、科学防控、精准防控、综合防控，保证生产。

疫情期间，持续号召党团员、职工积极投身社区防疫志愿服务，共同履行社会责任。公司党委围绕中心大局守正创新，积极推动精神文明建设再上新台阶。在本轮文明单位创建申报工作中，申报市级文明单位有2家，区级和宣传部级文明单位达到了11家，集团级文明单位2家、文明班组2家。其中，新增申报4家，晋级申报2家。不断发挥社会主义核心价值观引领作用，持续推进“市民修身行动”，加强网络精神文明建设；党支部开展“一个支部一件实事”活动，办好群众身边实事共32件。

教材发行

2021年，公司教材中心继续加强与教育行政部门及学校的沟通和协作，严格遵守教材出版发行的政策规定，为学校提供优质的服务。面对教材内容改版、征订启动日期延后等问题，新华连锁面临了巨大的教材发行压力。公司教材中心和物流中心积极制订预案，从往年每季2个月左右发货期，缩短到仅用了40多天，最终确保2021年春季、秋季开学前顺利完成了教材发行工作，实现了“课前到书，人手一册”的庄严承诺。据统计，2021全年共征订中小学教材1402种，同比增长7.1%；配发教材5912.39万册，同比增长3.34%。

2022年3月，由于上海疫情快速蔓延，使秋季教材征订工作受到较大影响。公司教材中心紧急开发居家版教材发行业务管理系统，全程采用数字化征订模式，通过技术升级提升征订效率和准确性，以主动适应疫情防控新形势下教材发行工作的新变化、新要求。在秋季教材配发工作中，受教材到货延迟等影响，直到8月14日仅半数教材完成进栈，且上海正值夏季40℃以上高温极端气候，公司物流配发、交通运输经受了重大考验。为确保工作效率最大化，公司持续落实好仓库作业人员闭环管理和核酸检测等工作，将每项措施、每个环节考虑周全，确保实现“课前到书，人手一册”的承诺，赢得上海市教委和上海市委宣传部领导的高度评价和肯定。2022年共征订中小学教材1393种，较2021年基本持平，配发教材6224.28万册，同比增长1.05%。

门店建设

1. 不断优化，全力推进网点布局规划

2021年起，为贯彻落实新华传媒三年行动计划，新华连锁对照上海“十四五”规划和2035年远景目标，对标新一轮文化品牌建设总体规划指引及工作部署，全面提升书店形象，优化书店布局，推进“5+5+N”建设，即中心城区五大书城、五大新城旗舰店网点建设，打造具有品牌影响力的文化

空间、精神家园。2021年，新华连锁结合门店环境及经营现状，累计关闭调整了新华书店静安店和东方书城等12家形象差、效益差的门店，并对大木桥店等进行了装修优化。同年12月13日起，上海规模最大的综合性书城上海书城福州路店正式闭店改造升级。为在改造期间继续向市民读者提供文化服务，上海书城九六广场店于2022年1月30日正式开业，入驻浦东新区陆家嘴东方路796号九六广场内下沉式广场。

2022年，新华连锁根据发展规划，累计关闭了新华书店江桥万达店、吾悦广场店、百联南桥店等8家门店，对山阴路店进行升级改造。为配合五角场万达广场改造，上海书城五角场店于8月重装开业。升级后的五角场店为广大读者提供多元融合、舒适惬意的购书环境，成为北上海又一处文化新地标。同时，公司积极推动“城市合伙人”计划，与腾远企业发展（集团）有限公司合作，在位于闵行区七莘路1889号（华友路口）开设新华书店。通过项目实施，为实体书店未来创新发展和打造书香城市，提供了更多借鉴。

2. 打造全新书店品牌，推动实体书店转型发展

新华连锁不断探索实体书店的转型发展，与城市思想文脉、城市文明程度、城市新格局紧密相连，力求满足读者多样化的文化需求。2021年6月，新华连锁在“建党百年”之际，打造了上海第一家面向社会公众、旨在体现初心纯度的红色主题书店——1925书局。书局前身是商务印书馆虹口分店，陈云同志年轻时曾在此工作并加入中国共产党，以店员身份开展隐蔽战线工作。同年，新华连锁携手宝钢股份共同打造的红色书屋，以“线上＋线下”联动方式，开创了新华连锁党建服务的新模式。

2022年是新华连锁新型门店建设进入快车道的一年。自11月起，1927·鲁迅与内山纪念书局、江南书局·书的庭院和新华书店·逆光226三家新型门店相继开业。其中，1927·鲁迅与内山纪念书局以内山书店为原点和初心，对原址修缮扩建，升级为上海全民阅读会客厅和鲁迅文化传播地，再现了当年的历史记忆和文化记忆，又在新时代将鲁迅思想发扬光大，成为上海一张崭新而富有魅力的文化名片。作为五大新城“江南书局”系列品牌的首家旗舰店，“江南书局·书的庭院”由日本国宝级设计大师隈研吾担纲设计，设计风格以“中式江南庭院”为主题，构建移步换景的园林式景观，营造了丰富多元的文化体验。上海第一家残疾人友好书店“新华书店·逆光226”以“非视觉文化”为核心理念，传播“爱、公益、数字化”，以无差别的环境体现对特殊人群关爱的温度。

此外，“新华书店·城市书房”项目继与“链家”合作共建233家网点后，又同徐汇区图书馆联名共建8家“灯塔 × 城市书房”，还与上海市民族和宗教事务局合作打造了“新华书店·城市书房 × 上海民宗·思源读书会”，进一步扩充了新华书店的社区延伸和网点覆盖，有效打通了公共图书服务靠近社区的“最后一公里”。

3. 全力以赴做好政治读物发行工作，坚守主题图书发行主渠道地位

新华书店是党重要的思想宣传阵地，传承着红色基因。两年中，新华连锁先后成立“红色主题图书发行”、“党的二十大文件发行”领导小组和工作小组，强化跨部门沟通协调，全面发动各级员工投身党史学习教育图书的发行任务。同时，全力加大线上线下联动，通过新媒体渠道进行推广，持续发挥新华书店发行主阵地作用和主渠道优势。

2021年，在习近平同志《论中国共产党历史》《毛泽东　邓小平　江泽民　胡锦涛关于中国共产党历史论述摘编》等主题图书的发行工作中，新华连锁通过整合图书发行资源与力量，发动员工积极主动深入各级政府机关、社区、部队、企事业单位，为基层党组织提供最佳服务、最快速度、最好保证，累计销量近500万册，发行量实现新突破，党员覆盖率名列前茅。同时，公司全力做好“四史”图书的备货和销售工作，《中国共产党简史》《改革开放简史》《中华人民共和国简史》《社会主义发展简史》共计销售160多万册。

2022年，在中国共产党走过百年华诞、党的二十大胜利召开之际，新华连锁持续做好《习近平在上海》、《当好改革开放的排头兵——习近平上海足迹》、《习近平谈治国理政》第四卷等重点主题图书发行工作，合计销售达195万余册。同时，新华连锁把发行好党的二十大文件作为2022年工作的重中之重，以最快的速度、最优质的服务，把党的二十大文件和辅导读物送到各级党组织和广大党员干部手中，总计销售达 89.5 万余册。

融合创新

2021 年，为探索开启公共文化场馆和公共文化服务市场化运营模式的实践创新，由新华连锁参与建设运营的临港科技智慧图书馆项目全新启动。应临港新片区管理委员会（以下简称“临港管委会”）邀请，新华连锁承接了图书馆的设计、运营工作，这是公司对传统经营业务范围的重大突破。

2022 年，经过多轮洽谈，智慧图书馆形态和经营管理方案获得临港管委会方面的认可，成功签署了合作运营协议。作为阅读体验丰富的一站式数字交互阅览平台，公司拟探索将临港科技智慧图书馆“江南书局”品牌相结合，开启“馆店融合”新篇章。通过书香跨界“破圈”，拓展符合“智图”与“江南书局”气质的新型商业业态，营造“主题 + 文化 + 数字 + 社交”的公共新空间以及与临港经济发展、当地特色相融合的江南文化场景，打造全新的人文服务与交流体验模式。同时，为推动新华传媒数字化转型，赋能企业高质量发展，新华连锁以临港科技智慧图书馆项目建设为契机，搭建了“新华传媒数字融合云平台”，在此基础上实现公司业务、资源、渠道、用户、管理等多方面的整合，提升公司数字融合业务的综合能力。

网络运营

在持续运营好公司官网平台的基础上，新华连锁不断加大线上线下联动，通过线上社群营销、网络直播等形式，在网络空间努力满足市民读者和学生的购书学习需求。尤其在疫情期间，努力将地面店销售向网上书店持续引流，取得较好效果。据统计，2021 年相继开展“磨音父亲节特别活动——该怎么理解传统父爱”等社群线上营销活动 59 场次，累计吸引市民读者 13 万余人次收听；2022 年，开展“探寻 J.K. 罗琳的故事魔法，在阅读中让奇迹显形”等社群活动 48 场次，累计吸引市民读者 11.88 万人次收听。同时，公司还针对天猫、京东、B 站、抖音、微博等在线销售和导流平台进行视频发布，增加店铺与顾客之间的黏性，更好地体现了图书的干货内容，吸引读者进行购买。

为拓展全民阅读公共服务，努力探索书店破圈，新华连锁于2021年“世界读书日”正式上线“新华书店·城市书房”微信小程序，开启“图书免费借阅服务”。6月，小程序2.0版正式上线，扩充了城市书房服务功能并形成用户数据沉淀，进一步强化了线上文化服务功能，以更好地满足读者文化供给。2022年，“新华书店·城市书房”小程序功能又全面升级，与公共图书馆合作展开业务的需要更好贴合，也进一步增加了用户黏度，更好地为读者服务。

全民阅读

1. 持续开发开展各类主题阅读品牌活动

2021—2022年，新华连锁全面贯彻上海市政府关于疫情防控工作的统筹部署，切实担负起国有文化企业的社会责任，充分利用自身资源优势，策划开展了多项文化品牌活动，积极营造全民阅读的浓厚氛围，扩大了新华传媒品牌的影响力。

为推动全民阅读，建设书香社会，新华连锁积极发挥旗下“市民文化客厅”“全国新书发布厅”和“上海·故事读书会”三大品牌资源与活动优势，推动多元发展模式和文化品牌向全社会辐射，助力打响上海“红色文化”“海派文化”“江南文化”。两年中，全国新书发布厅举办21期活动，上海·故事读书会举办7期活动，市民文化客厅举办2期活动，为提升上海文化软实力作出了应有的贡献。2021年9月，为积极响应国家“双减”政策，新华传媒打造了全新品牌IP——“申学课堂”，相继推出“阅读与教育”和“阅读与美育”两个栏目，分别举办了“如何正确调整中高考前的‘焦虑’”等12场活动，全方位多角度为学生和家长介绍各种先进教育理念、提供高效的学习方法及技巧、推荐优质的课外读物。11月，“商务印书馆虹口讲堂”系列讲座正式启动，定期与读者见面，截至2022年底共举办了10场讲座。2022年8月起，新华连锁还与上海评弹艺术传习所（上海评弹团）共同打造“评弹中的江南文化”红色党课系列活动。该活动在后续一年中，以每月一场的频次持续举行，让“评弹中的江南文化”走进更多人的生活。

2021—2022年，作为“上海夜生活节”里“夜读”板块的重要组成部分，新华连锁下属门店与全市30多家品牌实体书店同时推出“阅读的力量·深夜书店节”活动。新华连锁积极发挥旗下实体书店的品牌文化特色，推出丰富多彩的阅读文化活动，为城市夜晚的书店阅读空间注入活力，营造城市阅读氛围，丰富了市民夜间文化生活。

2. 以世界读书日为契机营造全民阅读浓厚氛围

新华连锁以世界读书日为契机，以互联网思维进一步利用线上线下资源优势，不断转变思路，持续推进新时代全民阅读事业健康发展。

2021年“4·23世界读书日”期间，新华连锁特别举办了“寻找红色记忆 传承百年荣光”暨“百份红色记忆展”活动，通过新民晚报全媒体持续宣传报道，新华传媒旗下全市近70家新华书店、上海书城共同征集，收录了100余份来自社会各界的珍贵“红色记忆”，在市民读者中引起了热烈反响。2022年“4·23世界读书日”正逢新冠疫情高发时期，新华连锁又以“‘疫’齐携手，书香守‘沪’”为主题，在4月15—25日为读者们在线上举办了丰富别样的阅读活动。先后推出“‘796读书会’之世界读书日云分享——生活里的小满足”及“一步一书·长廊”主题推荐展、“同心守‘沪’，上海加油”主题视频发布和“童心守‘沪’，上海加油”——“玛德琳绘本馆”短视频发布等读书日特别活动，邀请知名作家共同为读者推荐书籍，分享自己的创作故事。

3. 持续开展各类文化营销及文化跨界活动

2021年，新华连锁以上海书城福州路店升级改造为契机，从10月18日至12月12日持续策划开展一系列具有社会影响力的文化营销活动。其中，优惠促销活动持续火爆，创造了自上海书城开业以来单日销售纪录。同时，通过充分挖掘题材，邀请各界名人，在特别版“上海·故事读书会：我与上海书城”活动中，分享了他们对这座城市文化的理解和23载中他们与上海书城发生的有趣故事与美好记忆。

2022年国庆前夕，新华连锁携手长宁区新华路街道、中国电信，在上海第一花园马路“新华路”沿街，利用5座闲置的红色电话亭，限时开启了公益快闪书店“新华路上的新华书店”，吸引众多市民来此参与24小时自助扫码购书及“闲书互换”活动。活动一经推出，便引起众多市民的关注和好奇，纷纷前来打卡。经新华社、《人民日报》等众多主流媒体平台和视频号、微信公众号相继进行宣传，两大央媒对此报道的阅读量均过百万，影响力辐射全国。新华连锁借此契机，以创新联名和实体书店升级优化等方式，擦亮“新华书店”金字招牌，努力通过还原阅读本身的形态，打动更多市民读者沉浸于阅读的环境中。

4. 圆满完成上海书展各项任务

2022年11月18—22日，新华连锁严格按照各项防疫要求，安全、有序、出色地完成了2022上海书展各项任务。在本届书展上，新华连锁承办了“民营出版品牌馆”布展销售工作，共组织13家供应商参展，总计发货4900种，其中2022年出版的新书品种达1200余种。公司以“推进文化自信自强，铸就社会主义文化新辉煌”为主题，精选10余种图书，在展馆内设立了重点主题图书展示专架，弘扬主流价值。2022年新出版的《习近平在上海》、《习近平上海足迹》、《习近平谈治国理政》第四卷及党的二十大文献和辅导读物，被陈列在展台的显著位置，推动全市掀起学习热潮。书展中，新华连锁从教育、健康、艺术等多个领域策划开展了8场精彩纷呈的主题阅读活动，涵盖新书发布、文化讲座、艺术表演等，受到市民读者的欢迎。同时，受市委宣传部的委托，新华连锁担负起“上海书展”官网、微信公众号和微博的日常技术运维及内容运维工作，并同上海书展组委会合作打造“上海书展云会场”，及时将阅读服务推送到市民读者身边，延展了读者的阅读空间。书展期间，“上海书展”各线上平台浏览访问量突破36万次。

另外，在2022年9月30日至10月10日，2022上海书展“童书嘉年华”在上海书城九六广场店举办。活动期间，新华连锁联合中信、二十一世纪、浙江少儿等21家国内重点童书出版社参展，展陈童书品种近万种，开展读书分享活动11场。

5. **扎实开展送文化下乡活动**

两年来，新华连锁积极参与“三下乡”活动，精心挑选适合农民群众阅读的图书，搭建好展台，热情为农民群众服务，营造了乡村健康和谐的文化氛围，极大促进了农村文化建设和市郊农民群众文化素养的提高。2021年，新华连锁党委对青浦区农家书屋配送下乡工作给予大力支持，党委领导出席了“美丽乡村”赵巷和睦村捐赠仪式，向村图书室捐赠党建图书。据统计，青浦区店全年为近190家农家书屋配送图书7700多册。奉贤区店为乡镇图书馆、村委社区书屋共计提供服务14次。2022年，新华连锁青浦区店积极主动拓展乡村图书室，为近180家农家书屋配送图书4.2万余册；金山区店全年为近30家农家书屋配送近5000册。

6. **深入推动文化“六进”活动**

新华连锁依托自身优势，通过整合阅读资源，创新服务平台，积极参与文化“六进”活动。2021年，新华连锁组织门店分别走进杨浦区大连路消防救援站、上海第六人民医院、第九人民医院、市精神卫生中心等单位开展进企业、进医院、进图书馆活动近30场次，并充分利用线上优势，为上港集团尚东分公司、上海同盛电力公司搭建“线上阅读月”活动平台，开展文化服务。2022年，先后为复旦大学附属儿科医院、华山医院及上海电气集团、上海冠东国际集装箱码头有限公司等数十家医院、企业提供文化服务，并相继开展“阅读传世经典·弘扬儿科精神”和“书香华山·人文医学”等数十场职工读书活动。通过“新华一城书集”小程序为职工提供图书线上便捷下单和优惠购、订单优先配送等服务，深受职工好评。

内控管理

2021年，新华连锁进一步推动内控体系建设，强化风控管理，夯实基础，促进实现公司战略目标和可持续性发展。在拓展新业务中，进一步加强了内部控制管理，特别是在新客户的合同审核、资金质押等环节严格把控，不断规范市场开发行为，避免公司因受风险影响发生损失。对于商品库存、固定资产、盘亏率等方面，新华连锁有针对性地建立起相应的管理制度和考核制度，以促进规范管理，着力提升工作执行质效。

2022年，为加强制度审查管理，新华连锁以年度审计工作为契机，不断推动制度完善。同时，对标上级公司相关制度，结合自身实际情况对新华连锁各项制度进行了全面修订和完善工作，对已不适应公司发展，以及与实际操作不符的制度进行了修订、调整。此外，在公司领导的高度重视和各部门的积极配合下，新华连锁于9月顺利通过了ISO 9001：2015质量管理体系审核。

人才培养

2021—2022年，新华连锁以提高职工专业技能和综合素质为重点，先后开展了财务知识培训、电商平台培训、新型门店管理培训、咖啡操作技能培训、书业新媒体营销培训、短视频制作培训等，不断丰富员工知识结构，并结合行业技能竞赛等多种形式，全面提高员工综合素质。据统计，2021—2022年累计开展各类相关培训130余场，涉及1850人次。通过有效整合和充分利用职工教育培训资源，切实增强职业技能培训的针对性和有效性，为公司可持续性发展做好人才保障。

2021年，根据中国新华书店协会举行“我和新华书店”演讲大赛、“万店共庆建党100周年”主题出版物造型展示大赛的要求，新华连锁“以赛带练”，邀请上海建筑设计研究院的设计师团队参与出版物造型创意设计，并邀请上海演讲与口才协会的老师为选手作专业指导，积极培养和锻炼业务骨干，有效提升了选手们的认知能力和技巧。公司员工唐俊华等搭建的作品《党在这里诞生》荣获出版物造型设计三等奖；员工郑超、张嫣蓉分获“我和新华书店”全国演讲大赛优秀奖及优秀文采奖。2022年，为充分发挥劳模和高技能人才引领时代发展、激发创新活力、服务企业经营、弘扬工匠品格的作用，新华连锁创建了“余菁菁劳模创新工作室”，将该工作室作为公司文创产品开发设计排头兵，正式参与到企业运营中来，带领和孵化一批善于动手、思维活跃、勇于创新的年轻人，专项研发文化衍生品，让更多年轻人成为“能工巧匠”，为实现公司创新发展打下坚实基础。

社会责任

新华连锁积极履行社会责任，汇聚行动合力，提升行动实效，主动参与公益事业。通过文化惠民助力乡村振兴，积极开展疫情防控志愿服务和文化助残志愿服务，全力传承新华精神，彰显国企文化担当。2021 年 12 月 12 日晚，“书架下乡，阳光阅读”——上海书城捐赠张家口蔚县 FA 公社图书馆授牌仪式在上海书城福州路店隆重举行。近 30 组书架被运往河北张家口蔚县西窑头村，捐赠给由易居乐农建立并管理的 FA 公社图书馆。上海书城员工还自发向 FA 公社图书馆捐赠了近千本书籍。

2022 年疫情期间，新华连锁持续号召党团员、职工积极投身社区防疫志愿服务，共同履行社会责任。据统计，封控期间新华连锁共有 195 人参与社区志愿服务，累计服务 3693 次；其中党员 105 人，累计服务 2105 次。在此期间，为安抚方舱医院内患者们的情绪，新华连锁组建了“方舱图书供应专班”，同沪上各大出版社积极联系筹措书源，自筹车辆与出版社、医疗队共同开启爱心接力，于 4 月 14 日将书籍送达奉贤和金山方舱医院，为患者带去安慰与信心。11 月 8 日，由上海市残疾人联合会指导、上海市残疾人福利基金会发起的“爱上海 · 学手语”新华传媒手语微课堂启动暨上海青少年益申护照发布仪式在上海书城九六广场店举行，现场授牌“上海书城——手语微课堂”，并授予新华连锁“上海青少年公益助残益申护照联合发起单位”称号。上海书城长宁店、五角场店、新华书店日月光店、1925 书局及新华书店 · 逆光 226 等公司旗下门店也作为手语基地，成为“益申护照”打卡点，一起传播手语文化，为营造有爱无碍的和谐社会作出微薄贡献。

2021 年末领导班子成员名单

钮也仿　党委书记、执行董事

许伟国　党委委员、总经理

朱　伟　党委委员、纪委书记

江　利　党委委员、副总经理

祖　谷　党委委员、副总经理

尹毅歆　副总经理

2022年末领导班子成员名单

钮也仿　党委书记、执行董事

许伟国　党委委员、总经理

朱　伟　党委委员、纪委书记

江　利　党委委员、副总经理

祖　谷　党委委员、副总经理

天津市新华书店集团有限公司

年度概况

2021年，是建党百年的大庆之年，也是“十四五”规划的开局之年。天津市新华书店集团有限公司（以下简称“天津新华”）在市委宣传部、天津出版传媒集团的正确领导下，以习近平新时代中国特色社会主义思想为指导，全面贯彻落实党的十九大和十九届历次全会精神，深入贯彻落实习近平总书记对天津工作“三个着力”重要要求和一系列重要指示批示精神。以抓好庆祝中国共产党成立100周年、党史学习教育、学习宣传贯彻落实党的十九届六中全会精神为主线，全力推动新华书店和图书大厦改革发展，做到战疫与经营两手抓，稳定与发展两不误，各项工作有序推进。

2022年，天津新华广大员工喜迎党的二十大胜利召开，以昂扬的精神风貌学习宣传贯彻党的二十大精神，加强习近平新时代中国特色社会主义思想理论的学习，认真参加“迎盛会、铸忠诚、强担当、创业绩主题学习宣传教育实践活动”，捍卫“两个确立”、增强“四个意识”、坚定“四个自信”、做到“两个维护”，党建和经营工作均有显著提升。全店在困境中谋发展，努力克服新冠疫情的影响，稳住了主业经营的基本面。以问题为导向，紧扣重点，持续攻坚，天津图书大厦改革取得阶段性成果。

领导关怀

2021 年 5 月 17 日，中央宣传部副部长张建春视察天津市外文书店。天津市委常委、宣传部部长陈浙闽，天津出版传媒集团党委书记、董事长杨红杰，总经理班峰、副总经理纪秀荣等陪同。

2022 年 8 月 24 日，天津市委宣传部副部长、市政府新闻办主任、市新闻出版局局长李旭炎到天津市教材发行中心视察指导工作。天津出版传媒集团党委书记、董事长杨红杰，天津出版传媒集团副总经理张云峰等陪同。

2022 年 10 月 25 日，天津市委宣传部副部长、市政府新闻办主任、市新闻出版局局长李旭炎到天津图书大厦参观“喜迎党的二十大书画作品展”。天津出版传媒集团党委书记、董事长杨红杰等陪同。

2022 年 10 月 28 日，天津市委常委、宣传部部长沈蕾，天津市委宣传部副部长王立文出席在天津图书大厦举办的党的二十大文件及学习辅导读物首发式活动。

荣誉奖项

2021 年 3 月，天津市外文书店荣获中国书刊发行业协会、百道网授予的“年度主题书店”称号。

2021 年 6 月，赵志昕荣获天津市委宣传部授予的“宣传系统优秀党员”称号；王建敏荣获天津市委宣传部授予的“宣传系统优秀党务工作者”称号。

2021 年 12 月，天津外文书店、海光寺图书城荣获天津市委宣传部、市新闻出版局、市全民阅读活动办公室授予的“最美书店”称号；公安河北分局书吧、北方创客书吧、海顺印业书吧、西营门红色书屋荣获天津市委宣传部、市新闻出版局、市全民阅读活动办公室授予的“2021 示范阅读新空间”称号。

2021 年 12 月，天津新华因积极参与庆祝建党 100 周年造型展示暨岗位练兵活动，表现突出，荣获天津市出版物发行业协会颁发的“优秀组织奖”。

2022 年 4 月，天津市外文书店荣获中国书刊发行业协会授予的“首届全民阅读大会·年度最美书店”称号。

2022 年 4 月，天津图书大厦图供部荣获天津市总工会授予的“工人先锋号”称号。

2022 年 11 月，24 小时智慧书店荣获天津市委宣传部、市全民阅读活动办公室授予的 2022 年“天津市最美书店”称号；海光寺图书城荣获天津市委宣传部、市全民阅读活动办公室授予的 2022 年“天津市特色书店”称号；西营门红色书屋、北方创客书吧、市公安局辅警图书吧、必胜客滨江餐厅阅读新空间等荣获天津市委宣传部、市全民阅读活动办公室授予的 2022 年“天津市示范农家书屋城市书吧阅读新空间”称号。

组织人事

2021 年 4 月 22 日，袁浩同志任天津市新华书店副总经理（试用期一年）。

2021 年 10 月 25 日，天津新华党委决定：天津市新华书店集团南开区店有限公司整体划转至天津新华教材发行有限责任公司，隶属天津新华教材发行有限责任公司管理。

2021 年 11 月 19 日，天津新华在总部架构内设立电商部。其功能为：适应线上线下融合发展需要，整合全店电商资源，负责天津新华电子商务平台的策划、建设、推广、运营以及计算机系统稳定、网络安全等方面工作。原由市场部运营管理的天猫店划归电商部运营管理。

2022 年 4 月 12 日，中共天津出版传媒集团有限公司党委决定：天津图书大厦股份有限公司隶属于天津市新华书店集团有限公司。天津图书大厦股份有限公司党总支隶属于天津市新华书店党委，其党的工作由天津市新华书店集团有限公司党委具体管理。

2022 年 4 月 12 日，庞丽同志任天津市新华书店集团有限公司副总经理。免去常双同志天津市图书大厦股份有限公司副总经理职务。

2022 年 7 月 9 日，袁浩同志试用期满，任天津市新华书店副总经理。

2022年7月15日，天津新华党委决定：天津市新华书店集团滨江道书店有限公司与天津市新华书店集团河西区店有限公司合署办公。

2022年7月19日，郑东红同志任天津市新华书店副总经理。免去张权同志天津市新华书店党委委员、副总经理，天津图书大厦股份有限公司党总支副书记、副总经理（兼）职务。

2022年12月6日，天津新华党委决定：市店副总经理郑东红同志代为行使天津新华教材发行有限公司党支部书记职责。

党建工作

2021年，天津新华党委不断加强思想政治建设，政治站位进一步提高。在党建工作中突出政治引领，切实加强党的政治建设。全面贯彻落实党中央和天津市委决策部署，把坚决做到“两个维护”作为首要任务；强化统筹推动，强化主责主业意识，把管党治党工作与中心工作同部署、同落实、同检查、同考核；坚持党建引领，构建新华书店改革发展党建一体化工作格局，切实推动落实《国企改革三年行动方案》，以系统观念、辩证思维、创新意识和钉钉子精神，推动新华书店改革落地见效。

天津新华党委认真落实中央、市委、集团党委关于党史学习教育的各项部署，高站位开局，统筹推进党史学习教育。做好意识形态工作报告、分析研判、自查工作，进一步加强和改进新华书店意识形态工作，落实党管意识形态原则。全年两次修订《党委贯彻落实意识形态工作责任制实施方案》和《党委贯彻落实网络意识形态工作责任制实施方案》，两次向出版传媒集团专题报告新华书店意识形态工作情况。在作风建设方面，强调密切联系群众，扎实开展“强党性、办实事、促发展”主题活动。各级党组织动态建立了“我为群众办实事”实践活动清单、解决群众诉求清单，集中力量推动问题从根子上解决到位，全年共解决群众诉求3个，为群众办实事11件，19个党支部与所在社区结对共建，开展“我为群众办实事”主题党日活动，开展志愿服务17次，以为民办实事的成效检验党史学习教育的效果，推动党史学习教育成果快速转化。

2022年，天津新华党委坚决贯彻执行中央、市委和出版传媒集团党委的决策部署，突出抓好习近平新时代中国特色社会主义思想、党的二十大精神学习教育，深入贯彻习近平总书记对天津工作提出的“三个着力”重要要求，认真落实市第十二次党代会部署，开展“迎盛会、铸忠诚、强担当、创业绩”主题学习宣传教育实践活动工作。党委中心组全年集中学习研讨12次，采取“个人自学+网络直播+线下研讨”等方式，运用“三会一课”、“学习强国”APP、领导干部和党组织书记讲党课等形式和载体，开展理论教育和党性教育。坚持集中性培训和经常性教育一体推进，全员覆盖，教育引导党员干部增强“四个意识”、坚定“四个自信”、做到“两个维护”。

为深入学习贯彻党的二十大精神，天津新华党委制定了《关于认真学习宣传贯彻落实党的二十大精神的工作安排》。党委班子成员分头到基层单位进行党的二十大精神宣讲，党委书记为全体党员上了一堂“以党的二十大精神为指引，推动天津市新华书店集团高质量发展新局面”的主题党课。

圆满完成党组织换届选举工作。经天津出版传媒集团批准，召开全体党员大会，选举产生了中共天津市新华书店集团有限公司新一届委员会。张绍宇任书记，崔小光任副书记，杨莉、张权、张绍宇、庞丽、赵志昕、袁浩、崔小光任委员；选举产生了新一届纪律检查委员会，杨莉任书记，韩金铭任副书记；成立中共天津图书大厦股份有限公司支部委员会；完成天津万卷润山文化传播有限公司支部委员会换届选举工作。

切实履行全面从严治党责任。严格落实《党委（党组）落实全面从严治党主体责任规定》，全年召开67次党委会专题研究部署涉及党建、宣传思想、党风廉政建设、意识形态安全、新华书店转企改制、教材发行、主题图书发行、促进全民阅读、干部选拔任用、干部管理监督、财务资金管理、审计、工会、安全、统战等工作。从严落实“三重一大”事项党委会前置要求，落实“一岗双责”工作制度和党支部书记抓党建与述职制度。坚持党管干部的原则，严格落实《党政领导干部选拔任用工作条例》。2022年提拔任用干部8人，调整基层单位领导班子8个，为新华书店改革后的发展提供了人才保障。

改制改革

2021年，天津新华根据市委、市政府统一部署，积极稳妥推进市店及所属单位公司制改革工作。由于全店正处于转企改制的敏感期，推动公司制改革存在着巨大的维稳风险，领导班子召开专题会议，统一思想，迎难而上，确定先行一步将新华书店总部完成公司制改革，以体现完成任务的决心和信心。确定工作目标后，通过与天津市市场监管委的多次沟通与协调，于2021年1月22日取得了天津市新华书店集团有限公司新的营业执照，首战告捷。随后，按计划推进各基层相关独立法人单位改制工作。此次改制涉及基层单位22家，时间紧，任务重，每家单位都存在这样或那样的历史遗留问题，部分职工对转企改制不理解，抵触情绪较高。领导班子反复研讨，深入难度较大的单位进行有针对性的政策宣讲，并下大力气重点解决人员身份问题。经多次与市编办，市、区两级人力资源和社会保障局进行沟通寻求支持，最终实现将所有基层单位人员集中转入书店总部。截至9月30日，所属单位除个别因特殊原因外，基本完成了相关程序，取得了新的公司制营业执照。

2022年，天津新华积极推进天津图书大厦改革工作。在职工分流过程中，图书大厦本着对员工负责的态度，对员工档案工资收入等情况进行梳理，并聘请专业律师提供咨询与法律保障，确保分流过程依法依规实施。期间图书大厦克服因新冠疫情带来的各种困难，积极与各区、县人力社保局沟通协调，及时办理员工解除劳动合同后的档案转接、失业保险登记等，耐心解答员工提出的各种问题，以避免引起不必要的劳动争议。截至2022年末，天津图书大厦完成办理协商解除劳动合同67人，另有3人转到集团下属单位，54人转到新华书店各门店，退休1人，职工分流工作平稳有序完成。

门店建设

2021年，和平路书店提升改造项目取得较大进展。和平路书店位于天津最为繁华的商业街区，曾是天津最早最大的零售卖场，也是天津著名的地标性文化场所。2019年10月，和平路书店提升改造项目申请获批实体书店扶持资金630.56万元，随即开始了项目运作。前期由于和平路书店涉及到文物保护建筑相关政策约束，需要进行专门设计和专家论证，进度受到影响。到年底，相关工作已经完成，具备部分开业条件。

2021年6月29日，在迎接中国共产党成立100周年之际，由天津出版传媒集团、天津市委党校共同打造，天津图书大厦负责管理运营的育梁书局在天津市委党校正式开业。育梁书局坐落于天津市委党校主楼，面积1000平方米，展示陈列图书品种1万余种，涵盖马克思主义理论、党政、历史、哲学、文学等品类，开辟新思想专区、党政专区、理论研究学术专区，同时设置休闲阅读区域、咖啡饮品及自助结算设备。

2022年，天津新华启动了门店智慧化改造，旨在适应疫情常态化经营环境，织密全店ERP系统覆盖网络，以科技手段降低门店运营中的人工成本，为门店实现经营转型赋能。7月，完成了河东区店七经路书店智慧化改造。年底，陆续启动了和平区店的和平路书店和党政书店智能化改造。

重点发行

2021年，为配合党史学习教育，庆祝建党100周年，天津新华重点发行了《习近平新时代中国特色社会主义思想学习问答》《中国共产党简史》《论中国共产党历史》《毛泽东 邓小平 江泽民 胡锦涛关于中国共产党历史论述摘编》等4种指定学习书目。8月底，重点发行《中华人民共和国简史》《改革开放简史》《社会主义发展简史》等。在党委的统一指导下，各部门分工协作，共同努力，实现了前4种图书全市党员全覆盖，后3种图书处级以上领导干部全覆盖。2021年，重点政治理论读物共实现销售码洋8241.60万元。

2022年上半年，由于新冠疫情防控形势严峻，出版社重点政治类读物出版品种减少，市场需求量及购买力锐减。面对困境，天津新华多次召开业务协调推动会，自上而下找问题、想办法，依靠丰富的发行政治理论读物经验，及时解决发行过程中出现的问题。通过采购人员密切联系出版社及时捕捉出版信息，关注主题出版物的出版动向、计划发行量等信息，研判征订发行数量，报订后紧盯物流到货等工作，确保市场货源充足，供应及时。经过努力，上半年累计发行重点政治类主题出版物 50 余种，发货册数 12.5 万册，码洋 725 万元。下半年，《习近平谈治国理政》中英文版第四卷、党的二十大文件和学习辅导读物成为全店发行工作的重中之重。全店上下克服疫情影响，多措并举，抢抓机遇，发行《习近平谈治国理政》中英文版第四卷 4177 万册，码洋 3343.94 万元。为了尽快将《中国共产党章程》和辅导读本送到广大党员手中，全店上下夜以继日开展工作。天津新华主要领导亲赴山东临沂印刷厂抓货源，配送中心和各区店、图书大厦等单位经过五天四夜的连续奋战，将 127 万余册《中国共产党章程》和 127 万余册党的二十大报告单行本送到了全市每个党员手中，在全国率先实现党员全覆盖，坚决落实了天津市委的指示精神。据统计，2022 年，天津新华累计发行重点主题出版物 80 种，共计 327 万册，码洋 6039.6 万元。

教材发行

2021 年，天津新华高度重视教材发行工作，克服新冠疫情和恶劣天气的影响，上下齐心，统筹安排，全力以赴。不但出色地完成了中小学教材的发行工作，还面向全市各中小学校开展了《习近平新时代中国特色社会主义思想学生读本》征订工作，进一步拓展了教辅发行领域，效果显著。同时，受天津市高考政策改革的影响，外地来津就读学生数量巨大且具有不确定性，为教材征订发行增加了很大的变数。各区新华书店通过与教育系统沟通，掌握一手信息，摸清来津学生具体人数及选修科目，及时报数。教材公司向出版社和印刷厂沟通开机印刷数，并积极与相关省（区、市）教材公司沟通调剂货源，高质量地完成了教材发行任务，实现了“课前到书，人手一册”总目标。

2022 年，为确保教材生命线，教材公司着力做好 2022 年秋季教材投标准备工作，历时数月完成了教材发行资质及相关换证、验证工作。在春季教材发行工作中，由于一部分职工居家防疫，到岗人员少，库房到货集中，教材配发工作受到严峻挑战。教材公司合理安排到岗人员实行闭环管理，从收书、配书，到发货，做到无缝对接，保证了“课前到书，人手一册”总目标的实现。2022年春季教材总计到货品种2389种，2074.41万册，码洋21950.12万元。

2022年上半年，教材公司取得了著名的教辅图书“53”系列的代理权，共计27个系列，约155万码洋，在24家门店上架销售；取得了《必刷题系列丛书》的代理权，共计33万码洋，在17家门店上架销售。下半年，由于教材内容发生重大修订，2022年秋季教材交付时间延迟，极大地压缩了发行时间。教材公司和各区店及时启动相关预案，组织专门队伍采取“随到随发”的策略，加快物流速度，确保了“课前到书，人手一册”总目标的实现。

全民阅读

2021年，天津新华积极开展主题营销活动，各零售卖场充分利用元旦、春节、“4·23世界读书日”、六一、国庆节等节日、纪念日开展形式多样的主题书展，促进了销售，提升了新华书店的品牌形象。海光寺图书城与南开区图书馆合作，深入社区、景区、机关、学校等开展流动售书。端午节期间，深入棉三创意街区参加图书市集，3天销售收入6000余元。4月9日，市店所属教材发行中心支部委员会组织河东区店、津版书店、南开区店、海光寺图书城联合蓟州区新华书店开展送书下乡活动，为蓟州区的农民群众免费发放新宪法手册100余册。本次活动中，各区店携带政治、法律法规、科技、农业书籍供大家阅览和购买，受到现场群众热烈欢迎。7—9月，天津新华联合市出版物发行业协会、市出版协会开展了“津版精品图书联展”活动，天津图书大厦、素质教育书店、海光寺图书城、东北角书店、中山路书店、万新村书店等参加联展。

2022年6月，天津新华各门店响应市“扫黄打非”工作办公室要求，积极参与“护苗2022”行动，开展“绿书签”优惠销售活动。南开区店和海光寺图书城先后与南开区文旅局联合在天津市城市规划设计研究总院举办了“零距离面对面心贴心”便民服务阅读活动；与南开图书馆联合在长虹街道、

25 中学举办了“你读书我买单”活动；于“4·23 世界读书日”参加了市新闻出版局、北方演艺集团在张园博物馆举办的阅读市集；与津南区店联合举办了“阅读越开心，我爱阅读”图书大篷车活动。

天津图书大厦在“4·23 世界读书日”到来之际，策划推出了“暖春已至 愉阅起航”读书系列活动；举办了“喜迎二十大·永远跟党走·奋进新征程”——世界读书日红色教育主题宣讲和“风飘书香满三义”世界读书日阅读分享会；与河西区文旅局合作举办了“阅读焕新世界”“最美朗读者”等活动。除此之外，还开展了“阅读的 N 种打开方式”“百城百店共读计划”等线上线下共计 14 场阅读活动。6 月，图书大厦参加了由天津市科学技术协会、天津市全民阅读活动办公室等单位主办的 2022 天津市青少年“津彩阅读·崇尚科学精神·展望科学未来”读书系列活动。7 月，图书大厦组织策划了“字里行间 探索未知世界”暑期阅读狂欢季、科普图书展、有奖答题等线上线下活动共计 11 场次。10 月 28 日，图书大厦隆重举办了“党的二十大文件及学习辅导读物首发式”。

内控管理

2021 年，天津新华依据问题导向，切实解决改革发展中存在的突出问题。一是制定了《关于开展讲担当促作为抓落实、持续深入治理形式主义官僚主义不担当不作为问题专项行动的工作方案》（2021—2023 年），在全店范围内发放调研问卷，开展调查摸排，精准发现和整治自身存在的突出问题。二是研究制定了《关于深入开展重点领域腐败问题专项整治工作实施办法》，对整治工作进行全面部署，对 7 项整治内容确定牵头部门、责任部门、完成时限，如期完成专项整治工作。三是开展对逾期 3 年以上应收账款清收行动的专项工作，各单位党政主要负责人切实提高政治站位，切实履行主体责任，全力以赴抓好专项工作任务落实，确保了专项工作取得实效。

2022 年，天津新华切实加强意识形态阵地管理，坚决维护意识形态安全，先后制定了《党委贯彻落实意识形态工作责任制实施方案》《党委贯彻落实网络意识形态工作责任制实施方案》《排查梳理意识形态安全和网络意识形态安全风险点清单》。召开党委会4次，定期分析研判意识形态领域动向，认真查找和化解可能影响意识形态安全的风险隐患。

社会责任

为了落实天津市关于做好经济薄弱村帮扶工作的有关指示精神，近年来，天津新华持续派出骨干力量下乡，到武清区崔黄口镇店子村进行对口驻村帮扶。

2021年2月11日除夕，天津新华为落实市委、市政府关于做好人民群众就地过年的文化服务保障要求，邀请天津市公安局特警总队留津外地干警走进图书大厦，参加主题为“警韵书香，携手同航”的警民联谊活动。天津出版传媒集团与天津市公安局特警总队相关负责人共同为“警营城市书吧”揭牌，并举行捐赠图书仪式。

2021年8月，天津市河东区团委、区青联联合天津市新华书店河东区店、东新街道团工委开展“书香满书屋，大手拉小手”东西部协作捐赠图书活动。河东区店向甘肃省宁县和迭部县共6个乡村的中小学捐赠了党史学习教育用书和其他青少年读物200余册，价值6000余元，用于青联“希望小屋”建设。

2021年6月10—14日，由天津出版传媒集团主办，天津市新华书店、天津图书大厦承办的“伟大的征程——中国共产党百年历史文献巡展”在天津图书大厦开展。本次巡展展出著名民间收藏家詹洪阁先生30余年来自费搜集抢救整理的300余件珍贵党史文献展品，生动再现一代又一代中国共产党人进行伟大斗争、建设伟大工程、推进伟大事业、实现伟大梦想的艰苦卓绝的奋斗历程。

2022年，天津市委组织部为全市16个区统一购置了党旗。天津图书大厦作为基层服务单位，在接到配发党旗的任务后，迅速组建物流团队和分拣小组，在做好防疫、保证人员安全的基础上，仅用3天时间就完成了16个区、11015面党旗的配送任务。

2022年4月22日，天津图书大厦配合河西区双打办、河西区知识产权保护办、河西区市场监管局开展了“知识产权日”宣传活动。

2022年6月30日、7月1日，天津图书大厦员工在残疾人之家帮助分拣、整理助残物资，开展志愿服务活动。

群团工作

2021年，天津新华群团组织积极开展各类健康向上的文化活动，庆祝建党百年。组织参观“奠基岁月”“红色记忆——天津革命文物展”；组织参加全国职工党史知识竞赛和“我心向党”天津市职工网上红色观影活动；组建天津新华代表队，参加了出版传媒集团举办的“礼赞百年奋斗路，出版建功展风采”党史知识竞赛；组织开展“庆祝建党100周年主题出版物造型设计大赛”。通过多形式、多载体的活动，让广大党员、职工深刻感悟红色传承，滋养忠诚灵魂。

2022年，天津新华本着“为读者负责、为员工负责”的精神，从严从实落实疫情防控举措，制定了《关于进一步做好新型冠状病毒感染肺炎疫情防控工作的方案及措施》，严格落实天津市疫情防控指挥部和天津市委宣传部各项防控工作指示要求；工会支出11万元为职工购买医用口罩、酒精消毒湿巾等防疫用品，对所属营业场所严格落实疫情防控、值班值守等制度，为全店抗击新冠疫情，顺利复工复产提供了安全保障，受到广大职工赞誉。

书店工会充分发挥关心职工生活、维护职工切身利益的作用，组织在职职工进行体检，按照工会制度规定落实职工各项福利待遇，完成困难职工摸排建档、慰问等工作；落实劳模的各项政策待遇和退休职工“四个一”任务，认真落实老干部政策，做好老干部工作；落实社会治安综合治理工作，确保安全生产和稳定。

2021 年末领导班子成员名单

张绍宇　董事长、党委书记

崔小光　党委副书记、总经理

张　权　副总经理

杨　莉　纪委书记

袁　浩　副总经理

2022 年末领导班子成员名单

张绍宇　董事长、党委书记

崔小光　党委副书记、总经理

郑东红　副总经理

杨　莉　纪委书记

袁　浩　副总经理

庞　丽　副总经理

重庆新华书店集团公司

年度概况

2021—2022 年，重庆新华书店集团公司（以下简称“集团公司”）在中共重庆市委宣传部的坚强领导下，坚持以习近平新时代中国特色社会主义思想为指导，牢固树立以人民为中心的发展思想，紧紧围绕举旗帜、聚民心、育新人、兴文化、展形象的使命任务，赓续红色血脉，传承红色基因，积极顺应数字产业化和产业数字化发展趋势，按照“一中心、两平台、三转变”的发展方略，聚焦主业、深耕主业、精耕主业。统筹抓好疫情防控和经营工作，坚决守住安全发展底线。全力推进重点项目建设，加快发展新型文化业态，做强做优线上线下两个主渠道、主阵地，“两个效益”俱佳，实现“十四五”良好开局。2021 年，实现营业收入 25.4 亿元，利润总额 6.8 亿元，年末资产总额 89.18 亿元，净资产 56.36 亿元，净资产收益率 12.35%，国有资产保值增值率 112.66%。2022 年，实现营业收入 21.12 亿元，利润总额 3.75 亿元，年末资产总额 91.42 亿元，净资产 59.44 亿元，净资产收益率 6.53%，国有资产保值增值率 105.48%。

领导关怀

2021年4月8日，全国政协常委、文化文史和学习委员会副主任王儒林率全国政协文化文史和学习委员会调研组一行到集团公司调研并参观了重庆书城。全国政协委员、文化文史和学习委员会副主任阎晓宏等参加调研，市政协文化文史和学习委员会主任薛竹等陪同调研。

2021年4月14日，重庆市委宣讲团成员、宣传部副部长张洪斌到集团公司作党史学习教育宣讲报告，用著名历史事件和艰苦卓绝的斗争历程，为集团公司党委班子成员、科级以上干部、部分区县店经理及支部书记共80余人上了一堂生动的党课。集团公司党委书记、董事长肖陵主持报告会。

2021年6月25日，市委宣传部副部长、市文明办主任马岱良到集团公司专项督导检查意识形态和安全生产工作。要求集团公司将意识形态和安全生产工作作为一项重要政治任务，提高站位、明确责任、严格督查、确保安全、展示形象。

2021年10月12日，学习贯彻习近平总书记“七一”重要讲话精神专题报告会在重庆新华传媒公司举行，重庆市委宣讲团成员、重庆大学马克思主义学院院长张邦辉教授作习近平总书记“七一”重要讲话精神宣讲报告。

2021年12月21日，党的十九届六中全会精神专题报告会在重庆新华传媒公司举行，市委宣讲团成员、市委宣传部常务副部长曹清尧进行宣讲。集团公司党委书记、董事长肖陵主持报告会，集团公司党委班子全体成员，集团公司、传媒公司本部科级以上干部，部分区县店经理、党支部书记以及党员代表共160余人参会。

2022年2月23日，市委宣传部副部长、市电影局局长张洪斌，市委宣传部组织干部处处长罗静，市纪委监察驻市委宣传部纪检监察组一级调研员黄灵，市文资办二级调研员王亚玲，市委宣传部文化产业处副处长岳磊一行到集团公司专题调研巡视整改工作及新华产业园项目建设情况。

2022年3月23日，市委宣传部常务副部长曹清尧，市委宣传部理论处处长徐久清、组织干部处处长罗静、文化产业处副处长岳磊一行到新华会议中心调研。

2022 年 5 月 13 日，由中共重庆市委宣传部主办、重庆新华书店集团公司承办的“首届全民阅读大会 · 年度最美书店”授牌仪式在重庆书城举行。市委宣传部副部长马然希，市委宣传部印刷发行处处长吴扬、一级调研员陈果，重庆新华书店集团公司党委书记、董事长肖陵，重庆新华传媒有限公司副总经理黄兴辉出席授牌仪式。

2022 年 7 月 6 日，市委常委、宣传部部长姜辉，市委宣传部常务副部长曹清尧，市委宣传部办公室主任张萌、文化产业处处长李为祎、印刷发行处处长吴扬、办公室副主任颜安、文化产业处副处长岳磊一行到集团公司调研。

荣誉奖项

2021 年 2 月，在中国书刊发行业协会主办的“新时代杯”2020 时代出版 · 中国书店年度致敬活动中，石柱华溪初心书屋获评“年度乡村书店”；江津米兰小镇店获评“年度社区店”；江北店店长安迎同志获评“年度店长”。

2021 年 4 月，重庆书城在 2021 年“书香重庆”全民阅读系列推荐活动中，获评重庆市“全民阅读推广示范单位”。

2021 年 4 月 15 日，在重庆市脱贫攻坚总结表彰大会上，重庆新华书店集团公司忠县新华书店副经理庞玉川同志荣获“重庆市脱贫攻坚先进个人”称号。

2021 年 5 月，集团公司荣获重庆市总工会颁发的 2021 年度“重庆五一劳动奖状”。

2021 年 5 月 26 日，在中国出版传媒商报社主办的 2020—2021 年度全国书业非书品经营推展活动中，阅淘网获评“示范店铺”；教装公司获评“创新单位”；研学公司团队获评“优秀团队”。

2021 年 10 月 13 日，在中国出版传媒商报社主办的 2020—2021 年度书业榜样阅读空间推展活动中，重庆书城获评“标杆大书城”；沙坪坝书城获评“优秀大书城”；万州店、南川店获评“优秀基层店”；云阳实验中学店获评“优秀校园店”；开州校园书店获评“最 in 校园店”；江津米兰小镇店获评“优秀社区店”；沙坪坝书城团队获评“优秀运营团队”。

2021 年 12 月，在中国书刊发行业协会、韬奋基金会指导，北京开卷信息技术有限公司主办的第三届“全民阅读·书店之选”活动中，传媒公司获评“十佳组织”；传媒公司及重庆书城、沙坪坝书城、九龙书城、南岸店、江北店、北碚店获评“百佳阅读推广单位”；九龙书城获评“独具慧眼”荣誉称号。

2022 年 2 月，集团公司团委在团市委组织的 2021 年度重庆共青团工作考核中获评“一等”。

2022 年 4 月 24 日，重庆书城荣获中国书刊发行业协会颁发的“首届全民阅读大会·年度最美书店”称号。

2022 年 6 月 20 日，传媒公司获评“重庆市 A 级和谐劳动关系企业”。

2022 年 9 月 19 日，在 2022 年“书香重庆”全民阅读系列推荐活动中，“弘扬中国共产党人精神谱系主题活动”获评“重庆市优秀全民阅读推广活动”；沙坪坝书城获评“重庆市全民阅读推广示范单位”；石柱华溪初心书屋获评“重庆市年度十佳最美阅读空间”；重庆书城获评“重庆市年度十佳最美书店”；重庆书城经理朱健安同志获评“重庆市全民阅读推广点灯人”。

党建工作

2021 年，集团公司充分发挥党委理论学习中心组示范作用，采取集中学、专题议和个人悟相结合的方式，引导党员干部始终在政治立场、政治方向、政治原则、政治道路上同以习近平同志为核心的党中央保持高度一致，不断增强“四个意识”、坚定“四个自信”、做到“两个维护”。党委理论学习中心组累计学习 16 次，召开党建工作专题会议 2 次、意识形态工作会议 2 次、党风廉政建设专题会 2 次、党委会 17 次，研究“三重一大”事项 30 余项，党委“把方向、管大局、保落实”的作用不断强化。出台《党支部党建工作考核细则》，加大党建工作述职评议、考核结果运用，与推进干部能上能下、绩效分配挂钩，使党建工作由软指标变为硬约束。

扎实开展党史学习教育，学党史、悟思想、办实事、开新局。一是筑牢思想根基用功学。党委理论学习中心组分若干专题学习了习近平总书记在党史学习教育动员大会上的讲话、在“七一勋章”颁授仪式上的讲话、在庆祝中国共产党成立100周年大会上的讲话及《论党的宣传思想工作》《论中国共产党历史》等党史学习教育指定书目。47个党支部、23个团支部按照党委统一部署，积极开展党史专题学习。举办“永远跟党走”党史知识竞赛，62支参赛队、186名选手参赛，通过以赛促学、以学促行推动党史学习教育走深走实。积极参加市委宣传部举办的庆祝中国共产党成立100周年主题征文、党课评比和党史知识竞赛，获得一等奖1个、二等奖1个、三等奖1个。二是坚定理想信念用情讲。积极开展“党课开讲啦”活动，以建党百年为主题，探寻精神源头，汲取奋进力量。集团公司党委书记及党委班子成员带头在所在支部和基层联系点讲党课，各党支部举办专题党课50余场、2600余人次参加。召开庆祝建党100周年座谈会，开展了“跟着共产党走”“百年大党 身边的共产党员”读书征文活动、“请党放心，强国有我”教育活动、“好书推荐”短视频征集活动、“书香重庆”摄影作品征集、创意海报征集等系列活动。三是传承红色基因用心看。组织党员干部收看庆祝中国共产党成立100周年大会，共同庆祝党的百年华诞。组织收看“时代楷模”发布厅，向毛相林、王红旭等“时代楷模”学习。组织党员干部到聂荣臻元帅陈列馆、刘伯承同志纪念馆等红色教育基地参观学习，重温入党誓词，赓续革命精神。组织党员观看《长津湖》《王良军长》等爱国主义题材电影，弘扬伟大民族精神，增强党员荣誉感、使命感。七一前夕，集团公司党委及各党支部走访慰问了党龄50年以上的17名老党员，向他们颁发“光荣在党50年”纪念章。四是注重知行合一用力做。深入开展“我为群众办实事”实践活动，58个部门（单位）利用“书香新华”志愿服务活动、“送书进工地”、“爱心进农家”助力乡村振兴行动、“绿书签行动”亲子阅读主题活动等形式为群众办好事、实事500余件。

牢牢掌握意识形态工作领导权，守住管好宣传文化阵地。认真贯彻执行

《关于新形势下党内政治生活的若干准则》，建立《领导干部双重组织生活会、讲党课、联系点完成情况台账》，7 名党委班子成员均完成了既定目标。47 个党支部紧密结合“三会一课”，深入开展政治纪律和政治规矩学习教育，始终把“两个维护”作为最高政治原则和根本政治规矩。制定《意识形态领域风险隐患防范化解重点任务台账及责任清单》，围绕 7 项内容开展风险隐患排查，常态化加强教育引导，不断提高党员干部的政治判断力、政治领悟力、政治执行力。充分发挥 47 名意识形态工作联络员“近距离哨兵”作用，加强利用集团公司自有场地举办培训会、研讨会等活动的过程监控，加强对集团公司内刊《重庆新华之声》、门户网站、“云之家”线上智能办公系统和 42 个微信公众号的动态监管，确保导向正确、事实准确、表述规范、合法合规，为庆祝党的百年华诞营造了良好氛围。

压紧压实管党治党政治责任，毫不松懈正风肃纪反腐。制定《党委落实全面从严治党主体责任清单》，进一步推动集团公司党委及班子成员担负起管党治党政治责任。建立党委班子成员廉政档案。召开党风廉政建设专题会议 6 次。党委组织谈话提醒 700 余人次，纪委开展廉洁谈话 600 余人次。抓住节假日等关键节点开展纪律教育，累计向科级以上干部发送廉洁提醒短信 1500 余条。编发《廉文荐读》12 期。集中开展“以案四说”警示教育 5 次、观看警示教育片 5 部，500 余人次中层以上党员干部受教育。利用“廉政新华”微信工作群和“云之家”办公系统，及时转发中央纪委国家监委网站等平台通报曝光的典型案例 40 余个。47 个党支部召开“以案四改”专题会议 53 次，优化制度 5 项，整改问题 10 个。围绕工程招标、物资采购、项目建设等划分“高中低”风险点 880 个，制订防控措施 348 条。认真开展“吃公函”排查清理，修订完善《公务接待管理办法》。精准运用监督执纪“四种形态”，对 5 名党员干部进行了提醒谈话或诫勉谈话，向相关责任单位提出监察建议 4 条。认真配合市委第四巡视组对市委宣传部开展的常规巡视。

2022 年，集团公司坚持党的全面领导，制定了《党委前置研究讨论事项清单》，充分发挥党委“把方向、管大局、保落实”作用，召开党委会 24 次。强化理论武装，严格落实“第一议题”制度。党委理论学习中心组集中学习14次，专题学习《习近平谈治国理政》第四卷，及时传达学习习近平总书记系列重要讲话精神、党的二十大精神，不断提高党员领导干部政治判断力、政治领悟力、政治执行力。把党史作为党员干部必修课、常修课，推动党史学习教育常态化长效化。持续开展“两优一先”评选活动，评选表彰9个先进党支部、10名优秀党务工作者、62名优秀共产党员。以党建带群建，开展喜迎党的二十大“强国复兴有我”读书活动、微宣讲比赛、摄影比赛等群众性主题宣传教育活动，唱响主旋律、弘扬正能量。启动“书香新华”新时代文明实践基地建设，推进集团公司本部1个基地和重庆书城、沙坪坝书城、九龙坡、万州、黔江、涪陵、北碚、永川、巫山、酉阳等首批10个站点建设。开展政策宣讲、读书分享、公益讲座、送书下乡等活动50余场。

牢牢掌握意识形态工作领导权，守住管好宣传文化阵地。集团公司党委专题研究意识形态工作3次，出台《维护稳定工作实施方案》，开展专题培训2次，制定重点任务台账及责任清单。开展了意识形态领域重大风险隐患大排查、大整治、大督查，加强对“名家进校园”活动和各类研讨会、讲座论坛以及媒体网络的事前监管。健全完善意识形态联络员管理机制及联合监督机制，严格执行公众号账号备案、信息发布“三审三校”。加强对党员干部职工上网用网行为的引导和管理，积极营造清朗网络空间。

深入推进党风廉政建设，营造了风清气正劲足的发展环境。集团公司党委书记与59个部门（单位）负责人签订了党风廉政建设责任书，开展谈心谈话100余人次，对科级以上干部集体谈话400余人次。对26名新任职干部进行集体谈话、廉洁提醒和任前党纪法规应知应会测试。集团公司纪委切实履行监督责任，开展“以案四说”警示教育1次，组织观看警示教育片3部，400余人次党员干部接受教育；编发《廉文荐读》12期，在重要时间节点发送廉洁短信1500余条，利用“廉政新华”微信工作群和“云之家”协同办公系统转发典型案例60余个。各党支部开展警示教育150余场，1700余人次党员干部接受教育，推动“五廉一体”廉洁文化建设走深做实。

增强政治自觉，有力、有序、有效抓好巡视整改。坚持从政治上认领问题、分析原因、制订措施，紧盯问题、任务、责任“三张清单”，建立一周一过问、半月一汇总、每月一调度、月月一督查的“四个一”工作机制，全力做好巡视“后半篇文章”。先后召开专题党委会6次、巡视整改推进会23次，实地调研30次，专项督导2次，修订完善内控制度33个，推动巡视整改各项任务落地落实、见底清零。

教材发行

2021年，集团公司在教材发行工作中坚持快收快发，倾情服务，圆满完成春、秋两季中小学教材教辅发行任务。发行教材8900万册，同比增长4.3%，码洋7亿元，同比增长4.5%，连续42年实现“课前到书，人手一册”。教辅销售5880万册，同比增长1.4%；码洋8.24亿元，同比增长5.4%。

2022年，集团公司克服教材改版到货晚、新冠疫情不断暴发以及罕见高温天气等不利影响，上下一心、攻坚克难，出色地完成了春、秋两季中小学教材教辅发行任务。共发行教材9669万册，同比增长9%；码洋7.23亿元，同比增长3%，连续43年完成“课前到书，人手一册”政治任务。教辅销售6003万册，同比下降1%；码洋8.91亿元，同比增长3%。

门店建设

2021年，集团公司有序推进图书卖场改造升级，打造有情怀、有温度、有魅力的新型阅读空间。奉节店中心门市重装开业，长寿、潼南门市改造有序推进，新建了石柱华溪初心书屋、江津米兰小镇店等红色文化、文旅融合的特色乡镇发行网点。投资1544万元在渝北区中央公园两江国际商务中心龙湖天际购置总建筑面积1544平方米的物业，启动渝北书城建设。

2022年，集团公司有序推进门店升级改造。江北中心书城完成装饰概念设计；长寿新门店开业，迅速成为当地文化新地标；潼南新门店开业。开展了新一轮“星级门市”评比，以门市评星为推手，不断提高门店标准化建设水平，全面促进各大卖场高质量、综合性发展，助推连锁渠道整体形象升级。

融合创新

2021年，集团公司加快推进渠道数字化转型，做优做强线上线下两个主阵地。进一步提升门店智能化应用水平，全面提升门店商品管理、精准营销、快捷服务的智能响应。做好新版“阅淘网”创新上线，优化三方电商平台商品布局，巩固线上主渠道地位。优化“你选书，我买单”平台，扩大在线借阅规模。美化购书环境，丰富经营业态，着力提升实体门店生存力、发展力。积极开拓教装业务。重庆书城、沙坪坝书城及23个区、县店中标教装项目112个，实现销售8106万元。受新冠疫情影响，各店研学活动处处受限，仅组织9场活动，出行5249人次，实现销售100.9万元。

2022年，集团公司持续推进门店智能化改造，优化完善智慧书城运营体系，不断提升网络发行传播力、影响力。开发完成“智能门店手持数据终端PDA2.0版”，从“硬”“软”两方面重构系统，进一步提升操作体验，满足多样化的业务需求。设计开发“重庆新华电子发票中台系统”，实现“重庆新华书店”小程序线上零售平台、“新华优享”社群营销平台、“阅淘网”、前台零售POS与中台系统的功能对接。开发上线“数据融合绩效分析平台”，为门店考核、业务管理、营销分析等工作提供数据支撑。积极开拓教装市场，全年完成99个教育装备项目，实现销售5247万元。“堂堂好课”系列产品已为21个区、县的165所小学提供课后延时服务课程，实现销售276万元。

网络运营

2021年，集团公司大力加强门店智能化建设，不断提升网络发行传播力、影响力。加快“阅淘网”迭代创新步伐，读者关注度、点击率、下单量持续攀升，在线销售图书品种超20万，注册用户65.2万，微信公众号关注人数30.5万，实现销售1900万元。“重庆新华书店”微信小程序实现销售900万元。“新华优享”小程序营销平台于2021年7月上线，以微信生态圈为传播桥梁，以“团长书单”、短视频荐书、直播带货为营销手段，将新华书店的售书服务延伸到广泛的社群之中，到年底实现销售 44 万元。天猫专营店实现销售 881 万元，京东专营店实现销售 66 万元，拼多多专营店实现销售 376 万元。

2022 年，集团公司持续推进门店智能化改造，优化完善智慧书城运营体系，不断提升网络发行传播力、影响力。大力推广“重庆新华书店”小程序线上零售平台和“新华优享”社群营销平台，增强线上吸引力和关注度，延伸社群营销触角，拓展线上销售空间。做好新版“阅淘网”创新上线，扩充平台功能，优化读者体验，巩固线上主渠道地位。“阅淘网”注册用户达 69.5 万，微信公众号关注人数 30.5 万，实现销售 1800 万元。“重庆新华书店”小程序线上零售平台实现销售 1350 万元，“新华优享”社群营销平台实现销售 138 万元。天猫专营店实现销售 1235 万元，京东专营店实现销售 49 万元，拼多多专营店实现销售 790 万元。传媒公司一般图书、音像制品、电教产品、文化用品等连锁经营实现销售净额 4.44 亿元，同比下降 17 %。

全民阅读

2021 年，集团公司以解放碑步行街为主展场，全市各门店联动，承办了为期一周的 2021 年重庆市全民阅读月惠民书展，精选全国百余家出版社的 4 万余种图书优惠展销，营造了“爱读书、读好书、善读书”的浓厚氛围。持续开展“百本好书送你读”活动，推进“百本好书”进农村、进社区、进家庭、进学校、进机关、进企业、进军营活动，达 212 场次，受众达 42.4 万人次，实现销售 120 万元。创新开展“名家进校园”活动，邀请儿童文学作家杨红樱、张之路来渝开展 10 场进校园、进图书馆、进书店的公益讲座暨签售活动，销售图书 1.7 万册、码洋 40.3 万元。开展各种形式的好书推介、阅读推广、上门推销、流动售书活动 200 余次。

在全国发行界首家发起举办“铭记初心使命，弘扬精神谱系”弘扬中国共产党人精神谱系大型出版物展销活动。全市 38 家区、县中心门店均打造出特色鲜明的中国共产党人精神谱系主题展区及“阅读 + 展览”一体化沉浸式体验区，通过图片、展板、主题形象墙、LED 屏等多种形式对精神谱系进行宣传，对41家出版社的118种优秀图书进行集中陈列展销，把精神谱系的核心内容传递给社会各界，掀起弘扬中国共产党人精神谱系学习热潮。

2022年，集团公司以“弘扬中国共产党人精神谱系”活动为核心，以市委宣传部主导的“百本好书送你读”“绿书签”活动为主线，以“4·23世界读书日”“金秋惠民书展”“寒暑假阅读”为依托，以“童心故事汇”“小小图书管理员”等公益文化活动为补充，开展各类营销活动5645场。

精神谱系活动作为集团公司献礼党的二十大的主题活动，开展了“双百千万”系列活动——通过集团官方微信公众号向全市推荐100本精神谱系主题图书；在全市范围内共建100个文明单位精神谱系图书角；开展1000场精神谱系主题活动和1000场流动售书活动，其中，线上活动334场，线下活动666场，农村流动售书417场；开展“10000+条精神谱系诵读音频”活动，两大书城及36个区县店同步参与，共征集到诵读音频12697条，线上活动专区页面累计访问量达93.8万人次。

举办了2022年重庆新华馆配会，全国200家大社、名社、重点社参展，集中展出重点书、精品书、畅销书、高端专业书4.5万个品种，参会客户共采购图书8.5万册、码洋547万元。27个区县店参与各类型图书、大中专教材投标97次，中标90次，中标金额3000余万元；通过市政府采购云平台成交206个项目，码洋1691万元。馆配、团购图书共实现销售码洋1.52亿元，同比增长8.5%。大中专教材、中职教材实现销售码洋5551万元，同比增长6.75%。

内控管理

2021年，集团公司主动对标国内一流文化企业，以扁平化、精细化、制度化、信息化为方向，加快构建有文化特色的现代企业管理体系。优化资源配置，清理“僵尸”企业，如期完成集团房地产开发公司公司制改革，清算注销重庆新潮旅行社。充分发挥审计、纪检监察、财务等部门的联动监督作用，用好用活“云之家”线上办公系统的实时监督和“留痕”管理功能，切实做到行为过程可管控、责任过失可追溯、廉洁风险可防范。强化审计“常态化、嵌入式、全过程”监督，完成内审项目198个，报审金额8.38亿元，审增128.1万元，审减476.7万元，提出审计建议268条。市文资办委托第三方专业机构对集团公司内控制度执行情况进行了检查评估，给予集团公司“内控制度建设无重大缺陷、执行效果优、管控能力强”的评价。

2022年，集团公司以巡视整改为契机，制定或修订《党委前置研究讨论事项清单》《基层党建工作督查制度》《重大事项管理办法》《房屋资产租赁管理办法》《岗位价值工资管理办法》等管理制度30余个，企业治理制度化、规范化、科学化水平进一步提升。修订了集团公司《内控手册》，制定《招标管理工作职责划分实施细则》并组织应用培训。加强对解放碑时尚文化城项目工程招标、合同签订、成本控制等事前服务、事中督查、事后审计的全过程监督，规范了决策程序，有效防范潜在风险。完成内审项目及监督事项608个，送审金额24.94亿元。优化完善“云之家”协同办公系统审批流程80余项，更好实现使用便捷化、监督科学化。

人才培养

2021年，集团公司组织开展实战性强的业务技能培训，提高员工队伍专业素养。举行了151人次的“高效客户沟通方法与策略”培训、100人次的“新华优享”小程序暨电子消费券产品操作培训、130人次的“互联网营销师”职业技能培训、90人次的办公室主任（综合科科长）培训、89人次的《重庆新华之声》通讯员培训。深入开展坚持了21年的“每年读一本书”活动，组织全体员工学习《跟着共产党走》一书，广泛开展读书征文比赛，举行读书心得交流会，抒发了党员干部职工对中国共产党的赤胆忠诚和深厚情感。

2022年，集团公司认真开展实战性强的业务技能培训，着力提升队伍素质。举行了170人次的智能门店PDA2.0线下培训，223人次的电子发票中台系统、数据融合绩效分析平台、重庆新华书店之家教辅收费平台2.0线上培训，177人次的智慧护眼照明知识线上培训。组织300名门店管理者和骨干员工参加“群‘新’计划2022—2023喜马拉雅轻学堂”线上学习，培养了一批学习运营师和内训师。深入开展坚持了22年的“每年读一本书”活动，组织全体员工学习《奋斗新时代》一书，广泛开展读书征文比赛，激发了干部职工奋进新征程、建功新时代的壮志豪情。

物流配送

2021年，集团公司不断优化资源配置，精简业务流程，加强科学调度，物流配送效率进一步提升。物流公司业务吞吐量达43.8亿元，同比增长11%。其中，收货162万件、码洋21.1亿元；发货157万件、码洋20.5亿元；退货17万件、码洋2.26亿元。

2022年，集团公司克服时间紧、任务重、极端高温及突发事件的影响，科学调度，合力攻坚，物流配送时效性、准确性、安全性进一步提升。物流公司全年业务吞吐量达45.5亿元，同比增长4.2%。其中，收货202万件、码洋22.7亿元；发货193万件、码洋20.8亿元；退货16万件、码洋1.98亿元。

社会责任

2021年，集团公司积极履行国有文化企业社会责任，向市委宣传部扶贫集团对口帮扶的石柱县桥头镇捐赠帮扶资金100万元。选派彭水店党支部书记蔡知洪、大渡口店副经理陈竹分别到石柱县悦崃镇和冷水镇担任驻村第一书记。忠县、开州、巫山、巫溪、黔江、秀山等店也为乡村振兴工作派驻干部及队员。

2022年，集团公司向定点帮扶单位石柱县桥头镇农文旅融合发展示范建设项目捐赠资金100万元，帮助桥头镇田畈村销售翠冠梨1000件，共计6.8万元。从大渡口、彭水、忠县、开州、巫溪、黔江、秀山店抽调7名员工，派驻乡村开展精准帮扶。向100余个学校、机关、企事业单位捐赠价值24万余元的图书。落实政府扶持政策，为661家承租户减免租金2931.6万元。

11月，在重庆市新冠疫情防控最吃劲、最紧要、最关键的时候，集团公司党委号召党员干部下沉一线参与志愿服务。32个部门（单位）的330名党员干部闻令而动、冲锋在前，积极参与各项疫情防控工作，“新华红”志愿者队伍成为全市抗疫一线一道亮丽的风景线。

2021—2022 年末领导班子成员名单

肖　陵　党委书记、董事长

林　江　党委副书记、监事会主席

蒋永万　党委委员、重庆新华传媒有限公司总经理

姚芝川　党委委员、重庆新华传媒有限公司副总经理

黄兴辉　党委委员、重庆新华传媒有限公司副总经理

邹一兵　党委委员、副总经理

钱　宏　党委委员、纪委书记

内蒙古新华发行集团股份有限公司

年度概况

2021年，是中国共产党建党100周年，是我国“十四五”开局之年，也是内蒙古新华发行集团股份有限公司（以下简称“集团”）发展历史上具有里程碑意义的一年。2021年，集团实现总收入15.9亿元，同比增加25.3%；利润2.3亿元，同比增加13.8%；国有资产保值增值率为122%。在自治区党委、政府的正确领导下，在自治区党委宣传部的大力支持下，集团于12月24日成功在上交所主板上市，成为自治区文化企业“第一股”，也是近10年来自治区首家在上交所首发上市的企业。制定了《内蒙古新华发行集团2021—2025年发展规划纲要》，明确了集团未来五年的重点任务与发展目标，为集团借力资本市场做大做优做强描绘了蓝图。新建“七进”工程网点10家，发行党史读物近370万册，开展流动售书1000余场，举办全民阅读活动1.4万场，开展线上活动1200余场，完成8700家草原书屋配送和1万余家管理员培训工作，服务效能明显提升。荣获“全国五一劳动奖状”和自治区宣传思想文化工作优秀创新案例，旗下多家企业荣获业内多项殊荣。

2022年，是党和国家历史上极为重要的一年，也是集团发展史上极不寻常的一年。集团以习近平新时代中国特色社会主义思想为指导，深入学习贯彻党的二十大精神，全面贯彻落实自治区党委、政府的决策部署，承压奋进、逆势攻坚，实现了上市后的良好开局。2022 年集团实现总收入 16.6 亿元，同比增加 4.2%，利润 2.7 亿元，同比增加 17.1%；国有资产保值增值率为 113.2%。新建“七进”店 8 家，投放自动售书机 5 台，新建农牧区家庭书屋 10 家、草原书屋中心书屋 93 家，开展全民阅读活动 1.76 万场，流动售书 795 场，将智慧书城升级迭代为“内蒙新华马上购”微信小程序，进行多维度优化提升。深化“鸿雁图书悦读”与草原书屋一体化改革，完成了全区草原书屋出版物招标配送和管理员培训工作，全面落实“阅读引领社会风尚”项目。全年开展全民阅读活动 1.76 万场，流动售书 795 场，“书香伴你过大年”“阅旧知新 图书共享”等品牌活动规模不断扩大、方式不断创新，全民阅读热情持续攀升。继 2019 年后，再次荣获全国文化企业 30 强提名，荣获自治区模范职工之家、诚信示范企业，旗下多家企业荣获年度最美书店、自治区五一劳动奖状、诚信达标企业等多项殊荣。

领导关怀

2021 年 6 月 16 日至 20 日，自治区纪委监委驻党委宣传部纪检监察组组长朝鲁门到鄂尔多斯市、阿拉善盟、乌海市、巴彦淖尔市子公司及部分旗县分公司开展党史学习教育和党风廉政建设工作调研。

2021 年 7 月 20 日，中宣部出版局副局长李一昕一行到腾飞路新华书店、乌兰察布市子公司督导检查“扫黄打非”工作。自治区党委宣传部副部长张兆刚陪同调研。

2021 年 11 月 30 日，自治区国资委党委委员、副主任马焕龙一行对集团以案促改和党史学习教育工作开展情况进行调研督导。

2022 年 4 月 18 日，集团第二届第三次职工代表大会暨工会会员代表大会在呼和浩特召开，自治区党委宣传部副部长田瑞华出席会议并讲话。

2022 年 4 月 23 日，自治区党委常委、宣传部部长郑宏范一行到马文化主题书店——腾飞路新华书店参观指导。

2022 年 4 月 23 日，自治区文化和旅游厅党组成员、副厅长新娜一行到阿拉善盟子公司城市书屋调研指导。

2022年6月29日，自治区党委宣传部副部长张兆刚一行到集团调研督导干部政治素质考察、人才工作、教育培训情况。

2022年8月4日，自治区党委宣传部副部长田瑞华一行赴新华现代物流基地，对2022年秋季教材发行工作进行调研督导。

2022年8月3日至9日，自治区纪委监委驻党委宣传部纪检监察组组长朝鲁门调研督导赤峰市、通辽市、锡林郭勒盟子公司及部分旗县分公司党风廉政建设工作。

2022年9月29日，自治区党委宣传部副部长田瑞华一行到内蒙古新华书店外文书房、教育科技服务子公司进行安全生产大检查。

2022年12月15日，自治区党委宣传部副部长田瑞华一行参加集团草原书屋提质增效座谈会。

荣誉奖项

2021年1月，鄂尔多斯市新华书店荣获人力资源社会保障部、国家广播电视总局、国家新闻出版署联合颁发的“全国新闻出版广播影视系统先进集体”称号。

2021年1月20日，内蒙古新华发行集团“特色主题书店”被自治区党委宣传部评为宣传思想文化工作优秀创新案例，鄂尔多斯市新华书店有限公司党支部书记、总经理刘勤荣获践行“四力”优秀个人。

2021年4月27日，内蒙古新华发行集团荣获“全国五一劳动奖状”，成为全国出版发行行业唯一获此殊荣的企业。

2021年5月，内蒙古新华发行集团被自治区党委宣传部评为“舆情信息工作优秀单位”，集团公司于岚同志评为“舆情信息工作优秀个人”。

2022年1月13日，集团工会被自治区总工会命名为“内蒙古自治区模范职工之家”。

2022年3月23日，自治区政府召开2022年推进企业上市工作会议，自治区党委副书记、自治区主席王莉霞，自治区党委常委、自治区常务副主席黄志强为2021年成功上市和报会的企业授奖。集团党委书记、董事长秦建平代表企业参加授奖仪式，王莉霞为“内蒙古新华”授奖。

2022年11月10日，内蒙古新华发行集团股份有限公司荣获第六届内蒙古自治区文化产业博览交易会最佳综合效益奖。

2022年12月28日，内蒙古新华发行集团荣获全国文化企业30强提名奖。

组织人事

2021年10月21日，自治区党委决定，王亚东同志不再担任内蒙古新华发行集团股份有限公司党委副书记、委员职务。

2021年11月11日，经自治区人民政府提名，免去王亚东同志内蒙古新华发行集团股份有限公司总经理职务。

2022年3月25日，自治区党委决定，乔雪峰同志不再担任内蒙古新华发行集团股份有限公司党委委员职务。

2022年4月22日，经自治区人民政府提名，免去乔雪峰同志内蒙古新华发行集团股份有限公司副总经理职务。

2022年8月11日，内蒙古新华发行集团股份有限公司2022年第二次临时股东大会审议通过秦建平先生、高瑞梅女士、杨海荣先生、乔礼先生、张克文先生为公司第三届董事会非独立董事候选人；审议通过柯云霞同志、苗丽同志为第三届监事会非职工代表监事候选人。

2022年8月11日，内蒙古新华发行集团股份有限公司第三届董事会第一次会议选举秦建平先生为公司董事长；选举产生第三届董事会各专门委员会组成人员。①审计委员会：刘丽珍女士、秦建平先生、宗那生先生，其中刘丽珍女士任主任委员。②提名委员会：贺军先生、杨海荣先生、宗那生先生，其中贺军先生任主任委员。③薪酬与考核委员会：宗那生先生、贺军先生、刘丽珍女士，其中宗那生先生任主任委员。④战略委员会：秦建平先生、杨海荣先生、贺军先生，其中秦建平先生任主任委员；同意聘任杨海荣先生、乔礼先生、闫斌先生为公司副总经理，车向荣女士为公司财务总监；

张瑞平先生为公司董事会秘书；张迪先生为公司证券事务代表；选举柯云霞女士为公司第三届监事会主席。

党建工作

2021年，集团召开党委理论学习中心组学习21期，各级党支部书记讲党课151次，编发党史学习教育简报562期，开展集中学习1223次，研讨323次，党建知识测验197次，党委班子成员带队深入联系点督导97次。集团及各成员企业先后召开“以案促改”专题组织生活会和党史学习教育民主生活会，先后召开两次党风廉政建设及反腐败工作会议，驰而不息正风肃纪，营造良好的政治生态。以第四届新华文化艺术节为抓手，举办“永远跟党走”演讲比赛、“颂歌献给党”主题歌唱评比等活动，通过“我为群众办实事”实践活动，解决问题106项，开展“我帮你”志愿服务活动，设立“党员先锋岗”，捐赠图书、文具、助学金等共计66.7万元，助力丰满村实现脱贫，进一步体现了国有文化企业的责任与担当。

2022年，集团创新学习形式，强化理论武装，推广党员积分制管理，全年共开展集体学习8次，党委理论学习中心组学习会议13次，专题研讨24次，领导班子巡听旁听基层党组织学习活动28场，开展主题党日活动300余次。持续加强基层党组织建设，评出“四强”党组织1个、“四优”党员16人、“最强党支部”9个，新发展党员28人，554名在岗党员全部签订“十一严禁”承诺书。召开意识形态专题党委会、党风廉政建设工作会议，对6个盟市公司及所属旗县分公司开展了巡回警示教育，组织各盟市公司开展意识形态专项自查2次，举办意识形态培训2次，集团领导班子坚持问题导向，对成员企业督导检查、各子公司对分公司督导检查共70余次，切实筑牢意识形态安全防线。同时，集团不忘社会责任，捐款150万元和价值30余万元的物资，助力抗击新冠疫情，457名干部员工投身疫情防控，累计参与志愿服务达1.2万人次，共同构筑了抗击疫情的“红色堡垒”。

教材发行

2021年，集团全年教材销售3.71亿元，同比增加28%；教辅销售7.13亿元，同比增长11.37%。打破以往铁路整车和汽运直达的传统运输方式，首次与顺丰快递公司及内蒙古民航管理局签订教材运输协议，不计成本、不惜代价，圆满完成“课前到书，人手一册”的政治任务。完成全区仓储库房改扩建项目22个，制定下发了《智慧物流建设和标准化运行方案》，与出版社共同搭建智慧物流信息平台，做好系统研发，实现与“两教”、大中专发行网络的无缝衔接。

2022年，集团全年实现教材销售收入6.15亿元，增长5.17%；教辅销售收入8.48亿元，增长17.26%。开发中小学免费教材报订系统，完成全区以盟市为单位的业务整合，取消沿袭多年的盟市中转运输，全部实现盟市、旗县直达，进一步优化工作流程。在疫情反复、教材改版、印制时间晚、收发货时间集中的不利情况下，启动“5+2”“白＋黑”的工作模式，助力学生“停课不停学”，优质高效地完成了“课前到书，人手一册”的政治任务，受到了人民教育出版社的表彰，并在全国教材发行会议上作为唯一一家代表作了经验分享。

门店建设

2021年，集团着力巩固发行渠道，持续推进网点建设，新建“七进”工程网点10家，建成边境地区农村牧区家庭书屋50余家，完成了上万家草原书屋图书配送及管理员培训，开展流动售书1000余场，在全区人流密集区、位置偏远、交通不便、网点空白地区配置自动售书机，构建起遍布12盟市及所辖旗县、乡镇的三级分销网络。各门店深入落实差异化经营理念，打造以群众为核心的文化消费、文化传播和文化体验场景，在“图书＋咖啡＋文创”三位一体的基础上逐步融入“简餐＋影院＋自习室＋定制化服务”等多元业态，部分门店还引入深受年轻人喜爱的沉浸式“剧本体验”，做到人民群众在哪里，新华事业就发展到哪里，人民群众的需求在哪里，新华服务就延伸到哪里，更好地让社会大众共享文化发展成果。同时，集团着力服务工作大局，高质量完成政治读物发行工作，党史学习教育读物发行近 370 万册，发行量达到历史最高水平。

2022 年，集团不断优化发行方式，以高度的政治责任感和使命感，持续做好党的二十大文件及学习辅导读物宣传推广、征订发行和配送服务，全年发行政治读物 222.43 万册，将党的创新理论传递至千家万户。年内新建“七进”店 8 家、农牧区家庭书屋 12 家、草原书屋中心书房 133 家，投放自动售书机 5 台，开展流动售书 1156 场，以政府主导、社会参与、企业服务的新模式给“七进”工程下一步的专业化、集约化发展提供了思路。集团秉承政企共建理念，全面推进“书香赤峰”建设，完成了拟建 32 家惠民书屋的选址及设计工作，使“七进”工程焕发出新的活力。同时，围绕主业精耕细作，全国首家马文化主题书店——腾飞路新华书店荣获“首届全民阅读大会·年度最美书店”称号，成为自治区唯一一家摘得桂冠的书店；着手打造全国首家未来书店，探索今后五到十年行业变化，以看书、听书、写书、说书、印书五大元素为核心，突出科技引领和文化底蕴，致力于树立自治区乃至全国实体书店的标杆。

融合创新

2021 年，集团以创新工作室为依托，制定了《集团 2021 年创新工作活动方案》，设立创新基金 300 万元，全年征集创新案例 167 条，39 条被重点推广。召开了第二届“北疆新华创新论坛”，102 家盟市、旗县公司及责任部室结成对子，鄂尔多斯市子公司率先“走出去”与山东新华济宁公司“结对子”，对标对表、互学互助的协同发展效应进一步彰显。开设“草原书屋”强国号，建成内蒙古数字草原书屋平台，实现“鸿雁图书悦读”与“草原书屋”互联互通、通借通还的目标，按时按需切实满足基层群众精神文化需求。同时，立足当前、着眼长远，聚力延长产业链、挖掘新动能，成立了内蒙古新华发行集团教育图书有限公司，整合了自治区大中专、中职业务；不断开拓教育装备和研学市场，顺利举办了第一届教育装备研讨会和多场大型幼儿园园长、教师培训班，全年开展研学活动 163 次，参加人数近 1.7 万人。

2022 年，集团基层创新活力进一步激发，全年征集创新案例 133 条，其中 38 条被列为集团重点创新案例，17 条被评为集团“优秀创新案例”。集团紧跟教育发展方向，创新服务渠道，深化供给侧结构性改革，组织全区 6.6 万名高三学生以线下考试、线上阅卷的形式参加模拟联考。成立了培训中心，搭建了智慧校园、幼儿教育和托育展厅，全年开展大型教师培训 25 次，独家代理了 WPS 教育版、感官教室装备和幼教装备，持续推进信息技术与教育教学的深度融合创新。深化物流体系改革，取消了沿袭多年的盟市中转运输环节，实现全区配送直达旗县，到货的时效性、准确性、成本费用等得到了全面优化。同时，以黄河“几”字弯文化资源为依托，26 款首批自主设计的文创产品推向市场，完成了“上礼新意”文旅子品牌商标注册，为后续开发原创文创产品、推广销售建立了品牌视觉形象体系。为着力解决全民阅读均等化问题，集团首创了“阅旧·知新”图书共享文化项目，通过整合社会及个人拥有的大量图书资源，进行再阅读再循环，探索走出了一条以生态优先、绿色发展为导向的高质量发展新路子，该项目在“阅读新时代 奋进新征程”书香内蒙古全民阅读活动启动仪式上进行了展示。“阅旧知新 图书共享”捐赠活动仪式在呼伦贝尔举行，首批“阅旧知新 图书共享”活动的部分图书由阿拉善盟收集捐赠给武警呼伦贝尔支队。

网络运营

2021 年，在互联网、大数据浪潮下，集团积极落实“互联网 +”战略，全面推广智慧书城网上发行渠道，加速融合线上线下模块，进一步完善智慧书城服务体系，开通了在线阅读、在线听书、多元营销、会员联通、优惠充值等多项功能。同时，精心设计营销方案、优化线上活动内容，通过发放购书优惠券、打折卡，有效增加了读者黏性和复购率，扩大了线上服务半径，有效激活了网上客户。注册会员达 14 万人，同比增长 60.7%，线上销售同比增长 102.6%，使智慧阅读成为群众学习休闲新常态。

2022 年，智慧书城升级迭代为“内蒙新华马上购”微信小程序，服务范围覆盖全区 12 盟市及下辖旗县、乡镇、嘎查，各级新华书店构建了以抖音、美团、京东为运营平台的特色店铺集群和以视频号、微信公众平台、书友群为介质的多媒体营销矩阵，并提供家庭定制阅读服务，形成了线上线下融合发展的新零售模式，为企业长远发展积蓄了强劲动能。集团深入推进“两个打造”，构建共有精神家园，内蒙古数字草原书屋平台上传电子书 7148 册、有声书 2000 集，注册总人数达 37.5 万人，阅读达 7.7 万小时。

全民阅读

2021 年，全年开展线下活动 1 万余次，线上活动 1200 余场，打造了“朗读者”“书香伴你回家路”“书店奇妙夜”“新华直播间 · 书想静静”等特色鲜明、有影响力的品牌活动，深受读者喜爱。各店围绕党史学习教育和庆祝建党百年主线，通过专台集中陈列、摆放书花造型、电子屏幕广播、悬挂横幅、张贴海报、手绘 POP 等形式进行宣传，在全区营造学习党的光辉历史、传承红色基因、赓续红色血脉的浓厚氛围；联合主流媒体平台，发布红色经典阅读书目，开展红色党建主题阅读分享活动，邀请红色先进典型人物、道德模范、作家学者到书店、学校、社区分享红色经典读物、党史故事，带动全区读者共庆建党百年；与内蒙古广播电视台合作建设融媒体工作室，打造出“内容向党、形式向网”的融媒体产品，切实讲好党的故事、革命的故事、新时代中国特色社会主义的故事。

2022 年，集团全面落实自治区“阅读引领社会风尚”项目，各门店依托自身优势，不断创新形式，精心打造了读书月、阅读节，并定期发布“优秀阅读推荐书目”和“家庭定制阅读书单”，加快构筑自治区文化新高地。全年开展全民阅读活动 2 万余场，流动售书 795 场，“书香伴你过大年”“阅旧知新 图书共享”等品牌活动规模不断扩大、方式不断创新，全民阅读热情持续攀升；聚焦“书香内蒙古、喜迎二十大”主线，全区范围内开展调研宣讲、主题培训、阶段测试、研讨交流、学习讲座、知识竞赛、党日活动等文化服务和宣讲推广活动，将书店打造成为服务于学习党的二十大精神的阅读平台和文化活动基地；通过短视频和直播互动形式，进行图书推荐、好物分享、书评书讯等活动，有效推动全民阅读再上新台阶。

内控管理

2021 年，集团立足新发展阶段，科学制定了《内蒙古新华发行集团 2021—2025 年发展规划纲要》，明确了未来五年的重点任务与发展目标，为集团借力资本市场做大做优做强描绘了蓝图。新增《经营管理重大风险防控制度》《关于销售收款方式的管理办法》等内控制度 7 项，各子公司相继成立审计巡察部，形成了全面覆盖的审计监督机制，为实现企业稳健持续发展提供了基础保障。同时，集团常态化推动督办机制，紧密围绕国企改革三年行动计划，将 8 个方面任务细化为 36 项具体任务，分解到各责任部室和成员企业，定期督办工作进度，三年总体任务完成率达 80% 以上，重点领域和关键环节改革取得明显进展。

2022 年，集团全面启动了薪酬改革项目，完成了前期调研访谈。国企改革三年行动任务全部完成，集团董监高换届、定期报告披露、投资者关系管理、资本运作筹划等重点工作有序推进，“四智”募投项目建设进展顺利，“三会”治理更加科学规范。积极探索审计信息化的路径与方法，引进用友审计软件，提升了内部审计的质量、效率和监督效能。

人才培养

2021 年，集团注重内部培养和外部引进相结合，不断推进干部交流和选拔任用工作，完成 24 名管理人员调整，进一步优化成员企业领导班子结构。上挂下派 23 人，举办竞聘活动 6 场，18 人通过竞聘走上基层和集团部室管理岗位。顺利开展第八期“百人计划”，招聘 20 名优秀人才，举办各类培训班 220 次，受训人员 8000 人次，有效提升了队伍综合素质。以创新工作室为依托，制定了《集团 2021 年创新工作活动方案》，设立创新基金 300 万元，鼓励全员立足岗位创新创效。全年征集创新课题 191 条，33 条被重点推广。召开了第二届“北疆新华创新论坛”，109 家分子公司与区内外先进单位结成对子，赤峰、鄂尔多斯市子公司率先“走出去”与浙江嘉兴新华书店和山东新华书店济宁分公司“结对子”，对标先进学经验、补短板，有力推动创新成果在企业内实现转化，高效赋能集团科技创新和产业发展。

2022年，集团以“十四五”干部培养规划和育苗计划为纲领，完善人才梯队建设，引入职业经理人1名，完成了39个岗位的竞聘工作，开展了第二批15名青年员工、业务骨干的上挂下派工作，第九期“百人计划”招聘24人，为企业可持续发展注入新鲜血液。全年围绕业务拓展、能力提升、心理疏导等方面举办培训43次，参训人员4000人次。征集创新课题133项，其中38项被列为集团重点创新课题，17项被评为“优秀创新课题”，实现了创新驱动转型。

物流配送

2021年，集团完成全区仓储库房改扩建项目22个，制定下发了《智慧物流建设和标准化运行方案》，与出版社共同搭建智慧物流信息平台，做好系统研发，实现与“两教”、大中专教材发行网络的无缝衔接，推进物流各环节有机结合、高度协同。盐业物流基地已投入使用，新华文化物流基地于9月2日开工建设。基地位于呼和浩特市赛罕区黄合少镇西讨速号村，建设面积30950平方米，基地建设为加快建成辐射全区、功能完善、自成体系的现代化物流网络奠定了坚实基础。

2022年，集团创新工作思路，优化发行模式，取消了沿袭多年的盟市中转运输，全部实现了盟市、旗县直达，不仅节省了一半时间，还节约了发行费用。新建及改扩建库房10个，新增库房面积近3万平方米，盐业物流基地运行良好，新华文化物流基地胜利竣工，并进行智慧化提升，稳步推进自动打包机与自动分拣系统，努力寻求与第三方物流合作，积极推动以书业为主的多元化物流服务体系建设。

社会责任

2021年，集团坚持把“我为群众办实事”实践活动作为党建与业务工作的切入点和落脚点，找准查实群众急难愁盼的问题150项全部完成。助力化德县丰满村、翁牛特旗西山村实现脱贫摘帽，并通过捐书捐款等不同方式，积极参与公益活动，向社会传递爱心，累计捐赠图书、防疫物资等共计100万余元，充分彰显了国有文化企业的社会责任与担当。

2022年，集团及各分子公司主动承担起国有文化企业的社会责任与担当，倾尽全集团可尽之力，坚决防控疫情发展，捐款150万元和30万余元的物资，助力抗击新冠疫情，全区457名干部员工投身疫情防控，累计参与志愿服务达1.2万人次，共同构筑了抗击疫情的“红色堡垒”。

2021年末领导班子成员名单

秦建平　党委书记、董事长
特古斯　党委委员、纪委书记、监察专员
高瑞梅　党委副书记
杨海荣　党委委员、副总经理
柯云霞　党委委员、工会主席
乔雪峰　党委委员、副总经理
闫　斌　副总经理
乔　礼　副总经理

2022年末领导班子成员名单

秦建平　党委书记、董事长
特古斯　党委委员、纪委书记、监察专员
高瑞梅　党委副书记
杨海荣　党委委员、副总经理
柯云霞　党委委员、工会主席
闫　斌　副总经理
乔　礼　副总经理

山西新华书店集团有限公司

年度概况

2021年，是中国共产党成立100周年，是山西省“十四五”转型出雏形开局之年，也是山西新华书店集团（以下简称“集团”）全面深化改革实现重大突破的关键之年。集团始终坚持以习近平新时代中国特色社会主义思想为指引，坚持把社会效益放在首位，始终坚持正确的政治方向，切实担负起国有文化企业的政治责任、社会责任和经济责任，努力做到疫情防控和经营管理“两手抓”“两不误”。全体干部职工应势而变、顺势而为，坚守初心使命，坚定历史自信，统筹推进全年任务要求，实现营业总收入46.15亿元，利润总额2.32亿元。全年荣获“重点通俗理论读物宣传推广突出贡献奖”“山西省扶贫先进集体”“省直文明单位标兵”等多项荣誉，实现了社会效益和经济效益有机统一。

2022年，是党的二十大召开之年。这一年，山西新华书店集团坚持把迎接党的二十大胜利召开及全面贯彻落实党的二十大精神作为首要政治任务，牢记习近平总书记殷殷嘱托，认真贯彻落实省委、省政府的决策部署，深入践行宣传思想文化战线举旗帜、聚民心、育新人、兴文化、展形象的使命任务，认真落实年度工作目标，坚持把社会效益放在首位，切实担负起国有文化企业的政治责任、社会责任，矢志服务文化强省和书香山西建设，努力实现社会效益和经济效益有机统一。全年实现营业总收入 46.15 亿元、利润总额 2.38 亿元，较好地完成了既定目标。

领导关怀

2021 年 7 月 6 日，省委宣传部副部长、省新闻出版局局长夏祯，省委宣传部印刷发行和版权管理处处长李焕成到外文书店、太原书城调研习近平总书记《在庆祝中国共产党成立 100 周年大会上的讲话》单行本发行情况。

2021 年 7 月 22 日，全国“扫黄打非”第二督查组中宣部出版局副局长李一昕一行，在省委宣传部副部长、省“扫黄打非”工作领导小组副组长兼办公室主任、省新闻出版局局长夏祯，大同市委常委、宣传部部长王铁梅的陪同下，到大同图书大厦督查“扫黄打非”工作。

2021 年 8 月 2 日，省委宣传部副部长、省新闻出版局局长夏祯，省委宣传部印刷发行和版权管理处处长李焕成，省新闻出版局质检中心主任康瑞波等领导专程来到山西新华书店集团物流园区，看望慰问奋战在 2021 年秋季教材教辅发运一线的工作人员。

2021 年 9 月 2 日，省委宣传部副部长、省新闻出版局局长夏祯，省委宣传部印刷发行和版权管理处处长李焕成，省委宣传部反非法违禁处处长张玉景一行到祁县公司督查调研农家书屋提质增效和“扫黄打非”进基层等工作。晋中市委宣传部副部长孙军军，祁县县委常委、宣传部部长程晨等陪同调研。

2022 年 8 月 26 日，省委常委、宣传部部长吴伟到山西出版传媒集团所属新华印业园区和新华物流园区调研教材教辅和重点政治读物印刷发行情况，并慰问一线职工。吴伟强调，要提高政治站位，强化责任担当，严格质量管理，克服生产任务重、印制工期短的困难，高标准、高质量完成全省 2022 年秋季中小学教材“课前到书，人手一册”政治任务。要落实好防疫情、稳经济、保安全的工作要求，牢牢守好安全生产这条底线。要全力做好《习近平谈治国理政》第四卷等重点政治读物的征订发行保障工作，满足全省党员干部群众的用书需求，进一步推动习近平新时代中国特色社会主义思想在三晋大地落地生根。

荣誉奖项

2021 年 3 月，在省委宣传部组织开展的“乡村阅读榜样”和“优秀阅读推广机构”寻访推荐活动中，晋中公司寿安里小学校园书店荣获“2020 年度山西优秀阅读推广机构”称号。

2021 年 3 月 30 日，在北京举办的“新时代杯”2020 时代出版 · 中国书店年度致敬盛典暨 2021 中国书店大会上，山西新华书店集团临汾有限公司翼城分公司荣获中国书刊发行业协会授予的新时代杯“2020 年度抗疫特别致敬书店”称号；翼城分公司刘媛媛同志被授予新时代杯“2020 中国书店致敬年度店长”称号。

2021 年 5 月 25 日，山西新华书店集团驻代县工作队荣获山西省委、省政府授予的山西省脱贫攻坚先进集体荣誉。

2021 年 7 月 16 日，在中国新华书店协会组织的庆祝中国共产党建党 100 周年全国新华书店主题出版物造型设计大赛中，山西新华书店集团代表队荣获三等奖。

2021 年 7 月 29 日，集团党委书记、董事长刘兴太荣获国家新闻出版署颁发的“第五届中国出版政府奖 · 优秀出版人物奖”。

2021 年 10 月，省直机关精神文明建设委员会下发《关于表彰 2020 年度省直文明单位、省直文明校园、省直机关第五届道德模范和精神文明建设先进工作者的决定》，集团再次荣获“省直文明单位标兵”称号。

2021 年 10 月 12—13 日，在由中国新华书店协会指导、中国出版传媒商报社主办的“2020—2021 年度书业榜样阅读空间推展发布礼”上，太原书城荣获“标杆大书城”称号；长治图书大厦荣获“优秀大书城”称号；翼城分公司荣获“基层示范店”称号；临猗公司荣获“优秀示范店”称号；阳曲分公司 24 小时智慧书房荣获“十佳新品牌”称号；襄垣分公司东湖公园书店荣获“格调社区店”称号；太原老军营悦享书店荣获“优秀社区店”称号；

晋城公司凤城中学校园店荣获“最 in 校园店”称号；沁源分公司沁源一中校园店荣获“优秀校园店”称号；阳泉公司业务团队和山西图书大厦运营团队荣获“卓越运营团队”称号。

2021 年 11 月，在中国新华书店协会主办的“我和新华书店”摄影大赛中，山西新华书店集团荣获优秀组织奖；集团总部胡志勇的《送春联组图》荣获二等奖；河津公司王苗苗的《无题—1》荣获三等奖；保德分公司的《元宵节——快乐猜谜》、阳高分公司池玉广的《党在我心中》、晋中公司的《老少皆欢喜》《绿书签的魅力》《热闹的书海》、吕梁公司的《农民工爱学习》《摘抄》、祁县公司岳惠强的《极速卸货》、太原公司郝雨润的《新征程：店堂一角》、武越炜的《乐在其中》、张文瑞的《疫情—党员—冲锋》、集团信息网络管理部的《无题—4》、阳泉公司的《送书》、长治公司图书大厦的《文化直播我在线》以及长治公司顾贤良的《新书发布会 热火朝天时》荣获优秀奖。

2021 年 11 月，中宣部学习出版社授予集团“重点通俗理论读物宣传推广突出贡献奖”。

2021 年 11 月 24 日，在中国新华书店协会主办的“我与新华书店”全国演讲大赛中，集团荣获组织奖，总部员工田甜荣获三等奖及最佳人气奖。

2022 年 2 月，山西新华现代出版物连锁有限责任公司被《全国大中专教学用书汇编》编委会评选为“2021 年度全国优秀教材经销商”，大中专教材中心经理杜玉宝被评选为“2021 年度全国大中专教材金牌营销经理人”。

2022 年 4 月，山西新华书店集团晋中有限公司荣获中共中央宣传部、文化和旅游部、国家广播电视总局联合授予的“第九届全国服务农民、服务基层文化建设先进集体”荣誉称号。

2022 年 4 月 24 日，山西图书大厦荣获中国书刊发行业协会授予的“首届全民阅读大会·年度最美书店”称号。

组织人事

2021 年 4 月 14 日，经山西出版传媒集团董事会研究决定，孙志勇同志任山西新华书店集团有限公司党委副书记、副董事长，提名为总经理人选。

2021年4月16日，经山西新华书店集团有限公司董事会研究决定，聘任孙志勇同志为集团总经理。

2021年4月29日，经山西出版传媒集团董事会研究决定，委派郭跃军同志为山西新华书店集团有限公司监事会主席。

2021年8月5日，经山西出版传媒集团董事会研究决定，委派杨建勇同志为山西新华书店集团有限公司监事会副主席。

2022年3月16日，经山西出版传媒集团董事会研究决定，雷俊林同志兼任山西新华书店集团有限公司党委书记、董事长。

2022年7月27日，经山西出版传媒集团董事会研究决定，赵瑞同志任山西新华书店集团有限公司党委委员、副书记，董事、副董事长，提名为总经理人选。

2022年8月16日，经山西新华书店集团有限公司董事会研究决定，聘任赵瑞同志为集团总经理。

党建工作

2021年，山西新华书店集团扎实开展党史学习教育，积极巩固拓展党建工作成效。集团党委坚持以上率下、带头开展党史学习教育，与深入推进“两学一做”学习教育常态化制度化、巩固拓展“不忘初心、牢记使命”主题教育成果、落实基层党建工作重点任务结合起来，一体推进学党史、悟思想、办实事、开新局。集团党委围绕习近平总书记最新重要讲话精神、党的发展历史等内容，组织开展集中学习、交流研讨，举办专题宣讲会，组织全系统党员干部员工聆听习近平总书记“七一”重要讲话，教育引导广大党员干部增强“四个意识”、坚定“四个自信”、做到“两个维护”。聚焦思想政治建设，组织开展青年员工座谈会、红色寻访、手写“一封家书”等活动；聚焦基层难题、员工难事，深入基层调研座谈，推进“我为群众办实事”实践活动项目清单任务落实落地；聚焦发挥基层党组织战斗堡垒作用和党员先锋模范作用，召开“两优一先”表彰大会，对优秀共产党员、优秀党务工作者、先进基层党组织进行表彰；召开“光荣在党50年”老党员老干部座谈会，鼓舞激励广大共产党员坚定不移听党话、跟党走；聚焦补齐党建工作短板，重点在党支部建设和党员队伍建设上下功夫，党员结构进一步优化，支部建设更加坚强有力；聚焦开展“基层党组织标准化、规范化建设年活动”，重点以开展党史学习教育为抓手，通过“三会一课”、党小组学习、交流讨论、主题党日等形式，不断增强党组织的领导力、组织力和执行力。

2022年，集团党委突出“第一议题”制度成果转化，重点以建设“四强”党组织为抓手，协同推动党建重点任务落实落地，努力以高质量党建引领保障高质量发展。强化理论武装，引领带动各级党组织和广大党员深刻领悟“两个确立”的决定性意义，在常学常新中进一步增强“四个意识”、坚定“四个自信”、做到“两个维护”；突出党建引领，发挥基层组织作用，推动党建工作与经营工作深度融合，通过统筹安排、实地督导、调研座谈等方式，推动所属党组织发挥战斗堡垒作用、广大党员发挥先锋模范作用；落实重点任务，推动基层党组织标准化规范化建设，督促所属党支部认真落实“三会一课”等基本制度，推进党建品牌创建活动，提出并常态化开展“党史学习教育月”系列主题活动，实施党建项目化管理，推动34家子公司将党建要求写入公司章程；从严管党治企，推进清廉新华建设，制订集团党委落实全面从严治党主体责任年度计划，加强对所属各公司、总部各部门一把手的监督，深入开展“四风”突出问题专项整治，要求各级党员干部对照检视“三个认清楚”和“八个有没有”，带头知敬畏、存戒惧、守底线；全面排查廉洁风险点，开展“廉洁新华”等主题摄影展、书画展，持续营造风清气正的良好环境。

教材发行

2021年，山西新华书店集团各级公司创新“两教”发行方式方法，进一步提升小、初、高中教辅特别是晋版教辅的市场占有率和全域配套率，围绕大中专教育、职业教育、成人教育、特殊教育等拓展教材新市场。密切关注中高考制度改革，把握党史学习教育、美育教育、健康教育、劳动教育、体育教育、高中阶段学生军事训练教育等政策导向，做好相关教材教辅供给工作。大力推进中华经典诵读工程，依托校园书店创新举办诵读、名家进校园等活动。持续关注教材教辅数字化、线上教育的发展，加强教育数字化产品的经营代理工作，搭建“中小学教材线上商城”，不断丰富“空中课堂”的线上教育资源，继续组织开展线上线下相结合的爱国主义读书教育活动，协同举办青少年学党史学习教育和山西省革命传统教育相关活动。

2022 年，山西新华书店集团立稳立正中心点，推动服务大教育实现新突破。积极响应国家“双减”政策，系统研究教育市场变化，全面落实山西出版传媒集团关于培育壮大教育服务多元产业的部署要求，守住守好基本盘，拓展拓宽新业态。继续深挖全学段教育需求，全力做好国家和省教育部门相关政策调整后对地方课程教材的宣传推广工作，落实“课前到书，人手一册”政治任务，努力实现“两教”、幼教和大中专教材经营稳中有增。加强教育服务顶层设计，优化业务布局，制定专项规划，进一步发挥山西省教装基地作用，培育壮大教装业务和作业本项目；拓展研学营地，优化研学线路，创新运营模式，打造特色研学品牌；聚焦课后延时服务新需求，在有条件的地区试行配餐托管和课后服务，推动形成教育服务多元产业支撑。探索实施数字化发展战略，精心甄选数字出版项目，重点做好晋版数字教育产品发行，加强与出版社的合作，着力推广“问导网”等具有市场竞争力的教育资源，助力做强做大。

门店建设

2021 年，山西新华书店集团持续推进美丽书店建设，持续提升已建网点经营质量，借势借力延伸智慧项目，积极建设 24 小时智慧书房，向校园、景区等拓展网点，新建校园书店 9 个、景区书店 1 个。其中，太原公司新时代城市书房建设项目被纳入太原市 2021 年“民生实事”项目。集团各公司积极参与共建各类职工书房、职工阅读角等。忻州、吕梁、晋城、运城、河津、阳城等网点及库房进行了升级改造。全省县级新华书店已达到“一县一店”标准。集团各级公司对尚不具备网点建设条件的乡镇，各公司结合“七进”活动的开展，采取流动售书的方式，积极参加文化下乡，不定期利用农村庙会、集市摆摊售书，服务农民，服务基层文化建设。

集团始终以做好党和国家重要文件及出版物的发行工作为己任。党的十九届六中全会召开后，集团扎实做好党的十九届六中全会重要文件及辅导读物的宣传与征订发行工作，共计发货 24.9 万册，为全省广大干部群众及时学习党的十九届六中全会精神提供了有力保障。在庆祝中国共产党成立 100 周年之际，集团高度重视主题出版与党史学习教育指定用书的征订发行工作，及时动员安排，切实做好系列主题图书的精准征订发行工作。党史学习教育指定用书累计发行 811.97 万册，得到省委宣传部和出版传媒集团的充分肯定，荣获“重点通俗理论读物宣传推广突出贡献奖”。

2022 年，山西新华书店集团各级公司积极拓展网点布局，推进实体书店转型升级。山西图书大厦启动 NFT 数字藏品发行新方式，发行首款数字藏品——《春秋四书》。全省开启“新华云书慧读卡”发行，拓展付费会员卡发行新模式。2022 年，立项投入资金 2089.48 万元，对山西图书大厦、岢岚分公司连锁门店、交口分公司连锁门店等 11 家公司门店、网点进行升级改造。2022 年，新增农村发行网点 7 家，集团各级公司竭力克服农村网点维护难等问题，确保农村网点图书品种齐全，涵盖党史学习教育、科普知识、法律法规、种植养殖、文化教育等各方面，基本满足乡镇读者阅读需求，以实际行动解决乡镇、偏远地区群众看书难、购书难的问题，打通服务乡村群众的“最后一公里”。

党的二十大胜利召开后，集团第一时间做好货源组织和征订发行工作，在各连锁门店显要位置进行主题陈列，并通过电子屏滚动宣传，助力全省掀起学习热潮。2022 年，集团重点政治理论图书发行工作再创佳绩，《习近平谈治国理政》第四卷发行 145 万册；《中国共产党宣传工作简史》发行 30.88 万册，太原市杏花岭区率先实现党员全覆盖，被中宣部作为优秀发行典型进行重点表扬；《百年大党面对面——理论热点面对面 2022》发行 12 万册，被央视新闻、山西卫视、《山西日报》等媒体广泛报道；《习近平经济思想学习纲要》发行 8 万册；《百年初心成大道——党史学习教育案例选编》发行 5 万册。

融合创新

2021年，山西省现代教育装备基地在“山西教育装备展览会”上正式亮相，成功举办传媒转型产品订货会；以太原公司为代表的市、县子公司积极开展暑期公益托管，探索运营学校配餐及课后服务项目，成效初显；稳步拓展研学旅行项目，“营响未来国际教育营地”正式运营，研发设计“红色+”研学线路35条、党建线路12条，组织开展各类研学活动28批，5000余人次；成功举办传媒转型产品订货会，订货码洋3700万余元；文创产品首次线上直销，努力做大多元服务项目；物业公司完成建设及设计项目14项，承接山西出版大厦物业服务；数字公司以推进“数字农家书屋”建设为重点，在长治地区实现销售103.5万元；培训公司协助组织会议培训30余次，超额完成既定目标任务。

2022年，集团各级公司积极拓展教装业务，取得了一定成效；作业本项目拓展至30余家公司；物流公司利润首次突破1000万元；研学公司举办冬令营现场推广会，积极整合完善区域化独立运营；物业公司监督完成基建项目13项，全力推进山西出版大厦办公环境改善及消防改造工程；山西图书大厦“新华云书”电子商务平台实现交易300余万元；“新华云书慧读卡”线上线下同步发售，数字转型初见成效；集团各级公司继续做好配餐托管业务，服务成效有所提升。

网络运营

2021年，集团“新华e”系列平台建设稳步推进，“新华e阅读”健康有序运营；“新华e在线”日均在线7000人，拉动读书教育活动用书销售2000余万元；“集团教材商城”小程序正式上线，拓展线上教材零售服务；成功打造推出“新华e教装”线上展示平台，延伸教育装备服务触角；“新华e书城”展示界面全面更新，开展“百年征程 伟大复兴——建党100周年图书网络展示”系列活动，开设晋版图书专栏，推荐优质晋版图书。全省各门店依托“新华e书城”直播平台，围绕“4·23世界读书日”、五一劳动节、六一儿童节、建党100周年等重大节日开展线上直播营销活动。通过微博、抖音等第三方媒体制作相关主题图片及海报进行宣传推广。

2022年，经过近3年的运营与迭代，以会员服务为基础的“新华云书”电子商务平台注册用户达到38630人，实现平台交易金额304.01万元，其中在线交易金额为80.47万元。以“新华云书”为基础，重新构建山西新华书店集团电子商务系统，通过集团务虚会议论证及征求各方专家意见，形成较为完整的电子商务发展规划。“新华e教装”正式交付传媒公司使用，平台运用VR技术、3D建模、H5前端制作等互联网人工智能技术手段，对教装基地50多个场景、35个重点推荐项目进行拍摄制作，打造永不落幕的教装展示会。“新华e书城”持续更新，用户累计新增46879人，访问页面数累计641617次。

全民阅读

2021年，全省各连锁门店创新开展“学党史 读好书”读书分享会、红色经典诵读等系列主题活动；大力开展百店图书大联展、流动售书进基层、红色研学等活动，为广大人民群众提供更好更多的精神食粮；组织开展第二十八届全国青少年爱国主义读书教育活动和山西省第二届青少年爱国主义读书教育活动；首次冠名并圆满承办全国学生第六届“学宪法 讲宪法”山西赛区决赛；持续开展“七进”活动，各公司以建党百年为契机，配合“4·23世界读书日”“我为群众办实事”等各类主题，大力开展庆祝建党百年图书“七进”展销活动；积极落实《山西省全民阅读促进条例》要求，大力开展优惠售书活动，围绕“4·23世界读书日”、七一、八一、十一等节日开展了上千场丰富多彩、形式多样的优惠售书活动；根据省新闻出版局的具体要求，积极开展“绿书签”活动和“知识产权宣传周”活动。

2022年，集团各连锁门店举办线上线下阅读活动千余场次，常态化开展“绿书签护苗”行动、名社好书大联展、“阅享晋版 品读山西”图书展销等系列活动，助力营造浓厚书香氛围；第二届山西省青少年爱国主义读书教育活动成果全面展示，覆盖中学生群体130余万人；举办第二十九届全国青少年爱国主义读书教育活动，累计开展读书活动110余场，参加学生达126万人次；继续承办第七届全国学生“学宪法 讲宪法”活动“新华书店杯”山西赛区比赛；太原公司选拔11名职工参加本市首届“阅读推广人”大赛，1人入选“十佳阅读推广人”，9人入选“优秀阅读推广人”候选人名单；集团各级公司结合“七进”活动，对尚不具备网点建设条件的乡镇积极采取流动售书，不定期利用农村庙会、集市摆摊售书等方式，服务农民，服务基层文化建设。

内控管理

2021年，山西新华书店集团制定出台了《档案管理规定》《商务接待管理办法（试行）》《规范合作经营项目的管理规定》等管理制度；稳步推进ERP系统升级项目，已梳理确认集团总部业务流程70个，完成了云资源部署、测试程序发布等工作；统筹推进质量、环境、职业健康安全管理体系认证，协调总部职能部门、7个直属子（分）公司推进质量、环境、职业健康安全管理体系认证，实现集团总部三体系认证全覆盖，为提升运营效率和管理水平提供保障。

2022年，山西新华书店集团为进一步提升内控管理效能，制定出台了《集团党委会、董事会安排事项落实督导工作机制（试行）》，提升集团工作落实效率；多方协调解决历史遗留难题，完成华电公司注销工作；成立审计法务部，优化合同审查流程，进一步加强风险管控；加强制度建设，出台《基本建设项目文件管理归档办法》《业务招待费管理办法》《集团通讯费补贴管理办法》等制度文件；扎实做好审计整改工作，督促推进大同、运城两家公司审计整改工作；组织开展财务专项检查，下发详细工作方案；圆满完成年度“三体系”认证年审任务；推进ERP系统升级项目，制定《山西新华书店集团ERP信息系统上线切换方案》；坚持抓好统筹发展与安全两件大事，慎终如始抓好常态化疫情防控；组织开展安全知识培训和消防演练，持续推进安全隐患整改；做好信访工作，落实信访工作责任、完善工作机制，推动矛盾纠纷排查化解，积极解决信访事项。

人才培养

2021 年，山西新华书店集团坚持党管干部、党管人才，修订了《书店集团党委关于聘用和任用领导干部的若干规定》，统筹做好各级公司干部的聘任解免工作；公平公正地完成社会招聘工作，共录取新员工 142 名，为集团发展注入新的活力；实施“千人培训”计划，统筹开展新入职员工培训、“两教”业务培训、安全管理培训、图书重点产品培训、传媒业务培训、财务税收培训、文秘及档案管理培训、人力资源管理培训、信息实操培训、门店营销培训、质量环境职业健康三体系培训、党务等培训；晋新研修部在职研究生学历教育正式开班授课，第一期 18 名学员接受线上线下学习，为员工提升学历素养提供成长平台。

2022 年，山西新华书店集团高度重视企业文化建设和员工队伍建设，年初制定了《2022 年度培训方案》并推进实施，按照《文化建设三年行动方案》深入推进企业文化建设；创新开展巡讲团巡回授课培训，组织首批 5 名讲师完成试讲和第一场正式巡讲；完成财务岗位新员工招聘，开展为期 5 天的新员工入职培训；组织实施 2022 年度“惠民生、促就业”专场招聘；组织完成“新华云书慧读卡”发行培训会，各级子（分）公司连锁门店相关人员参加培训；开展线上教材教辅发行工作培训等专项培训，干部人才队伍不断优化；组织开展青年职工座谈会、“高质量发展·青年说”等活动，征集课题论文 24 篇、微感悟 162 篇。

物流配送

2021 年，山西新华书店集团坚持把物流网络化建设作为深化转型升级的重要抓手，以夯基筑台未来网上商城物流体系为目标，加快晋中园区物流基地、二级分拨中心及基层网点建设，高标准培育、塑造、壮大新华物流品牌；加快实施“一基地四中心”物流网络建设工程，高标准打造覆盖全省、辐射周边、流转快捷、运营高效的物流网络体系；深化联动融合，优化侯马物流分中心运营效能，在做精做强主业配送的基础上，勇于参与社会物流市场的竞争，加速整合集团传统物流资源，继续探索第三方物流拓展与实施路径；着力加强物流活动的安全监管能力建设，全面做好风险评估，高度重视政策风险、资金风险和营运风险；强化专业技能培训，突出防范仓储装卸、交通运输等各个环节的事故风险，切实保障物流业务安全运行。

2022 年，山西新华书店集团坚持把物流网络建设作为全方位推动企业高质量发展的重要抓手，整合现有物流资源，统筹推进晋中园区物流基地、二级分拨中心及基层网点建设，努力在降低综合成本、提升价值创造上取得实质性进展。主动融入全省物流网点总体布局，以服务 100 千米为辐射范围进行选址，稳妥推进“一基地四中心”物流网络建设；以降本增效提质为目标，进一步改善孝义发货站场地面积及发运条件，稳妥推进市、县子（分）公司软硬件基础设施升级改造，通过多店仓储聚合减少收拣配发环节，增强配送服务能力；结合各分中心区位优势和经济发展特点，在做优出版物物流的基础上拓展第三方物流，以山西出版传媒集团文创及转型产品为切入点，提升非书业务发运量，进一步探索由单一的企业物流向物流企业转型。

社会责任

2021 年，集团在顺利完成脱贫攻坚任务的基础上，按照省委和出版传媒集团党委部署，精心选派两支乡村振兴帮扶工作队，帮助 140 户贫困家庭 308 人全部达到脱贫标准，并有序做好轮换驻村交接工作，6 名队员于 5 月初全面驻村；集团驻代县扶贫工作队荣获“山西省扶贫先进集体”称号，《中国新闻出版广电报》予以全面报道；圆满完成脱贫攻坚任务，“接棒”乡村振兴重任，为帮扶村建设阅览室、爱心超市，捐赠图书 813 个品种、2362 册、码洋 7.6 万元，捐献各类生活物品等 350 余件，切实为群众办了实事好事；彰显国企的责任担当，组织党员干部员工向省内遭受暴雨洪灾地区捐款 21.4 万元，捐赠教科书等学生用品价值 10 万元。

2022 年，集团扎实推进巩固脱贫攻坚成果同乡村振兴有效衔接，选派优秀干部职工开展驻村帮扶工作，集团总部直接投入资金为 47.88 万元，春节慰问捐赠米、面、油等物资价值 19.33 万元；积极发挥爱心超市、图书阅览室作用，丰富帮扶村群众文化生活；积极落实上级有关要求，主动为服务业小微企业和个体工商户减免房屋租金457万元，帮助他们尽早渡过难关、恢复发展；全力参与2022年度农家书屋补充更新工作，晋中公司荣获“第九届全国服务农民、服务基层文化建设先进集体”称号。

2021年末领导班子成员名单

刘兴太　党委书记、董事长
孙志勇　党委副书记、副董事长、总经理
郭跃军　监事会主席
续小强　党委副书记、副董事长
马　峰　党委委员、副总经理
申衍军　党委委员、副总经理
曹笑吟　党委委员、纪委书记
杨建勇　监事会副主席

2022年末领导班子成员名单

雷俊林　党委书记、董事长
赵　瑞　党委副书记、副董事长、总经理
郭跃军　监事会主席
申衍军　党委委员、副总经理
曹笑吟　党委委员、纪委书记
杨建勇　监事会副主席

河北省新华书店有限责任公司

年度概况

2021年，河北省新华书店有限责任公司（以下简称“河北新华”）迎来了党的百年华诞和建店80周年，开启了“十四五”高质量发展新征程。全体党员干部职工团结奋进、攻坚克难，扎实推动各项重点工作不断取得新成效。教材发行稳中有升，征订码洋同比增长12.6%；教辅营销能力稳步增强，销售额同比增长9.35%；一般图书经营水平稳步提高，销售额同比增长2.2%；发行网络升级建设成效显著；融合发展工作取得新成果；企业党建迈上新台阶；企业管理效能实现新提升；人才队伍和企业文化迸发新活力。2021年，河北新华实现营业收入53.22亿元，同比增长5.47%；实现利润6.95亿元，同比增长1.49%。因社会效益和经济效益突出，河北新华荣获第五届“中国出版政府奖·先进出版单位”，入选第十三届“全国文化企业30强”提名企业。

2022年，河北新华以习近平新时代中国特色社会主义思想为指引，围绕高质量发展主题和“十四五”战略目标，坚持守正创新，着力提质增效，继续保持了稳中向好的发展态势。坚持政治引领，全面从严治党进一步走深走实。狠抓质量效益，主业核心竞争力显著增强。其中，教材发行质效并举，征订同比增长 9%；教辅营销再创佳绩，销售码洋同比增长 9.87%；一般图书经营平稳上扬，同比增长 11.27%。融合发展不断深化，发行网络日臻完善。其中，线下门店持续优化升级；线上平台不断成熟壮大，全年网店销售额同比增长 67.22%。内控管理进一步规范，全过程风险防控能力不断增强。企业软实力建设成果显著，人才与文化活力全面激发。2022 年，河北新华实现营业收入 56.47 亿元，同比增长 6.11%；实现利润 7.48 亿元，同比增长 7.63%。

领导关怀

2022 年 4 月 15 日，省委宣传部副部长、省政府新闻办公室主任郜世泽，省委宣传部二级巡视员、出版处处长赵存进，省教育厅二级巡视员侯建国到石家庄书城调研。郜世泽强调，新华书店要坚持以习近平新时代中国特色社会主义思想为指导，自觉承担起举旗帜、聚民心、育新人、兴文化、展形象的使命任务，进一步做好新形势下的发行工作，为建设现代化经济强省、美丽河北贡献智慧力量。河北出版传媒集团公司党委副书记、总编辑刘唯一，党委委员、副总经理王志江，河北出版传媒集团公司党委委员、省店公司党委书记、董事长于慧丰等参加调研活动。

2022 年 8 月 27 日，中宣部印刷发行局发行处处长武远明到沧州书城调研。武远明强调，新华书店作为党和国家重要的思想文化宣传阵地，要始终坚持把社会效益放在首位，努力实现社会效益与经济效益相统一；要全力做好《让群众过上好日子——习近平正定足迹》等四部图书的征订发行工作，进一步服务好广大党员干部群众的学习用书需要。省委宣传部印刷发行处处长赵金合，沧州市委宣传部常务副部长贺治起，河北出版传媒集团公司党委委员、省店公司党委书记、董事长于慧丰，省店公司党委副书记、总经理韩丽璞等陪同调研。

2022 年 11 月 1 日，河北省委宣传部部务会成员王振儒，省委宣传部印刷发行处处长赵金合到石家庄市新华书店调研，深入一线宣讲党的二十大精神，督导党的二十大文件及学习辅导读物发行工作。王振儒指出，新华书店要充分发挥图书发行主渠道和宣传思想文化主阵地作用，把党的二十大文件及学习辅导读物发行工作作为当前重大政治任务，全力满足全省广大党员干部群众的学习用书需求。河北出版传媒集团公司党委委员、省店公司党委书记、董事长于慧丰，省店公司党委副书记、总经理韩丽璞等陪同调研。

荣誉奖项

2021 年 1 月 20 日，人力资源社会保障部、国家广播电视总局、国家新闻出版署授予河北省新华书店有限责任公司“全国新闻出版广播影视系统先进集体”称号；授予保定市新华书店有限责任公司徐水分公司经理邢丽红“全国新闻出版广播影视系统劳动模范”称号。

2021 年 2 月，河北省新华书店有限责任公司被国家新闻出版署授予“出版业科技与标准重点实验室”。

2021 年 2 月，在中国书刊发行业协会主办的“新时代杯”2020 时代出版中国书店年度致敬活动中，河北新华旗下啡页书咖品牌荣获“年度书店品牌”称号；沧州市店沧县李天木乡村书店荣获“年度乡村书店”称号；邯郸市店涉县一中校园书店荣获“年度校园书店”称号；衡水市新华书店中心门店荣获“2020 抗疫特别致敬”称号。

2021 年 4 月，在中共中央宣传部办公厅印发的《关于表扬 2020 年度新闻出版统计工作单位、个人的通知》中，河北省新华书店有限责任公司马帅同志受到表扬。

2021 年 4 月，廊坊市新华书店姬建华同志被河北省“知名文化企业 30 强”“十佳文化企业家”推荐认定工作组委会授予“2020 年度河北省十佳文化企业家”称号。

2021 年 5 月，河北省新华书店有限责任公司被河北省直属机关工会工作委员会授予“第九届书香三八征文优秀组织单位”和“全国职工线上法律知识竞赛优秀组织单位”称号。

2021 年 6 月，在河北省直属机关工会工作委员举办的“永远跟党走 · 唱支山歌给党听”网络歌咏活动中，河北省新华书店有限责任公司荣获作品金奖和优秀组织奖。

2021年7月，河北省新华书店有限责任公司被国家新闻出版署授予“第五届中国出版政府奖·先进出版单位奖”。

2021年7月，涿州市新华书店王晓辉同志被中共河北省委授予“河北省优秀共产党员”称号。

2021年7月，河北省新华书店有限责任公司韩丽璞同志入选中共河北省委宣传部“河北省文化名家暨‘四个一批’人才工程”。

2021年7月，在中国新华书店协会主办的庆祝建党100周年全国新华书店主题出版物造型设计大赛中，河北新华代表队荣获三等奖。

2021年7月，全国青少年爱国主义读书教育活动组织委员会授予河北省新华书店有限责任公司及沧州、邯郸、廊坊、张家口市新华书店和隆尧县新华书店“第二十八届全国青少年爱国主义读书教育活动组织特等奖”；授予于慧丰、韩丽璞、王亮、吴君辉、吴建星、赵明、于大力、高海燕等同志“第二十八届全国青少年爱国主义读书教育活动先进工作者”称号。

2021年9月，光明日报社和经济日报社联合发布了第十三届“全国文化企业30强”名单。河北省新华书店有限责任公司入选“全国文化企业30强”提名企业。

2021年10月，在由中国新华书店协会指导、中国出版传媒商报社主办的“2021年度阅读空间新榜样”推选活动中，邯郸书城获评“标杆大书城”；涿州市新华书店语书堂店获评“示范基层店”；省店公司啡页书咖品牌获评“十佳新品牌”；遵化市新华书店一中校园店获评“最in校园店”；承德市新华书店双滦社区店获评“格调社区店”；衡水市新华书店获评“卓越运营团队”；衡水市店啡页书咖怡然城店获评“优秀商超店”。

2021年11月，河北省新华书店有限责任公司被中共河北省委网络安全和信息化委员会办公室授予“2021新媒体国企影响力·十佳账号”称号。

2021年11月，在中国新华书店协会主办的庆祝建党100周年“我和新华书店”演讲大赛中，河北省新华书店有限责任公司荣获组织奖；参赛选手巨晶晶荣获优秀奖、最佳人气奖、优秀视频录制奖。

2021年12月，在中国书刊发行业协会、韬奋基金会指导的第三届“全民阅读·书店之选”活动中，河北省新华书店有限责任公司荣获“十佳组织”称号；涿州分公司涿阅轩店、磁县分公司荣获“独具慧眼”称号；枣强分公司荣获“优秀参与门店”称号；啡页书咖、辛集市新华书店、邯郸书城、唐山书城、衡水书城、邢台书城、廊坊市店中心书城、石家庄图书大厦、保定市店裕华路分公司、磁县分公司、邱县分公司、雪驰路分公司、乐亭分公司、丰南分公司等荣获“百佳阅读推广单位”称号。

2022年1月，河北省新华书店有限责任公司郑秋月同志被中共河北省委网络安全和信息化委员会办公室授予2021年度河北省“五个十”网络作品征集展示“优秀网络正能量传播者”称号。

2022年1月，在河北省政务公开领导小组办公室组织的第二届“经济强省 美丽河北”新媒体作品评选中，河北省新华书店有限责任公司荣获优秀奖。

2022年3月，在中国书刊发行业协会主办的“新时代杯”2021时代出版中国书店年度致敬活动中，河北省新华书店有限责任公司荣获“五年特别致敬”称号；承德市新华书店啡页书咖荣获“年度社区书店”称号；廊坊市新华书店大厂镇农家书屋荣获“年度乡村书店”称号；衡水市新华书店中心门店武杰同志荣获“年度店长”称号。

2022年3月，大名县新华书店贾铁山同志被中共河北省委宣传部授予“全省岗位学雷锋标兵”称号。

2022年4月，在首届全民阅读大会上，邯郸市新华书店有限责任公司邯郸书城被中国书刊发行业协会授予“年度最美书店”称号。

2022年5月，保定市店、衡水市店被河北省“知名文化企业30强”“十佳文化企业家”推荐认定工作组委会授予河北省“知名文化企业30强”称号。

2022年5月，在河北省直属机关工会工作委员会组织的2021年度省直“安康杯”竞赛活动中，河北省新华书店有限责任公司荣获竞赛优胜单位；郝建波同志荣获竞赛优秀个人。

2022年7月，全国青少年爱国主义读书教育活动组织委员会授予河北省新华书店有限责任公司及邯郸、廊坊、张家口、沧州市新华书店“第二十九届全国青少年爱国主义读书教育活动组织特等奖”；授予于慧丰、韩丽璞、王亮、靳力英、吴建星、赵明、孟宪军、成志友、赵欣等同志“第二十九届全国青少年爱国主义读书教育活动先进工作者”称号。

2022年8月，河北省新华书店有限责任公司被中共中央宣传部授予“2021年度新闻出版统计工作先进单位”称号。

2022年12月，河北省新华书店有限责任公司被人民教育出版社授予“2022年中小学教材发行先进单位”称号。

组织人事

2021年4月22日，免去曹金民同志河北省新华书店有限责任公司监事会主席职务。

2021年7月13日，免去单秀林同志河北省新华书店有限责任公司监事职务。

2021年8月31日，免去陈志红同志河北省新华书店有限责任公司党委委员、副总经理、董事职务。

2022年3月24日，张莺同志任河北省新华书店有限责任公司党委委员、财务总监；免去庞亚辉同志河北省新华书店有限责任公司党委委员、财务总监职务，另有任用。

2022年4月13日，王富江同志任河北省新华书店有限责任公司副总经理。

2022年5月18日，经河北省新华书店有限责任公司职工代表大会选举，补选王富江同志为河北省新华书店有限责任公司第八届工会委员会主席、郝建波同志为副主席。

党建工作

2021年，河北新华坚持以习近平新时代中国特色社会主义思想为指导，深入贯彻落实党的十九大和十九届历次全会精神，增强“四个意识”、坚定“四个自信”、做到“两个维护”，严格落实党委理论学习中心组和“第一议题”学习制度，不断强化理论武装，引导党员干部提高政治“三力”。高质量开展党史学习教育，按照“学党史、悟思想、办实事、开新局”的目标要求，以学习、教育、实践等活动为抓手，扎实推进党史学习教育走深走实。全年共组织专题读书班202次、主题宣讲和讲党课367次、线下培训137班次、线上培训67课时、“名家大师讲党史”报告会两场、专题组织生活会193场、青年理论学习小组联学百余场，组织291人次参加27场新时代党员干部教育培训。中央、省级权威媒体对省店公司党史学习教育进行宣传报道413篇，营造出浓厚的党史学习教育氛围。全面落实党建工作责任制和意识形态责任制，印发《2021年党建工作要点和责任分解》，制定《意识形态工作责任制实施细则》，深入推进党支部质量提升工程，促进党的建设和经营管理工作深度融合。围绕落实全面从严治党要求，层层压实党风廉政建设“两个责任”，坚决贯彻落实习近平总书记重要指示批示精神和中央八项规定精神，扎实开展会风会纪专项治理和“吃公函”问题排查清理工作，组织开展政治性警示教育4次、全省203场次。

2022年，河北新华紧紧围绕学习宣传贯彻党的二十大精神这条主线，坚持以高质量党建引领企业高质量发展。省店公司党委印发了《认真学习宣传贯彻党的二十大精神实施方案》，精心部署，层层推动，在全省新华书店系统掀起了学习宣传贯彻党的二十大精神热潮。召开党史学习教育总结会议，建立常态化长效化机制，持续巩固拓展学习教育成果。强化理论武装，全年组织开展党委理论学习中心组学习6次、第一议题学习30次、青年理论学习近300场、各级党委班子成员开展联学39场。狠抓基层党组织标准化规范化建设，扎实做好党组织书记抓基层党建工作述职评议，全系统党建工作质量不断提升，共有60个党组织和个人获评河北出版传媒集团2022年“两优一先”“党建工作创新案例”等奖项。制定党委、纪委、党委书记、党委班子成员落实全面从严治党责任清单，进一步筑牢廉政建设“防火墙”。围绕落实中央八项规定精神、持之以恒纠治“四风”，打好正风肃纪“组合拳”，深入开展政治性警示教育和整肃工作，把严的主基调贯穿始终，风清气正的政治生态持续向好。严格落实意识形态和网络意识形态工作责任制，印发《网络意识形态工作应急预案》，切实强化对意识形态工作的跟踪、指导、检查，确保发行阵地意识形态安全。

教材发行

2021年，河北新华克服新冠疫情带来的不利影响，坚持疫情防控与教学用书两手抓，通过强化沟通协调，深挖市场潜力，全年教材征订册数同比增长12.5%，码洋同比增长12.6%，均创历史新高。在教辅营销工作中，河北新华通过建立落后店帮扶机制，强化ERP系统数据分析和市场调研，制定发行工作指导意见等举措，教辅销售再创佳绩，销量同比增长9.35%。全省上下同心协力，高质量完成了《习近平新时代中国特色社会主义思想学生读本》发行任务，共征订读本437.90万册，覆盖率达到100%。在春、秋两季教材配发工作中，全省各店克服重重困难，开启“5 + 2”“白 + 黑”工作模式，圆满完成了“课前到书，人手一册”政治任务。

2022年，河北新华全面推行订数报订、物流发运、送书到校等环节的精细化管理，建立收发货全流程无缝衔接、快速响应、上下联动的工作机制，有力保障了全省1100万中小学生教科书按时供应。2022年，教材征订册数同比增长18.1%，码洋同比增长9%。在教辅营销工作中，河北新华积极面对“双减”政策给市场带来的影响，创新工作思路，进一步深耕公告教辅、市场化教辅、读书活动用书、大中专教材及幼教市场，不断拓展服务教育部门的深度和广度，全年教辅销售同比增长12.69%，市场占有率和品牌影响力持续提升。新华优选教育图书线上服务平台完成一期建设任务，已在全省12个地区770所学校投入使用。由于受疫情封控、教材改版、极端天气等因素影响，2022年教材配发工作遇到了前所未有的严峻考验。全省各店发扬新华人特别能吃苦、特别能战斗的精神，坚持7 × 24小时连续奋战，圆满完成了“课前到书，人手一册”的政治任务。在第三十四次全国中小学教材工作会议上，河北新华荣获“2022年中小学教材发行先进单位”。

门店建设

2021 年，河北新华大力加强发行网络建设，持续推动门店转型升级，保定图书大厦、张家口图书大厦、徐水新华书店、黄骅新华书店等 24 个市、县门店先后完成升级改造，以全新的城市文化会客厅形象重新绽放。截至 2021 年底，全省已累计完成门店升级改造和新建门店 158 家，转型升级后的门店销售收入平均增长 49%。深入实施门店运营能力提升工程，组织召开了全省门店运营质量提升工作现场会、全省运营工作会，印发了《门店运营指导工作方案》，围绕图书选品、营销策划、线上销售、招商运营、技术应用等方面开展全方位服务指导。高质量推进子品牌建设，全年新建“啡页书咖”2 家，累计建成 8 家；新建“新华 · 小桔灯”绘本馆 4 家，累计建成 178 家。积极打造环境优美、特色鲜明、服务功能完善、经营模式创新的特色网点，新建校园书店 8 家，累计建成 143 家；完成了全省 288 家“红色书屋”和平山县西柏坡镇北庄村“团结书屋”建设工作；完成了全省农村出版物发行网点建档立卡工作。

2022 年，河北新华门店转型升级工作迈出新步伐，石家庄书城、宣化区新华书店等 9 家市、县门店完成升级改造，实现了从“传统图书卖场”向“复合型文化空间”的蝶变。持续推进门店运营能力提升工程，印发了《河北省新华书店 2022 年实体店服务标准贯标活动工作方案》，以门店服务贯标为抓手，不断加强门店规范化管理，进一步提高运营服务质量和水平。有效推动全省特色网点可持续发展，积极探索构建公共文化服务新空间，启动了邯郸市区 11 家智慧书屋建设项目，截至年底建成 5 家投入使用；全年新建校园书店 2 家，累计建成 145 家；新建“新华 · 小桔灯”绘本馆 4 家，全省总计达到 182 家；唐山遵化新华 · 品阅生活店建成营业。充分发挥新华书店作为党的思想文化阵地和社会主义精神文明窗口作用，在平山县西柏坡镇北庄村团结书屋打造“红色书屋”样板空间，全省共建设“红色书屋”288 家；组织开展了农村发行网点示范店评选活动，全省农村发行网点总数持续保持在 200 家以上。

融合创新

2021年，河北新华持续优化完善“新华优选”连锁商城平台功能，建立了省、市、县三级联动的电商销售体系。建设了现场馆配会系统和线上馆配平台，加快推进数据分析平台二期项目，不断完善业务系统、决策系统功能模块，数据分析和保障能力进一步提高。加强物流信息化、自动化建设，包装效率提高67%、图书周转率提高60%，有效促进发运效率进一步优化。加强项目风险防控体系建设，推动教装、集采业务健康发展。持续做好人教社“人教智慧教育平台”推广，积极推进数字教育业务开展。

2022年，河北新华依托“新华优选”电商平台及微信、抖音等自媒体，高效打造线上平台矩阵，初步形成以自有电商、自营新媒体和企业微信连接用户和社群的营销闭环。配合河北出版传媒集团公司扎实做好“冀知”平台建设相关工作，积极参与集团公司组织的平台管理使用培训，制订并完成省店公司“冀知”APP电子商务板块融合发展投入计划，结合实际提供了平台业务模块开发需求。强化ERP系统、数据库、卖场自助系统等建设升级，数字基础设施持续优化完善。

网络运营

2021年，河北新华对“新华优选”连锁商城与ERP业务管理系统、CRM会员管理系统数据对接进行了优化升级；组建了400余人的电商经营管理队伍，形成省、市、县三级联动的电商销售体系；创建了“四月读书”“会员权益月”“金秋购书节”“新华6·18”“阅享双11”“悦读双12”等营销品牌，在重要时间节点组织各店开展了14场统一主题的线上线下营销活动，全网访问量达4000万人次；提升会员系统应用水平，加大会员精准营销力度，全年新增会员44万人，总数达到135万人，全年实现销售码洋6654.63万元，同比增长81.86%。

2022年，河北新华进一步推动线上线下融合发展，全省各级新华书店中心门店全部开通了线上商城，网店数量达到174家，实现线上销售码洋1.13

亿元、同比增长67%，全网上架图书60余万种，与线下门店会员互通共享；印发了《河北省新华书店有限责任公司2022年会员精准营销工作方案》，以全省各地近400个企业微信群为纽带加强会员营销，全年新增会员37万人，总数达到172万人；组织实施了开学季、读书月、金秋购书节、第十二届书博会等12场全网统一的营销活动，访问量达5070万人次；积极探索新媒体营销，组织全省门店开设抖音、微信视频号等新媒体账号，举办主播选拔比赛，众多优秀主播脱颖而出，为新媒体规模化运营打下了良好基础。

全民阅读

2021年，河北新华以推动全民阅读、建设书香河北为己任，以满足人民群众对美好精神文化生活的新期待为目标，通过店内与店外、线下与线上融合互动，组织开展了一系列丰富多彩的全民阅读活动。在店内营销方面，印发了《全省一般图书营销活动实施方案》，创建了《阅见》线上荐书栏目，优选品质新书，在全省各店、各平台进行展陈宣传和营销推广，有效拉动了门店销售。举办“新春展销季”“超级品类月”“新华品阅嘉年华”“冀版精品展销”等全省统一线上线下主题营销活动16大项，全年活动覆盖率、参与率达到90%以上，确保了市店周周有活动，县店月月有活动。加强各市店阅读品牌建设，邢台市店与当地“学习强国”合作，在“学习强国”平台开设“书影留声”阅读栏目；衡水市店在线上开设“新星读书营”，线下开展“新华伴读人”等活动，提升门店的阅读服务水平。在店外营销方面，组织了“致敬百年 读书追梦”2021河北省新华书店金秋惠民书市，线上线下同步联动，七八折封顶惠民促销，10天时间实现销售码洋1286.46万元；举办了第九届全国出版物馆配馆建交易会暨河北省首届馆配会，全省70余家采购单位现场采购码洋1113.29万元；开展了“致敬建党百年 阅享书香燕赵”第十一届河北省图书交易博览会、2021新华书香节、“三下乡”、图书“七进”等全民阅读活动1356场，销售图书码洋1262.83万元。

在重点主题出版物发行方面，河北新华以庆祝建党百年和开展党史学习教育为契机，全力做好党和国家重要文件文献、主题出版物发行工作。依托全省市、县新华书店门店打造红色主题阅读空间，对重点党政理论读物进行集中展示、重点宣传。同时，组织员工深入党政机关、企业、农村、社区、学校、军营开展征订工作，实施“一对一”服务，全年组织各类党史图书“七进”活动230余场，助力党的创新理论深入基层、深入人心。2021年，全省发行《习近平谈治国理政》第四卷、《论中国共产党历史》《中国共产党简史》等党政理论重点图书423.7万册，码洋1.34亿元。

2022年，河北新华坚守文化使命，充分发挥新华书店在引领全民阅读、建设书香社会中的主力军作用，持续推动全民阅读的深入开展，在全社会营造了爱读书、读好书、善读书的良好氛围。在店内营销方面，优化了《全省一般图书营销活动实施方案》，策划开展了“新春展销季”“4·23世界读书日”“新华品阅嘉年华”“冀版图书专区展销”等线上线下主题营销活动；精选“热销书单”开展直播带货、社群营销和门店促销，全年开展各类活动300余场，销售码洋1.33亿元；举办《阅见》读书分享会、“新华·小桔灯”绘本馆主题阅读活动3703场，通过“图书+活动”的形式，带动图书销售；持续加强门店荐书服务，石家庄市店开展了“正荐”书单和“八度”荐书，唐山市店开展了“新阅历”荐书，承德市店在官微上开展了“读书知味”“悦享好书”荐书活动。在店外营销方面，成功举办了河北省第二届出版物馆配馆建线上交易会，图书采购码洋达1054.2万元；组织开展了“喜迎二十大 书香润燕赵”第十二届河北省图书交易博览会，线上线下协调联动，3天观展人数达212万人次，实现销售码洋386.29万元，优惠让利166万元；组织开展2022年新华书香节、“三下乡”、图书“七进”等文化惠民活动共计725场；邀请郑子宁、八路、保冬妮、兰香等作家开展线上线下主题讲座活动；开展图书捐赠活动106场、码洋69万元。

在重点主题出版物发行方面，河北新华通过召开专题督导工作会、建立联动工作组、设立专项奖励等举措，全力做好党的二十大文件及学习辅导读物、领导著作、重要文件文献等重点图书的征订发行工作，全年共征订455.23万册、码洋1.98亿元；举办了《让群众过上好日子——习近平正定足迹》、《习近平谈治国理政》第四卷等重点图书读书学习分享会，大力弘扬主旋律。

内控管理

2021年，河北新华制定修订了党委会、董事会、总经理办公会权责清单和《合同管理办法》《招标管理办法》《基建工程项目审计管理办法》《关于进一步加强固定资产和存货报废残值处置的管理规定》《对参股公司履行出资人职责暂行办法》等16项重要制度，进一步强化对重点环节的依法依规依程序管控，提升制度体系整体效能。以内部审计提质增效活动及省审计厅审计、集团公司审计为抓手，对发现的问题做好立行立改和限期整改。开展了河北新华2021年度综合检查活动，以整改促提升，不断提高全系统规范化管理水平。制定《2021年应收账款清欠工作督导方案》，实行应收账款月调度机制，提高应收账款清收力度和效果。严格落实落细常态化疫情防控措施，积极推进疫苗接种应接尽接，做好定期核酸检测，扎实做好信访稳定和安全生产工作，确保全系统安全稳定运行。

2022年，河北新华紧紧围绕业务、财务、资产、项目、重大经济行为等关键环节制定修订了《重大经济行为管理暂行办法》《基建工程项目管理暂行办法》《应收账款管理办法》等17项重要制度，持续推动内控管理优化升级。调整设立了战略投资与风险管理委员会、薪酬与考核委员会、审计委员会等机构，进一步完善现代法人治理结构。扎实推进质量提升专项行动和相关领域专项治理行动，认真开展应收账款专项检查、合同专项检查和审计整改提升工作，建立审计问题移交和联动督导机制，多层次、全方位督导各单位严格落实审计整改要求，强化风险隐患事前排查和防范，全系统风险防控能力和水平不断提升。高效统筹疫情防控和经营安全，扎实做好安全生产工作，为推动企业高质量发展营造了健康稳定的环境。

人才培养

2021年3月，河北新华印发了《中层管理人员管理暂行办法》，进一步推进省店公司中层管理人员管理工作的科学化、制度化、规范化。9月，印发了《总部新聘员工考核定岗办法》，促进新聘员工深入基层、了解基层，培养求真务实、艰苦创业的优良作风。根据石家庄市新华书店人员需求状况，通过笔试、面试的形式，择优录取16人。全年举办门店营销策划线上培训、中小学研学教育实践业务、高中新课改教辅需求分析及交流、“新课标·新教材·新教学·新高考”云上专家培训、新员工及内训师培训等6场；举办文化大讲堂系列讲座5场；协助河北出版传媒集团公司举办党的十九届五中全会精神专题培训班、全省深入学习中共党史专题网络培训班等。

2022年5月，河北新华修订了《中层管理人员管理暂行办法》，印发了《子公司中层管理人员管理暂行办法》，着力打造忠诚、干净、担当的高素质专业化干部人才队伍。11月，印发了《县店经理助理（后备干部）管理暂行办法》，并于2022年底基本完成了县级新华书店经理助理选拔配备工作。全年举办新媒体营销、青年员工职业综合能力提升、心理教育等专题培训4场；分6期对各市店领导班子成员和县级书店负责人进行了“新时代基层干部主题培训”。

物流配送

2021年，河北新华不断完善工作机制，规范流程管理，努力提升物流配送水平。在教学用书发运工作中，通过强化各环节沟通协调、优化运输线路、组建配发突击小组、新增2条包装流水线提升自动化水平、增设客服管理部完善售前售后服务等多项措施，努力将疫情对教学用书发运工作的影响降到最低，保障了“课前到书，人手一册”政治任务的完成。同时，在做好教学用书发运工作的基础上，完成了一般图书承运商项目招标工作，进一步完善配送方案，建立快捷通畅和点对点的运送管理流程，确保了全省门店的用书需求。

2022年，河北新华不断优化完善物流TMS系统和自动包装流水线功能，提高发运质量与效率。进一步加强精细化管理，制定了安全生产巡查、特种设备管理等制度，修订了承运商考核等一系列管理办法，提升了整体管理水平。在秋季教学用书发运期间，面对教材因改版造成供型晚、交书集中、发运时间紧、任务重、各地疫情反复等重重困难，河北新华第一时间启动发运工作应急预案，加强上下游协调联动，增加包装人员和调货设备，80多名干部职工日夜驻守库房，实行24小时随到随收、即配即发，单日包装件数峰值达到9万件，单日发货量突破10万件，单日单条流水线包装量达到7100件，为圆满完成“课前到书，人手一册”政治任务提供了坚实保障。

社会责任

2021年，河北新华坚持把社会效益放在首位，认真践行国有文化企业的社会责任与担当，积极参与公益捐赠、文化扶贫、志愿服务等社会公益活动。全省各级书店主动融入政府主导的各项文化惠民活动中，全年参加“护苗·绿书签”“文化三下乡”等主题惠民活动50余次，捐赠各类图书及文化用品近30万元，发放购书优惠券700万元；省店公司及所属63家市、县新华书店积极做好对口帮扶工作，累计向平泉县石洞子村、张家口阳原县等197个贫困地区、学校、单位捐赠价值414.12万元的图书和文化用品等；配合河北出版传媒集团公司全力做好阳原文化综合体扶贫工程建设，已完成主体工程竣工验收；深化党史学习教育成果，扎实推进“我为群众办实事”实践活动，积极开展慰问老党员、捐赠党史书籍、无偿献血、义务植树、关爱孤寡老人、参加社区疫情防控志愿服务等。据统计，2021年全系统共参加各类社会公益服务活动3200次，参与人数达9139人次。

2022年，河北新华继续做好对口帮扶工作，派驻3人工作队常驻平泉县石洞子村，巩固拓展脱贫攻坚成果，为村里援建“户户通”项目资金9.8万元，组织广大党员向困难户捐款2.35万元；主动履行国有企业的社会责任，开展公益捐赠活动，全年累计向贫困地区、学校、师生等捐款捐物179万元；坚持党建带群建，探索建立“我为群众办实事”常态化、长效化机制，开展“双报到”、党员志愿服务、团员青年义务劳动等系列活动；继续在全系统开展员工爱心医疗互助活动，全年发放爱心医疗互助金118.1万元、救助患有重大疾病的困难员工及家属40人。

2021 年末领导班子成员名单

于慧丰　党委书记、董事长

韩丽璞　党委副书记、总经理、董事

刘凤岭　党委副书记、纪委书记、董事

王　亮　党委委员、副总经理、董事

庞亚辉　党委委员、财务总监

王富江　党委委员

张文强　党委委员、副总经理、董事、工会主席

2022 年末领导班子成员名单

于慧丰　党委书记、董事长

韩丽璞　党委副书记、总经理、董事

刘凤岭　党委副书记、纪委书记、董事

王　亮　党委委员、副总经理、董事

王富江　党委委员、副总经理、工会主席

张文强　党委委员、副总经理、董事

张　莺　党委委员、财务总监

辽宁省新华书店

年度概况

2021年，恰逢中国共产党成立100周年，也是“十四五”开局的关键之年。辽宁省各地新华书店以习近平新时代中国特色社会主义思想为指导，全面贯彻党的十九大和十九届二中、三中、四中、五中、六中全会精神，认真落实习近平总书记关于振兴东北和辽宁一系列重要讲话精神，以庆祝中国共产党成立100周年为契机，在上级党组织的正确领导下，认真开展“学党史主题教育”，紧紧围绕“创新驱动，转型升级，实现高质量融合发展”的整体部署，全体干部员工积极克服新冠疫情影响，以真抓促落实、以实干求实效，为“十四五”规划开好局，全面推进辽宁图书发行工作实现高质量发展。全年实现营业收入8.13亿元，较上年增长14.41%，资产总额19.85亿元，经营形势基本恢复到疫情发生之前水平，总体向好。

2022年，辽宁全省各级新华书店以迎接党的二十大召开和学习贯彻党的二十大精神为契机，克服市场环境复杂多变、省内疫情多点散发等不利因素的影响，坚决贯彻执行辽宁省、市各级党委、政府的指示精神和决策部署，凝心聚力抓改革、促发展。全省各市、县新华书店总体形势稳定向好，稳中提质，项目拓展加速推进，改革创新持续深入，经营生产成效显著，取得了双效俱佳的良好业绩。全年实现营业收入7.73亿元，资产总额19.34亿元。截至2022年底，全系统员工总数2096人，其中党员700人，团员人数81人；30岁以下108人，31~50岁1379人，50岁以上的609人；本科学历以上的131人，本科及大专1355人，其他610人；初级职称218人，中级职称145人，高级职称21人。

荣誉奖项

2021年1月，辽宁北方出版物配送有限公司（以下简称“北配公司”）在《全国大中专教学图书汇编》编委会主办的2020年度全国优秀教材经销商评选中荣获“优秀教材经销商”称号；在《图书馆报》主办的2020年度全国优秀馆配商评选中，荣获“全国优秀馆配商”称号。

2021年2月，铁岭市店荣获全国青少年“踏上新征程 建功新时代”读书教育活动特别奖和发行先进单位奖。

2021年3月，北配公司被《图书馆报》评为“年度影响力馆配企业”。

2021年6月，绥中县店被辽宁省委宣传部评为“最美阅读空间”。

2021年11月17日，盘锦市店兴隆台门店荣获中国共产主义青年团盘锦市委员会授予的“青年文明号”荣誉称号。

2021年，新华书店北方图书城有限公司（以下简称“北方图书城”）歌德书店、盛文·北方新生活大连24小时书店被中共辽宁省委宣传部、辽宁省全民读书节活动组委会办公室评为辽宁省第十届全民读书节“最美阅读空间”。

2021年，大石桥市店、凌海市店分别荣获中共辽宁省委宣传部、辽宁省文化和旅游厅、辽宁省广播电视局颁发的2020—2021年度全省服务农民、服务基层文化建设先进集体称号。

2021年，北票市店荣获朝阳市第九届全民读书节“最美阅读空间”荣誉称号；荣获北票市文化旅广电系统“先进单位”荣誉称号。

2022年1月，北配公司荣获《图书馆报》评选的“全国优秀馆配商”称号。

2022 年 3 月 25 日，北配公司被国家质量检验协会授予“全国质量诚信先进企业”称号。

2022 年 3 月，北票市店荣获该市“文旅事业先进单位”称号。

2022 年，凌源市店被北方联合出版传媒（集团）有限公司评为优秀发行单位；荣获朝阳市第九届全民读书节“最美阅读空间”荣誉称号。

党建工作

2021 年，辽宁新华书店系统严格按照中央、省委和当地党委的部署和要求，扎实开展党史学习教育，严格将“学党史、悟思想、办实事、开新局”的党史学习教育贯穿日常工作始终，压实主体责任，完善学习制度，充分利用“三会一课”、党日活动等组织开展参观学习、读书征文、诗歌朗诵、艺术党课、百年党史宣讲等多种形式的特色活动，营造浓厚氛围，提升学习实效。各新华书店班子成员坚持以上率下、示范带动，引导干部职工积极参加学习教育活动，稳步推进党史学习教育走深走实。

北配公司实行党委统一领导，班子成员各负其责，各部门、各党支部积极配合、齐抓共管，创新意识形态工作方法，狠抓职工思想及意识形态教育，广泛开展建党 100 周年宣传，全面开展涉辽不良信息专项清理工作，确保图书发行和信息披露工作的政治安全、阵地安全和文化安全。严格贯彻落实党风廉政建设责任制，坚持“三重一大”集体决策，持续深化“查风险、定措施、明责任、抓落实、保廉洁”活动，全面堵塞管理漏洞，规避经营风险。积极开展“我为群众办实事、争作贡献促振兴”实践活动，在帮助困难职工、关心职工健康、改善工作环境、丰富文娱生活等方面，为职工群众办实事好事 22 件，极大地增强了职工群众的认同感和归属感。

盘锦市店党支部重点加强对职工“八小时以外”的监督，组织领导干部开展监督提醒谈话，在五一、端午、十一等重大节假日开展廉洁自律提醒谈话。强调领导干部要有红线思维、有代价意识、有知止效应，对家庭、对组织、对社会负起责任，在遵守法律法规、安全文明驾驶等方面发挥表率作用。

2021 年，营口市店党支部在“我为群众办实事”实践活动中，自筹资金 4.5 万元，采购 8 台空调，不仅改善了办公环境，还彻底解决了店堂夏天闷热的问题；在门店开展献礼建党百年主题书展，营造浓厚的学习氛围；设立“学雷锋志愿服务站”，开展“党员示范岗”和“规范服务月”主题实践活动，践行全心全意为读者服务的宗旨。

2021 年，北镇市店严格要求每个党员按时参加党员活动日，建立“周自学、旬集中、月解读、季研讨、年评述”等常态化学习制度。每月的十五日为固定的党员学习活动日，实现了“月团圆，党群共团圆”。

2022 年，辽宁新华书店系统各级党组织着力提升基层党组织的政治功能和组织力，推进党史学习教育常态化、长效化，深入学习宣传贯彻党的二十大精神，为推动新华书店高质量发展提供坚强保证，推动新华书店党的建设取得新进步；严格落实意识形态工作责任制，全面落实信息发布“一报三审”制，确保发行和信息披露工作的政治安全、阵地安全、文化安全；强化组织保障，平稳有序落实新华书店党委、纪委、党总支、党支部换届工作，配齐各党支部委员，增设党支部纪检委员，加强干部培养教育，着力强基固本，打造高素质干部队伍，提升基础工作水平。

由于在基层党支部建设上的突出表现，2022 年 7 月，北配公司第六党支部被辽宁省直机关工委确立为基层党支部标准化、规范化建设示范点。

图书发行

1. 政治理论读物发行

2021 年，辽宁全省新华书店坚持正确发行导向，以高质量发行党和国家重要文献为己任，紧抓建党百年契机，全力做好政治读物和重点主题出版物的征订发行工作。省内各新华书店都在突出位置设立“党史学习教育”专柜专架，集中陈列、宣传重点政治理论读物，将党的声音及时传递到人民群众当中。

北配公司把高质量完成《习近平新时代中国特色社会主义思想学习问答》《中国共产党简史》《改革开放简史》《中共中央关于党的百年奋斗重大成就和历史经验的决议》等党史学习教育重点图书的发行工作作为全年重大

政治任务，调动充足货源，组建专门发行队伍，周密部署，全程跟踪，确保第一时间满足省内广大党员、干部和群众的学习需要。2021年，北配公司党政业务板块累计发行423.89万册，实现销售收入8994万元，同比增长233%，实现了党政学习材料发行的历史最好水平，得到辽宁省委宣传部、相关出版单位和用书单位等各方的一致好评。

本溪市店全年共发行党的十九大以来的主题图书、党史学习教育活动用书等8万余册，码洋190万元。

北票市店不等不靠，主动出击，以高度的政治责任感，精心组织，把发行好党史学习教育用书作为检验党史学习教育成效的最高标准。通过积极努力，共发行党政读物近5万册，码洋超过70万元。

朝阳县店作为本地党史学习教育出版物发行的主阵地、主战场、主渠道，精心组织，共发行相关出版物2万多册，码洋52万元。

丹东市店全年发行《习近平谈治国理政》第四卷、《习近平新时代中国特色社会主义思想学习问答》《中国共产党简史》及党的十九届六中全会文件等重点读物、主题出版物9300余册，码洋26.42万元。

法库县店开展了庆祝建党百年图书销售活动，积极向政府各机关、各企事业单位推荐《中国共产党简史》《党风廉政建设》等系列图书2000余册。

营口市店从2021年3月起，在石头道、市府路两大门店推出“庆祝中国共产党成立100周年主题出版物展”，设置党史图书专柜，开展送党史图书进机关、进企事业单位、进社区、进学校等活动。销售党史学习教育指定用书1.2万册，码洋35.27万元；销售其他党史党建类图书3600余册，码洋近12万元。

新民市店发行《中国共产党简史》《中华人民共和国简史》《改革开放简史》《社会主义发展简史》《新征程面对面》《中国共产党史知识问答》《大党风范》《大党伟力》等10余个品种1.2万册，码洋45万元。

通过全省各新华书店的积极努力，2021年，辽宁新华书店系统共发行党政和主题出版物1.8亿元，实现销售收入1.29亿元，同比增长900万元。

2022年，全省新华书店系统克服疫情影响，党政及主题出版物发行继续取得佳绩，实现销售 1.77 亿元。

北配公司加速推进线上征订系统升级改造，全面提升订、配、发全流程专业化服务质量，积极拓展政府、企事业单位团购市场，实现销售规模稳步增长。全年共发行《习近平谈治国理政》第四卷、党的二十大文件及学习辅导读物、习近平总书记“足迹”系列等重点图书 207.21 万册，码洋 7294 万元，实现了双效俱佳。

丹东市店发行《论中国共产党历史》、《毛泽东 邓小平 江泽民 胡锦涛关于中国共产党历史论述摘编》、《习近平新时代中国特色社会主义思想学习问答》、《习近平谈治国理政》第四卷、党的二十大文件及学习辅导读物等共计 5367 册、码洋 19.24 万元。

本溪市店通过汇报、对接、沟通等多种方式有针对性地进行图书上门推荐、征订，争取各级领导的支持和帮助，同时，积极做好门店展示、销售和各项服务工作，及时保证了党员干部群众的学习需求。全年共发行政治类主题图书 1 万多册、码洋 35 万元。

新民市店发行《百年大党面对面》《中国共产党简史》等 10 多个政治理论读物品种，数量约 2 万册，码洋 10 万余元，满足了当地党政机关、企事业团购和普通读者的需求。

大连市普兰店区店在门市部设立“习近平新时代中国特色社会主义思想学习书籍”专柜，常年展出《习近平谈治国理政》系列图书、《习近平新时代中国特色社会主义思想学习问答》、《中国共产党简史》、《论中国共产党历史》等党史学习教育书籍，满足广大党员干部的学习需求。以上图书共发行 1000 余册、码洋近 4 万元。

2. 教材及教辅发行

2021 年，辽宁新华书店系统春、秋两季共发行教材总码洋 6.28 亿元，同比增长 0.3 亿元，增长率 5.02%。

2022 年，辽宁新华书店系统铸牢服务意识，积极克服时间紧、到货迟等困难，圆满完成了疫情之下的“课前到书，人手一册”政治任务。春、秋两季教材发货总码洋 5.5 亿元。北配公司除完成全省中小学课本配发任务外，秋季开始还承担了华育教辅的配发业务，通过努力，实现华育教辅发货总码洋5.35亿元，人均劳效码洋1188万元。经过精益求精的磨合与质量提升，配发过程实现零差错，配发效能得以充分释放。

3. 馆配图书发行

2021年，作为北方地区最大的馆配图书供应商，北配公司扎实推进馆配教育板块业务创新发展。全力开拓空白市场，一些区域实现投标项目零的突破，总中标标的额达到600余万元。通过提高中标率来保证中标标的额的持续稳定增长，全年参与全国馆配教育项目中标172项，同比增加18项，中标额1.23亿元，同比增加2700余万元，增长28.3%；新开发客户97个，同比增加38个，增幅达64.4%。持续发力2019年教育部《全国中小学图书馆（室）推荐书目》项目和教育装备市场，教推项目全年实现销售1900万元。2021年，公司馆配教育板块实现销售收入2.04亿元，同比增长4320.51万元，增幅达27%。

2021年，北方图书城共参与招投标项目24个，中标项目17个，中标码洋1768.79万元。数字化加工业务累计中标234.6万元，全年实现店外业务近9000万元，增长率48%。

2022年，北配公司以重点开拓“千万级”区域市场为攻坚目标，加大对重点大学图书馆与公共图书馆的攻坚力度，2022年新增中标客户62个，老客户续签率达到68.59%；持续发力教育装备板块，成功中标职业学院纸制资源库、图书馆文献资源库等5个教装项目，实现总销售436万元；完成部分区域市场精细化、标准化服务试点工作，提升公司馆配品牌含金量，区域市场份额由2021年的100余万元增长至480万元；教材营销团队紧抓窗口期，加大空白市场开发力度，新增销售400余万元，大中专教材板块完成总销售6500万元，同比增长29%。

网络运营

2021年，北方图书城加强线上发力，依靠自营电商和第三方渠道共建线上发行体系，通过自营96192平台、小悟空平台、多商户平台，利用图书、百货百万种商品拉动线上流量，电商平台完成销售4600万元，实现利润79万元。搭建快手板块，创建好物联盟，以“盛文食品超市”及“盛文好物超市”两大核心分销超市，通过强有力供应链引入，以千万、百万级大主播带货、各新生活场景化直播及全员私域分销有效结合，快手好物联盟实现分销GMV299.6万元，抖音精选联盟实现分销GMV37万元。

海城市店在微信上建立读者群，及时在群里发布图书信息，解答读者问题，业务人员通过朋友圈进行重点图书、经典好书推荐。

北票市店在线上智能小书房开启租售一体化运营，微店全年销售突破10万元，微信社群营销逐渐成为书店营销的重要手段。

葫芦岛市店开辟售书新模式——网络预订，通过专人转发朋友圈、转发微信群等方式，实时发布图书信息，开展预售工作。顾客可将自己的购书需求告知工作人员，由工作人员进行送货服务。

桓仁县店开通网上微店销售，每日更新图书与商品品种，安排专人负责微店的日常运营。建立读者微信群，及时推介店铺新品，不定时开展会员优惠服务。读者微信群在疫情初期闭店的情况下，起到了很好的线上销售作用。

盘锦市店把微信公众号、抖音、微博、今日头条等载体作为对外展示宣传窗口，对畅销图书进行线上推介，激发平台活跃度，增强读者对新华书店品牌认知度，取得了显著成效。深入开展“辽宁新华书店好物网”线上线下一体化平台项目的合作，利用线上营销平台，同步开展线下营销工作，扩大品牌宣传，带动图书和非书商品的销售，实现企业利益最大化。

北配公司完成“线上廉政书屋”及“理论读物先行者”两大党政读物线上发行新平台建设，全年新关注用户达3262个，订单4200多份，销售码洋678.54万元，好评率100%，形成极具北配特色、快速安全高效的线上分销新模式。以智慧馆配为抓手，全力推进“云采购”平台建设，图书类目、封面、内容简介、精彩试读、音视频推荐、MARC数据等信息通过云端得以立体化呈现，进一步满足客户精准下达的需求。

2022年，辽宁全省新华书店网络发行渠道建设进一步推进。北配公司建设完成的“理论读物先行者”微商城系统，访问用户超1.6万家，累计收到订单6921份，征订码洋2546万元，好评率达100%，已形成较为完整的线上党政读物征订发行运营体系，持续保持高速稳健发展态势，成为公司线上线下双循环生态圈建设的重要支撑。北配公司还持续完善和升级“网上馆配会采选平台”的服务功能，使图书信息能够通过云端实现立体化呈现，使信息投放更加精准和丰富。2022年两次订货会的订货码洋均保持在2000万元左右，为公司馆配产业发展和品牌输出提供了强力保障。

北票市店继续强化智能小书房租售一体化运营，全年租书超过1万册，微店全年销售突破20万元，微信社群营销逐渐成为书店营销的重要手段。

营口市店在线上加入辽宁新华书店经营联合体，巧借“新华好物网”资源优势，更快介入网络销售，开设文创、办公用品、米面油等非书商品销售，实现多元业态协同发展，线上线下全面开花。

网点建设

2021年，全省新华书店系统共有网点103个，其中自有网点97个。经营面积10000平方米以上网点3个，1000~10000平方米网点13个，1000平方米以下网点84个。当年实施网点改造8个，总投入52.8万元。

2021年，凌源市店对门店外观进行更新改造，提升了新华书店的城市形象。同时，对教材库进行了更新改造，方便教材入库、出库。

海城市店在毛祁镇北毛村和南台镇前柳村设立两个农村发行网点，主要经营农业科技类图书，极大地方便了当地群众。

抚顺市店在新抚区和望花区开设两个200平方米的零售门店，不断优化服务环境，丰富服务内容，全年营业时间不少于2500小时。

岫岩县店为了解决农村发行“最后一公里”问题，采取与一些乡镇农家书屋合作的方式，建立常年流动售书点，满足农民群众看书难的需求。

义县县店修缮装修营业大厅，更换老旧大门和柜台，使书店面貌焕然一新。

2022年，全省新华书店系统总网点数93个，其中自有网点61个，非自有 28 个；总经营面积 39959 平方米，其中 5000~10000 平方米网点 1 个，1000~5000 平方米网点 15 个，1000 平方米以下的网点 77 个；2022 年实施网点改造 6 个，总投入 57.67 万元；24 小时书店 2 个。

2022 年，盘锦市店在盘山县成立了分店。充分利用县级门店区位优势，深度挖掘农村市场，不仅解决了盘山县村民购书难的问题，还充分发挥辐射功能，持续推进党政图书和中小学教材发行。

2022 年，桓仁县店投入资金重新装饰阅读区、新华好物网商品专区和党建文献专柜，更新了柜台，对店堂进行亮化改造，使经营环境焕然一新。

2022 年，北票市店积极向商圈、社区、学校拓展城市书房，与 7 所学校共建了校园书店、书吧，供师生免费阅读。同时，该店还致力于乡镇网点建设，将网点向文化大院和文化中心户拓展，已建成的 252 个农家书屋都成为该店的发行网点。

融合创新

2021 年，北方图书城挖掘品牌资源，推动多业态融合。全面实施灵活多样的招商策略，推动招商线索、非书供应链线索、会员联盟招商线索、教育联盟招商线索对接与转化，新增商户 26 个，新增海尔、雀巢等 300 多家供应商，全年销售总额 1500 万元，同比增长 304 万元。以书为媒，利用会员商户联盟资源，围绕生活服务、餐饮娱乐、酒店出行、网课教育、服饰快销及银行消费补贴等六个层面进行合作，全年合作权益 500 万元。全年会员卡收入 999 万元，同比增长 5.5%；全年储值卡收入 1752.5 万元，同比增长 2.3%。

2021 年 9 月，北配公司与省邮政正式签署战略合作协议，加速推进双方在产业融合、风险管理、品牌宣传、服务民生等领域的深度合作，当年实现销售收入 1892 万元，形成了良好发展态势。抓紧抓实通辽地区“草原书屋”项目，重构辽—蒙合作体系，全年实现销售近 400 万元，成为北配公司在内蒙古区域新的业务增长点。进一步加强辽 · 津合作力度，赢得省外合作发展新增量，2021 年公司在天津区域完成销售总额 2300 万元，是 2020 年同期的

8.2倍，实现了跨越式增长。

2022年，本溪市店继续拓宽经营渠道，确保多元化经营模式稳步实施，做好与辽宁新华书店发行集团有限公司的文创产品和非书项目的合作经营，积极参与省发行集团网上联合发行平台建设，增加非书项目的利润点。

2022年，北方图书城联合海尔尝试图书与家电交叉营销，通过参与一系列开盘会、复盘会、培训会、营销对接会进行全渠道转化，成功合作刚子、连博等大主播专场带货首场“破百万”，总订单数近3万单。跨界整合资源，助力海尔对接辽宁省商务厅、沈河区商务局，参与“乐购辽宁 惠享美好”促民生消费活动，深度释放消费潜力。海尔项目全年各渠道销售共计1456.07万元，同比增长884.92万元。传统电商销售232.55万元，占比15.97%；直播电商销售203.55万元，占比13.98%。

2022年底，新宾县店充分利用电视、网络、微信、微博等平台，大力宣传为全县百姓准备的年货筐，包括挂历、台历、对联、福字、年画等产品，取得了良好的社会效益和经济效益。

全民阅读

2021年，辽宁新华书店系统组织开展形式多样的活动，全力助推全民阅读深入开展。从“4·23世界读书日”开始，积极参加以“致敬建党百年，阅享盛世书香”为主题的第十届全民读书节，将各项阅读推广活动有机嵌入党史学习教育，激发了辽宁人民的阅读热情，营造了良好的书香氛围，凝聚起推动辽宁振兴发展的强大精神力量。读书节期间，以线上活动为主共组织开展阅读推广活动1000多项、网络直播600多场次、文化讲座100余场，收到各类在线阅读活动作品5000余份，累计超2000万人次参与其中，活动覆盖面、社会群众参与度显著提升。

北配公司借助第十届全民读书节的东风，成功举办了“品读盛世书香、献礼建党百年”馆配会，提升了新华书店品牌影响力。

盘锦市店、大洼区店联合区域内多家单位，共同开展百年党史进校园、进社区、进机关、进乡村、进企业“五进”好书推介会活动。开展“护苗

2021”专项行动，在书店各分店举办“绿书签”活动。参与兴隆台区文旅广电局举办的图书惠民活动。

桓仁县店围绕世界读书日，在店内开展百日阅读打卡活动，在店外联合出版社开展图书特价促销活动。围绕学生假期，举办“阅读季”读书活动、庆祝建党100周年红色经典朗诵活动。

西丰县店在全县广大青少年中开展“榜样的力量”主题读书教育活动，共发行《榜样的力量》一书9000多册，码洋10余万元。

朝阳县店加强农家书屋建设，本年度共为农家书屋配书5000多册、码洋20.9万元。

建昌县店致力开拓农村图书市场，把农业科技书送到农牧区、田间地头，实现销售13.5万元。

2022年，辽宁各新华书店积极参加以“书香辽宁——阅读新时代 喜迎二十大”为主题的第十一届读书节。本届读书节突出迎接宣传贯彻党的二十大精神工作主线，坚持宣传贯彻落实习近平总书记致首届全民阅读大会的贺信精神，深入推进全民阅读进农村、进社区、进家庭、进学校、进机关、进企业、进军营、进网络。引导人民群众提升阅读兴趣、养成阅读习惯、提高阅读能力，不断增强思想道德素质和科学文化素质，坚定辽宁文化自信，为党的二十大胜利召开营造浓厚氛围。

各市、县新华书店在读书节期间举办了形式各样的读书活动，在“品读我们这十年，全民共写一本书”活动中，组织群众用文字、画笔、镜头等记录新时代、描绘新生活。在“打卡辽宁最美阅读空间”活动中，引导群众走进城市书房、书店、图书馆，去汲取知识的力量。在“漂流书屋”活动中，众多闲置好书被更多人遇见，重新焕发光彩。各地各单位通过举办惠民书展、“书香辽宁·希望之星”图书室捐建、“情暖辽宁 志愿有我”文化进万家基层行、“文化惠民·送知识下乡”、“阅读点亮辽宁”等活动，推动全民阅读深入人心，用文化助力乡村振兴，用书籍传递前行的力量。

铁岭市店在店内张贴宣传海报，大力弘扬宪法精神；设立少儿阅读室，为小读者提供专属阅读空间；专设党史党建类图书专柜，使党建理论学习成为新热点。

西丰县店在中小学生中积极开展爱国主义教育读书活动，共征订发行《强国有我》9900 多册，码洋 11 万元。

岫岩县店为了把党史学习教育资料传递到农村党员手中，开展了送党史图书下乡活动；以“科普之冬”活动为契机，把科技图书送到田间地头；利用课本发行以及门市重点书目推荐等机会，深入学校开展流动售书活动。

内控管理

2021 年，辽宁新华书店系统进一步完善内部机制，强化财务管控和制度建设，有效提升书店运行效率和风险防控能力。

盘锦市店先后制定完善了涉及企业党的建设和资产、财务、人员管理等 43 项规章制度，并开展制度宣贯工作，让员工了解并自觉执行书店各项规章制度，用制度规范全体干部职工的行为。

北方图书城贯彻“企业创效、全员创收”工程，对薪酬绩效制度进行了全面调整，建立了综合体现岗位价值、员工个人价值和工作绩效的新的薪酬制度。

北配公司以出版集团“合规性检查”专项整改工作为主线，进一步完善财务管控体系，出台《应收账款压降管理办法》等制度，并以此为基础建立应收账款预警机制，内部管控和风险管理水平大幅度提升；严格执行《投标保证金管理办法》，加强了对投标保证金和个人借款的监督管理，全年清理两年以上相关款项共 95 笔，金额达 175 万元；借助集团证券和法律部专业力量，积极清理呆、死、陈、欠应收账款，共追回款项 120.6 万元，不仅化解了较大的经营风险，也缓解了公司的资金压力。加强法务管理，严格执行《合同管理办法》等制度，加大对馆配、采购、生产、运输等重点领域、重点环节和重大项目的招投标流程及合同签订的管理力度，在风险管控方面取得长足进步的同时，极大地维护了公司合法权益。全年共向集团证券和法律部报审各类合同近 700 份。

桓仁县店进一步完善了《员工管理制度》《员工考勤制度》《员工日常行

为规范》《消防安全管理制度》等日常管理制度。为加强经营管理，制定了新的《目标责任制》。中层干部及购书中心员工全部实行目标责任制及工效挂钩制，把目标任务层层落实到部门经理、主任、员工，并按照目标实行绩效考核。

2022 年，全省新华书店系统持续深化改革，完善体制机制，强化财务管控和人才梯队建设，运行效率和风险防控能力得到持续有效提升。

辽阳市店有限公司编制了《财务管理制度与流程》《公车使用制度》《消防安全制度》《库存图书管理制度》《库存图书盘点制度》《图书业务流程管理办法》《营业部员工行为规范》等规章制度，并全部上墙、严格执行。

北配公司重新修订完善了《北配公司绩效考核管理办法》，利润考核指标占比权重由 10% 提升至 30%，进一步加大对个人、区域和部门费用支出核算。发挥利润考核“指挥棒”的激励与约束作用，使业务拓展从简单规模化增长向创效益、促效率、高质量增长过渡。持续推进采购成本压降，公司馆配专项采购成本与一般图书采购成本同比下降了 5.2% 和 0.3%，主动议价成本压降 120 万元。

人才培养

2021 年，北方图书城以销售培训和产品培训为主，共组织 52 场培训。对于下半年书城主推的海尔、斯凯奇、洗护节、生活节等内购会，组织线上线下同步全员培训。通过培训为员工打开了解产品的大门，调动员工销售产品的积极性。

2021 年，北票市店坚持全员培训、全方位培训、系统培训，在疫情常态化防控形势下，积极创新培训形式，通过建群、直播、录播等方式开展线上培训。坚持思想政治工作常抓不懈，塑造积极向上、团结奋进的企业文化，促进企业健康发展。

海城市店在 2021 年至 2022 年间，共招聘了 7 名本科毕业生充实到员工队伍，并对新员工进行了职业技能培训。

物流配送

2021年，北配公司强化仓储物流生产的全流程精细化管理，运营效率持续提升，大物流集约成效显著。一是智能仓配体系中的WMS监控系统逐步完善，实现实时监控各环节作业时效，减少因订单超时造成的流程不畅。二是深度应用商业智能系统，提高了数据统计效率及应用分析深度，生成的可视化生产数据报表可供社方及时了解掌握生产情况。三是公司加强了对各社在库品种动态销率的分析频次，有效缓解了库内仓储压力。四是创新电商业务物流服务新模式。结合社方电商业务订单急、业务量集中的需求特点，设计完成专属业务流程，充分保障了电商订单物流仓配的时效性及完成质量，日处理订单可达5000份，为出版社电商业务拓展提供极大助力。五是扩充RF功能，大幅度提升了补货效率。六是加速推进北京分仓项目建设，仓储品种达到3000余种，备货码洋超过200万元，已完成对内蒙古西部和天津67个店的全覆盖首批发货。经测试，北京分仓到、发货时间比沈阳本部综合节约时间达2~3天，为构建辐射北方、面向全国的产业布局打下了基础，进一步夯实了以沈阳为中心，辐射全国的图书中盘配送体系。

2022年，北配公司成立专项工作小组，落实精细化管理，推进仓储物流生产提质增效，高质量完成出版集团所属各出版社存货管理专项工作。专项工作历时5个月，协调出版社、中金、云章等10多家单位配合，组织物流人员近200人参与，累计加班6000多人次，完成了出版社各个库房3.4万品种、1789万册、6.2亿码洋的库存盘点、整理和数据调整，最终在规定时间内达成云章系统与中金系统数据一致，业务系统与库存时点数一致的预期目标。推行全面的物流绩效考核管理，精简组织机构，改进退货流程，优化拣选策略，升级程序功能有效促进了仓配作业提质增效。2022年，处理销售订单1.67万笔，剔除疫情居家和滞销库盘点因素，24小时完成率为72%，同比增长4%；48小时完成率为91%，同比增长1%。退货环节在积压清理和流程改造后，3天完成率提升到77%，7天完成率达到90%。积极承揽多个展会的物流仓储配送服务，配置专人对接，建立绿色通道，保证优先配发，严格把控质量，在4月疫情严格防控时期，就近组织人员安全生产，保障展会用书及时送达。

社会责任

2021年，北票市店认真履行国有文化企业社会责任，积极响应党和政府号召，开展以“图书进校园，书香校园行”为主题的全民阅读文化惠民活动，共计在5所学校开展图书进校园活动。

2021年7月，海城市店向该市毛祁镇北毛村捐赠农业书籍200多册，书架若干。

2021—2022年，岫岩县店每年都抽出资金积极参与社会帮扶工作，多次向该县前营子镇燕窝村捐款、捐物、捐书。其中捐赠米、面、油、衣服等物品200余件，金额达1万余元，派人员下乡20余人次。

2022年，喀左县店积极参与政府惠民工程，对个体工商户加大扶持力度，帮助缓解疫情带来的影响，共减免租户租金8.8万多元；书店党支部利用党员活动日参加社区组织的志愿服务活动，对卫生环境较差的小区进行全面清理；为建档立卡户学生免费赠送价值20余万元的图书，让困难学生深切感受到新华书店的关怀和精准扶贫政策的温暖。

2021—2022年，凌源市店参与当地疫情防控志愿服务工作16人、240人次，创卫工作街道志愿服务7人、64人次。向农村、社区书屋等捐赠图书982册。积极参与社会扶贫帮困，向刀尔登镇干沟子村捐赠防护服、消毒液、口罩、方便面、纯净水等物资若干。

2022年4月23日，彰武县店开展“4·23世界读书日”活动，先后向该县的二道河自镇和五峰镇捐赠图书。

2022年10月13—30日，抚顺县店职工分别在居住地加入疫情防控志愿者服务队，为抗击疫情贡献力量。

吉林省新华书店集团有限责任公司

年度概况

2021年，是“十四五”开局之年，也是全面建设社会主义现代化国家新征程的开启之年，更适逢中国共产党成立100周年。吉林省新华书店集团（以下简称“省店集团”）领导班子在吉林东北亚出版传媒集团有限公司和吉林出版集团股份有限公司的正确领导下，团结带领广大干部员工，围绕总体布局，真抓实干，攻坚克难，有序推动各项重点工作任务，取得了较好的社会效益和经济效益，实现了企业“十四五”发展的良好开局。2021年，省店集团实现销售收入11.15亿元，较上年增长9.11%；实现利润总额9226万元，较上年增长16.84%。

2022年，是省店集团发展较为艰难的一年，省店集团领导班子坚决贯彻上级集团的总体战略，以党的二十大精神为指导，统筹疫情防控和生产经营，围绕主责主业，加强经营管理，克服各种不利因素影响，有序推动各项重点工作任务，圆满完成了2022年工作目标任务。2022年，省店集团实现销售收入11.77亿元，较上年增长5.66%；实现利润总额9185万元，较上年下降0.44%，下降的主要原因是受新冠疫情影响。

领导关怀

2021年2月10日，吉林省委常委、省委宣传部部长石玉钢，吉林省委宣传部副部长、省新闻出版（版权）局局长姚玉和；吉林东北亚出版传媒集团有限公司董事长、党委书记张宝宗，总经理张四季；吉林出版集团股份有限公司总经理徐凤忠；吉林省新华书店集团有限责任公司董事长、总经理曾昭群等领导，在春节前夕到长春市店走访慰问工作在一线的员工。

2021年12月30日，吉林省委宣传部副部长、省新闻出版（版权）局局长栾国栋，吉林省委宣传部印刷发行处副处长孙阳阳，吉林东北亚出版传媒集团有限公司副总经理孙泽山一行到省店集团视察指导工作。

2022年7月5日，吉林省委常委、省委宣传部部长阿东一行到省店集团视察，吉林东北亚出版传媒集团有限公司董事长、党委书记于强陪同。

2022年9月28日，“吉林省2021年优秀实体书店”授牌暨新华书店福祉大路店阅读空间启动仪式在吉林出版集团龙腾大厦举行。吉林省委常委、省委宣传部部长阿东出席活动并为优秀实体书店授牌，吉林省委宣传部常务副部长张宝宗致辞。启动仪式上，吉林省委宣传部副部长、省新闻出版（版权）局局长栾国栋，吉林东北亚出版传媒集团有限公司董事长、党委书记于强为新华书店福祉大路店阅读空间揭幕。

2022年10月28日，党的二十大文件及学习辅导读物吉林省首发式在长春市新华书店重庆路书店举行。吉林省委宣传部副部长、省新闻出版（版权）局局长栾国栋，吉林省委宣传部出版处处长刘恒、新闻处副处长付卫中、印刷发行处副处长孙阳阳，吉林东北亚出版传媒集团有限公司党委书记、董事长于强，总经理张四季，党委副书记邓久东，副总经理杨学忠、张晶昱，吉林出版集团股份有限公司总经理徐凤忠、副总经理李粱，吉林人民出版社社长常宏，长春新华印刷集团有限公司党委书记、董事长杨林，省店集团党委书记、董事长宋孟林等出席了首发式。

荣誉奖项

2021年7月16日，省店集团在中国新华书店协会主办的庆祝建党100周年主题出版物造型设计大赛中，荣获组织奖。

2021年7月，省店集团微视频《时韵书香》在吉林省省直机关工委组织的“省直机关职工庆祝中国共产党成立100周年微视频比赛”中获得金奖。

2021年10月，在由中国新华书店协会指导、中国出版传媒商报社主办的“2020—2021年度书业榜样阅读空间推展发布礼”上，长春市新华书店“博雅书苑”阅读空间荣获“最in校园店”称号；延吉市新华书店公园书店荣获“优秀新品牌”称号。

2021年11月24日，省店集团在中国新华书店协会主办的庆祝建党100周年“我和新华书店”演讲比赛中，荣获优秀奖。

2022年2月11日，长春市新华书店、吉林市新华书店、梅河口市新华书店、磐石市新华书店、前郭县新华书店、延吉市新华书店、洮南市新华书店被中共吉林省委宣传部评为“吉林省2021年优秀实体书店”。

2022年4月，梅河口市新华书店被中国书刊发行业协会授予“首届全民阅读大会·年度最美书店”称号。

2022年5月，梅河口市新华书店被吉林省精神文明建设指导委员会评为“文明单位”。

2022年11月21日，四平市新华书店、通化市新华书店、农安县新华书店、和龙市新华书店、松原市新华书店、镇赉县新华书店、长岭县新华书店、白城市新华书店、辉南县新华书店被中共吉林省委宣传部评为“吉林省2022年优秀实体书店”。

组织人事

2021年12月22日，省店集团召开第四届工会会员代表大会，金溟梅同志被选举为省店集团第四届工会主席。

2022年3月7日，省店集团副总经理高锋同志兼任吉林省新华书店集团通化市有限责任公司董事长、总经理。

2022 年 6 月 2 日，宋孟林同志任省店集团董事长。

2022 年 6 月 20 日，宋孟林同志任省店集团党委书记。

2022 年 8 月 18 日，王月同志任省店集团党委副书记。

2022 年 8 月 29 日，省店集团副总经理李继成同志兼任吉林省新华书店集团吉林市有限责任公司董事长、总经理。

党建工作

2021 年，省店集团坚持党的全面领导，深入推进政治建设。母子公司各级党委、总支、支部积极落实主体责任，加强全面从严治党，增强党组织班子抓党建工作的责任意识和行动意识。严格组织制度，落实“三会一课”，规范党内政治生活；以建党百年为契机，紧密围绕党的文化事业建设，始终聚焦党的中心工作，创新主题党日活动，把习近平新时代中国特色社会主义思想、党的十九大精神、党章党史内容作为主题党日必学内容，扎实推进党建工作的有序开展。在党风廉政建设方面，省店集团紧扣关键节点，前置风险防范措施，进一步落实中央八项规定精神，防止“四风”问题反弹，营造风清气正的政治氛围。集团纪委引导党员干部自觉遵守制度、严格执行制度、坚决维护制度，让党员干部知纪律、明规矩、知敬畏。公司各级党组织充分发挥基层党支部的战斗堡垒作用和党员的先锋模范作用，深度推动党建工作与生产经营相融合，真正把党建工作成效转化为企业发展优势。

2022 年，省店集团认真落实“第一议题”制度，扎实推进上级部门重大决策部署的落实落地。组织学习宣传贯彻党的二十大精神，通过党委理论学习中心组，以“三会一课”为载体，以上率下深刻领悟“两个确立”的决定性意义，进一步增强“四个意识”、坚定“四个自信”、做到“两个维护”。落实“三重一大”事项党组织会议前置程序，确保“把方向、管大局、保落实”要求落到实处。制定下发《吉林省新华书店集团党委意识形态工作责任制实施细则》，进一步明确了班子成员、集团各部门、各子公司意识形态工作职责。压实压紧领导班子党风廉政建设责任，建立健全责任清单，加强对全面从严治党责任制和意识形态工作责任制执行情况的监督检查。以责任制推动工作落实，不断夯实“一岗双责”，督促各级党组织和广大党员干部坚定执行党的政治路线，严守党的政治纪律和政治规矩，做到敢管敢严、真管真严、常管常严。

教材发行

2021 年，全省中小学教材教辅发行工作面临疫情防控、学生人数下降、教辅品种定价下调等诸多不利因素，省店集团在大战大考前交出了满意的答卷。在冬季疫情防控的关键时期，正值中小学教材发行的冲刺阶段，省店集团启动应急预案，制订应对措施，压实防控工作责任制，及时与省教育厅、出版单位和印刷厂对接，抓住“保发货、保通畅、保安全、提速度”四大关键词，最大限度地整合物流资源，在确保防疫措施扎实有效的前提下，精准作业，开辟绿色通道，保障了全省教材教辅按时到位。各子公司以高度的责任感和使命感，积极与教育部门、中小学校保持沟通，全力争取当地政府、疾控部门的理解配合。物流发运人员严密防控、昼夜奋战，克服人员配置、车辆调度、道路通行、防护防疫等特殊状况，做到防疫和发运“两不误”，经受住了疫情的又一次严峻考验。2021 年，省店集团实现了教材教辅发行“双增长”的既定目标，完成了 2021 年度新学年、新学期“课前到书，人手一册”的政治任务。

2022 年，省店集团教材教辅发行实现稳步增长。这一年，面对教材改版、国家“双减”政策取消部分教辅、新冠疫情防控等多重困难，省店集团排除万难，合力攻坚，实现了教材教辅销售同比增长。春、秋两季中小学教材发运的冲刺阶段，都正值新冠疫情的暴发期，特别是 2022 年秋季，由于人教版数学临时改版，导致印刷和发行周期大幅压缩，教材发运工作受到了严峻考验。省店集团在全省启动应急预案，制订应对措施，成立发运专班，多次召开专题会议，研究发运计划，与子公司层层签订保密承诺书。物流中心在收齐人教版数学教材后，安排党员干部押车发运，确保到货 24 小时内专车送达各子公司。子公司同步配合，迅速送书到校，保障了在校学生及时用书。2022 年 8 月 13 日，省店集团引进自动包装流水线设备，大大提高了教材配送工作效率和服务质量。2022 年 11 月，省店集团新教材业务管理系统软件正式上线运行，构建了全省信息化、全方位、多层次、零距离的专业教材发行服务体系，全面提升了全省教材教辅发行能力，为圆满完成“课前到书，人手一册”政治任务提供了技术支持。

门店建设

2021 年，省店集团加强全省门店统筹管理，推出门店建设专项考核机制，制定门店建设五年规划，不断探索门店标准化建设体系，努力推动城乡共建发行网络，巩固图书发行主渠道主阵地。省店集团门店升级改造和乡镇发行网点建设相辅相成，促进全省新华书店加快调整布局结构、转变发展方式。对农安、镇赉、大安安广分店、洮南、长岭、延吉公园分店、龙井、汪清、乾安共 9 个市、县门店进行了升级改造。改造后的门店主题明确，服务升级，成为当地最具活力的有书、有创意、有文化承载、有多元服务的文化综合体。在中共吉林省委宣传部组织的 2021 年度“促进行业转型升级、提升公共文化服务”吉林省优秀实体书店评比工作中，省店集团共 7 家门店被评为“优秀实体书店”，获得奖励资金 210 万元，得到了行业主管部门、社会和读者的充分肯定。2021 年，在全省乡镇发行网点建设工作中，省店集团新建九台区兴隆镇、德惠市五台乡等共计 30 个乡镇发行网点，并被省直机关工委评为 2021 年度“我为群众办实事”工作优秀范例。截至 2021 年末，全省图书销售网点已达 162 个，其中城市网点 72 个，乡镇网点 90 个。

2021 年，省店集团坚持把门店一般图书销售作为经营的工作重点，引领各子公司拓宽经营思路，创新营销模式，强化营销重点，常态化开展丰富多彩的读书活动，增强实体书店阅读氛围。在疫情防控常态化时期，全省门店利用社群微信、网站网店、公众号进行互动营销，集中营造集传承传统、公益活动、阅读空间于一体的新华品牌文化，开启与读者有内容、有层次的对话通道，实现了线上营销到线下实体门店的充分引流。

2022 年，省店集团加快门店建设步伐，采取门店升级改造和乡镇发行网点建设相辅相成、齐头并进的策略，新建了8个乡镇网点，对延吉、四平、通榆、辉南4个门店进行了升级改造。全省有9个书店获得中共吉林省委宣传部授予的“优秀实体书店”称号，获得奖励资金270万元。2022年9月28日，新华书店福祉大路店正式开业，总面积700平方米，陈列图书1万余种，线上可选购图书15万种。书店开业以来，受到社会各界和广大读者的一致好评，已成为长春市东南部区域的阅读打卡地，起到了门店示范引领作用。截至2022年末，全省图书销售网点已达171个，其中城市网点73个，乡镇网点98个，基本形成了覆盖全省、点面结合、设施完备、服务规范、多元融合、营销活跃、双效俱佳的全省发行网络。

这一年，省店集团在防疫抗疫、门店歇业近4个月的情况下，坚持把一般图书销售作为经营的重点工作，升级业务系统，助力一般图书销售。

融合创新

2021年，省店集团坚持业态创新的发展理念，以文化用品、文创产品为核心，精选品种、精选门店、精选营销，着力提高全省门店多元化经营。围绕不同时期、不同消费者建立多元产品线，提升多元业态的自营能力和聚商能力，初步实现了门店运营模式升级，并带来了客流与业绩的双提升。全省门店均已实现多元化经营。省店集团不断探索“文化+”模式，突破卖场边界，为门店多元经营提供新路径。

这一年，省店集团积极拓宽馆配业务经营思路，多方寻求新项目，寻找新方向。先后中标通化县、磐石市、辉南县、前郭县的农家书屋及图书馆项目，并继续供应四平卫生学校和四平职业大学的部分教材，磐石市图书馆馆配项目和农家书屋项目处于履标阶段，参与运作的还有东丰县、梅河口市等项目。

2022年，省店集团继续以文化用品销售为核心，开拓多元商品经营领域，全年晨光文具销售总额同比去年增长3.6%。疫情封控期间，全省门店关闭，销售时间减少，严重影响了多元产品销售。为扭转困境，省店集团积极与晨光文具公司及各子公司沟通联系，开展营销活动，推动线上营销，经过不断努力，各店多元商品销售在复工复产后均有较大提升。

这一年，省店集团进一步拓展馆配业务范围，将全民阅读图书发行作为新的业务增长点，实现全省销售的总量提升。先后中标了梅河口市、磐石市、东丰县、前郭县、抚松县的农家书屋及磐石市、桦甸市等图书馆项目，并继续供应四平卫生学校和四平职业大学的部分教材及教师用书，实现了主业与拓展齐头并进。

在信息技术创新方面，2022 年 2 月 24 日，省店集团与浙江省新华书店集团有限公司在杭州签署战略合作协议，双方旨在图书业务系统技术应用、连锁经营、产品资源、管理经验等方面开展全方位深度合作，加强横向联合，加快集约化发展，共同做大做强国有图书主渠道发行网络。2022 年 12 月，省店集团已完成连锁总部及 46 家子公司 60 个门店的图书业务管理系统软件上线工作。

网络运营

2021 年，省店集团应用新技术，试水新营销，全面开启新华书店线上新媒体。完善网店、微店、直播、公众号、社群推送等服务，着力规划线上营销实力版图，打造线上营销新模式。推动“政采云”平台入驻，2021 年完成全省子公司入驻吉林省政府采购云计算服务平台 34 家，实现销售码洋 380 万元。通过微信小程序开创“新华云平台”和“红色新华平台”，以连锁总部全品种图书服务省内读者，实现了全省会员 VIP 卡及惠民卡线上选书、购书业务。2021 年度，省店集团全年母子公司累计线上销售额已达 400 万元，真正在线上将产品、服务、空间融为一体，让客流变流量、流量转客流，以此促进实体书店的销售。省店集团计划以福祉大路店为示范点，依托吉林出版集团股份有限公司的优秀宣传资源和技术能力，进行全省营销短视频录制、直播及推送活动，将线上线下一体化营销融入产业链中，开创图书发行主阵地与信息技术、互联网技术融合发展新局面。

2022 年，省店集团持续加大开发力度，完善网店、微店、直播、公众号、社群推送等服务，打造线上营销新模式。推动新华云书店正式上线经营，长春市新华书店重庆路店和福祉大路店的两家云书店已于2022年10月开通。各子公司充分利用微信群、网店、公众号、抖音号进行全方位营销，扩大新华书店品牌的知名度，提升门店对消费群体的吸引力。目前，省店集团正在培养一批短视频录制、直播及微信社群营销的专业员工队伍，在全省共享短视频、数字图书和社群营销等资源。

全民阅读

2021年，省店集团始终把社会效益放在首位，坚持双效统一，积极参与公共文化服务，营造良好文化氛围，引领全民阅读。全年围绕节假日、纪念日，结合热点话题，先后开展了“鎏金百年，献礼建党100周年”“书香致敬百年路，阅读追梦新征程”等多项主题活动。各子公司还结合各类文化主题，开展形式多样、内容丰富的营销活动。为提升文化服务水平，省店集团积极参与公共文化服务建设，不断拓宽文化服务领域，提高文化产品和服务供给能力。2021年，在“民生读本”和“惠民购书卡”发放工作中，省店集团共配发图书4893件，合计1941万元，累计发放惠民购书卡3.5万余张，覆盖全省9个地、市（州），1473个贫困村。这些惠民活动传播了正能量，为全省读者提供了更多样、更高层次的文化服务，推进了新华书店品牌丰富化、业务多元化、服务便民化发展，走出了一条公共文化服务建设的新路子。

省店集团高度重视政治理论读物的发行，将其作为首要政治任务。2021年，以建党百年和党史学习教育为契机，扎实做好党史学习教育系列读物的宣传及发行服务工作，加大宣传征订工作力度，全力以赴做好配送工作。要求全省各子公司门店在突出位置设立专台、专架，对重点图书码堆造型、集中摆放、重点展示，利用电子屏、展架、海报等多种形式进行宣传。2021年，共发行政治类读物4933万元，较上年同期734万元增加4199万元。

2022年，省店集团大力提升社会效益，深入开展全民阅读，积极推动“全民阅读·书香吉林”建设，更好地满足人民群众对美好文化生活的需求。先后开展“健康生活·悦动吉林——走基层、进社区、进学校、进军营、进党政机关及企事业单位直销团购活动”“全民阅读·迎七一·不忘初心颂党恩”“挥毫泼墨励军心·翰墨书香迎八一”等活动。积极参与惠民购书卡和民生读本发放工作，2022年民生读本发行10万册。这些丰富多彩的全民阅读活动，有力提升了新华书店的社会效益，使部分子公司在当地成为更有温度、更有社会影响力和美誉度的公益文化活动基地。

省店集团始终坚持发挥主阵地、主渠道作用，将政治理论读物发行作为首要政治任务。同时，借助微信、抖音等新媒体平台发布相关信息。主动走进机关团体、企事业单位、部队、学校和社区，积极开展上门征订、送书上门等便民服务举措。2022年，重点党政类图书销售1729万元，党的二十大文件及学习辅导读物（党章、报告、汇编、读本）销售117万册，1004万元。

内控管理

2021年，省店集团以“制度标准化、管理规范化、经营精准化、服务精细化”为工作目标，强化流程管控和督办检查，提升整体运营效能。各职能部门对业务、财务、人事、办公制度进行全面梳理，集中补齐薪酬差异和服务品质等方面短板，促进管理水平再上新台阶。省店集团加强财务内部控制，加大库存账目审计控制，规范预算管理，精确下达利润指标，掌握各子公司经营成果，实行资金集中管理，提高集团经济效益，确保实现国有资产保值增值。在管理工作中，持续完善激励约束机制，强化绩效薪酬发放批复，建立绩效奖励和惩处机制，实施双效考核，统筹社会效益指标和经济效益指标。为推动精细化管理，省店集团实现了ISO和内控体系双重管理架构，以科学管控方式推动省店集团规范、有序、健康发展。

2022年，省店集团围绕财务、人力资源、资产、行政服务等综合管理，强化保障和落实，全面提升企业精细化管理水平。省店集团发挥财务监管作用，制定科学合理的子公司利润指标。2022年7月14日，省店集团向全省下发《费用预算管理办法》，开始对子公司实行预算管理。实时掌握子公司财务经营成果，坚持实行资金集中管理，提高企业整体资金运作效率。规范资产管理，盘活泰来街闲置资产，提高资产使用效率，实现国有资产保值增值。保持ISO质量管理体系和内控体系双重管理架构有效运行7年，以科学管控方式推动省店集团规范、有序、健康发展。

人才培养

省店集团严把用人关，规范劳动用工制度，对母子公司人员编制，新聘员工的年龄、学历进行管理、监督和控制。开展干部人事档案专项审核，对子公司人事干部分地区进行档案管理培训，历时2个多月，涉及全省9个地区，53人次参加了培训。

2022年，在对集团本级和子公司进行充分人才调研的基础上，省店集团加强干部梯队建设，对舒兰市店、安图县店、集安市店、伊通县店、长春市店、双辽市店等15家子公司法定代表人进行调整，充实了子公司班子力量；在本级中层干部选人用人工作中，严格按组织程序选拔干部，逐步解决本级中层干部断档问题，全省人才队伍建设呈现新面貌。

物流配送

2021年，省店集团积极履行社会责任，在极端天气和疫情大考面前积极作为，勇于担当，圆满完成物流发运任务。在发运高峰时期，省店集团设立了党员责任岗，成立了党员突击队，以安全发运为底线，科学调度，优化流程。为高质量完成秋季新纳入中小学教学用书目录的《习近平新时代中国特色社会主义思想学生读本》的政治发运任务，省店集团与各子公司默契配合，上下联动，仅用短短15天时间就完成了《习近平新时代中国特色社会主义思想学生读本》全省送书到校任务。2021年是吉林省高中新版教材课改第二年，省店集团积极配合出版集团完成了秋季新高一、高二培训教材的配发及发运工作。2021年，教材教辅共发货8978万册，5175个品种，码洋8.67亿元；为馆配业务发运图书2370件。

2022年，省店集团进一步规范物流发运流程，提升工作效率和服务质量，专门引进了自动包装流水线，对所有教材教辅都进行塑封包装，确保每一本教材都以崭新的状态送到学生手中。在人教版小学数学教材发运工作中，为避免连续作业、持续发货导致安全隐患，省店集团为每辆运输车配备了押运员，高效完成了全省配送任务。在年末疫情阶段，省店集团为避免人员交叉接触，采取闭环管理，成立发运专班，分A、B小组作业。在后期疫情集中暴发期，成立党员突击队全天候24小时收发货，圆满完成了2023年春季教材发运任务。2022年，教材教辅共发货8515万册、4619个品种、码洋8.77亿元；为馆配业务发运图书2695件；为延边中转教材345吨。

社会责任

2022年春季，是吉林省新冠疫情集中暴发期，全省各子公司每天有200余人下沉到各地抗疫一线，承担高速卡点、交通指挥、社区服务、医疗救助、运输保障等多项任务，全年累计达上万人次。省店集团工会在极端艰苦的封控环境下组织志愿者为员工送去蔬菜生活物资包。及时启动了全省特别是疫情较重地区的生活困难职工情况排查，并全部予以解决，充分彰显了企业的责任担当和对职工的温暖关怀。

疫情期间，全省新华书店系统涌现了一批不畏艰险、无私奉献的抗疫典型。磐石市店全员下沉到防疫卡点参加义务服务；伊通县店员工郑宏伟作为志愿者因密接被隔离，解除后又回到卡点继续坚守。为弘扬新华人的抗疫精神，省店集团在微信公众号、媒体平台、门店大屏幕、广播系统发布抗疫事迹报道近30篇。《吉林日报》、《吉林画报》、中国新华书店协会对吉林新华人的抗疫事迹进行了报道。这些勇于奉献的吉林新华人在积极传递正能量的同时，筑牢全体员工疫情防控和身心健康的双重防线，用勇气和坚韧谱写了一曲新华抗疫之歌。

2021年末领导班子成员名单

宋孟林　单位负责人

乔士雷　监事会主席

高　锋　副总经理

李继成　副总经理

郭海彬　副总经理

金淇梅　副总经理、工会主席

熊德立　纪委书记

2022年末领导班子成员名单

宋孟林　党委书记、董事长

乔士雷　监事会主席

高　锋　副总经理

李继成　副总经理

郭海彬　副总经理

金淇梅　副总经理、工会主席

熊德立　纪委书记

王　月　党委副书记

黑龙江新华书店集团有限公司

年度概况

2021年，作为“十四五”开局之年，在黑龙江出版集团有限公司和黑龙江出版传媒股份有限公司的正确领导下，黑龙江新华书店集团有限公司（以下简称“集团”）以建党百年为契机，深入贯彻新发展理念，围绕全年重点工作任务，以加快传统零售向“新零售”转变为方向，以“保稳经营、融合转型、创新发展”为工作目标，抢抓上市新机遇，推进出版大厦如期开工建设，市场化营销格局纵深推进，干部员工尽显担当，企业发展活力持续增强。集团全年营业收入同比增长10.31%；利润同比增长130.27%，取得显著发展成效。2021年，集团教材教辅发行码洋（单次销售）累计增长1.28亿元，主业支柱地位进一步筑牢。重点推进党史学习教育指定用书的发行工作，筑牢党的宣传主阵地，全年共发行“四史”图书、“三史”图书、《中国共产党党内法规汇编》等党政理论读物190万册。进一步发挥连锁中盘优势和效能，通过平台升级和流程再造，连锁公司对商流、物流、信息流的整合、调度和保障能力进一步提升。最大化发挥平台采购优势，与出版社争取结算折扣，进货成本总体下降1%。加强大客户市场营销，同省委党校、工商银行等开展业务合作。集团加强公共文化服务。各级书店主动承担社会责任，以“七进”为导向，创新流动售书服务新模式，满足特殊群体和困难群体的阅读需求，加强文化惠民，认真做好农家书屋、馆配图书征订发行工作，实现社会效益和经济效益双丰收。

2022 年，是集团迎面挑战、主动突围、成果丰硕的一年。一年来，集团应对疫情冲击，立足新发展阶段，围绕“构筑集团创新发展新格局”，与时俱进、踔厉奋发，取得良好发展成效。这一年，集团教辅发行再创新高，教育服务能力得到充分验证；这一年，北国书香网上线运营，电商发展实现开门红；这一年，集团着力提升门店经营面貌，坚守阵地、守正创新，在龙江文化建设中发挥了主力军作用；这一年，集团释放企业发展活力，优化管理制度，学习宣传贯彻党的二十大精神，开展“能力作风建设年”活动，全体干部职工担当作为、创先争优的主动性得到显著提升。一年来，企业经营指标再攀新高，行业引领力进一步增强，在高质量发展的进程中迈出了坚实步伐。2022 年，集团营业收入同比增长 3.5%；利润同比增长 108%。2022 年，集团教材教辅发行码洋（单次销售）同比增长 7300 万元。集团筑牢党的舆论宣传主阵地，建立重点“党政读物”服务保障机制，从连锁总部到各级书店，上下联动密切协作，全年累计发行《习近平谈治国理政》第四卷、党的二十大文件学习辅导读物等 104 万册。2022 年，集团统筹线上与线下、传统运营与现代营销，以开拓线上业务为工作重点，通过“百店互联”，打造以北国书香网为核心，以抖音短视频、直播带货为增长点的集团电商新业态。截至 2022 年末，北国书香网关注人数达 55 万人，抖音平台关注粉丝数超 1 万，电商发展取得阶段性突破。

组织人事

2021 年 3 月，刘金凤同志任黑龙江新华书店集团有限公司党委书记、董事长、总经理。

2021 年 8 月，刘金凤同志兼任黑龙江出版传媒股份有限公司党委委员。

2022 年 5 月，徐利同志任黑龙江新华书店集团有限公司党委副书记、副总经理。

党建工作

2021年，集团党委以开展党史学习教育为抓手，以建党百年庆祝活动为载体，切实加强党员队伍建设，充分发挥党组织的凝聚力和战斗力。一是扎实推进党史学习教育，认真组织党委领导班子、基层党组织、青年理论学习小组等各层面开展专题学习，组织观看红色影片，参观红色教育基地，激发党员干劲。在完成“规定动作”的基础上，结合企业实际使“自选动作”有特色，将“我为群众办实事”贯穿党史学习教育始终，开展领导干部“走流程”、党员基层服务等10项主题实践活动，不断将学习教育成果转化为集团发展的强大动力。二是将党史学习教育与“建党百年”相结合，举办“红歌献党万人大合唱”“唱支山歌给党听”红歌快闪、“颂歌献给党，启航新征程”图书造型及红色记忆图片展。通过举办各项活动，提高党员学习实践能力，使党史学习教育取得实际成效。三是严肃党内政治生活，不断提高“三会一课”质量，加强基层党组织自身建设，督促指导党支部按期完成换届工作，配齐配强各党支部负责人，严把党员发展关，提升党员队伍素质。四是响应省直机关工委号召，助力疫情防控，组织多名党员干部下沉社区，主动承担责任，投入疫情防控一线，以实际行动为疫情防控贡献力量。

2022年，集团紧紧围绕中心工作，以开展“能力作风建设年”活动为抓手，切实加强党员队伍建设，充分发挥党组织的凝聚力与战斗力。建立常态化学习制度，组织党员干部坚持以“集中学习+个人自学”“专题讲座+交流研讨”等方式，深入学习党的十九届六中全会、全国“两会”、省十三届党代会精神。将《怎样加强党的作风建设》《讲传统 强作风 干实事》作为“能力作风建设年”的必读书目，充分运用“学习强国”“龙江先锋”“出版参考”等网络学习阵地，充实学习内容。不断活化党建载体，开展党委书记专题讲党课、“喜迎建党101周年，重走抗联路”主题党日活动及庆七一暨“能力作风建设年”主题演讲比赛等系列活动，切实推动党建工作，凝聚企业合力。加强党风廉政教育，驰而不息正风肃纪，压紧压实全面从严治党“两个责任”，切实履行“一岗双责”，重点对公务用车使用和“吃公函”情况开展督查，建立全集团科级以下党员干部廉政档案，将监督触角延伸到企业一线。

教材发行

教育是国之大计、党之大计，服务教育是新华书店的政治使命。2021年，集团上下以提升服务能力为工作重点，秉承“服务教育、服务市场、服务大局”，有力推进主业经营效益稳步提升，教材教辅征订发行工作实现新突破。面对学生数量同比减少10万人的不利因素，集团各级领导高度重视，精心谋划，千方百计稳绩增效，实现“两教”发行业绩逆势上扬。全年教材教辅发行码洋（单次销售）累计增长1.28亿元，主业支柱地位进一步筑牢。

2022年，集团以“两教”发行为工作重心，深入挖掘教辅市场增量，拓展服务进校园的深度和广度，打造数字化、智能化教育服务体系。2022年，集团同在线教育企业开展合作，打开在线教育业务同全省中小学校的合作布局。加强校园北国书香网宣传推介，定制阅读清单，以“阅读进校园”助力学校课后服务。积极应对疫情、教育舆情等诸多挑战，集团上下一心克服困难，全力完成教材教辅发运工作。2022年，集团累计发行教材教辅码洋（单次销售）同比增长7300万元。

门店建设

2021年，集团拓宽发展渠道，通过多元业态融合深化书店文化价值。一是制定“十四五”时期《门店优化升级方案》，以促进传统与新兴行业融合发展为内容，加快推进门店优化升级，其中南岗书店的转型升级是集团重点项目，前期工程招标项目已完成，门店设计工作正进一步深化，力争及早开工建设。二是校园书店建设取得新进展，联合牡丹江医学院合作新建高校书店，将大学资源与文化空间共享，为推动全省校园书店建设迈出坚实的一步。三是坚持“书店+”发展理念，集思广益焕发新动能，多家书店相继开展定制企事业单位工会文化活动、开设“书店自习室”、引进特色文创产品等，丰富经营业态，带动门店销售业绩，提升书店品牌形象。

2022年，集团持续推进全省门店优化升级，推进募投项目落地落实，加快南岗书店和新华书城的升级改造工作。目前，南岗书店已完成图书清场、设计招标、图纸送审、设备设施预算等各项前期准备工作，将尽早开工建设。同时加快新华书城升级改造工作进度，目前，门店设计等前期准备工作正有序推进。各级书店坚持以服务为核心，深耕门店价值，做好产品组合和关联延伸，明晰商业定位、功能分区、业态布局和地域特色，加强完善配套和增值服务，持续拓宽非图书领域市场增量，积极向文具、文创产品发力，提升餐吧饮吧、自习室等多业态经营能力，构建多元文化服务体系。

融合创新

在融合创新方面，2021—2022年，集团抢抓“五项机遇”，努力做大集团发展增量。一是抢抓公司上市机遇。龙版传媒上市后，公司成功登陆主板市场，为书店集团带来了良好的发展前景，全集团发展迈上了新台阶。集团坚持以企业上市为契机，高质量运用好募集资金，做优做强门店优化升级和电商发展，焕发出集团新的生机面貌。二是抢抓教育改革机遇。“双减”政策是和图书市场息息相关的重大政策，“双减”意味着机遇与挑战并存。集团充分克服“双减”政策对教材教辅发行带来的影响，做足应对准备工作，进一步完善书店功能布局，提升书店知识服务能力，拓展学校课后服务项目，主动承接校园社团课、假期兴趣班等特色非学科类课后服务，提高集团教育服务的供给质量。三是抢抓电商发展机遇。2021年，放眼全国图书零售市场，电商占图书销售的比例已近80%。集团为适应读者的消费习惯，加快转型发展，通过对电商市场运作规则的不断摸索、对平台政策和促销玩法的深度研究、对物流配送等配套服务的持续优化，不断提高市场参与度，充分利用直播间、选品室，巩固读者消费习惯，催生图书消费的新场景、新需求。四是抢抓党政读物发行机遇。党政读物的发行工作为集团带来了新的经济增长点，一定程度弥补了新冠疫情给门店销售带来的影响。两年来各级书店高度重视此项工作，对于“四史”图书、“三史”图书、《习近平谈治国理政》第四卷和党的二十大系列学习书目的发行工作做到精心部署，将其作为“一把手”工程，做到对接有效、服务完善，确保全省党政读物发行工作再创佳绩。五是抢抓“馆店共建”机遇。两年来抓牢政策优势，重视顶层设计，主动和图书馆、学校、社区对接，深入开展馆、店、社深度融合，服务全民阅读建设，力争将出版社的内容优势与发行板块的渠道优势相结合，加强共建共享，走出一条馆店共建的新路子，在实现文化惠民的同时，拓展店外营销，实现集团社会效益和经济效益双丰收。

网络运营

集团统筹线上与线下、传统运营与现代营销，以开拓线上业务为工作重点，通过“百店互联”，打造以北国书香网为核心，以抖音短视频、直播带货为增长点的集团电商新业态。2022 年 1 月 1 日，北国书香网上线运营，该平台是集团顺应数字经济新趋势自主研发打造的线上线下一体化电商平台，为黑龙江全省中小学生及广大读者提供了 120 万种教材教辅、一般图书及文教、文创产品，致力为读者提供良好的线下体验和线上服务。截至 2022 年末，北国书香网关注人数达 55 万人，抖音平台关注粉丝数超 1 万，电商发展取得阶段性突破。

一是丰富图书品种。北国书香网在主页面上设有新华教材、主题教育、龙江精品、文教文创等几大专区，基本包含了目前全国各大出版社发行的图书品种。书籍之多、品类之全，满足了人们对不同年龄段、不同领域、不同喜好、不同功能的阅读需求。同时，平台还推出排行榜、抢购、秒杀等活动，不断完善会员专区功能，简化购书流程，提高物流效率，做优全方位售前售后服务保障。

二是筑牢宣传阵地。平台积极开展党政读物线上发行工作，上线了《新时代黑龙江“四大精神”读本丛书》等数百种宣传龙江深厚历史文化底蕴的精品力作，通过阐释、弘扬东北抗联精神、北大荒精神、大庆精神和铁人精神，让广大人民群众了解龙江、认识龙江、发展龙江，助推龙江振兴和高质量发展。

三是服务教育发展。平台着力探索在线教育业务，与省内知名院校及在线教育平台合作，开发原创教学资源，为全省师生提供优质的线上教学服务。疫情期间，平台还发挥大数据功能，结合各地疫情管控政策和发货情况，合理调配教材教辅资源，为全省圆满完成“课前到书，人手一册”政治任务提供了坚强保障。

四是推动全民阅读。坚持线上线下一体化联动，充分发挥线下书店网点的示范带动作用，以点带面，策划了“赓续红色血脉 阅读红色经典”“书香进校园”等一系列主题鲜明、内容丰富、形式多样的全民阅读活动，举办近百场捐书活动，为书香龙江建设营造了浓厚的文化氛围。

五是助力全省出版产业高质量发展。集团整合电商业务，借助云计算和大数据技术，推动发行渠道从单一线下发展步入线上线下协同发展，填补了省内文化电商的空白。平台坚持以总部线上商城为中盘，多门店统一管理，实现数据互通、商品资源互补共享，助力黑龙江数字经济发展和文化产业发展。未来，北国书香网将加快推进“龙版传媒综合服务平台项目”建设，锚定打造全品类电商平台这一目标，不断提升线上线下业务整合度、协同度，开拓文创设计、智慧文教、龙江特色产品，加强短视频、直播带货等新媒体运营，向读者提供更加精准的内容、更加优质的服务，努力为文化强省建设作出新的更大贡献。

全民阅读

2021 年，集团各级书店积极抢抓党史学习教育契机，发力线上业务，拓展店外市场和社群营销，加快产品、活动、服务进一步融合，提升线上线下一体化营销能力。线上通过抖音、微信举办系列阅读分享活动，创新做强新媒体营销，积累粉丝数量，加强客户黏度，提升书店价值；线下深入打造“书香龙江读书节”“朗读者计划”等特色品牌，创新开展“国学公益大讲堂”“红色经典诵读”等主题活动近千场。重点推进党史学习教育指定用书的发行工作，筑牢党的宣传主阵地，全年共发行“四史”图书、“三史”图书、《中国共产党党内法规汇编》等党政理论读物 190 万册。全年一般图书销售码洋同比增长 45.37%。

2022 年，集团全力践行“书香龙江”建设，加快内容、形式创新步伐，积极策划推出主题新颖、层次丰富的文化服务和产品供给。一年来，集团铸牢党的舆论宣传主阵地，建立重点党政读物服务保障机制，从连锁总部到各级书店，上下联动，密切协作，全年累计发行《习近平谈治国理政》第四卷、党的二十大文件及学习辅导读物等 104 万册。各级书店多样性组织开展阅读文化活动，先后举办“4·23 读书节”“国学公益大讲堂”“朗读者计划”等系列图书展销、阅读推广、文化沙龙活动数百场。着力拓展线上阅读服务，打造“新华读书会”“在线微党课”等线上品牌活动，全力满足读者阅读需求。

社会责任

2021 年，集团加强公共文化服务，主动承担社会责任，以“七进”为导向，创新流动售书服务新模式，满足特殊群体和困难群体的阅读需求，全省图书捐赠码洋 56.7 万元。加强文化惠民，认真做好农家书屋、馆配图书征订发行工作，实现社会效益和经济效益双丰收。

2022 年，集团注重文化惠民，加强文化服务内涵和外延，深耕细作不断优化“七进”活动，多举措提升农家书屋服务效能，全省开展图书捐赠 43.5 万元。在中央宣传部印刷发行局指导、中国书刊发行业协会主办的首届全民阅读大会上，齐齐哈尔市店荣获“年度最美书店”，牡丹江市店、七台河市店、新华书城获评黑龙江省“全民阅读工作先进单位”，集团文化服务能力得到社会的进一步认可。

内控管理

集团以制度优化激发潜能，进一步加强管理，强化制度落实，持续提高管理规范化水平。2021 年，在人事制度方面，补充完善了《员工考勤管理制度》，加强岗位技能培训，提高书店职工业务能力。制定下发了《企业负责人绩效方案》，进一步完善考核制度，提高各级书店的积极性和创造性。在财务管理方面，加强资金安全管控，建立健全应收账款管理制度，严控费用支出。以专项审计为重点，拓宽审计领域，加大监督力度，提高所属单位责任意识和管理水平，基本实现审计工作三年全覆盖总体要求。在门店建设方面，修订下发了《星级门店晋升考核方案》，分批次、分步骤对星级门店和星级营业员进行考评，进一步夯实门店服务软实力。在资产管控方面，统一全集团资产管理模式，明晰全省固定资产状况，推进企业资产管理工作更加科学合理。在纪检监察方面，严格落实党风廉政建设责任制，层层分解任务，切实履行"一岗双责"，加强专项检查，强化"监督再监督"，切实做到抓早抓小，做到关口前移，将监督触角延伸到企业一线。

2022 年，集团坚持创新增效，以内部创新激发外部创新，带动企业管理、市场运营持续高质量发展。一是坚持制度创新。修订了《新华书店集团内控制度》，完善人事、财务、资产、门店各项管理机制，坚持改革创新，强化制度落实，持续提高全集团管理规范化水平。二是坚持管理创新。加强关键环节精细化管理，进一步优化、细化应收账款和存货管理制度，完成审计工作三年全覆盖工作目标，统筹全省固定资产监管，盘活闲置房产。三是坚持能力创新。在人才培养上完善"发现、培养、评价、激励"等各项保障措施，加强人才培养，通过多种形式，有针对性地补短板、强弱项，提高干部员工综合素质。四是坚持服务创新。着力提高全集团自上而下的服务能力和服务意识，转变工作作风，提高工作质效，积极适应技术迭代和市场需求变化，创新思维、创新手段，不断推进新兴市场与图书发行业务有机融合。

物流配送

集团以平台运营集聚产业，2021 年，经过持续探索和优化升级，连锁中盘优势和效能进一步体现。通过平台升级和流程再造，连锁公司对商流、物流、信息流的整合、调度和保障能力进一步提升。最大化发挥平台采购优势，与出版社争取结算折扣，进货成本总体下降 1%，实现利润 170 余万元。加强大客户市场营销，同省委党校、工商银行开展业务合作，拓展集团业务增量。

教材教辅发行工作是新华书店服务教育的基石保证，确保"课前到书，人手一册”政治任务圆满完成是新华人长期坚守、义不容辞的职责使命。两年来，受高温、汛情、疫情及教材改版、收发货时间集中等因素影响，特别是2022年秋季教材发行时间较往年同期缩短近1个月，“课前到书”印发全产业链面临着前所未有的挑战。面对严峻形势，集团领导高度重视，按照龙版传媒统一部署，组织教材发行部、连锁公司及各地市新华书店多次召开专题会议，制订好各项应急预案，建立快速响应机制。集团物流总部不断优化工作流程，及时与出版单位及印刷厂沟通联系，以高度的政治责任感和饱满的工作热情日夜奋战，24小时轮班坚守，用实际行动争分夺秒抢速度，全力以赴确保发运质量。集团各级新华书店迅速联动，强化职责、明确分工，与全省教育部门、中小学校做好沟通协调，设置专人包片负责，切实做到“随到随收、即收即配”，及时派发到校。哈尔滨市新华书店坚持全地区一盘棋，做好发行驻点、库房场地、收发配送、设备保障、图书分拣、人员组织等各方面协调部署。充分发挥党支部战斗堡垒作用和共产党员先锋模范作用，党员干部齐上阵支援发行一线，力保“课前到书，人手一册”政治任务圆满完成。齐齐哈尔市新华书店精心制订周密的发运工作方案和应急预案，全力保障教材中转、配送，确保教材随到随卸、第一时间送书到校、日收日清，以实际行动践行铮铮誓言。牡丹江市新华书店提前谋划、科学调度、统筹发运，全力保障库房流转面积，加快货、物、人流转效率。市店全体男同志放弃休假，连续数日披星戴月奋战在教材发行第一线。佳木斯市新华书店克服高温、雨季的不利条件，用时34天完成教材清库，一线员工坚守装卸一线，兢兢业业，确保准确无误。各地新华书店多措并举，应对挑战，问题来了就一个一个解决，压力有了就一层一层突破，不怕苦、不怕累，以实际行动践行新华书店的使命。2022年秋季学期，黑龙江本土疫情反复，正值教材发行关键时期，集团各级书店严格按照疫情防控的工作要求，做好人员管控、核酸检测、货物消杀工作，将防控工作落实到位。大庆市新华书店应对突发疫情，及时与防疫部门沟通，租赁应急库房，存放分发市内管控区教材，保证教材教辅分发到校。黑河市新华书店在疫情管控之下，结合学校师生用书需求，分类分层分级做好应急预案，按照先高中、初中再小学，城市农村统筹协调的分级配送办法，积极做好教育教学服务工作，在严峻的疫情形势下，再次圆满完成了教材发运工作。

2021 年末领导班子成员名单

刘金凤　党委书记、董事长、总经理

张　琳　党委委员、副总经理

陈　光　党委副书记、纪委书记、副总经理

张振巍　党委委员、副总经理

谢　琳　党委委员、副总经理、财务总监

2022 年末领导班子成员名单

刘金凤　党委书记、董事长、总经理

张　琳　党委委员、副总经理

徐　利　党委副书记、副总经理

陈　光　党委副书记、纪委书记

张振巍　党委委员、副总经理

谢　琳　党委委员、副总经理、财务总监

江苏凤凰新华书店集团有限公司

年度概况

2021年，江苏凤凰新华书店集团有限公司（以下简称“凤凰新华”）以习近平新时代中国特色社会主义思想为指导，全面贯彻党的十九届六中全会和省第十四次党代会精神，贯彻落实凤凰集团和凤凰传媒2021年全面从严治党暨年度工作会议精神，超目标完成全年的工作任务，实现合并营业收入95亿元，利润13亿元（含资产处置收益3.5亿元），双超上年实绩和年度指标，迎来“十四五”开门红。根据全国出版物发行业发展报告，凤凰新华出版物销售额、利润总额继续保持全国新华书店系统第一。

2022年，凤凰新华以习近平新时代中国特色社会主义思想为指导，全面贯彻党的二十大精神，落实新发展理念，全面超目标完成全年的工作任务。全年实现合并营业收入102.86亿元，利润总额12.33亿元，对凤凰传媒的大盘稳定起到了固本强基的作用。

领导关怀

2021年1月26—27日，江苏省新闻出版局（省版权局）副局长李贞强一行到淮安分公司淮安书城、连云港分公司图书发行大厦调研，对新华书店全民阅读、安全生产和疫情防控等相关工作给予了充分肯定。

2021 年 12 月 16 日，江苏省发改委经贸处处长周晓林，江苏省物流产业促进会副秘书长周继红、渠慎秋等一行到凤凰新华新港物流基地调研。周晓林表示，凤凰新华在推进智慧物流发展方面作出了积极贡献，新港物流基地是省内智慧物流的典范，希望在全省物流资源布局和物流市场化运作等方面继续提升。

2022 年 4 月，中共江苏省委书记吴政隆在南京凤凰国际书城视察全民阅读工作，强调要坚持以习近平新时代中国特色社会主义思想为指导，大力营造爱读书、读好书、善读书的良好氛围，深入开展全民阅读，加快书香江苏建设，不断提升人民思想境界，增强人民精神力量，为奋进新征程、建功新时代，为扛起“争当表率、争做示范、走在前列”光荣使命、谱写“强富美高”新江苏现代化建设新篇章提供强大精神动力和智力支持。

荣誉奖项

2021 年 1 月，在中国书刊发行业协会、韬奋基金会共同指导的第二届“全民阅读·全国书店之选”活动中，凤凰新华荣获“超级买手”“十佳组织”称号；凤凰新华无锡分公司无锡图书中心、凤凰新华南京分公司新街口店荣获“独具慧眼”称号；凤凰新华 59 家门店荣获“百佳参与单位”称号。

2021 年 1 月，在生活·读书·新知三联书店“2020 年度全国经销商优秀合作伙伴”评选活动中，凤凰新华被授予“年度最佳贡献奖”；凤凰新华南京新街口新华书店被评选为“年度最佳品牌推广书店”。

2021 年 7 月，凤凰新华总经理秦俊俊荣获国家新闻出版署颁发的“第五届中国出版政府奖·优秀出版人物奖”。

2021 年 10 月 19 日，由中国书刊发行业协会指导，中国出版传媒商报社主办的“第四届实体书店设计与运营管理论坛”揭晓了“2020—2021 年度阅读空间新榜样”获奖名单，江苏凤凰新华书店集团有限公司 12 家分公司共获得 14 个奖项。

2021 年 11 月，凤凰新华被江苏省出版物发行业协会评选为“省双优诚信发行单位”。

2021年11月，凤凰新华入选江苏省统计局“2021年江苏省统计信用红名单企业”。

2021年11月，中宣部学习出版社在全国各省（自治区、直辖市）新华发行集团、网络书店中评出15家新华书店系统经销商授予“突出贡献奖”，凤凰新华位列第一。

2021年12月，凤凰新华被中共江苏省委宣传部、江苏省文明办等单位共同评选为“2021年度江苏省文化科技卫生‘三下乡’活动先进集体”。

2021年12月，江苏省新闻出版局公布了第三届江苏省新闻出版政府奖获奖名单，凤凰新华徐州分公司荣获“先进新闻出版单位奖”，凤凰新华苏州分公司刘晓亚同志荣获“优秀新闻出版人物奖”。

2021年12月，江苏凤凰新华书店集团有限公司如东分公司荣获中央宣传部、文化和旅游部、国家广播电视总局联合颁发的“第九届全国服务农民、服务基层文化建设先进集体”称号。

2022年1月，凤凰新华被《图书馆报》评为“2021年度全国优秀馆配商”“2021年度全国优秀中小学馆配商”。自2016年12月凤凰新华重组以来，已连续6年获此殊荣。

2022年2月，凤凰新华荣获江苏省新闻出版局、江苏省总工会颁发的“2021年江苏省出版物发行行业职工职业技能竞赛优秀组织奖”。

2022年9月，凤凰新华入选中国质量检验协会评选的“全国质量诚信标杆企业”。

组织人事

2022年5月，谷战先同志任江苏凤凰新华书店集团有限公司副总经理；单嵩同志任江苏凤凰新华书店集团有限公司党委委员、副总经理；朱炜文同志任江苏凤凰出版传媒股份有限公司人力资源部副主任；黄晓慧同志、耿建兵同志任江苏凤凰新华书店集团有限公司党委委员、副总经理。

党建工作

2021年，凤凰新华扎实开展党史学习教育，进一步增强“四个意识”、坚定“四个自信”、做到“两个维护”。深入贯彻全面从严治党要求，充分发挥全面从严治党在凤凰新华高质量发展中的政治引领和政治保障作用，围绕《发行集团党委2021年度履行全面从严治党主体责任清单》《发行集团党支部书记落实党建工作责任清单》等，推动凤凰新华落实党风廉政建设责任制、意识形态工作责任制等工作。2021年，两次专题研究凤凰新华意识形态工作，落实党管意识形态原则，坚持社会效益为先。加强对全省分公司基层党组织的双重管理，开展全覆盖的检查、考评和培训、辅导，成功探索出对全省分公司基层党组织“检查考评、培训辅导”相结合的双重管理模式。

2022年，凤凰新华提高政治站位，加强政治学习，履行主体责任。切实落实意识形态工作责任制，制定了《凤凰新华2022年度意识形态工作责任清单》，与全省分公司签订了《全面从严治党主体责任书》与《落实意识形态工作责任书》。加强对全省基层党组织的指导与管理，推进总部支部标准化建设，指导各支部开展党建品牌和特色支部建设。切实履行全面从严治党监督责任，积极推进巡察整改工作。聚焦主责主业，不断推动完善监督体系，一体推进“三不”体制机制。在凤凰集团纪委的指导推动下，扎实推进廉政书屋建设，2022年新建6家，4年来累计建成46家，实现13个设区市的全覆盖。

教材发行

2021年，根据新冠疫情防控常态化的要求，凤凰新华创新思路，打破常规，首次将2021年春季教材发行提前为“节前到书”。在秋季教材发运期间，面对南京、扬州等地先后暴发疫情的压力，凤凰新华精心组织，合力攻坚，圆满完成了“课前到书，人手一册”政治任务，并按要求将《习近平新时代中国特色社会主义思想学生读本》紧急配送到位，相关工作得到省教育厅、省委宣传部的肯定。进一步推广线上助学读物平台，鼓励学生和家长在线自主征订、自主购买。发力学生期刊发行，提高低年级段和高中段期刊以及假期特刊的市场覆盖率。自主研发教装产品，联合集团社推出理科实验室器材，陆续中标两个实验室建设项目；发挥小红山教装基地功能，举办多场产品展示服务活动。

2022 年，凤凰新华顺利获得了 2022 年秋季至 2025 年春季义务教育阶段免费教科书和作业本发行项目。在春季教材发行工作中，凤凰新华克服春季开学早、省内疫情不断暴发等困难，不仅保障了“课前到书”，而且迅速响应苏州市线上教学需求，协调对接电子教材，有力护航苏州地区疫情防控期间线上教学工作的顺利开展。秋季学期教材印制和发行周期被缩短到不足 40 天，面对省内外多地疫情蔓延、交通人员流通受限等严峻挑战，凤凰新华上下一心，攻坚克难，圆满完成了第 44 年“课前到书，人手一册”政治任务。

门店建设

2021 年，凤凰新华在实体网点建设上推陈出新，以“树标杆、做精品”为发展思路，相继完成了凤凰国际书城、海门书城等城市文化新地标的打造。全省 100 家中心门店、大型书城或有影响力的特色门店进行了“凤凰读书会”的挂牌和统一冠名，构建以“凤凰读书会·全民阅读星空间”为品牌的全民阅读服务体系。如东书城、海门书城、云书坊 24 小时书店、宿迁宿豫门店、响水书城、常州邹区泰富店等 6 家书店入选 2021“江苏最美书店”。全省网点数量达到 1427 家，年内新增实体网点 72 家，其中包括 21 家校园书店，16 家机关书屋，5 家“凤凰廉政书屋”，30 家“凤凰书苑”、社区书店、商超书店、图书馆店等小微网点。实现 5 个“凤凰书架”落地揭牌和图书更新维护工作。

2022 年，江苏全省网点总数为 1497 个，总建筑面积 112.41 万平方米。凤凰新华积极引导实体门店探索转型升级道路，明确“以提供优质精品图书、丰富文化活动、综合消费业态，线上线下融合服务为转型方向，打造城市文化地标”的定位，确定转型升级方向，制订具体工作举措。镇江望山书局、通州书城、淮安区东长街店、靖江书城、金湖衡阳路店 5 家门店入选

2022“江苏最美书店”。

融合创新

2021年，凤凰新华加大对主业的软硬件配套支持，投入、整合资源以提高服务和支撑能力。发行ERP全面上线，以高度集成、全面覆盖、快速运作和有效管理的数据处理和分析系统，为业务工作提供强有力支持；同时，加快智慧物流建设，收回低回报出租物业改为自用仓储，提高物流服务主业的效率。不断加强多元业态与图书主业的融合，科大讯飞项目进驻12家门店。

2022年，凤凰新华电商推进两库融合项目，实现了ERP和WMS两系统融合，一体化运作，实现物流分区调度，优化拣货路径，物流拣货效率提升20%。以信息化赋能业务，进一步优化完善ERP系统，完成ERP项目中图书、教材、多元化、分公司等板块的需求分析整理、开发落实等；强化ERP系统核算规范化管理，推进财务智能化建设；推动云馆配平台上线，逐步推进电子书云馆配，形成了线上云馆配、线下现货馆藏会两种运作模式；推进数字化档案室建设，完成硬件安装并通过初验，加快人力资源基础数据测算表单化数字化建设，以提升管理质量和效率；推进新媒体营销矩阵的建设，开展全省门店电子电视联屏媒体建设工作，全省共计连接屏幕122块。

网络运营

2021年，凤凰新华电商继续保持跨越式增长，全年实现销售码洋20.58亿元，同比增长51.55%，成为国内图书行业具有较大影响力的五大电商之一。持续优化凤凰新华自有平台建设，构建线上线下销售闭环，逐步提升凤凰新华网络市场核心竞争力，年内完成了18家分公司网上自有书城的建立，初步实现了自有网上书城和实体书店的销售、营销闭环，引流凤凰好书和畅销书。阳光采购平台成功入围省政府采购网上商城定点电商项目，成为拓展店外销售和多元融合的有效抓手，全年实现销售1.52亿元，同比增加4000万元，增长35.7%。

2022年，凤凰新华自营平台建设日臻完善。自营平台TOB、TOG端与各分公司业务互动，江苏中行线上线下、苏州农行 S2B2C 的产业互联网经营模式已具雏形。优化阳光采购平台省采业务系统及供应链建设，阳光采购平台累计完成销售 2 亿元，同比增长 34%。其中，政府采购业务累计销售额突破 5000 万元。

全民阅读

凤凰新华以活动助力全民阅读开展，以展会铸就全民阅读品牌，2021 年开展阅读推广活动超 2000 场次。围绕爱党、爱国、爱社会主义主题，庆祝建党 100 周年主线，开展“我心向党”全省中小学生诵读大赛、“读经典、学四史”百场阅读推广活动等。成功承办了第十一届江苏书展，线上线下结合，主分展场联动，共有 400 多家出版发行单位参展，举办活动 170 多场，主分展场共实现销售 9263 万元，比上届增加 1430 万元。江苏书展已成为促进全民阅读、建设书香江苏的标志性推广平台。2021 年春、秋两季馆藏图书展销会，优化升级，安全推进，实现总销售码洋 2.08 亿元，销售再创新高。年内发行重点党政读物码洋 6.7 亿元，2670 万册，创历史新高。其中 4 种“党史学习教育指定用书”发行 1819 万册，居全国前列，取得了良好的社会效益和经济效益。创新开展“理论读物进校园”模式，围绕服务教育，在全省开展“从小学党史，永远跟党走”系列活动。

2022 年，凤凰新华建立以“凤凰读书会”为核心品牌的营销矩阵，统一部署营销资源包和主题展台资源素材包，为门店美化展陈和引流提供资源，助力全民阅读。全年全省累计开展凤凰读书会品牌营销活动 3050 场，直接拉动图书销售约 5500 万元。年内开展了“江苏高校凤凰读书节”活动、“双百校园文学基地”建设、“强国复兴有我”百场阅读推广活动、第二届“凤凰新华杯 夏天的语文”主题优秀作品征集活动等，产生广泛影响。实现全省重点政治理论读物发行 1765.7 万册，码洋 3.2 亿元。发行党的二十大重要文件出版物 1400 万册，总量居全国第一。其中《中国共产党章程》576 万册，党的二十大报告单行本 606 万册。发行《习近平谈治国理政》第四卷 185 万册，多语种版 8.02 万册，多语种版位列全国第一。发行《习近平关于坚持和完善党和国家监督体系论述摘编》15 万册，《习近平经济思想学习纲要》24.9 万册，均位列全国第一。

内控管理

2021 年，凤凰新华强力保障业务合规，制定了《江苏凤凰新华书店集团有限公司供应商、客户风险防控管理办法》等制度。出台凤凰新华 2020 版规章制度汇编，形成九大类共 57 项制度。组织凤凰新华 87 家子（分）公司开展经营风险自评工作，从运营、合同、销售等 9 个方面进行“健康体检”。完成全省分公司年报审计、内控自评、整改汇总报告工作，规范了工程审计审核流程。完善固定资产审核流程、加大项目现场监管力度、优化项目报审表单，“投前审核”“投中监管”“投后复盘”模式逐步形成。

2022 年，凤凰新华通过风险管理、内部审计、内控建设的扎实工作，服务和促进分公司、总部各业务条线在业务开展的全过程中，树立合规管理意识，增强合规运营能力。完善细化各项规章制度，修订《分公司经营管理目标责任制考核办法》《业务经营管理办法（修订版）》《总部采购管理办法（修订版）》等，出台涵盖业务管理、人力资源管理、财务管理、内控合规管理等 10 个方面的最新版制度汇编，进一步为凤凰新华织密风控网、强健防控力。组织法律风险防控制度解读专项培训，更好推进法律风险防控制度的贯彻执行，充分发挥制度保障合规、推进依法治企强企作用。

人才培养

2021 年，在构建高素质人才队伍方面，凤凰新华总部结合组织优化调整和凤凰集团职级薪酬改革，实施职级管理体系制度以及薪酬、绩效考核办法。强化市、县分公司干部选拔任用的规范化、年轻化，制定分公司中层配置报批、报备制度，完成 11 家分公司中层提任审批工作。启动员工线上学习项目，为员工提供学习发展空间，助力员工综合素质提升。运营以来，各单位积极参与，参与线上学习人数 2903 人，占学习平台员工总数的 66%。

2022 年，制定了《江苏凤凰新华书店集团有限公司培训管理办法》，明确培训组织架构和职能分工，严格培训项目计划管理和费用管理，规范培训过程管理和组织实施，强调培训档案管理和效果评估。凤凰新华学院聚焦新员工实践培训：编制完成总部新员工入职培训手册试行版；开展第十二届江苏书展“新进员工训练营”；组织总部近3年新入职员工前往新港物流中心参加实践培训，召开新员工座谈会暨实践培训总结会，让新员工切身参与图书发行前端与后端业务，增进对企业价值和业务架构的整体认知。注重本土化专业人才培养，同时，结合分公司“招人难、留人难”问题，以泰州地区为试点，组织开展了属地化校企合作，在泰州学院成功实施定向校园招聘。

物流配送

2021年，在全省调研的基础上完成《全省物流仓储资源整合规划》，持续深化南京地区物流整合，成立徐州地区物流资源整合项目组，淮安地区启动新购库房改造，淮阴分公司完成搬迁已开始运营，总部新港智慧物流产业园建设完成。通过不断创新、整合、优化，形成了以南京新港物流基地为主体，淮安物流分中心、海安物流分中心为两翼，25家代发印刷厂及近80家市、县公司物流节点统筹运作的出版物供应链体系。

2022年，整合全省物流资源，完成南京殷巷仓消防改造，南京、江宁分公司入驻运营。凤凰新华首个区域性物流整合项目苏北物流分中心正式启用，淮安市、淮阴区、淮安区3家分公司入驻运营。该中心的启用，将进一步提高区域性物流效率和服务水平，更好地为淮安市教育服务，为淮安市全民阅读和书香城市建设服务，对凤凰新华构架出版物现代物流服务体系起到良好的引导和示范作用。推进徐州地区徐州、铜山分公司物流资源整合。

社会责任

凤凰新华持续开展公益捐赠活动，每年针对欠发达地区，积极推进捐资助学、扶贫济困、援疆援藏以及读书活动。

2021年，凤凰新华总部和分公司共计捐赠现金超千万元，图书码洋479万元，文具、桌椅等各类实物价值近百万元。向拉萨市新华书店、新疆克州图书馆、新疆伊犁州图书馆、新疆伊犁州所属特克斯图书馆、霍城图书馆、新源图书馆捐赠图书3.1万册，码洋约152万元；携手江苏省妇女儿童福利基金会完成陕西省榆林市子洲县马岔镇冯渠小学、句容市白兔中心小学两所“爱心图书馆”捐建，捐赠图书码洋合计约20万元。

2022年，凤凰新华总部和分公司共计捐赠现金超2000万元，图书码洋746万元，文具、桌椅等各类实物价值超百万元。克服新疆、西藏疫情影响，主动对接援建单位，向拉萨市新华书店、伊犁州图书馆、伊犁州昭苏图书馆、伊犁州伊宁图书馆、克州图书馆捐赠110余万元码洋图书。参加省“三下乡”集中服务，定向捐赠40万元码洋图书。充分利用自身行业优势，持续开展公益助学活动：携手江苏省妇女儿童福利基金会完成东海县曲阳中心小学、响水县张集实验学校两所“爱心图书馆”捐建，捐赠图书码洋共计15万元。完成阜宁县陈集镇停翅港村农家书屋图书及配套设施的捐赠项目，价值约15万元，极大改善了当地村民的阅读条件。

在文化“三下乡”活动中，凤凰新华以农村网点建设和阅读文化活动开展为抓手，依托农家书屋打造农村思想阵地。加强农村发行网点建设，2022年，江苏省新增乡镇网点31个，让阅读更加贴近基层、贴近百姓，对于助力乡村振兴战略实施，缩小城乡阅读资源差距，推动农村焕发文明新气象影响深远。

2021年末领导班子成员名单

金国华　党委书记、董事长
秦俊俊　党委副书记、总经理
李洪伟　党委委员、副总经理
葛　骏　党委委员、副总经理
宋　真　党委委员、纪委书记
刘同庆　党委委员、副总经理
许大华　党委委员、副总经理
陈纯栋　副总经理

单　嵩　凤凰传媒财务部副主任

2022年末领导班子成员名单

金国华　党委书记、董事长

秦俊俊　党委副书记、总经理

李洪伟　党委委员、副总经理

宋　真　党委委员、纪委书记

谷战先　副总经理

单　嵩　党委委员、副总经理

朱炜文　凤凰传媒人力资源部副主任

黄晓慧　党委委员、副总经理

耿建兵　党委委员、副总经理

安徽新华发行（集团）控股有限公司

年度概况

2021 年，是中国共产党成立 100 周年，是实施“十四五”规划开局之年。在省委、省政府和省委宣传部的坚强领导下，安徽新华发行（集团）控股有限公司（以下简称“集团”）全面贯彻新发展理念，紧扣年度目标任务，坚持稳中求进、稳中提质，主动应对新风险、新挑战，运营质量稳中有升，核心竞争力不断增强，全面实现“十四五”开门红。全年实现营业收入、利润分别增长 19.9%、16.1%。

2022 年，集团以迎接党的二十大召开、学习宣传贯彻党的二十大精神为主线，坚持以习近平新时代中国特色社会主义思想为指导，全体皖新人踔厉奋发、笃行不怠，勠力同心、接续奋斗，集团全年完成营业收入、利润总额同比分别增长 10.6%、11.1%。

领导关怀

2021 年 7 月 20 日，安徽新华发行集团参加了 2021 安徽省暨合肥市文化科技卫生“三下乡”集中示范活动。省委常委、宣传部部长陶明伦到集团展位进行指导，集团党委书记、董事长吴文胜，集团党委委员、股份公司总经理张克文参加了现场活动。

2021年7月29日，省政协主席张昌尔到安徽新华发行集团开展专题调研，为省政协即将召开的常委会会议暨“全面拓展消费需求”专题协商会做准备。

2021年11月5—7日，由中共安徽省委宣传部、安徽省新闻出版局、合肥市人民政府主办，安徽新华发行集团、安徽出版集团承办的2021中国黄山书会在合肥举办。书会以“书声阅百年 书香满江淮”为主题，坚持线上线下融合创新、广聚名家同人，向广大读者集中展示了契合时代的精品力作，带来了精彩纷呈的阅读活动。安徽省委常委、合肥市委书记虞爱华致辞并宣布开幕，中国出版协会理事长邬书林出席并致辞。安徽省委宣传部常务副部长王宏、副部长陈韶光等领导出席了开幕式。

2022年4月25日，省委常委、宣传部部长郭强出席在安徽图书城举办的全民阅读系列活动暨第六届全省校园读书创作活动启动仪式并发表讲话。省委宣传部常务副部长王宏，省委教育工委副书记、省教育厅厅长赵振华，省委宣传部副部长、省新闻出版局（省版权局）局长查结联，省作家协会主席许春樵以及读者代表参加了启动仪式。

2022年6月1日，安徽省新华书店成立70周年座谈会在合肥举行。省委常委、宣传部部长郭强出席座谈会并讲话。省委宣传部常务副部长王宏，省委宣传部副部长、省新闻出版局（省版权局）局长查结联以及省委宣传部相关处室负责人等出席会议。座谈会发布了《安徽省新华书店社会责任报告（1952—2022）》，举行了项目云签约仪式。会前，郭强一行参观了“赓续红色基因 勇担时代使命——安徽省新华书店成立70周年图片展”，了解了安徽新华书店70年的发展成果。

2022年8月26—28日，由中共安徽省委宣传部、安徽省新闻出版局（省版权局）、合肥市人民政府、六安市人民政府主办，安徽新华发行集团、安徽出版集团承办的2022中国黄山书会在合肥成功举办。本届书会以“皖美新阅读 喜迎二十大”为主题，在安徽合肥滨湖国际会展中心主展场、六安市图书馆分展场和3个线上、全省170家线下分会场同步举办。省委常委、合肥市委书记虞爱华，中国出版协会理事长邬书林，中宣部印刷发行局副局长、一级巡视员董伊薇，韬奋基金会理事长聂震宁，省委宣传部常务副部长王宏，中国书刊发行业协会理事长艾立民，中国新闻出版研究院院长魏玉山，中国新闻出版传媒集团总经理李忠，省委宣传部副部长、省新闻出版局（省版权局）局长查结联，中国作家协会主席团委员、茅盾文学奖获得者柳建伟等百余位嘉宾参加了开幕式。

2022 年 10 月 29 日，由省委宣传部主办，安徽新华发行集团、安徽出版集团承办的党的二十大文件及学习辅导读物安徽首发式在合肥市举行，省委常委、宣传部部长郭强为首发式揭幕。

2022 年 11 月 11 日，由国家广播电视总局、安徽省人民政府主办，安徽省广播电视局、芜湖市人民政府承办的第六届中国国际动漫创意产业交易会在安徽芜湖盛大开幕。省政府副省长王翠凤，省广播电视局局长陈烨，省委宣传部一级巡视员查结联等领导在芜湖市委书记单向前、市长宁波的陪同下到集团展厅巡展，先后参观了方块游戏平台、美丽科学数字内容等展品，并给予了高度评价。

荣誉奖项

2021 年 1 月 5 日，《全国大中专教学用书汇编》委员会联合中国出版协会、中国编辑学会等行业权威机构，组织开展全国优秀教材经销商评选活动，安徽新华传媒股份有限公司、安徽省职成教教材服务有限公司共同荣获 2020 年度“全国优秀教材经销商”称号。这也是安徽新华传媒股份有限公司连续 6 年获此荣誉，安徽省职成教教材服务有限公司连续 3 年获此荣誉。

2021 年 4 月 27 日，皖新智图公司荣获安徽省劳动竞赛委员会、安徽省总工会颁发的“工人先锋号”荣誉称号。

2021 年 5 月 14 日，在省委宣传部、省直机关工委主办的“永远跟党走”红色经典诵读竞赛活动中，集团选送的作品《红色家书》荣获一等奖。

2021 年 9 月 23 日，光明日报社和经济日报社在中宣部召开的文化高质量发展座谈会上，联合发布了第十三届“全国文化企业 30 强”名单。安徽新华发行（集团）控股有限公司第十二次进入“全国文化企业30强”。

2021年9月23日，集团选送的作品《党旗领航，守一方文化阵地》在省直机关第四届“举旗帜·送理论”暨党史学习教育微宣讲竞赛决赛中荣获二等奖。

2021年11月，集团荣获中宣部学习出版社“重点通俗理论读物宣传推广”突出贡献奖。

2021年12月，安徽省马鞍山新华书店有限公司和县龙潭南路店荣获中央宣传部、文化和旅游部、国家广播电视总局颁发的“第九届全国服务农民、服务基层文化建设先进集体”荣誉称号。

2022年1月，淮南公司打造的“阅+”共享书店·淮南师范学院店荣获全省“十大最美高校校园书店”称号。

2022年1月，淮南书城、寿县南大街书店荣获由安徽省新闻出版局授予的“2021年度全省实体书店示范店”称号。

2022年4月24日，由中央宣传部印刷发行局指导，中国书刊发行业协会主办的首届全民阅读大会·年度最美书店发布会在北京召开，合肥新华书店三孝口店荣获“年度最美书店”殊荣。

2022年8月24日，集团员工朱婧婷在安徽省直机关“奋斗正当时——新时代新担当新作为”主题讲述竞赛中，荣获一等奖。

2022年8月31日，首届苏浙皖赣沪质量知识竞赛线下总决赛在江西南昌举行，集团代表队获得团体三等奖。

2022年12月，光明日报社和经济日报社向社会联合发布了第十四届“全国文化企业30强”名单。安徽新华发行（集团）控股有限公司再入榜单，是安徽省唯一一家进入本届“全国文化企业30强”的企业，也是集团第十三次获此殊荣。

组织人事

2021年5月，中共安徽省委宣传部任命程春雷同志任安徽新华发行（集团）控股有限公司党委副书记、董事。

2021年8月，安徽省人民政府任命金涛同志任安徽新华发行（集团）控股有限公司总经理；8月10日，中共安徽省委宣传部任命金涛同志任安徽新华发行（集团）控股有限公司党委副书记、董事。

2021年12月，中共安徽省委宣传部任命高俊杰同志任安徽新华发行（集团）控股有限公司党委委员、纪委书记；同月，中共安徽省纪律检查委员会任命高俊杰同志任省监察委员会驻集团监察专员。

2021年12月，中共安徽省委宣传部任命钱方军同志任安徽新华发行（集团）控股有限公司工会主席。

2021年12月，中共安徽省委宣传部任命邓琼同志为安徽新华发行（集团）控股有限公司党委委员。

2021年12月29—31日，中国共产党安徽新华发行（集团）控股有限公司第二次代表大会在合肥召开。省委宣传部常务副部长、省属文化企业“两委”换届工作指导组组长王宏出席会议并作重要讲话。省属文化企业“两委”换届工作指导组副组长康福升、陈国胜、洪永奇及指导组其他成员到会指导。大会选举产生了中共安徽新华发行（集团）控股有限公司第二届委员会和第二届纪律检查委员会。邓琼、肖金和、吴文胜、张克文、金涛、高俊杰、郭宏斌、程春雷（以姓氏笔画为序）等8名同志当选为集团第二届党委委员。马常好、韦薇、束学林、陈敬华、范敏、高俊杰（以姓氏笔画为序）等6名同志当选为集团第二届纪委委员。

2022年10月，中共安徽省委宣传部任命周润生同志任安徽新华传媒股份有限公司党委委员、纪委书记。

2022年11月7日，省委宣传部常务副部长王宏到发行集团宣布集团主要领导人事调整决定。省委决定，根据工作需要，吴文胜同志不再担任安徽新华发行集团党委书记、董事长职务，金涛同志临时负责集团和股份公司全面工作。

党建工作

2021年，集团党建工作再创新局面。坚持党委会“第一议题”制度，制定年度工作要点，建立班子成员月度攻坚计划工作推进机制，并向全体员工通报，实行企业信息公开制度。成功召开第二次党代会，选举产生新一届“两委”委员，受到省委领导的充分肯定。党史学习教育走深走实。细化落实 74 项任务，集中学习 186 次，专题党课 103 场，隆重开展庆祝建党 100 周年活动。推进“我为群众办实事”139 项，解决落实服务对象和职工群众急难愁盼问题。开展领导班子“我为一线当助理”、总部职能部门“一起作业”活动，帮助基层化解一批重点难点事项，切实将党史学习教育成果转化为工作实效。基层党组织建设固本筑基。组织“四强四优创建行动”“党旗在一线高高飘扬”“七一主题活动”“基层党建工作案例征集”“书记项目”等系列党建主题活动，把党建工作与经营发展深度融合。全国百优作品奖和“安徽好人”评选创出佳绩，六安公司党总支《红土地上的文化先锋》短视频入选全国第一届“新时代全国机关基层党建新成就”百优作品奖，绩溪分公司员工胡风华获“安徽好人”称号。全面从严治党不断深化。准确把握政治巡察的定位和内涵，完成首轮政治巡察工作，开展“大起底、改到位、建机制”专项行动，对巡视整改中的重点难点问题和关键领域、关键业务问题强化重点监督，督促落实整改。建立党内政治监督谈话工作机制，构建大监督体系，打造以党内监督为主导、专责监督与职能监督协同联动的大监督格局。集团《让“一岗双责”落细落实 推动全面从严治党向纵深发展》在安徽纪检监察网上登载。

2022 年，集团坚决扛起全面从严治党主体责任，认真组织学习习近平总书记关于全面从严治党重要论述，并开展交流研讨活动。制定任务清单，加强对“一把手”和领导班子监督。抓实抓细作风建设，深入落实全省“一改两为”大会精神，推动清单化、闭环式落实。组织开展集团和股份公司领导与员工“面对面、心连心”活动 9 期，意见建议及问题诉求办结率达 97.59%。全周期管理一体推进“三不腐”，严格执纪问责，处置信访件和问题线索，运用“四种形态”教育帮助和问责处理。认真落实巡视巡察上下联动要求，统筹推进各类整改，制定《关于强化巡视巡察整改日常监督实施办法》。配合保障十一届省委巡视和任期经济责任审计工作。制定巡察工作规划和年度计划，对合肥、宣城和新龙图公司实施驻点巡察，推动皖新文投公司巡察整改。

教材发行

2021 年，集团教育服务竞争实力显著提高。一是成功中标义教免费教材、免费学生字典、《习近平新时代中国特色社会主义思想学生读本》等政府采购项目。二是智慧教育服务规模扩大。智慧学校已运营 2000 多所学校，开发的美丽科学教育平台服务学校 4000 余所，英文图书 *The Beauty of Chemistry* 由麻省理工学院出版社出版，参与了德国 ZDF 电视台 TERRA X 系列纪录片《奇妙的化学世界》拍摄。三是校园智慧阅读建成教学网站、商城、小程序、公众号等线上阅读平台，建成样板区、样板校。

2022 年，集团上下同心协力，克服高温、疫情、教材改版等重重困难，全力保障课前到书政治任务，春、秋两季全省中小学教材教辅共配发约 1 亿册。《习近平新时代中国特色社会主义思想学生读本》、国家统编三科教材课前到书率为 100%，圆满完成了“课前到书，人手一册”任务。

门店建设

2021 年，由合肥新华书店和安徽医科大学共同打造的安徽首家高校“书店 + 文创 + 咖啡”综合书店——新华书店 · 东南书屋正式建成开放；合肥国际人才城、中国科技大学、合肥新华书店三孝口店外国专家书屋建成；中国科学院合肥物质科学研究院（科学岛）岛上书店建成；皖新传媒与安徽财贸职业学院合作共建的校园书店“新华书店 · 幸福书屋”建成。

2022 年，集团持续推进新华书店品牌建设，新建阜阳皖新文化广场店、合肥科学岛店、合肥习友路店 3 家城市新华书店。其中，在合肥科学岛上建设运营新华书店岛上书店，满足了科研人员和学生终身学习与追求美好生活的需求，成为广受欢迎的文化主题生活空间。集团全年累计运营合肥、芜湖、滁州、六安、阜阳、宣城、亳州、蚌埠等地城市阅读空间项目 126 个，致力打造 15 分钟城市阅读圈和“最后一公里”全民阅读服务体系。积极落实党委政府的相关要求，在全省建成14家高校校园书店，进一步夯实了高校思想文化宣传主渠道和主阵地，为新华书店城市网点建设和布局优化调整奠定了基础。

网络运营

2021—2022年，集团坚持融合创新发展之路，“阅+”新零售业态更加丰富。推出了“社群+社交+图书”经营模式，打造“皖新云书店”线上服务平台，构建智慧书店、线上购物、政企业务服务场景，实现会员使用、图书借还、扫码购、线上商城等功能，先后开展“千场文化直播”。进一步提升电商平台全流程线上管理，24小时揽收率从28%提高到82%。

全民阅读

2021年，集团文化阅读活动形成特色品牌。大力推进“皖新传媒四大系列主题文化活动”，实施“2021年全省门店阅读活动计划”，成功举办“皖新传媒读者节”“4·23世界读书日”“中国黄山书会”，2021年全年开展阅读活动4000余场，服务读者1500余万人次。其中，“皖新传媒读者节”入选2021年度出版发行业创新案例，活动影响力和辐射面显著提升。

2022年，集团举办了以“皖美阅读 共读向未来”为主题的全民共读活动，安徽省直机关工委、合肥市团委、合肥市妇联等100余家单位和机构直接参与，参与人次达到3000余人，线上共读会共有16.7万听众参与直播收听。持续开展文化直播活动，累计开展1328场，观看人次达30余万。认真落实集团“数字皖新”战略，优化线上服务平台，印发《皖新云书店运营手册》，从业务规则、操作规范、后台管理、常见问题处理等方面指导门店使用“皖新云书店”小程序，全省近百家门店上线，发展用户数12万人。

内控管理

2021年，集团科学治理水平显著提升。一是法人治理体系不断完善。按照现代企业制度管理要求，规范了63家全资、控股子公司章程，将加强党的领导、坚持正确导向、履行社会责任的内容在章程中充分体现，发挥公司章程在公司治理中的基础作用。进一步规范公司治理结构和议事规则，合理设置各类治理主体的职责权限，规范决策程序，确保“三重一大”集体决策制度的有效落实。二是“瘦身强体”持续推进深入。制定了《集团2021年瘦身强体重点工作及责任分解清单》，完成5级公司的整合，将管理层级压缩到4级以内，推动2家低效运营的子公司有序退出，加强亏损子公司专项治理。强化存货管控，实施教材仓库“零库存”管理和图书不动销品种处置，压降采购成本。三是投融资管理取得新进展。编制集团年度投融资计划，建立投入产出良性循环机制。2021年公司债券成功发行，战略投资的公司内蒙新华、税友软件分别在上海证券交易所成功上市。四是风险管控进一步强化。新增和修订了20项制度，涉及公司治理、业务、财务、考核、投资、债务、网络意识形态等管理领域，集团管控制度进一步健全完善。加强存货、新业务和应收账款、工程建设等管理领域的审计监督，防范发生重大经营风险。健全债务风险机制，做到资产负债结构合理、债务水平和企业发展水平相适应，集团资产负债率下降到60.2%（扣除不可比因素）。压实疫情防控和安全发展责任，对卖场、仓储、图书馆、建筑工地、酒店等重点领域开展大排查大整治，筑牢安全生产坚实防线。

2022年，集团强化战略管理，持续推动改革创新转型发展。印发集团“十四五”时期改革发展规划。制订集团改革创新高质量发展行动实施方案，实行清单化管理、项目化推进。完善集团和股份公司各类治理主体分级决策事项清单291项。积极推进“数字皖新”战略，成立战略规划实施委员会，组建皖新—华为云项目联合实施团队，完成六大产业板块22个战略主题解码。全面推进内控体系建设，成立集团党委审计委员会，编制集团及下属子公司内控管理手册，制订防范化解重大风险应急预案管理制度，出台了违规经营投资责任追究暂行办法。

人才培养

2021年，受新冠疫情影响，集团员工培训以线上学习为主，全年共参训

9265 人次。为进一步加强干部职工思想政治教育，集团在全体员工中开展了“四史”宣传教育活动。依托党校、组织学院和行政学院，先后选派 12 名干部参加干部思想政治建设和履职能力培训班。为提高县公司经理履职能力，推进集团“十四五”规划落地，集团第一次对县公司经理进行了专题培训。为有效开展后备人才梯队建设，集团针对 2015 年以来开展的 4 期高潜人才发展计划、3 期青年员工成长计划项目进行盘点总结，同时，启动了第四届青年员工成长计划。

2022 年，集团紧扣高质量发展大局，出台了《集团“十四五”人力资源规划》，明确“十四五”期间集团人才工作总体目标。员工培训逐步恢复线下培训，全年组织线上线下培训 21 场，参训 10768 人次，其中，在线 7010 人次，面授 3758 人次。在培训内容上，持续加强干部职工思想政治学习，组织集团高管以上人员 159 人次参加上级举办的干部教育培训；针对中高层管理人员思维转型、认知升级，首次开办“皖新讲堂”数字化专题讲座，邀请数字经济领域的专家讲授数字经济知识和数字化转型实践；制定了《全员数字化能力提升在线培训实施方案》，分层实施，分级管理；在全员中开展质量知识学习，并组队参加首届苏浙皖赣沪质量知识竞赛，取得了优异成绩；组织开展第四届青年员工成长计划报名工作和选拔考试，从各公司 119 名候选人中选拔 52 人参训，聚焦数字化人才培养，打造有潜力的后备人才队伍；加强集团人才库建设，对集团 567 名中层管理人员以及高潜人才发展计划、青年员工成长计划学员等进行人员信息梳理，实施动态管理；加强企业文化建设，制作并发布了《我们这七十年》“新华人讲新华故事”纪录片，献礼安徽省新华书店成立 70 周年；组织 5 期“赓续红色基因、勇担时代使命”基层青年员工参观学习活动，232 名青年员工参加。

物流配送

2021 年，集团供应链服务转型发展迈上新台阶。一是智慧物流体系加快建设。完成出版物物流中心自动化升级，实现产能提升 40%、节约人力 83.3%。建设联宝成仓自动化二期项目，打造全国首个基于 5G 物联网技术衔接工厂末端的智能仓储系统。上线一体化大数据平台，实现供应链全流程业务节点控制，增强运营分析能力和响应能力。在合肥、济南、广州等地建设运营“京东云仓”数字化零售供应链，实现区域内12小时即时达配送。二是供应链业务布局优化。拓展白色家电、小家电供应链采配业务，销售增长102.7%。全面介入生鲜食品、酒水饮料、母婴用品等民生供应链业务，以皖南绿色农产品为起点，实现臭鳜鱼产业从原材料采购、生产加工到销售的全供应链运营管理，休宁绿色农产品物流园于2022年1月22日投产运营。三是销售渠道建设成效明显。签约开发“蓝精灵”自主品牌运营产品，推进“授权IP+衍生品开发+线上线下渠道整合”的全新业务模式，强化自有渠道建设。与京东平台展开深度合作，代理65个品牌600多个母婴用品，成为合肥地区该品类最大销售商与城配商。

2022年，在集团党委的坚强领导下，供应链板块紧紧围绕集团战略方针，积极有效推进各项工作。一是落实“数字皖新”战略，推进智慧物流体系建设。集团持续提升文化物流智能化服务水平，在图书物流中心建成国内图书行业的第一条完整意义上的全自动包装线，解决人力痛点，提升包装效率与质量。在联宝成仓自动化一期的基础上，通过5G、AGV、视觉识别等技术运用，打造首个基于5G物联网技术衔接工厂末端的智能仓储系统，全面提升自身的服务能力和管理水平。皖新徽三公司自主研发了国内第一条自动化臭鳜鱼生产线，智能化程度处于国内领先地位。二是全力保障重点图书发行任务。2022年，外文出版社重点政治读物《习近平谈治国理政》第四卷全国发运工作仍由北京皖新公司承接。项目于7月启动，在统筹做好疫情防控工作的同时，集团按照就近设仓、减少流动的原则，根据全国45家印厂分布情况，设立18个中心仓，高质量、高效率保障全国各省、市党员干部和群众学习需求。此次发运中，公司在发运举措的细节上进行创新，创立“图书批次号管理办法”，每包件增加统一批次号，确保客户收到的每一本书全程可追溯，进一步加强文化创新能力和服务能力，获得中宣部肯定。三是不断扩大公司供应链服务的深度和广度。与珠海格力智能装备有限公司达成战略合作意向，成立智能科技公司，以智能装备加持赋能，打造专业化供应链物流解决方案的输出能力；同时，介入格力合肥工厂的厂内物流服务，进一步拓展公司第三方物流业务。与安徽徽王餐饮管理集团深度合作，联合优势资源，形成“开放平台式”食材供应链体系，实现规模集采集运，为餐厅、生鲜超市、食堂等解决自身食材供应问题，提供稳定、高品质、标准化的产品。

社会责任

2021年，集团自觉担负文化传承使命，以满足人民群众日益增长的精神文化需求、增强人民精神力量为目标，始终坚持把社会效益放在首位、实现社会效益与经济效益相统一。一是扎实推动文化服务进基层，让文化惠民聚民心暖人心。集团整合阅读资源，梳理阅读场所和服务渠道，积极开展文化下基层活动。各市、县新华书店以党史学习教育为主题，组织文化小分队，深入乡镇、农村、军营、校园和企业，举行“文化进万家”阅读服务活动，累计开展500余场流动服务，不断满足广大群众的精神文化需求。积极参与第八届安徽文化惠民消费季活动，以图书惠民、公益阅读推广、重点主题图书展示展销等活动为载体，创新落实文化惠民工作，让人民群众得到更加丰富的精神文化享受。二是精心组织教育公益活动，厚植青少年爱国情怀和科学精神。集团通过举办系列教育公益活动，用文化的力量涵养新时代青少年的家国情怀和不畏艰难勇于探索的科学精神。承办第二十八届全国青少年爱国主义读书教育安徽赛区活动。举办第八届“皖新教育杯”安徽青少年科技发明大赛。大赛共征集到全省16个市近4000件科技发明作品，成为全国第一个由文化企业主办的省级青少年科技发明大赛。围绕2021年建党百年主题，承办第五届安徽省校园读书创作活动多项子活动，引导广大青少年增强爱党、爱国、爱社会主义情怀，坚定不移听党话、跟党走。开展“院士进校园”活动，让全省近7万名学生近距离体验到院士带来的科普盛宴，受到学生、家长、学校和社会各界的广泛赞誉。三是巩固拓展脱贫攻坚成果，助力新时代乡村文化振兴。截至2021年10月，集团共有61个对点帮扶村，累计选派第一书记/驻村工作队员66人，获得表彰及荣誉24次。集团承接全省 15434 个农家书屋的图书配送工作，有效解决了农民群众“买书难、借书难、看书难”问题。2021 年 6—10 月，在安徽金寨县等 4 地启动了“烛光计划之重走红军路”活动，结合建党百年主题，寻访红军光辉足迹，同时，开展捐赠图书、援建图书馆（室）、举办讲座、组织教师培训、伴读助教公益行动等活动，帮扶偏远乡村学校有效提升文化设施和阅读氛围。累计捐赠价值近 30 万元的图书、文体用品、电子阅读器等。

2022 年，集团坚持把社会效益放在首位，实现社会效益和经济效益相统一，弘扬主旋律，传播正能量，追求真善美，坚定承担起举旗帜、聚民心、育新人、兴文化、展形象的使命任务。一是文化惠民让群众乐享美好生活。组织文化小分队深入社区、农村、军营、校园和企业开展“文化进万家”“皖新助考送温暖”“新时代乡村阅读季”“我的书屋我的梦”等基层阅读服务活动，满足广大人民群众精神文化生活新期待，全年累计开展基层文化活动 1200 余场。参加第九届安徽文化惠民消费季、2022 年安徽省文化科技卫生“三下乡”、全省图书销售惠民月等文化惠民活动，为当涂县捐赠图书、文化产品和数字教育资源，助力乡村文化振兴；为读者发放文化惠民补贴近百万元，着力满足人民群众日益增长的文化需求。二是教育公益厚植青少年爱国情怀。承办第二十九届“永远跟党走，奋斗新征程”全国青少年爱国主义读书教育活动，吸引全省 400 余万中小学生参加；成功举办第九届“皖新教育杯”安徽青少年科技发明大赛，有效激发广大青少年的创新思维，锻炼动手能力，全省涌现出了一批批的“小发明家”，得到了社会各界的赞誉；承办第六届安徽省校园读书创作活动系列子活动，传承弘扬崇文重学、书香传家的优良传统。三是强化对口帮扶，助力新时代乡村振兴。集团拓展消费帮扶新渠道，面向定点帮扶村武郢村、叶寨村购买当地特色农产品，全年累计消费帮扶近百万元。出资扶持武郢村发展清洁能源产业项目，进一步提高村集体收入。持续加大对定点帮扶村的教育投入，帮助武郢村小学加大爱心书屋的图书采购，把村小图书室改造升级为全镇村小图书馆标杆；统筹协调下属单位向定点帮扶村捐赠图书、文具。帮助叶寨建造路灯 356 盏，实现入村四条主干道路照明全覆盖。

2021年末领导班子成员名单

吴文胜　集团党委书记、董事长
金　涛　集团党委副书记、总经理
程春雷　集团党委副书记
郭宏斌　集团党委委员、副总经理
肖金和　集团党委委员、副总经理
张克文　集团党委委员、股份公司总经理
高俊杰　集团党委委员、纪委书记
邓　琼　集团党委委员、教育服务公司董事长
汤跃彬　集团督导员
郑圣辉　集团督导员
钱方军　集团工会主席

2022年末领导班子成员名单

金　涛　集团党委副书记、总经理（主持工作）
程春雷　集团党委副书记
郭宏斌　集团党委委员、副总经理
肖金和　集团党委委员、副总经理
张克文　集团党委委员、股份公司总经理
高俊杰　集团党委委员、纪委书记
郑圣辉　集团督导员

山东新华书店集团有限公司

年度概述

2021年，是“十四五”开局之年，也是乘势而上开启全面建设社会主义现代化国家新征程、向第二个百年奋斗目标进军的关键之年。山东新华书店集团有限公司（以下简称“山东新华”）在山东出版集团有限公司（以下简称“出版集团”）和山东出版传媒股份有限公司（以下简称“股份公司”）的坚强领导下，以习近平新时代中国特色社会主义思想为指导，贯彻落实党的十九大和十九届历次全会精神，围绕“三三六五”总体布局，按照“一个转变、六个重点”的部署，统筹抓好疫情防控和企业改革发展，扎实推进各项经营管理工作，加快推动集团创新转型和高质量发展，企业整体保持了持续稳健的发展势头。2021年，山东新华营业收入85.09亿元，利润总额10.08亿元。

主营业务稳中有升。面对新冠疫情，山东新华多措并举，圆满完成“课前到书，人手一册”的政治任务。在全力服务好教育事业的同时，加快探索线上线下融合，加大“新华助学”平台的运营推广，有序布局三方平台，积极做好重点品种、市场化教辅和教育衍生产品的推广，切实保证了“市场不丢失、份额不减少”的工作目标。

扎实推进实体书店自主发展。2021年，是山东新华实施实体书店自主发展“四年攻坚计划”的第二年。山东新华围绕实体书店“一二三四”工作思路，通过狠抓店内与店外、线上与线下、图书与非图、传统营销与现代营销“四个并重”，多措并举推动门店自主发展。

互联网化建设运营取得实质性进展。山东新华以年度规划为引领，以竞赛活动为抓手，紧紧围绕平台建设、应用推广、运营保障三项主要工作，积极探索社群运营、直播带货等新型营销模式，省、市、县三级齐心协力，共同推动全省互联网化工作迈上新台阶。

文旅融合板块快速发展。不断完善山东新铧文旅发展集团有限公司（以下简称“新铧文旅集团”）组织架构，在全省各市成立了分公司，县区成立了派驻机构。加强差异化精品研学课程体系和精品研学旅游线路研发，推出了“黄河入海”等八大体系课程。加快推进曲阜、沂南、日照等营地建设运营。完成山东新铧优品创意科技有限公司的业务重组整合，拓展文化创意业务。

多元产品经营在规范中实现新提升。大力推进多元发展，在多元板块持续发力，不断丰富完善直营产品库，推进品牌文具玩具经营，大力扶持自营联营，积极布局线上营销平台，发行主业与多元产业相互支撑，融合发展的态势初步显现。

内部管理机制更加规范科学。根据实际业务的需要，配套制定出台相关工作的指导意见、实施方案、奖惩办法，并根据实际情况不断地作出修订和调整，对各项重点工作进行定期督导，以确保各项业务工作的顺利有序开展。

“五项竞赛”活动开展效果明显。2021年初，山东新华在全省门店部署开展了“五项竞赛活动”（店外重点图书销售竞赛、“新华荐品”销售竞赛、图书线上销售竞赛、多元业务竞赛、研学业务竞赛），旨在充分挖掘和利用全省书店现有资源，全面激发内部职工干事创业活力。竞赛的开展情况以工作简报形式定期通报，用业绩、数据排名激发各分公司的工作积极性，对好的经验做法进行推广。通过竞赛的开展，加快提升分公司的经营管理能力、

精准营销能力、线上线下融合能力。

2022年，是我国踏上全面建设社会主义现代化国家新征程、向第二个百年奋斗目标进军的重要一年。在出版集团党委和股份公司党委的坚强领导下，山东新华围绕“一三四五”总体战略布局，重点抓好教材教辅、党政读物、四年攻坚、互联网化、多元发展、文旅板块等重点工作，总部服务支撑作用进一步彰显，内部机制运行更加规范，改革发展和转型升级工作取得新成效。2022年，山东新华营业收入87.06亿元，利润总额10.32亿元。

*推动教材教辅发行工作稳中有升。*面对疫情影响，山东新华积极统筹协调各环节，提前部署、积极应对，全力做好教材教辅发行。2022年春季成为历年来教材到货最早的一季，全省新华人团结一心，圆满完成“课前到书，人手一册”的政治任务。同时，抓住中职教育大发展的契机，多措并举，做大做强中职教材教辅市场，总体实现了“市场不丢失、份额不减少”的年度目标。

*实体书店自主发展能力不断提升。*山东新华聚焦实体书店自主发展，进一步提出“1+3+4+N”新思路，通过抓好总部层面的服务创新、考核奖惩、联销计酬3项保障工作，坚持店内与店外、线上与线下、图书与非图、传统营销与现代营销并重，探索打造多种运营场景，多措并举。通过“求变”切实提高实体书店自主发展的能力，最大限度缓解了疫情带来的冲击。

*全力做好党政读物发行工作。*山东新华高度重视重点党政读物征订发行工作，在全省学习贯彻习近平新时代中国特色社会主义思想和党的二十大精神方面发挥了积极作用，2021年发行的党史学习教育学习材料和2022年发行的《习近平谈治国理政》第四卷，发行数量均位居全国第一。

*互联网化建设运营取得实质性进展。*山东新华聚焦互联网思维，不断加快提升主营业务互联网化工作水平。下大工夫布局运营好山东新华的自有平台、企微社群、抖音直播、分销等线上网络矩阵，创新实施“员工变群主”“客户变团长”等新的运营推广模式，为企业高质量发展赋能。

*多元产品经营实现逆势增长。*山东新华高度重视直营产品库搭建，大力扶持基层分公司自营联营，通过总部与鲁花集团、中裕集团、云南云垦等

知名品牌签订战略合作协议，推动多元产品盈利水平提升。同时，积极布局线上营销平台，开展节庆产品店外拓展工作，多元产品经营业绩取得较快增长。

文旅融合板块实现稳步发展。聚焦文旅融合，相继设计研发了一系列特色精品研学课程，形成8个省内主题课程和全国七大系列课程体系，全力打造“新华爱书客”研学品牌。在运营好沂南营地、日照营地的同时，重点推进曲阜营地建设，曲阜营地于2023年9月开营运行，打造了以青州市人工智能学习体验中心为代表的特色营地。积极探索“营地＋培训”等多种“营地＋”运营模式，山东新华文旅融合发展步入新阶段。

体制机制更加规范科学。进一步夯实山东新华集团总部服务支撑功能，在内控管理、考核奖惩、激励机制等方面持续改革创新。通过对内部管理流程、重点环节管控模式、绩效考核及收入分配体系、人才队伍建设等方面的不断优化完善，推动集团规范管理、高效运行，赋能企业创新发展。

社会美誉度进一步提升。作为党的宣传阵地和精神文明传播窗口，山东新华始终坚持把社会效益放在首位，统筹推进社会效益和经济效益双效提升，为推进全民阅读、建设书香社会发挥了积极作用。积极投身于公益事业，服务“三农”、服务教育，赢得了各级主管部门和广大群众的一致好评，社会效益考核成绩连年优秀。

领导关怀

2021年5月19日，中共山东省委宣传部副部长魏长民一行到肥城分公司河西社区图书馆视察指导工作，肥城市委常委、宣传部部长付玲，肥城分公司经理包顺等陪同。

2021年8月26日，中共山东省委宣传部副部长、一级巡视员、省新闻出版局（省版权局）局长钟华，省委宣传部印刷发行管理处处长刘咏梅等一行10人，到寿光分公司调研新时代文明实践中心建设情况和图书发行工作。市县宣传部领导、市县文旅局领导、山东新华潍坊分公司总经理刘静等陪同。

2021年10月27日，山东省总工会女职工部长、一级调研员李晶珠一行，调研参观肥城分公司伊家沟、桃都、孙庄、河西社区图书馆，肥城市总工会党委书记、常务主席孟凡生陪同调研。

2021年11月5日，中共山东省委宣传部副部长、省政府新闻办主任袭艳春一行，前往肥城分公司向阳、河西社区图书馆参观考察。肥城市委常委、宣传部部长付玲陪同考察。

2021年11月9日，中共山东省委宣传部副部长、一级巡视员、省新闻出版局（省版权局）局长钟华等一行到山东新华潍坊分公司、青州分公司，就全民阅读“五位一体”互联互通和“群众购书、政府买单”情况进行实地调研。市委宣传部副部长田义明，市文化和旅游局党组书记、局长权文松，潍坊分公司党委书记、总经理刘静等陪同调研。

2021年11月25日，中共山东省委宣传部副部长、一级巡视员、省新闻出版局（省版权局）局长钟华到烟台分公司调研全民阅读工作。

2021年12月7日，山东省委老干部局副局长兼山东老年大学校长吕德义，山东出版集团党委书记、董事长张志华等前往潍坊分公司，调研老年大学新华书店分校工作。

2022年1月24日，山东省文旅厅副厅长王廷琦带领检查组前往寿光书城，检查安全生产和疫情防控工作。

荣誉奖项

2021年2月，在中国书刊发行业协会主办的第四届“新时代杯”2020时代出版·中国书店年度致敬活动中，山东新华书店农业大学校园店荣获“年度校园书店”称号。

2021年4月，在中共山东省委宣传部第六届全民阅读先进典型评选中，滕州分公司等8家单位被授予“书香企业”称号；山东书城等6家单位被授予“全民阅读示范基地”称号。

2021年4月，泰安分公司泰山书城荣获山东省总工会颁发的“山东省女职工建功立业标兵岗”称号。

2021年4月，诸城分公司被山东省总工会授予“山东省五一劳动奖状”。

2021年7月，在中国新华书店协会主办的庆祝建党百年全国新华书店主题出版物造型设计大赛中，济南分公司造型作品荣获一等奖、泰安分公司造型作品荣获二等奖。

2021年7月，寿光分公司被全国青少年爱国主义读书教育活动组委会评为“第二十八届全国青少年爱国主义读书教育活动发行先进单位”。

2021年7月，在全国青少年爱国主义读书教育活动组织委员会发布关于表彰第二十八届青少年爱国主义读书教育活动的决定中，烟台分公司荣获“特等组织奖”。

2021年10月，在由中国新华书店协会指导、中国出版传媒商报社主办的“2020—2021年度书业榜样阅读空间推展发布礼”上，临沂书城被评为“标杆大书城”；济南分公司山东书城、烟台分公司购书中心被评为“优秀大书城”；日照书城被评为“示范基层店”；淄博分公司被评为“优秀基层店”；山东新华爱书客领秀城店被评为“十佳商超店”；济宁分公司永润广场店被评为“优秀商超店”；荣成樱花湖门店被评为“格调社区店”；山东新华运河书屋仙营店（旗舰店）被评为“优秀社区店”；淄博分公司淄博实验中学校园书店被评为“最in校园店”；山东新华历城二中校园书店（博雅书吧）、山东新华书店集团山师附中校园书店被评为“优秀校园店”；寿光分公司寿光书城运营团队被评为“卓越运营团队”；滕州分公司运营团队被评为“优秀运营团队”。

2021年12月，寿光分公司被中国出版传媒商报社评为十佳运营团队、非书品经营“示范店铺”。

2021年12月，在中国书刊发行业协会、韬奋基金会共同指导，北京开卷信息技术有限公司主办的“第三届全民阅读·书店之选”活动中，山东新华书店集团有限公司、山东书城、济南市泉城路新华书店、博山分公司中心门市、费县分公司书城、济南分公司、临沭分公司中心门店、庆云分公司、寿光分公司等荣获“百佳阅读推广单位”称号；寿光分公司荣获“优秀营销策划”称号；菏泽分公司荣获“优秀参与门店”称号。

2022 年 1 月，滨州、东营、泰安等 28 家分公司被山东省精神文明建设委员会授予 2021 年度“省级文明单位”称号。

2022 年 2 月，济南分公司、泉城路书店、山东书城被中国书刊发行业协会和韬奋基金会评为“百佳阅读推广单位”。

2022 年 4 月 24 日，山东书城荣获中国书刊发行业协会颁发的“首届全民阅读大会·年度最美书店”称号。

2022 年 5 月，在山东省委宣传部组织开展的 2022 年度全省最美书店选树活动中，寒亭分公司中心门店等 9 家门店被评为“山东省年度最美书店”；滕州分公司滕南中学校园书店等 2 家门店被评为“最美书店·阅读推广奖”；平邑分公司中心门店等 2 家门店被评为“最美书店·运营创新奖”；广饶分公司商业街新华书店被评为“最美书店·阅读空间奖”。

2022 年 6 月，潍坊分公司被山东省版权局评为“2021 年度山东版权示范单位”。

2022 年 11 月，肥城分公司河西社区图书馆被山东省文化和旅游厅授予“最美城市书房”荣誉称号。

2022 年，山东新华物流有限公司出版物流事业部荣获“2021—2022 年度山东省省直机关青年文明号”称号。

组织人事

2021 年 6 月，蔡涤同志任山东新华书店集团有限公司纪委书记。

2021 年 6 月，丁兆光同志任山东新华书店集团有限公司副总经理。

2022 年 4 月，安蓬生同志任山东新华书店集团有限公司党委副书记、总经理。

党建工作

2021 年，山东新华全面加强党对各项工作的领导，深入开展党史学习教育，充分发挥党委理论学习中心组的示范带头作用，认真落实好“第一议题”制度，不断深化党史学习教育工作成果，开展了主题突出、特色鲜明、形式多样的主题党日活动，将全面从严治党要求贯穿到党员发展和教育、管理、监督各个环节，深入开展“我为群众办实事”实践活动，充分发挥党建引领和带动作用。积极发挥好工会、团委的作用，组织书店集团团委开展了“青年团员学党史、学店史”系列活动，实现以党建带群团，进一步激发广大职工尤其是青年职工的使命感和责任感。

2022年，山东新华强化党建引领，深入落实党委主体责任，紧紧围绕全面从严治党的总体要求，大力加强学习型党组织建设，建立党委理论学习中心组“学习、调研、工作”三位一体机制，落实一线普通党员、业务骨干、青年代表等列席旁听制度，进一步扩大学习影响力和覆盖面。狠抓党风廉政建设，从严落实各项整改任务，不断完善制度建设，扎紧制度的“笼子”。全力落实意识形态主体责任，进一步加强集团对内对外宣传，研究制订集团宣传工作方案，牢牢掌握意识形态工作的领导权、主动权、管理权和话语权。

教材发行

2021年，面对新冠疫情，山东新华不断提高政治站位，加强研判，制订周密高效的实施方案，上下齐心，多措并举，全力保障完成中小学“课前到书，人手一册”政治任务。在全力服务好教育，发行好义教阶段教材、评议教辅的同时，制订了教材发行规范业务流程、技术体系、服务标准，严格执行并强化监督。加快线上线下融合，加大“新华助学”平台的运营推广，有序布局三方平台，积极做好重点品种、市场化教辅和教育衍生产品的推广，确保了教材教辅发行实现平稳健康和可持续发展。

2022年，山东新华严保集团“饭碗工程”端好、端牢、端实，认真梳理教材教辅发行业务流程风险点，制订风险防范预案，开展排查整改，着力做好教材教辅重点项目推广工作；积极搞好重点品种、市场化教辅和教育衍生产品的推广；加快线上线下融合，加大“新华助学”平台的运营推广，平台推广力度和使用范围进一步扩大；抓住中职教育大发展的契机，不断创新营销方式，提升服务水平，加快推进山东新华向教育服务商转变，总体实现了

"市场不丢失、份额不减少"的年度目标，圆满完成了"课前到书，人手一册"的政治任务。

门店建设

2021年，全省书店不断强化实体书店"一二三四"发展理念，以完成年度扭亏目标为动力，以加强管理和工作创新为基础，全省上下齐心推进门店转型升级。面对后疫情时代的市场变化，山东新华总部进一步提升服务水平，结合工作实际，出台了"促进一般书销售、降低进货成本的十项措施"，全方位、多维度助力门店销售业绩的提升。在采购方面，与全国重点供应商签订战略合作协议，以整体返利、直降供货折扣等形式降低采购成本，为门店争取更多盈利空间。在营销方面，以"抓多变的市场需求，选优质的图书品种，做精准的营销活动"来抢占销售市场，实现收益最大化，推动"四年攻坚计划"圆满完成年度工作目标，稳步推进全省实体书店自主发展。

2022年，山东新华进一步提出了实体书店"1+3+4+N"工作思路，积极探索新形势下实体门店的改革创新之路。以"四年攻坚计划"为抓手，全面发挥图书销售竞赛的带动作用，明确了通过打造多种新的服务场景，探索形成"老年大学新华分校"等10种新的商业盈利模式；成立集团招商运营领导小组，加强对门店业态招商运营工作的顶层指导。总部牵头在全省门店积极推动动感球幕影院、手工体验项目、神笔互动投影等"一静一动"场景体验区，启动"新华臻选·品质生活馆"场景打造工作，助力门店形成新的商业盈利模式；开展特色化、品牌化、常态化的店内活动，打造文化活动品牌，搭建店内文化消费新场景，增强读者的体验感；打破传统思维、转变思想观念，稳步推进大型书城建设，规划建设运营潍坊新华新阅广场、济宁漫舟书城，初步摸索出了一条实体书店发展的新道路，推动实体书店向3.0版本前进。

网点建设

为了更好地适应人民群众文化消费新需求，打造更具有阅读内涵的舒适空间，山东新华调整门店定位，在综合性门店建设保持平稳发展的基础上，积极向商圈、社区、学校拓展辐射范围，重点推进大型文化综合体项目建设，拓展智慧书亭，逐步建立起门店环境优美、特点鲜明突出、服务功能完善、经营模式创新的高效发行网络。截至2021年底，全省书店营业网点714家，其中，综合性门店139家，校园书店389家，社区商圈书店61家，乡镇发行网点125家。门店总营业面积达到32万平方米。截至2022年底，营业网点656家，门店总营业面积达到32万平方米，形成了大型书城、中心门店、校园书店、社区商圈书店、农村发行网点协同发展的格局。

融合创新

为应对新的发展形势，山东新华自2015年起确立了“推动新华书店由单纯的图书经销商向综合文化服务商转变”的发展目标，已连续打响了企业转型升级“三大战役”。“第一战役”以提升书店“颜值”为核心，“第二战役”以调整经营方式为特征。目前的“第三战役”则以融合创新发展为要义，依托既有优势，利用先进技术，在新形势下不断探索新的商业模式和盈利方式，推动形成新的经济增长点。

自2020年开始，山东新华在全省书店实施“四年攻坚计划”，总结形成“1+3+4+N”工作思路。以此为指导，已初步打造了“老年大学分校”“新华自习室”“名师公益讲堂”“社区图书馆”等一批新业态新项目，探索形成了新的商业盈利模式。深化与大客户的合作，大力推动书店集团与中国工商银行山东省分行、中国建设银行山东省分行、中国农业银行山东省分行达成战略合作，助力集团稳增长提效益。与此同时，突出一个“融”字，充分借助出版集团文化资源和山东新华品牌、渠道优势，培育书店与出版、印刷、教育培训、文化旅行等方面的“双方”“三方”“四方”业务融合。尤其是在新时代背景下，文旅融合市场前景广阔，与山东新华战略定位有着较高的契合度。为此，山东新华将其作为多元发展的第一主攻方向，目前，已初步形成研学旅行、中高端个性化定制旅行、中老年慢旅行、营地建设运营及文创衍生产品开发等文旅业态一体化的产业链闭环。

2022年，山东新华总结形成了“一三四五”总体战略思路。即以实现由单纯的图书经销商向综合文化服务商转变为根本目标，突出用新的互联网思维指导、用新的体制机制管理、用新的商业模式盈利三个重点，不断强化用户意识、品牌意识、数据意识、融合意识，加快推动山东新华由经营商品向经营用户、经营卖场向经营平台、侧重线下向线上线下结合、传统营销向现代营销、“简单购销”向融合发展转变，切实推动企业高质量发展。以此为指导，山东新华融合创新发展得以实现快速突破。

网络运营

2021年，山东新华顺应“产业数字化、数字产业化”的数字化转型新视角，以互联网化工作年度规划为引领，加快书店会员数据系统及应用建设，通过在实体场景获得和留住会员，与会员建立连续性关系，并积极探索社群运营模式、异业合作模式等大数据价值开发模式，充分发掘会员数据价值，盘活会员数据资产，紧紧围绕平台建设、应用推广、运营保障工作，省、市、县三级齐心协力，共同推动全省互联网化工作迈上新台阶。截至2021年底，全省书店会员已达到1111万人，形成了以读者为核心，立体式、多维度的实体书店文化消费新模式。

2022年，山东新华围绕互联网化工作“一二三四”总体思路，不断加快提升主营业务互联网化工作水平，下大功夫布局运营好集团的自有平台、企微社群、抖音直播、分销等线上网络矩阵，搭建与更多消费者的触达路径。充分利用第三方平台及新媒体传播平台，创新实施“员工变群主”“客户变团长”等新的运营推广模式，为集团高质量发展赋能。同时，大力发展三方平台图书业务，不断强化集团总部支撑工作，从经营品类、团队建设、运营模式、系统支撑、物流配套等方面进行了深化提升，开启了线上线下融合服务新篇章，向互联网化工作2.0时代勇毅前进。

全民阅读

在认真落实新冠疫情防控措施的前提下，山东新华在推动全民阅读中持续发挥主力军作用。每年由集团总部统一策划开展的主题展销、讲座签售、读者沙龙、亲子阅读、“云”游书店等各类阅读活动近200场，其中济南分公司累计开展各类文化活动千余场，“泉悦读——名师公益讲堂”“闫讲读书会”等原创活动成为省内知名文化活动品牌。同时，山东新华通过短视频平台、直播平台、社群等线上渠道为读者构建云服务平台，全方位、多角度、深层次地将各种阅读主题活动生动地呈现在读者面前，拉近读者与图书的距离。创新开展各类中小学生主题研学，包括行走黄河、红色教育、传统文化、自然生态、海洋科普、高校科技、劳动教育等七大特色主题，丰富了学生的课外生活。积极开展文化下乡等文化惠民活动，满足了基层群众日益增长的精神文化需求，营造了良好的文化氛围，彰显了山东新华作为发行主阵地、主渠道的责任和担当。

2021年7月15日至19日，第三十届全国图书交易博览会（以下简称“书博会”）在济南举办，烟台市、泰安市设分会场。山东新华高度重视，细致做好服务保障，为满足消费者移动互联消费习惯而单独研发了“书博购”平台系统，实现了读者在书博会会场“随时、随地、随心”购书的便捷需求。书博会期间，济南主会场通过“书博购”平台销售图书23.45万册，惠民销售展馆图书2万余种，为营造全民阅读良好氛围留下了浓墨重彩的一笔。为更好地扩大书博会的影响力和关注度，丰富广大群众精神文化生活，2021年3—7月，在全省依次开展了“书博大篷车·美丽山东行”活动。活动以特色活动为载体，结合全民阅读“七进”工程，与全省各地开展的全民阅读活动联动推进，在省内主要乡镇、街道、社区开展爱心捐赠、送书下乡、优秀出版物展销、图书线上平台推广等系列活动。共走进乡镇、社区、学校、企事业单位等320个，开展送书下乡、图书捐赠、亲子阅读、图书展销等各类文化活动340余场，累计行程5000多千米，展销图书涉及党政读物、文学、社科、少儿、农业科技等全品类图书共计10万余册。满足了基层群众日益增长的精神文化需求，在全省掀起了全民阅读的热潮，践行了新华书店推广全民阅读的社会担当。

2021年10月29日，“2021齐鲁书香节暨山东书展”在全省拉开帷幕。

此次书展以山东书城为主会场，各市、县新华书店中心门店设分会场，通过举办一系列图书惠民、名家讲座等阅读活动，为读者营造良好的书香氛围。据统计，书展期间主会场山东书城共接待读者8.4万人次，销售码洋同期增长283.01%。

2022年8月17—25日，首届山东省全民阅读大会暨齐鲁书香节（以下简称“齐鲁书香节”）在济南设立主会场。本届齐鲁书香节以“喜迎党的二十大，共享阅读新时代”为主题，通过举办一系列图书惠民、名家讲座等活动，促进文化消费，推进全民阅读，形成爱读书、读好书、善读书的浓厚氛围。活动期间，济南主会场向广大群众发放惠民书券200万元，分会场发放不少于50万元的惠民书券，共吸引了全省近百万人次走入书店。

内控管理

2021—2022年，山东新华将体制机制的持续改革创新和完善制度建设、防范化解风险、激发创新活力、凝聚奋进力量有机结合，制定完善相关的工作办法和实施意见，进一步形成科学的论证决策机制、奖惩考核机制和统筹调度机制，为工作开展提供制度保障和根本遵循。在制度建设方面，加强集团基本建设管理，规范项目投资管理程序，根据实际业务的需要，配套制订出台相关工作的指导意见、实施方案、奖惩办法，并根据实际情况不断作出修订和调整，以适应各项业务工作的顺利有序开展。在内部督导方面，聚焦重点任务落实，实行集团班子成员包保责任制，积极推进山东新华“五个转变”工作落实落地。明确班子成员联系基层分公司机制，不定期到对口分公司进行调研检查督导，进一步压实责任。在体制机制方面，不断调整优化绩效考核、收入分配体系、内部管理机制，激发职工干事创业活力。

人才培养

2021—2022年，山东新华牢固树立人才是第一资源理念，加强人才队伍建设，提升人员综合素养，不断完善人才管理、培养、激励机制，探索优秀员工成长通道，制定了中青年业务骨干跟踪培养办法，组织开展了全省书店中青年业务骨干培训；探索实施了人才流动机制，通过市、县分公司优秀人才分批次到集团总部进行轮训，强化人才支撑；充分发挥青年党员、团员力量，通过组织开展直播大赛等形式，为青年员工提供展示自我的平台，引导职工把个人目标同企业发展目标有机地结合起来，让想干事的人有机会、肯干事的人有平台、干成事的人有前途，营造干事创业的良好氛围。2021 年，通过线上线下相结合的方式开展培训 11 场次，培训人员约 1400 人；2022 年，通过线上线下相结合的方式开展培训 16 场次，培训人员约 2100 人。2021 年，山东新华通过出版集团统一招聘共引进人员 1 名；2022 年，通过统一招聘共引进人员 9 名，全省市、县分公司专业技术人员招聘 171 名，不断充实全省新华书店员工队伍，为创新发展注入了新鲜血液。

物流配送

2021—2022 年，山东新华物流公司围绕省委、省政府重大战略，务实谋划工作，发挥积极作用，圆满完成省委宣传部捐赠图书的配发工作，圆满完成庆祝建党 100 周年系列图书、党的二十大文件及学习辅导读物、《习近平谈治国理政》第四卷等重点主题出版物发货任务。共计发货 22 个品种，3200 余万册。

为保障“课前到书，人手一册”，山东新华物流公司科学规划场地，扩大实操面积，优化工作流程，组建党员突击队，合理调配人员及设施设备，确保教材发货业务的正常运营。

为提高运营效率，优化供应链管理，山东新华在现有物流中心的基础上，投资约 3.5 亿元启动智慧物流项目（智能化自动化联合工房）建设及新技术利用。该项目建筑面积 68423.31 平方米，于 2020 年 9 月动工建设，2022 年 11 月完成竣工验收，投产后主要用于股份公司所辖各子公司图书物流业务整合，达到行业内自动化程度领先水平。

社会责任

2021 年，山东新华始终坚持把社会效益放在首位，秉承社会效益和经济效益相统一的理念，以增强服务意识、提高服务质量为中心，扎实开展社会效益促进工作。全省各分公司充分发挥行业系统文化资源优势，积极开展文化下乡工作，落实党的先进文化与科技知识的宣传推广，推动脱贫攻坚与乡村文化振兴有效衔接。同时，积极承担社会责任，参与扶贫帮困，2021 年对外捐赠共计 490.25 万元。

2022 年，山东新华全省各分公司紧密结合各地业务特色及工作实际，开展了阅读服务站、乡村流动售书、公益捐赠等重点活动，在书香社会建设过程中，充分发挥主渠道、主阵地、主力军作用。积极服务抗疫大局，选派数百名优秀干部员工到疫情防控工作任务较重的街道、社区一线，切实发挥国有企业的模范带头作用，其中菏泽、滕州等分公司向当地社区、教育系统捐赠防疫物资价值 65.49 万元及图书码洋 8.09 万元。2022 年，全省对外捐赠共计 566.28 万元。同时，积极响应山东省人民政府关于疫情期间房租减免政策，共计减免商户租金 1967 万元（含税），获益租户 711 家。

2021 年末领导班子成员名单

刘文田　党委书记、董事长
王　岐　党委委员、副总经理
蔡　涤　党委委员、纪委书记
吴梅磊　党委委员、副总经理
李运宝　党委委员、副总经理
李廷鑫　党委委员、副总经理
丁兆光　副总经理

2022 年末领导班子成员名单

刘文田　党委书记、董事长
安蓬生　党委副书记、总经理
蔡　涤　党委委员、纪委书记
吴梅磊　党委委员、副总经理

李运宝　党委委员、副总经理

李廷鑫　党委委员、副总经理

丁兆光　党委委员、副总经理

浙江省新华书店集团有限公司

年度概况

2021年，浙江省新华书店集团有限公司（以下简称“浙江新华”）全面贯彻习近平新时代中国特色社会主义思想和中央、省委、出版集团决策部署，按照浙江省委文化工作会议精神和全省宣传思想文化工作领导小组会议要求，在疫情反复、实体书店低迷等各种困难挑战下，以党史学习教育为引领，凝心聚力、真抓实干，构建新发展格局迈出新步伐，高质量发展取得新成效，实现“十四五”良好开局。全年实现营业收入72.3亿元，实现利润7.2亿元。

2022年，浙江新华以党的二十大精神和浙江省第十五次党代会精神为指引，按照“强基固本、建构提升、务求实效”的工作总基调，以双循环阵地建设为根基，持续深化线上线下连锁产业体系建设；以新一代业务中台建设为核心，持续深化全产业链数字化改革；以高水平阅读推广体系建设为目标，持续深化门店文化服务运营能力建设；以党建引领为主线，持续深化新华铁军企业文化建设，双效发展取得新突破。全年实现营业收入75.3亿元，实现利润7.6亿元。

领导关怀

2021年4月24日，由浙江省委宣传部、浙江出版联合集团等联合指导，浙江新华、钱江晚报社共同主办的第九届春风悦读榜年度颁奖典礼在杭州举行。中国作协副主席、书记处书记李敬泽，中国作协副主席张炜，浙江省委宣传部副部长、省政府新闻办主任李杲等领导出席活动。

2021年10月23日，第二届“我是小小书香大使·我为‘百年书单’代言”公益短视频活动颁奖典礼在杭州庆春路购书中心举行。活动由中共浙江省委宣传部指导，浙江出版联合集团等主办，浙江新华、天目新闻承办。浙江省委宣传部部务会议成员、省政府新闻办副主任骆莉莉，浙江出版联合集团党委书记、董事长、总裁鲍洪俊等领导出席活动。

2022年4月21日，浙江省政协党组成员、副主席裘东耀视察调研浙江新华杭州市庆春路购书中心，参观《习近平在浙江》专架、浙版传媒新书展区、党建读物主题展台等，并召开座谈会。浙江出版联合集团党委书记、董事长、总裁鲍洪俊，党委委员何成梁、蒋传洋、张建江陪同调研。

2022年6月13日，在由浙江省委宣传部、浙江日报报业集团、浙江出版联合集团共同指导的2022年浙江省全民阅读节启动仪式上，由浙江新华、钱江晚报社主办的第十届春风阅读榜颁奖盛典举行，发布浙版好书等11个奖项。浙江省委宣传部副部长来颖杰、省委宣传部副部长赵磊等领导出席活动。

2022年7月2日，浙江省委常委、宣传部部长王纲赴杭州庆春路购书中心视察《习近平谈治国理政》第四卷展台。浙江出版联合集团领导鲍洪俊、虞汉胤、何成梁、蒋传洋等陪同。

2022年10月25日，第十九届亚运会组委会宣传部部长许德清带队赴浙江新华考察交流，邀请入驻杭州亚运会主媒体中心，搭建100平方米左右的亚运书店，在杭州亚运会期间发挥对外宣传阵地和文化窗口展示作用。

2022年10月29日，第三届“我是小小书香大使”公益短视频活动颁奖典礼在杭州庆春路购书中心举行。浙江省委宣传部副部长虞汉胤等领导出席活动。

荣誉奖项

2021年3月，由中国书刊发行业协会和百道网主办的“新时代杯”2020时代出版·中国书店年度致敬活动评审结果揭晓。浙江新华旗下苍南书城获“年度最美书店”称号；松阳县新华书店文曲童书馆获“年度主题书店”称号；萧山新华书店梅乡书舍获“年度乡村书店”称号；常山县新华书店紫港店、海盐县新华书店元济高级中学校园书店涵芬书吧获“年度校园书店”称号；景宁县新华书店获“2020特别致敬抗疫”致敬称号；余杭新华书店虫洞创意空间经理刘海涛、景宁畲族自治县新华书店购书中心副经理徐慧芳、萧山新华书店萧山书城经理王凯3人荣获“年度店长”称号。

2021年7月16日，全国新华书店庆祝建党100周年主题出版物造型设计大赛决赛在山东泰安举办。浙江新华图书码堆作品《中国有了一条船》荣获二等奖。

2021年7月，浙江新华荣获国家新闻出版署颁发的“第五届中国出版政府奖·先进出版单位奖”。

2021年11月，在中国新华书店协会主办的庆祝建党100周年“我和新华书店”全国演讲大赛决赛中，浙江新华荣获“组织奖”，浙江台州市新华书店王琤《历久弥香 做新时期的“书店人”》主题演讲荣获二等奖。

2021年12月，在中国书刊发行业协会、韬奋基金会举办的第三届“全民阅读书店之选”系列活动中，浙江新华获评“百佳阅读推广单位”。

2021年12月，国家新闻出版署印发《出版业“十四五”时期发展规划》，浙江新华被列入重点支持的4家国有发行企业名单。

2021年12月，浙江新华入选“十三五”浙江省商贸百强企业榜。董事长蒋传洋荣获“‘十三五’浙江省商贸流通行业优秀企业家”荣誉称号。

2021年9月，全国新闻出版深度融合发展创新案例评选结果揭晓，181个出版发行类创新案例入选“2020年度全国新闻出版深度融合发展创新案例”，由浙江新华选送的“浙江省‘云馆配’图书采选平台”案例名列其中。该活动是由中国新闻出版传媒集团有限公司推出的一项新闻出版行业全国性的遴选活动。

2022 年 1 月，2021 年度浙江省宣传思想文化工作十大创新项目出炉，《乡村书房建设新模式："新华书店 + 农家书屋"微改革》入选。浙江新华旗下德清县公司与当地农家书屋开展跨界合作，通过配送精准供给、数字阅读植入等，强化农家书屋休闲、阅读、引流功能，实现了从单一阅读平台向综合服务平台的转变，实现了农家书屋"专人日日管、活动周周有、书籍月月新"。

2022 年 1 月，由中国书刊发行业协会主办、百道网承办的"2021 中国书店年度致敬"项目评选结果揭晓。浙江新华旗下温州新华书店沁书集、临海新华书店广文书院获"年度社区书店"称号；浙江外文书店农林大学森活馆、余杭新华书店余杭高中荷塘月社获"年度校园书店"称号；萧山新华书店运知书舍获"年度乡村书店"称号；温州新华书店黄智淑、松阳新华书店肖璐获"年度店长"称号。

2022 年 2 月，浙江省文化改革发展工作领导小组办公室、浙江省文化产业促进会联合发布 2021 年浙江省文化产业优秀创新案例名单。浙江新华选送的"浙江省'云馆配'图书采选平台"入选创新案例名单。

2022 年 4 月，浙江新华参与建设的桐乡市新华书店濮院小连锁店、德清县钟管镇干山村农家书屋荣获中共中央宣传部、文化和旅游部、国家广播电视总局联合授予的"第九届全国服务农民、服务基层文化建设先进集体"荣誉称号。

2022 年 9 月，浙江省社科联发布全省首批 6 家省级"社科之家"，浙江新华旗下苍南书城、开化书城钱江源书香客厅 2 家单位入选。

2022 年 9 月，由中国全民阅读媒体联盟、中国新闻出版传媒集团、绍兴市委宣传部联合举办的 2022 年全民阅读盛典暨"书香中国万里行绍兴站"在绍兴举办。活动选取了绍兴两个典型阅读组织典范作为采风点，柯桥公司读书会品牌"笛扬读书会"入选，《中国新闻出版广电报》、浙江卫视等进行了专题采访报道。

2022 年 10 月，文化和旅游部办公厅发布"2022 年文化和旅游数字化创新实践案例”，由浙江新华参与的“一键借阅”公共图书馆线上服务新模式案例成功入选。“一键借阅”活动由浙江新华旗下杭州解放路购书中心、庆春路购书中心、西城广场店、西投创智店4家门店参与，为杭州市民提供了一座24小时服务不停歇、可借新书超过数十万册的“虚拟图书馆”，线下累计超过6000名杭州读者参与年度活动，借阅册数61400册。

2022年12月，中国书刊发行业协会发布“奋进新征程 建功新时代”——中国出版物发行业喜迎党的二十大主题征文活动获奖名单。浙江出版联合集团党委委员、浙江新华董事长蒋传洋文章《走好新时代新华书店的“长征路”》获一等奖，浙江柯桥新华书店陈阳《论线上新华书店未来的发展方向》文章获二等奖。

2022年12月15日，浙江新华下属浙江省新华书店集团信息技术公司获评“国家高新技术企业”以及“国家科技型中小企业”称号。

组织人事

2021年2月5日，浙江新华成立门店运营专家委员会。10位来自浙江文化研究、数字产业发展、实体书店建设等领域的业内外专家受聘首批门店运营专家委员会。组建专委会是浙江新华探索智库建设的创新之举，通过多渠道整合资源借脑借力，着力做好实体门店的深度转型。

2022年5月27日，樊芸同志任浙江省新华书店集团有限公司党委委员、副总经理；季爱平同志任浙江省新华书店集团有限公司经营专员。

2022年10月9日，傅钟萍同志任浙江省新华书店集团有限公司党委委员、副总经理。

2022年12月23日，免去季爱平同志浙江省新华书店集团有限公司经营专员兼浙江出版传媒股份有限公司教材中心副主任职务。

2022年12月30日，凌肖宏同志任浙江省新华书店集团有限公司经营专员。

党建工作

2021年，浙江新华坚持以党的政治建设为统领，紧扣主题主线，扎实推进党史学习教育走深走实，将党史学习教育成果转化为工作动力和成效。加强理论学习，掀起学习热潮。公司各级党组织以专题学习会、专题宣讲、集中学习研讨、自学等方式，组织广大党员干部深入学习习近平总书记“七一”重要讲话、党的十九届六中全会、习近平新时代中国特色社会主义思想和党史学习教育指定学习材料，推动重要讲话精神入脑入心。全省新华书店全力做好党史学习教育重点学习书目的征订发行工作，全省党员覆盖率居全国前列。根据《浙江新华党史学习教育实施方案》，开展专题组织活动，利用浙江红色资源开展“六个一”主题教育系列活动，开展“百场党课下基层”17场，组织全省“8090”新时代理论宣讲微党课微宣讲竞赛，召开“共忆党史共话初心”老党员座谈会。开展“三为”实践活动，制定“三为”专题实践活动实施方案和任务清单，用心用情服务群众。加强基层党组织建设，压紧压实党建工作责任，深化“主题党日+”机制，提高“三会一课”质量，落实民主评议党员、党员过“政治生日”、领导干部参加双重组织生活等制度。深化党建品牌建设，推行“一企业一品牌、一支部一特色”创建活动，大力培育浙江新华党建特色品牌。坚持党建带群建，促进工会、群团组织更好联系服务职工群众，更好服务中心工作。

2022年，浙江新华以党的二十大精神和省第十五次党代会精神为指引，坚持党建统领事业产业发展，强化“四个意识”、坚定“四个自信”，自觉做“两个确立”的忠实拥护者、“两个维护”的示范引领者。严格落实“第一议题”制度，组织专题学习中央、省委、出版集团有关会议精神31次。深入开展“七个一”主题系列活动，加强统筹协调，做好结合文章，不断增强基层党组织政治功能和组织功能。积极探索党建融合发展新渠道，先后与浙江省新华医院、中国农业银行杭州分行开展党建共建结对，提升党建业务双融双促，激发基层党建新活力。完成浙江新华团委、工会换届工作，切实以党建促进团建和工建。纵深推进清廉国企建设，建立完善“四责协同”机制，加强对“一把手”和领导班子监督“五张责任清单”。深入开展国企反腐倡廉全覆盖、无盲区、零容忍专项行动，组织开展现场制度督查、重点领域问题排查和集中处置等系列工作，坚决防止“四风”问题隐形变异、反弹回潮。

教材发行

2021—2022 年，浙江新华教材教辅工作坚持“强化市场能力建设、调整业务结构、加强产业协同、探索教育服务数字化转型”工作主线，积极贯彻落实国家“双减”政策，从执行政策和积极应对两个层面着力，调结构、保平稳，取得了积极成效。积极应对教材发运周期大幅缩短、极端高温天气、疫情、舆情等多种因素叠加的严峻形势，每年春、秋两季课前到书工作推进紧张有序，圆满完成“课前到书，人手一册”的政治任务。制定《浙江新华教材文教书业务商务合作规范指引》《浙江新华教材发行和服务工作管理办法》，进一步加强教材发行管理。积极探索教育周边服务新领域，2021 年 12 月，与杭州良渚文化创意有限公司达成战略合作，共同推进良渚研学项目及文创产品合作，共同打造良渚文化对外展示窗口和文创新高地，重点开发“书城假日研学项目”。2022 年 6 月，浙江省教材预订管理系统上线应用。该系统是浙江省教育厅中小学教材管理数字化改革项目之一，浙江新华承担系统开发任务，通过打通传统教材预订、发行、结算等业务环节，助力全省教材发行高效、便捷开展。

门店建设

2021 年，浙江新华积极实施浙江省委提出的“建设新时代文化高地”战略部署，把门店建设提升到保障意识形态安全、繁荣浙江文化发展、助推地方经济建设的“重要窗口”定位。成立门店运营管理部，加强全省门店的统筹管理，推出门店建设专项考核机制，形成门店建设三年规划，不断探索连锁门店标准化建设体系；抽调全省门店建设优秀骨干并吸纳各方外部专家组建了门店运营专家委员会，形成全省门店建设的智库，为提升门店建设水平提供智力支持；推进数字化改革，全力打造数字化标准门店端口“钱塘鸿书”，近百家门店开通图书闪送服务，基本覆盖全省区、县、市中心门店。有力助推了浙江省委、省政府提出的打造“全省15分钟品质文化生活圈”的建设要求，部分书店还成为地方政府新时代文明实践中心的重要组成部分和浙江省农家书屋3.0升级版转型示范点，获得了当地百姓高度认可。

2022年，浙江新华持续推进实体书店文化阵地建设，打造有活力的线下连锁运营体系，通过实施旗舰店、标杆店、标准店、特色店4类门店标准化管理和制度化运营，推进实体门店转型取得新成效。5月，浙江省发布《关于推动“农家书屋+新华书店”（乡村书房）高质量建设的通知》，全省新华书店因地制宜，挖掘本土资源，紧扣本地特色，积极参与网点选址调研和方案策划，实现“新华书店+农家书屋”模式示范店地市全覆盖。同时，加快推进书店“上云工程”，持续迭代“钱塘鸿书”线上标准门店平台建设，该平台提供了“手机下单、大仓发货、就近配送、多元送达”的全新服务模式，实现线上线下图书品种同步、阅读体验同步、库存数据同步。

融合创新

2021—2022年，浙江新华聚焦创新引领，数字化闭环建设成效初显。浙江新华确定了以智慧书城平台建设为主体的数字化建设总体方案，该方案以ERP系统和书目信息平台建设为根基，辐射专业2B“云馆配”、行业2B云中盘、公域2C线上连锁、私域2C钱塘鸿书、2G新华“政采云”、浙江省中小学教材征订平台，形成了产业交易闭环体系：公司总部成立大数据中心，搭建基于数智ERP系统的智版大脑经营决策系统，开展全集团数据资源的归集、挖掘、分析等工作，实现对经营决策和经营过程的前瞻研判和基础指导；全面启动数智化业务平台建设；“云馆配”平台业务创历史新高，顺利支持春、秋两季云馆配业务开展；搭建“政采云”图书自营平台，图书销售比重快速上升，基本打通线上政采渠道；云中盘数据观测平台完成框架搭建，确定由采供业务系统、中台数据平台、云商城组成，开展“全国大盘”“中盘业务”“连锁批发”数据资源管理应用，着手数据平台、销售平台建设；

钱塘鸿书线上门店标准化体系初步建成，会员数突破 100 万。

2021—2022 年，浙江新华确立“主业赋能辅业、辅业壮大主业”的发展定位。与“政采云”达成战略合作，74 家连锁店集体上线“政采云”平台，探索线上政采业务新模式。开设“新粮小店”微信商城，引入地方特色产品试水粮贸业务。加强门店多元业态坪效管理，强化竞争、优化招商、提升销售，华为等较有市场竞争力的合作品牌先后进入多地门店，共同打造智慧化、数字化、舒适化的阅读体验空间。完成浙江文华景澜大酒店装修改造，打造“品读驿站”阅读文化复合空间，成为西湖区首家获评金鼎级特色文化主题饭店的四星级酒店。

网络运营

2021 年，浙江新华启动电商事业群建设，制定线上业务板块“1 家旗舰店 +10 家地市店 +N 家特色店”的发展规划：以浙江新华图书专营店为龙头，直营 10 地市新华书店线上门店，指导全省市、县新华书店线上门店建设，形成了完整的电商连锁运营体系。到 2021 年底，全省线上板块运营保持了高速稳健的发展态势，为线上线下双循环建设形成重要一极。与此同时，同步布局抖音、快手、小红书、B 站等内容社交平台，私域运营矩阵粉丝总量突破 130 万。2021 年“6 · 18”期间，天猫发布的全国新华书店天猫店 TOP20 榜单中，浙江新华 13 家店铺上榜，被业界称为“浙江新华的线上突围”。

2022 年，浙江新华按照“再造线上发行集团”的战略部署，坚定不移地建设与“双循环”战略相适应的线上连锁经营体系，实现全品种、全渠道、全时段的供给服务。线上连锁运行以体系化建设、差异化运营、协同化推进、一体化保障为内容，各线上店铺实行严格管控、相互协同，通过强化目标管理、实现统一管控、制定激励政策、建设专业团队等举措，使线上板块继续保持了高速稳健高质量发展态势。截至 2022 年末，浙江新华建成线上店铺 70 余家，全年线上销售收入超 5 亿元，事业群建设的规模、质量实现从量变到质变。

全民阅读

2021年，浙江新华聚焦党史学习教育主题主线，深入挖掘“重要窗口”政治资源，在浙江省委宣传部指导下，联合浙报集团、团省委创新推出全新阅读品牌“新青年说”，年度主题为“百年大党·百年家史”，全省相继举办百余场新青年活动。活动从书店走进街道、校园，央视新闻联播做相关报道，集团《“新青年说”阅读分享赓续红色血脉》入选浙江省党史学习教育百法百例案例。成功举办第二届“之江好书节”、“浙江读者心中的百年书单”、第二届“我是小小书香大使”、“阅读春天‘4·23世界读书日’”、“第九届春风悦读盛典”、“书店里的市集”等全民阅读活动。积极参加全国书博会、天府书展、黄山书展等全国性、兄弟省份大型书展，承办浙江书展，协助嘉兴、温州、湖州、衢州等地市举办地方书展。全省市、县公司积极开展地方读书会品牌建设，浙江开化“钱江源书社”受到浙江省委宣传部主要领导批示肯定。成功举办春、秋两季“云馆配”会，采订码洋创历史新高。浙江新华建立健全晾晒机制和全员营销机制，按照“一把手站前台、总体有安排、网格有管理、件件事有落实”的总体要求推进主题出版物发行工作，全省党员覆盖率居全国前列。

2022年，浙江新华以党的二十大胜利召开为契机，全力以赴做好主题发行、阅读推广等重点工作，切实发挥新华书店宣传思想文化主阵地作用。以“喜迎二十大 悦读浙征程”为主题，组织开展第三届“之江好书节”，通过聚合多方资源、打通线上线下渠道，开展“新青年说”年度主题阅读活动、共富浙江主题出版物展、“我是小小书香大使”、浙版大讲堂、开学第一课、夏日成长市集、新华团长、书店学堂、乡村阅读季等17项重点品牌活动，超3.6万人次参与。推出“喜迎二十大·好书伴我行”主题展陈，活动聚焦以习近平同志为核心的党中央治国理政的伟大实践，集中展示推荐阐释新思想、礼赞新征程、讴歌新时代的精品图书。全省200余家新华书店以“主题展台+空间展示”，并通过“钱塘鸿书”线上平台开展宣传展示、优惠购书活动。启动浙江新华领读人计划，活动借鉴“80”“90”宣讲员的形式，在门店通过讲故事活动、线上短视频分享等方式，讲好浙江故事，展现浙江青年奋发向上的精神风貌，为党的二十大胜利召开营造浓厚氛围，全省166位员工参与视频荐书活动。开展“书店里的最美风景”摄影大赛活动，共吸引241组选手参与投稿，收集参赛作品661件，成为展示新华书店形象、推动全民阅读的平台。在主题出版物发行方面，《习近平谈治国理政》第四卷发行量较第三卷实现较大增长，党的二十大文件发行再创佳绩，《习近平在浙江》《干在实处勇立潮头——习近平浙江足迹》发行量实现全省党员较高覆盖率，为全省干部群众学习宣传贯彻党的二十大精神营造了浓厚氛围。

内控管理

2021—2022年，浙江新华以巡审为治理契机，集团党委坚持边巡边改、应改立改、以巡促改，形成了“以三家分公司改革为抓手，以直属子公司、市公司、县市公司规范化运作为架构”的整改工作体系，制定了各业务板块的商务合作规范指引制度，业务管控、信用管理得到极大提升，内控水平再上新台阶。针对性地修订出台了绩效考核、投资管理、公有房产管理、建设项目管理、招投标管理等制度近20个；同时，加强集团扁平化管理，推行跨部门联动工作机制，成立资产租赁、招标采购、历史遗留问题处置等工作小组，明确管理流程和业务规范，明晰决策权限，引进关键技术与平台，用技防辅助人防，全力推进经营管理规范有序。加强精细化管理，在全省开展“降费提效”专项行动，以物流配送公司为试点单位，通过调整组织架构、工作量化考核、开发优化流程等务实的举措，有效实现降费提效。继续实施并优化全面预算管理，强化追踪机制，强调实时过程监控与管理，为实现阶段目标任务提供有力保障。探索推进以“市县业务协同”为主要内容的地区产业协同管理改革，强化地市公司在本地区统筹协调、产业协同等方面发挥的带头引领作用。

人才培养

2021—2022年，浙江新华人才队伍建设坚持问题导向，聚焦人才短板，在外部引才、内部育才、人才使用、人才激励上不断创新，提出打造浙江新华铁军队伍，营造浙江新华发展共同体的发展氛围。

一是拓宽引才聚才渠道，人才队伍结构不断优化。修订完善《浙江新华劳动用工管理办法》，建立分层分级人才引进机制。培育 70 余人电商专业团队，线上业务板块实现快速壮大。面向社会公开招聘直属子公司总经理、投资总监、县市公司副总经理等优秀经营管理人才，有效充实了浙江新华现有管理队伍。

二是深化上挂下派机制，年轻干部培养提速增效。浙江新华将挂职锻炼作为培养青年人才、改进干部梯队建设的重要抓手，通过基层同志上挂总部锻炼、总部同志下派基层任职的双向交流方式，促进全集团人才柔性流动，在不同的岗位收获不同的工作经验。2021 年 10 月，继续选派 8 名同志到总部挂职，有 2 名骨干调入总部部门任职，5 名骨干得到提拔使用，其中 2 名提任县市公司正职。

三是盘活用好现有人才，用人导向成效不断彰显。浙江新华制定“总部赋能基层”的发展导向，着力激发市县公司活力，提高基层班子干事创业积极性，对于比较优秀、业绩突出、符合任职条件的同志，充实到县市公司班子，进一步打破隐性台阶，拓宽市、县公司干部人才的晋升通道。完成对地市公司班子及成员届中考核工作，对本级和县市部分中层岗位进行了调整。

四是强化激励保障机制，干事创业氛围日渐浓厚。严格执行市、县公司工资总额管理办法，市、县公司负责人绩效考核办法，突出业绩导向，强化刚性考核，激励干事创业，制定子公司目标考核重大基本建设项目回填的相关规定，通过制度激励进一步释放基层公司干事创业的积极性。稳步推进本级分公司分配制度改革和劳动用工改革。

物流配送

2021—2022 年，浙江新华强化物流 TOB、TOC 一体化仓储配送能力，有效整合教材、图书配发业务，新增粮油、数码等业务仓储发运保障服务，并为多家第三方客户提供仓储代运服务。在线上线下“双循环”发展新格局下，为适应电商业务发展趋势，投入C类物流仓储设备设施等，建立快速收发机制等，满足电商渠道配发时效性要求，实现电商发运速度效率大幅提升。落实集团主题出版和教材教辅发行工作整体安排，克服重重困难，保障了政治任务的高效完成。

社会责任

2021—2022年，浙江新华持续在扶贫项目、公益捐赠、社会公益活动等方面履行社会责任。与浙江开化县何田乡陆联村开展新一轮“千企结千村，消灭薄弱村”对口帮扶工作，投入帮扶资金150万元，援建开化清水鱼项目，通过资金支持、项目帮扶、人员下派等方式，为共同富裕贡献新华力量。

按照中国新华书店协会庆祝建党百年活动的统一安排，积极承办为“党的生日献份礼”百店百本百馆（校）图书捐赠活动，浙江新华向衢州图书馆、龙泉市图书馆、浙江图书馆淤上旧址书房等各捐赠一批图书。活动得到全国各地新华书店集团支持，据统计，此次全国新华书店共向百余家中小图书馆及中小学校捐赠3万余册、价值近百万元的图书。

开展“我为群众办实事”实践活动，围绕“三为”主题，紧密结合工作实际，自觉践行新华书店文化窗口使命。通过“名家进校园”“书香满军营 党史沁兵心”部队流动供应等“七进”活动推进文化惠民下基层。在全省百家门店推出“少年店长”“书城假日研学”“夏日成长市集”等暑期社会实践活动，让全省书店真正成为中小学生社会实践、开拓知识的第二课堂；积极探索将暑期课堂、自习室等引入书店空间，邀请青年教师走进书店开展暑期阅读公益课堂，带领青少年品读文学经典作品，丰富孩子们的暑期生活。开化县新华书店“书香润童心”项目荣获浙江省志愿服务项目大赛铜奖，该项目主要针对全县5000余名农村留守儿童缺乏陪伴指导、阅读渠道狭窄问题，致力于把阅读推广与关爱下沉到乡村，用书香点亮农村留守儿童的“阅读梦”。以“汇聚慈善力量，助力共同富裕”为主题开展“慈善一日捐”活动，党员干部踊跃参与慈善捐款活动，自愿捐出一天的工资收入，用点滴爱心汇聚慈善力量，以实际行动践行初心使命。台州市新华书店携手台州市路桥小学和台州市路桥区慈善总会联合创办“翼文驿站”，驿站设有休息区和衣物陈列区，休息区为接送孩子的家长提供歇脚之地，衣物陈列区摆放家长和社会爱心人士捐赠的衣物，供生活有困难的人免费取用。

全省门店在严格执行属地新冠疫情防控闭店要求的同时，集团广大党员干部积极投身属地疫情防控志愿服务。组建“隔离不隔爱”工作小组，开展爱心“书”送活动，分赴隔离点为接受隔离观察群众和工作人员配送图书等文化礼包；组建志愿者队伍，参与扫码登记、宣传防疫知识、走访排查、统计数据、维持秩序、卫生消杀、挨家挨户发放抗原测试剂等工作。集团上下共同构筑疫情防控“红色屏障”，树立新华书店良好社会形象。

2022年初，浙江新华物流配送公司员工魏凯勇跳钱塘江救起落水女子，省、市多家媒体相继报道。魏凯见义勇为事迹受到社会广泛赞誉，被杭州市见义勇为基金会授予“杭州市见义勇为积极分子”荣誉称号，被杭州市委宣传部（市文明办）选树为2022年一季度“杭州好人”，被杭州市政府荣记二等功。近年来，在“思想引领时代、知识服务用户”企业核心价值观引领下，“最美浙江新华人”层出不穷：有敢于担当、迎难而上的抗疫志愿者；有路遇火情，秒变“消防员”的书城员工，彰显了浙江新华向上向善的企业文化。

2021年末领导班子成员名单

蒋传洋　党委书记、董事长
许　悦　党委副书记、总经理
周建平　党委委员、纪委书记
季爱平　党委委员、副总经理
朱晓蔚　党委委员、副总经理
杨望平　党委委员、副总经理
傅景行　党委委员、经营专员

2022年末领导班子成员名单

蒋传洋　党委书记、董事长
许　悦　党委副书记、总经理
周建平　党委委员、纪委书记
樊　芸　党委委员、副总经理
朱晓蔚　党委委员、副总经理
杨望平　党委委员、副总经理
傅钟萍　党委委员、副总经理
傅景行　党委委员、经营专员
凌肖宏　经营专员

江西新华发行集团有限公司

年度概况

2021年，是江西新华发行集团有限公司（以下简称“江西新华）”高质量发展的重要一年。这一年，在出版集团党委、股份公司党委的坚强领导下，江西新华深入推进“新华+”六大发展战略，积极落实“双减”政策和教辅新政，努力克服疫情和严峻市场环境带来的风险和挑战，圆满完成各项任务指标，取得了社会效益和经济效益双丰收，实现“十四五”良好开局。江西新华全年实现营业收入58.82亿元，同比增加3.1亿元，增长5.6%；实现归母净利润9.42亿元。

2022年，江西新华在保持高位增长的前提下，积极克服复杂严峻的外部环境和经济下行的压力，攻坚克难、担当作为，实现了营业收入和归母净利润“双增长”“双超目标”。2022年，全年实现营销收入58.78亿元，实现归母净利润9.5亿元，完成各项任务指标。国有资产保值增值率、销售利润率、净资产收益率连续8年稳居全国同行业前列。总体经济规模在全国新华发行系统排名中继续稳居第一方阵。

领导关怀

2021 年 4 月 11 日，全国政协常委、文化文史和学习委员会副主任王儒林，省委宣传部副部长、省新闻出版局（省版权局）局长黎隆武，江西省政协文化文史和学习委员会专职副主任傅兆良一行到江西新华文化广场视察调研。

2021 年 6 月 30 日，省委副书记叶建春，省委常委、省委宣传部部长施小琳等一行到正在筹备中的江西新华井冈山天工开物坊及好书馆视察指导工作。

2021 年 8 月 10 日，中共江西省委书记刘奇，省委常委、省委秘书长吴浩，省委常委、南昌市委书记李红军等一行到江西新华 learning mall 视察指导工作。

2021 年 8 月 31 日，省委常委、省政府党组副书记、常务副省长梁桂等一行到正在筹备中的江西新华井冈山天工开物坊及好书馆视察指导工作。

2021 年 9 月 24 日，省人大常委会副主任朱虹等一行到即将开业的江西新华井冈山天工开物坊及好书馆视察指导工作。

2021 年 9 月 26 日，省委副书记叶建春到出版集团调研期间，视察了江西新华文化广场，股份公司党委委员、发行集团党委书记、总经理汤晓红作了相关工作汇报。

2021 年 10 月 12 日，省委常委、省委宣传部部长梁桂到江西新华文化广场调研。股份公司党委委员、发行集团党委书记、总经理汤晓红作相关工作汇报。梁桂部长就充分发挥新华书店主阵地、主渠道、主平台作用提出了具体要求。

2021 年 10 月 26 日，省委宣传部副部长、省国有文化资产监督管理领导小组办公室主任郎道先等一行到江西新华井冈山天工开物坊及好书馆视察指导工作。

2021 年 12 月 20 日，十八届中共中央政治局委员、国务院原副总理马凯等一行到江西新华井冈山天工开物坊及好书馆视察指导工作。

2022年6月2日，南昌市委常委、副市长肖云，市政府副秘书长叶涛，市中小企业服务局局长陈建军，红谷滩区副区长皮斌一行到江西新华云教育科技有限公司调研企业发展情况。

2022年6月7日，省文化和旅游厅党组书记、厅长梅亦深一行到江西新华井冈山天工开物坊及好书馆新时代文明实践站调研指导工作。

2022年8月15日，省委宣传部副部长、省新闻出版局（省版权局）局长黎隆武一行先后到江西新华抚州市汤显祖书店、临川区新华书店等地调研指导工作。

2022年8月18日，省委常委、省委宣传部部长庄兆林到江西新华文化广场调研，了解《习近平谈治国理政》第四卷发行情况。

2022年10月1日，省委宣传部副部长、省新闻出版局（省版权局）局长黎隆武在江西新华八一广场新华文化综合体出席由中共江西省委宣传部主办，江西出版传媒集团承办的“书香赣鄱·喜迎二十大 书香润洪城”全民阅读活动。

荣誉奖项

2021年1月7日，江西新华在第二届“全民阅读·全国书店之选”活动中，荣获中国书刊发行业协会、韬奋基金会及北京开卷信息技术有限公司共同颁发的“优秀参与门店”“百佳参与单位”等多个奖项。

2021年1月20日，江西新华新余市分公司荣获人力资源社会保障部、国家广播电视总局、国家新闻出版署授予的“全国新闻出版广播影视系统先进集体”称号。

2021年2月8日，在中国书刊发行业协会主办、百道网承办的“新时代杯”2020时代出版·中国书店年度致敬活动中，江西新华奉新县分公司、瓦屑坝移民文化馆·新华书店悦读吧荣获“年度社区书店”称号；东山坝镇小源村惠民书屋荣获“年度乡村书店”称号；江西新华文化广场荣获“2020抗疫特别致敬”称号；江景书店店长王玉龙荣获“年度店长”称号。

2021年4月6日，江西新华荣获国家统计局“2020年度先进单位”称号；江西新华石艳红同志荣获中宣部办公厅颁发的“2020年度新闻出版统计工作先进个人”称号。

2021年5月24日，江西新华井冈山红色书店在中国全民阅读媒体联盟、中国新闻出版传媒集团、中共江西省委宣传部主办的“书香中国万里行”走基层巡回采访活动中，荣获“书香中国万里行活动基地”称号。

2021年5月26日，在中国出版传媒商报社、湖北省新华书店（集团）有限公司联合主办的“第七届书业非书品展订研讨会暨2020—2021年度书业非书品经营推展发布礼”上，江西新华江景书店、吉水杨万里书店荣获“优秀团队”称号；江西新华上饶市分公司、新余市分公司荣获“创新单位”称号；九江新华文化综合平台、新建区抱朴书屋荣获“示范店铺”称号。

2021年7月2日，江西新华文化广场分公司销售部荣获团中央联合22家部委单位共同颁布的“第20届全国青年文明号候选集体”称号。

2021年7月16日，江西新华九江市分公司在中国新华书店协会举办的庆祝建党100周年主题出版物造型设计大赛中，荣获三等奖。

2021年7月29日，江西新华党委书记、总经理汤晓红荣获国家新闻出版署颁发的“第五届中国出版政府奖·优秀出版人物奖”。

2021年10月13日，由中国新华书店协会指导，中国出版传媒商报社主办的“2020—2021年度书业榜样阅读空间”推展结果揭晓，江西新华发行集团共斩获8个奖项。其中，赣州市分公司赣州书城荣获“标杆大书城”称号；上饶市分公司上饶新华文化广场荣获“优秀大书城”称号；南昌县新华书店中心门店荣获“示范基层店”称号；玉山县分公司中心门店荣获“优秀基层店”称号；广信区分公司木言者书店荣获“优秀新品牌”称号；南昌市分公司青云谱新华书店荣获“优秀社区店”称号；余干县分公司广场悦读吧荣获“优秀社区店”称号；上饶市分公司上饶师范学院悦读吧荣获全国“最in校园店”称号。

2021年12月15日，江西新华在中国企业信用500强评选中，入选“2021中国企业信用500强”。

2021年12月16日，国家新闻出版署发布《2020年新闻出版产业分析报告》。在全国新华发行系统总体经济规模排名中，江西新华位居第4，连续7年稳居全国同行业第一方阵。

2022年，江西新华连续6年荣获全国新华书店社会效益考核优秀单位。

2022年2月7日，江西新华在第十届“全国优秀教材经销商”评选活动中，荣获“2021年全国优秀教材经销商”称号。

2022年4月，江西新华发行集团有限公司鄱阳县分公司荣获中央宣传部、文化和旅游部、国家广播电视总局颁发的“第九届全国服务农民、服务基层文化建设先进集体”荣誉称号。

2022年4月24日，江西新华文化广场荣获中国书刊发行业协会颁发的“首届全民阅读大会·年度最美书店”称号。

2022年5月26日，江西新华在江西省文化强省建设推进大会上，荣获“2021年度江西省文化企业20强”。

组织人事

2022年1月29日，方新富同志任江西新华发行集团有限公司党委委员、副总经理。

2022年4月12日，周小任同志任江西新华发行集团有限公司党委委员、副总经理。

2022年4月19日，杨真同志任江西新华发行集团有限公司总经理助理。

2022年10月13日，汪嫄同志任江西新华发行集团有限公司党委副书记。

2022年11月2日，胡小刚同志任江西新华发行集团有限公司党委委员。

党建工作

江西新华始终坚持以习近平新时代中国特色社会主义思想为指导，以党的政治建设为统领，以永远在路上的决心和勇气，全面加强新时代党的建设，推动全面从严治党向纵深发展，为集团高质量发展提供坚强政治保障。

2021年，江西新华以建党100周年为主线，全面加强和改进党的建设。

一是坚持党的全面领导，坚持党要管党，全面从严治党。通过层层签订《全面从严治党主体责任书》，强化班子成员“一岗双责”，抓好分管领域党建工作，坚持党建工作与业务工作同谋划、同部署、同推进、同考核。严格落实党委会“第一议题”制度，严格执行《党委议事规则》《“三重一大”决策制度实施细则》《党委会决策和前置审议清单》等制度，着力发挥党委“参与决策、带头执行、有效监督”的政治核心作用。二是系统开展党史学习教育。坚持把党史学习教育作为首要政治任务，坚持班子领学、干部自学，用好红色资源学、结合工作实际学，学党史、悟思想、办实事、开新局，系统推进“我为群众办实事”重点项目15项，推动党史学习教育务求实效。三是充分发挥基层党组织战斗堡垒作用。着力抓好一支“书记队伍”，督促主体责任由书记领衔落实，形成书记抓书记、层层抓落实的工作格局，有效保障了疫情防控、党政读物发行、教材教辅发行、应收账款专项清理检查等工作的落实及完成。认真落实“三会一课”制度，常态化开展“政治生日”、重温入党誓词等主题党日活动。

2022年，江西新华坚持以习近平新时代中国特色社会主义思想和党的二十大精神为指导，推动全面从严治党向纵深发展，助力集团奋进新征程。一是坚持把党的领导融入公司治理各环节，把党的领导同公司治理相融合。扎实推进“一把手”末位表态制度和一事一议制度，切实提高党委议事决策能力和效率。2022年，共计研究审议涉及企业经营、组织人事、基层党建等重大重要事项130余项，党委“把方向、管大局、保落实”作用得到有效发挥。二是坚持党建引领凝聚发展合力，推动业务工作提质增效。以党建工作为统领，坚定不移推进“新华+”六大发展战略，克服疫情和严峻的市场环境带来的前所未有的风险和挑战，“稳中有进、进中向好”总体发展态势持续保持，实现了社会效益和经济效益“双丰收”。三是牢固树立大抓基层的鲜明导向，推动基层党建全面进步。以高度的政治自觉和政治责任感，建立了全覆盖督导体系，有力推动旗下4个党总支、101个党支部进一步夯实党建基础；加大从高知识群体、业务骨干、生产一线、先进工作者中发展党员的力度，进一步优化党员结构。2022年，共有10人递交入党申请书，20名入党申请人确定为入党积极分子，10名积极分子确定为发展对象，3名发展对象转为预备党员，9名预备党员转为中共正式党员，为党组织不断注入新鲜血液。

教学用书

2021—2022年，江西新华始终践行以人民为中心的发展思想，始终把服务社会、服务教育、服务学生、服务读者、服务家长、服务学校作为检验一切工作的最高标准，坚持初心，克服外部压力带来的不利影响，以稳求进、以进固稳，全力抓好教材教辅发行工作。

1. 扛起教材发行政治责任

一是积极抓好春、秋两季中小学教材征订发行各项工作，保住教材这个“基本口粮”。二是加强与当地教育部门、学校的沟通，进一步推进教参挂图及相关配套教学产品的发行。三是推动幼儿教材经营，根据政策形势，随政改思，巩固原有市场，引流外流市场，提高主导发行地位，设立专人负责学前教育板块工作，扩大市场覆盖面。四是积极开拓中职教育市场，重点抓好统编教材及公共基础课程中职教材发行，切实打造新的经济增长点。

2. 维护教辅持续发展环境

一是全力维护好来之不易的教辅发行格局，稳住教辅主渠道地位。二是积极克服大环境影响，提早布局，深化与人教社战略合作关系，做到推荐目录教辅应订尽订。三是加强与编、印、发各环节的主动沟通协调，积极推动赣版教辅新品和精品的研发，扩大赣版教辅市场份额。四是强化教辅图书直发管理，出台规范直发教辅的相关规定，进一步防控经营风险，确保教辅经营工作高效有序开展。

门店建设

江西新华发行集团以“推广全民阅读、构建书香社会”为己任，积极实施门店新建、改扩建及升级改造工程，抓好网点投资建设，全省书店网点布局更加合理、功能逐步完善，环境更加优雅，特色更加鲜明突出。

1. 城市书店建设情况

江西新华围绕新时代文明实践中心功能，制定《全省新华书店新型阅读空间建设实施方案（2020—2023年）》，成立全省新华书店新型阅读空间建设领导小组和工作小组，科学谋划、统筹协调新型阅读空间项目建设。通过建设城市大型文化教育综合体，建设集图书销售、教育培训、休闲娱乐、创意空间、主题活动、新时代文明实践中心等功能于一体的“美专新特”新型阅读空间，将新华书店新型阅读空间打造成集新零售、线上线下、增值服务、艺术品展示以及“学习强国”阵地等于一体的融合示范点和当地文化地标、市民精神生活中心、青年人交流场所、新时代文化传播高地。

2021年，江西新华完成萍乡、宜春、抚州、赣州4个城市大型文化教育综合体的升级改造工作。2022年10月1日，南昌八一广场新华文化综合体顺利试营业，国庆假期进店客流量近10万人次，成为全省文化新地标。2022年，新型时尚悦读空间完工11家，参建城市书房50家，建成并对外营业25家，卖场面积增加5.33万平方米。

2. 县级门店建设情况

江西新华按照“业态多元化、场景体验化、业务智能化、读者用户化、定位个性化”要求，全面推进全省新华书店传统门店升级改造工程。大力实施“书店+”的业态组合，融入教育培训、文创等多元化业态，把社会效益放在首位，实现社会效益和经济效益相统一。

2021年，婺源、乐安、宜丰、分宜、莲花、铜鼓、上犹等一批新华书店传统门店重装开业，为广大读者提供良好的阅读体验、互动交流、休闲娱乐环境。依托江西丰富的文化旅游资源和厚重的人文历史，创新“馆店”“校店”合作模式，打造一批“小而美”的特色书店。重点完成临川汤显祖书店、新建抱朴书屋、广信区木言者书店、吉水杨万里书店、余干城市书吧、鄱阳瓦屑坝移民文化馆·新华悦读吧、江景书店、井冈山好书馆、井冈山天工开物坊等9个特色书店建设。

2022年，抚州市汤显祖书店、进贤县新华书店·晏殊书坊、庐山观云书屋、拾年山仙女湖城市书房、于都县雩阳书房及江西省首个服务区特色书店——庐山西海服务区水云间书屋等一批特色书店相继建成，实现自然景观、人文历史与时尚书店的完美结合。这些书屋的落成，成为融合当地文化品牌和地域特色的文化地标，传递城市人文景观新气象。截至 2022 年底，全省县级门店 114 家，总面积约 8.61 万平方米。

3. 乡镇网点建设情况

江西新华高度重视全省新华书店农村发行网点建设，巩固农村宣传思想文化阵地、完善农村公共文化服务体系、丰富农民群众精神文化生活。2018 年 3 月，江西新华迅速下发《关于在农家书屋设立农村图书销售点的通知》，随后又出台《农村发行网点建设规划（2018—2020 年）》，并正式下发《关于推进全省新华书店农村发行网点建设的通知》，农村发行网点建设按下快进键。

2021 年，江西新华完成 152 个惠民书屋建设，全省发行网点达 320 多个，乡镇覆盖率超 10%。网点经营面积从不足 10 万平方米增加至 19.3 万平方米。全年完成 85 个地区（市、县）招投标工作，补充更新农家书屋出版物，总计发货品种 1043 个，配送图书 108 万册，配送网点数 15551 个。

2022 年，江西新华重点依托社区、村镇新时代文明实践所、农家书屋、乡（镇）综合文化站等资源，不断提升乡镇图书发行网点数量和服务质量。一是规范乡村图书发行服务。通过精准对接乡镇百姓阅读需求，提升规范服务质量。二是提升乡村阅读服务品质。注重增强上架图书品种的实用性，根据读者需求提供“菜单式”发货，提升了乡镇图书发行网点阅读服务品质。三是加强乡镇人才队伍建设。组织各类图书发行网点管理者的业务知识和技能培训。截至 2022 年底，江西新华乡村网点 201 个，总面积约 1.07 万平方米。

重点读物发行

一直以来，江西新华积极发挥宣传思想文化的主阵地作用，种好“责任田”，肩负起传播文化、宣传思想、服务大众的责任。高质量完成重要文件文献发行、重点主题出版物发行工作，让党的理论“飞入寻常百姓家”。

2021 年，江西新华紧扣建党百年主题，做好党史学习教育系列图书的发行、宣传工作，保障党史学习教育有序开展。全年全省党史学习教育相关图书发行 600 余万册，地方党史学习教育图书取得较好成绩，其中《永恒的力量》《中国共产党 100 年江西大事记》销售约 1500 万码洋，《江西简史》销售约 500 万码洋。做到必选书目党员、干部人手一册，实现党员全覆盖，在全国排名居于前列，得到中宣部、省委宣传部的高度肯定。

2022 年，江西新华认真部署，精心组织，统筹推进党和国家重要文件文献和主题出版物发行工作。11 月 1 日，南昌八一新华文化综合体举行党的二十大文件及学习辅导读物江西首发仪式。党的二十大文件及学习辅导读物发行 241.79 万册，较党的十九大相关文件发行增长 14.05%;《习近平谈治国理政》第四卷实现销售 42.43 万册，较第三卷增长 61%;《让群众过上好日子——习近平正定足迹》《闽山闽水物华新——习近平福建足迹》《干在实处勇立潮头——习近平浙江足迹》《当好改革开放的排头兵——习近平上海足迹》四部系统记述习近平同志地方工作经历的图书共发行 31628 套;《百年大党面对面——理论热点面对面 · 2022》累计发行 8 万册;《中国共产党宣传工作简史》发行 58220 册;《百年初心成大道：党史学习教育案例选编》发行 3.6 万册。

融合创新

2021 年，江西新华制定的“新华 +”六大发展战略落地见效，取得实质性成果。“新华 + 文化”有了新的提升。全省各级门店积极开展文化活动，取得了良好的社会效益。“新华 + 教育”有了新的发展。研学延伸项目充分发挥南昌市课后托管平台优势，为学校提供课后服务，并开发线上直播课程教学。“新华 + 科技”有了新的突破。“新华教育”APP 建设完成并试点推广；智慧作业高质量作业系统入选省专精特新中小企业。“新华 + 金融”有了新的贡献。保险经纪业务收入稳定，险种得到进一步拓展。“新华 + 物流”有了新的价值。全省六大物流基地运行平稳，第三方物流得到拓展。“新华 + 新业态”有了新的融合。推进图书与数码、文创、电影院线、培训、餐饮等业态融合。

2022年，江西新华持续打造经营新业态，培育壮大研学、教育培训、保险经纪、课后延时服务、教育装备等教育服务多元产业、推动板块协同发展。一是打造服务教育产业链。通过巩固拓展阅读推广系列活动，增强实体书店未来匹配高质量发展的创新能力，从销售有形产品逐步向服务教育产业链转型升级。二是探索数据与主业的融合创新。通过积极探索新华云教育大数据与主业的融合与创新，从教育管理和教学管理流程方面进行产品封装和研发，扎实推进招生报名系统标准化、云平台6.0建设、高质量作业系统升级、教师发展平台上线、推出TOC系列产品和服务场景等相关工作，完成数据对接，实现数据变现。

网络运营

江西新华高度重视网络发行渠道建设，始终践行国有文化企业的使命和担当，不断做大做强网络阵地。面对新冠疫情肆虐的严峻形势，主动开阔思路，急读者之所需，克服重重困难。

2021年，江西新华在新悦网、天猫、京东等各大网络平台开展迎新春、开学季、阅读月、双十一等100余场促销活动。通过发放线上优惠券的方式促进新悦网销售，全年网络电商销售收入达2500余万元。

2022年，江西新华进一步加强网络渠道建设，进一步创新工作方法，进一步丰富宣传营销方式，销售收入取得爆发式增长。一是积极开拓网络宣传新路径。通过微信订购服务、建立微信读者群、运营公众号、推广短视频等多种途径，带领读者逛云书店，并分享好书和抗疫知识。邀请黄宇、周彩虹、陈梦敏、辫子姐姐、温艳霞等作家走进直播间，与小朋友线上交流互动，吸引众多网络流量及关注。二是着力加大网络平台促销力度。在新悦网、天猫、京东等平台开展迎新春、开学季、阅读月、双十一等100余场促销活动，通过发放线上优惠券的方式促进新悦网销售，全年网络电商销售收入达4400余万元。

全民阅读

江西新华以习近平新时代中国特色社会主义思想和党的十九大、二十大精神为指导，聚焦“作示范、勇争先”目标定位，不断创新服务方式。积极拓宽服务渠道，深入开展丰富多彩的“书香赣鄱”全民阅读推广活动，丰富群众日常阅读体验，推动农村流动售书，大力营造爱读书、读好书、善读书的浓厚氛围，让赣鄱大地书香四溢、全民阅读蔚然成风。

1. 打造书香赣鄱品牌，开展全民阅读系列活动

2021 年，江西新华在全省门店举办“新华大讲堂”“书香赣鄱 全民阅读”等主题活动共计 109 场，邀请 30 多位名家进书店、进校园、进社区、进军营。其中，邀请省委党史研究室资深党史研究专家、新晋畅销书作家、省作家协会会员等名家走进新华书店积极开展读者见面会、新书分享会、线上直播分享会，进一步扩大全国首创的“新华大讲堂”文化品牌活动影响力。建党百年之时，以全民阅读月为契机，在全省门店举办“读红色经典 传百年辉煌”活动 91 场。

2022 年，江西新华积极开展“书香赣鄱”品牌建设工程，推行“新华大讲堂”“献礼二十大 书香润赣抚”等系列文化活动；联合二十一世纪出版社、江西人民出版社等赣版出版社开展“讲好江西故事，共绘江西文化新画卷”系列阅读活动；10 月 1 日，在南昌书城试营业之际，推出“书香赣鄱 · 喜迎二十大 书香润洪城”系列活动；开展“送文化、系民心、解民忧、谋振兴”下乡系列活动，满足了广大读者阅读需求，丰富了人民群众精神文化生活。

2. 多种形式相融相促，保障群众日常阅读体验

江西新华通过线上与线下、城市与乡村、传统与创新的融合，丰富广大读者日常阅读体验。一是线上为读者开拓书籍资源、丰富阅读传播渠道。通过微信群、新悦网、抖音直播推动线上荐书活动。2021 年，开展“在最美转角遇见你”短视频荐书比赛、“民谣音乐”、“书店奇妙夜 · 搭帐篷过夜”、“魔术秀表演”、“表达俱乐部”等线上线下活动。2022 年，开展 12 场直播活动，总观看人数达 5 万余人次，读者点赞量达 46.8 万次，在培养读者阅读习惯的同时，实现线上线下相互引流赋能。二是规划全年特色营销活动，把优秀精品读物带给读者。结合时政大事和市场热点规划好营销活动，在主题、场次、持续性和地区联动方面大胆创新，丰富活动场景，提升活动趣味，增强读者的黏性和品牌塑造能力，为一般图书发行聚集人气，全年门店开展重点营销活动 21 次、759 场。改变了门店营销观念，突破了传统销售模式，与读者建立了沟通，不断满足读者阅读需求，全年一般图书销售 3.47 亿元，较 2020 年上涨 25%。三是线下为人民群众保障阅读场地、创新阅读体验。在全省门店统筹开展“护苗·绿书签”正版图书进校园、进社区等重点活动，包含书目 75 个品种，涉及江西高校、二十一世纪等出版社。积极在各地新华书店门店张贴新时代阅读季活动海报。江西新华全省门店全年营业时间平均达 4000 小时。其中，相当数量的基层门店，日营业时长超 12 小时（8:30—21:00）。

3. 主推优秀大众读物，做好一批赣版精品佳作发行

江西新华重点做好赣版图书的发行工作，推出了一批有温度、有筋骨、有力量的赣版图书精品佳作。暑假期间，推出“读红色经典 传百年辉煌”系列活动，集中发行了《雷锋的故事》《董存瑞炸碉堡》等红色故事书籍，通过红色教育把爱国情、强国志、报国行融入小读者的知与行，厚植家国情怀，涵养进取品格；11 月 5 日，在南昌书城推出《海昏十谜》新书发布会，同时，举办赣版红色主题出版物联展，传播江西好故事，讲述江西发展新高度。2022 年，赣版图书销售码洋达 7384 万元。

4. 流动供应送书下乡，打通服务基层的“最后一公里”

江西新华持续开展农村流动售书活动，以满足农村广大读者精神文化需求。一是推进流动供应送书下乡活动。针对尚不具备实体网点建设的乡镇，坚持以流动供应进农村、进乡镇的方式为广大农民读者送书下乡，打通服务基层读者的“最后一公里”。二是精心挑选各类优质图书。将涵盖党的二十大学习辅导读物、农业、养殖种植、法律、文学、少儿启蒙、经典名著、词典等贴近基层群众生活的各类书籍，把农业、科技知识和文化送到真正需要的群众手中。2021—2022 年，江西新华平均每年开展农村流动售书活动 100 余次，实现流动售书乡镇的全覆盖。

内控管理

江西新华高度重视集团内部控制管理，积极调动发挥内控法务职能部门作用。2022 年，组织聘请了第三方内控顾问团队安永咨询公司全面优化升级集团内控体系，通过对前期涉及的 14 个职能部门共计 79 份内控样本的收集和与班子成员、中层干部共 18 人次的访谈对话、制度审阅清单和例外事项清单的认领验收、内控手册试运行阶段缺陷的跟踪整改、内控所有样本自评反查完善、大信会计师事务所对集团进行内控审计共五个阶段的工作，至此形成了相对成熟实用的内控手册，有效建立健全了内控制度，助推集团内控建设取得重要的阶段性成果。

人才培养

江西新华高度重视人才培养工作，重点抓好以下“四种人才”：一是专业理论水平素养高、行业影响力好的领军人才；二是具有制定科学管理、战略和规划体系的高端人才，打造集团“智囊团”；三是具有新理念、新思维、新思路的基础人才和专业人才；四是忠诚、干净、有担当的青年人才。

2021—2022 年，江西新华坚持党管干部原则，完善人才相关制度，做好集团人才管理、培养工作，营造良好的培育人才环境。一是优化干部人才队伍结构。规范组织干部选聘和配备工作，优化设区市、县（市、区）级分公司的班子建设，提升经营管理质量。二是强化干部日常教育监督管理。将各级党组织“一把手”和领导班子以及重要人员纳入监督范围。三是严格贯彻落实《党政领导干部选拔任用工作条例》《党政领导干部任职回避暂行规定》和《江西新华发行集团经营管理人员管理办法》，加强干部选拔任用监督，执行廉政情况审查，坚决防止“带病提拔”“带病上岗”。四是完善专业人才培养引进机制。增设发展战略顾问，引进一批财务、市场营销、文秘等人才，加大经营管理人员选拔聘任的力度。

社会责任

1. 课前到书任务

中小学教材教辅征订发行工作是新华书店承担的重要政治任务。2021年，教材发行受疫情影响，存在印制周期短、交书时间晚、交通限行等不利因素。江西新华及时制订应急预案，启动与出版、印制单位的协调联动机制，安排专人全程跟踪征订、采购、收货、发货等环节，通过全系统上下攻坚克难、齐心协力，圆满完成了“课前到书，人手一册”的政治任务。全省中小学教材共发行册数 1.63 亿册，同比增长 2.74%。

2. 公益捐献活动

江西新华积极参与社会扶贫帮困活动，始终坚持组织开展社会公益活动。一是积极与社区联合开展新时代文明实践活动。组织员工深入大街小巷，清理居民楼垃圾，慰问社区老党员及困难户；常态化开展志愿服务活动，每季度至少组织一次；全系统先后开展社会便民、垃圾分类宣传、安全生产知识宣传、文明交通等活动，不断加强员工思想教育，提升企业凝聚力，营造积极向上的风气。二是推进乡村振兴巩固拓展脱贫攻坚成果。2021—2022 年，江西新华全系统向乡村、社区、医院、学校、图书馆、妇联及养老康复中心等单位和个人捐款捐物逾 600 万元，有力推动了乡村振兴，巩固拓展了脱贫攻坚成果。三是面对疫情以实际行动助企纾困解难题。2022年，面对新型冠状病毒肆虐反复对经济环境的冲击，江西新华对 552 家符合条件的承租户减免租金 1249.29 万元。

3. 公益阅读活动

江西新华积极参与社会公益活动，认真履行国有文化企业的社会责任。一是加大公益阅读活动开展力度。通过与省文旅厅、团省委、省妇联、省残联等省直单位的合作，开展“推荐一本好书”、“跟着诗词游江西——风景这边读好”、阅读大赛等活动；围绕“读书、写书、荐书、展书”在全省各地开展新书分享会、小小护书员志愿服务活动、传承井冈山精神读书会、青少年“共读经典好书，喜迎建团百年”、亲子感恩家庭教育公益讲座等阅读活动。二是提升公益阅读活动“含金量”。定期邀请与热点主题相关的作者、编辑和领读人走进书店，开展大咖讲读、主编荐读、领读人解读等优质阅读活动，确保“周周有活动，月月有主题，年年都精彩”，并配以发放优惠券等激励方式，让读者通过参与活动，获取更加丰富的知识和超值的体验。

2021 年末领导班子成员名单

汤晓红　党委书记、总经理

熊　凌　党委委员、总会计师、副总经理

赵希和　党委委员、副总经理

傅冬冰　党委委员、副总经理

龚　冰　党委委员、纪委书记

赵红卫　党委委员、副总经理

吴忠华　总经理助理、工会主席

姜　庆　总经理助理

2022 年末领导班子成员名单

汤晓红　党委书记、总经理

汪　媛　党委副书记

熊　凌　党委委员、副总经理、总会计师

赵希和　党委委员、副总经理

傅冬冰　党委委员、副总经理

龚　冰　党委委员、纪委书记

赵红卫　党委委员、副总经理

方新富　党委委员、副总经理

周小任　党委委员、副总经理

胡小刚　党委委员

杨　真　总经理助理

姜　庆　总经理助理

福建新华发行集团

年度概况

2021年，福建新华发行集团统筹推进疫情防控和常态化生产经营、改革发展、党的建设等重点任务，各项工作取得新进展新成效。全年实现营业收入27.88亿元、利润总额2.58亿元，同比分别增长9.12%和11.89%。

2022年，福建新华发行集团持续提升“抓党建、严管理、促主业、补短板、强弱项”的工作力度和工作质量，较好地完成了各项工作任务。考虑疫情政策性减免房租等因素影响，全年实现营业收入30.24亿元、利润总额2.84亿元，同比分别增长8.49%和9.91%。

领导关怀

2021年4月23日，第七届海峡读者节在商务印书馆福州分馆开幕，福建省人大常委会副主任严可仕、福建省政协副主席刘献祥出席开幕式。

2021年7月30日，《习近平在福建》读者见面会在福州鳌峰坊书城举办，福建省委常委、宣传部部长邢善萍出席并讲话，福建省人大常委会原副主任潘征出席。

2022年4月23日，第八届海峡读者节在商务印书馆福州分馆开幕，福建省委常委、宣传部部长张彦出席并致辞。

2022 年 5 月 13 日，首届福建新华阅读大会全民阅读“八进”工作论坛暨连江读书活动在福建连江举办，中国出版协会副理事长、韬奋基金会理事长聂震宁发来贺信并录制祝贺视频，全国政协委员、中国新闻出版研究院院长魏玉山通过视频连线作主旨演讲。

2022 年 6 月 6 日，《闽山闽水物华新——习近平福建足迹》读者见面会在福州鳌峰坊书城举办，福建省委常委、宣传部部长张彦出席并讲话。

荣誉奖项

2021 年 5 月，福建新华发行集团所属鳌峰坊书城、厦门市新华书店中山门市部、霞浦县新华书店、三明市新华书店列东书城、永春县新华书店、永定区新华图书城被福建省新闻出版局授予“福建省首届示范书店”称号。

2021 年 7 月 16 日，在中国新华书店协会组织的“百年建党正青春，万店共庆书风华”庆祝建党 100 周年主题出版物造型设计大赛中，福建新华发行集团宁德分公司选送作品《走向新征程》荣获优秀奖，福州分公司选送作品《众心向党》荣获最具人气奖。

2021 年 8 月，福建新华发行集团子公司福建省出版对外贸易有限责任公司被商务部、中央宣传部、财政部、文化和旅游部、新闻出版广电总局等五部委评为“2021—2022 年度国家文化出口重点企业”，组织实施的“中国（福建）图书展销会”被评为“2021—2022 年度国家文化出口重点项目”。

2021 年 12 月 27 日，福建新华发行集团建设的“党建读物空间”项目被《中国新闻出版广电报》评为“2021 年度出版发行业创新 20 强”。

2021 年 11 月，福建新华发行集团被全国青少年爱国主义读书教育活动组委会授予“第二十八届青少年爱国主义读书教育活动先进集体”。

2022 年 4 月 6 日，福建新华发行集团永春分公司被中央宣传部、文化和旅游部、新闻出版广电总局联合授予“第九届全国服务农民、服务基层文化建设先进集体”荣誉称号。

2022 年 4 月 24 日，福建新华发行集团宁德分公司图书城被中国书刊发行业协会授予“首届全民阅读大会·年度最美书店”，是福建省唯一入选的国有书店。

2022年4月27日，福建新华发行（集团）有限责任公司被福建省直机关工会工委授予“福建省直机关五一劳动奖状”。

2022年10月，福建新华发行集团莆田分公司兴安门店、石狮分公司书香狮城驿站、厦门分公司鼓浪屿音乐书店、平和分公司图书城、上杭分公司图书城、邵武分公司沧浪书城、宁德分公司图书城被福建省新闻出版局授予“第二届福建省示范书店”。

组织人事

2021年3月，福建新华发行集团将所属的福建新华传媒发展有限公司对台业务整合到所属的福建省出版对外贸易有限责任公司。

2021年9月，经海峡出版发行集团批复同意，福建新华发行集团企业管理部变更为管理审计部，原属纪检监察室管理的审计科及其职能调整至管理审计部，原属企业管理部管理的资产管理科及其职能调整至产业发展部，原属企业管理部管理的企业管理科和绩效管理科继续保留。

2021年12月，福建新华发行集团设立新华悦读驿站运营中心，将数字服务中心电子商务科更名为综合业务科，原电子商务科的营销职能转移到新华悦读驿站运营中心，数据管理科更名为监测与数据科。

2022年1月21日，经海峡出版发行集团研究并报经省委宣传部同意，刘伏宝同志任中共福建新华发行（集团）有限责任公司委员会委员、中共福建新华发行（集团）有限责任公司纪律检查委员会书记。

2022年2月，福建新华发行集团设立纪检监察室综合科；撤消管理审计部绩效管理科，将分（子）公司经营业绩考核和业务中心目标管理及考核职能调整至计划财务部财务管理科，经营业绩考核体系建立及优化职能仍保留在管理审计部；对外股权投资、金融证券投资及非银行理财投资等工作由计划财务部财务管理科负责。

2022年5月，福建新华发行集团将传媒及数字经济业务管理运营集中整合到福建新华传媒发展有限公司。

2022年10月，福建新华发行集团将原分别挂靠在福建新华图书发行有限公司和集团办公室的驿站运营中心和传媒项目工作小组的职能及业务集中整合到福建新华传媒发展有限公司，驿站运营中心和传媒项目工作小组机构撤销。

2022年12月6日，经海峡出版发行集团研究并报经省委宣传部同意，李绍明、邹文杰同志任中共福建新华发行（集团）有限责任公司委员会委员。

党建工作

2021年，福建新华发行集团紧紧围绕庆祝中国共产党成立100周年，组织开展党史知识竞赛、征文，“我与新华书店”摄影、“我和新华书店”演讲等活动，参加中国新华书店协会组织的“颂建党百年辉煌 承新华不渝初心”主题快闪、为党的生日献份礼——百年百馆百本书等活动。与东南网合作打造庆祝建党百年专栏。结合开展“再学习、再调研、再落实”活动，扎实有效推进党史学习教育，集团党委中心组全年组织17次集中学习，组织全集团党员干部撰写学习习近平系列采访实录心得体会，汇编成册。开展“我为群众办实事”项目330件。

持续推进省、市、县党建工作三级联动，集团机关党委、纪委及18家分公司党组织完成换届选举，6家分公司调整支部书记。全年发展党员44名。关心关爱老党员，为14人颁发“光荣在党50年”纪念章。认真开展“两优一先”评选推荐工作，2021年集团共有41个先进基层党组织、优秀党员和党务工作者受到省、市、县和海峡出版发行集团党委表彰。

全面从严治党不断深化。集团召开2次党风廉政建设形势分析会，对4家子公司开展全面从严治党主体责任落实情况检查。持续查纠“四风”，组织开展落实中央八项规定精神“1+X”专项督查和“天价茶”、“吃公函”、一人多证以及炒作片仔癀等专项检查。受理信访件2件次，党纪立案1人。

2022年，福建新华发行集团积极利用“党建·读物空间”、党建书屋等平台，以读书分享会、主题党日活动、座谈会、研讨会等方式，深入开展党的二十大精神学习宣传工作。扎实开展“忠诚在心、岗位奉献”对党忠诚教育，巩固拓展党史学习教育成果。加强基层党组织建设，8家分公司党组织完成换届选举、10家分公司调整支部书记，选优配强党组织班子。积极推进党建三级联动，加强“壮腰工程”建设，“丰”字型党建格局初见成效。组织党员干部参与“我在荷山有亩田”活动。全年发展党员39人。为庆祝新华书店建店85周年，在全省开展“作家眼中的新华书店”采风活动，汇编成《精神家园——我与新华书店的故事》出版发行，得到中国书刊发行业协会和新华书店总店领导以及广大读者好评。

深化运用“四种形态”，不断推进全面从严治党向纵深发展。强化政治监督，加大对所属单位“一把手”和领导班子监督力度，围绕集团重点工作开展督促检查，强化对重点领域、关键环节、重要节点的监督。聚焦日常监督，认真开展落实中央八项规定精神“1+X”专项督查、全面从严治党主体责任落实情况检查、统筹疫情防控和生产经营情况督查检查、廉洁风险防控机制、意识形态工作责任制落实情况监督检查等。组织集团各级基层党组织开展廉洁文化教育“五个一”活动，持续营造风清气正的良好政治生态。认真聚焦省委巡视提出的整改要求，把深化巡视整改与推动集团改革发展相结合，强化标本兼治。

教材发行

2021年，福建新华发行集团在中小学教材发行工作中，实现了从“课前到书”到“假前到书”的跨越，赢得了教育部门、学校师生和全社会的广泛赞誉。完成《习近平新时代中国特色社会主义思想学生读本》4个品种、227万多册的紧急发行任务。准确把握政策取向，成功推动福建省从2022年春季开始，对中小学进校教辅材料印张数作出适当调整，为集团主业发展争取到政策红利。积极应对“双减”政策带来的冲击和影响，开拓思路，努力变被动为主动，化压力为动力，有效巩固目录内教辅发行基本盘，并充分挖掘目录外教辅市场空间，全年共发行中小学教学用书码洋18.4亿元，同比增长

7.4%。

2022 年，福建新华发行集团积极应对新冠疫情等不利影响，主动提速教材发行，再次实现春季中小学教材“假前到书”。克服中小学教材教辅全面审核修订、印制发行周期极度压缩等困难，举全集团之力打赢秋季中小学教材“课前到书，人手一册”攻坚战。完成全省《中华民族大团结》教材紧急发行任务，确保初中民族团结进步教育课程的顺利开设。积极应对人教版小学数学教材插图事件，及时封存相关问题教材。科学应对“双减”政策冲击，目录内教辅发行码洋增加 1.17 亿元。巩固拓展目录外教辅市场，发行码洋增加 1.15 亿元，教辅新产品线建设初见成效，成为集团教辅发行新增长点。

门店建设

2021 年，福建新华发行集团持续推进实体书店转型升级和网点建设，召开集团网点建设与门店管理专题会议，开展“我为门店（网点）管理献良策”活动。完成上杭书城等 18 家分公司门店梳理改造，新建网点 45 家，新增经营面积 1.62 万平方米。鳌峰坊书城等 10 家门店获福建省首届示范书店称号。

2022 年，福建新华发行集团完成了福州安泰书城等 13 个卖场的改造梳理，改造面积 1.3 万平方米。完成了福清市东张镇等网点建设 28 家，总面积约 6800 平方米。通过收回出租门店、挪腾办公仓库等方式，增加卖场面积约 2400 平方米。与福州城投公司签订战略合作协议，共建移动共享书屋“新华驿站”。

融合创新

2021 年，福建新华发行集团积极探索集团数字经济发展模式，成立福建新华书店 · 悦读驿站运营中心，推动悦读驿站项目落地。“新华 · 云大屏”直播系统顺利开屏，覆盖 69 家门店，赋能实体书店营销数字化升级，开启“同屏共振”时代。完成鳌峰坊书城数字化改造。参与中图云创智能科技有限公司、福建创智联盟数字教育科技有限公司增资扩股，积极介入5G阅读、数字教育等数字化业务。与福建教育学院共同打造“新华名师荟”项目，该项目是崭新的教育支撑和服务平台，为学生和家长提供高质量的教育服务，积极推进课堂教育向课外延伸、拓展。

成立集团研学实践项目工作领导小组，利用商务印书馆福州分馆作为研学基地，七一前组织开展了4场“献礼建党百年·传承红色基因”主题研学活动。举办以“从小跟党走，建设新福建”为主题的2021年新华小作家（编辑）研学写作夏令营。完成全省馆配客户档案建设和馆配业务线上平台建设。联合福建省教育装备行业协会开展中小学教育装备业务培训，集团教育教学装备展示基地建成投入使用。积极推动“新华亲子阅读家园”项目开展，全省会员数达1.2万余人。

2022年，福建新华发行集团大力推动企业改革创新，将集团传媒及数字业务集中整合到福建新华传媒发展有限公司，加强集团数字经济的统筹发展。积极探索科技赋能文化传播的新模式，推进新华书店数字化建设。7月22日，福建新华书店·悦读驿站在第五届数字中国建设峰会上发布亮相。11月25日，重装开业的福州安泰新华图书城内的全国首个“书店里的元宇宙空间”，给读者带来前所未有的沉浸式读书体验。“书＋元宇宙”业态的融合，为读者提供了5G新阅读场所，也为福州再添一张城市名片。推出“85·影像新华”和盲盒“天空之埕”“次世代字典”等3款数字藏品，受到读者热捧。

推广亲子阅读家园项目，全省绘本借阅会员数达到29599人，同比增长181.25%。注册“新华福服”校服商标，为新一轮校服业务的开展做好准备。开发一批贴合集团主业、具有地域文化特色的红色文化、朱子文化和海丝文化等新华研学课程，组织研学活动400多场次。7月9—13日，由省委宣传部、省委教育工委、海峡出版发行集团联合主办，福建新华发行集团和福建人民出版社协办的“追寻习近平总书记的足迹——闽山闽水物华新”2022年全省大学生暑期社会实践活动顺利举办。开展图书漂读业务，在全省机关、企事业单位设立112家漂读点，漂读图书2万余种。

网络运营

2021 年，全省分公司全部开通微信公众号，67 家分（子）公司开通在线商城，70 家分（子）公司开通抖音、快手、一直播等直播平台，全省线上营销平台搭建成型。其中，12 家分公司能够借势借力，整合资源，创新线上营销，通过利用各平台直播带货、入驻第三方外卖和配送平台及与金融机构开展线上支付合作等异业合作方式，不断推动线上营销创新发展走向纵深。全年集团完成 27 场直播活动，累计直播时长约 33 小时，累计观看人数约 6.5 万人次。打造“我们正在读”“新华名师说”等传播栏目，不断扩大新华在自媒体时代的影响力。

2022 年，建设“福建新华书店·悦读驿站”线上 APP（包含小程序、H5）与线下体验空间（包含新华书店门店、加盟网点），79 家店铺入驻在线电商平台，注册用户数达 5.58 万人。完成全渠道客服系统集成上线。持续孵化全新阅读品牌《我们正在读》，2022 年视频号平台的总播放量达 30 万 +。在首届福建新华阅读大会上，首次与福建广播影视集团合作，采用大会全程直播、达人视频推广、超级话题开设等新媒体端的整合传播方式，达成百万级的直播观看量、3000 万以上的总曝光量，同时，打造集团首个现象级抖音超级话题“‘4·23’今天你读书了吗”，达成千万级别的总播放量。

全民阅读

2021 年，福建新华发行集团组织开展重点政治读物品读宣讲会、读书分享会等宣传活动近千场，持续做好政治理论读物“七进”工作，共发行各类主题出版物 691 万册、码洋 3.13 亿元，发行量继续保持全国第一方阵。其中，党史学习教育 4 本指定学习材料共发行 518 万册，党员覆盖率达 64% 以上，居全国前列；《习近平在福建》发行 113 万册，发行量全国占比 67.5%；《中国共产党党内法规汇编》发行近 3 万册，全国排名第 7；《新征程面对面》发行 16 万册，全国排名第 8。中共中央党校出版社、中央文献出版社再次向集团发来感谢信，充分肯定集团在政治理论读物发行工作中展现出的高度政治责任感和强烈使命担当。圆满完成福建省第十一次党代会的图书服务保障工作，省委办公厅发来内部明电表示感谢。

大力实施“百家万品”选品工程，进一步扩大优质出版物的有效供给。成功举办第七届海峡读者节和第二届“全民读书月 新华悦读季”，开展线上线下阅读推广活动2600余场次，实现销售码洋1.45亿元。举办第二十八届全国青少年爱国主义读书教育活动，共有181万名中小学生参与，占全省中小学生总人数的35%。开展“迎新年 书香润八闽 贺新春 新华享乐购”“新华新春天天乐”“假期读一本好书”“新时代乡村阅读季”“我的书屋·我的梦”等品牌阅读活动，让书香润泽八闽大地。

成功举办第十五届金门书展（台、澎、金、马巡回展）、第二届中华优秀传统文化出版物台湾校园巡回展、“清新福建”——福建古厝主题图片展、两岸出版发行座谈会等多项对台文化交流活动，其中金门书展入选国台办“2021年对台文化交流重点项目”。向台湾实物出口码洋130多万元图书。在新西兰举办中华传统民俗文化图书展。在南非举办“致敬百年，读书筑梦”专题图书展暨“福建古厝”图片展。承担省文改办“海丝文化福建图书角”项目，首批6家图书角落地菲律宾、澳大利亚等4个国家。在西班牙等5个国家6个城市开展第十一届全球海外华文书店中国图书联展。积极做好“丝路书香节”项目筹办工作。

2022年，福建新华发行集团不断创新主题出版物发行方式，《闽山闽水物华新——习近平福建足迹》和《习近平谈治国理政》第四卷双双实现了发行量超百万册的目标任务。抓住重要时点，紧扣形势热点，积极开展第八届海峡读者节、“新华书店建店85周年——感谢读者系列优惠活动”“全民读书月 新华悦读季”“假期读一本好书”“新华新春天天乐”等活动。成功举办首届福建新华阅读大会以及全民阅读“八进”工作、青少年阅读、新华研学等论坛活动，全年开展线上线下阅读推广活动20564万场次。

将商务印书馆福州分馆逐步打造成为具有福州特色的全民阅读示范基地和教育研学基地。与东部战区陆军保障部开展军民共建活动，设立阅读点，推进全民阅读进军营。组织实施“百家万品”选品推广工程，积极运用新媒体宣传手段，高频次开展文化阅读营销活动，在扎实推进全民阅读工作走深走实同时，实现在全国实体书店销售大幅下降的情况下，基本稳住了集团一般图书销售量，成绩来之不易。

积极推动习近平新时代中国特色社会主义思想广泛传播，与省侨联共同举办以“侨”见总书记足迹为主题的福建侨胞《闽山闽水物华新——习近平福建足迹》读书分享会。在马来西亚成功举办《闽山闽水物华新——习近平福建足迹》一书的新书推介会。首次与福建省台湾同胞联谊会联合举办“书香两岸迎新春”活动。圆满完成第十六届金门书展（台、澎、金、马）巡回展。积极宣传推广“福”文化，分别在西班牙和澳大利亚举办“遇见福建·新华有约”2022年新春书展，以“阅万卷书”“写福贴福”“品茶述福”等方式“遇见福建”。在新西兰举办第二十届中国（福建）图书展暨第二届中华传统民俗文化图书展，特别展示含“福”文化、中秋元素的中国传统民俗文化图书及非遗文化产品，广受欢迎。

内控管理

2021年，福建新华发行集团深化改革激发活力，调整推动高质量发展的考核指标，从单纯的营收和利润考核延伸为6项指标全面管理考核，并首次对分（子）公司主要负责人“主责主业”、班子成员“一岗双责”开展考核。加大子公司运营体制创新步伐，拓展研学、传媒、物业、培训等新业务。

完成2户企业清算注销工作。组织对28家单位开展会计基础工作规范化检查。开展集团往来款项全面清理，清理收回归属2020年末应收款项5.21亿元，清收工作取得阶段性成效。组织实施12宗任中经济责任审计、10宗离任经济责任审计、7宗后续审计。加强物业管理和房产租赁风险管控，成立新华物业公司，资产运营能力有所提升。

2022年，福建新华发行集团进一步加强制度建设，制定修订门店管理办法等13项规章制度，并强化制度的宣导、落实工作。开展“五比五看”竞赛活动，通过比学习、比创新、比效率、比进步、比贡献，集团工作作风有了改善、工作效率有所提高，涌现出一批先进事例。加强“壮腰工程”建设，完善相关考核办法，进一步发挥设区市分公司作用。适应南平行政管理权限变化，成立南平管理机构，建立相应的管理机制和考核办法。

开展12宗分（子）公司负责人离任、任中经济责任审计，组织实施费用、薪酬管理等专项审计，不断拓展审计监督的广度和深度，强化了对权力运行的监督。加大清欠力度，截至2022年末，处置逾期应收款项8900余万元。严格落实新冠疫情防控工作要求和安全生产工作责任制，认真开展安全隐患排查整治工作，启动福光路发行中心安全生产管控升级项目，提升安全管理能力。

人才培养

2021年，福建新华发行集团通过健全党管干部、选贤任能制度体系，进一步明确了集团干部选聘基本资格和要求，不断推进集团干部队伍综合素质提升。坚持建强领导班子及干部队伍，突出政治标准和好干部标准，加大干部交流、优秀年轻干部选任和竞争性选人用人力度，拓宽选人用人渠道，着力建设高素质专业化干部人才队伍，全年调整任用干部48人次，从外部引进2名优秀干部，7名比照科级管理干部退出管理岗位。

持续推进集团总部和分（子）公司干部双向交流学习，召开两场集团交流干部座谈会，总结交流异地学习工作经验，激发干部干事创业的活力。完善青年干部培养机制，细化《管培生培养实施方案》，制定《管培生管理办法》，组织面向社会招聘管培生、专岗生和业务人员111名，有效推进人才梯队建设。持续做好员工培训赋能，建立多层级教育培训体系，全年组织线下培训5期、专题讲座5场。开放互联网营销师、人力资源管理师等20个工种的线上培训课程，线上线下培训覆盖员工2000余人。

2022年，福建新华发行集团大胆创新，首次面向体制内单位公开选聘6家县级分公司副经理，面向海峡出版发行集团系统公开选聘15家县级分公司副经理。进一步优化县级分公司班子年龄结构、学历结构和梯度配置，配齐配强县级分公司领导班子。

启动在职职工素质提升培训工程，全省近3000名员工参加“新华学习平台”线上课程学习。组织全省第一期青年干部人才、门店店长及门店业务骨干、研学指导师、短视频直播、儿童绘本阅读指导师、文学写作爱好者、全省教材业务员等开展培训，全省参训人数940人。与省职业培训中心签订教育培训战略合作协议，着力为集团发展储备适岗人员，培养实操型、应用型人才。加强新员工招聘工作，全年招聘各类新入职人员151名，进一步充实集团干部力量。

物流配送

2021年，在疫情防控形势严峻复杂、教材审定延迟、教材循环政策调整等压力下，福建新华发行集团高质量完成了2021年春季5251万册义教阶段主科教材和高中国家课程教材，以及秋季7122.4万册中小学教材“课前到书，人手一册”的政治任务。

2022年，福建新华发行集团圆满完成了春季中小学教材5503.56万册基订数的发运任务，在秋季开学前完成了2022年秋季中小学教材总计589种、7562.31万册的发运工作。成立“智慧新华工程”与物流集成系统项目工作专班，与创智联盟公司签订了《“智慧新华工程”项目技术开发（委托）合同》，开始ERP/WMS的演练、培训、数据初始化、数据整理和盘点等切换准备工作。10月12日开始上线使用。

社会责任

2021年，福建新华发行集团积极开展为革命老区、苏区捐书助学活动，为寿宁县下党乡、莆田市涵江区和秀屿区等地捐建一批主题书屋及图书，全年对外捐赠150多万元。福州分公司联合当地政府在福州市盲校开展“书香润童心、同心共筑梦”公益活动。莆田分公司联合莆田市教育局，协调省内外多家出版社，共同为受疫情影响、课外书籍一时缺乏的孩子们捐赠有质量的课外书籍，第一批共收到捐赠书籍1.6万余册，并陆续分发给孩子们。安溪分公司向龙涓中心、举溪中学捐赠价值6.78万元图书。根据当地政府疫情减免政策，为厦门、莆田、同安、仙游等21户租户减免租金共计195万余元。

2022年，福建新华发行集团进一步加大文化扶贫工作力度，出资20万元建设松溪县溪畔村农家书屋，捐赠21.99万元建设杉洋镇珠洋村新华书屋，捐赠20万元协助永安市曹远镇霞鹤村修建“永安红色出版主题陈列馆”，全年公益性、救济性捐赠达228.89万元。积极配合当地政府举办文化卫生科技“三下乡”活动，参与“农家书屋”建设。为全省符合减免政策的429户租户减免租金共计2134.52万余元。

2021年末领导班子成员名单

林义良　海峡出版发行集团党委书记、董事长、代理福建新华发行（集团）有限责任公司法定代表人职责并主持福建新华发行集团党委工作

何　强　海峡出版发行集团党委委员、副总经理、临时主持福建新华发行集团日常工作

刘子华　福建新华发行集团党委委员、副总经理

谢瑞津　福建新华发行集团党委委员、副总经理

谢兴权　福建新华发行集团党委委员、副总经理

邱丽红　福建新华发行集团党委委员、总会计师

2022年末领导班子成员名单

林义良　海峡出版发行集团党委书记、董事长、代理福建新华发行（集团）有限责任公司法定代表人职责并主持福建新华发行集团党委工作

何　强　海峡出版发行集团党委委员、副总经理、临时主持福建新华发行集团日常工作

刘子华　福建新华发行集团党委委员、副总经理

谢瑞津　福建新华发行集团党委委员、副总经理

邱丽红　福建新华发行集团党委委员、总会计师

刘伏宝　福建新华发行集团党委委员、纪委书记
李绍明　福建新华发行集团党委委员、福州分公司总经理
邹文杰　福建新华发行集团党委委员、厦门分公司总经理

湖南新华书店集团

年度概况

2021 年，是“十四五”规划开局之年，是实施“三高四新”战略的首战之年，也是湖南新华书店集团推动战略转型、实现高质量发展的关键之年。公司党委团结带领全体干部职工，以习近平新时代中国特色社会主义思想为指导，全面贯彻党的十九大、十九届历次全会和省第十二次党代会精神，紧抓学党史、庆百年主线，统筹疫情防控和产业发展，攻坚克难、锐意进取，圆满完成了年初制定的目标任务，在开局之年、大庆之年、谋划之年交出了一份高分答卷。公司全年实现销售收入 72.4 亿元，同比增加 7.57 亿元，增长 11.68%；实现利润 7.59 亿元，同比增加 1.26 亿元，增长 19.87%。

2022 年，湖南新华书店集团坚持以习近平新时代中国特色社会主义思想为指导，深入学习贯彻党的二十大精神，聚焦高质量发展主题、文化供给侧结构性改革主线，向创新要动力、向转型要潜力，以超常决心、超常措施、超常力度攻坚克难、担当作为，推动公司平稳健康可持续发展，实现了社会效益和经济效益双效俱优。公司全年实现销售收入 82 亿元，同比增加 9.6 亿元，增长 13.26%；实现利润 9.2 亿元，同比增加 1.61 亿元，增长 21.21%。

领导关怀

2021年5月14日，中宣部印刷发行局副局长董伊薇视察乐之书店·橘子洲店，并听取了公司数字化转型情况汇报。

2021年5月17—18日，湖南新华书店集团举办2021年全省馆配图书订货会，湖南省委宣传部部务会成员、省政府新闻办副主任于金旺赴会指导工作。

2021年7月21日，湖南省委宣传部常务副部长、省新闻出版局（省版权局）局长蒋祖烜到湖南新华书店集团调研。

2021年8月26日，湖南省委常委、宣传部部长曾万明调研乐之书店·开福店和华瑞物流公司。

2021年8月31日，长沙市委常委、宣传部部长陈刚调研袁家岭中央文化区工作，长沙市委宣传部常务副部长杨长江、长沙市芙蓉区委书记周春晖一行陪同调研。

2021年11月17日，全国政协委员，湖南省政协副主席，致公党中央常委、湖南省委主委胡旭晟一行到湖南新华书店集团调研。

2021年11月30日，致公党湖南省委会常委、教育委员会主任，湖南卫视主持人张丹丹一行到湖南新华书店集团调研。

2022年1月8日，政协湖南省委员学习联络委员会副主任，湖南省新闻出版广电局原党组书记、局长朱建纲出席乐之书店·橘子洲店开业仪式。

2022年4月13日，湖南省委宣传部副部长、省文明办主任肖凌之，湖南出版投资控股集团党委副书记、副董事长李晖，湖南新华书店集团副总经理沈剑锋前往益阳分公司参加碧桂园清溪村项目研讨会议。

2022年4月30日，湖南省委常委、宣传部部长、省社科联主席杨浩东调研乐之书店·橘子洲店，湖南省委宣传部常务副部长、省新闻出版局（省版权局）局长蒋祖烜陪同。

2022年5月25日，国家统计局党组成员、副局长毛有丰调研乐之书店·天心店，湖南省委副秘书长、省委保密办主任、省保密局局长唐恒忠，湖南省人民政府副秘书长张志军陪同。

2022年6月29日，全国政协委员、文化文史和学习委员会委员，中央宣传部副部长张建春调研乐之书店·营盘路店和乐之书店·橘子洲店。湖南省委常委、长沙市委书记吴桂英，湖南省委常委、宣传部部长杨浩东，湖南省委宣传部部务会成员、省人民政府新闻办公室副主任黄海陪同。

2022年7月1日，人民出版社党委书记、社长蒋茂凝，人民出版社出版部主任马杰到湖南新华书店集团交流重点时政读物发行工作。

2022年7月5日，中国外文出版发行事业局副局长、机关党委书记陆彩荣调研乐之书店·橘子洲店。

2022年7月11日，湖南省委宣传部常务副部长、省新闻出版局（省版权局）局长蒋祖烜调研邵阳市湘中图书城。

2022年7月12日，十三届全国政协港澳台侨委员会委员邓声明率全国政协港澳台侨委员会调研组调研乐之书店·橘子洲店。湖南省政协副主席，九三学社中央常委、湖南省委主委张大方，长沙市政协党组书记、主席陈刚陪同。

2022年7月14日，辽宁省政协党组副书记、副主席陈向群调研乐之书店·橘子洲店。湖南省政协党组副书记、副主席乌兰，湖南省政协党组成员、副秘书长（驻会）龚文密，湖南省政协经济科技委员会主任、九三学社湖南省委员会副主任委员吴金明，长沙市政协党组书记、主席陈刚陪同。

2022年7月24日，湖南省委常委、宣传部部长、省社科联主席杨浩东调研乐之书店·橘子洲店。

2022年8月13日，中共第十九届中央委员会委员，第十三届全国政协常委、人口资源环境委员会副主任，亚洲审计组织秘书长胡泽君参观清溪书屋。全国政协人口资源环境委员会办公室一级巡视员逄春华、综合处副处长杨春，湖南省政协常委、人资环委主任李壮丽，湖北省随州市人大常委会党组成员、副主任杨天兵陪同。

2022年9月1日，中央广播电视总台副台长、党组成员、编务会议成员，中国广播电视社会组织联合会副会长阎晓明调研乐之书店·橘子洲店。

2022 年 9 月 25 日，湖南省委宣传部常务副部长、省新闻出版局（省版权局）局长蒋祖烜检查、指导湖南图书城喜迎党的二十大宣传筹备工作。

2022 年 10 月 21 日，九三学社湖南省委会副主委、湖南省教育厅副厅长王仁祥调研乐之书店 · 橘子洲店。

2022 年 10 月 29 日，党的二十大文件及学习辅导读物湖南首发式在乐之书店 · 雨花店举办。湖南省委宣传部副部长、省政府新闻办公室主任、省新闻工作者协会主席卿立新，湖南省委宣传部部务会成员、省人民政府新闻办公室副主任黄海出席活动。

2022 年 12 月 8 日，全国人大财政经济委员会副主任委员杜家毫调研乐之书店 · 橘子洲店。

荣誉奖项

2021 年 2 月，衡阳县一中校园书店清槐书屋获评中国书刊发行业协会“年度校园书店（中小学）”荣誉称号。

2021 年 7 月，中共湖南省新华书店有限责任公司委员会获评中共湖南省委“湖南省先进基层党组织”荣誉称号。

2021 年 7 月，湖南新华书店集团党委书记、董事长周亦翔荣获国家新闻出版署颁发的“第五届中国出版政府奖 · 优秀出版人物奖”。

2021 年 7 月，湖南新华书店集团代表队在中国新华书店协会组织的庆祝中国共产党建党 100 周年全国新华书店主题出版物造型设计大赛中荣获二等奖。

2021 年 10 月，湖南新华书店集团读书会获评湖南省总工会“2021 全省职工阅读风采挑战赛优秀职工阅读团队”荣誉称号。

2021 年 10 月，湖南新华书店集团工会委员会获评湖南省直属机关工会委员会“2021 年度湖南省直职工书屋示范点”荣誉称号。

2021 年 10 月，桃江县新华书店中心门店获评中国新华书店协会“2021 年度阅读空间新榜样 · 示范基层店”荣誉称号。

2021 年 11 月，在中国新华书店协会主办的“我和新华书店”演讲大赛中，湖南新华书店集团荣获组织奖。

2021 年 11 月，湖南新华书店集团获评中宣部学习出版社“重点通俗理论读物宣传推广突出贡献奖”。

2021 年 12 月，湖南新华书店集团获评中国书刊发行业协会“百佳阅读推广单位”荣誉称号。

2022 年 1 月，长沙市分公司乐之书店·雨花店获评中共湖南省委宣传部、湖南省新闻出版局“最美阅读空间”荣誉称号。

2022 年 1 月，长沙市湖南农业大学耕读书院、师大附中惟一书屋，衡南县文星书屋获评中国书刊发行业协会“2021 年度校园书店”称号。

2022 年 4 月，长沙市分公司乐之书店·橘子洲店获评中国书刊发行业协会“首届全民阅读大会·年度最美书店”称号。

2022 年 6 月，“四维阅读项目”荣获湖南省教育厅“第五届湖南省基础教育教学成果奖”二等奖。

2022 年 7 月，中共湖南省新华书店有限责任公司委员会华瑞支部获中共湖南省直属机关工作委员会授予的“省直机关示范党支部”荣誉称号。

2022 年 11 月，BOOLINK 智慧书店获评湖南省工业和信息化厅“2022 年全省 5G 典型应用场景”。

2022 年 12 月，湖南新华书店集团获评人民教育出版社“中小学教材发行工作先进单位”。

2022 年 12 月，衡阳市分公司获中共湖南省委党史研究院、湖南新华书店集团、湖南人民出版社湘潮杂志社授予的“首批湖南省党史学习教育创新案例”。

2022 年 12 月，怀化市先锋书吧获湖南省党史研究院、湖南新华书店集团、湖南人民出版社有限公司湘潮杂志社授予的“首批湖南省党史学习教育创新案例评选先进单位”，入选“首批湖南省党史学习教育创新案例入围名单”。

组织人事

2021 年 7 月，王艳同志任湖南出版投资控股集团纪委第八派驻纪检组组长，湖南新华书店集团纪委书记（兼）、监事；吴高强同志任湖南新华书店集团副总经理；李海峰同志任湖南新华书店集团长沙市分公司党委书记、总经理；晏梅同志任湖南新华书店集团娄底市分公司党委书记、总经理；金承江同志任湖南华瑞物流有限责任公司党支部书记、湖南华瑞物流有限责任公司执行董事（兼）；肖建新同志任湖南华瑞物流有限责任公司总经理。

2021 年 8 月，周亦翔同志任中南出版传媒集团股份有限公司监事。

2022 年 1 月，朱霞同志任湖南新华书店集团财务总监。

2022 年 1 月，李瑛同志任湖南新华书店集团湘潭市分公司党委书记、总经理；罗涛同志任湖南新华书店集团湘西州分公司党委书记、总经理。

党建工作

2021 年，湖南新华书店集团抓党建、强引领，思想政治建设不断加强。高标准深化主题教育，组织党员干部到湖南第一师范开展体验式党史学习教育，省、市联合开展“学党史·三联三促”实践活动，完成 79 项“我为群众办实事”清单，扎实推动党史学习教育向纵深发展。高水平打造基层组织，顺利完成 7 个市（州）分公司党委（总支）按期换届工作，全面推进党支部“五化”建设，加强对 14 个市（州）分公司的党建工作督查和全省 155 个支部的督导。高质量开展党风廉政建设，出台《关于做好 2021 年春节期间作风建设监督检查工作的通知》《关于进一步加强中秋国庆期间作风建设的通知》，召开专题研究部署党风廉政建设和反腐败工作会议 4 次，组织干部任前廉政谈话 46 次。

2022 年，湖南新华书店集团在抓牢抓实党建核心引领中凝心聚力、把好方向。进一步扩大党建统领优势，着力打造省属国有文化企业党建高地，为公司产业高质量发展提供坚强党建保障。坚持党管人才原则，进一步培养使用年轻干部，全年选拔的 20 名干部中“80 后”占比达 50%。加强党对群团工作的全面领导和精准指导，全年开展书法、绘画等兴趣活动超过200场次，组织青年团员开展“喜迎二十大 永远跟党走 奋进新征程”主题活动，推动群团工作不断走向深入。公司团委获评湖南出版投资控股集团“五四红旗团组织”。坚定不移全面从严治党，加强作风建设，突出警示教育，以零容忍态度惩治腐败，全年进行廉政谈话61人次，出具党风廉政意见46份。

教材发行

2021年，湖南新华书店集团持续深耕教育市场，高质高效做好全省中小学教材征订发行工作。基础教育板块稳健增长，年度销售码洋创历史新高。“‘四维阅读’青少年书香工程”项目获得2021年度省文化产业发展专项资金500万元，“四维阅读”产品销售同比增长228%。校园共享书屋在145所学校建设落地。中小学思政教育一体化创新课堂覆盖全省800余所学校。发行《习近平新时代中国特色社会主义思想学生读本》362万册。中职高教板块稳中有升，全年大中专教材销售同比增长18.8%，盈利能力进一步增强。此外，省外教育装备市场拓展有力，成功中标广东、河南等地采购项目。幼儿教育板块实现新突破，全年销售码洋同比增长12.12%。

2022年，湖南新华书店集团紧扣教育改革发展进程，围绕由产品提供商向综合服务商转型升级定位，积极探索教育服务新模式。基础教育服务板块，教材教辅发行主渠道地位持续稳固，销售码洋同比增长14%。校园阅读类产品销售码洋同比增长54%。教育“三刊”征订率不断提升。“学习新思想，做好接班人”“新时代爱国主义教育”等主题活动取得良好的社会反响。中职高教板块，中职教材和馆配图书市场开拓有力，销售码洋同比增长10.58%。幼儿教育板块，全年销售码洋同比增长32%，市场占有率进一步扩大。在2022年秋季教材发行工作中，因教材和评议类教辅全面审核修订，新华书店教材配送时间被大幅压缩。面对困难与挑战，各级分公司精心组织、通力协作，圆满完成了全省中小学“课前到书，人手一册”的政治任务。

门店建设

2021 年，是“十四五”规划的开局之年。湖南新华书店集团积极顺应政策环境及社会发展趋势，将“十四五”期间全省门店建设与书香社会建设大方向相结合，不断强化国有文化发行主阵地、主渠道的核心影响力与文化引领作用，加快自身产业高质量发展，建立“布局合理、功能完善”的实体书店网络体系。持续推进全省网点建设工作，全年新建门店 69 个，升级改造门店 6 个。重点推进永州图书城、怀化书城、娄底书城、湘西州书城等项目；强力推进清溪特色农家书屋建设。门店经营提质，通过技术赋能，抢抓数字化发展机遇，提升门店智能化、数字化水平。精选、优选产品，提高动销率；美化、优化环境，提高客流量；加强、完善配套服务，提高单位坪效。积极拓展经营维度，持续做好“融圈”“出圈”，共享门店资源，做好产品组合和关联延伸。以 BOOLINK 书店为样板，深入探索传统实体书店与线上营销、会员运营高度融合的新零售模式，为全省连锁门店转型升级提供基于新技术应用的整体解决方案。

2022 年，湖南新华书店集团积极稳妥推进各级中心门店提质改造工程，全年新建门店 55 个，升级改造门店 25 个，全省累计建成党建学习书屋 7000 余家、校园共享书屋 278 家，进一步提升了公司形象。汝城县沙洲村全国示范性农家书屋为汝城县乡村振兴注入红色力量；郴州新华书店濂溪书院店为推进“书香郴州”建设、打造“阅读之城”提供了示范效应；张家界乐之书店·武陵源店为文旅大会营造了氛围，为书香张家界的建设作出了贡献。与此同时，迭代升级乐之书店、BOOLINK 书店、党建学习书屋等文化阅读空间；快速介入省总工会职工书屋建设项目，打造全省工会会员阅读共享平台；进一步创新阅读服务载体，BOOLINK 书店入选“2022 年全省 5G 典型应用场景”，并在小红书官方活动“独立书店复兴计划”中，获得小红书官方认证的优质书店。

融合创新

2021 年，湖南新华书店集团抓协同、调结构，构建多元格局。文化产品板块实现销售大幅增长，其中“一手好字”“翰墨飘香”等自有重点产品销售喜人，同比增长 79.59%。文化用品业务取得突破性进展，销售同比增长 58.88%。研学实践服务学生 7.5 万人次，销售同比增长 100%。打造“红课堂”教育品牌并成功亮相第二十八届长沙图书交易会。进出口贸易市场拓展有力，同比增长 295%。进口图书在各市（州）分公司中心卖场、特色门店和校园书店的进店数量达到 61 家，“海外购”业务相继在邵阳、岳阳、娄底、益阳、长沙等分公司完成布点，规模效益稳步提升。中南迅智经验成效显著，同比增长 60.6%。文化餐饮发力提质管理，制定出台《水吧服务一站式解决方案》，打造湖南新华门店水吧标准化服务平台。

2022 年，湖南新华书店集团统筹谋划、聚焦重点，强化多元产业协同联动。突出系统观念，强化链式思维，大力推动“教育 +”“文化 +”产业链协同共进、聚合发展，切实增强产业韧劲。文化产品板块聚焦“调优结构、提质增效”，“一手好字”产品成功迭代，深受市场认可。研学实践板块在逆境中奋起，先后与第一师范、十八洞村、清溪村、濂溪书院等基地达成深度合作，加快打造“精品路线 + 自有基地 + 专业团队”的标准化解决方案，精细服务学生 2.6 万人次。进出口贸易板块表现抢眼，其中一般商品贸易出口额同比增长 38.8%。考试服务板块持续强化技术升级，有效运维考试联盟，共计服务 417 场考试、287 万人次。文化餐饮板块紧扣业态融合，以文化提升餐饮经营品位，收获了良好口碑。乐之品牌项目完成组织架构搭建，顺利推进乐之书店 · 后湖店立项。

网络运营

2021 年，阅达平台上线“阅达幼教”“阅达时政”两个子平台，形成了覆盖公司教材教辅、一般图书、幼教产品、时政读物等业务板块的综合性线上运营平台。大力推动企业中台建设，与阿里、腾讯等公司进行了初步的方案调研。推进 E-SHOP 系统上线及旺店通的升级工作，确保数据流的准确性，提高业务运转效率，进一步加强对公司成本核算及进销存退的把控。

2022 年，阅达平台功能不断完善、优化，规划了“阅达馆藏”“阅达高校”两个项目，完成了阅达幼教第二期的整改优化，进一步完善了阅达教育学籍管理、可视化数据报表、大数据分析等功能，针对门店在具体使用中的建议，进一步优化改进系统角色权限、系统操作等操作流程，使阅达平台从管理、用户体验两个维度得到显著的提高。打造“五位一体”的“智趣新课后”服务平台，有力破解了课后服务难题，平台全省县（市）签约率达 95%。“政企采购官方商城”正式上线。

全民阅读

2021 年，湖南新华书店集团积极响应推广全民阅读、建设“书香湖南”的号召，以推广全民阅读为使命，全省各级公司结合重大节日节点和本地实际，开展各类阅读推广活动。组织开展了“建党 100 周年主题图书联展”“党史学习教育主题联展”和“‘学四史、守初心、担使命、筑信仰——庆祝中国共产党成立 100 周年’线下图书联展”等一系列红色出版物联展活动，营造了良好的红色阅读氛围。全年发行重点时政读物同比增长 96.44%，其中，发行 4 种党史学习教育指定用书 1161.2 万册，发行习近平总书记《在庆祝中国共产党成立 100 周年大会上的讲话》270 万册，发行《新征程面对面——理论热点面对面 2021》29 万册，均在全国名列前茅。联合新华社、韬奋基金会广泛深入党政机关、企事业单位、学校、社区、部队、农村，共同开展“红色阅读三湘行”主题活动。结合疫情实际情况，汇集网络名家资源，邀请知名作家金一南少将以“中国共产党百年寻梦之路”为题开展党史主题宣讲，向社会公众传递名家之声。认真做好《袁隆平的故事》发行工作，策划主题活动，设立主题图书专台专架，营造全社会缅怀“国之脊梁”——袁隆平的庄重氛围。举办“护苗·绿书签”活动启动仪式，组织丰富多彩的“绿书签行动”文化惠民活动，开辟“绿书签”优秀少儿读物展区，邀请名家进校园宣讲，发放“绿书签”让读者享受购书折扣。

2022年，湖南新华书店集团始终坚守全民阅读推广第一线，不断创新形式、拓展载体，用阅读为人民美好生活赋能。组织开展了“奋进新征程 建功新时代——喜迎二十大”主题图书联展、党的二十大文件及学习辅导读物主题联展等活动。《让群众过上好日子——习近平正定足迹》等四部图书、《中国共产党宣传工作简史》、《百年初心成大道——党史学习教育案例选编》发行量名列全国第一;《习近平谈治国理政》第四卷发行量名列全国第四；发行党的二十大文件及学习辅导读物355万册，扎实推动党的创新理论在湖南落地生根。全省线上线下多平台联动开展“全民阅读 逐光同行”——“4·23读书日”主题活动。举办“新时代山乡巨变创作计划”和“新时代文学攀登计划”启动仪式等系列活动。首届岳麓书会期间，承办了沿着总书记的足迹阅读分享会、岳麓书会地铁活动、书山有麓青年市集等七大活动。长沙“红书签”全民阅读活动持续用爱心点亮阅读，累计捐赠爱心图书价值近600万元。郴州分公司隆重举办“奋进新征程 建功新时代”红色故事分享会，市委书记出席分享“打Call”（加油打气）。

内控管理

2021年，湖南新华书店集团持续推进财务共享中心建设，全面梳理业务流程，努力推动业务财务双向融合。严格对照内控制度优化方案，进一步理顺流程、规范操作、控制风险、降低成本、强化管理。依托招投标管理办公室，按照“统一管理、分级负责、规范运作、有效监督”的原则，对采购和招标工作进行统一管理。继续加强审计和纪检监督工作，完成有关县级分公司主要负责人的经济责任审计工作，组织开展审计整改情况、应收账款和合同管理专项检查，切实发挥监督保障作用。根据公司构建内控、风控、合规“三位一体”的管理体系要求，进一步规范经营行为，防范经营风险，制定《2021年度市州公司绩效考核办法》《2021年度规模效益考核细则》《2021年度财务管理工作考核细则》等考核文件。根据公司业务发展需求，对财务报销申请单据进行改版，重新设计报销单据，梳理OA上线财务内控管理审核要点，制定《OA财务流程管理细则》，促进财务类OA流程正式上线，进一步提升内控管理效能。

2022年，湖南新华书店集团持续推进内控管理提质，制度建设、机制创新、流程优化等多点突破，管理效能明显提升。优化总部与子（分）公司核心职能管理模式，进一步厘清总部与子分公司职能定位和权责边界。强化财务管理，结合实际修订出台《总部费用开支管理办法》《出差审批及差旅费开支管理暂行办法》《总部主要经济事项审批流程》等制度，进一步规范费用开支。完善内部审计监督工作领导机制，常态化开展专项审计，完成了16个县级公司经理任期经济责任审计。建立健全采购招标运行机制，出台《工程建设、货物及服务项目采购与招标管理暂行办法》，指导、规范采购招标流程。印发《关于应收账款数据清理工作的通知》和《关于重申收款纪律的通知》，全面梳理、清查应收账款，防范资金风险。

人才培养

湖南新华书店集团通过集中培训、外派学习、交流轮岗、挂职锻炼等方式，创造条件让中、青年人才接受“锤、打、炼、压”，全方位、多层次、立体化培养人才。一是推进岗位培训课程体系项目开发，搭建满足不同层次、专业、岗位需求的培训课程结构及课程体系，有效实现培训工作的动态性、系统性和递进性。二是定期开展人才招聘，引入源头活水。三是畅通人才晋升渠道，健全绩效考核体系，激发人才创新活力。

2021年，举办基层党务干部专业能力培训，共计70名党务工作代表参加；举办2021年新员工训练营，共计250名学员完成了素质拓展、军训、理论学习、专业学习等200多课时的培训；组织近100名技术人员开展数字化能力进阶培训；组织60名人力资源专干参与了人力资源系统实操专项培训。公司选派2名青年骨干到基层公司挂职锻炼。全年通过校园招聘录取新员工110人，通过社会招聘录取新员工139人，引进专业人才47人。

2022年，举办2022年县级分公司主要负责人管理提升培训班；组织120人开展工会专干培训；组织220人参加“智趣新课后”业务专项培训；组织200人参加实体书店店长力提升培训；组织150余人完成了纪检干部从业培训。公司选派 1 名青年骨干到基层公司挂职锻炼。全年通过校园招聘录取新员工 50 人，通过社会招聘录取新员工 150 人，引进专业人才 69 人。

物流配送

2021 年，湖南新华书店集团努力克服印刷厂生产计划滞后的压力，通过增加人员、专车专线、不计成本和“白 + 黑”等多种工作模式，打通“堵点”，高效有序地完成了春、秋两季教材教辅的收发货工作，有力保障了“课前到书，人手一册”政治任务圆满完成。秉承高度的政治责任感和使命感，为建党 100 周年重点时政类读物开辟出绿色快捷通道，优质高效地完成年度党史学习教育等重点时政类读物的配送任务。全年一般图书共计发货 2879 万册，其中《习近平新时代中国特色社会主义思想学习纲要》《论中国共产党历史》《毛泽东 邓小平 江泽民 胡锦涛关于中国共产党历史论述摘编》等 25 种重点时政类读物共计发货 1535 万册。进一步提升图书收付退货处理能力，制定了更标准化的退货处理流程，使收退工作在各方面都得到了有效提升。

2022 年，湖南新华书店集团共计完成春、秋两季教材教辅发货 4.36 亿册，连续 42 年高质量兑现了“课前到书，人手一册”的庄严承诺。聚焦领袖著作、党的二十大文件及学习辅导读物等重点时政类读物的发行，累计完成《习近平谈治国理政》第四卷、《让群众过上好日子——习近平正定足迹》等四部图书、党的二十大单行本、《中国共产党章程》单行本等重点时政类图书发货 874.34 万册。进一步提升一般图书收付退的效率和质量，构建外通内畅的大格局。加强与基层门店、总部业务公司及供货单位的协调与沟通，理顺内部工作流程，采取员工轮岗制，加强各关键节点间的协同，推动退货业务流程和工作效率更加顺畅高效，出色地完成了全年一般图书的退货工作。

社会责任

湖南新华书店集团作为大型国有文化企业，始终将社会效益放在首位，坚持履行社会公益职能，服务社会，回馈社会。积极参与全民阅读、乡村振兴、“三下乡”、疫情防控、服务基层文化等公益活动，捐赠了大量资金、图书、物资和设施设备。

2021年，共计对外捐赠1200余万元，其中，支持全省乡村振兴捐赠近300万元，支持全民阅读和文化惠民活动开展、书香校园建设、帮扶贫困学生等捐赠900余万元。2月，隆回县分公司向豹木山书屋捐赠图书价值1.64万元；8月，桃江县分公司向学校捐赠书架及图书价值41.99万元；9月，慈利县分公司向一鸣中学捐赠防疫物资价值3万元；11月，衡阳县分公司向全县贫困生捐赠图书价值47.8万元。

2022年，共计对外捐赠1300余万元，其中，支持全省乡村振兴捐赠近460余万元，支持全民阅读和文化惠民活动开展、书香校园建设，帮扶贫困学生等捐赠840余万元。3月，娄底市分公司向“书香娄底”全民阅读捐赠图书价值2.47万元；5月，临澧县分公司向烽火乡捐赠2万元防汛工作经费；9月，大宗业务公司向古港完全小学捐赠图书及文化用品价值8.24万元；10月，桃江县分公司向桃江县教育局捐赠体育器材价值19.15万元。

2021年末领导班子成员名单

周亦翔　党委书记、董事长
刘俊良　党委副书记、总经理
段婷萍　党委副书记
晏向阳　工会主席
王　艳　纪委书记、监事
沈剑锋　副总经理
李陶军　副总经理
胡　彬　副总经理
吴高强　副总经理
裴　征　财务总监
谭飞侠　营销总监

2022 年末领导班子成员名单

周亦翔　党委书记、董事长

刘俊良　党委副书记、总经理

段婷萍　党委副书记

晏向阳　工会主席

王　艳　纪委书记、监事

沈剑锋　副总经理

李陶军　副总经理

胡　彬　副总经理

吴高强　副总经理

朱　霞　财务总监

谭飞侠　营销总监

向德义　监事

湖北省新华书店（集团）有限公司

年度概况

2021年，是党和国家历史上具有里程碑意义的一年，也是湖北省新华书店（集团）有限公司（以下简称“湖北新华”）拼搏奋进、极富成效的一年。这一年，湖北新华坚持稳中求进的工作总基调，以“拼抢实”的作风向历史最好水平看齐，紧紧围绕做强做大做优主业，调整产业结构，深化改革创新，以“起步就是冲刺、开局即是决战”的奋斗姿态，稳扎稳打、步步为营，实现了一季度“高开高走”、二季度“半程精彩”、三季度“加压企稳”、四季度“全力冲刺”。全年经营质量再上新台阶、产业发展实现新突破、转型升级焕发新活力、数字赋能构筑新优势、党建工作取得新成效。2021年，湖北新华实现营业收入44.05亿元，净利润4.42亿元，交出了“漂亮开局、全年精彩”的圆满答卷，超额完成了全年目标任务，两项核心指标均达到历史最好水平。

2022年，是发展形势复杂、攻坚克难、成效显著的一年。面对“双减”政策、教材改版、疫情反复等重重困难，湖北新华人勇扛重担，攻坚克难，主动克服疫情影响，深化业务创新拓展、积极调整产业结构，防范化解经营风险，稳步推动转型高质量发展。坚持聚焦主业主责，拓展和延伸教育服务产业链；围绕转方式、优服务，坚定不移助力“教育强省”建设；全力打通线上线下一体化，打造立体式营销服务体系；加快推进重点项目建设，夯牢夯实转型发展基础；履行全民阅读社会责任，主动切入公共文化服务体系建设；强化人才团队建设，提升干部年轻化水平和专业化运营能力；狠抓从严管党治企，以高质量党建引领高质量发展。这一年，湖北新华人始终坚持服务至上，抢占课后服务新赛道，赢得教育部门、学校老师的信任和支持；坚持创新突破，在改革中推进转型发展，以课后服务和线上线下一体化发展推动传统业务加速转型，有效提升了服务文化教育的新形象；坚持人才强企，锚定新媒体营销，提升人才队伍专业化水平，带动一般图书销售逆势增长；坚持从严治企，以“五个融入”持续推进党建工作与公司治理、生产经营互融互促。2022 年，湖北新华实现营业收入 49.3 亿元，净利润 4.92 亿元，各项经营数据全面增长，整体产业结构逐步优化，公司综合实力进一步跃升。

领导关怀

2021 年 1 月 16 日，湖北省委宣传部副部长陈树林一行到湖北新华咸宁市分公司倍阅·湖北科技学院校园店调研。湖北科技学院党委书记闫英姿、咸宁市委宣传部常务副部长王胜弘、湖北新华副总经理时军、咸宁市分公司经理陈建明等陪同调研。

2021 年 6 月 15 日，湖北省委宣传部副部长陈树林一行到湖北新华检查指导安全生产工作，听取有关安全生产工作情况汇报。长江出版传媒股份有限公司总经理邱菊生，市场业务部部长周刚，湖北新华党委书记、董事长邱从军，总经理罗坚陪同检查。

2021 年 6 月 16 日，湖北省委常委、宣传部部长许正中，省委宣传部常务副部长邓务贵、副部长陈树林一行到湖北新华检查安全生产工作。湖北长江出版传媒集团有限公司党委副书记、总裁黄国斌，长江出版传媒股份有限公司党委副书记、总经理邱菊生陪同检查。

2021 年 12 月 23 日，湖北省委宣传部副部长余红岚、机关纪委书记袁秋明一行到湖北新华调研指导工作。湖北新华党委书记、董事长邱从军，总经理罗坚，副总经理时军等陪同调研。

2022 年 4 月 12 日，湖北省政协副主席、襄阳市委书记马旭明到位于樊城区人民广场的襄阳市青少年活动中心调研，视察了湖北新华襄阳市分公司倍阅·青少年宫店。襄阳市委常委、统战部部长伍义兵，市委常委、秘书长黄进，团市委书记杜晓溪，湖北新华襄阳市分公司经理柏涛等陪同视察。

2022 年 8 月 2 日，湖北省委常委、宣传部部长许正中，省委宣传部常务副部长邓务贵一行先后深入湖北新华印务有限公司生产车间、湖北新华物流中心一线，开展下基层察民情解民忧暖民心实践活动。湖北长江出版传媒集团有限公司党委副书记、总裁黄国斌，长江传版传媒股份有限公司总会计师王勇，新华印务、湖北新华相关负责人等陪同调研。

荣誉奖项

2021 年 1 月，湖北新华旗下倍阅·华中师范大学店、恩施州新华书店舞阳店在中国书刊发行业协会、韬奋基金会、北京开卷信息技术有限公司举办的第二届“全民阅读·全国书店之选”活动中荣获“独具慧眼”称号。

2021 年 3 月，在中国书刊发行业协会举办的“新时代杯”2020 时代出版·中国书店年度致敬活动中，湖北新华旗下倍阅·书香语林店荣获“年度校园书店（大学）”称号；湖北省外文书店荣获“年度最美书店”称号；枝江书城荣获“2020 年抗疫特别致敬”。

2021 年 4 月，湖北新华武汉市分公司被中华全国总工会授予“全国五一巾帼标兵岗”称号。

2021 年 4 月，湖北新华旗下红 T 书店被武汉市全民阅读活动指导委员会授予“2019—2020 年度十大阅读基地”称号。

2021 年 5 月，在中国出版传媒商报社举办的 2020—2021 年度书业非书品经营推展活动中，湖北新华旗下湖北省外文书店、黄冈遗爱湖书城、宜昌伍家岗书城获评“示范店铺”；倍阅·华师店、随州书城获评“优秀团队”；红安书城获评“创新单位”；湖北省外文书店有限公司经理程龙荣膺“创优领军人物”。

2021年6月，湖北省外文书店有限公司被湖北省直机关工委授予“红旗党支部”称号。

2021年7月，湖北新华麻城市分公司在湖北省青少年爱国主义读书教育活动组织委员会举办的湖北省第二十届青少年爱国主义读书教育活动中荣获“优秀组织奖”。

2021年7月，湖北新华在中国新华书店协会举办的庆祝建党100周年“全国新华书店主题出版物造型设计大赛”中荣获三等奖；在“我和新华书店”演讲大赛中，员工陈晓萱荣获一等奖；在“我与新华书店”摄影大赛中，员工梁京荣获一等奖。

2021年8月，湖北新华被湖北省企业联合会、湖北省企业家协会评为“2021湖北服务业企业100强”。

2021年10月，在中国新华书店协会、中国出版传媒商报社举办的“2021年度阅读空间新榜样推选”活动中，湖北新华旗下“书邻小境”品牌获评“十佳新品牌”；倍阅·樱园店获评“最in校园店”；万隆广场店获评“十佳商超店”；湖北省外文书店获评“标杆大书城”；崇阳县分公司书邻小境·大集公园店获评“格调社区店”；京山市分公司中心连锁店获评“示范基层店”；南漳县分公司获评“优秀基层店”；枝江市分公司枝江书城直播团队获评“卓越运营团队”。

2021年12月，湖北新华旗下省外文书店、宜城新华书店、保康县新华书店、京山市新华书店，被湖北省妇女联合会授牌“湖北省家庭亲子阅读体验基地”。

2022年1月，湖北新华荆州市分公司被中共湖北省委宣传部、湖北省人力资源和社会保障厅授予“全省宣传思想工作先进集体”称号。

2022年1月，湖北新华总经理罗坚被人民教育出版社评为“感动人教·2021新华人”、副总经理汪崑被评为“感动人教·2021年度阅读资源奖”。

2022年4月，湖北省外文书店荣获中国书刊发行业协会授予的“首届全民阅读大会·年度最美书店”称号。

2022年4月，湖北省外文书店被武汉市全民阅读活动指导委员会评为2021年度“最受市民喜爱的阅读空间”。

2022年5月，湖北新华全民阅读志愿服务队、荆州新华书店青少年宫悦读书吧被湖北省青年文明号组委会授予“2022—2023年度湖北省青年文明号创建集体”称号。

2022年5月，湖北新华员工李悦在中共湖北省委直属机关工作委员会2022年“省直机关向上向善好青年”推选活动中，荣获“省直机关担当奉献好青年”荣誉。

2022年5月，湖北省外文书店有限公司彭英子家庭被中共湖北省委直属机关工作委员会评为“最美家庭”。

2022年6月，湖北新华在第五届湖北省出版发行业工作经验交流会暨“湖北省出版发行营销金案奖”评选活动中荣获“实体书店发展创新奖”。

2022年6月、12月，湖北新华赤壁市分公司员工来碧海被湖北省委宣传部文明办授予“湖北好人”称号，被湖北省委宣传部授予“荆楚楷模”称号。

2022年7月，在湖北省青少年爱国主义读书教育活动组织委员会举办的湖北省第二十二届青少年爱国主义读书教育活动中，湖北新华襄阳、咸宁、天门、枣阳、老河口5家分公司荣获“最佳组织奖”；枣阳、洪湖、监利、松滋4家分公司荣获“优秀组织奖”。

2022年8月，湖北新华监利市分公司被湖北省全民阅读活动领导小组办公室、湖北省青少年爱国主义读书教育活动组织委员会、湖北教育出版社有限公司授予“阅读示范基地”。

2022年8月，湖北新华鄂州市分公司被全国创建青年文明号活动组委会授予“一星级全国青年文明号”。

2022年10月，湖北新华被武汉企业联合会、武汉企业家协会评为2022年“武汉企业100强”“武汉服务业企业100强”。

2022年10月，湖北新华、湖北新华文化教育科技有限公司被湖北省市场监督管理局评为“湖北省第十六届（2020—2021年度）守合同重信用企业”。

2022年11月，湖北新华被湖北省企业联合会、湖北省企业家协会评为“2022湖北服务业企业100强”。

组织人事

2021年7月，陈云同志不再兼任湖北省外文书店有限公司执行董事、经理。

2021年11月，免去杨红卫同志湖北省新华书店（集团）有限公司党委副书记、委员职务。

2022年4月，免去张志华同志湖北省新华书店（集团）有限公司党委副书记职务。

党风廉政建设工作

2021年，湖北新华强化责任落实，全面加强党风廉政建设。把党风廉政建设与业务发展、项目建设等同部署、同推进、同考核，确保工作有方向、有目标、有载体、有举措；抓实政治学习，践行“两个维护”，及时学习传达最新精神和工作要求；强化纪法学习，持续巩固深化学习成果；严格民主决策，规范权力运行，规范执行“三重一大”决策制度；严格执行民主集中制，规范权力运行；压实“两个责任”，强化督导考核。层层签订《党风廉政建设责任书》，做到真考核、真反馈、真运用；抓制度建设，强化规范管理，严格执行信访信息登记和办理制度，明确案件问题线索受理和处置的范围和程序。强化监督执纪，推进全面从严治党向基层纵深发展，开展“三项专项整治”，持续加强作风建设，开展巡视巡察整改“回头看”检查，推进全面从严治党向纵深发展；强化对基层子分公司“一把手”和班子的监督，严肃政治纪律和政治规矩；开展安全生产专项督导检查，确保安全生产大局稳定；强化各级班子安全生产专项治理及督导责任，保障集团安全生产大局稳定；强化廉政教育，构建风清气正的政治生态。抓好警示教育，做到警钟长鸣；抓好教育监管，切实排查隐患；抓好廉政风险防控，督促主责落实；

加强队伍建设，提升履职能力；抓好廉政文化建设，营造勤廉干事氛围。

2022 年，湖北新华强化政治担当，践行“两个维护”。开展中心组集中学习 16 次，集团党委会、中心组学习会学习纪法知识 7 次，支部主题党日开展廉政教育和纪法知识学习 5 次；强化民主集中制、“三重一大”决策等制度监督执行，确保各项决策部署落实不走样。深入开展下基层实践活动，完成了 127 项立行立改事项整改，推动巡视巡察整改走深走实。印发《主责落实应知应会文件汇编》，启动了巡视巡察整改“回头看”检查。强化部署落实，压紧压实责任。印发党风廉政建设暨纪检工作要点，制定全面从严治党主体责任、党风廉政建设责任制、清廉企业建设、“一把手”和领导班子监督等 4 个清单，定期听取纪检工作汇报，集团班子成员带队开展党风廉政建设责任制落实情况检查考核并下发通报文件。强化精准监督，提升工作质效。成立党风廉政建设和反腐败工作协调小组，在专项治理、问题整改、协作办案等方面进行了有效探索；推进形式主义官僚主义专项整治，查摆问题 437 项、落实整改措施 583 项，通过转发典型案例、通报身边案例、开展明察暗访，督促各级班子成员落实“一岗双责”。强化清廉企业建设，筑牢廉洁根基。扎实开展党风廉政建设宣教月活动，深入推进“清廉新华”建设。强化“三不”一体，深化标本兼治。保持正风肃纪高压态势，建立集团党委管理党员干部廉政档案，全面梳理了经商办企业情况，用好监督执纪“第一种形态”。强化纪检队伍建设，提升履职能力。组织纪检干部深入学习党的十九届六中全会、中纪委及省纪委全会、党的二十大精神，下发工作资料汇编；围绕案件受理、问题线索核查等工作实务，通过线上集中学习、线下专题讲授和个别答疑等方式提升业务能力。

教材教辅发行

湖北新华始终围绕“保存量、提增量”，全方位服务教育教学事业发展，通过深耕市场，提升服务，夯实主业发展根基。坚持以培训提升服务能力，针对薄弱区域和薄弱环节重点攻关，全面提升发行服务能力。通过联合出版社开展“送课到校”“公告教辅质量回访”“教材巡展”等系列活动，以良好增值项目服务各地教育部门和学校教育教学需求。2021年，教材教辅销售码洋分别实现19.57亿元和16.3亿元，同比分别增长16.56%和15%。2022年，教材教辅销售码洋分别实现21.26亿元和17.6亿元，同比分别增长8.6%和8%。

门店建设

湖北新华紧紧围绕省委、省政府建设文化强省的战略布局，主动融入全省公共文化服务体系建设，全面推动实体书店转型升级，着力提高文化产品和服务供给能力，构建全省实体书店新发展格局，基本建成覆盖全省的文化服务网络体系。通过转型升级，有力提升了实体书店社会形象，基本形成市、县实体书店骨干网络体系，构建了以“图书+”“文化+”为核心的“图书+文具+文创+茶饮+体验活动”业态组合和商业运营模式，社会关注度、媒体曝光度、政府满意度持续提升，书店品牌影响力显著增强。转型升级后的各门店通过创新会员营销，探索服务模式等手段，启动了门店发展新引擎，一般图书、多元产品和教育服务均实现了不同程度增长，门店坪效整体提升，有效破解了实体书店经营“微利”的难题，实现了固定资产的保值增值。一批老旧资产在改造升级中不仅排除了风险隐患，使用效率和价值产值等也得到了明显提升。2021年，是“十四五”开局起步之年，全年建成开业的门店达到35家，其中中心门店10家、高校校园书店10家、中小学校园书店15家，合计建成总面积约2.17万平方米，新增面积约1.69万平方米、改造面积约0.48万平方米，累计建设投资额超过5200万元。2022年，是实施“十四五”规划关键之年，全年建成开业门店26家，其中中心门店8家、大学校园店5家、中小学校园店13家，合计建成总面积约1.25万平方米，其中新增面积约0.64万平方米、改造面积约0.61万平方米，累计建设投资额超过2700万元。

融合创新

湖北新华围绕线上线下融合营销和会员服务，加快会员系统建设，完善线上渠道和会员服务功能。打通了 CRM 会员和电商官网的连接，优化九丘网小程序商城功能，加强会员连通服务，丰富会员线上线下服务渠道和应用场景。持续推动智慧书店系统功能完善和升级，提升实体门店信息技术应用水平和公共服务能力。推动线上线下一体化运营，建立了微信视频号、抖音、快手、微博、微店等多媒体营销矩阵，通过门店、自媒体平台、微店 APP 等场景，打造线上线下"双行道"。全省共开设线上微店 80 余家，为线上社群运营奠定了坚实基础。新兴业务发展势头良好，政府采购项目中标数量和金额均达历史最高水平，数字资源业务有效实现渠道归口和市场开拓；多元文创板块产品体系、营销模式、激励机制全面升级，通过首次举办全国非书品展订研讨会，探索会员收费、"三班服务"等个性化服务，带动创意文创销售增长。试点咖啡水吧项目制，量化目标考核、加强流程管控，团队工作积极性得到有效调动。

网络运营

湖北新华以业务互联网化、运营数据化、管理信息化"三化驱动"，持续推动产品、技术、运营、管理、品牌、服务"六个创新"，加快构建以数字化"一圈一链一平台"（即扩大文化消费生态圈、延伸教育服务产业链、建设实体书店综合文化服务平台）为核心的文化教育产业体系，着力打造"数字新华"。持续深耕天猫、京东、拼多多、自营九丘网等传统电商平台，大力拓展线上线下一体化，发展"新赛道"，打造"微生态链"，构建立体式营销网络体系。发力新媒体平台，抖音矩阵建设初见成效。打造了湖北新华、湖北新华书店教辅馆、新华库房严选"一主两副"抖音平台矩阵。举办首届线上"抖 in 悦读会"，展会以抖音平台为线上载体，以 H5 虚拟直播主会场实现云逛展、云购书、云互动等便民举措，通过打造抖音悦读官，激发公众阅读兴趣。以微商城为核心，疏通微生态链大循环。把用户刚性需求与日常消费相结合，在全省建成线上微店 84 家，打造"微店 + 微信社群 + 短视频 + 公众号宣传"微生态圈。大力拓展直播营销，强化"视频号 + 微店"双平台联播互动。2022 年，举办全省联合直播 6 场、各门店开展单店直播300余场，共发布视频5500余条。布局新媒体全平台引流，拓展会员营销。通过“自建团队＋达人带货”拓展全媒体平台会员，提供精准会员服务。2022年，线下门店、线上电商全渠道会员及粉丝人数双双破百万，消费会员人数同比增长24%，成交额增长22%。线上电商渠道销售在一般图书板块销售占比达32%。

全民阅读

2021年，湖北新华积极响应党和政府号召，开展一系列丰富多彩、参与度高、读者群众喜闻乐见的文化和阅读活动，持续打造极富湖北特色的四大阅读品牌。全省持续开展“十进一创”系列活动，组织图书进校园、进社区、进农村、进特殊人群，累计举办391场，惠及群众超过500万人次。以“新华书店杯：假期读一本好书”为主的假期阅读品牌，整合省内外出版社资源，成功举办6期“假期读一本好书”活动，引导中小学生在弘扬优秀文化中筑牢文化自信的根基。以“慧悦读”“朗读者”读书会为主的互动阅读品牌，全年在全省百余家卖场举办慧悦读读书会3000余场，参与儿童和家长累计20万人次；全省连锁门店定期开展“朗读者”活动、举办朗读者大赛，累计10万人次参与。以“青少年爱国主义读书教育活动”为主的社会主义核心价值观阅读品牌，持续打造“青少年爱国主义读书教育活动”品牌，活动覆盖全省中小学和幼儿园，引导学生培育和践行社会主义核心价值观、弘扬中华优秀传统文化。以大学生红色经典阅读为主的传承红色基因阅读品牌，全年举办“鄂豫皖晋四省大学生红色经典阅读重点讲座”6期，观看人数超60万人次，线下在高校校园书店邀请专家和作者讲座，参与人数超过2000人。

2022年，湖北新华结合习近平总书记致首届全民阅读大会的贺信精神，以“慧悦读”活动为主体响应国家全民阅读的号召，加强红色文化优质阅读内容供给，在全省范围内开展了“2022年湖北省首届‘慧悦读’全民阅读大会”系列活动，聚焦青少年及亲子家庭人群，在全省范围内围绕“五个一”广泛开展青少年慧悦读系列活动，即一场全民阅读启动仪式、一场青少年红色主题图书展演、一个亲子共读文化服务平台、一场多店联合直播、一场跨界主播云逛展，进一步丰富青少年的精神文化生活，传递昂扬向上的精神力量。策划了“全民悦读会”“假期读一本好书”话题，将假期全民阅读工作以线上云话题的形式互动，邀请刘同、戴建业、六小龄童、马伯庸等多位名家大咖助力，通过分享短视频、推荐热点图书等方式，主动探索知识价值的新空间，以内容驱动阅读服务方式升级。活动期间，话题参与人数达30万人，共拍摄短视频40余万条；“全民悦读会”系列话题播放量1亿余次；“假期读一本好书”话题播放量1.5亿余次。开创服务读者新举措，旗下“九丘伴读”微信阅读服务号、小程序、视频号每天推送推文，为读者提供阅读、学习、生活等各方面的参考，丰富读者居家生活，全年读者累计阅读量达12.84万人次，分享次数达1.37万次；搭建线上直播平台，通过直播“逛书店”方式在线上进行多元文创的赠送、图书赠送、秒杀抢书、新书推荐、图书盲选、朗读者、讲故事等活动服务大众需求。

内控管理

湖北新华自“十三五”以来，围绕公司战略发展规划，高度重视内控合规管理，实施出版物发行业务改革创新，加快实体书店转型升级和运营管理能力提升，主动防范、化解经营管理各个环节和业务发展中可能影响企业战略及经营目标实现的风险。2021—2022年，公司制定、修改、更新内控管理条例30余项，共涉及党建及党风廉政建设、综合管理、投资管理、资产管理、人力资源管理、财务管理、审计管理、信息技术管理以及业务管理等9个方面。按照内控合规以及风险管理要求，结合公司经营管理实际情况，每年对20余家子（分）公司开展经济责任审计，对200多个工程项目进行结算及财务决算审计。多次举办全省新华书店系统工程项目结算及决算专题培训，每年开展一次经营风险自查评估及内部控制自我评价，并针对发现的问题及时落实整改。

人才培养

2021年，湖北新华强化各级班子建设，以岗位历练提升业务水平，以学习培训激发活力潜能，人才团队建设成效凸显。坚持干部选拔公开化，采取从地方党政机关选拔、内部推荐产生县级分公司负责人，在系统内通过公开竞聘总部中层正副职等多种方式，有效调动了干部积极性，干部队伍更加年轻化，各级经营班子抓发展的动力明显增强；通过选派总部优秀青年员工到市、县分公司挂职，从市、县两级分公司选拔年轻员工到集团总部部门、在汉子（分）公司上派锻炼，通过内部选拔产生在汉高校校园书店店长和储备店长；做好股份公司"百人计划"申报和跟踪培养，5人入围"百人计划"，加速了青年后备人才成长；创新培训形式、丰富培训内容，构建了总部统一规范培训、分公司内训巩固成果的培训体系，集团层面分层分类的线上线下一体化培训共110余场、覆盖6000余人次；通过社群运营、线上营销类课程培训，提升了线上直播带货能力；通过对转型升级门店进行全覆盖式内部培训，整体提升了实体书店的营销能力和服务水平。

2022年，湖北新华不断强化人才团队建设，提升干部年轻化水平和专业化运营能力。加强班子队伍建设，通过上派下挂、跟班学习等方式培养了一批优秀年轻后备干部；举办运营能力创新、"微生态链"建设、新媒体营销等各类培训近百场，培训5000余人次。鼓励员工参加各类竞赛和业务培训活动，一批优秀年轻人在历练中脱颖而出。在长江传媒首届"长江工匠杯"技能大赛中3人获财务比赛一、二、三等奖，12支团队获新媒体营销大赛一、二、三等奖，1人获公文写作大赛二等奖。优化人才队伍结构，持续开展校园招聘、社会招聘，员工平均年龄降至40岁，35岁以下占比35%、本科及以上学历占比32%，年龄结构和学历结构逐步优化。打造新媒体直播团队，通过举办"抖in悦读会"、线上联合直播和新媒体营销实战培训，打造了以市州为主的"传统媒体+新媒体"营销团队，成功锻炼了300余人的核心直播团队。

社会责任

2021年，湖北新华积极响应各级党和政府号召，认真履行国有文化企业的社会责任，主动参与各地文化惠民活动。结合“我为群众办实事”策划实施“十百千”工程，把各地新华书店打造成为党史学习教育基地，在全省机关企事业单位建成“党建书房”115家，有效延伸传统业务的服务链条。协办湖北省“4·23”全民读书月启动仪式，围绕“百年辉煌 共读华章”年度全民阅读主题，在全省开展一系列丰富多彩、有影响力、群众参与意愿强的文化活动；协办“9·28”孔子诞辰日全民阅读周；紧密围绕庆祝中国共产党成立100周年，按照省委宣传部、湖北省全民阅读活动领导小组办公室和长江传媒工作要求，以“书香赞百年 奋进新征程——一起读书吧！”为主题，筹备了第十九届华中图书交易会暨第五届荆楚书香节（因疫情管控延期举办）。举办红色主题图书联展、文化名家讲座活动400余场，邀请各地先进人物进店开展专题宣讲、党史知识竞赛、红色主题微党课活动1000余场次。坚持履行作为国有文化企业的责任和担当，把社会效益放在首位，以全省各地新华书店为服务平台，结合党内主题教育、国家精准扶贫、乡村振兴工程等中心工作，举办“新华关爱·爱与阅读同行”关爱留守儿童公益捐赠活动。全年共对文化教育、乡村振兴、防疫等捐赠金额达5300余万元，进一步提升了湖北新华国有文化企业的良好社会形象。

2022年，湖北新华继续发挥主渠道、主阵地、主力军的责任担当，结合中宣部办公厅以及省委宣传部具体工作要求，积极落实国家关于“深入推进全民阅读”战略部署，聚集阅读优势资源，在全省广泛开展文化惠民阅读推广活动。聚集党的创新理论读物等精品图书，打造“云启动、云讲座、云展示、云征文”等内容板块，组织举办专题讲座、领读人招募活动、云直播主题读书系列阅读活动。为深入贯彻习近平总书记关于传承和弘扬雷锋精神的重要指示精神，在全省新华书店青年员工中掀起传承雷锋精神，弘扬“奉献、友爱、互助、进步”志愿精神的热潮，全省各基层团组织，志愿服务行动在荆楚遍地开花，“服务读者、奉献社会”的新华理念在青年员工参与志愿服务行动的热潮中得到生动诠释和有力传播，充分展现了新华书店的责任担当，传递了社会正能量，推动了全省精神文明建设。

2021—2022 年末领导班子成员名单

邱从军　党委书记、董事长

罗　坚　党委副书记、总经理

肖新兵　党委委员、纪委书记、监事会主席

汪　崑　副总经理

熊　静　党委委员、副总经理

时　军　党委委员、副总经理

陈　云　党委委员、副总经理

梁　旭　党委委员、长江出版传媒股份有限公司委派总会计师

河南省新华书店发行集团有限公司

年度概况

河南省新华书店发行集团有限公司（以下简称“河南新华”）坚持以文化人、以文聚力、以文兴业，以红色基因传承者、社会价值创造者、业态创新探索者的角色使命，深入贯彻落实集团公司“四横七纵多生态”战略布局。守正创新、多元融合，深入聚焦阅读空间、线上阵地、活动引领、优质内容等方面，打造全省新华书店线上线下O2O融媒文化传播阵地体系，为人民群众打造全民阅读、全媒传播、公共文化等多业态融合、沉浸式体验的“美好生活新入口”。擦亮书香河南好品牌、奏响河南文化最强音。

2021年，是“十四五”开局之年，河南新华躬身入局、主动求变，担当履责、奋发作为，在抗涝防疫中勇毅前行，全力克服新冠疫情和自然灾害叠加的不利影响，统筹推进教育服务、文化消费、电商物流各项工作，带领全省书店在逆境中守正破局，全力彰显国有文化企业的使命担当。全年全省书店实现合并营业收入76.15亿元，较上年度增长8.88%，净利润6.01亿元，较上年度增长6.28%。

2022年，面对交织叠加的各类风险挑战和艰巨繁重的改革发展任务，河南新华全面贯彻“疫情要防住、经济要稳住、发展要安全”重大要求，抓主业、促转型，防风险、保安全，求突破、谋发展，围绕迎接宣传贯彻党的二十大精神，聚焦主业主责，强化使命担当，躬身入局推动“十大工程”重点项目实施落地，有力带动企业经营态势向上向好。全年全省书店实现合并营业收入 79.42 亿元，增幅 4.29%；净利润 6.31 亿元，增幅 4.99%。

领导关怀

2021 年 3 月 31 日，省委常委、宣传部部长江凌在集团公司调研期间，实地查看了河南新华尚书房、新华书童幼儿园。江凌强调，要深入研究发展公共文化服务的问题，做好“百姓文化云”与“文化豫约”整合，推动尚书房向文化中心转型，植入更多公益性文化服务内容。省委宣传部副部长谭福森，集团公司、发行集团负责领导陪同调研。

荣誉奖项

2021 年 1 月，河南省新华书店发行集团被人力资源社会保障部、国家广播电视总局、国家新闻出版署授予“全国出版广播影视系统先进集体”荣誉称号并颁发证书和奖牌。

2021 年 2 月，在中国书刊发行业协会主办、百道网承办的“新时代杯”2020 时代出版 · 中国书店年度致敬活动中，尚书房周口市文昌中学店荣获“年度校园书店”称号；新县县店门市主任杨静、洛阳购书中心店长刘青青荣获“年度店长”称号。

2021 年 6 月，河南省新华书店发行集团被中共河南省委授予“先进基层党组织”荣誉称号并颁发证书和奖牌。

2021 年 7 月，在中国新华书店协会组织的“百年建党正青春，万店共庆书风华”庆祝建党 100 周年主题出版物造型设计大赛中，河南省新华书店发行集团荣获优秀奖。

2021 年 8 月，河南省新华书店发行集团在防汛抢险中积极担当作为，受到省新闻出版局通报表扬。

2021 年 12 月，在第三届“全民阅读 · 书店之选”系列评选活动中，河南省新华书店发行集团被中国书刊发行业协会、韬奋基金会授予“百佳阅读推广单位”荣誉称号。

2022年1月，河南省新华书店发行集团被中国出版传媒商报社评为“2021十大风云分销商”。

2022年4月，在中央宣传部印刷发行局指导的首届全民阅读大会年度最美书店发布活动中，郑州市店购书中心荣获全国“年度最美书店”称号。

2022年9月，河南新华百姓文化云公共文化平台在河南省“喜迎二十大 欢乐进万家”十大群众文化活动中，被省委宣传部授予“优秀组织工作奖”并颁发证书。

2022年12月，在中国出版传媒商报社举办的“年度书业社店营销推展活动”中，安阳市店经理郭辉荣获“金牌经理”称号；郑州市店孙世峰荣获“创新营销人”称号；中原图书大厦高永利荣获“新锐主播”称号；新乡市店荣获“营销金案”称号；百姓文化云荣获“最受欢迎的微信公众号”称号。

组织人事

2022年6月8日，中共河南省委宣传部任命赵新杰同志为河南省新华书店发行集团有限公司总经理。

2022年6月16日，中原大地传媒股份有限公司任命赵新杰同志为河南省新华书店发行集团有限公司董事、总经理。

2022年6月24日，中原大地传媒股份有限公司任命赵新杰同志为中原大地传媒股份有限公司副总经理。

党建工作

2021年，河南新华持续推进党建引领高质发展，深入学习贯彻习近平总书记系列重要讲话、十九届六中全会、省第十一次党代会精神，以“十四五”规划为新的起点，统一思想、凝聚干劲，以昂扬奋进的精神赓续红色血脉，以奋楫笃行的姿态续写新篇章。筑牢“主阵地”，让思想教育

“实”起来。全省新华书店干部职工以党史学习教育为抓手，通过党委中心组理论学习、党支部主题党日学习、各部门集中学习等方式，推动理论学习往深里走、往实里走、往心里走，真正做到学思用贯通、知信行统一；激活“神经末梢”，让战斗堡垒“强”起来。各级党委以支部标准化、规范化建设为中心，完善基层组织建设、夯实基层工作基础；锤炼“主力军”，让模范作用“亮”出来。各级新华书店党委带领全体新华人发扬能吃苦、能战斗的精神，纷纷成立“党员先锋队”，冲锋在前，充分发挥党员示范引领作用，防涝救灾参与社会救援，勠力抗疫开展志愿服务，以文化为民的初心彰显责任担当。

2022 年，河南新华以“围绕发展抓党建，抓好党建促发展”的工作思路，深入推进党建工作与书店经营深度融合，以高质量党建引领保障企业高质量发展。各级新华书店党委旗帜鲜明地把讲政治摆在首位，坚持把学习宣传贯彻党的二十大精神作为首要政治任务，深刻领会过去 5 年的工作和新时代 10 年的伟大变革，始终在政治上、思想上、行动上同以习近平同志为核心的党中央保持高度一致；突出党建工作政治引领作用，坚持“第一议题”制度，深入开展政治理论学习，将党建工作与企业经营同谋划、同部署、同推进、同考核，有效发挥国企党组织的领导核心与政治核心作用；有效夯实意识形态工作责任和管党治党主体责任，压紧压实紧盯关键时间节点，构建知责、担责、履责、问责“四位一体”的责任落实链条，严把图书采供关、门店管理关、文化活动关，严格落实新媒体平台内容自查和“三审三校”制度管理，坚决守住管好企业意识形态阵地；持续深入汇聚党群团奋进合力，开展多梯度、多形式、多内容的业务技能培训和文体活动，促进精神文明和企业文化同向融合，引领广大干部职工立足岗位树新功，砥砺奋进共圆梦。

教材发行

2021 年，面对 7 月的暴雨洪涝自然灾害、8 月和 11 月的新冠疫情的叠加挑战，河南新华始终坚守教育用书发行政治使命，紧绷疫情防控和安全生产双弦，主动作为、逆势敢为，业务部门提前沟通安排、全程指导，物流和快递部门协同运作、密切配合，积极克服物资供应紧张、交通运输通行困难等极大障碍，将全部教材及时、安全送到全省近 1700 万中小学学生手中，高质量完成“课前到书，人手一册”的政治任务，得到了省委宣传部、省教育厅和集团公司的一致肯定。8 月 11 日，河南省新闻出版局印发文件，对集团公司及所属河南省新华书店发行集团等单位在防汛抢险中精准调度、精准救灾、践行初心、担当使命，全力保障教材和政治理论读物印制发行进行通报表扬。

2022 年，全省新华书店坚定服务教育工作的政治使命，积极克服教材定版时间晚、印制周期短、发运时间紧以及疫情防控等多重不利因素影响，各级书店联动，各部室、各板块紧密衔接，协同奋战。发行集团紧急启动应急预案，开辟绿色发行通道，落实 24 小时和三级梯队轮班工作制，动员广大干部职工投身一线，奋战发运，全力确保全年“课前到书，人手一册”政治任务圆满完成。特别是在秋季教材配送中，仅在开学前 10 天时间内，全省新华书店以昂扬的奋斗姿态抢时间、抢速度、抢进度，实现图书发运 4000 余万册，刷新了新华书店服务教育教学工作的全新纪录。“课前到书，人手一册”从来都不是口号，而是坚定于心的本职信念，更是保障全省教育教学的光荣使命，纵有万般艰难，也难挡新华人砥砺前行的坚定步伐。

门店建设

2021 年，河南新华强化复合书店改造升级，全力重塑全省门店体验场景。在复合书店改造升级上积极融入文化建设的“根”与“魂”，深入挖掘当地优秀传统文化、红色革命文化、社会主义先进文化和历史人物、英模人物，打造新业态、新空间、新体验的城市文化地标和公共文化空间，成为充分彰显中原文化的城市会客厅、网红打卡地、主流文化道场、百姓美好生活入口。这一年来，按照集团的建设运营理念，在发行集团总部指导下，郑州、开封、洛阳、新乡等近 30 家新华书店门店完成或正在进行升级改造，呈现出各具特色的文化特性。其中，开封市中心书城按照一词（宋词）、两轴（历史文化轴、千年中轴线）、三画（千里江山图、瑞鹤图、清明上河图)、八景(汴梁八景)的文化特征链接书店，实现新华书店品牌与城市文化品牌的有机融入和统一输出。中原图书大厦以地域文化、历史文化为核心，在门店构建丰富的历史文化场景，挖掘以“二七塔精神”“新华爱国情”“新华书店店史”“杜岭街史”“古城墙史”“杜岭方鼎”“亳都历史”为主题的地方文化；打造约20平方米的春秋历史场景，联合迷都文化共同开设历史文化小课堂，拍摄如投壶、古装体验等文化小视频。卫辉市新华书店借受灾重建之际，在设计中全面融合当地优秀历史文化、社会主义先进文化和地方特色文化。例如，橱窗重现新乡地区第一个党支部在华新纱厂成立的历史场景，用投影将历史成语故事以光影展现与书籍完美结合，在优美舒适的阅读区精心布置了“学习强国”线下体验区等。

2022年，河南新华牢固树立“美好生活提供商”的鲜明定位，聚焦不同群体阅读服务需求，加快门店基础设施和服务体系建设，致力打造人民群众“美好生活的新入口”。大力推动门店场景体验升级，全年高质量推进周口、商丘、扶沟等21家门店的规划设计，高标准完成开封、漯河、卫辉等10多家书店的升级改造。通过门店主题化、特色化、智能化升级，促进业态融合、创新转型，引领书店成为文化地标中心、社会交流中心、活动体验中心、文化消费中心。紧抓融合发展，合力推动营销渠道升级，聚焦阅读转场、消费升级发展趋势，持续发力抖音直播带货、微信社群营销等线上流量渠道运营，加快构建以线下实体门店为连接点，线上线下深度融合的全方位、多层次、宽领域的文化消费渠道体系，推进门店营销渠道变革与经营模式转型。

融媒传播

2021年，河南新华积极打造全媒体传媒矩阵，推进电商业态升级。全省新华书店坚持市场化思维和用户思维，开通抖音、视频号等平台账号，全面导入新媒体营销手段，逐步构筑全媒体传播矩阵；遵循“内容为王”理念，持续加强对内容的引导和管理，逐步形成总部每月策划发起主题或话题活动，做好主题内容包装和精品资源的筛选，全省书店联动，共同做好推广传播的创新引导模式。围绕河南文化、重大活动以及社会热点策划出一系列优质内容，特别是在暴雨、疫情双重影响下，深度挖掘推出了"'课前到书'你不知道的那些事"之印刷篇、发运篇、到校篇等系列，得到人民网、"学习强国"、《中国出版传媒商报》、《河南日报》等媒体的广泛使用和宣传。同时，河南新华持续深化电商转型升级战略，多元融合推动电商工作高质量发展，以打造"内容电商"和"兴趣电商"为目标方向，聚焦文化和教育两大属性，不断优化图书、教材教辅重点产品线，以及打造农特和文创等特色产品线。以社群营销和大数据分析为探索点，开展精准营销活动，提升用户复购率，变"流量"为"留量"。策划并推出栏目化、定制化的产品和服务，积极参加商务部"双品节"活动，策划开展"6·18"年中大促、"双11"和"双12"等系列热销活动。2021年，云书网全年达成线上订单105.89万单，浏览量1.49亿次，访客量1135.88万人次，新增用户118.55万人；百姓文化云用户数为980.17万人，上线各类文化资源16.8万条，累计点击量3204.76万次，形成爆款资源778个，积累文化节目视频资源100余万分钟。

2022年，云书网平台实现线上订单166.49万单，同比增长57.38%。其中图书品类订单114.21万单，占比68.6%。一是加快推动平台产品结构优化，以突出教育特色和提升服务能力为重点，梳理整合系统内外优势教育资源，引入各类教育产品5000余种，不断丰富教育服务产品线，致力向文化教育电商方向转型。二是聚力构建全媒体传播矩阵，强化与微信、微博、小红书、今日头条等主流社交平台、兴趣平台的合作，策划制作原创短视频256条，累计播放392万次，沉淀粉丝65万人；同时，搭建"总部+区域"的抖音直播带货体系，全年开展直播活动1.12万场。三是持续推动线上线下引流赋能，依托线上渠道和线下门店实现相互赋能、引流获客，全年通过O2O引流拉新用户43.5万人，达成有效订单41.4万单。四是大力提升用户精细化运营能力，百姓文化云平台深挖用户需求，围绕戏曲传承和全民阅读两个领域整合精品资源，推出"食豫""游豫""大咖讲书""中原文化大舞台"等河南特色文化品牌栏目，通过精细社群管理，带动引流转化，吸引用户留存。全年开展精品活动直播1606场，形成用户浏览4510.2万次，产生播放量破百万的优质短视频13个，成为集团系统首个注册用户超过千万的文化IP。

全民阅读

2021年，是中国共产党成立100周年，也是“十四五”规划高质量谋篇布局起步之年。河南新华认真贯彻落实国家和河南省关于全民阅读工作的各项要求，坚持初心和使命，创新思路和方法，强力推进“书香中原·全民阅读”品牌建设，引领广大群众参与阅读、崇尚阅读，助推全民阅读活动在中原大地蓬勃开展。一是坚持线上线下深度融合。全省书店不断创新阅读宣传方式，运用云书网、百姓文化云、抖音、火山小视频等线上全媒体平台，与线下门店全民阅读活动同步开展，深入推动丰富的主题阅读活动更快、更好、更便捷地走近大众百姓。以“最美读书声”品牌为统领，开展各类阅读活动，将“最美读书声”打造成为省内有影响力的文化品牌，以此推广全民阅读，助力书香中原建设。二是开展“颂建党百年辉煌 承新华不渝初心”主题快闪活动。6月30日上午，全省新华书店邀请数百位中小学师生、读者等共同朗诵爱党篇目，共同唱响“唱支山歌给党听”，全省共开展快闪活动162场，直接参与的职工和读者代表近2.8万人，全省制作快闪视频261个，播放量842.6万次，其中，全省快闪混剪视频被“学习强国”平台推出。同时，在全省范围内开展聚划算、聚畅销、畅书会等主题营销活动，充分发挥新华书店品牌优势，全力整合上千家出版社货源资源，通过专题展销、让利促销的方式，为广大读者提供质优价廉的优秀出版物。三是组织名家阅读推广活动。广泛邀请省内外文化名家、社会名人、学者编辑开展“书香中原·全民阅读大讲堂”“读者编辑面对面”“名家签售”“名家进校园”“十社百店中原行”等内容丰富、形式多样的文化活动，引导全社会形成尚读热潮。四是举办百城联动阅读活动。围绕元旦、春节、五一劳动节、五四青年节、六一儿童节、十一国庆节等重要时间节点，在全省范围举办百城联动诵读快闪、跨年诵读、国学经典进课堂、青年主题演讲比赛、“书香家庭·悦读相伴”“回声故事会”“阅读让生活更美好”等形式多样、内容丰富的常态化读书活动，在全省各地不断掀起全民阅读活动热潮。

2022年，河南新华坚持以文化人，坚守初心使命，紧扣“喜迎党的二十大”主线，以强大的线上线下全民阅读推广矩阵，充分发挥新华书店文化传播主阵地、主渠道、主力军作用，广泛开展形式多样、内容丰富、特色鲜明、深入基层、双效俱佳的线下阅读活动。一是坚持多元赋能，丰富阅读活动内容。以“书香河南”建设为统揽，以“最美读书声”品牌为引领，在全省范围火热开展体验式、沉浸式、互动式多元赋能的主题阅读活动。在全省范围策划推出“致敬2021，你好2022！”“金虎纳福·祥和万家”“闹欢乐元宵 阅文化冬奥”“最美四月天”“致敬安徒生 致敬经典”“七一建党节·一颗红心永向党”“与子同袍 山河同耀”“礼敬先贤 诵读经典”“黄河文化读书月”“书香润万家 喜迎二十大”主题联展等系列主题活动，采取线上线下融合方式，深入推动丰富的主题阅读活动更快、更好、更便捷地走近人民百姓。二是坚持便民惠民，加大基层阅读供给。全省新华书店始终坚持以人民为中心的阅读服务理念，持续推动各类线下阅读活动覆盖基层、普惠共享、城乡一体。通过春节期间开展“迎新春·赶书集”，在世界读书日开展“阅读进社区”活动，在暑期开展“文化夜市”“文化大篷车”“文化地摊”等活动，将不同时段的阅读特点与读者的兴趣点、关注点有机结合，积极组织引导全省新华书店开展全民阅读进企业、进农村、进机关、进校园、进社区、进军营、进网络等“七进”活动1900余场。特别是在河南省首届全民阅读大会期间，全省书店深入各地城市广场、商业中心、公园景点、街道社区等336个地标性场所，开展“流动惠民书展”580余场，共为全省人民提供10余万种、50余万册图书，云书网平台面向公众发放电子惠民书券百万余元，有效拓宽阅读辐射面，扩大文化影响力，持续营造热爱阅读、奋发向上的社会新风尚。

内控管理

2021年，河南新华深入贯彻集团公司系列重大决策部署、重点工作推进方案等文件精神，坚决遵循干部人事管理、财务资产管理、基础规范管理、纪检监察审计等一系列制度要求，强化以完善制度建设防控风险，以落实政策制度提升管理水平。一是深化干部人事制度改革，本着择优提拔、量才而用的选拔原则，开展竞争上岗，进一步壮大企业骨干人才力量，释放企业经营活力。二是持续深化财务管理体制改革，进一步推动账务处理规范化、审核流程标准化和管理制度统一化。三是重点落细全省资产管理，对房屋、土地、车辆等管理的权限标准和审批流程更加细化，有效盘活全省资产，实施精准管控，确保了国有资产保值增值。四是紧紧围绕招标采购监督管理，针对流程、业务、操作等方面实行规范化管控，有效降低生产经营成本，防止国有资产流失。

2022 年，按照省委“疫情要防住、经济要稳住、发展要安全”的指示要求，河南新华牢固树立忧患意识与底线思维，坚持预判预防、整体把握、综合施策。一是以集团公司八大风险防控为落实抓手，精准梳理重点领域的各类风险点，持续在全省范围开展预付款清理、逾期账款清收以及非图库存结构优化专项治理工作，积极化解存量风险，有效防范增量风险，系统性搭建高质量发展防护网。二是加快完善信息通报共享和风险协同处置机制，有效提高化危为机、转危为安能力，建立健全系统性风险预警体系与防范处理机制，做到风险防控和业务经营一体谋划、一体部署、一体推进，坚决守住不发生重大风险的底线、红线、高压线。三是针对书店系统内部审计中发现的共性、普遍性问题，形成规范化处理办法要求，深化业务财务有机结合交流互动，更好发挥经营管理各环节的优势与价值，切实保障企业健康运转。

社会责任

2021 年，河南新华全力克服新冠疫情和自然灾害叠加的不利影响，创新举措，凝心聚力，担当作为，积极履行企业社会责任和初心使命，注重文化服务效果，弘扬主旋律，传播正能量，持续擦亮新华书店“金字招牌”。一是积极参与政府惠民活动，积极响应国家和省里的号召，大力推动全民阅读，建设书香社会。围绕由省委、省教科委、省教育厅、省文旅厅等部门组织开展的“书香中原·全民阅读”、青少年爱国主义读书教育、“绿书签行动”、文化三下乡、文化“七进”、“双服务”等文化惠民活动，引导全省各级书店开展大规模、多内容、新方式、强效应的系列文化活动，年均为全省群众提供近50万种、2500万册优质图书，举办各类线上线下读书活动3万余场次，持续满足新时期人民群众的多元阅读需求。在经历“7·20”特大洪涝灾害和8月、11月两轮疫情后，郑州市文化广电和旅游局大力开展“乐享郑州文旅，感受美好生活”活动，向市民发放云闪付文旅消费券，释放文旅消费潜力，拉动消费增长。作为此次文化惠民活动的主要承接服务单位，郑州市内各门店积极响应号召，通过宣传、折上折等方式助力文化惠民活动。二是积极参与社会公益活动，全省新华书店积极开展各项文明志愿服务活动，培植新华服务精神，全年组织开展抗洪救灾志愿服务、社区核酸检测志愿服务、学雷锋义务植树、交通执勤、社区义诊、无偿献血等活动共291次，参与人数达2815人。三是积极参与社会扶贫帮困，热心关爱弱势群体和精准扶贫，积极送温暖、献爱心，全年向社会福利院、社会机构、驻地官兵、学校、困难家庭、孤寡老人、留守儿童等捐赠、慰问共计102次，累计捐赠文化产品、生活用品和资金帮扶达122.79万元。发行集团成立“对口帮扶工作队”对信阳市光山县东岳村两户贫困家庭开展帮扶工作，年帮扶资金6万余元。组织本部员工购买兰考、光山县爱心扶贫产品40余万元，助力脱贫攻坚。

2022年，河南新华切实履行国有文化企业责任担当，积极响应党和政府号召，全年大力开展全民阅读系列活动、文化下乡活动、“双服务”等文化惠民活动1900余场，不断充实全省人民群众精神文化生活，提升新华书店文化服务品牌影响力。积极组织开展社区志愿服务、学雷锋义务植树、交通值勤、社区义诊、无偿献血等各项文明志愿服务活动477次，以实际行动大力弘扬主旋律，传播正能量。积极参与社会扶贫帮困，针对贫困乡村、贫困学校、社会机构，全省新华书店开展各类捐赠81次，累计捐赠文化产品、生活用品和资金帮扶达223.99万元。在疫情防控方面，河南新华踊跃响应当地政府、社区号召，认真落实“双报到”制度，全省新华书店3300余名党员干部化身社区、街道里的“新华红”，投入社区参与核酸检测、蔬菜配送、物资分发、社区消杀、防疫宣传等工作，志愿服务群众，以实际行动彰显大爱无私、担当作为的新华精神风貌。疫情期间，全省书店还向社区、医院、村镇等地方捐赠消毒液、口罩等防疫物资价值 19.45 万元。为减轻商户经济压力，携手并肩共渡难关，全省书店全年共减免 545 个商户房租达 2471.94 万元。

2021—2022 年末领导班子成员名单

赵新杰　总经理
任振茂　党委书记
黄钰成　派驻纪检监察组组长
刘权伟　副总经理
吴　军　财务总监
高俊国　工会主席
卢长春　副总经理
霍继红　副总经理
刘中民　教育总监
王晓东　副总经理

广东新华发行集团股份有限公司

年度概况

2021年，在广东省委宣传部、广东省出版集团、南方传媒的坚强领导和大力支持下，广东新华发行集团股份有限公司（以下简称“广东新华发行集团”）坚持以习近平新时代中国特色社会主义思想为指导，坚决贯彻落实省委、省政府、省委宣传部的工作部署，按照省出版集团和南方传媒2021年工作要点以及相关工作要求，坚持稳中求进工作总基调，抢新机，闯新路，出新绩，开新局，取得两个效益双增长、双丰收的优异成绩。全年实现营业收入46.03亿元，同比增长12.23%；实现净利润2.53亿元，同比增长12%，实现了“十四五”规划的良好开局，以实绩实效向建党100周年献礼。

2022年，广东新华发行集团坚持以习近平新时代中国特色社会主义思想为指导，深入学习贯彻落实党的二十大精神、省第十三次党代会、十三届二次全会和扎实推进文化强省建设大会精神，统筹把握，努力实践“疫情要防住、经济要稳住、发展要安全”的重要要求，以党的建设为引领，以高质量发展为主题，以丰富优秀文化产品供给为主线，对标“十四五”规划，立足主责主业，守正创新，勇毅前行，实现两个效益同步增长。全年实现营业收入71.64亿元，同比增长14.51%；实现利润5.29亿元，同比增长17.19%。

领导关怀

2021年3月1日，广东省政协党组成员、副主席薛晓峰一行到广东省出版集团走访委员和调研，在广东新华发行集团参观考察并座谈。省政协常委、文化和文史资料委员会主任白洁，副主任张惠建、金宏慧等参加调研。在省出版集团工作的省政协委员谭君铁、倪腊松参加有关活动。省出版集团和南方传媒领导杜传贵、叶河、肖延兵、蒋鸣涛等陪同调研。

2021年5月18日，广东省委常委、宣传部部长陈建文到省出版集团调研，并先后到广东人民出版社和广东新华发行集团实地考察并座谈。

2021年6月2日，省政协主席王荣率调研组到省有关文化企业，就深入学习贯彻习近平总书记关于文化建设的重要论述精神，推动广东文化产业高质量发展，加快建设文化强省进行调研，并在广东新华发行集团为省政协文化和文史资料委员会"委员工作室"揭牌。广东省委常委、宣传部部长陈建文，广东省政协领导薛晓峰、吴伟鹏以及部分省政协委员参加活动。

2022年6月27日，广东省出版集团"十四五"发展重点项目——岭南文化创意产业园项目在肇庆高新技术产业开发区滨江路1号正式启动。广东省委副秘书长、宣传部副部长、省文明办主任王桂科，肇庆市委书记、市人大常委会主任张爱军，广东省出版集团党委书记、董事长谭君铁，肇庆市委副书记、市长许晓雄，肇庆市委副书记池志雄等领导出席项目启动仪式。

荣誉奖项

2021年1月20日，广东新华发行集团荣获人力资源社会保障部、国家广播电视总局、国家新闻出版署颁发的"全国新闻出版广播影视系统先进集体"荣誉称号。

2021年7月11日，广东新华发行集团荣获广东省直机关工委颁发的"永远跟党走——省直机关庆祝中国共产党成立100周年歌咏活动合唱比赛"二等奖。

2021年7月16日，广东新华发行集团在中国新华书店协会主办的"全国新华书店庆祝建党100周年主题出版物造型设计大赛”中荣获优秀奖。

2021年10月，在中国新华书店协会指导、中国出版传媒商报主办的“2020—2021年度书业榜样阅读空间推展发布礼”上，广东新华发行集团旗下“渡·书店”获评十佳新品牌；广东荟阅文化传播有限公司获评卓越运营团队；汕头购书中心获评标杆大书城；惠东星空书城获评示范基层店；珠海新华书店京师品阅分店获评“最in校园店”；惠州东坡书房获评格调社区店。

2022年4月6日，广东新华发行集团新会新华书店有限公司荣获中央宣传部、文化和旅游部、国家广播电视总局授予的“第九届全国服务农民、服务基层文化建设先进集体”荣誉称号。

2022年4月24日，广东新华发行集团品牌书店“楠枫书院”荣获中国书刊发行业协会颁发的“首届全民阅读大会·年度最美书店”荣誉称号。

组织人事

2021年12月1日，叶苏柳同志任广东新华发行集团股份有限公司党委委员、总会计师。

2022年8月18日，路文同志任广东新华发行集团股份有限公司纪委书记。

2022年8月25日，路文同志任广东新华发行集团股份有限公司党委副书记。

党建工作

2021年，是中国共产党成立100周年，广东新华发行集团全面学习贯彻落实党的十九大和十九届二中、三中、四中、五中、六中全会精神、习近平总书记对广东重要讲话和重要指示批示精神，坚持以理论学习凝心铸魂。通过党委会进行“第一议题”学习22次，组织开展党委理论学习中心组学习会议7次，编制印发13期《广东新华发行集团基层党组织理论学习资料》，组织开展3次专题宣讲辅导学习；以规范决策程序引领事业发展，严格按照“三重一大”事项决策制度履行党委主体责任；以夯实基层党组织建设提升党建治理水平，完成23家子（分）公司党支部换届选举工作以及15名党支部书记增补工作，逐步推动党建创新项目落地；以深入开展党史学习教育守牢为民初心，制定《关于开展党史学习教育的实施方案》《开展党史学习教育的工作安排》等制度，对党史学习教育做出全面安排。出台《广东新华发行集团党史学习教育党员干部自学指引》等7个党史学习教育重点工作方案，先后组织召开8次党史学习教育领导小组工作会议。制定《集团党委“我为群众办实事”实践活动的实施方案》，并梳理形成9项工作清单。

2022年，广东新华发行集团党委深入学习贯彻党的二十大、十九大及十九届历次全会精神，广东省第十三次党代会及十三届一次全会精神，着力巩固拓展党史学习教育成果，聚焦“提升党建引领基层治理效能”主线，严格落实全面从严治党主体责任，党建质效显著增强，红色引擎作用更加强劲，服务企业经营成效进一步凸显。一是强化政治引领，全面提升集团党委把方向、管大局、保落实的领导作用，先后制定《学习宣传贯彻党的二十大精神工作方案》《学习宣传贯彻省第十三次党代会精神工作方案》《2022年党委理论学习中心组专题学习重点内容安排》，不断增强集团党委的政治力、领导力和执行力。二是注重夯实根基，党建引领基层企业治理效能逐步显现。制定《新华发行集团加强党的基层组织建设三年行动方案2022年重点任务清单》，进一步明确推进三年行动方案举措，严格督促所属基层党组织落实规范“三重一大”事项决策程序，不断促进基层党组织全面过硬。三是深入开展基层党建品牌建设。发掘基层优秀工作案例，提炼基层工作突出亮点、特色经验、典型做法，向省出版集团党委报送《精准“滴灌”，育强“头雁”》党建创新案例材料。四是坚持严的基调，强化管党治党主体责任，聚焦党员干部教育提醒培训，重点领域风险防控、专项排查整治等工作，始终把落实全面从严治党主体责任、加强党风廉政建设作为重大政治任务狠抓落实。

教材发行

2021年，广东新华发行集团在新冠疫情防控常态化的状态下，继续加强疫情防控工作，做好教材发行紧急预案，指引各地基层书店制定了周密的应急配送方案，主动与教育主管部门、学校联系，确保安全、按时送书到校。全年完成教材发行册数 4.08 亿册，圆满完成了“课前到书，人手一册”政治任务。

2022 年，是近年来教材发行工作最艰难的一年。疫情反复、天气恶劣、教材重审、印制时间晚、发行周期缩短等多重困难相互叠加，教材配送工作面临严峻挑战。广东新华发行集团上下精诚合作，克服重重困难，以优异的成绩高质高效完成 2022 年中小学教材发行工作，为党的二十大胜利召开献礼。全年完成教材发行册数 4.11 亿册，圆满完成了“课前到书，人手一册”政治任务。

门店建设

2021 年，广东新华发行集团持续落实“新华书店基础设施和基本服务提升计划”要求，以“分层次布局、广范围覆盖、轻资产扩张、兼顾网络发行要求”为原则，下大力气、做细功夫，全面提升基层子分公司的整体面貌和服务能力。全年完成实体网点建设和改造 13 家，现已基本形成覆盖全省、点面结合、设施完备、服务规范、多元融合、营销活跃、双效俱佳的全省发行网络。在举国欢庆建党 100 周年之际，全省新华书店将招牌全部擦亮，以全新的面貌献礼建党百年。

2022 年，广东新华发行集团门店建设迈上新台阶。中心门店补网工程基本完成。按照“全覆盖、多层次、多样态”的总体要求，广东新华发行集团积极推进中心门店补网新建和改造升级工作，进一步完善连锁经营网络，提高服务质量，全年新建及改造门店 17 家，建设面积达 1.18 万平方米，基本实现中心门店在全省市、县全覆盖。

融合创新

2021 年，广东新华发行集团积极拥抱新技术、新业态、新模式，积极推动改革创新和转型升级。

1. 率先开拓课后托管业务

广东新华发行集团主动研判“双减”政策背景下教育服务的新机遇新挑战，全省动员，积极拓展课后托管服务。一是自主研发“新华乐育”课后服务托管平台，逐渐形成“兴趣选课＋共享阅读＋AI 作业”的业务板块，为拓展课后托管服务业务提供强力技术平台支撑。二是成立新华优课教育科技有限公司，整合优质综合素质课程（兴趣课）资源、打造专业师资团队，构建课后服务生态体系。三是服务城乡教育均等化，研发打造“双师课堂”“云托管”等模式，提供“不留一个死角”公益普惠课后服务。截至 2021 年底，课后托管服务覆盖 195 所学校，服务学生数量突破 10 万人次。

2. 创新出版运营模式

联合多家企业共同投资成立南方星球（北京）有限公司，以“书友会”的建设运营为核心模式，将内容出版资源、销售渠道与新媒体运营有机结合、融为一体。2021 年，南方星球公司聚焦于“清晰定义内容，精准找到用户”，累计策划图书版权 28 种，签约 13 种；累计策划桌游版权 22 种，其中 7 种为自主研发，已进入开发测试阶段。新媒体营销平台逐渐形成短视频“MCN”、微信公众号、数字内容产品的基本业务体系。

3. 快速孵化新兴业务

充分发挥集团公司平台、品牌优势和资源聚合能力，陆续完成“广东新华研旅”“广东新荷传媒”“校内课后配餐服务”项目的实地调研、立项、可研、报批备案等大量前期准备工作，为新业态、新模式的不断涌现奠定基础。

2022 年，广东新华发行集团在融合创新方面进一步加大投入产出，寻找新路径，开辟新赛道。

1. 新媒体营销初露峥嵘

为推动集团公司数字化转型、促进线上线下融合发展，加强渠道对出版的支撑作用，形成出版与渠道协调发展态势，集团公司于 2022 年 5 月投资成立新媒体公司——新荷传媒，以“快速搭建专业经营团队＋持续优化选品结构＋更具竞争力的薪酬机制＋多维赋能的团队建设＋不间断打造爆品爆款”的组合拳式打法快速进入新媒体营销市场，《漫画小学生心理》《漫画中外历史对照》等定制出版产品连续多日占据销量榜头名，成为现象级单品爆品。

2. 定制出版精准输出

2022 年，南方星球公司聚焦“玩中学、少年力、家庭阅读共同成长”的核心理念，在传统文化、自然科普等青少年通识领域深化内容开发；深度立体打造内容 IP，设计更具互动属性的订阅制复合型产品。共开发产品 20 种，包括图书 9 种，桌游 8 种，盒子 7 种，发货码洋 178.68 万元。《宋英杰叔叔讲节气》、“猩小盒”系列产品成为头部主打产品，市场反响良好。

3. 研学实践教育服务蓄势待发

一是通过混合所有制形式引入专业研学合作伙伴，合资成立新华研旅公司，以中小学研学实践教育服务为主营业务，着力打造“新华研旅”品牌；探索“新华人 + 研旅人”运营模式，依托集团子（分）公司在全省组建 93 家研旅服务中心；在广州、佛山等 8 个地市完成 120 余项研学课程；与花城文旅集团、金马国旅、坤银泰铭集团开展战略合作，共建从化生态设计小镇科创梦想研学营地。二是教育培训中心聚焦党团培训、中小学生研学实践教育、教师（导师）培训、社区文化活动等业务模式，在课程研发、平台运营及母子联动等方面取得较大突破，为推动大研学业务发展奠定了基础。三是新华优课围绕阅读、书法、科创和体育四大基础课程整合优质课程资源，夯实课程平台服务基础；全年筛选战略合作机构 8 家，素养课程进入 9 所学校，开展科普进校活动 50 多场，不断探索课后服务新模式。

4. 平台研发迭代升级

2022 年，乐育公司进入“服务 + 生态”建设阶段，整合自身优势资源，依托教育信息化持续为“双减”赋能增效。进一步优化技术中台，打造平台技术壁垒，强化数据安全管理。进一步向数据驱动型企业迈进，依托真实、完整、丰富的应用数据辐射推动数字教育服务生态建设，开启数字教育业务高质量发展进程。

网络运营

2021 年，广东新华发行集团积极拓宽网络发行渠道，线上渠道实现全省覆盖。以运营天猫、京东店和自有平台“通读在线”为重点，通过微商城、小程序等方式发展线上渠道，已有 135 家门店上线“通读在线”平台，基本实现中心门店全覆盖，线上发行渠道的基本架构成功搭建。

2022 年，广东新华发行集团全面发力线上渠道，全力打造以自有平台为核心，抖音短视频、直播带货为增长点的电商新业态。一是持续优化自有电商平台“通读在线”功能，定期开展满减购、组合购、秒杀、预售等线上促销，已上线 147 家门店。二是以抖音为主阵地迈入新媒体营销快车道，28 家基层新华书店完成抖音号建号工作，短视频与直播双管齐下，通过好书推荐、书店探店、特色文化体验等主题活动提升线上吸引力和关注度。三是应用“快团团”开展社群全员营销，借助“快团团”线上业务激活门店现有社群，运用员工自有的私域流量资源及读者微信群流量实现销售转化，全年已建团的基层单位有 31 家、门店 53 家。2022 年，各基层新华书店积极拓展网络发行渠道，多平台推动线上发行业务，线上销售累计约 2 亿元。

全民阅读

2021 年，南国书香节聚焦“庆祝中国共产党成立 100 周年”主题，坚持线上线下高度融合、文旅联动跨界融合，形成城乡联动、馆店联动、粤澳联动的阅读矩阵。为期 11 天的南国书香节，在全省 321 个分会场举办文化活动 464 场，展销图书、文创产品近 30 万种，入场人数超 1000 万人次，8 家中央媒体、12 家省级媒体、55 家地级市媒体等国内外 120 家媒体推出原创性报道约 1000 篇，阅读量达 1 亿次，在南粤大地掀起阅读热潮。12 月 16—19 日，南国书香节首次走进澳门，为澳门居民带去 1000 余种最新精品图书、150 余种国潮文创，举办多场以“粤澳文化分享”为核心内容的新书发布和文化活动，为加强粤澳图书出版发行合作，打造粤澳两地人文建设共同发展繁荣的强力引擎奠定了基础。

2022年，南国书香节以“阅读新时代 奋进新征程”为年度主题，在全省设立373个分会场，展销优秀出版物30万余种，邀请950多名嘉宾举办文化活动1263场，覆盖人群超5000万人，销售总码洋超5000万元，媒体曝光总量超2.6亿次。有力有效地形成了爱读书、读好书、善读书的浓厚氛围，得到省委宣传部部长的批示表扬。一是聚焦党的二十大。在275家书店分会场和书香节线上平台同步设置“喜迎党的二十大主题出版物”展区和“百种优秀青少年出版物”展区，推出“追随·思想之光”系列活动，组织红色经典作品、红色家风家训等主题读书分享会。二是“线上线下高度融合、文旅联动跨界融合”。打造“云上读书节”，推出267场线上文化活动；首次设立“团一大纪念馆”分会场，举办“旗展东园——中国共产党领导下的中国共产主义青年团创建历史”展；首次设立地铁“磨碟沙”分会场，举办小型文化讲座、非遗互动体验。三是城乡联动、馆店联动、粤澳联动。围绕乡村振兴，首次设立27个乡村分会场，组织开展“版权保护进乡村”“科技科普进乡村”“书香轻骑兵下基层”等活动；围绕馆店融合建设，举办换书节、“你选书，我买单”“一书，一人生”易本书换书集市；围绕大湾区文化圈建设，举办“2022大湾区·图书展”“珠澳双城文学暨摄影展”“湾区文学的可能性”圆桌对谈等活动。

内控管理

2021年，广东新华发行集团以企业文化重塑、信息运营部“三项制度”改革、财审一体化管控为重点，全面提升总部管控能力。一是在传承红色基因、赓续新华血脉的基础上进一步创新，提炼出与公司未来发展战略、经营管理理念相匹配，促进企业与员工共同成长、共同进步的全新企业文化理念体系，于2021年4月正式发布，为集团公司融入新格局、造就新发展、迈好新征程提供了方向性指引和行为根本遵循。二是力促信息运营部完成“三项制度”改革，进一步精简队伍、提升专业能力、增强核心竞争力，不断夯实集团网络安全和基础硬件服务，推动运维服务转变方式，提升成效。全年完成全省中小学学校信息数据库建设、项目管理系统开发、协同办公系统升级、通读在线上线迭代、物流 EXCEED 系统支撑、SAP/TBM 系统维保等多项系统开发与维护，为基于移动互联新技术的应用发展奠定基石。三是进一步强化财务、审计管控，重点推进财务系统建设、超期往来清收、存货优化管理、重大项目财务支持、重点推进各类专项审计、跟踪推进审计整改等工作，防范经营风险，提升管控能力。

2022 年，广东新华发行集团进一步赋能总部部门，打造“精于专业、强于管理、善于服务”的加强型总部管理部门。一是财务审计同向发力，规范化管理水平不断提升。全力做好重大收购项目，助推集团战略目标落地；进一步规范财务管理，保障资金运转；做好财务系统推广应用，提升财务信息化水平；以“抓规范、强管理、防风险、促发展”为主线，扎实开展各项审计和风险管理工作。二是信息化建设持续推进，为集团数字化转型奠定基础。持续推进信息化技术创新，引领集团数字化转型，夯实集团网络安全和基础硬件服务，推动运维服务方式转变，提升运维成效。不断提升管理水平，制定《信息运营部技术创新奖励办法（试行）》《信息运营部岗位职级晋升管理办法（试行）》，充分调动信息技术人员的工作积极性，发挥自主研发能力，以系统开发、升级、运维为抓手，搭建起集团信息化进程的基本框架，完成信息安全和基础设施建设的巩固维护，为集团高质量发展提供安全环境。三是不断提升协同联动能力和信息共享水平，进一步优化部门分工协作机制，既各司其职又高效联动，不断提升集团总部的管理督导服务水平。

人才培养

2021 年，广东新华发行集团人才队伍建设导向清晰，干事创业热情不断迸发。一是树立鲜明选人用人导向。坚持新时期好干部标准，全年选拔聘任中层干部 32 名，其中 35 岁以下干部 5 人；强化考核结果应用，调整绩效考核差、较差的中层干部 10 人；加强动态调整、轮岗交流力度，全年跨地区、跨职能调动干部 35 人。二是持续聚焦战略重点领域人才储备。精准定位新业态、紧缺型和专业化人才画像，引进地产运营、数字化技术、电商运营、物流管理等社会专业人才 32 名；储备 4 名职业经理人，保障新兴业务关键岗位人才适配。三是提高潜力人才转化率。全年共计提拔43名青年人才，选拔配置基层青年人才20人，实现成长晋级，跨区域人才流动。四是高效推进产业链人才协同发展。做好南方传媒2021年出版发行干部人才挂职锻炼工作，首批12名已到位到岗，以实际行动支持出版改革，做好人才支撑。

2022年，广东新华发行集团人才队伍建设持续向优向强，专业背景、年龄梯次和行业经验不断优化，为企业发展提供强劲内生动力。一是一体推进素质培养、知事识人、选拔任用、从严管理、正向激励“五大体系”干部队伍建设，坚持新时期好干部标准，选拔聘任中层干部44名，加大干部轮岗交流、调整力度，务求做到人岗匹配。二是争取资源，优化机制，加强薪酬绩效管理。一方面，向上争取最大工资额，继续实行托底保障，发放普惠性工资反哺基层一线员工，增强员工幸福感；另一方面，争取社保红利，减负人力成本，申领各类补贴补助减免百余万元，大大减轻疫情期间各项费用压力。三是加快引进新业态、专业化、年轻化的社会人才，全年社招引才50名；继续落实“双百人才”工程，吸收2022届大学生44人，制定实施带教培养计划；持续优化晋级机制，面向2020届大学生为主的基层青年人才组织选拔，共33人参加，配置基层青年人才22人。四是深化实施门店人才、信息化人才、基层美陈设计三支专业技能人才队伍培养，运用考核结果，打通专业晋升通道。

物流配送

2021年，广东新华发行集团物流板块以“提质增效”为全年工作目标，不断提升物流专业化服务水平，严控成本费用，紧紧围绕年度总目标推进各项工作。全年完成各业务线收发总量码洋81.25亿，同比增加15.1%，人均生产值为4276.11万元，同比2020年增长17.6%，降本增效效果凸显。

2022年，广东新华发行集团物流板块围绕运输保障中心任务，面对业务条线增加、教材发货周期缩短、新冠疫情偶有发生等客观困难，积极协调人力物力，提高单人单机效能产出。全年完成收发总量102.19亿，同比增加2.46%，圆满完成运输服务任务。

社会责任

2021年，广东新华发行集团积极践行“为人民服务、为社会主义服务”宗旨，始终坚守主渠道主阵地，发挥宣传文化系统主力军作用，聚焦“国之大者”，办好惠民实事。以高度的政治使命感和责任心，积极做好政治读物发行、全民阅读事业推广、课后托管服务开展、职工群众幸福感获得感提升等关乎国家大计、民生福祉的大事要事难事，始终彰显国有文化企业的使命担当。一是把做好重点政治读物的宣传发行放在工作首位，采用网格化发行模式，左右协同、上下联动，通过上门征订、门店主推、线上同步、专线专人服务、流动售书车推广等方式，以最快的速度、最广泛的覆盖面和最好的服务，全力保障全省党员干部群众学习需要。全年重点政治读物总发行20种，共计1041.33万册。二是心怀“国之大者”，率先开拓课后托管业务。自主研发“新华乐育”课后服务托管平台，前接教研系统为课程质量把关，后接竞赛管理系统展现学生兴趣成果，逐渐形成“兴趣选课+共享阅读+AI作业”的业务板块，为拓展课后托管服务业务提供强力技术平台支撑；服务城乡教育均等化，研发打造“双师课堂”“云托管”等模式，提供“不留一个死角”公益普惠课后服务。截至2021年底，课后托管服务覆盖195所学校，服务学生数量突破10万人次。

2022年，广东新华发行集团积极履行国有文化企业的社会责任。一是将政治读物和重点图书的宣传发行工作向深度拓展、向广度延伸，多措并举提升发行实效，《习近平谈治国理政》第四卷、党的二十大相关读物、《中国共产党宣传工作简史》、《百年大党面对面》等政治读物发行成绩斐然。一是通过专题陈列、卖场营销、线上同步、公众号推送、专人服务等方式实现线上线下联动，全面宣传党的思想，牢牢把握意识形态工作主动权。二是组织业务骨干走进企事业单位、部队院校、街道社区等地开展推介服务活动，通过设置宣传售书点、流动售书车等，切实为广大干部群众提供有力的学习保障。2022年，全省共发行重要文件、文献及重点主题出版物21种，共881.8万册，其中，《习近平谈治国理政》第四卷总发行323万册，稳居全国前列，为习近平新时代中国特色社会主义思想在广东大地落地生根结出丰硕成果作出应有贡献。三是扎实推进全省乡镇网点建设，完善农村公共文化服务体系，不断提高新华书店的供给和服务能力，赋能乡村振兴。截至2022年底，全省累计建成乡镇发行网点137家，覆盖率达12.5%，超额完成中宣部和省委宣传部下达的建设任务。为使文化惠民政策落地生根，解决农村网点未覆盖地区“买书难、读书难”问题，广东新华配置了5台流动售书车，全年开展流动售书活动900余场次，取得良好的社会反响。四是认真做好农家书屋出版物配送、补充、更新工作。按照国家全面建立基本公共服务标准体系要求，各基层新华书店严格落实农家书屋服务标准，提高农家书屋出版物配备的针对性、适用性、可读性，把更多农民群众喜欢看、读得懂、用得上的优秀出版物配送到辖区内的农家书屋，近两年完成8560个农家书屋出版物补充工作，图书采购总量达56万册，持续提升基层文化阅读宣传教育主阵地的服务效能，助力乡村文化振兴。五是为解决寒暑假孩子“看护难”问题，各基层单位纷纷挖掘本土文化和书店特色资源，推出假期托管服务及社会实践拓展班活动，主要提供阅读分享、创意手工、科学实验等文化课程，深受家长和孩子欢迎。

2021年末领导班子成员名单

蒋鸣涛　党委书记、董事长

何宝贤　党委副书记、总经理

路　文　党委委员、副总经理

林劲松　党委委员、副总经理

何庆惠　党委委员、副总经理

叶苏柳　党委委员、总会计师

翁旭辉　副总经理

王志超　副总经理

2022年末领导班子成员名单

蒋鸣涛　党委书记、董事长

何宝贤　党委副书记、总经理

路　文　党委副书记、纪委书记

林劲松　党委委员、副总经理

何庆惠　党委委员、副总经理

叶苏柳　党委委员、总会计师

翁旭辉　副总经理

王志超　副总经理

海南凤凰新华出版发行有限责任公司

年度概况

2021年，海南凤凰新华出版发行有限责任公司（以下简称“海南新华”）以习近平新时代中国特色社会主义思想为指引，深入贯彻落实党的十九届五中、六中全会精神和海南省委、省政府有关部署。结合海南自由贸易港建设契机，不断强化企业自身建设，围绕庆祝中国共产党建党百年，以“齐心协力、整合资源、抢抓机遇、创新业态”为工作主题，面对依然严峻复杂的新冠疫情形势和国际、国内经济增长放缓压力，在严格把好疫情防控关的同时，持续推进意识形态阵地建设和巩固工作，创新线上线下融合模式，精心策划第十三届海南书香节系列全民阅读活动800余场，坚定地履行了国有文化企业的社会责任，有效实现了社会效益和经济效益相统一。2021年，海南新华实现营业收入合并数6.73亿元，实现利润总额3563.27万元。

2022年，海南新华深入贯彻落实党的二十大精神和海南省委、省政府及省委宣传部、省文资办有关部署，精心策划承办好第十四届海南书香节，以凸显新华书店责任担当的全民阅读系列公益活动履行社会责任；克服疫情重重困难，确保春、秋两季“课前到书，人手一册”政治任务圆满完成；意识形态阵地建设和巩固工作持续推进，为公司赢取了社会效益的新高度；精心运营好“书香海南”微信公众号，以不间断的媒体报道，广泛宣传海南和新华书店各类全民阅读推广活动，使海南新华品牌形象得到较大提升；坚守服务社会、服务教育初心使命，向多地中小学校、教育基金会、公共图书馆、街道社区、农家书屋、民宿等捐赠资金、防疫物资、图书总计逾75万元，以实际行动回馈社会、回馈教育。2022年，海南新华实现营业收入合并数6.73亿元，实现利润总额3844.65万元（含减免租金514.43万元）。

领导关怀

2021年2月18日，海南省委常委、宣传部部长肖莺子一行到海南新华调研，召开调研座谈会并慰问员工。省委宣传部办公室、出版印刷发行处、省文改办等相关处室负责人陪同调研。

2021年5月21日，海南省委常委、宣传部部长肖莺子，海南省委宣传部常务副部长符宣国一行到定安母瑞山琼崖红色书店考察。

2021年6月30日，海南省委常委、宣传部部长肖莺子一行到华中师大一附中屯昌思源中学开展党史学习教育工作调研，并考察位于校内的求真书吧。肖莺子指出，作为“华一思源”学校与屯昌新华书店联合开办的校园书店，求真书吧融合多方教育资源、创新方式推广全民阅读和党史学习教育的做法值得在其他市、县进行推广。

2021年8月19日，海南全省宣传部长现场会暨农家书屋建设管理工作推进会在澄迈县召开。会前，海南省委常委、宣传部部长肖莺子与海南全省宣传部部长一行来到澄迈“才存咖啡书屋”等地进行现场调研。海南新华党委书记、董事长、总经理何洋等陪同调研。

2021年9月23日，海南省总工会党组成员、副主席，海南省教科文卫邮电工会主席张丙亮一行到海南新华调研工会工作。海南新华党委委员、工会主席王清雅等陪同调研。

2021年10月27日，海南省委宣传部副部长陈小华，海南省委宣传部文改办主任邬美兰到海南新华考察调研。海南新华党委书记、董事长、总经理何洋等陪同调研。

2022年4月21日，中宣部副部长张建春，中宣部版权管理局局长王志成、副局长赵秀玲一行到海口解放路书城考察调研。海南新华党委书记、董事长、总经理何洋等陪同调研。

2022年6月10日，海南省政协党组副书记、副主席李国梁一行到海南新华及南沙路新华书店走访调研。李国梁对新华书店多年来对政协工作的支持表示感谢，希望新华书店再接再厉，从大局出发、从小处着手，发扬全社会崇文重教的传统，紧贴人民群众对阅读的需求，结合新的产业形式，努力探索发展新路子。他强调，省政协将发挥自身职能，为新华书店发展提供有力支持。政协第七届海南省委员会委员、海南新华党委书记、董事长、总经理何洋等陪同调研。

荣誉获奖

2021年1月，在中国书刊发行业协会、韬奋基金会共同指导的第二届“全民阅读·全国书店之选”评选活动中，海南凤凰新华出版发行有限责任公司荣获“百佳参与单位”称号；海南凤凰新华出版发行有限责任公司解放路书城荣获“优秀营销策划”称号。

2021年1月20日，海南新华荣获人力资源和社会保障部、国家广播电视总局、国家新闻出版署联合授予的“全国新闻出版广播影视系统先进集体”荣誉称号。

2021年7月16日，在中国新华书店协会主办的庆祝建党百年全国新华书店主题出版物造型设计大赛中，海南新华代表队（冯方丹、张小翠、潘桂芳）凭借作品《不忘初心，永跟党走》荣获二等奖。

2021年9月28日，由商务部会同中央宣传部、中央网信办、国家发改委等19个部门共同举办的以“讲好诚信故事，弘扬诚信文化”为主题的2021年全国“诚信兴商宣传月”活动在海口市启动。海南新华荣获“2021年海南省‘诚信兴商’示范企业”殊荣。

2021年12月26日，在中国书刊发行业协会、韬奋基金会共同指导的第三届“全民阅读·全国书店之选”评选活动中，海南凤凰新华出版发行有限责任公司、海南凤凰新华出版发行有限责任公司解放路书城荣获“百佳阅读推广单位”。

2022年1月17日，海南新华旗下海南太阳城大酒店获得海南省旅游饭店业协会颁发的“2021年度海南省旅游饭店行业最佳诚信服务酒店”荣誉。

2022年3月，在由中国书刊发行业协会主办、百道网承办的“新时代杯”2021时代出版·中国书店年度致敬活动中，海南新华旗下三沙凤凰新华永兴书屋荣获“年度主题书店”称号；海口琼山华侨中学代柏书屋荣获“年度校园书店”称号；临高美鳌书吧荣获“年度乡村书店”称号。

2022年4月24日，由中宣部印刷发行局指导，中国书刊发行业协会主办的“首届全民阅读大会·年度最美书店”发布活动在北京举行。海南新华旗下海口解放路书城获得“年度最美书店”殊荣。

2022年11月8日，海南省企业联合会、海南省企业家协会发布了2022海南省企业100强名单，并同步推出了2022海南省企业100强（含制造业企业40强、服务业企业50强）年度分析报告。海南新华位列2022海南省企业100强第96名，2022海南省服务业企业第50名。

组织人事

2021年1月13日，海南省属经营性国有文化资产监督管理办公室任命何洋同志为海南凤凰新华出版发行有限责任公司董事长（法定代表人），免去何洋同志海南凤凰新华出版发行有限责任公司副董事长职务；任命陈海文同志为海南凤凰新华出版发行有限责任公司董事，免去陈海文同志海南凤凰新华出版发行有限责任公司监事职务。金国华同志辞去海南凤凰新华出版发行有限责任公司董事长（法定代表人）、董事职务；秦俊俊、陈伟念同志辞去海南凤凰新华出版发行有限责任公司董事职务；陈纯栋同志辞去海南凤凰新华出版发行有限责任公司董事、常务副总经理职务；周志华同志辞去海南凤凰新华出版发行有限责任公司总会计师职务；王冬艳、单嵩同志辞去海南凤凰新华出版发行有限责任公司监事职务。

2021年3月17日，海南凤凰新华出版发行有限责任公司召开职工代表大会，选举吴敏同志为海南凤凰新华出版发行有限责任公司职工董事，免去其海南凤凰新华出版发行有限责任公司监事职务。

2022 年 6 月 30 日，林柱、王清雅同志任海南凤凰新华出版发行有限责任公司党委副书记；余园芳、李思、陈海文同志任海南凤凰新华出版发行有限责任公司党委委员。王清雅同志任海南凤凰新华出版发行有限责任公司纪委书记；黄宁坚、夏儒鹏同志任海南凤凰新华出版发行有限责任公司纪委委员。

党建工作

2021 年，海南新华聚焦建党百年，切实加强党的领导，进一步完善公司党委议事规则及党建考核制度，推进全面从严治党工作落到实处。通过组织观看庆祝中国共产党成立 100 周年大会盛况、《伟大建党精神》主题党课等视频节目，赴定安母瑞山革命根据地举办 2021 年党史学习教育培训班，推进党史学习教育活动开展；以党建带团建，大力开展农家书屋领读志愿者活动，发挥农家书屋作用，为乡村振兴营造良好的文化氛围；切实开展廉政建设和反腐败斗争，不断净化政治生态，纯洁干部队伍，作风建设大为改观；率先建立了 18 个关工委组织，为老同志参与关爱下一代活动，特别是少儿早期阅读活动提供了广阔的舞台。7 月，经基层党组织民主推荐，省委直属机关工委审核、遴选审议，海南新华余园芳同志荣获省直机关 2020—2021 年度优秀党务工作者称号；云星、陈贻演荣获省直机关 2020—2021 年度优秀共产党员称号。

2022 年，海南新华深入贯彻落实党的二十大精神和海南省第八次党代会精神以及省委、省委宣传部、省文资办有关工作部署，弘扬伟大建党精神，把党建工作融入生产经营工作，全力推动“能力提升建设年”活动开展。组织召开党员代表大会，圆满完成公司党委和纪委换届选举工作；组织党委中心组学习会及各类党建学习活动 10 余场，强化理论武装，筑牢思想根基；组织开展党支部活动场所标准化建设，公司 25 个基层党组织全部达标；组织 17 名青年志愿者奔赴海南抗疫一线，全力支援乐东、万宁等地抗疫工作，坚守 20 余个日夜，为打赢疫情防控这场硬仗贡献了海南新华力量；组织青年员工志愿者参加共青团海口市委组织的助力高考活动，向广大师生家长免费发放 3500 个遮阳雨伞，传播爱心和正能量。

教材发行

2021 年，海南新华圆满完成“课前到书，人手一册”政治任务，全省发行教材教辅 4725 万册，受到广大师生和社会各界的好评。《习近平新时代中国特色社会主义思想学生读本》发行工作在中小学（包括中职学校）实现了使用年级的全覆盖，全省共计 47 所中等职业技术学校首次接受新华书店悉心服务。“学生读本”走进中职学校的尝试和落地，开辟了海南新华服务中职学校的新空间。

2022 年，在新冠疫情、高温天气、教材改版、印制时间大幅滞后等各种困难叠加的严峻情况下，海南新华不畏艰险、迎难而上，坚决打赢了教材印制发行攻坚战，共发行教材教辅 5000 余万册，承印的教材品种有 23 个在省评中被评为优质品、53 个被评为良好品。“课前到书”工作受到多方点赞和肯定：人民教育出版社向公司发来《感谢信》；省委常委、宣传部部长王斌作出批示，对海南新华克服疫情困难，圆满完成教材印制、发行工作给予了充分肯定；省教育厅厅长曹献坤作出批示，指出 2022 年秋季顺利完成“课前到书”工作实属不易，对海南新华付出的努力致以感谢。各级领导的批示和各方的肯定是海南全体新华人砥砺奋发、勇毅前行的强大精神力量。

门店建设

2021 年，海南新华加大“书店 +”模式推广力度，建设了东方琼西中学史丹书屋、文昌三小卓雅书屋 2 家校园书店；万宁琉川书屋、澄迈才存咖啡书屋、澄迈福丰咖啡书屋 3 家农村发行网点；澄迈陶书店、儋州东坡书局 2 家社区书店和儋州海花阁书屋景区书店。完成万宁新华书店、白沙新华书店 2 家中心门店改造。强力推进门店贯标和星级门店建设，服务环境和服务质量显著提升，共有 25 家中心门店通过贯标验收，15 家获评“星级门店”。

2022 年，海南新华持续推进网点建设工作，巩固意识形态阵地不放松，开发建设了省委党校乐之书屋、海南大学海南书房、海口滨海九小西海岸校区博雅书屋、海口英才滨江分校时光书屋、屯昌中学益才书苑、保亭思源实验学校怡心书屋6家校园书店和屯昌南田红色书吧1家农村发行网点；海口解放路书城完成整体升级改造，定安公司新门店知海书屋进入试营业阶段。截至2022年底，海南新华共有各类运营网点77家，包括各市县中心门店24家，校园书店23家，农村发行网点21家，部队、景区等其他“小微特”书店9家，总营业面积27956平方米。网点建设力度不减，运营管理工作也没有放松，共16家中心门店通过贯标验收，13家获评“星级门店”。

融合创新

2021年，海南新华多元业务不断拓展，在创新中有所突破。多元业务比上年同期增长3.22%，发展基础进一步夯实；联营业务进一步规范优化，管理体制机制及考核办法进一步完善；政府采购平台项目申请顺利通过，海南新华成为海南省政府采购网上商城电商平台唯一一家获得资质的国有企业；教育装备业务发展态势良好，智慧校园建设持续推进；紧抓时事热点大力发行《育人为本 惩戒有度》《我爱你，中国》挂图，依托主业拓宽服务内容；临高8个农家书屋网点书架等产品安装实施到位。

2022年，海南新华多元教装业务创新求变，呈现良好发展态势。成功推进文昌“护眼灯”项目和琼海阅读空间改造项目等多个教装项目落地，同时，深挖幼儿教装、办公家具和定制笔记本等业务市场，全年教装销售同比增长877.12%。非图业务屡屡破冰，打开市场新局面，“优品博”作业本项目打通零售、政采“两条路”；海南新华政采电商平台入驻海南省政府采购网上商城，打通了为党政机关、事业单位提供办公服务的渠道，业务销售订单实现了零的突破，为下一步发展夯实了基础；解放路书城落地“书店+咖啡”自主经营业务，为自主经营咖啡品牌与深化融合多元经营探索新路。

网络运营

2021年，海南新华积极探索“互联网+”发展模式，做大做强网络发行阵地。为满足读者消费需求，认真结合海南省及公司发展实际，紧跟时代趋势，积极深入探索符合公司电商业务的发展路径，线上线下双管齐下，坚持“借长避短”电商发展战略，不断加强运营管理，增强成本意识、竞争意识、节约意识，促进公司取得经济效益的最大化。2021 年，海南新华通过经营淘宝天猫商城、微信书城，电商业务全年销售及毛利实现双增长，全年图书销售同比增长 15.64%。

2022 年，海南新华电商业务克服经营瓶颈，持续凸显社会效益。通过开通抖音视频号加大平台宣传、优化和控制营销推广费用等措施，电商成本控制能力不断增强。除运营 3 家线上天猫店外。由海口新华书店有限公司和解放路书城运营的微信商城，通过微信公众号引流变现，尤其是海口新华书店有限公司通过分析目标人群消费习惯，上架销售海南特色水果，采取“一件代发”销售模式，有效实现“图书 + 多元”特色经营，赢得客户赞誉与肯定，提升了线上渠道销售品牌影响力。

全民阅读

2021 年，海南新华精心承办第十三届海南书香节，策划、组织、实施各类阅读活动 800 余场。其中，周末阅读分享会 550 场（线上 11 场），名家海南行讲座及新书分享活动 11 场，书香校园行活动 49 场，中国科学院老科学家海南校园行讲座 98 场，“儿童朗读大会暨读绘本讲故事大赛”“凤凰悦读会”“心理健康大讲堂”“特色研学之旅”“我的书屋 · 我的梦”农村少年儿童阅读实践活动和“新时代乡村阅读季”等阅读品牌活动共 92 场。活动依托全省农家书屋、农村发行网点及中小学校园、社区等各层级平台开展，较好地助推了海南省全民阅读活动向基层深入，充分彰显了海南新华书店的品牌效应与社会责任担当。

2022 年，海南新华深入贯彻落实习近平总书记致首届全民阅读大会贺信精神和党的二十大关于“深化全民阅读活动”的精神，以第十四届海南书香节为抓手，持续提升服务全民阅读能力水平，开展各类文化活动 2300 余场次，线上线下近 90 万读者（线上 50.9 万，线下 38.6 万）参与阅读推广活动，畅享文化盛宴。按照海南省委宣传部要求，联合海南省总工会以及公司自发组织，先后3次面向海南全省居民发放免费“文化惠民券”3.34万张，提供了4.35万册优质图书，以实际行动引领广大读者多读书、读好书。同时，认真落实海南省委常委、宣传部部长王斌提出的“海南人读海南书”指示精神，多措并举打造海南阅读品牌项目。在海口解放路书城设立“海南本土作品馆”，集中展示海南出版、海南籍作家创作、海南相关题材的精品图书；在全省新华书店开展“海南人读海南书”主题书展活动，精选海南主题优秀图书进行宣传展销；邀请海南本土文化名人或作家与读者分享热带雨林、苏东坡在海南和南海战士的故事；开展主题为“海南故事我来讲”的“儿童朗读大会暨读绘本讲故事大赛”，海口、琼海、东方、澄迈等多个市、县同时开展海选赛及复赛，开展线下比赛45场（含34场海选赛、11场复赛），5000余名选手参加海选赛，线下180多名选手、线上200多篇视频作品进入决赛评比，最终评选出冠、亚、季军各一名和“十佳选手”。

内控管理

2021年，海南新华认真贯彻落实中宣部和海南省文资办关于新华书店社会效益的工作要求，结合经营管理实际情况，注重社会效益和经济效益相统一及贡献大小与报酬高低相统一，着重考核市、县子公司履行国有文化企业的社会责任力度及重点经营任务的完成情况，注重工作表现和工作实绩，全面、客观评价被考核者的工作状况；采取子公司自评、公司总部各职能部门根据各子公司日常工作落实情况等对各子公司的社会效益进行考核评分；修订完善了《公司办公用品及电脑设备集约化采购试行办法》《岗位编制管理办法》《公司差旅费管理暂行办法》，制定了《公司总部总经理助理考核办法》，使公司各项工作有一套切实可行的管理标准，做到有章可循，有据可依。

2022年，海南新华坚决贯彻海南省委宣传部的工作部署和省文资办的监管要求，严格按照合资公司的经营管理规定，及时修订完善《海南凤凰新华出版发行有限责任公司章程》《固定资产投资（含网点等基本建设项目）专项审批管理办法》《合同管理制度》《党建工作考核办法》《子公司经营管理目标考核试行办法》《子公司考核试行办法》等规章制度，为公司自主经营构建了制度保障体系；按照省文资办文件规定，参照上市公司有关要求，结合公司实际，依规调整公司高管2022年度月基薪发放标准和公务交通补贴发放方式以及调整公司总部员工的薪酬结构，完善相关考核及薪酬管理制度，确保薪酬管理的规范、科学、合规。

人才培养

2021年，海南新华组织宣传工作意识形态安全教育、一般图书ERP系统操作、安全生产、数字化时代的内容营销、一体化管理体系、校内课后服务平台、教育装备业务等方面的培训共41场。参训人数达800余人次，员工队伍素质得到进一步提升。

2022年，海南新华认真贯彻落实海南省委“能力提升建设年”的部署要求，多元联动、多措并举推进企业人才队伍建设工作。制订年度培训方案，多方位促进干部职工能力“提质增效”；开展新型学徒培养，扩大技能人才培养规模，为公司高质量发展提供强有力的技能人才支撑；重点抓好公司干部职工培训工作，储备人才力量，为企业转型升级发展提供加速“引擎”，全年组织培训319场，参训人员达3992人次；开展“能力提升建设年”技能大比武活动，近400名员工参与到行政主任业务技能、短视频创意技能、“新华姐姐讲故事”技能、图书推荐业务技能和物流操作技能等5个赛项的角逐中，强力推动员工学技能、练本领、强业务。

物流配送

2021年，海南新华对物流配送的总体流程进行了系统梳理，对退货流程进行了改进，各业务环节对接更加合理顺畅。同时，通过精细化管理、强化岗位培训、轮岗值班等日常考核机制，管理团队战斗力得到了较大提升。在海南省委宣传部、省文资办、省教育厅和省新闻出版局等上级单位的悉心指导和大力支持下，全力以赴解决疫情导致的各类难题，统筹做好2021年春、秋两季教材印制、收货、配送等工作，确保学生用书安全，“课前到书，人手一册”任务圆满完成。

2022 年，是全国教材发行工作史上极不平凡的一年，特别是这一年的秋季，教材发行工作面临诸多极端困难。全国教材供型时间较往年大幅滞后，海南省教材印制时间由过去的 3 个多月压缩至 40 天不到，教材印制和物流配送等工作面临前所未有的挑战。海南省 8 月突发新冠疫情，三亚、陵水、乐东、万宁、儋州、东方等市、县多地成为高风险区，实施封闭式管控，其他市、县采取相应防疫措施，实施静默管理，大量教材积压在总部物流仓，市、县教材仓也无法正常周转。在疫情防控、高温酷暑等各种困难叠加的情况下，海南省委宣传部、省教育厅及时赋能支持，海南新华党委靠前指挥，科学部署，带领各部门和各市、县公司党员群众迎难而上，用最短的时间解决了 10 万件积压教材，单日教材最高收货量突破 2 万件。同时，海南新华以高度的政治站位，第一时间做好党的重要文件文献及辅导读物的物流配送工作。2022 年，海南新华总部物流收、发教材 5050 万册，收、发一般图书 2956 万册。

社会责任

2021 年，海南新华积极回报社会、回馈教育。一是关爱残疾人，发动员工参与爱心助残活动，募集善款 1.91 万元。二是响应海南省教育厅倡议，向云龙镇八一希望小学捐赠图书价值 1 万元，向琼海市博鳌镇中心学校捐赠价值 10 万元的图书和 10 万元的教育装备。三是认真履行国有企业责任担当，深入贯彻落实中央和省委、省政府有关疫情期间减免房租的政策。2021 年，减免 5 家承租户租金共计 30.05 万元，有效缓解了承租户的经营压力，切实履行了国有企业的社会责任担当。

2022 年，海南新华坚持以社会效益为首位，以服务社会、服务教育为初心。一是贯彻落实海南省人民政府关于支持全省中小企业旅游企业在防控新冠疫情期间共渡难关的指示精神，根据《海南省进一步为中小微企业纾困解难的措施》要求，完成对 124 家承租户租金减免审批工作，2022 年共计减免租金 514.43 万元。二是全省新华书店向街道、社区、农村等地捐赠防疫物资共计 3.4 万元。三是积极响应海南省教育厅号召，向儋州市南丰镇中心学校和南丰中学捐赠了价值 9 万元的教育装备。四是用实际行动引领全民阅读深入开展，向多地中小学校、公共图书馆、农家书屋、民宿等捐赠图书码洋共计 46.19 万元。五是向教育基金会捐赠资金累计 12.96 万元，用于支持学校开设黎陶手工课程或改善办学条件、奖励品学特优学生。六是向洋浦经济开发区展示馆捐赠了价值 2.12 万元的咖啡设备。

2021 年末领导班子成员名单

何　洋　党委书记、董事长、总经理

何和虹　党委委员、纪委书记

王清雅　党委委员、工会主席、监事会主席

林　柱　党委委员、董事

黄宁坚　副总经理

陈海文　董事

余园芳　董事会秘书

2022 年末领导班子成员名单

何　洋　党委书记、董事长、总经理

林　柱　党委副书记、董事

王清雅　党委副书记、纪委书记、工会主席、监事会主席

黄宁坚　副总经理

余园芳　党委委员、董事会秘书

陈海文　党委委员、董事

李　思　党委委员

何和虹　党委委员

广西新华书店集团股份有限公司

年度概况

2021年末，广西新华书店集团股份有限公司内设13个职能部门，下辖122家公司，其中全资子公司109家、控股公司6家、参股公司7家。2021年，广西新华书店集团全体干部职工坚持以习近平新时代中国特色社会主义思想为统领，深入学习贯彻党的十九大及十九届历次全会精神，深入学习习近平总书记重要讲话和重要指示精神，自觉增强“四个意识”、坚定“四个自信”、做到“两个维护”，将党史学习教育贯穿全年工作，贯彻新发展理念，坚持高质量发展，聚焦主责主业，不断深化改革，推动转型创新，培育发展动能，在复杂严峻的经济环境中攻坚克难、多点突破，以“起步就要提速、开局就要争先”的奋斗姿态，推动各项经营指标再创历史新高。全年销发货总码洋64.63亿元，同比增长18.57%；营业总收入40.76亿元，同比增长15.52%；全员劳动生产率31.44万元/人；国有资产保值增值率为114.52%。广西新华书店集团连续第九年上榜“广西企业100强”，连续第六年上榜“广西服务业企业50强”，成功获评“中国AAA级信用企业”，进入首批拟同意保留广西企业文化建设示范基地称号企业名单。据中国出版传媒商报发布的《2021年全国省域书业销售排行》显示，是年，广西新华书店集团在全国发行单位出版物销售总额排名中位列第 14 位。

2022 年末，广西新华书店集团股份有限公司内设职能部门 13 个，下辖 126 家公司，其中全资子公司 113 家、控股公司 5 家、参股公司 8 家，在岗职工 3425 人。是年，广西新华书店集团以习近平新时代中国特色社会主义思想为指导，深刻领悟“两个确立”的决定性意义，坚决做到“两个维护”，把迎接党的二十大、学习宣传贯彻党的二十大精神作为贯穿全年的首要政治任务，深入贯彻落实习近平总书记视察广西“4·27”重要讲话和对广西工作的系列重要指示精神，全面落实“疫情要防住、经济要稳住、发展要安全”的重要要求，牢牢把握稳中求进工作总基调，高效统筹疫情防控和生产经营，以改革促发展，以创新强守正，推动企业不断创造新业绩、取得新进展。全年销发货总码洋 65.89 亿元，同比增长 1.77%；营业总收入 44.27 亿元，同比增长 7.32%；全员劳动生产率 32.65 万元 / 人；国有资产保值增值率为 112.76%。2022 年度连续第十年上榜“广西企业 100 强”，连续第七年上榜“广西服务业企业 50 强”，并荣膺“广西文化产业龙头企业”称号，入选首批“国企党建 + 企业文化研究实践教学站”名单。

领导关怀

2021 年 3 月，自治区政协副主席、党组成员王乃学一行到广西新华书店集团旗下广西邕华图书有限公司民族大道店调研指导工作。

2021 年 3 月，自治区党委宣传部副部长、自治区新闻出版局（版权局）局长王晓华一行到桂林市新华书店有限公司调研，前往“新华·漓江文化广场”项目地块实地考察。

2022 年 7 月 3 日，中国外文出版发行事业局副局长陆彩荣、综合业务部专项处副处长杜朋朋、外文出版社专职党委副书记贾秋雅、出版部干部章云天一行到广西新华书店集团旗下茶花园路新华书店 23 号店参观交流。

2022 年 7 月 25 日，中国外文局副总编辑、中国对外书刊出版发行中心（国际传播发展中心）主任陈实一行到桂林市新华书店有限公司调研。

2022 年 8 月 18—19 日，自治区党委宣传部副部长、自治区新闻出版局

（版权局）局长、一级巡视员王晓华率调研组到广西新华书店集团旗下河池、南丹、宜州等子（分）公司调研。

荣誉奖项

2021 年 3 月，中国书刊发行业协会授予广西新华书店集团旗下陆川县新华书店有限公司吕启夏同志 2020 时代出版 · 中国书店年度致敬“年度店长”称号。

2021 年 4 月，自治区统计局授予广西新华书店集团旗下东兴市新华书店有限公司“广西新时代基层统计工作规范化建设示范单位”。

2021 年 7 月，广西新华书店集团连续第九年上榜“2021 广西企业 100 强”，列 76 位；连续第六年上榜“广西服务业企业 50 强”，列 30 位。

2021 年 7 月，全国青少年爱国主义读书教育活动组织委员会授予广西新华书店集团及旗下桂林市新华书店有限公司等 90 家子公司第二十八届全国青少年爱国主义读书教育活动发行先进奖。

2021 年 8 月，自治区统计局授予广西新华书店集团旗下博白县新华书店有限公司“广西新时代基层统计工作规范化建设示范单位”称号。

2021 年 10 月，中国新华书店协会、中国出版传媒商报社授予广西新华书店集团旗下来宾市新华书店有限公司来宾书城“卓越运营团队”称号；授予桂林市新华书店有限公司象山书房“格调社区店”称号；授予北海市新华书店有限公司新力门市部“十佳商超店”荣誉称号；授予宜州市新华书店有限公司宜州书城“示范基层店”称号；授予宾阳县新华书店有限公司丰山书院“最 in 校园书店”称号。

2021 年 10 月，自治区文化和旅游厅、自治区科技厅、自治区农业农村厅、自治区商务厅、自治区国资委授予广西新华书店集团直属子公司广西弘文教育投资有限公司 2021 年广西有礼文化旅游创意设计大赛献礼建党百年诞辰红色专题组“铜奖”。

2021 年 11 月，全国青少年爱国主义读书教育活动组委会授予广西新华书店集团第二十八届全国青少年爱国主义读书教育活动组织特等奖。

2021 年 12 月，自治区市场监督管理局授予广西新华书店集团 2020 年度广西壮族自治区“守合同 重信用”公示企业称号。

2022 年 2 月，自治区党委宣传部、自治区财政厅、自治区文化和旅游厅、自治区广播和电视局授予广西新华书店集团“广西文化产业龙头企业”称号。

2022 年 3 月，中国书刊发行业协会授予广西新华书店集团旗下北流市新华书店有限公司党湘津同志 2021 时代出版 · 中国书店年度致敬“年度店长”称号。

2022 年 4 月，自治区国资委授予广西新华书店集团旗下百色市新华书店有限公司“感党恩 · 跟党走”红色歌曲微视频大赛三等奖。

2022 年 4 月，中国书刊发行业协会授予广西新华书店集团旗下柳州市新华书店购书中心“首届全民阅读大会 · 年度最美书店”称号。

2022 年 5 月，广西新华书店集团入选广西企业文化建设协会评定的首批“广西国企党建 + 企业文化研究实践教学站”。

2022 年 7 月，全国青少年爱国主义读书教育活动组织委员会授予广西新华书店集团及旗下桂林市新华书店有限公司等 91 家子公司“第二十九届全国青少年爱国主义读书教育活动发行先进奖”。

2022 年 8 月，国家统计局广西调查总队授予广西新华书店集团旗下钦州市新华书店有限公司“广西消费价格调查先进采价网点”称号。

2022 年 9 月，广西新华书店集团连续第十年上榜“2021 广西企业 100 强”，列 79 位；连续第七年上榜“广西服务业企业 50 强”，列 28 位。

2022 年 9 月，自治区文化和旅游厅、自治区教育厅、自治区科技厅、自治区工业和信息化厅、自治区农业农村厅、自治区商务厅、自治区国资委授予广西新华书店集团直属子公司广西弘文教育投资有限公司 2022 年广西有礼文化旅游创意设计大赛“优秀奖”。

2012 年 12 月，自治区市场监督管理局授予广西新华书店集团 2021 年度广西壮族自治区“守合同 重信用”公示企业称号。

2022 年 12 月，自治区妇联授予广西新华书店集团旗下广西邕华图书有限公司运营的新华书店23号店2022年“广西家庭教育示范点”称号。

2022年12月，全国青少年爱国主义读书教育活动组委会授予广西新华书店集团旗下百色市新华书店有限公司和河池市新华书店有限公司第二十九届全国青少年爱国主义读书教育活动组织特等奖。

组织人事

2021年1月，广西新华书店集团股份有限公司副总经理蓝彦钧同志兼任广西新华弘文教育投资有限公司总经理。

2021年3月，广西新华书店集团股份有限公司副总经理邵福荣同志兼任广西新华书店集团连锁管理部主任。

2021年5月，免去王建雄同志广西新华书店集团股份有限公司党委副书记、董事、总经理职务。

2021年5月，免去蓝彦钧同志广西新华书店集团股份有限公司副总经理职务。

2021年6月，陈兴强同志任广西新华书店集团股份有限公司副总经理。

2021年6月，广西出版传媒集团有限公司财务部副主任俞振凌同志兼任广西新华书店集团股份有限公司财务总监。

2021年6月，免去白竹林同志广西新华书店集团股份有限公司纪委书记职务。

2021年8月，广西出版传媒集团有限公司投资发展部副主任黄举红同志兼任广西新华书店集团股份有限公司副总经理。

2022年1月，张华斌同志不再兼任广西新华幼儿教育投资有限公司董事长。

2022年7月，萨宣敏同志任广西新华书店集团股份有限公司副总经理。

2022年7月，免去蓝彦钧同志广西新华弘文教育投资有限公司执行董事、总经理职务。

党建工作

2021年，广西新华书店集团牢牢把握主题主线，持续推动党史学习教育走深走实，第一时间精心安排部署，成立领导小组，制订总体方案，印发相关文件近30个，确保工作有效落实；严抓专题学习，为全体员工配齐指定学习材料，以集中学习和个人自学等线上线下相结合的形式，做到学习常态化；创新主题活动，组织开展“感党恩 跟党走”主题系列活动，用好红色资源，开展“打卡红色教育基地”、主题观影等活动；坚持学史明理、学史增信、学史崇德、学史力行，努力实现学党史、悟思想、开新局；坚持为民办实事，完成总部办公迁址，解决总部员工上班难、加班难、办事难的烦恼，开展总部自有房产清理工作，颁布实施临时公有周转住房租赁管理办法，初步解决总部和直属公司部分新员工住房问题。

2021年，广西新华书店集团精心开展庆祝中国共产党成立100周年活动。组织总部、各级子公司全体员工3000余人集中收看庆祝大会直播；召开党委中心组学习（扩大）会，学习习近平总书记在庆祝中国共产党成立100周年大会上的重要讲话精神，交流学习心得；统筹推进各基层党组织开展学习活动，自觉用讲话精神武装头脑、指导实践、推动工作。

2021年，广西新华书店集团扎实做好各项党建基础工作。党委中心组学习严格落实“第一议题”制度，及时跟进学习习近平总书记最新重要讲话、重要文章、重要指示精神，累计开展专题理论学习7次；党委领导班子切实担起意识形态工作的主体责任，设立集团党委宣传部、统战部，各级公司将意识形态工作要求列入公司章程；抓好基层党组织换届选举和委员增补工作，规范并指导基层党组织做好换届选举；严把党员发展质量关，新增已备案入党积极分子25人，发展对象13人，通过预备党员预审13人。在各级子公司党组织设立党建专员95人，明确党建专员工作职责，进一步夯实基层党建工作基础。

2021年，广西新华书店集团全面加强基层党组织建设工作。加快理顺县级子公司党支部隶属关系，归口至所属市级子公司党支部（总支）管理；严肃党内政治生活，各基层党组织按时开展“三会一课”、组织生活会等党内生活；举办3期基层党建实务培训班，培训基层党务人员400人次；对“一支部一品牌”党建品牌创建活动进行再思考、再研究、再设计、再提炼，深化党建品牌创建。

2021年，广西新华书店集团严格落实自治区党委第二巡视组巡视“回头看”反馈意见。集团党委切实扛起巡视整改主体责任，与各部门、一级子公司签订整改承诺书；积极推动“子改分”“压减”等重大改革；开展选人用人工作专项检查，完善规范选人用人制度；对已办纪检案件进行自查自纠，着力解决执纪问责存在的“宽松软”、廉洁风险等问题；开展以案促改警示教育，扎实推进各项整改工作。

2022年，广西新华书店集团立体化推进党建与业务工作深度融合。一是坚定不移强化政治建设。深入学习宣传贯彻党的二十大精神，广西新华书店集团党委开展“第一议题”学习31次，把政治理论学习不断引向深入；制订推动党史学习教育常态化长效化具体措施，持续深入巩固拓展党史学习教育成果。扩大学习覆盖面，运用“中国—东盟出版人才培养知识服务系统”，分期集中轮训基层党务工作人员近600人次。二是强基固本夯实党建基础。扎实开展“五基三化”攻坚年行动，全面理顺各市、县新华书店党组织关系，进一步提升基层党组织建设标准化、规范化水平。三是持续擦亮党建品牌。推进“一支部一品牌”党建品牌建设，其中，集团旗下广西新华幼儿教育投资有限公司党支部党建品牌建设实例入选“党建+企业文化引导技术实践课题”项目。四是牢牢把握意识形态主动权。将意识形态工作纳入党建年度工作要点，写入集团和各子公司章程；对各级党组织开展意识形态专项督查自查；同时组织开展志愿服务活动，增强文明实践的内生动力。五是强化党建工作宣传。发挥新媒体优势，在公众号、官网等平台转载推送党建工作信息275条。六是精准有效抓好政治监督。全面落实广西出版传媒集团党委第二巡察组巡察反馈意见整改，制定整改工作安排，按时报送整改工作进展情况，较好地完成了整改工作任务。此外，组织开展廉政谈话5次，发送廉洁短信3085条，签订廉洁从业承诺书3000余份，开展“慢作为不善为不敢为”问题查摆及整改工作，推动企业政治生态净化改善、持续向好。七是聚力清廉企业建设。大力推进廉政文化“六进”和“八个一”主题系列活动，完成123家新华书店廉政主题书籍专柜设置，开展廉政主题图书进学校、进机关、进社区主题活动450余场次，征集廉政书画作品218幅，组织参加新时代家庭教育与家文化建设主题教育讲座1200人，开展廉政家访活动700余人次，营造了“以清为美、以廉为荣”的崇廉尚廉企业文化氛围。

教材发行

2021年，广西新华书店集团通过了中宣部教材发行资质审查，并继续获得广西区中小学教科书独家经营资质；各市、县公司克服疫情不利影响，确保了“课前到书，人手一册”；经与自治区教育厅磋商，成功争取到免费教材4%的让利幅度保持不变，为2022年春季至2024年秋季免费教材采购减少让利金额近2900万元。全年实现教材销发货4.79亿册，33.85亿码洋，同比分别增长17.11%、15.37%。其中，非免费教材销售1.72万册，14.41万码洋，同比分别增长36.51%、27.07%。

2022年，广西新华书店集团克服疫情反复带来的不利影响，强化主动服务，全年实现教材销发货4.37亿册，32.05亿码洋。其中，非免费教材发行7700万册，5.98亿码洋，同比增长6.63%、12.68%。各级公司切实加强与当地疫情防控部门、教育部门及学校的沟通和联系，圆满完成了“课前到书，人手一册”的政治任务。

门店建设

2021年，广西新华书店集团自上而下对门店转型升级高度重视，切实提高政治站位，将门店转型升级提高到深入落实习近平总书记关于推动文化高质量发展、不断满足人民群众对美好生活新期待、提高文化供给质量的重要指示精神去认识，把门店转型升级作为维护人民群众基本文化权利、建设文化强国的历史使命去落实和承担。在此基础上，通过加强汇报督导、争取资金扶持、彰显地方特色、合作共建、“双效”同步推进等举措，统筹城乡发行网点建设，取得了显著的成绩。截至12月底，在全区范围内完成升级门店92家，其中2021年完成43家，实现了全部县级新华书店完成门店转型升级的战略发展目标，全区图书发行网点经营面积由2016年的4.02万平方米拓展到10.58万平方米。

2022年，广西新华书店集团按照“十四五”期间门店转型升级、文化综合体、校园书店、乡镇网点、仓储物流等建设规划方案，有序推进项目建设工作，进一步夯实文化主阵地。一是加强门店转型升级后续建设。完成平南、藤县、岑溪等子（分）公司门店转型升级并开业，对2020—2021年完成转型升级的59家门店开展项目后评价，持续提升经济效益和社会效益。二是加快推进文化综合体建设。推进贵港书城项目建设前期工作，土地用途变更和提升容积率事宜获贵港市人民政府批复同意；与桂林市叠彩区政府就“新华·漓江文化广场”项目多次沟通协商，签订合作框架协议，加强前期业态论证和运营规划；推进广西书城项目规划研究，拟写相关建设方案。三是扎实推进仓储物流体系建设。成立项目专项工作小组，加强前期调研及立项工作，拟写“十四五”期间仓储物流建设实施方案。四是切实抓好发行网点建设。积极向商圈、社区、学校拓展实体书店，2022年增加图书发行网点22家，其中校园书店7家，社区书店8家，乡镇网点7家。截至2022年底，全区网点数量共275家，经营面积达110830平方米，增加4208平方米。

融合创新

2021年，广西新华书店集团新业务培育拓展成效明显。在标准化作业本方面，积极应对市场变化，注重做好产品市场调研和营销推广，不断优化产品质量，并陆续开发了7个新品种。其中，投资研发“统一信息平台作业本及教育装备项目管理子系统”并已投入使用，有效提升了运营管理效率。截至2021年底，全区已有29个市、县教育部门发文支持中小学学生标准化作业本的销售推广，全年作业本系列产品销售册数和码洋同比分别增长28.13%和33.19%。在幼儿教育方面，新开办柳州市阳光壹佰新华托育园、南宁园托育班，新增一家托管运营公办幼儿园，完成防城港市港口区新华幼儿园项目主体验收。截至12月底，10家连锁园在园幼儿总数2800多人，实现营业收入2756万元，同比增长70%。此外，对全区门店文具销售情况进行了抽样调查，开展了市场初步调研，先后与晨光、得力等国内知名文具品牌洽谈合作事宜，开始启动文具连锁经营项目系统开发，为布局全区新华书店文具连锁经营打下了基础。

2022年，广西新华书店集团创新驱动多元化发展提质提速。一是推动幼教产业向纵深发展。成立教研中心，建立教研骨干人才库，提升教师队伍专业化水平，调整托育园照管服务、压缩管理层级。截至12月底，9家连锁幼儿园在园幼儿人数2711人，全年实现营业收入同比增加14.05%。二是加强标准化作业本产品创新。对作业本产品进行二次研发、升级；增加作业本个性化定制服务，为部分高中学校制作定制版作业本产品，结合部分地区使用习惯开发新的作业本产品等，扩大市场占有率；激活作业本周边产品创新，设计文创周边产品，如帆布袋、笔记本等，撬动周边衍生品市场。作业本系列产品年销售实现4545.41万册，8867.02万码洋，同比分别增长3.20%和5.87%。三是推进新业态多点齐发。在文具文创方面，优选文具用品供应商进行合作，编制文具连锁运营手册，制定连锁业务流程，形成代理商代发及本地化服务的模式，推进文具文创用品经营初见成效。在"新华小店长"研学项目方面，以"图书＋店员体验＋研学"为活动内容，为全区各市、县的小读者们提供假期社会实践平台，截至2022年底，全区参与门店数量超过60家。在"新华书课"项目方面，依托作家和讲师资源优势，积极推动"线上＋线下"阅读融合发展，开展买书赠线上课程、"书课进校园"活动，向党政机关、企事业单位提供"图书＋课程"定制服务，不断增强学习阅读服务的多样性、有效性。在推动门店新业态方面，鼓励全区各地门店根据自身特点新增了饮品餐食、教育培训、新华剧场、"书＋侦探社"、玩具、木工制作等广为读者喜爱的新业态项目，有效提升门店的经济效益。与此同时，积极实施推进集团内循环战略，选取十万大山、蓝天等天然山泉水制作新华内供饮用水，并提供多种包装及规格面向全区销售。推进办公用纸项目开发和新国标红领巾及少年儿童组织文化用品销售和推广工作，与中国少年儿童发展服务中心达成合作意向，成为该中心在广西区域唯一的服务代理机构。

网络运营

2021年，广西新华书店集团加快数字化升级，全面梳理业务流程，全力推进软件开发，构建业财融合一体化平台。同时，继续加大投入，对微商城平台进行功能升级，增加了借阅、线下活动管理、团购服务等模块，进一步提升线上线下融合发行能力，加快打造线上商城。

2022年，广西新华书店集团以技术创新增强发展内生动力。加快推进业财融合一体化项目工作，完成业务平台端的系统改造分析；各子公司开展业财融合的经验交流及检查，组织部署应收款项清收专项工作，取得阶段性成效。同时，启动“政采云”线上项目，为各市、县公司拓展线上业务赋能，为集团多元业态发展助力。

全民阅读

2021年，广西新华书店集团持续推动全民阅读活动深入开展。注重提升全民阅读活动质量，引入优质合作资源，不断拓展活动渠道，丰富全民阅读文化内涵，大力开展全民阅读“七进”活动，推动全民阅读活动由门店延伸到社区、学校、机关单位，全年累计组织开展各类全民阅读活动1500余场，开展流动售书服务1068场次，实现全区乡镇全覆盖。同时，同步推进线上线下“文化惠民卡”发行工作，全年累计发行电子卡、纸质卡10万张，总价值500万元，最大限度地满足人民群众的阅读文化需求，持续扩大全民阅读影响力。

2022年，广西新华书店集团充分发挥全民阅读推广主力军的作用，打造全民阅读“新高地”，创新文化阅读活动，进一步激发全民阅读活力，助力“书香八桂”建设。一是集团旗下各级子（分）公司将开展全民阅读活动作为履行社会责任的重要抓手，通过各种方式深耕助读，举办全区性的大型全民阅读活动21场，全区各级新华书店自行策划开展形式多样、内容丰富、读者积极参与的阅读活动累计3177场次，积极打造具有地方特色的新华阅读品牌。经统计，市辖区和县、市主城区新华书店年平均开展阅读活动30场次以上，年平均营业时长4509.23小时，超额完成开放服务读者的指标要求。二是全区各级新华书店门店火热开展“欢庆二十大 奋进新征程”主题系列活动，为党的二十大召开营造良好文化氛围。采取线上线下同步销售的方式，向社会公开发行广西全民阅读文化惠民卡10.4万张，总价值520万元，确保文化惠民举措深入人心、落到实处。三是集团和各级公司积极探索“党员教育＋主题出版＋全民阅读”融合发展模式，深入推进“红湾”主题阅读体验区建设，使各级新华书店成为“红湾”专业的指导、服务机构，促进“红湾”的可持续发展。四是各级子（分）公司深入开展农村流动售书活动，全年流动售书1321次，全区农村流动售书覆盖率达100%以上，实现了流动售书服务覆盖所有不具备建设实体乡镇网点的目标，解决了偏远地区群众的“购书难”问题。

内控管理

2021年，广西新华书店集团进一步优化管理层级、组织架构，为企业高质量发展提供了强有力支撑。通过整体谋划、一体部署、整体推进，全面完成县级子公司“子改分”工作，解决管理链条长、环节多等问题，构筑企业体制机制新优势。积极推进门店连锁经营工作。强化公司治理，新增修订管理制度6个；推进全面风险管控，搭建风险管理组织体系，实施对战略风险、运营风险、市场风险、财务风险和法律风险的全面管理，提升风险防范管理水平。此外，加快数字化升级，开发业务财务一体化平台，推进智慧化物流建设，实现了物流信息闭环跟踪、物流智能手持设备在全区各市、县物流、门店实物管理中的全面应用；继续加大投入，对微商城平台进行功能升级，增加了借阅、线下活动管理、团购服务等模块，进一步提升线上线下融合发行能力。

2021年，广西新华书店集团将安全生产和疫情防控工作同部署、同落实，层层压实责任。与各部门、各子公司签订年度安全生产责任书，开展常态化安全生产检查30余次，排除并整改隐患95处，全年无安全事故发生。

同时，统筹推进安全生产和疫情防控工作，做好疫情防控各项工作部署。

2022 年，广西新华书店集团企业内部管控机制日臻完善。一是强化内部体系建设。健全制度框架，新增及修订制度 31 项；加强制度执行的跟踪问效，提升制度的科学性、规范性、实效性。二是以创新管理开创门店连锁经营新局面。扎实推进门店连锁经营，建立健全全区连锁管理机构，完善门店连锁经营工作制度；加强宣传引导，提高员工对门店连锁经营工作的认识；加强调查研究，建设连锁经营示范店，及时破解经营难题，加速推动连锁店以市场导向为主的变革；建立多种零售促销模式，推动连锁经营全局化、有效化，取得阶段性成效。三是筑牢安全“双防线”。压紧压实安全生产工作责任，持续落实疫情防控举措，加强疫情防控管理和宣传教育工作，严格执行防疫消杀流程，全面开展安全大检查活动，组织安全生产交叉检查、防汛备汛专项安全检查、高层建筑火灾隐患排查整治、日常安全检查。同时开展安全教育培训、演练等 84 场次，全面提升员工安全意识和安全生产技能。四是持续推进内部审计并严格执纪审查。全年开展审计项目 33 个，加强对审计发现问题的督促整改，相关子（分）公司对内部审计发现的 179 个问题已整改 152 个，对外部审计发现的 46 个问题已整改 36 个。一以贯之深化运用“四种形态”，推动监督执纪震慑常态化，加强法务管理，严把审核关，审核审查集团总部各部门、子公司合同 215 份，规章制度 31 项；及时跟进案件进展，维护公司合法权益。五是发挥工会组织优势。做好职工医疗互助保障工作，减轻职工的医疗负担。发动广大职工积极推动消费扶贫，助力乡村振兴发展。开展健步走、广播体操比赛等丰富多彩的文娱活动，丰富职工业余文化生活，增强企业凝聚力。是年，广西新华书店集团工会荣获“五星先进职工之家”称号。

人才培养

2021 年，广西新华书店集团强化人才队伍建设，修订人事管理规章制度，进一步健全各级子公司经营管理班子，建立退休退职内退管理办法，不断规范选人用人制度，完成 108 人次的人事任免及调整；组织各级公司 167

名业务骨干到出版社进行业务交流，安排 7 家出版社编辑到新华书店进行交流；扎实推进培训工作，举办培训班 37 期，参培人数 1496 人次。

2022 年，广西新华书店集团进一步优化干部结构队伍，完成 5 名中层干部和 9 名总部科级干部选拔任用工作，调整 4 名中层干部岗位和 7 名监事职务；推进人才培养和锻炼体系建设，选派 7 名直属子公司优秀员工到市、县公司进行挂职锻炼；多方位开展培训管理，总部开展各类线上线下培训 18 期、参培人数 9600 余人次。积极配合广西出版传媒集团开展 6 期培训班，先后派出正式学员和辅导员共 80 人，旁听 220 多人次，完成指定的学习任务。同时，搭建出版人才培育平台，运用大数据、云计算、人工智能等新一代信息技术开发“中国—东盟出版人才培养知识服务系统”，辐射全广西 100 多个学习点，满足超过 5000 名出版行业用户的在线学习需求，打造“线上 + 线下”“网络 + 实地”相结合互补充的培训模式，实现全区新华书店系统员工全覆盖。

物流配送

2021 年，广西新华书店集团进一步推进智慧化物流建设，在上年完成智慧化物流平台推广部署工作的基础上，加强应用培训，实现了物流信息闭环跟踪、物流智能手持设备在全区各市县物流、门店实物管理中的全面应用。

2022 年，广西新华书店集团扎实推进仓储物流体系建设。成立项目专项工作小组，加强前期调研及立项工作，拟写“十四五”期间仓储物流建设实施方案。在全区智慧化物流方面，虽然受疫情影响无法开展集中统一的技术培训，但已经完成了资源整合及基础性建设工作，统一了物流体系的软硬件标准，强化了各衔接环节信息化的建设规划工作，为提高员工和管理人员的智慧化物流管理理念，推动全区智慧化物流的更快发展夯实了基础。

社会责任

2021 年，广西新华书店集团积极发行党史学习教育指定学习用书，全年累计征订发行 685.03 万册，党员平均覆盖率约 72.00%，征订发行量（按党员覆盖率统计）排在全国前列。

2021 年，广西新华书店集团积极做好农家书屋出版物补充更新工作，为全区 15278 家农家书屋补充配送图书 145.14 万册，履行了新华书店服务社会、服务“三农”的社会责任。

2021 年，广西新华书店集团组建“我为群众办实事”志愿服务队，开展“保卫邕江，人人有责”等志愿服务活动。

2021 年，广西新华书店集团接续推进乡村振兴工作。完成对原脱贫攻坚（乡村振兴）工作队员的调整轮换；集团分管扶贫工作的班子领导到定点帮扶村开展调研慰问活动 4 次；参与民族地区为民办实事工作，开展为帮扶村贫困学子捐资助学活动。

2022 年，广西新华书店集团进一步发挥党的宣传思想和意识形态阵地作用，全年发行重点政治读物 166.82 万册。其中《让群众过上好日子——习近平正定足迹》等 4 部系统记述习近平同志地方工作经历的图书发行 14.37 万册，《习近平谈治国理政》第四卷发行 62.22 万册，党的二十大相关读本发行 62.5 万册。

2022 年，广西新华书店集团积极应对农家书屋分散采购新变化，精心筛选采购品种，降低采购成本，确保采购质量；早计划、早准备、早实施，顺利完成全区 15278 个农家书屋的出版物补充更新配送工作，促进农家书屋的长效运行。

2022 年，广西新华书店集团接续奋进助力乡村振兴，到帮扶村开展“送温暖防返贫”及民族团结宣传教育活动，协助做好离任驻村工作队员“回头看回头访回头帮”工作。

2021 年末领导班子成员名单

张华斌　集团党委书记、董事长
岑　刚　集团党委副书记、董事、工会主席
邵福荣　集团董事、副总经理
蒋宇锋　集团党委委员、副总经理

陈兴强　集团副总经理

黄举红　集团副总经理

俞振凌　集团财务总监

2022 年末领导班子成员名单

张华斌　集团党委书记、董事长

岑　刚　集团党委副书记、董事、工会主席

邵福荣　集团董事、副总经理

蒋宇锋　集团党委委员、副总经理

陈兴强　集团副总经理

黄举红　集团副总经理

萨宣敏　集团副总经理

俞振凌　集团财务总监

贵州省新华书店有限公司

年度概况

2021年，贵州省新华书店有限公司（以下简称“贵州省新华书店”）始终以习近平新时代中国特色社会主义思想为指导，坚决贯彻落实习近平总书记视察贵州重要讲话精神，坚持稳中求进的工作总基调，以高质量发展统揽全局，按照贵州出版集团“双百双优”奋斗目标，积极创新工作思路、工作方法和工作机制，突出“保增长、补短板、防风险、促增收”四大工作重点，统筹疫情防控和经济社会发展，协同推进发展、改革、管理、党建等各项工作。通过全面盘活资产、现代物流体系建设、线上线下一体化运营，实现新华书店品牌影响力质的提升，全年实现营业收入25.99亿元，实现利润总额1.6亿元。

2022年，贵州省新华书店深入学习贯彻党的二十大精神、《国务院关于支持贵州在新时代西部大开发上闯新路的意见》（国发〔2022〕2号）文件精神以及贵州省第十三次党代会精神，锚定“擦亮新华书店金字招牌，打赢新华书店振兴仗”的各项工作任务，主动作为、攻坚克难，一手抓发展，一手抓抗疫，克服重重困难，以实际行动推动企业健康持续发展，全力以赴提升新华书店品牌形象，提升贵州省新华书店的品牌影响力，助力“多彩贵

州 书香高原”全民阅读活动建设，取得良好的社会效益和经济效益，为贵州出版集团高质量发展和实现“双百双优”目标作出了积极贡献。2022 年，完成营业收入 28.3 亿元，实现利润总额 1.99 亿元。

领导关怀

2021 年 4 月 23 日，在遵义市娄山关举办的 2021 年全国新时代乡村阅读季暨“多彩贵州 书香高原”全民阅读活动启动仪式上，中央宣传部印刷发行局副局长、一级巡视员董伊薇和中共贵州省委宣传部副部长、省广播电视局局长耿杰为娄山关新华书店红色书屋第一站顺利揭牌。

2021 年 6 月 1 日，新华文渊超市紫林庵店开业，贵州省委常委、省委宣传部部长卢雍政同志到新华文渊超市紫林庵店调研指导工作。

荣誉奖项

2021 年 3 月，在中国书刊发行业协会主办、百道网承办的“新时代杯”2020 时代出版·中国书店年度致敬活动中，黔西南州新华书店阿妹戚托分店荣获“年度乡村书店”称号。

2021 年 6 月，遵义市新华书店 1935 分店被中国全民阅读媒体联盟、书香中国万里行活动组委会、中国新闻出版传媒集团列为“书香中国万里行活动基地”。

2022 年 3 月，在中国书刊发行业协会主办、百道网承办的“新时代杯”2021 时代出版·中国书店年度致敬活动中，印江县新华书店木黄红色书店荣获“年度乡村书店”称号；华东师范大学附属贵阳学校校园书店荣获“年度校园书店”称号。

2022 年 4 月，遵义市新华书店 1935 分店被中国书刊发行业协会授予“首届全民阅读大会·年度最美书店”称号。

组织人事

2022 年 2 月，根据《关于王良明同志免职的通知》（黔版干任〔2022〕2

号）文件，王良明同志达到法定退休年龄，自然免去贵州省新华书店有限公司党委委员、副总经理职务；2022 年 4 月，王良明同志正式退休。

2022 年 6 月，刘波同志任贵州省新华书店有限公司党委副书记、执行董事、副总经理（主持工作）、法定代表人；黄文皓同志、罗进同志任贵州省新华书店有限公司党委委员、副总经理。

2022 年 10 月，张升明同志任贵州省新华书店有限公司党委委员、纪委书记（保留集团总部中层正职职级及待遇）。

党建工作

2021 年，贵州省新华书店坚持以习近平新时代中国特色社会主义思想为指导，认真落实新时代党的建设总要求和党的组织路线，全面加强党的领导。一是强化理论武装。组织党委班子成员集中学习 15 次，全体中层干部及全体党员研讨 11 次，指导各支部学习 123 次、专题研讨 40 次、开展主题党日活动 13 次。贵州省新华书店班子成员及各市（州）公司主要负责同志撰写学习心得 70 篇，开展党史知识问答 6 次。二是强化队伍建设。61 名职工递交入党申请书，108 名积极分子和发展对象备案，发展新党员 37 名，办理党组织关系转接手续 280 宗。三是扎实推进党史学习教育和开展“牢记殷切嘱托、忠诚干净担当、喜迎建党百年”专题教育。召开集中研讨会 9 次，开展“党育青年成长 青年跟党前进”主题演讲比赛、“亮身份、争先锋，我为群众办实事”、娄山关红色基地现场学习、“清明祭英烈”党史知识竞赛、参观脱贫攻坚成就展、“建党百年创先争优”等活动。四是党建助力乡村振兴。拨付 6000 元为沙龙村委购置安装空调，为镇宁县沙子乡弄染村党史学习教育基地采购 11 万元建设及办公设施，召开全省扶贫研究会议，交流工作经验，并解决扶贫干部实际困难。五是严抓党风廉政建设和反腐败工作。签订《党风廉政建设工作责任书》，一体推进“三不腐”；组织所属二级单位主要负责人述责述廉，严管干部作风，紧盯重要时间节点，加强廉洁提醒教育，坚决防止“四风”问题反弹；强化警示教育，组织党员干部观看《正风反腐就在身边》警示教育片，筑牢拒腐防变思想防线。

2022年，贵州省新华书店以党的政治建设为统领，把政治标准和政治要求贯穿企业经营管理的各环节，不断强化党的建设。一是加强思想建设和理论武装。组织党委理论学习中心组学习暨研讨14次，全体中层干部及全体党员研讨会10次。开展主题党日活动12次、专题学习8次、教育培训9期。制作“新华新发行”系列微党课视频12期，下发至各支部学习。二是开展专项检查。开展支部党费收缴、使用和管理以及党员发展工作专项检查，组织开展标准化建设“回头看”自查自评。三是抓实组织建设。62名同志被列为发展对象，7名同志通过预备党员预审，6名同志转为预备党员，7名同志按期转为正式党员，办理党组织关系转接手续85人。四是开展联创共建。与会展社区、沙子乡中菁村签订联创共建协议，联合开展美化环境、公益捐赠等活动。五是狠抓意识形态工作。签订《意识形态、网络意识形态、网络安全工作责任书》，加大检查力度，严格落实意识形态工作责任制。六是大力推进党风廉政建设。抓紧抓实廉政警示教育，组织党员干部观看《折翼之痛》和《一刻不停歇》警示教育片，筑牢拒腐防变思想防线。召开党风廉政建设和反腐败工作2022年度会议，签订《党风廉政建设工作责任书》。组织所属二级单位主要负责人述责述廉，压实勤政廉政工作责任。组织召开党风廉政建设专题会议6次，研判政治生态，坚定不移推进全省新华书店正风肃纪反腐向纵深发展。

教材发行

2021—2022年，全省新华书店发扬“爱党、爱国、爱店、敬业”的新华精神，全力以赴做好教材教辅征订发行工作。一是压实工作责任，严肃教材教辅征订发行工作纪律，制定“课前到书，人手一册”工作方案和应急预案，确保圆满完成“课前到书，人手一册”政治任务和重大民生工程。二是坚定不移推进集团整合教辅征订发行工作。以集团整合教辅为全省新华书店教辅发行的核心，完善考核奖惩机制，深挖市场潜力，力争集团教辅发行体量再上新台阶。三是以做好教育服务为宗旨，做好文教类图书销售工作，满足师生需求。在坚决维护省教育厅教辅目录的基础上，对师生需要订购的文教类图书，规范销售行为，做好服务工作，满足社会需求。四是加强业务管理，提高管理水平。完善教材教辅发行考核奖惩办法，进一步规范业务行为，提高业务管理水平。五是强化管理意识和服务意识，加强对全省基层单位的业务管理和服务工作，齐心协力完成各项教材教辅发行工作任务。

门店建设

2021年，根据贵州省委宣传部及贵州出版集团公司的工作要求，贵州省新华书店充分发挥新华书店宣传主渠道作用，为满足人民群众的文化需求，打造了全省统一的文化品牌——新华文渊超市，年内完成了紫林庵店、印江店、湄潭店、播州店、赫章店、花溪店、兴义店、毕节店、安顺店9个新华文渊超市升级改造工作；新增2个乡村书店——娄山关新华书店红色书屋和木黄红色书店；新增华东师范大学附属贵阳学校校园书店、遵义医科大校园书店、乌当中学校园书店、乌当新九小学校园书店、凯里学院校园书店5个校园书店，以图书、文具、休闲活动区、阅读区为主，为学生及教师提供阅读活动等多项服务，为打造全省书香校园发挥示范作用。

1月3日，乌当中学校园书店正式营业，该店位于贵阳市乌当中学校园内，面积约100平方米。

1月3日，乌当新九小学校园书店正式营业，该店位于贵阳市乌当新九小学内，面积约110平方米。

3月21日，新华文渊超市印江店正式营业，该店位于铜仁市印江县龙津街道西园路63号，面积约230平方米。

4月22日，遵义医科大学校园书店正式营业，该店位于遵义市遵义医科大学图书馆一楼，面积约335.98平方米。

4月23日，娄山关新华书店红色书屋正式营业，该店是贵州出版集团公司、贵州省新华书店沿着中国共产党在贵州的长征路线、战斗遗址、爱国主义教育基地开展新华书店红色书屋建设的第一站。该书屋位于遵义市娄山关诗词馆，面积约150平方米，陈列图书共3000余册，350个品种，以党史学习教育用书、时政读物、英雄故事、伟人诗词、国学经典为主。

5月25日，木黄红色书店正式营业，该店位于中国工农红军第二、第六军团胜利会师的圣地——木黄镇，面积约210平方米，陈列图书近1万册，以红色文化为主，让读者在书香中感悟和传承伟大的长征精神。

5月30日，新华文渊超市湄潭店正式营业，该店位于遵义市湄潭县浙大广场十字街，面积约346平方米。

6月1日，新华文渊超市紫林庵店正式营业，该店位于贵阳市云岩区瑞金北路1号，面积约2310平方米，陈列图书10余万册，设有文化沙龙、亲子文创、文化旅游城市展厅、文化商品销售、咖啡休闲等区域，为广大市民和读者提供文化消费、阅读交流、休闲聚会、文化体验、创意生活空间。

7月1日，新华文渊超市播州店正式营业，该店位于遵义市播州区万寿街北段10号，面积约778平方米。

8月14日，新华文渊超市赫章店正式营业，该店位于毕节市赫章县城关镇九零路，面积约750平方米。

8月15日，华东师范大学附属贵阳学校校园书店正式营业，该店位于贵阳市观山湖区华东师范大学附属贵阳学校图书馆一楼，面积约420平方米。

9月3日，新华文渊超市花溪店正式营业，该店位于贵阳市花溪区清溪路，面积约326平方米。

9月29日，新华文渊超市安顺店正式营业，该店位于安顺市西秀区老大十字，面积约1013平方米。

9月29日，凯里学院校园书店正式营业，该店位于黔东南州凯里学院内，面积约104平方米。

9月30日，新华文渊超市毕节店正式营业，该店位于毕节市七星关区砂石路3号，面积约1158平方米。

12月31日，新华文渊超市兴义店正式营业，该店位于黔西南州兴义市沙井北路35号，面积约800平方米。

2022年，贵州省新华书店在全省范围内升级改造了14个新华文渊超市，分别是从江店、榕江店、丹寨店、施秉店、镇远店、雷山店、锦屏店、铜仁店、三都店、六盘水店、荔波店、惠水店、平塘店、镇宁店；1个校园书店——毕节第三实验中学；1个乡村书店——阿嘎村书屋，以及4个无人值守书店。

3月28日，新华文渊超市六盘水店正式营业，该店位于六盘水市钟山区钟山西路38号，面积1011平方米。

4月19日，贵州省新华书店打造的全省首家社区24小时无人值守书店——文渊阅智慧书房落地贵阳市云岩区头桥街道，正式对公众开放。

4月23日，黔西市水西广场文渊阅智慧书房正式营业，面积约80平方米，涵盖社科、文艺、文教、少儿、党政五大类图书，实行全天候开放、无人值守、自助借阅销售。

4月23日，黔东南州图书馆文渊阅智慧书房正式营业，该店位于黔东南州图书馆一楼右侧，面积约133平方米，陈列图书2000余种。

4月23日，新华文渊超市镇宁店正式营业，该店位于安顺市镇宁县红岩山路与黄果树大道东交叉口220米，面积约380平方米。

6月30日，毕节第三实验中学校园书店正式营业，该店是毕节市首家校园书店，位于毕节市七星关区第三实验学校内，面积约440平方米，陈列图书2245种，共计6136册，近30万元码洋。为校园增添浓厚的书香气息，助力孩子们养成读好书、好读书、多读书的良好阅读习惯。

7月24日，贵州省首家村级书店——阿嘎村书屋正式营业，共有两层，总面积798平方米，积极打造阅读、娱乐、休闲、茶饮、书画、作品展示、活动交流等多功能、多形态的文化阅读空间。给广大读者、乡村旅游者在阅读学习、展示交流、聚会休闲、创意生活上带来新体验。

8月1日，新华文渊超市锦屏店正式营业，该店位于黔东南州锦屏县三江镇三江路222号，面积约70平方米。

8月9日，新华文渊超市施秉店正式营业，该店位于毕节市施秉县城关镇街心花园东街30号，面积约60平方米。

8月15日，铜仁印江文昌广场文渊阅智慧书房建成，面积216平方米，内外装修融入“中国书法之乡”“中国名茶之乡”“中国长寿之乡”几张国字号名片元素，彰显印江浓厚的历史文化。该书房24小时开放，无人值守，

“一站式”阅读体验，极大地方便了居民就近阅读和购买图书。

8月18日，新华文渊超市铜仁店正式营业，该店位于铜仁市碧江区大十字福霖大厦三楼，面积约1800平方米。

8月20日，新华文渊超市荔波店建成，该店位于黔南州荔波县新天地，面积约410平方米。

8月20日，新华文渊超市惠水店建成，该店位于黔南州惠水县和平镇人民广场，面积约330平方米。

9月1日，新华文渊超市从江店正式营业，该店位于黔东南州从江县丙妹镇丙妹路86号，面积约80平方米。

9月6日，新华文渊超市雷山店正式营业，该店位于黔东南州雷山县丹江镇解放东路13号，面积约40平方米。

10月1日，新华文渊超市丹寨店正式营业，该店位于黔东南州丹寨县建设北路5号，面积约80平方米。

10月20日，新华文渊超市镇远店正式营业，该店位于黔东南州镇远县大菜园四号巷与大菜园三号巷交叉口东北320米，面积约100平方米。

11月6日，新华文渊超市榕江店正式营业，该店位于黔东南州榕江县古州镇古州东路95号，面积约100平方米。

11月16日，新华文渊超市平塘店建成，该店位于黔南州平塘县平湖镇中山路29号，面积约180平方米。

11月20日，新华文渊超市三都店正式营业，该店位于黔南州三都县中山路，面积约300平方米。

融合创新

2021年，贵州省新华书店积极探索，不断推进融合创新。一是充分发挥宣传主渠道作用，为满足人民群众的文化需求，加快高质量发展，打造了贵州文化品牌——新华文渊超市，采取统购统配、统一打造、统一标识、连锁经营、统一核算、统一管理的方式，拓展门店服务的边界、提升门店的颜值、优化门店的调性、打造体验场景、为读者提供阅读及关联体验的“一站式”服务。二是为提高运营效率，优化供应链管理，2021 年 11 月，贵州省新华书店与深圳市富润德供应链管理有限公司签订《合资经营协议》，2021 年 12 月 31 日成立贵州新华富润德供应链管理有限公司。此次合作，将民企机制灵活的优点和国企自身规范运营的优势结合起来，旨在盘活全省新华书店超 10 万平方米的仓库资源以及毕节市 70 余亩土地资源，打造功能强大、使用便捷的新华书店一体化现代物流服务体系。三是利用华为视频系统建成覆盖全省 9 个市（州）公司、部分县分公司的网络视频会议系统。

2022 年，贵州省新华书店在校园书店的建设上为学生提供便捷的阅读环境，学生可以在课余时间随时阅读各类书籍，丰富知识储备，提高阅读兴趣。校园书店定期组织各种文化活动，如读书分享会、签售会、文化沙龙等各种文化活动，促进学生的阅读交流和文化沉淀。同时，利用华为视频系统建设完成覆盖全省各级新华书店的网络视频会议系统。

网络运营

2021 年，“贵州省新华书店有限公司”店铺在多彩宝商城上线运营，黔南州公司和遵义市公司开设微店商城，进一步推进线上线下融合发展，逐步扩大渠道覆盖面。

2022 年 4 月，开通“贵州省新华书店有限公司”微信公众号，利用省、市两级新华书店微信公众号实现读者活动报名、在线阅读、在线听书、自助查询等功能，开展新书、畅销书、重点图书的宣传推荐。为进一步拓展私域营销，全省各级新华书店门店通过组建客户服务微信群，经常进行群互动，随时随地掌握客户需求，推送图书上新信息和门店活动等，提升读者的留存率，增强读者的黏性，不断推动网上发行业务的延伸拓展，提升社会效益和经济效益。

全民阅读

2021 年，贵州全省各地门店积极开展亲子故事会、读书会等全民阅读活动共 92 场，活动参与人数约 3000 余人。重点活动有：一是配合中央宣传部、农业农村部、国家乡村振兴局、贵州省委宣传部，于4月23日在遵义市娄山关举办2021全国“新时代乡村阅读季”暨“多彩贵州·书香高原”全民阅读活动。二是根据中央宣传部和贵州省全民阅读工作安排，贵州省新华书店积极参加“追寻光辉足迹——‘多彩贵州·书香高原’”2021年长征阅读季活动，于6—8月先后走进遵义会议会址、苟坝会议会址、猴场会议会址、黎平会议会址、突破乌江战斗遗址、四渡赤水遗址、困牛山战斗遗址、木黄会师遗址、娄山关战斗遗址、剑河县镇江村等10个红色文化点，开展全民阅读，传承红色血脉。

2022年，贵州全省各地门店积极开展各类全民阅读活动，产生了良好的社会效益。全省共举办线下阅读分享会125场，活动参与人数约4000余人。重点活动有：一是在全省开展新华“心阅读”寒假系列活动。本次活动于1月18日在安顺启动，先后走进8个市（州），行程5000千米，推荐分享读本近40部。二是5月17日—6月5日，联合贵州电视台开展了“新华童书节·书香伴成长”暨六一儿童节系列活动。三是在新华文渊超市云岩广场店举办《贵州历史笔记》首发仪式暨座谈会以及“阅读新时代 奋进新时代”“时代各有不同 青春一脉相承”阅读分享会，并在“4·23世界读书日”期间与贵州电视台合作开展阅读分享直播活动，直播平台覆盖“动静”APP、抖音等，观看人数约20万人次，回看人数约27万人次。

内控管理

2021年，贵州省新华书店不断强化制度建设，切实提升经营管理规范化水平。一是下发《打赢新华书店振兴仗实施方案》，明确了当前和今后一段时期打赢新华书店振兴仗的指导思想、目标任务、方法步骤和保障措施。二是制定《贵州省新华书店有限公司干部选拔任用工作管理办法》，建立健全干部选拔任用机制和管理监督机制。三是修订《贵州省新华书店有限公司财务报销管理办法及实施细则》，进一步完善财务报销流程，规范财务报销管理。四是坚决执行“三重一大”制度，通过不断构建完善的企业制度体系，切实做到以制度管人、管事、管权，全面提升规范化管理水平。

2022年，贵州省新华书店不断加强企业管控能力，建立健全有关制度，以强化管理促进企业健康发展。一是下发《贵州省新华书店有限公司2022年文化体制改革和发展工作要点》，明确完善公共文化服务体系，建设“书香贵州”，打造“多彩贵州 书香高原”，全面落实国有文化企业监督管理、重大事项管理、工资决定机制、资产负债约束等方面的管理规定，进一步落实中宣部、省委以及集团党委全面深化改革委员会的工作部署和要求，为打赢新华书店振兴仗凝聚强大合力，为集团公司高质量发展凝聚更多智慧和力量。二是为强化贵州省新华书店人才队伍建设，修订完善《贵州省新华书店有限公司干部选拔任用工作管理办法》，为人才强企提供制度保证。三是下发《关于贵州省新华书店有限公司领导干部配偶、子女及其配偶经商办企业禁业范围的通知》，进一步压实管理责任，严肃纪律要求，规范和制约权力的运行。四是修订完善《中共贵州省新华书店有限公司委员会议事规则》《中共贵州省新华书店有限公司委员会研究讨论事项清单》《贵州省新华书店有限公司章程》《贵州省新华书店有限公司总经理办公会议事规则》《中共贵州省新华书店有限公司委员会重大事项决策流程（试行）》等，进一步规范决策行为，提高决策水平。五是以审计发现问题整改工作为契机，进一步抓实重要工作、重大项目、重点环节的督促检查和问题整改，进一步建章立制，规范管理，依法依规开展各项工作，确保贵州省新华书店健康有序发展。

人才培养

2021年，贵州省新华书店按照干部管理权限，选拔5名年轻同志到有关市（州）公司、县分公司及图书公司任职，进一步推动年轻干部的培养和选拔。组织各市（州）公司9名优秀员工到省店公司上挂交流锻炼，为各市（州）公司员工提供多岗位锻炼机会，积累工作经验。组织开展党建培训10次、意识形态培训3次、安全生产工作专题培训1次、会议记录培训1次；组织开展警示教育活动1次。

2022年，贵州省新华书店高度重视人才机制和人才队伍建设，全省新华书店系统开展意识形态、安全生产、党建工作等培训19次。为充实省店公司各部门中层管理人员，通过公开竞聘，层层选拔省店公司6名中层副职管理人员。2022年2月，面向社会招聘工作人员22人，为企业可持续发展和改革创新提供人才保障。组织各市（州）公司9名优秀员工到省店公司上挂交流锻炼，不断加强干部培训和能力提升。

物流配送

2021年，贵州省新华书店根据《打赢新华书店振兴仗实施方案》的要求，积极探索盘活闲置资产与现代物流体系建设，整合现有物流方式，推进线上线下一体化运营。面对教材发运周期大幅缩短等不利因素，坚持提供24小时送货到校服务。广大党员充分发挥先锋模范作用，带头做好收货、分类、清点、打包、分发、配送工作，坚决做到随到随收、即收即配、日收日清，保障了教材发行工作高效有序推进。春季共收发教材、教辅3000多个品种、7800余万册、90余万件、1.7万余吨；秋季共收发教材、教辅3600余个品种、1.01亿余册、135万余件、2.4万余吨，圆满完成了2021年春秋两季“课前到书，人手一册”的重要政治任务和重大民生工程。

2022年，贵州省新华书店持续推进自动分拣设备智能化升级改造，对仓储设备的布局进行科学规划和设计，优化各环节工作流程。在教材发运工作中，面对教材改版、印制时间晚、收发货时间集中、新冠疫情暴发等重重困难，贵州省新华书店系统发扬“爱党、爱国、爱店、敬业”的新华精神，整合全省各级新华书店人力、运力、生产物资和后勤保障等配置，科学合理进行发货安排，在保证现有运力的基础上，统一调配管理全省“东风工程”流动送货车辆及生产用车，抢时间、拼速度，确保在最短时间内送书到校。据统计，2022年春、秋两季教材共收货1.52亿册，配发1.53亿册，圆满完成了“课前到书，人手一册”的政治任务和重大民生工程。

社会责任

2021年，贵州省新华书店始终坚持把社会效益放在首位，实现社会效益和经济效益相统一，主动投身各类公益事业，秉持“源于社会、回馈社会”的思想贡献新华力量。一是各级新华书店积极开展各类公益志愿活动，向学校、社区、贫困边远农村捐赠图书、生活物资等，以及资助品学兼优贫困学生约 18 万元。二是拨付 6000 元经费为沙龙村委购置安装空调。为镇宁县沙子乡弄染村党史学习教育基地采购 11 万元建设及办公设施。

2022 年，贵州省新华书店积极履行社会责任，主动参与公益事业。一是积极开展各类公益志愿活动，多次参加社区开展的文明创建志愿服务活动和“阻控疫情 志愿同行”专项行动，劝导不文明群众 1000 余人次；上门看望留守儿童、慰问失独家庭老人；向学校、社区、贫困边远农村等捐赠学习用品、生活用品等价值约 47.6 万元；开展“打黄扫非，护苗 2022 绿书签”专项行动，强化保护知识产权意识。二是落实 2022 年疫情减租相关政策，主动为租赁户减免房屋租金，切实缓解个体工商户及小微企业经营困难，全省新华书店共为 281 家租户减免租金 1525.39 万元。

2021 年末领导班子成员名单

李　健　党委副书记、总经理
于贵江　党委委员、副总经理
王良明　党委委员、副总经理
刘　波　党委委员、副总经理

2022 年末领导班子成员名单

刘　波　党委副书记、执行董事、副总经理（主持工作）、法定代表人
张升明　党委委员、纪委书记
黄文皓　党委委员、副总经理
罗　进　党委委员、副总经理

四川新华出版发行集团

年度概况

2021年，是中国共产党成立100周年，也是“十四五”规划开局之年。一年来，在省委宣传部的坚强领导下，四川新华出版发行集团（以下简称“集团”）认真贯彻中央和省委决策部署，积极推动集团深化改革，深入实施振兴四川出版战略，坚持疫情防控和生产经营两手抓，守正创新开展各项工作，实现了社会效益和经济效益双丰收，2021年度再次入选“全国文化企业30强”，实现最近连续5年、先后10次入选。2021年，集团实现营业收入112.12亿元，利润总额13.21亿元，资产总额228.90亿元，净资产总额138.48亿元。

2021年，集团圆满完成党委换届工作，推动完成新华文轩党委换届工作，集团基层党组织换届工作至此全面完成；组织制定集团深化改革发展三年行动方案、2021—2025年度经营战略规划和集团人力资源开发战略等专项规划，进一步明晰集团“十四五”期间各项工作目标，用科学规划和有力举措，谋划推动集团“十四五”高质量发展；出版板块营业收入和利润均实现同比增长，销售实洋在全国37家出版集团中排名第9位，同比上升3个位次；码洋排名第7位，同比上升2个位次；在省委宣传部领导下，集团和新华文轩全力以赴做好2021天府书展办展工作，圆满完成了书展主办、承办任务。

2022年，在省委、省政府的坚强领导下，在上级机关的有力指导下，四川新华出版发行集团班子认真贯彻落实中央和省委决策部署，围绕全省宣传思想文化工作大局，继续积极推动深化改革，统筹疫情防控和生产经营，取得了良好的社会效益和经济效益，集团再次入选“全国文化企业30强”，是最近连续6年、先后11次入选。2022年集团实现营业收入112.22亿元，利润总额13.36亿元，资产总额247.03亿元，净资产总额154.18亿元，均实现持续增长。

2022年，集团贯彻新时代党的组织路线，围绕集团战略发展目标，制定了《“十四五”干部人才队伍建设规划》，明确干部人才工作基调；强化网上发行主渠道，文轩网全年经营规模超过60亿码洋，稳居国有图书电商第一位；在中宣部印刷发行局、省委宣传部的大力支持下，成功举办2022天府书展，进一步提升了天府书展的国内国际影响力，书展海报在纽约时代广场实现2轮展播，环球网、香港《文汇报》、美国《华兴网》等17家媒体争相报道，受众涵盖全球五大洲。

荣誉奖项

2021年1月，四川少年儿童出版社明琴同志荣获人力资源社会保障部、国家广播电视总局、国家新闻出版署授予的“全国新闻出版广播影视系统劳动模范”称号。

2021年4月，四川人民出版社出版的《不断裂的文明史：对中国国家认同的五千年考古解读》被评为2020年“中国好书”。

2021年7月，四川民族出版社、四川美术出版社出版的《格萨尔王传大全》（1—300卷）荣获国家新闻出版署颁发的“第五届中国出版政府奖·图书奖”；四川文轩在线电子商务有限公司荣获“第五届中国出版政府奖·先进出版单位奖”；新华文轩出版传媒股份有限公司李强同志荣获“第五届中国出版政府奖·优秀出版人物奖”。

2021年9月，四川新华出版发行集团连续5年、先后10次入选由光明日报社和经济日报社发布的“全国文化企业30强”。

2021年12月，四川民族出版社陈蓉同志入选中宣部“四个一批”人才。

2021年12月，国家新闻出版署发布“2021年出版业科技与标准创新示范项目入选名单”，四川文轩在线电子商务有限公司入选“科技应用示范单位”。

2022年3月，四川民族出版社陈蓉同志被全国妇联授予“全国三八红旗手”称号。

2022年10月，四川画报社罗彬同志获四川省“金熊猫”奖先进个人。

2022年12月，四川新华出版发行集团连续6年、先后11次入选由光明日报社和经济日报社发布的“全国文化企业30强”。

2022年12月，天地出版社出版的图书《我用一生爱中国：伊莎白·柯鲁克的故事》和四川新华出版发行集团等单位投资制作的电视剧《湾区儿女》，荣获中宣部第十六届精神文明建设“五个一工程”奖。

组织人事

2022年12月，李昆任四川新华出版发行集团党委委员、副总经理。

党建工作

2021年，四川新华出版发行集团坚持以习近平新时代中国特色社会主义思想为引领，以党史学习教育、庆祝中国共产党成立100周年为契机，以四史学习、习近平总书记“七一”重要讲话、党的十九届六中全会精神为重点，结合深化“四好一强”领导班子建设，努力开创集团党建和改革发展新局面。聚焦“深”字用劲，紧扣“实”字推动，积极探索“党委引领、总支示范、支部比拼”的学习宣传新模式。组建“新华分享家”队伍，在集团内外大力推广“编辑讲红色故事”的学习形式，把出版红色主题读物背后的故事搬到“台前”，推进出版优势资源和党建工作的融合提升。紧扣成渝双城经济圈建设，联合重庆出版集团开展“学四史、读好书”活动，得到川、渝两地读者好评。

以党史学习教育为主线，通过追寻“红色记忆”，赓续“红色血脉”，打造“红色载体”，深入推进党史学习教育，其中“点亮红心”阅读行动，吸引到26个省（区、市）及境外地区读者参与，共14.8万人次加入。

在廉政建设方面：压紧、压实全面从严治党政治责任，确保集团及下级党委纪委换届工作风清气正，顺利完成；印发《2021年党建及党风廉政建设工作要点》，签订年度《党建与党风廉政建设责任书》；全力支持配合省委第十二巡视组开展巡视工作；及时分析研判集团政治生态，实事求是对集团党委领导班子开展政治生态评价“画像”；驰而不息纠治“四风”，全面开展“小金库”“吃公函”等专项治理；持续强化警示教育；严把选人用人“廉洁关”，动态更新廉政档案，充分发挥廉政档案在干部选拔任用中的基础性作用；健全完善监督制约体系，整合纪检、巡察、财务、审计等各方监督力量，推动案件查办、监督检查、整改落实一体贯通；开展落实中央八项规定精神制度建设“回头看”，督促修订4项相关制度。

2022年，集团各级基层党组织认真落实“第一议题”制度，及时跟进学习习近平总书记系列重要讲话精神和重要文章，确保在重大问题决策和重要工作推进中与党中央决策部署保持一致，确保正确的政治方向，2022年集团党委共组织“第一议题”学习23次。认真学习贯彻省第十二次党代会决策部署，紧紧围绕“讲政治、抓发展、惠民生、保安全”的工作总思路，鼓励全体党员围绕中心工作，发挥党员先锋模范作用，立足岗位职能职责在支撑业务工作保发展、抗震救灾、疫情防控、乡村治理等方面发挥作用。泸定“9·5”地震发生后，集团党委立即响应号召，与旗下新华文轩共同向灾区捐款300万元支援抗震救灾工作，并号召全体员工向灾区捐款献爱心，共收到1046名员工捐款27.8万元。在统筹疫情防控和生产经营中，集团广大党员干部走在前、作表率，30余名党员主动下沉社区、70余名党员加入社区志愿队伍，开展抗疫志愿服务超过950小时。

在廉政建设方面：制发《2022年集团党风廉政建设工作要点》，定期专题研究全面从严治党、党风廉政建设和反腐败工作，推动“两个责任”一体履行；签订年度《党建工作与党风廉政建设责任书》，层层压紧、压实责任；

坚持标本兼治，统筹省委巡视与经济责任审计反馈问题整改一体推进；扎实推进以案促改工作，召开警示教育大会，深入剖析违纪问题发生的深层次原因；持续加固落实中央八项规定精神堤坝，认真开展借培训名义搞公款旅游、国有企业重大非正常亏损背后违纪违法问题、地方国有投融资平台和项目建设监督检查、纠正干部违规经商办企业或兼职问题等专项治理；严把选人用人关，坚决防止“带病提拔”。

教材发行

2021—2022 年，新华文轩教育服务事业部的经营工作指导思想和主要举措可以概括为“一个中心、两个抓手、三度服务”。即以客户为中心，抓好渠道优化和业务融合，做有宽度、有深度、有温度的教育服务。有宽度，即坚定不移发展“五项”业务，坚持不懈服务“四类”客户；有深度，即基于学生成长组织产品与服务、基于学科教学组织产品与服务、基于教育教研组织产品与服务；有温度，即把帮助客户解决问题作为产品与服务的出发点与落脚点。

具体措施：“明确一个目标”，即更好地满足基础教育课堂内外教学需求，助力四川基础教育高质量发展。“统筹两个效益”，即坚持社会效益和经济效益有机统一。“做好三项工作”，即做好产品、渠道、营销三项工作。“服务四类客户”，即学前教育客户、义务教育客户、普通高中教育客户、职业教育客户。“发展五项业务”，即基础教育出版物出版发行业务、教育装备与教育信息化业务、劳动与实践教育业务、教师培训业务、课后延时服务。

门店建设

1. 网点建设

2021 年 1 月 20 日，新华文轩荣县店新装开业。

2021 年 3 月 20 日，轩客会 · 通材书坊店开业。

2021 年 4 月 18 日，新华文轩金堂店开业。

2021 年 5 月 15 日，轩客会 · 绵阳恒宣店开业。

2021 年 5 月 31 日，新华文轩威远清溪书吧店开业。

2021 年 6 月 1 日，新华文轩大竹店新装开业。

2021 年 7 月 29 日，轩客会 · 总府路王府井店开业。

2021 年 12 月 25 日，新华文轩雅安书城新装开业。

2022 年 1 月 26 日，新华文轩蒲江店新装开业。

2022 年 1 月 28 日，新华文轩巴中书城新装开业。

2022 年 1 月 29 日，新华文轩郫都店新装开业。

2022 年 4 月 2 日，轩客会 · 竹梦书坊开业。

2022 年 7 月 23 日，新华文轩安居店开业。

2021—2022 年，还有包括新华文轩自贡书城、广元书城、盐边店等多家门店陆续新装开业。

2. 重点项目

2021 年 3 月，新华文轩成立政企业务中心，正式启动针对政府部门、行政单位、国有大中型企业等客户群体开展成建制的阅读文化定制服务，积极尝试拓展店外经营渠道，构建"店内 + 店外"融合发展新生态，策划打造政企业务产品线，创新营销方式，探寻业务发展增长新渠道。

2022 年 4 月，根据"店内店外融合、线上线下结合"的新型文化消费服务体系的工作要求，新华文轩书店 ON 项目组正式成立，并于 4 月 17 日正式上线"新华文轩云店"。

3. 特色网点建设

2022 年完成升级改造和迁址焕新门店共计 11 家，总面积 7735 平方米。其中，自贡书城从街边独立物业迁至购物中心店，深挖当地文化 IP，以丰富的本土文化资源在场景、主题、陈展方面展现出文化融合与特色，以及线上线下相结合的主题推荐、云店的多点位可视化呈现，极大地提升了消费体验。

4. 门店营销活动

2021 年，新华文轩各子品牌共举办各类阅读文化活动 5000 余场，进一步彰显阅读"有趣、有美、有用"魅力，营造爱读书、读好书、善读书的良好氛围，满足广大人民群众文化需求、提升公民文化素质。

2022年5月13日—6月1日，新华文轩举办“童年不重样”六一系列营销活动。新华文轩联动博集、中信出版集团、磨铁、四川人民、人民文学等11家出版社以及杨红樱、沈石溪、马伯庸等23位作家在新浪微博开展话题互动，最高阅读量达5万人次，带动了相关图书销售。

5. 门店品牌建设

公司以“多品牌、多团队、多模式”为经营思路，完成了“新华文轩”“文轩BOOKS”“KIDS WINSHARE”“轩客会”等系列子品牌的建设工作。截至2022年，新华文轩旗下“新华文轩”品牌门店149家，“文轩BOOKS”品牌门店2家，“KIDS WINSHARE”品牌门店2家，“轩客会”品牌门店14家。

6. 实体店服务标准化

2022年7月，新华文轩制定了《自营文创商品管理手册》，形成了门店自营业态标准化管理规范。

融合创新

1. 业态融合创新

2021年1月15日，“文轩BOOKS”携手全国十大共享办公品牌联合打造了专属“阅享空间”，这是涵盖阅读、办公、会议、自习等多场景的全新空间物种，也是全国第一个嵌入知名书店的灵活办公空间，前来打卡用户超过10万+。

2021年度，KIDS WINSHARE孵化SHE PLUS空间。其中包含以多元阅读为核心的社团空间、咖啡饮品下午茶空间、萌娃寄存空间。

2021年3月26—29日，新华文轩与文创云集合力打造时光市集——万物生，邀请9位文创非遗商家入驻，2位非遗大师现场分享，10余家媒体渠道宣传，线上线下融合逛集，线下人流量突破3000人次，线上共聚集10万+人次的关注。

2021年8月9日，新华文轩全新业态“漫威体验馆”在成都购书中心开业，引入超级IP，采用“新品体验+潮玩酷物”，配合丰富的系列活动，给书店注入一股新的活力，进一步丰富了门店业态，吸引了更多年轻客群到店。

2021年8月，四川文轩教育科技有限公司与西南交通大学签订框架合作协议。双方约定共同建立长期合作互信的发展机制，打造双方共赢、可持续发展的战略合作伙伴关系。

2022年1月12日，“文轩BOOKS”与方寸山联合打造了“照猫画虎”壬寅虎年当代文人书画篆刻作品展，同时，携手宠物机构带来众多猫咪到线下逛展，这种将传统文化与潮流打卡结合的新颖模式得到广大顾客的一致好评。

2022年，“KIDS WINSHARE”文轩亲子书店与仁和购物中心共同打造R Home会员中心，除了阅读、餐饮、生日派对以外，为R Home的会员制订每月手作计划，平均每月2场手作活动。作为品牌与购物中心共同为商场会员打造的共享空间，获得了会员的一致认可。

2022年，新华文轩充分利用线下门店优势，整合事业部、中心店和各品牌资源，加大线上业务投入，统筹推进线上线下业务融合开展。搭建166家线上云店，实现了线上线下融合发展格局。云店为读者提供更丰富的图书品种、阅读文化活动和促销信息，同时还能利用数字化、网络化的云店工具，满足读者的个性化需求。自上线以来，云店业务始终保持了高速增长，2022年销售规模达1亿元。

2. 渠道产品创新

2021年，文轩在线基于扎实的多渠道运营能力和长期积累的海量用户数据，在产品开发、策划、营销、发行等多个环节与多家优秀出版社达成深度合作，积极探索渠道与出版的融合发展。合作新开发品种达146个，累计运营品种达500余种，目前已逐步形成了以文学、少儿、艺术为主要品类方向，聚焦古典文学、世界名著、少儿科普、艺术绘画等垂直领域的12条优势产品线，销售码洋近3亿元。

2021年1月，“KIDS WINSHARE”线上运营部成立“童书社群中盘小组”，在新媒体及社交属性的互联网平台上形成了具备短周期、爆发强、利润足等特征的童书推广新策略。

3. 信息技术创新

2021年，天地出版社与喜马拉雅合资打造的天喜平台出版的融媒体图书出版码洋达8000余万元，自研有声读物达70余种，累计时长达8万余分钟，全年实现营业收入约2600万元。

截至2021年底，文轩在线打造互联网中盘，已连通1500余家出版单位，覆盖28个省、自治区、直辖市的新华书店、民营书店、馆配商和网店，服务全产业链转型升级。与此同时，文轩在线以新技术赋能新商业，依托大数据和移动通信技术，构建“分销新通路”领先性商业模式，开拓库存共享业务，为行业各方提供更优质、更全面的服务。

2022年4月，四川数字出版传媒公司推出全国首个区块链图书融合项目——“数字藏书”，新华文轩旗下多家出版社相继通过该项目推出“数字藏书”。该项目是区块链为出版行业提供新技术、新应用、新业态的创新代表。

2022年7月，文轩教育科技公司与西南交通大学达成战略合作，旨在共同研发设计大数据技术支撑下的“四川省学生体质健康智慧化整体解决方案”。

4. 服务模式创新

2021年，新华文轩轩客会与王府井百货、深圳华侨城、蔚来汽车等行业共同打造了“会员中心运营＋书店运营”“管理输出＋供应链服务”“策展输出＋供应链服务”等三种创新模式。

2021年1月，文轩教育服务与四川广播电视台就“观观科学课堂”签订战略合作协议。和川台联手打造“观观科学课堂”少儿科创教育体系及系列产品，为3~6岁儿童提供生活化、趣味化、多元化的科创课程。

2021年3月，文轩教育服务业务搭建的“文轩优选”商城正式上线。平台以解决教材、教辅遗失补缺为主要目的，建立起为家长和学生提供针对性强、实用性高的高品质教材、教辅产品的线上平台。

2021年9月，文轩教育服务设立中小学课后服务项目组。向广大中小学校提供儿童阅读、体育、美育、科技创新、近视防控等特色课后服务活动课程和课程培训等服务，以开展“特色活动”为引领，助力培养学生核心素养，提高课后服务教学成效，提升学校课后服务质量。

2021 年 12 月，文轩教育服务设立学前教育服务拓展中心、普通高中教育服务拓展中心、职业教育服务拓展中心，细分客户，提供不同的产品和服务。针对不同学段教育服务，提升专业能力，精准选择切入口，提供差异化、个性化服务。

2022 年初，文轩教育服务为助力文教类图书的市场竞争力，推出配套文教类图书的智慧作业产品和服务（义教），以提升教学质量，助力教师增效。

2022 年 2 月，文轩教育服务将高中精准教学服务项目、智慧作业（义教阶段）项目作为 2022 年第一批融合发展项目，以建立事业部信息共享、业务协同的业务融合发展机制，不断延伸业务价值链，做深客户需求，实现“1+1>2”的整体协同效应。

2022 年，文轩教育服务业务搭建的学情分析资源包以信息化手段为纸质业务赋能，基于错题数据可以为学生提供共性化错题集、练习题，常规推送习题及学情分析报告，助力老师了解学情，精准教学。

2022 年，文轩教育服务板块策划上线“名师轩讲会”系列直播课程，区域化运营“文轩优教”专区，持续扩大在四川教育的影响力，全学段共 28 场，累计 11 万人次观看。义务教育：共 17 场，累计 8 万人次观看；劳动实践：共 5 场，累计 2.5 万人次观看；职业教育：共 4 场，累计 6736 人次观看。

网络运营

1. 电商平台销售

2021 年 4 月，文轩在线入选并参与了由国家新闻出版署组织的“读掌上精品 庆百年华诞——百佳数字出版精品项目献礼建党百年专栏”建设和宣传。在网站、微信公众号、微博等平台同步完成了专栏上线，并通过多种媒体通道向大众进行广泛宣传。“百年华诞 书香天府”优秀主题出版物阅读季项目入选四川省委宣传部2021年“庆祝建党100周年文化产业重大专项活动”。

2021年9月，文轩网作为中宣部指定的16家网络传播平台之一，上线推广“新时代 新经典——学习贯彻习近平新时代中国特色社会主义思想重点数字图书专栏”。专栏上架图书共260本，分为著作集、讲话单行本、论述摘编、工作生活经历、学习读本、思想研究、案例选、语言典故8类分栏，满足广大干部群众对学习贯彻习近平新时代中国特色社会主义思想图书的阅读需求。

2021年，文轩在线广泛联合出版机构、知名作者等，发挥多元化内容生产和信息精准传播能力，在以短视频、直播带货为代表的新兴渠道加大运营力度，丰富消费场景，提升业务效果。2021年，通过“自营矩阵＋合作达人矩阵”的方式，累计开展直播1000余场，观看人次超过1000万，原创短视频播放量超过2.5亿次，实现销售超4000万元。

2. 线上线下融合

截至2021年底，文轩在线已连通线上线下1500余家出版单位，覆盖28个省、自治区、直辖市的新华书店、民营书店、馆配商和网店，服务全产业链转型升级。与此同时，文轩在线以新技术赋能新商业，依托大数据和移动通信技术，构建“分销新通路”领先性商业模式，开拓库存共享业务，为行业各方提供更优质、更全面的服务。

2022年4月，根据“店内店外融合、线上线下结合”的新型文化消费服务体系的工作要求，新华文轩书店ON项目组正式成立，并于4月17日正式上线“新华文轩云店”。

全民阅读

1. 大型书市书展

2021年10月15—18日，由中宣部印刷发行局、中共四川省委宣传部、成都市人民政府指导，四川新华出版发行集团有限公司主办，新华文轩出版传媒股份有限公司承办，中国出版协会、中国期刊协会、中国书刊发行业协会、中国版权协会、中国印刷技术协会、各市（州）党委宣传部支持的天府书展成功举办。书展以习近平新时代中国特色社会主义思想为指导，以庆祝中国共产党成立100周年为主线，以“爱阅读 会生活”为永久主题，以“致敬建党百年 逐梦书香天府”为年度主题，坚持线下线上并重，通过专业化、市场化办展方式，集中展示了出版最新成果，深入开展了全民阅读活动和文化惠民活动，极大地推动了书香天府建设，满足了文化期盼，促进了文化消费，达到了预期目的。

2021年11月，文轩在线充分发挥资源、渠道、供应链与服务优势，为“2021天府书展·云世界”策展，在遵循“云世界·阅无界”主旨的基础上，搭建了“1+3+N”的线上线下融合展场，将“天府书展·云世界”打造成为24小时不打烊、永不落幕的阅读盛会。天府书展期间，线上逛展人次达4300万，实现图书销售码洋6149万元。

2022年11月25—28日，由中宣部印刷发行局、中共四川省委宣传部、成都市人民政府指导，四川新华出版发行集团有限公司主办，新华文轩出版传媒股份有限公司承办，中国出版协会、中国期刊协会、中国书刊发行业协会、中国版权协会、中国印刷技术协会、各市（州）党委宣传部支持的天府书展成功举办。书展以习近平新时代中国特色社会主义思想为指导，学习宣传贯彻党的二十大和省第十二次党代会精神，以“爱阅读 会生活”为永久主题，以“阅读新时代 奋进新征程”为年度主题，集中展示党的创新理论著作、党的二十大重要文件文献和四川出版高质量发展成果，展销优秀出版物，组织各类阅读活动。坚持“行业资源整合、线上线下融合、省市展场联合”的办展模式，组织200余家出版发行单位、80余万种图书、430余场文化活动，以场景化、交互化的方式亮相书展，为读者奉献了一场安全、创新、精彩的全民阅读嘉年华，天府书展已成为四川省推进新时代文化强省建设的重要品牌。

2022年天府书展期间，实现总销售码洋1.37亿元，其中线上销售7139万码洋，线下销售1470万码洋；馆配交易会采选图书4426万码洋；此外，书展期间还实现文创产品销售690万元。线上以“文轩九月”为主题设“天府书展·云世界”主展场，书展还进一步优化“展会+直播”模式，在线下主展场搭建直播区，联合抖音平台开展图书直播展销，优化对参展单位直播业务的全方位服务。

2. 重点主题出版物发行

2021年，根据集团主题时政读物发行工作部署，共发行党史学习教育指定4种读物、894万余册，其中，《论中国共产党历史》发行量排名全国第三；发行党史学习教育重要参考材料3种读物、214万余册，其中，《中华人民共和国简史》《改革开放简史》发行量均排名全国第三；发行十九届六中全会相关读物2种、63万余册，其中《中共中央关于党的百年奋斗重大成就和历史经验的决议》辅导读本发行量排名全国第二。

2022年，集团共发行《习近平谈治国理政》第四卷、《中国共产党宣传工作简史》、《百年初心成大道》以及党的二十大文件及学习辅导读物等重点时政读物近390万册，其中，《习近平谈治国理政》第四卷发行超260万册，与第三卷相比增长率近30%。

3. 品牌文化活动

2021年起，为满足基层群众的精神文化需求，丰富人民群众的文娱生活，激发社会爱国、爱党热情，全省新华文轩书店在店内策划开展红色主题阅读文化服务活动200余场。

2021年，结合党史学习教育和建党100周年，全省以“我是朗读者”品牌文化活动为载体，号召读者们诵读经典党史故事，表达爱国、爱党热情，“读党史·忆初心诵读活动”持续发酵，全省共开展200多场。2021年还先后举办了“轩客会讲书——我们正在讲”“文轩周末读书会”“爱读I do周末阅读分享会”等活动，设置“红领巾志愿服务岗”，开展“红领巾护书员”志愿服务活动等。

4. 阅读推广活动

2021年四川省“4·23书香天府·全民阅读”启动仪式在“文轩BOOKS”招商店多功能大厅举行，当日新华文轩门店共开展各类型活动200余场次。

2021年六一国际儿童节期间，全省各书店开展了形式多样、参与感强、体验感强的阅读活动，以满足0~12岁儿童不同的阅读需求。

2021年天府书展期间，多轮文化惠民活动接连开展。新华文轩还制订了详细的发券和宣传推广方案。惠民券精准投放约20万人，切实做到了文化惠民。

截至2021年10月，文轩在线全年围绕“悦读·越美好”的活动主题，组织举办了一系列互联网平台全民阅读活动，活动期间总访问量超1.1亿人次，参与活动近500万人。

2022年5月，由省委宣传部、四川省语言文字工作委员会（以下简称“省语委”）、省委教育工委、省教育厅联合主办，四川省教育融媒体中心（四川教育电视台）、新华文轩承办的四川省2022年中华经典诵写讲演系列活动——“书香天府·阅读之星”经典阅读活动正式启动，各级活动累计吸引全省3000多所学校、90多万名学生参与其中。

内控管理

2021年，集团印发《四川新华出版发行集团党委会前置研究、研究决定事项清单（试行）》《四川新华出版发行集团有限公司2021内审工作要点》《四川新华出版发行集团有限公司总部资金支出审批权限管理办法》《四川新华出版发行集团有限公司工程建设项目管理办法（修订）》《四川新华出版发行集团有限公司差旅费管理办法》等制度。

2022年，集团印发《四川新华出版发行集团有限公司培训管理办法》《四川新华出版发行集团有限公司干部管理办法》《四川新华出版发行集团有限公司安全生产责任制管理办法》《四川新华出版发行集团宣传管理办法》《四川新华出版发行集团有限公司重大事项管理办法（试行）》及集团党委会、董事会、总经理办公会议事规则等制度。

人才培养

2021年，集团累计组织或参加国资国企经营管理能力提升培训班、天府大讲堂、2021 年度企事业单位管理人员党史学习教育专题培训班等 34 次；招聘引进 9 人。

2022 年，集团累计组织或参加市厅级领导干部学习贯彻党的十九届六中全会精神网络培训班、编辑继续教育培训班等 28 次；招聘引进 20 人。

2021—2022 年，集团安排挂职锻炼共 5 人。

物流配送

1. 物流项目建设

华南物流中心助力构建全国物流网络新格局。2022 年上半年，启动建设华南物流中心，仅用时一个半月就达到库存 30 余万品种、500 余万册的开仓运行要求，分拨、分拣准确性达 99.9% 以上，所覆盖广东、广西、福建、海南等省的订单，整体时效缩短 22~27 小时。至此，全国性物流网络升级拓展为四个核心区域节点，形成了全国商品集散基地、区域中转、城市配送的仓运网络布局，具备多仓存储、多仓发运的强大物流网络能力。

2. 物流新技术应用

文轩物流结合业务特性，深入开展智慧化设施设备研发、投入和试点应用，于 2022 年引进以下设备，进一步提高仓库管理机械化、自动化水平。

包件自动分拣线：针对电商库内多种作业方式、大量作业点位、快递订单动态分配的情况，引进了包件自动分拣线，实现了从包装环节到包件揽收环节的全自动化处理，同时达成了称重自动化、出库扫描记录自动化、拍照留存自动化、分流自动化。

包件装车输送线：针对征订、供货等短时间集中装车发运的业务情况，上线了包件整车输送线，实现了包件装车由人工转到车进化到输送线到车，极大提升了装车效率和质量。

3. 全力保障“课前到书”任务完成

2021 年秋季共发行教材 1.136 亿册，圆满完成了“课前到书，人手一册”的政治任务。在教材发运工作中，新华文轩教育、出版、发行、印刷、物流等各业务环节密切协作，努力克服疫情防控、高温限电、极端天气等不利因素影响，工作人员加班加点，连续奋战，在车辆无法通行的地方就由工作人员手提肩扛送书到校，彰显了新华人高度的政治责任感和顽强拼搏的工作作风。

2022 年，文轩物流累计发运春季教材 8000 余万册，发运秋季教材 9000 余万册，全面完成免费教材课前到书率 100%。2022 年秋，教材发运工作面临高温、限电、疫情、教材改版等突发情况，物流中心全体员工顶住周期缩短、强度增加的压力，连续 50 多天实行"吃在园区、住在园区、干在园区、防在园区"的网格化防疫保运工作模式，以出色的工作，连续 44 年实现新华文轩"课前到书，人手一册"的庄严承诺。

4. 物流社会化运营

文轩物流通过优化物流流程、提高作业效率、提升资源整合利用率、引用新技术等方式，在保证主营业务正常开展的情况下，充分利用闲置资源和服务能力积极开展外部社会化运营业务，达到以副辅为主的目的。2022 年实现三方营业收入 2.5 亿元。

社会责任

1. 公益捐赠

2021 年起，通过教育装备业务系统进行的全省公益捐赠次数共达 110 余次，捐赠的产品包含图书、器材、幼教玩具、LED 显示屏、一体机、"妙懂初中地理"移动教室工具箱、移动历史教室等教育教学装备，共计 94 所学校接受捐赠，累计金额 294 万余元。

2022 年起，新华文轩连续两年积极响应韬奋基金会向全国出版发行界发出的"书香暖神州"图书捐赠活动倡议。先后向仪陇朱德红军小学总校等全省 20 所中小学捐赠价值 100 万元的图书，内容涵盖红色教育、科学探索、古典文化等多方面知识。

2. 社会公益活动

2021—2022 年，"一木环保"公益行动已覆盖全四川省 18 个市、135 个县区、6000 所学校，超过 500 万学生参与，累计回收废旧书本突破 1 万吨，相当于保护了约15万棵树木免受砍伐；筹措公益金1200余万元，用于开展各类环保教育主题活动，寓教于乐，让学生切实参与环保。

承办“天府书展进乡村·点亮阅读微心愿”活动，该活动秉持“以书为桥，让乡村学生阅见更加广阔的世界”的理念，依托全省农家书屋等基层文化阵地，面向乡村留守学生征集一本书“阅读微心愿”，通过天府书展平台，广泛号召社会各界爱心人士认领心愿，为乡村留守学生圆梦，精准赠送图书8000余册。

2021—2022年，开展了多场文轩教育“太阳星公益行动”乡村教育圆梦活动，邀请多名联盟专家线上或到校指导，受益对象包括达州、南充、崇州、遂宁、泸州、乐山、自贡等地的联盟校校长、教师及学生。

2022年在攀枝花、达州、宜宾等地，先后开展“爱心妈妈”亲子结对、文轩姐姐讲故事关爱留守儿童等活动，助力乡村振兴。

2021年末领导班子成员名单

罗　勇　党委书记、董事长，新华文轩党委书记、董事长
刘龙章　党委副书记、副董事长、总经理，新华文轩党委委员、副董事长
罗　军　党委委员、董事、副总经理
柯继铭　党委委员、董事、副总经理
赖　明　省纪委监委驻集团纪检监察组组长，党委委员、纪委书记

2022年末领导班子成员名单

罗　勇　党委书记、董事长，新华文轩党委书记、董事长
刘龙章　党委副书记、副董事长、总经理，新华文轩党委委员、副董事长
罗　军　党委委员、董事、副总经理
李　昆　党委委员、副总经理
柯继铭　党委委员、董事、副总经理
赖　明　省纪委监委驻集团纪检监察组组长，党委委员、纪委书记

云南新华书店集团有限公司

年度概况

2021 年，云南新华书店集团有限公司（以下简称“云南新华书店”）按照“转型升级年”这一工作主题，坚持稳中求进、好中求快工作总基调，坚持加强党对国有企业的全面领导，统筹疫情防控和改革发展工作，以新发展理念为引领，以深化供给侧结构性改革为主线，以信息化建设为突破，以数字化转型为依托，以融合为重点，以创新为动力，着力推进管理智能化、发行物流化、产业网格化建设，推动经济平稳运行，确保“十四五”开好局，以优异成绩献礼建党 100 周年。全年实现营业收入 48.85 亿元，与上年相比增长 12.45%；实现利润总额 6.17 亿元，与上年相比增长 2.60%。

2022 年，云南新华书店积极面对需求收缩、供给冲击、市场预期转弱等多重因素影响，合力攻坚，以管控方式改革赋能企业释放发展活力。深入推动全面预算体系建设，加快发行渠道资源整合，全面完成教材教辅各项工作任务，拓展在线馆配、门店数字化管理、新华直播、在线教育服务等平台建设，以全省连锁门店、校园书店、国门书社、乡愁书院为依托，全力打造“书香彩云南 · 惠民书市”“书香九进”等全民阅读品牌，推动公共文化服务向基层延伸。全年实现营业收入 50.04 亿元，与上年相比增长 2.44%；实现利润总额 7.19 亿元，与上年相比增长 16.5%。

荣誉奖项

2021 年 1 月，云南新华书店荣获人力资源社会保障部、国家广播电视总局、国家新闻出版署联合授予的“全国新闻出版广播影视系统先进集体”称号。

2021 年 7 月，在中国新华书店协会主办的“庆祝建党 100 周年 全国新华书店主题出版物造型设计大赛”决赛中，云南新华书店《一心向党》主题造型设计荣获二等奖，云南新华书店荣获组织奖。

2021 年 9 月，云南省新闻出版局授予云南新华书店所属德宏新华书店有限公司陇川分公司、临沧市第一中学墨香斋、昭通市威信扎西云上乡愁书院“云南省 2021 年度全民阅读示范基地”荣誉称号。

2021 年 11 月，云南新华书店荣获中宣部学习出版社颁发的“重点通俗理论读物宣传推广突出贡献奖”。

2021 年 11 月，在中国新华书店协会主办的全国新华书店庆祝建党百年“我和新华书店”演讲大赛决赛中，云南新华书店选手周渝迪获优秀奖，其演讲作品《云上乡愁书院》获优秀文稿奖。

2021 年 12 月，由中国书刊发行业协会、韬奋基金会共同指导，北京开卷信息技术有限公司主办的第三届“全民阅读 · 书店之选”评选结果出炉。云南新华书店图书有限公司荣获“十佳组织”称号；大理州新华书店有限责任公司下关分公司大理图书城、临沧新华书店有限公司凤庆分公司凤庆书城、红河州新华书店有限公司蒙自分公司、昆明新华书店连锁有限公司、昆明新华书店连锁有限公司昆明书城、普洱新华书店有限公司思茅分公司思茅书城、云南新华书店图书有限公司分别荣获“百佳阅读推广单位”称号。

2022 年 1 月，在中国书刊发行业协会主办、百道网承办的“新时代杯”2021 中国书店年度致敬活动中，云南新华书店获评“五年特别致敬”荣誉；曲靖新华书店有限责任公司罗平分公司罗平一中新华书香坊获评“年度校园书店”；西双版纳新华书店有限公司景洪分公司勐养云上乡愁书院获评

“年度乡村书店”；临沧新华书店有限公司临翔分公司临沧一中校园店店长杨天燕获评“年度店长”。

2022年4月，由中央宣传部印刷发行局指导，中国书刊发行业协会主办的“首届全民阅读大会·年度最美书店”发布活动在北京举行。云南新华书店所属昭通市威信县扎西红色小镇云上乡愁书院荣获“年度最美书店”殊荣。

2022年4月，在云南省妇女联合会开展的第三批云南省家庭亲子阅读体验基地推荐工作中，云南新华书店所属昆明新华书店连锁有限公司盘龙分公司新迎新城店、红河州新华书店有限公司蒙自分公司、普洱新华书店有限公司思茅分公司思茅书城、西双版纳新华书店有限公司景洪分公司、德宏新华书店有限公司德宏书城、临沧市新华书店有限公司耿马分公司被命名为“第三批云南省家庭亲子阅读体验基地”。

2022年4月，楚雄新华书店有限公司大姚分公司石羊云上乡愁书院荣获中央宣传部、文化和旅游部、国家广播电视总局授予的“第九届全国服务农民、服务基层文化建设先进集体”荣誉称号。

2022年5月，云南新华书店图书有限公司被中国（云南）自由贸易试验区昆明片区（昆明经开区）管委会授予“2021年度园区科技创新突出贡献奖”。

2022年12月，云南新华书店被人民教育出版社评为中小学教材发行工作“先进单位”。

组织人事

2021年8月6日，杨燕同志任云南新华书店集团有限公司党委委员、纪委书记。

2021年9月7日，黄景宸同志任云南新华书店集团有限公司党委书记、董事长、法定代表人。

2021年11月5日，李东华同志兼任云南新华书店集团有限公司运营管理中心经理，负责统筹全省发行单位生产经营管理工作。

2022年10月8日，刘学林同志任云南新华书店集团有限公司运营管理中心总经理；薛杨红同志任云南新华书店集团有限公司财务管理中心主任。

党建工作

2021年，云南新华书店深入学习贯彻习近平新时代中国特色社会主义思想，巩固“不忘初心、牢记使命”主题教育成果，扎实推进党史学习教育，把“我为群众办实事”实践活动贯穿于党史学习教育始终，让党旗在基层一线高高飘扬。把党史学习教育同抓实、抓好党风廉政建设结合起来，以党的政治建设为统领，以“三会一课”、“学习强国”APP、反腐倡廉警示教育基地为载体，将廉政教育列入党史学习内容，深化理想信念教育，进一步提高党员干部的政治站位和政治意识。云南新华书店各级党组织先后组织4040名党员干部集中观看《围猎——行贿者说》《清流毒——云南在行动》等警示教育片192场次；组织开展党规党纪学习102场，共有1905名党员参与其中。

全力狠抓整改落实。按照云南省委、云南出版集团党委工作要求，先后在书店集团所属各单位、各州（市）新华书店、图书公司、物流公司等20余家单位组织开展民主生活会督导、薪酬检查工作，深入开展违反中央八项规定精神和财经纪律突出问题专项治理，逐一制定整改措施，明确整改工作内容、目标、时限、责任领导、责任部门、责任人，确保整改取得实效。

2022年，云南新华书店把迎接宣传贯彻党的二十大精神作为贯穿全局工作的主线，坚持以党的政治建设为统领，抓实政治建设，不断增强“四个意识”、坚定“四个自信”、做到“两个维护”。强化党建责任，增强责任意识，落实责任清单，严追责任缺失，确保工作落细落实。深入推进作风革命、效能革命，牢固树立“今天再晚也是早、明天再早也是晚”的效率意识，全面推行“三个工作法”，领导班子率队深入基层一线开展工作调研，打通征集民意“最后一公里”。积极推动“党建提升工程三年行动”落地，制定《云南新华书店集团关于开展“对标先进、争创一流”实践活动实施方案》，推动企业党的建设和业务工作融合发展。

推动监督执纪效能全面提升。聚焦对“一把手”监督，制定《云南新华书店集团党委关于加强对“一把手”和领导班子监督的实施办法》，探索破解对“一把手”监督和同级监督的难题。组织开展新一轮廉政风险防控体系建设工作，各单位（部门）通过梳理职权，排查廉政风险点，评定风险等级，制定防控措施，明确防控责任人。依规、依纪、依法开展问题线索处置和案件审理工作，2022 年收到并按规定处理问题线索和信访举报 15 件，践行运用“四种形态”，累计开展谈话 1980 余人次。

教材发行

2021 年，云南新华书店在稳定全省业务形势的前提下，向稳住业务根基、稳定产业链、稳住客户和市场攻坚，努力提升教育服务业务质量和水平。一是响应国家教育政策变化，梳理经营品种，规范征订管理，坚决打赢春、秋两季教材发行攻坚战。二是依托“彩云杯”“从小学党史 永远跟党走”等重点活动夯实校企合作基础，通过分级阅读课程、中小学生党史学习教育读本等重点品种推广营销带动新的销售增长点。据统计，全省共有 192 万名中小学生报名参加了“党史知识竞赛”网络在线答题活动；《习近平新时代中国特色社会主义思想学生读本》在 2021 年秋季学期完成征订 240.09 万册，在三年级、五年级、八年级及高一年级实现“人手一册”。三是延伸教育服务体系，引领业务发展。以全省中小学信息化设备巡检工作为契机，探索开展服务延伸项目，通过扩大巡检范围、增加巡检内容，提升全省渠道综合服务能力。本轮巡检工作覆盖 15 个州（市）、89 个县区、3084 所学校，受到学校及当地相关部门的认可。

2022 年，云南新华书店聚焦政策落实，围绕“稳大盘、提效率、防风险、优服务”工作要求，夯实巩固教育服务阵地。一是积极配合教育部门做好公示教辅审查、助学读物排查，面向全省制订下发教学用书调整方案，明确调整品种及到货时间，配合出版社对发行用书内容、插图、供应商做全面审查，出具审查报告意见，确保发行工作安全稳定。二是牢牢抓住学前阶段和高中学段发展机遇，打通供应链两端，解决两头在外的问题，着力打造产品增收线，配合同步市场推广，夯实业务发展基础。三是精耕细作进、销、存、退每个环节，制定《教材教辅发行管理办法》及《义务教育免费教科书精准发行管理办法》，严格审核采购报订单据，充分发挥州、市间的调剂功能，让精准发行更加精准。全省 2022 年秋季较 2021 年秋季免费教科书退货量减少 26.77 万册，同比下降 34%。

门店建设

2021 年，云南新华书店立足“振兴实体书店”的战略部署，着力推进传统门店升级改造，因地制宜，创新性开展校园书店建设，扎实推进农村图书发行网点建设，构建矩阵式阅读服务网络，以阵地建设引领思想建设。全年完成网点建设项目 11 个、升级改造项目 8 个，建成农村发行网点 23 个、校园书店 19 个。

2022 年，云南新华书店按照市场化、专业化要求，强调项目建设与运营机制配套协调，以更加审慎的态度对待项目建设，暂停或终止实施条件不成熟的计划，让项目投资建设更加科学合理。这一年，作为昆明的文化地标及无数昆明人的“大书房”，滇池书城、盘龙书城相继重装开业。升级后的滇池书城成为昆明市规模最大、品种最全的红色书店，为塑造文化自信提供能量输出；盘龙书城则以阅读为核心进行业态组合和布局，配套多种文化功能，提升阅读体验。截至 2022 年 12 月 31 日，全省共有 458 个实体经营网点，包含连锁网点 151 个、农村发行网点 177 个、校园书店 130 个。经营总面积达 17.11 万平方米，所有县（市、区）主城区建有不少于 1 家且经营面积不少于 200 平方米的连锁店。

融合创新

2021 年，云南新华书店积极推进“文化 +”衍生业务，探索党建文化、公共文化、校园文化、政企文化、培训服务等领域服务延伸，推动实现以服务引领业务发展。提前部署做好大中专院校招投标工作，充分运用云教通大中专管理系统平台辅助拓展客户，持续扩大市场份额。全年新增服务院校 8

所，项目中标 16 个。以文化空间建设为落脚点，以书为载体开展不同场景的“文化 + 空间”特色定制服务，初步打造出各类文化空间建设的标准化系列产品线，如数字文化墙、标准化党建模块、智慧阅读空间模块、智慧图书馆建设模块、校园文化模块、大学校园文化综合体暨大学生“双创”中心模块，丰富拓展文化产品服务路径。积极探索校内培训市场，推动开展特色课程培训进校园试点工作及心理健康培训服务落地实施，共联动昆明市 3 个片区、13 所学校，开展 108 场专题教研活动，构建了系列特色培训产品。

2022 年，云南新华书店搭建“一站式”公共文化服务体系，着力解决资源整合不够、服务供给不足、内容品质不高等文化服务中的堵点和难点。与楚雄医药高等专科学校共建“齐苏里”校园文化综合体，打造云南首家线上线下融合、多元复合体验，以吸纳学生勤工俭学为主的校园文化综合体；配合文山州委宣传部，建成上线文山“数字农家书屋”，在成为云南首家数字农家书屋的同时，为全省提供了易复制、可持续的数字项目模板。全年新兴项目实现营业收入约 1.45 亿元。围绕“小豌豆”这一 IP 形象，重点推出《发现云南》系列图书（第一辑共 10 册）、“小豌豆”定制绘本和周边文创产品，进一步丰富大中专校园店、乡愁书院等连锁店经营业态，助力实体书店人气转化。

网络运营

2021 年，云南新华书店强化互联网思维，积极推动电商业务开展。京东云南新华书店旗舰店和天猫云南新华书店图书专营店已正式上线运营，根据不同平台的运营策略，打造重点产品，以政企用书和本版图书为特色进行专题运营，面向东南亚开通外购业务，云南新华书店京东旗舰店入选京东特色书店（全国 4 家新华 POP 店之一）。上线使用 E-SHOP 程序，全省 400 个门店实现连锁卖场管理业务互联网化。

2022 年，云南新华书店按照云南省人民政府印发的《“十四五”数字云南规划》要求，从夯实数字文化服务体系，增加智慧教育供给能力方面着手，有序推进新华在线助学平台、“云教通”管理系统在全省推广使用，实现教学用书线上征订。持续拓展抖音等第三方线上平台，通过直播扩大线上发行规模，同时线下探索推进琳琅小志、校园琳琅外卖平台建设，成功在楚雄、红河部分大中专院校试用。所属文汇公司以“阅读一夏 新华精选”为主题，持续开展16个小时的线上直播，产品包含图书、文具、文创、日用品等。根据平台数据反馈，直播当天总曝光量达500万人次，粉丝量由467人新增至12147人，在业内排行第一，被抖音官方授予直播间“人气朵朵开”头衔，并于当日进入抖音带货榜第98名，总成交量达2.02万件，交易总额100.2万元。

全民阅读

2021年，全民阅读活动助推党史学习教育持续升温。云南新华书店紧紧围绕“庆祝中国共产党成立100周年”这一主题，制定了全省连锁店年度营销工作大纲，各地连锁店因地制宜组织开展各类阅读活动，并紧扣2021年中宣部推动青少年阅读、亲子阅读的工作要求，将全国“扫黄打非”办公室关于“护苗2021”专项行动与全民阅读活动、“书香九进”活动共同组织、协调开展，共同营造“书香云南”浓厚氛围。全年共计开展4255场阅读活动，其中，党史学习教育3000余场，以“我为群众办实事 悠悠书香心连心”为主题的“书香九进”活动累计开展460余场，范围覆盖全省70%以上的乡镇。

推广乡村阅读，助力乡村振兴。以新时代乡村阅读季、“书香云南”全民阅读系列活动、“我的书屋我的梦”农村少年儿童阅读实践活动等为主题，按需为各农家书屋制定《2021年农家书屋阅读计划》。在农家书屋协助组织开展以庆祝中国共产党成立100周年、喜迎《生物多样性公约》第十五次缔约方大会为主要内容的阅读活动。2021年，全省16个州（市）96家新华书店对约9600个乡镇的农家书屋网点图书进行配送及维护，配送图书数量约70万册，开展助力农家书屋阅读活动171场次。

聚焦主题主线，全力做好重点图书发行工作。2021年，全省共计发行党史学习教育用书、《新征程面对面——理论热点面对面·2021》及《中国共产党简史》等8个品种的政治理论读物908.61万册，码洋超过2.58亿元。其中，党史学习教育用书共计发行209.63万套，党员覆盖率达77.07%，按照发行总量统计排序，位居全国第12名；《新征程面对面——理论热点面对面·2021》发行量超过36.6万册，按照发行总量统计排序，名列全国第一。积极响应云南省委"不忘初心、牢记使命"主题教育领导小组关于向张桂梅同志学习的工作要求，在线上线下同步宣传发行《我有一个梦想——全国优秀共产党员张桂梅的故事》，共计发行3.37万册。

2022年，云南新华书店深入学习贯彻党的二十大精神，持续推进"书香云南"建设，主动融入和服务云南省首届全民阅读大会，积极参与以"喜迎党的二十大·共建书香云南"为主题的习近平新时代中国特色社会主义思想读书会现场推进会、2022年"书香云南"暨"绿书签"行动等大型阅读文化活动。全省400多家连锁店、校园书店、云上乡愁书院先后组织开展"阅读之城"启动仪式、"榜样的力量"线上线下读书分享会、青年读书会、"青春阅享推广人"、亲子阅读活动、"守边人"阅读分享、国学经典诵读、书香云南·惠民书市、助力乡村振兴·勤耕阅读季等主题活动，协同点亮全民阅读之光。

持续推进"书香九进"活动品牌文化服务。以"书香九进"为抓手，以云上乡愁书院、乡镇连锁门店为平台，积极推广全民阅读活动，打造"勤耕悦读计划"等品牌阅读活动，全力保障读者阅读需求。积极开展各种形式的书香进机关、进企业、进校园、进集市、进社区、进军营、进农村、进特殊人群、进边寨活动近1184场次，活动覆盖全省91.36%的乡镇。

扎实做好重点政治图书的宣传和发行服务工作，全年累计发行26种、459.6万册。其中，《习近平谈治国理政》第四卷共发行110万册，党员覆盖率38.97%，在全国新华书店系统发行量中排名第10。党的二十大文件及学习辅导读物发行189.28万册，《2021清廉云南建设学习教育丛书》发行27.78万套，《百年大党面对面》发行17.96万册。紧跟时代步伐，集中力量做好张桂梅先进事迹相关图书的发行工作，共计发行183万册（套）。全省连锁门店充分发挥窗口阵地作用，全年组织开展主题活动27项、营销活动87次。

内控管理

2021 年，云南新华书店着力加强企业内部控制建设，进一步强化对管理环节和生产经营过程中的风险管控。对所属会议会展公司组织开展内部审计工作，助推理顺公司运营管理机制，推动审计视角向生产经营各领域、各方面、各层级延伸。查找各部门、各单位业务流程中存在的风险，有针对性地提出风险管理策略和风险防范方案，做到防患于未然。认真梳理制度建设中的短板，从组织架构、发展战略、人力资源等 18 个方面进行评价，进一步加强和规范内部控制体系建设。以“大监督”的形式，面向全省新华书店组织开展应收账款专项整治工作及“小金库”问题清理整治专项检查工作，对存在问题的单位及时发出“提醒函”，限期整改，从源头防范杜绝腐败。

2022 年，云南新华书店大力推动党的领导融入公司治理的各个环节，先后印发《书店集团议事决策规则》《中共云南新华书店集团有限公司委员会工作规则》，修订完善《云南新华书店集团贯彻落实“三重一大”决策制度实施办法》《书店集团总办会议事规则》等集体决策制度。制定《三项制度改革常态化工作总体方案》《经理层任期制和契约化管理体系建设方案》《工资总额决定机制建设方案》《全面薪酬绩效体系建设方案》《劳动合同履约管理体系建设方案》，构建激励约束并重的分配制度和市场化、差异化、多元化的薪酬体系。按照云南出版集团内控实施试点先行、逐步推开的工作安排，以本部内控体系建设为轴心，向州市辐射，推动形成内控体系网。楚雄、德宏、文山等地已有 11 家单位完成内控手册和制度的编制工作。

人才培养

2021 年，云南新华书店聚焦人才队伍建设，从制度建设入手，重新修订了《云南新华书店集团有限公司预发绩效工资方案》《云南新华书店集团有限公司本部薪酬管理暂行办法》及《云南新华书店集团有限公司人员招聘管理办法（试行）》，进一步优化资源配置，提升人力资源效能。从人才培训入手，采取分级与分类相结合的方式，重点组织开展 11 个专题培训，全年共计开展培训6批，培训人数870人。

2022年，云南新华书店认真落实新时代党的建设总要求和新时代党的组织路线，认真谋划组织人事工作贯彻落实具体措施。制定印发了《云南新华书店集团有限公司劳务派遣管理暂行办法》《云南新华书店集团有限公司中层管理人员管理规定（试行）》《云南新华书店集团有限公司跟班学习暂行管理办法》等8个规范性文件，以做好制度建设的后半篇文章。严格执行干部选拔任用工作条例，选拔2名中层正职、1名中层副职。畅通干部培养渠道，组织开展跟班学习和挂职锻炼工作，在全省范围内选派10名同志到本部跟班学习，选派19名同志到各州（市）新华书店、图书公司、物流公司挂职锻炼，搭建年轻干部成长平台。

物流配送

2021年，云南新华书店借助产业渠道，整合区位、交通运输、产业发展、特色产品等资源优势，推动实现产业升级。针对新冠疫情带来的工作痛点，整合全省逆向物流业务，克服了到货密集、时间较晚、不均衡、突发异常情况多等困难，解决了“急件优先、先报先发、齐货发货”等突出问题，为圆满完成“课前到书、人手一册”政治任务做足保障。与深圳平行线公司达成合作，优化承运商入围机制，加快物流运输智能化、网络化发展，提升整体物流运营水平。全面拓展纸品业务，低价预采文化用纸，节约生产成本，保障春季印刷需要；在全省范围内组织开展办公用纸（学生用纸）业务，探索开展包装用纸、生活用纸业务，丰富纸张产业供应链。拓展文化、3C电子、高原农特三大产业板块，聚合优化业务资源，丰富业务手段，提高经济效益。所属物流公司成功申报云南省供应链创新示范企业，云品高原农特板块聚焦魔芋产业，实现了“从无到有，从有到精”的跨越。

2022年，云南新华书店从印刷纸张供应、包装耗材、场地、设施设备、人力资源、网络、供电、信息系统、运力、后勤等10个方面做好准备，切实提高储运能力，优化作业流程，压缩配送时间，提高配送时效，全力保障春、秋两季教学用书、政治读物、大中专教材、一般图书及文化用纸的仓储物流保障工作。完成智慧物流平台内一般图书、大中专教材和教材教辅模块的切换，提高物流自动化设备和系统的适配性，切实提升了物流产业数智化水平和快速响应能力，为数字物流建设奠定了坚实的基础。优化、设计新的纸张业务流程，以云烟及云药为业务发展方向，持续稳定拓展包装用纸业务市场。积极推动第三方运输业务开展，所属物流公司出新公司与昆明南亚国际陆港开发有限公司合作开展云南楚雄—四川成都段干花椒运输项目，为向现代化物流企业转型升级奠定业务基础。

社会责任

2021 年，在云南省商务厅、中国人民银行昆明中心支行的指导下，与中国银联、云南省连锁经营协会共同组织开展“云南新华书店暖心惠民消费专用券”发放活动，全省 351 家门店参与其中，通过“补贴 + 让利”的方式将优惠福利给予消费者，把文化惠民做在实处。

按照云南省爱国卫生“7 个专项行动”的工作部署及盘龙区交三桥社区的工作要求，云南新华书店委托所属新华大厦公司，分别在大厦外围及吴井路新华文化创意广场园区内新建 2 个公共洗手台，同步安装公共洗手台标识牌，不断完善公共洗手配套设施，解决群众“随处洗手”的需求，提高群众卫生健康水平，做到疫情防控常态化。

2022 年，按照云南省国资委等七部门印发的《关于落实服务业领域困难行业分类实施房租减免政策细则的通知》要求，在全省范围内加快落实国有房屋租金减免政策，全省涉及租金减免面积 21.04 万平方米，户数 720 户，减免金额达 4016.17 万元。

云南新华书店所属昆明、昭通、玉溪、楚雄、大理、保山、临沧、外文书店 8 家单位全面完成“三供一业”分离移交工作。涉及家属区 68 个，移交物业户数 992 户，供水改造户数 1069 户，供电改造户数 883 户，供气改造户数 14 户；累计支付改造费用 1093.81 万元。

2021 年末领导班子成员名单

黄景宸　党委书记、董事长

李东华　党委副书记、总经理

许　悦　党委委员、常务副总经理

唐　庆　党委委员、副总经理

黄　杰　党委委员、副总经理

龚　兵　党委委员、副总经理

杨　燕　党委委员、纪委书记

陈　楠　党委委员、监事会主席、工会主席

2022 年末领导班子成员名单

黄景宸　党委书记、董事长

许　悦　党委委员、常务副总经理

唐　庆　党委委员、副总经理

黄　杰　党委委员、副总经理

龚　兵　党委委员、副总经理

杨　燕　党委委员、纪委书记

陈　楠　党委委员、监事会主席、工会主席

陕西新华出版传媒集团新华书店分公司

年度概况

2021年，陕西新华出版传媒集团各级新华书店围绕党建和党风廉政建设及全年经营目标任务，按照稳中求进、高质量发展的要求，努力克服“双减”不利影响，圆满完成“课前到书，人手一册”政治任务。政治理论读物发行工作满足了全省党员干部学习需要，一般图书销售稳中有进，推进线上线下融合发展，各级发行网点升级和渠道建设提级加速，全民阅读活动深入开展，发行服务能力进一步提升。全年共实现营业总收入31.48亿元，利润总额2.67亿元，全面超额完成了各项经营管理指标和社会效益指标。

2022年，是党的二十大胜利召开之年，也是我国迈向第二个百年奋斗目标起步之年。陕西新华出版传媒集团各级新华书店坚持以习近平新时代中国特色社会主义思想为指导，严格按照“疫情要防住、经济要稳住、发展要安全”的要求，围绕年度经营目标任务，持续做好教材、教辅发行工作，一般图书营销水平进一步提升，加快产业转型步伐，多个重大项目推进顺利，持续抓好队伍建设，不断提升管理水平。全年共实现营业总收入31.10亿元，利润总额2.56亿元。

领导关怀

2021 年 1 月，延安市宝塔区委常委、宣传部部长常延丽到延安市新华书店调研。

2021 年 2 月 8 日，延安市委宣传部副部长党晓明到延安市新华书店调研。

2021 年 7 月 13 日，陕西省委党史学习教育第十六巡回指导组组长颜学柏、副组长雎励军到汉中市新华书店进行巡回指导。

2021 年 8 月 11 日，陕西省总工会党组副书记、副主席兰新哲，陕西省教科文卫体工会主席徐富权、副主席夏明文到陕西新华出版传媒集团开展“夏送清凉”慰问暨调研活动。

2021 年 8 月 12 日，陕西省委宣传部副部长、省新闻出版局局长程宁博到新华书店分公司调研中小学教材发行工作。

2022 年 1 月 27 日，陕西省总工会党组副书记、副主席兰新哲，陕西省教科文卫体工会主席徐富权、副主席夏明文到陕西新华出版传媒集团开展春节送温暖活动。

2022 年 5 月 11—12 日，陕西省委宣传部印刷发行与反非法反违禁处到咸阳市、兴平市及永寿县新华书店开展年度社会效益评价考核检查。

2022 年 9 月 6 日，国家税务总局西安曲江新区税务局党委书记、局长赵亚龙，党委委员、总会计师贾晓到陕西新华出版传媒集团调研。

2022 年 12 月 14 日，陕西省委常委、宣传部部长蒿慧杰到新华书店分公司西北出版物物流配送中心考察调研。

荣誉奖项

2021 年 12 月，彬州市新华书店、永寿县新华书店被陕西省文化体制改革与文化产业发展领导小组授予第一届陕西省文化产业“十百千”工程“高成长型文化企业”荣誉称号。

2022 年 4 月 26 日，汉中市新华书店汉中书城被陕西省总工会授予“陕西省工人先锋号”荣誉称号。

2022年4月29日，安康市新华书店安康书城被陕西省科教文卫体工会授予“五一巾帼标兵岗”荣誉称号。

2022年4月，富平县新华书店被中央宣传部、文化和旅游部、国家广播电视总局联合授予“第九届全国服务农民、服务基层文化建设先进集体”荣誉称号。

2022年4月，榆林市新华书店门市部被陕西省教科文卫体工会授予“五一巾帼标兵岗”荣誉称号。

2022年4月，榆林市新华书店神木书城被神木市委宣传部、市委文明办授予“最美书店”荣誉称号。

2022年4月，岚皋县新华书店被陕西省放心消费创建工作办公室授予“放心消费示范单位”荣誉称号。

2022年6月，新华书店分公司第四党支部、延安市新华书店机关党支部、宝鸡市新华书店虢镇书店党支部被中共陕西省委直属机关工委授予“五星级党支部”荣誉称号。

2022年6月，延安市新华书店职工侯伟被陕西省退役军人事务厅授予“全省退役军人抗疫志愿服务先进个人”荣誉称号。

2022年7月，咸阳市新华书店被全国青少年爱国主义读书教育活动组委会授予第二十九届全国青少年爱国主义读书教育活动“发行先进单位”荣誉称号。

2022年10月，蒲城县新华书店和光书城被全国第四届“全民阅读·书店之选”评选委员会授予“百佳阅读推广单位”荣誉称号。

2022年11月15日，咸阳市新华书店被陕西省出版物发行协会授予“2022年抗击疫情确保课前到书特别贡献单位”荣誉称号。

2022年12月9日，汉中市新华书店汉中书城被陕西省文化和旅游厅、汉中市文化和旅游局联合授予“三秦最美公共阅读空间”荣誉称号。

组织人事

2021年6月21日，储树怀同志不再担任新华书店分公司党委委员、工会主席职务，退休。

2021年11月25日，王俊宏同志当选为汉中市新华书店工会主席，李军、朱黎明、王拉练、赵红斌当选为委员。

2021年11月29日，王洪彬同志当选为安康新华书店工会主席，宋晓黎当选为副主席。

2022年5月30日，张永文同志任咸阳市新华书店党委委员、副总经理。

2022年6月，陈刚、沙志成、马飞同志任延安市新华书店党委委员、副总经理。

党建工作

2021年，陕西新华出版传媒集团各级新华书店以党的十九大精神为指导，加强基层党组织建设，牢牢把握意识形态工作方向，推进党建与精神文明建设工作持续稳定发展。围绕中心工作，高质量推进党委中心组学习，充分发挥党委“把方向、管大局、保落实”的重要作用。健全党的组织生活，坚持和完善“三会一课”制度。加强支部建设，发挥战斗堡垒作用，围绕“四史”内容，组织知识答题和党史诵读活动，举办党史学习教育读书班；利用“学习强国”平台组织收看中共党史专题讲座。开展庆祝建党100周年系列活动，组织参观爱国主义教育基地，举办各类红色主题系列图书展销。严格执行《意识形态工作考核实施细则》，落实工作责任制，加强意识形态管理，坚持和经营工作同部署、同落实、同检查、同考核，促进高效履职。加大党风廉政建设宣传教育力度，让党员干部知敬畏、存戒惧、守底线。认真梳理风险点，加强廉政防控机制建设。聚焦文明创建，多家公司顺利通过“省级文明单位”复审验收。

2022年，集团党委与各级新华书店签订了《党建工作目标责任书》，推动党建工作责任制落实落地。注重思想引领，强化理论武装，以党的二十大精神、习近平总书记重要讲话和重要指示、十九届六中全会精神和省第十四次党代会精神为重点，开展集中学习和交流研讨。不断巩固拓展党史学习教育成果，推动党史学习教育常态化、长效化。持续建强基层党组织，强化党员教育管理，选优配强党建工作队伍，发挥党员和党组织在推进高质量发展中的作用。抓好群团组织建设，发挥团员在高质量发展中的生力军作用，提升广大干部职工的向心力、凝聚力。建立健全党风廉政建设责任制体系，进一步强化监督制约。逐级签订党风廉政建设责任书，强化警示教育，落实监督责任，加强廉政防控机制建设。制定并下发《加强网络意识形态工作管理实施方案》《关于进一步规范出版物进货工作的通知》，进行自查自纠，促进意识形态工作责任制落实、落细。

教材发行

2021 年，陕西新华出版传媒集团各级新华书店周密部署，精心安排，严格落实责任，持续做好教材、教辅发行工作，确保圆满完成“课前到书，人手一册”政治任务。及时分析研判政策变化，采取提前预印、加强与各出版单位沟通联系等措施，最大程度加快工作进度。开通教材零添货绿色通道，在从外省调货并组织县区开展教材余缺调剂的同时，采取优化工作流程、强化收发货信息沟通、优化送书计划安排、调整人力、增加运力等措施，确保教材收发货不断档、不拖尾。全年共发行教材教辅、各种读本、中职教材和音像磁带 1.7 亿余册（盒），码洋 14.8 亿元，发货及时率、准确率均达到 99.5% 以上。

2022 年，新华书店分公司坚持稳中求进，进一步做实做细业务工作，将教材发行新政策及变化提前传达到市、县公司，保障业务衔接顺畅；加强与原创社的业务协作，挖掘新的业务增长点，教师用书发行码洋有所增长；落实“疫情要防住、生产要安全”的要求，克服疫情不断蔓延、教材印制时间晚等诸多不利因素的影响，紧密协同配合，强化收发货信息沟通、优化工作流程、统筹送书计划、保障人力运力等措施，确保了教材教辅收发货不断档、不拖尾，安全圆满地完成了春、秋两季教材教辅收发货任务。特别是在新冠疫情封控管理的特殊情况下，新华书店分公司物流业务部组织了近40人的突击队，在2022年1月15日率先返岗，严格按照防疫要求实行全封闭式作业，吃住在库房，加班加点，确保春季教材的收发货任务完成。全年共发行教材教辅、各种读本、中职教材和音像磁带1.7亿余册（盒）、约1.6亿册、码洋14亿元，发货及时率、准确率均达到99%以上。

门店建设

2021年，延安市新华书店积极推动延川县新华书店转型升级。结合延川县当地的历史和地域民俗文化特色以及企业实际情况，以弘扬主旋律、宣传社会主义核心价值观为己任，将延川县新华书店打造成为主题突出、特色鲜明的复合式阅读文化场所，使之成为延川县全新的文化地标和旅游名片。12月17日，延川县新华书店"学习书店"开业，营业面积270平方米，图书1万余种。

榆林市新华书店在绥德、吴堡县的爱国主义教育示范基地开设郝家桥"励心书屋"红色书店、柳青文化园特色书店。

2022年，渭南市新华书店下属科文公司电子部在富平怀德书城和庄里门市部建立了晨光文具连锁示范店。甘泉县新华书店转型升级建设项目竣工并于11月投入使用，营业面积226平方米，图书1万余种。

融合创新

2021年，陕西新华出版传媒集团各级新华书店积极发挥品牌、渠道优势，大力拓展教育装备等业务。新华书店分公司与铁路系统开展合作，创建打造"新华传媒"广告品牌。咸阳市新华书店积极参与清洁能源等政府采购项目。渭南市、安康市新华书店多元经营持续增长。宝鸡市新华书店积极开拓新领域，实现跨行业经营。铜川市新华书店深入推进馆配、教装业务，多元经营亮点纷呈。

2022年，新华书店分公司持续拓展多元化经营产业市场，积极开发研学课程，签约多家研学实践教育基地。延安市新华书店积极调整产业结构和产品结构，大力发展多元经营，充分拓展、创新新增业务。渭南市新华书店积极拓展“地方煤改电”服务项目。安康市新华书店新增办公用品批发、销售等业务。宝鸡市新华书店防近视作业本销售量持续扩大。铜川市新华书店中标多个教育装备采购、垃圾车服务采购等项目，完成耀州区职业技术学校多媒体教室改造项目和寺沟中学智慧黑板采购服务项目。

网络营销

2021 年，陕西新华出版传媒集团各级新华书店积极推进网络营销业务，搭建抖音、微信公众号等线上平台，开展阅读音视频促销服务。其中，汉中市新华书店与建设银行汉中分行合作，在建设银行善融商城上设立了汉中市新华书店网店。与新华书店总店合作，以新华书店网上商城为依托，建立了网上销售渠道；渭南市新华书店有赞线上图书商城线上销售图书码洋 23.66 万元；延安市新华书店线上销售图书码洋 253 万元；商洛市新华书店线上销售图书码洋 10.1 万余元；铜川市新华书店线上销售图书码洋 6 万余元；杨凌区新华书店有赞网上书城线上销售图书码洋 3.1 万余元；榆林市新华书店开设电话订购平台并在微信公众号上积极策划实施各项营销活动，开通榆林新华抖音账号，全年共发布小视频 86 个。

2022 年，为适应现代市场和读者消费习惯的变化，陕西新华出版传媒集团各级新华书店在充分运用微信、微博、抖音等自媒体进行销售宣传的同时，均陆续搭建了网络销售平台，不断推动线上业务的延伸拓展，进一步提升社会效益和经济效益。其中，新华书店分公司线上销售图书 4.6 万册、码洋 393 万元；延安市新华书店线上销售图书码洋 280 万元；渭南市新华书店线上销售图书码洋 16.78 万元；咸阳市新华书店线上销售图书码洋 11.18 万元；汉中市新华书店线上销售图书码洋 2.5 万余元；铜川市新华书店线上销售图书码洋 9 万余元；商洛市新华书店线上书城全年累计访问人数 3.3 万人次，成交订单 346 笔。

全民阅读

2021年，陕西新华出版传媒集团各级新华书店紧扣时事热点，共发行重点党政理论读物391万余册、码洋1.26亿元。大力推动全民阅读的深入开展，组织多种形式的读书及展销活动700余场，一般图书实现销售码洋1.99亿元。积极参与政府部门、行业协会组织的重点出版展会、读书节等全民阅读活动，配合省总工会开展全省“职工家庭读书会”活动。全年累计向社会捐赠价值208万元的图书及物资，在促进全民阅读、建设书香社会中发挥了应有作用。

2022年，在服务全民阅读方面，陕西新华出版传媒集团各级新华书店积极组织开展多种形式的群众性读书活动，彰显国有文化企业的责任担当。全年共举办“朗读者”“我们的中国梦 文化进万家”活动和各类名家签售会、阅读分享会、公益讲座、展示展销等活动600余场，营造了浓厚的读书氛围。全年发行重点党政理论读物264万余册、码洋7667.84万元，一般图书实现销售码洋2.01亿元。

内控管理

2021年，新华书店分公司不断强化内控管理，提升企业运营管理水平。一是加强风险管控，统筹运用资金。通过对应收账款周转率的考核，促进各经营单位加强收款管理，降低坏账风险，坚持以收定支的结算制度，确保经营资金安全运转；通过预算管控，提前规划，统筹安排，确保西北出版物物流配送中心项目顺利推进；通过银企合作，提高资金收益。二是完善制度体系，推进管理规范化。以提高效能和完善框架为目的，修订涉及绩效考核等内容的内部管理制度；完成企业年金的建立和缴纳工作，提高广大员工的归属感；开展人事档案的规范化及数字化管理工作，对在职及部分退休员工人事档案进行查漏补缺。三是发挥信息技术优势。全年围绕大中专教材业务系统上线、西北出版物物流配送中心项目建设、业务系统日常开发与维护等工作，提升企业信息化管理水平。四是落实安全生产责任清单，对安全生产管理办法进行修改完善；实行以会代培，演训结合，不断提高员工的安全生产意识和应急处置能力；全力以赴抓好发货旺季、节假日、极端天气、夜间等重点时段和办公区、卖场、库房等重点部位、场所的安全生产工作，实现安全检查常态化。五是按照“外防输入、内防扩散、排查预警”的总要求，严格落实《新冠肺炎疫情防控工作方案》。利用各种途径向广大员工进行疫情防控知识、防疫工作动态进行宣传；坚持员工健康状况日报和外出报备统计工作制度，加强管理，按要求组织全员核酸检测；常年对库房、办公区等公共场所进行通风、消毒；加强门禁管理，对进出人员常年测体温登记，确保防控措施落实到位，做到守土尽责。

2022 年，新华书店分公司进一步加强内控管理，夯实企业高质量发展基础。一是切实做好疫情防控、安全检查及后勤服务各项工作，维护了经营管理正常秩序。二是统筹管理资金。紧紧围绕总体经营目标，开展预算管理工作，实现预算费用节支近 10%。加强货款结算，收、付款率分别达到 95.1% 和 94.9%，基本实现了收付平衡。统筹经营和基础建设的资金使用，确保基建项目的顺利推进。三是推进经营及人资管理规范化。合理分解下达经营管理目标任务，做好经营业务活动的组织协调，做实对各级新华书店的服务。进一步提高员工、干部、薪酬、考勤、档案管理工作质量。四是开发与维护并重，推进信息化建设，保证经营和管理各系统的安全平稳运行。

人才培养

2021 年 12 月 3 日，陕西新华出版传媒集团举办干部人事档案工作培训会，邀请省委组织部干部信息管理处处长米晓红、二级调研员何斌作专题讲解。

2022 年 6 月 22 日，陕西新华出版传媒集团纪检干部业务培训班在西安交通大学继续教育学院举办。

2022 年 9 月 23 日，由陕西新华出版传媒集团党委主办，西北大学、西北大学中华文化干部学院承办的陕西新华出版传媒集团 2022 年党支部书记培训班开班。

2022年10月26—28日，榆林市新华书店举办全市新华书店2022年度党员干部培训班。各公司经理、支部书记、纪检组长、市新华书店中层以上干部共33人参加培训。

物流配送

2021年，新华书店分公司顺利完成西北出版物物流配送中心项目监理、施工单位招标工作，取得项目施工许可证。1号单体、物流中心一层主体封顶，二层A段模板架搭设完成，2号物流中心桩基检测完成，3号办公楼基坑土方开挖及支护基本符合工程进度预期。

2022年，新华书店分公司西北出版物物流配送中心项目圆满完成了施工进度计划，该项目被评为省、市重点项目和“万亿级文旅产业省级重点项目”。1号物流配送中心部分楼层于2022年10月底提前投入使用，解决了教材发货的场地难题。

社会责任

2021年4月，宝鸡市新华书店向金台区图书馆捐赠码洋1万元的图书。

2021年4月，眉县新华书店向眉县儿童福利院捐赠图书，并积极认购孩子们制作的义卖蛋糕。

2021年4月，岐山县新华书店在城关小学举办“我们的中国梦——文化进万家”活动并向学校捐赠图书。

2021年6月，铜川市新华书店向耀州区马咀村捐赠码洋5万元的图书，向铜川市多个农家书屋捐赠码洋4万元的党史学习教育用书。

2021年12月7日，咸阳市新华书店向新冠疫情集中隔离点的学生捐赠图书1460册，码洋3万元。

2022年2月14日，杨凌区新华书店组织志愿者服务队到上川口村开展元宵节送温暖活动。

2022年3月2日，安康市新华书店向汉滨区叶坪镇叶坪小学捐赠码洋5200元的图书及1万元的学习用品。

2022 年 3 月 16 日，榆林市新华书店向榆阳区孟家湾乡中心小学捐赠图书 737 册，码洋 2.08 万元。

2022 年 3 月，汉中市各级新华书店向受疫情影响严重的略阳县新华书店及两所高校捐赠价值 7 万余元的防疫物资和生活用品。

2022 年 4 月 24 日，商洛市新华书店向商州区中学捐赠价值 3 万元的照相设备及 5200 元的图书。

2022 年 6 月 1 日，商洛市新华书店向大赵峪中心小学捐赠价值 3000 元的图书。

同日，杨凌区新华书店志愿者服务队在康乐路与西农路十字开展义务交通执勤活动。

同日，扶风县新华书店参加县政府组织的“感恩关怀 幸福成长”爱心慰问活动，向贫困家庭儿童、留守儿童送去了慰问金及文具、书包等学习用品。

2022 年 6 月 18—20 日，武功县新华书店组织志愿者在逸夫中学开展志愿服务，为考生及家长提供饮用水、防暑药物、文具等。

2022 年 9 月 29 日，杨凌区新华书店组织志愿者到杨凌怡馨养老服务中心看望慰问老人。

2022 年 11 月 18 日，扶风县新华书店组织青年志愿者到县人民医院无偿献血。

2021—2022 年末领导班子成员名单

梁　葆　党委书记、总经理

孟临琦　党委副书记、纪委书记

任怀军　副总经理

李军辉　总会计师

甘肃省新华书店有限责任公司

年度概况

2021年，甘肃省新华书店有限责任公司（以下简称“甘肃新华”）坚持以习近平新时代中国特色社会主义思想为指导，在甘肃省委相关部门的关怀帮助下，在读者出版集团党委的正确领导下，充分发挥文化宣传主阵地作用，积极应对疫情和互联网给实体书店带来的不利影响，深入开展党史学习教育，全面聚焦高质量发展，不断深化改革，完善产业结构，持续在做强主业上给力，在业态融合上发力，在规范运营上加力，企业管理效能进一步提高，积极践行国有企业的社会责任和文化担当。2021年，甘肃新华实现营业收入19.51亿元，同比增长8.01%；实现利润同比增长25.82%，超额完成计划的10.31%。

2022年，甘肃新华坚持以习近平新时代中国特色社会主义思想为指导，以习近平总书记视察甘肃和读者集团重要指示批示精神为根本遵循，紧紧围绕学习宣传贯彻党的二十大精神和甘肃省第十四次党代会精神这条主线推进各项工作，积极创新方式方法、完善体制机制、提升工作水平，企业整体实力和市场竞争力在逆势中实现了稳步增强。教材发行工作稳中有升，大中专教材、幼儿活动材料等板块同步发力，一般图书业务通过创新营销模式，拓展线上渠道，经受住了各方诸多因素的考验；门店转型升级和发行网点建设取得新成效；企业精细化管理水平持续提升；全面从严治党深入推进；人才队伍和企业文化建设成果显著。2022 年，甘肃新华实现营业收入 19.6 亿元。

领导关怀

2021 年 4 月 22 日，全省政协系统“学党史读好书聚共识，以书香政协促书香社会建设”暨线下读书交流活动启动仪式在西北书城举行，省政协党组书记、主席欧阳坚出席活动。他指出，书店是文化传播的主阵地，可以通过举办公益讲座、读书分享会等，引导群众尤其是青少年儿童爱读书、会读书、善读书，为全民阅读、建设书香社会贡献力量。

2021 年 9 月 30 日，省委常委、宣传部部长王嘉毅，省委宣传部副部长、省新闻出版局（省版权局）局长王成勇，甘肃省作家协会主席叶舟，兰州市委宣传部副部长丁瑞娟等领导同志出席了读者集团“金秋阅读·点亮兰州文化之光”暨张掖路新华书店升级重启仪式，分别向全国“十大读书人物”安维智、全国抗击新冠肺炎疫情先进个人李小平、全国模范教师崔承惠、甘肃省园丁奖获得者钱小平以及张掖路街道办事处赠送图书。

2022 年 5 月 9 日，西北书城“最美书店”授牌仪式在兰州市举行。省委宣传部副部长、省新闻出版局（省版权局）局长王成勇，读者出版集团党委书记、董事长刘永升，省委宣传部印刷发行处处长张东林参加了本次授牌仪式。

荣誉奖项

2021 年 2 月，在中国书刊发行业协会主办，百道网承办的“新时代杯”2020 时代出版·中国书店年度致敬活动中，甘谷县新华书店荣获“年度乡村书店”称号。

2021 年 9 月，西北书城被中共甘肃省委组织部评为“标准化建设示范党支部”。

2021 年 10 月，清水县新华书店被甘肃省人力资源与社会保障厅等多部门授予“劳动关系和谐单位”。

2021 年 10 月，在由中国新华书店协会指导、中国出版传媒商报社主办的“2020—2021 年度书业榜样阅读空间推展发布礼”上，西北书城荣获“标杆大书城”；张掖市新华书店张掖中学校园书店荣获“最 in 校园店”；甘肃省新华书店营销团队荣获“卓越运营团队”；和政县新华书店荣获“示范基层门店”。

2021 年 12 月，天水市麦积区新华书店荣获中共中央宣传部、文化和旅游部、国家广播电视总局联合授予的“第九届全国服务农民、服务基层文化建设先进集体”荣誉称号。

2022 年 4 月，西北书城被中国书刊发行业协会授予“首届全民阅读大会 · 年度最美书店”称号。

2022 年 5 月，白银市新华书店北京路门店被甘肃省妇女联合会授予“书香飘万家 · 星星点灯”陇原亲子阅读行动家庭亲子阅读体验基地。

2022 年 6 月，西北书城党支部被中共甘肃省委直属机关工作委员会授予“先进基层党组织”。

2022 年 9 月，西北书城被中共甘肃省委宣传部评为《以阅读的名义在这里相遇》短视频大赛最佳人气奖。

2022 年 10 月，西北书城被中共甘肃省委直属机关工作委员会评为省直机关文明单位；连锁经营分公司党支部被中共甘肃省委直属机关工作委员会评为省直机关标准化建设示范党支部（第四批）。西北书城党支部书记宋艳丽被中共甘肃省委直属机关工作委员会评为“优秀党务工作者”，当选为甘肃省第十四次党代会党代表，并荣获省总工会授予的“巾帼标兵”称号。

组织人事

读者出版集团与飞天出版传媒集团在 2017 年实施战略重组。为理顺管理体制，实行干部统一管理，甘肃新华书店所属 14 个市（州）和西北书城分公司主要负责人转由读者出版集团管理。经 2021 年 5 月 7 日读者出版集团公司党委会议研究决定：张征任甘肃新华书店飞天传媒股份有限公司兰州市分公司经理；蒽隆任甘肃新华书店飞天传媒股份有限公司嘉峪关市分公司经理；尚天奎任甘肃新华书店飞天传媒股份有限公司金昌市分公司经理；谈继泽任甘肃新华书店飞天传媒股份有限公司白银市分公司经理；安向东任甘肃新华书店飞天传媒股份有限公司天水市分公司经理；章永宏任甘肃新华书店飞天传媒股份有限公司武威市分公司经理；张风山任甘肃新华书店飞天传媒股份有限公司张掖市分公司经理；胡国泉任甘肃新华书店飞天传媒股份有限公司酒泉市分公司经理；刘屹任甘肃新华书店飞天传媒股份有限公司平凉市分公司经理；杨小东任甘肃新华书店飞天传媒股份有限公司庆阳市分公司经理；董峰刚任甘肃新华书店飞天传媒股份有限公司定西市分公司经理；王成平任甘肃新华书店飞天传媒股份有限公司陇南市分公司经理；陆文任甘肃新华书店飞天传媒股份有限公司临夏州分公司经理；董晓春任甘肃新华书店飞天传媒股份有限公司甘南州分公司经理；宋艳丽任甘肃新华书店飞天传媒股份有限公司西北书城分公司经理。

党建工作

2021 年，甘肃新华党委坚持以习近平新时代中国特色社会主义思想为指导，深入学习宣传贯彻落实党的十九大和十九届历次全会精神，增强“四个意识”、坚定“四个自信”、做到“两个维护”。一是扎实开展党史学习教育，提升政治能力。甘肃新华党委结合实际制定下发工作方案，印发学习计划，确定了重点任务、时间安排和学习要求。甘肃新华党委理论学习中心组组织专题学习 10 次、研讨交流 5 次、专题读书班 1 次、专题培训班 1 次。赴会宁、哈达铺等地现场学习教育，并对会宁书店易地搬迁和哈达铺农村网点改造、红色书店建设等项目进行了实地调研论证。编印党史学习教育简报 8 期、专题报纸 4 期。二是丰富教育形式，提升教育效果。开展党史知识竞赛、全省职工技能大赛、诵读比赛、主题征文比赛等 16 项庆祝建党 100 周年系列活动，通过丰富的活动，让党员干部深刻领悟中国共产党的百年光辉历程。三是理顺全省党组织关系。经与甘肃省委相关部门协调、读者出版集团党委同意，对全省市（州）、县（区）新华书店党员及党组织关系统一收归省店管理，同时完成了市（州）新华书店党总支成立、党支部改选等工作。省店党委共管理 11 个党总支、72 个党支部、886 名党员。四是严格落实意识形态工作责任制。把意识形态工作纳入党建重要议事日程，向集团党委汇报意识形态工作 2 次，专题研究意识形态工作 2 次。加强对营销活动和微信公众号的管理，加强对内容、进货、陈列、宣传等环节的管理，加强对抖音直播等自媒体的管理，确保牢牢掌握意识形态工作领导权和主动权。

2022 年，甘肃新华党委坚持以习近平新时代中国特色社会主义思想为指导，以习近平总书记视察甘肃和读者出版集团重要指示批示精神为根本遵循，紧紧围绕学习宣传贯彻党的二十大精神和省第十四次党代会精神这条主线推进各项工作。一是狠抓学习制度落实。甘肃新华党委班子认真落实党委理论学习中心组学习制度，深入系统学习贯彻习近平新时代中国特色社会主义思想和党的二十大精神以及党内法规、行业政策、省委和读者集团党委重要会议精神，以个人自学、集体研讨相结合的方式，在学懂弄通做实上下足功夫，深刻领悟“两个确立”的决定性意义，不断增强“四个意识”、坚定“四个自信”、做到“两个维护”。全年开展党委理论学习中心组学习共 14 次。二是建强甘肃新华党建工作管理制度体系。严格对照甘肃新华《党委理论学习中心组学习制度》《市（州）党总支理论学习中心组学习制度》，督促各级党组织推进党支部标准化建设，把“三会一课”和组织生活会、民主评议党员、开展谈心谈话、主题党日等基本组织生活制度落到实处。三是加强基层党组织建设。2022 年 2 月，省店党委将属地化管理的市（州）、县（区）党组织整建制收归垂直管理，对全省先进基层党组织、优秀共产党员、优秀党务工作者进行了表彰，并完成全省基层党支部的换届选举和增选补选工作。四是深入推进意识形态工作。制定下发《意识形态工作责任清单》《意识形态制度汇编》《微信工作群管理办法》等规章制度，有效加强了意识形态工作的组织领导和管理，确保意识形态工作的正确方向。同时，加强对营销活动、微信公众号以及各类自媒体的管理，牢牢把握正确舆论导向。五是推进团组织规范化建设。2022 年 3 月，完成了省店团委组建工作，全面指导各基层单位开展团的各项工作。全省现有团支部 17 个、支部委员 68 人。

图书发行

2021年，甘肃新华持续强化经营，充分发挥文化宣传主阵地作用，在业态融合上发力，在规范运营上加力，主业经营格局进一步巩固。一是战高温、冒酷暑、抗严寒，加班加点，积极克服目录下发晚、配送时间紧、工作任务重等困难，圆满完成了2021年春、秋两季中小学教材发行任务；二是进一步落实巩固中小学教科书单一来源采购工作；三是全力抓好政治读物发行，将党史学习教育用书、党的十九届六中全会文件及相关读物作为销售重点，要求各公司加强与当地各单位的沟通联系，努力扩大发行覆盖面。编印"党史学习教育百种推荐书目"等主题出版物推荐书目，为全省门店做好党史学习教育图书宣传推广提供了有力抓手。全年发行党史学习教育相关图书236万册，十九届六中全会相关文件发行13.8万册，其他重点主题出版物共计发行14.1万册。

2022年，甘肃新华广大员工克服种种困难，以最短的时间和最快的速度圆满完成了2022年春、秋两季全省440多万名中小学生教材征订发行工作，彰显了"爱党、爱国、爱店、敬业"的新华精神。积极发挥主阵地、主渠道作用，紧跟重点主题出版物出版动向，紧抓党的二十大、省第十四次党代会等重点主题出版物的出版发行契机，对接出版社，提前收集品种信息，向各店下发定制的个性化学习读物书单，深入党政机关、企事业单位等进行宣传，提高征订效率。全年共发行各类主题出版物166万册，其中，党的二十大文件及学习辅导读物共发行110万册，《习近平谈治国理政》第四卷发行23万册，全力保障了全省党员干部群众政治理论学习需要，体现了新华书店作为党和国家的重要文化宣传阵地和发行主渠道履行职责、发挥作用的能力。甘肃新华高度重视党的二十大文件及学习辅导读物发行工作，第一时间成立了工作领导小组，全面统筹安排全省征订发行工作。全省各门店开通线上线下全渠道订购与配送服务，实行24小时值班制度，协调开通绿色通道，一线干部职工坚守岗位，加班加点，确保以最快速度、最优服务把党的二十大文件及学习辅导读物及时送到全省广大党员干部群众手中，为陇原大地学习贯彻党的二十大精神贡献力量。

门店建设

2021年，为进一步落实中宣部等部委印发的《关于支持实体书店发展的指导意见》，按照统一规划、分步实施、因地制宜、体现特色板块的原则，以“一店一方案”的改革思路，先后完成了兰州张掖路门店、榆中县门店和夏河县门店的升级改造。完成了《业务管理办法》《门店运营手册》《门店达标及考核》等主要业务制度的订立、修订工作，为整体提升门店经营管理水平打下基础。同时，启动了平凉、武威、麦积、通渭等新华书店仓储库房项目建设。

2022年，武威、平凉、麦积、通渭等区域性图书仓储中心陆续建成，为推进全省图书仓储物流体系建设提供了新的样板。同年，会宁新址门店、宕昌哈达铺红色书店项目完成了初设方案论证及前期招商、运营等准备工作。全省发行网点达到219处，其中，县以上中心门店88处，县以下城区网点32处，乡镇网点（农村发行网点）99处。以租赁、联营、代销等多种形式，在学校、商城、社区、加油站、农村乡镇建设小微网点92家，其中，校园书店12家，社区书店8家，加油站代销点7家，农村乡镇代销点65家。

融合创新

2021年，面对国家“双减”政策，甘肃新华及时深入了解市场，立足实际不断调整经营思路，在寒暑假等重要时间节点，制作常备畅销图书目录，结合门店实际库存、历史销售等数据，集中进行结构调整，提高畅销品种在架率，控制滞销图书比例。为进一步拓展文创产品销售，加强与上游优质供应商的深入合作，丰富品种，优化组合，提升核心竞争力，共在省内24家门店开展了个性化文创产品销售，增添了门店的时尚文化元素，初步形成了门店自营多元业态的良好态势。

2022年，甘肃新华牢牢把握新发展阶段深化改革的使命和要求，坚守主业经营，聚焦为教育服务主旨，探索数字化融合，加快线上线下融合步伐。

以教育资源服务为基础，深入拓展线上渠道，推动全省“两教”线上征订平台建设工作，利用大数据平台为全省中小学生提供更好的服务。在平台搭建过程中，对全省新华书店业务、库管、财务人员分片区开展“两教”线上征订平台操作培训，为“两教”线上征订平台落地奠定了坚实的基础，为进一步探索管理模式、服务模式数字化积累了有益经验。在馆配业务方面，依托信息技术、品种保障能力和现代化物流配送等先发优势，鼓励各基层店主动参与市场竞争，构建甘肃省新华书店馆配业务服务网络，完成了智慧图书馆管理系统（学校端）在临夏州、安宁区部分小学的植入工作，后续项目将陆续及时推进。在文创业务开展方面，持续加大文创产品的自研开发力度，稳步拓展销货店，加强业态融合度，不断拓宽品牌合作商合作渠道，极大地丰富了产品种类，提升了客户满足率，实现了文创产品首次销售破千万元的好成绩。

网络运营

2021 年，甘肃新华紧跟互联网时代的发展步伐和趋势，努力推进发行业态的网络化建设，加快线上平台建设，促进线上线下融合发展。成立线上运营工作小组，不断提升线上销售能力，探索线上经营模式，不断扩大产品线，通过广泛推广和深化应用，线上平台效益已取得明显成效。

2022 年，受新冠疫情等诸多因素的影响，全省 50 余家门店闭店近 5 个月，各店转变营销发行思路，创新全民阅读方式，努力扩大线上销售规模。闭店期间，甘肃新华充分利用天猫店、微信书城等电商平台的“云优势”，通过微信书城、微信读者群、热线服务电话等多种方式，采取快递方式投送，极大地满足了疫情期间读者购书的需求。同时，甘肃新华在世界读书日、劳动节、中秋节、国庆节等时间节点开展了一系列特色鲜明、形式多样、富有成效的文化活动，并在抖音、快手等网络平台进行线上直播，向读者推介好书。

全民阅读

2021年，甘肃新华深入学习贯彻习近平总书记在读者出版集团考察时的重要讲话精神，坚守发行主阵地，充分利用门店分布广的优势积极开展全民阅读工作，助力书香社会建设。一是积极策划组织全民阅读活动。相继举办了2021年甘肃省“书香陇原”阅读季暨“4·23”世界读书日活动、甘肃省政协系统“学党史 读好书 聚共识”读书活动、“金秋阅读·点亮兰州文化之光”、“遇见杨红樱·点亮童梦”、“忆党史 铭党恩”朗读者等百余场活动，先后被中央电视台、《人民日报》、《中国新闻出版广电报》等中央媒体报道，有效推动了全民阅读活动的开展。二是积极开展“七进”流动售书活动。这一年来，通过进企业、进校园、进机关、进社区、进农村、进家庭、进公共场所，开展流动售书共计3000余次，30万人次参与，取得良好的社会效益和经济效益。策划开展了党史知识竞猜、建党百年红色主题出版物联展、甘版图书期刊展、“炫春倡阅读 书香溢陇原”图书联展、“领跑开学季 优惠不停购”等丰富多彩的营销活动。邀请陈行甲、杨红樱、叶舟、白茶、八路等不同领域知名作家在全省各地开展创作分享会及签售活动，参与人数近10万人次，有效提升了门店的影响力、关注度，实现了社会效益和经济效益的双赢。全年持续开展“朗读者活动”200余场，数万名读者参与，白银市、临夏州等门店围绕党史学习教育主题开展的朗读活动，受到社会各界赞誉和肯定。

2022年，全省各店始终坚持“引导全民阅读，建设书香社会”的工作总方向，紧紧围绕集团“点·线·端＋全民阅读”建设书香社会总体工作布局，创新阅读活动载体，积极履行社会职责，通过“朗读者”活动、图书优惠展销、经典诵读活动等方式，深入推进集团“读者·中国阅读行动”全民阅读工程，不断提升新华书店服务全民阅读的效能。西北书城及部分市（州）、县（区）新华书店充分整合微信公众号、视频号、读者群、抖音等线上平台，开展了形式多样的互动活动，坚定地走在引领全民阅读的最前沿，努力为书香社会建设贡献力量。2月15日元宵节之际，“讴歌新时代·喜迎二十大”主题竞猜活动在甘肃各地的47家新华书店同步拉开帷幕，此次活动是甘肃省实施“书香陇原”建设行动计划、打造“书香陇原”全民阅读品牌的一项具体举措，旨在通过有奖竞猜的形式，引导全省广大党员干部群众深入学习贯彻习近平新时代中国特色社会主义思想，持续推动党的创新理论深入人心，为党的二十大胜利召开营造良好氛围。

内控管理

2021年1月，甘肃新华启动了全省新华书店系统薪酬与绩效改革工作，在深入调研访谈、反复研究论证的基础上制定了《甘肃新华书店薪酬管理制度》《甘肃省绩效管理制度》《甘肃新华书店岗位管理制度》等配套制度。同年，按照读者出版集团“制度落实年”相关要求，以推动建立常态化、长效化、成熟化的制度体系为抓手，多举措确保制度“废改立”工作有序推进。成立工作领导小组，负责制度“废改立”工作的具体落实、组织协调和监督指导，确保组织管理保障有力。全年完成制度修订53个、新增25个。同年，甘肃省新华书店有限责任公司与甘肃新华书店飞天传媒股份有限公司合并重组，完成了甘肃省新华书店有限责任公司所属86个子公司的工商、税务变更手续与注册地址的变更、迁移，还有所有单位涉及资产的土地使用证、不动产产权证摸底统计等工作。

2022年，甘肃新华为整体提升门店经营管理水平，订立、修订了《业务管理办法》《门店运营手册》《门店达标及考核》等主要业务制度。为不断强化财务监管，完成了全省财务NC系统资金管理模块平台的搭建及使用。加强了应收账款回收监管工作，启动了应收账款会商监督机制，并制定印发了《货币资金管理办法》等相关制度，规范和促进货款的回收工作。在推动内部审计制度落实方面，根据《内部审计制度》中的分级管理原则，对市（州）新华书店2022年审计工作，包括制定轮审计划、加强工程审计、建立审计整改台账等方面做了进一步规范。为确保各项工作有安排、有落实、有成效，制定印发了《督查督办工作管理办法》，全年共计下发督查督办通知17份，重点对疫情防控、安全生产、“两教”货款等工作进行督办，通过强化督查问效，进一步推动省店各项重点工作落细落小、落地落实。

人才培养

2021 年，甘肃新华通过举办省店机关大讲堂、全省综合部主任培训班、NC 财务软件使用培训、现金流业务规范培训、门店工作人员业务培训等，积极开展岗位技能培训，激发员工学习积极性，提升企业核心竞争力，鼓励员工在本职岗位上发挥所学之长，不断提高理论素质和业务水平，为企业发展贡献自己的力量。为提高全省“两教”ERP 系统的使用效果，加强全省“两教”业务人员对 ERP 系统的运用掌握，甘肃新华于 5 月中下旬开展了全省“两教”业务人员及地区网管的“两教”ERP 系统培训工作。6 月初，在全省各片区完成了“两教”ERP 系统培训工作，为全省销货店打通业务、财务数据链，为实现“两教”业务环节的闭环运行做好了准备工作。

2022 年，甘肃新华为推动企业人才战略，制定了《2022 年度人才引进实施方案》，针对省店急需的财会、文秘、营销、信息技术等人才紧缺岗位，以“实习实践 + 双向选择”的招聘方式，招录会计学、汉语言文学等专业人才 17 名，通过半年的实习，已分配至省店各部门（单位）工作。

物流配送

在 2021—2022 年春、秋两季教材发运期间，面对教材到货晚、发运时间短的严峻形势，甘肃新华按照“重点跟踪、特事特办、优先发行”的原则，提前筹划，周密部署，多措并举，确保“课前到书，人手一册”。一是在教材发运之际实行全天候领导带班制度和服务响应机制，严格落实“24 小时收货、24 小时分拣包装、24 小时发货”的制度，保证教材随到、随收、随发。新冠疫情期间，图书配送中心采取闭环管理的方式，组织员工 90 余人坚守一线岗位，有力保障了疫情期间教材收货和发运工作。二是为了提高图书配送质量和效率，建立了微信工作群，及时通报发运进度，实时分享气象、路况情况。结合省内地域特点，定期组织相关部门分析研判运输信息，适时调整优化配送路线。三是严格发行纪律，落实好安全生产责任制，严格执行安全运输标准，加强从业人员安全意识，全面做好常态化疫情防控下的发行配送工作。四是严格落实责任制，由市（州）新华书店“一把手”总负责、分管领导靠前抓，层层检查督导工作进度。五是全面加强教材库房安全隐患排查工作，制定印发了《甘肃省新华书店教材库房安全管理暂行规定》，进一步明确库房安全管理责任，要求各责任人员严格落实安全责任，严明组织纪律，畅通24小时值班电话。要求部分教材库房开展加固维修，并对附近下水道、排水沟等引流设施进行检查、疏通。特别是针对地势低洼的库房，省店拨出专款配备专用增高托盘，要求将“两教”图书全部搬上托盘，坚决杜绝就地堆放。按照“谁主管，谁负责”的原则，各级新华书店对教材库房重点部位开展了隐患排查，对存在的问题加强整改，确保发行工作顺利开展。六是积极发挥党组织的战斗堡垒作用和党员先锋模范作用，切实履行职责。在省店党委的号召下，各市（州）新华书店、图书配送中心成立了党员先锋突击队，克服困难，全力奋战，认真做好选配、运输、打包作业，采用直送、快递、自提等多种配送形式，在时间节点内做到不漏校、不漏班、不漏人，及时准确地完成发行工作，全力保障教材发行工作的圆满完成。

社会责任

2021年，甘肃省各级新华书店不忘承担社会责任，积极参与全民阅读、文化“三下乡”、文化扶贫、服务农民、服务基层文化建设等活动，主动参与图书爱心捐赠、捐资捐物、助学助困等社会公益活动。2021年度，全省新华书店投入扶贫资金23.5万元，为扶贫村、扶贫户提供养殖种苗，硬化村委会院子，改善村委会办公条件，慰问扶贫村困难户，为贫困学生购买文化用品和学习书籍等。向学校、图书馆等单位捐款、捐物、捐赠图书，折合人民币131.22万元，其中，捐赠图书约5.15万册、码洋约75.76万元。

2022年，全省新华书店充分发挥国有文化企业的责任和担当，全年投入防疫资金20万元，扶贫资金40万元，为扶贫村、扶贫户建立图书室、赠送防疫物资、提供养殖种苗、改善村条件、慰问困难户，为贫困学生购买文化用品和学习书籍等。向学校、图书馆等单位捐款、捐物、捐赠图书，折合人民币 80 余万元，其中，捐赠图书 60 余万元。2022 年，全省新华书店系统在 30 多个帮扶村共派驻驻村帮扶干部 43 人，切实扛起了企业的政治责任和社会责任，也充分体现了新华人的奉献精神。

2021—2022 年末领导班子成员名单

张晓东　党委书记、董事长、总经理

何严萍　党委委员、副总经理、工会主席

李立华　党委委员、纪委书记

李　军　党委委员、副总经理

李　靖　党委委员、副总经理

朱满良　党委委员、副总经理

钱光吕　党委委员、副总经理、财务总监

宁夏新华书店发行集团有限公司

年度概况

2021年，宁夏新华书店发行集团深入实施“加强政治建设、提升两个能力”工程，巩固完善黄河出版传媒集团党委直接领导下的党建工作格局；大力实施“夯实本业、深固主业、升级产业”三大战略，加速“市店振兴”计划和新华书店乡镇发行网点三年推进计划；稳步推进“四项改革”，构建形成国有文化企业健康协调发展体制机制，努力打造黄河出版传媒集团党建第一阵地、经营第一方阵、改革第一尖兵和文化第一品牌，稳步推进各项工作。2021年，集团资产总额7.15亿元，净资产3.75亿元，资产负债率47.56%。全年汇总销售码洋6.04亿元，合并销售收入4.07亿元，同比增长8.28%，实现利润总额5020万元，同比增长18.41%。

2022年，是宁夏新华书店发行集团全面落实集团转型升级发展战略的基础治理能力建设提升之年。集团始终坚持围绕中心，服务大局，坚持党的全面领导，坚持稳中求进、市场化导向，高效统筹疫情防控和经营管理，以夯基融合提质激发基层党建工作活力，以全面提升基础治理能力赋能改革发展，以业态优化门店转型升级，打造文化兴盛沃土的使命责任，实现多目标动态平衡发展，各项工作成效显著。2022年，集团资产总额8.35亿元，净资产4.18亿元；实现汇总销售码洋6.47亿元，同比增长7.59%，实现净利润5755.25万元，同比增长14.65%，完成黄河出版传媒集团下达的全年经营目标的112.85%。

荣誉奖项

2021年1月，宁夏新华书店有限公司荣获中国星球出版社颁发的“2019—2020年度最佳合作伙伴奖”。

2021年1月，宁夏新华书店有限公司荣获外语教学与研究出版社颁发的“2019—2020年度最佳合作伙伴奖”。

2021年1月，宁夏新华书店有限公司荣获人民教育出版社有限公司颁发的“感动人教2020年度白金合作伙伴奖”。

2021年1月，宁夏新华书店有限公司荣获教育科学出版社颁发的“2019—2020年度最佳合作伙伴奖”。

2021年2月，宁夏新华书店有限公司荣获自治区统计局、自治区发改委、自治区人民法院、自治区人民检察院、自治区工业和信息化厅、自治区商务厅、国家税务总局宁夏税务局、自治区住房和城乡建设厅、自治区市场监督管理厅、中国人民银行银川中心支行等颁发的五星级统计诚信单位。

2021年4月，宁夏彭阳新华书店有限公司荣获宁夏回族自治区精神文明建设指导委员会颁发的宁夏回族自治区文明单位。

2021年6月，宁夏吴忠新华书店有限公司党支部荣获宁夏回族自治区国资委党委颁发的先进基层党组织。

2021年7月，在中国新华书店协会主办的庆祝建党100周年“全国新华书店主题出版物造型设计大赛”中，宁夏中卫新华书店有限公司荣获优秀奖。

2021年10月，宁夏新华书店有限公司荣获四川少年儿童出版社颁发的“精诚合作伙伴奖”。

2021年10月，在由中国新华书店协会指导、中国出版传媒商报社主办的“2020—2021年度书业榜样阅读空间推展活动”中，宁夏石嘴山新华书店有限公司荣获“卓越运营团队”；宁夏闽宁镇新华书店荣获“格调社区店”；宁夏吴忠新华书店“悦享品读”荣获“优秀新品牌”；宁夏红寺堡新华书店荣获“优秀商超店”；宁夏灵武新华书店有限公司荣获“示范基层店”。

2021 年 12 月，宁夏新华书店有限公司荣获中国法制出版社颁发的“2021 年度优秀经销商”。

2021 年 12 月，宁夏新华书店有限公司荣获中宣部学习出版社颁发的“重点通俗理论读物宣传推广优秀组织奖”。

2022 年 4 月，宁夏隆德新华书店有限公司荣获宁夏回族自治区精神文明建设指导委员会颁发的宁夏回族自治区文明单位。

2022 年 4 月，宁夏新华书店有限公司荣获自治区人力资源和社会保障厅颁发的劳动保障守法诚信等级评价 A 级单位。

2022 年 8 月，中共中央宣传部办公厅印发了《关于表扬 2021 年度新闻出版统计工作单位、个人的通知》，宁夏新华书店有限公司因统计工作成绩突出，被中央宣传部办公厅通报表扬。

2022 年 12 月，宁夏新华书店有限公司荣获人民教育出版社颁发的中小学教材发行工作“先进单位奖”和“感动人教 2022 年度白金合作伙伴”。

2022 年 12 月，宁夏新华书店有限公司荣获外语教学与研究出版社有限责任公司颁发的 2021 年度优秀经销商“最佳合作伙伴奖”和 2022 年度优秀经销商“线下营销奖”。

组织人事

2021 年 1 月 28 日，黄河出版传媒集团党委印发《关于蔡文贵等同志职务任免的通知》（黄河出版党发〔2021〕6 号），蔡文贵同志任宁夏新华书店发行集团有限公司党委委员、书记；免去何学军同志宁夏新华书店发行集团有限公司党委书记、委员职务。

2021 年 2 月 24 日，黄河出版传媒集团党委印发《关于蒋银凤等同志职务任免的通知》（黄河出版党发〔2021〕11 号），蒋银凤同志任宁夏新华书店发行集团有限公司党委委员、副书记（中层正职），免去集团纪委（监察专员办公室）主任职务；杨扈姓同志任集团纪委（检查专员办公室）副主任（主持工作），免去宁夏新华书店发行集团有限公司党委委员、纪委书记职务；姚亮同志任宁夏新华书店发行集团有限公司党委委员、纪委书记，免去集团组织宣传部（党群工作部）副部长职务；免去张智祥同志宁夏新华书店发行集团有限公司党委委员职务。

2021 年 2 月 24 日，黄河出版传媒集团印发《关于唐晴等同志职务聘任的通知》（黄河出版发〔2021〕11 号），聘任蒋银凤同志为宁夏新华书店发行集团有限公司副总经理；聘任张智祥同志为宁夏黄河文化实业有限公司副经理（主持工作），解聘宁夏新华书店发行集团有限公司副总经理、宁夏外文书店有限公司经理职务。

2021 年 2 月 26 日，黄河出版传媒集团印发《关于郭程程同志职务聘任的通知》（黄河出版发〔2021〕12 号），聘任郭程程同志为宁夏新华书店发行集团有限公司副总经理。

2021 年 6 月 23 日，黄河出版传媒集团印发《关于惠冰等同志职务聘任的通知》（黄河出版发〔2021〕35 号），聘任史振华同志为宁夏新华书店图书音像有限公司经理（兼）；聘任郭程程同志为宁夏新华书店发行集团资产财务部部长（兼）。

2022 年 2 月 21 日，黄河出版传媒集团党委印发《关于姚亮等同志职务任免的通知》（黄河出版党发〔2022〕11 号），姚亮同志任黄河出版传媒集团有限公司纪委副书记、监察专员办公室主任、纪委（监察专员办公室）党支部书记，免去宁夏新华书店发行集团有限公司党委委员、纪委书记职务；王成同志任宁夏新华书店发行集团有限公司党委委员、纪委书记，不再担任黄河出版传媒集团有限公司工会专职副书记职务；王睿同志任宁夏新华书店发行集团有限公司党委委员。

2022 年 4 月 27 日，黄河出版传媒集团印发《关于杨秀丽等同志职务聘任的通知》（黄河出版发〔2022〕22 号），聘任王睿同志为宁夏灵武新华书店有限公司经理。

党建工作

2021年，宁夏新华书店发行集团把学习贯彻习近平新时代中国特色社会主义思想列为第一议题和常设议题，持续推进主题教育常态化。认真落实黄河出版传媒集团党委工作部署，扎实开展“基层党建全面提升年”活动，着力提升党建工作质量，为新华书店发行集团“十四五”提供强大动力。集团党委坚持政治引领，切实强化政治思想建设，制定印发方案，明确责任领导和责任单位，不断深化全区基层党建“六项行动”和国企党建“六化六提升”工程，不断推动集团党建工作。严格落实党委“三重一大”决策制度和重大事项报告制度，党建入章程工作全面落实。严格按要求组织实施“讲政治、担使命、守纪律”活动，践行“我为群众办实事”实践活动118次。新冠疫情防控期间，50余名党员干部冲锋在前，下沉社区志愿服务，积极发挥国企社会责任。深入开展党支部标准化建设活动，基层党支部战斗堡垒作用和党员的先锋模范带头作用普遍得到提升。集团党委成员带头深入一线开展调查研究，深入查找问题，制订措施，解决难题。组织开展形式主义、官僚主义问题专项调研，对突出问题进行专项整治。积极开展庆祝中国共产党成立100周年系列活动。严格落实意识形态责任制，切实维护网络意识形态安全。加大对教材、教辅图书发行风险点排查力度，制定教辅材料发行管理办法。

2022年，宁夏新华书店发行集团深入开展习近平总书记视察宁夏重要讲话和重要指示批示精神“大学习、大讨论、大宣传、大实践”活动，持续巩固拓展党史学习教育成果，推进学习践行成果化。牢记国有文化企业政治属性，聚焦主责主业，深入实施“加强政治建设、提升两个能力”工程，大力实施“夯实本业、深固主业、升级产业”三大战略，把准改革发展方向，把“两个维护”体现在高质量完成文化服务任务上，扎实开展“国企质量深化拓展年”活动，加强基层组织建设，进一步推动党建主体责任和班子成员“一岗双责”落实。集团党委理论学习中心组全年共组织6次集体学习，组织专题研讨4次，研讨交流34人次。各党支部通过“三会一课”、主题党日等形式组织集中学习44次，党支部书记讲党课10次，党员交流发言203人次，开展主题党日活动140余次。切实履行政治责任，认真做好党的二十大文件和学习辅导读物的发行工作。深入学习党内法规并展开交流研讨，积极开展“思政大讲堂”宣讲，先后提出各类合理化建议9条，推动问题整改10个。扎实开展违规收送红包礼金和不当收益及违规借转贷或高额放贷专项整治；常态化开展“以案明纪”微课堂讲评活动；专项开展突出问题自查自纠；严格落实意识形态工作责任制，专项筛查清理“三化”类、“耽美”类、非主流类图书；重点开展教材教辅风险排查；切实维护图书发行意识形态阵地安全和网络平台风险管控，加强发行集团网络安全，提升“护网”技术能力。

教材发行

2021年，宁夏新华书店发行集团深耕教材教辅发行主业，围绕立德树人根本任务，深耕主业，改进服务方式，确保“课前到书，人手一册”政治任务的顺利完成，全力做好《习近平新时代中国特色社会主义思想学生读本》征订发行工作。全年发行教材1.8亿码洋、教辅1.77亿码洋。完善《中小学教科书采购合同》签订，组建发行工作领导小组，制定《教辅材料发行管理暂行办法》，进一步规范教辅材料发行工作；开拓教育服务新领域，加强对外合作，拓展教辅代理品种，引进重庆五洲、《学英语》报社、重庆出版社等产品独家代理，教辅业务发展更加多样化。

2022年，宁夏新华书店发行集团深耕教材教辅市场，以高度的责任感和高效的执行力，圆满完成了春、秋两季教材“课前到书，人手一册”政治任务。2022年，全年发行教材1.83亿码洋、教辅2.06亿码洋，发行服务精准度和贡献力进一步加强。为进一步做好发行工作，集团召开发行专题会议细分重点市场，同心、中宁、西吉书店评议教辅市场销售覆盖率达80%以上，隆德、泾源、贺兰书店高中学习之友配套覆盖率达30%；规范免费教材结算方式，调整教辅结算折扣；优化业务结构，完成《学习之友（高中版）》区内总发行合同签订；顺应“双减”政策，引进在线教育平台——“桂壮课堂”；

落实校园近视防控，引进杭州明眸慧眼科技儿童青少年视力筛查系统；持续开拓教育装备市场，不断实现新突破。

门店建设

2021年，宁夏新华书店发行集团大力推动一般图书产业升级转型，文化服务能力不断加强，文化供给活力逐步提升。全面落实“市店振兴”计划，完成吴忠新华书店中心店的综合改造，融合多种业态、强调文化需求、突出阅读体验，以“城市书房”为文化名片，积极实践全民阅读，成为新华书店综合改造、服务群众的标杆店。固原新华书店中心门店升级工程已完成招标，中卫店、西吉店启动设计工作，平罗店、灵武店列入计划，开办“京西书局”。为开展农家书屋线上点单，完成闽宁镇店、红寺堡时代广场店、固原张易镇店等13家乡镇发行网点建设和筹备。积极拓展课后服务，探索创建新华书店“伴学空间”。

2022年，宁夏新华书店发行集团继续深入推进“市店振兴”计划，重点突破转型升级后的动能驱动，重塑门店多业态转型，通过提升软硬件、提供衍生性服务、突出精品阅读服务体验，完成吴忠、固原新华书店中心店综合升级改造，逐步实现以图书产品和文化空间为媒介，建立以读者为核心、多样性文化服务为引领、多元化经营项目为支撑的新型商业模式。开启中卫、西吉、灵武、青铜峡、平罗各店的转型建设筹备工作，完成“宁夏新华书店·宁博店”、西吉将台堡红色书店、隆德市民大厅、平罗黄渠桥镇、盐池烈士纪念园24小时智能书柜乡镇网点的铺设，以文化服务助力保障乡村文化振兴。精心运营“伴学空间”，打造宁夏大学科技园校园店，为建设书香校园贡献新华力量。作为首批“崇军联盟”单位，开启了为全区现役、退役军人服务新领域。

融合创新

2021年，宁夏新华书店发行集团以转型升级推动书店产业变革，文化服务升级成效进一步显现。积极拓展政企业务，为客户提供专业化的文化服务方案；进一步打造垂直领域的阅读基地，如党建学习平台、法律书屋、消防书吧等主题阅读空间，为不同领域客户提供优质的文化服务；加快信息化建设，升级改造互联网图书分销平台，拓展网络销售渠道；更换教材教辅发行系统，提高服务效能；探索“有声书屋”“云书屋”等新举措，推动阅读从“书屋”迈向“云端”；全力打造“阅读体验型”“书香环境型”“休闲舒适型”书店，尝试“书店 + 研学”“书店 + 旅游”等新模式，推动多元化经营，加快融合发展步伐，构建具有宁夏特色的文化品牌，提升新华书店在全社会的影响力、辐射力和带动力。

2022 年，宁夏新华书店发行集团在融合创新工作中继续高质量发展。引入线上线下相结合的营销模式，搭建集团自有线上购书小程序“新华 e 选购”，上线 2 个月会员总数突破 15 万人，为群众提供高效能文化服务。深入开展党建工作品牌亮牌塑形，在 18 个党建特色品牌的基础上，着力塑形出德胜仓党建活动书屋和吴忠全民阅读书房 2 个党建特色品牌，打造党建“一站式”文化服务综合空间，为高质量党建引领高质量发展提供有力抓手。打造非图板块文化品牌，引进百新文具、宁博文创、中宁红宝珠枸杞、花仓咖啡、塞上八朵八宝茶等多元产品，开拓富有宁夏特色和黄河文化的文创产品新市场，打造多业态全品类非图运营板块。新媒体传播矩阵运营逐渐完善顺畅，品牌宣传效益不断扩大，公众号、短视频、直播的流量统计数据直观有效，宣传覆盖面、融合互动大幅增加。

网络运营

2021 年，集团不断优化 ERP 系统，全面提高图书发行效率和服务质量，推动图书发行零售工作科学化发展。加快信息化建设，升级改造互联网图书分销平台，拓展网络销售渠道；更换教材教辅发行系统，提高服务效能；依托智慧书城（银川店）项目，启动更换教材教辅发行系统、升级改造图书互联网分销平台链接“我的宁夏”；充分发挥全民阅读的主力军作用，积极参与举办“赓续红色百年，馥郁书香塞上”主题“4·23 世界读书日”活动；打造新华书店新媒体矩阵，加大网络营销力度，“宁夏新华书店”公众号全年发布 92 条文章、102 条短视频，抖音粉丝 1.1 万余人，视频号粉丝 3335 人，多渠道宣传阅读服务活动加快了融合发展步伐，进一步擦亮了新华书店品牌。

2022 年，为进一步提高图书发行服务质量，集团制定和完善了一般图书业务规范，实行业务员片区服务制、全员首问负责制度；充分利用“一般图书销售 ERP 系统”和“宁夏中小学辅教平台”数据统计功能，提升货品进、销、存精准度，整合教材教辅业务流程，提升全区教材教辅工作效率和财务管理水平；通过平台中“新华悦享”小程序缩短回款时间，具备了全区会员信息抓取能力。

全民阅读

2021 年，宁夏新华书店发行集团充分发挥全民阅读的主力军作用，积极参与举办“赓续红色百年，馥郁书香塞上”主题“4·23 世界读书日”活动；围绕庆祝建党百年、“十四五”开局、脱贫攻坚取得全面胜利、党的十九届六中全会等重要节点，充分发挥主渠道作用，以高度的政治责任感和使命感积极探索创新重点读物发行服务模式。集团在全区新华书店门店开展“阅读悦幸福，书润千万家”全民阅读推广活动。在全区范围内，持续开展以宣传贯彻习近平新时代中国特色社会主义思想、党的十九大精神、庆祝中国共产党成立 100 周年为主题的出版物展销活动；举办《诗在远方——“闽宁经验”纪事》宁版主题图书联展，开展“传承匠心 难忘师恩”“书韵金秋 畅读无限”“名家进校园”“七进”“三下乡”等活动，持续营造浓厚的全民阅读氛围；结合网络平台，开展多种形式的系列阅读活动，满足偏远地区群众对阅读的多样化需求。按照《2021 年度全民阅读工作重点任务分工方案》，建立全民阅读活动的新华品牌，保障全民阅读精品化和优质内容供给，积极推动全民阅读。开展农家书屋线上点单，全年党政类图书、重点读物、主题出版物的发行覆盖面、数量时效和服务水平实现较大提升，实现一般图书销售码洋 3762.43 万元。

2022 年，宁夏新华书店发行集团立足群众精神文化需求，全系统组织开展“4·23世界读书日”“塞上书香节”“五四青年说”等阅读推广、读书分享、主题诵读活动百余场；实施“我们的中国梦——文化进万家”活动，各店开展“三下乡”流动售书160多次，结合当地社区、集市以及农家书屋开展售书优惠活动；探索线上直播、线下营销的流量转化新模式，策划实施“心怀诗在远方·热爱人间俗常”视频直播、“阅读陪伴成长 书香温润童年”六一活动、“喜迎国庆 阅享线上”十一售书直播等多场活动，提升品牌宣传效应，丰富文化消费场景，实现集团直播售书零的突破。深化《诗在远方——“闽宁经验”纪事》等宁版图书推介宣发，深入拓展社店合作，有效提高重点出版物发行服务的精准性、有效性，《习近平谈治国理政》第四卷、《让群众过上好日子——习近平正定足迹》等4部图书、《中国共产党宣传工作简史》等成为销售的主力军。以“喜迎党的二十大”为主题，开展年度重点读物展示展销。“百姓点单”服务模式进一步提精提优，各基层店依托平台开展线下活动50场次，全面助力乡村文化振兴、提高农村地区阅读服务水平。

内控管理

2021年，宁夏新华书店发行集团稳步推进“创新机制、优化流程、升级服务、擦亮品牌”四项改革，激发企业动能。

围绕“夯实本业、深固主业、升级产业”发展战略，深化体制机制改革。实施“优选人、强考核、多激励、严监督、重培训”的人才培育机制，组建乡镇网点建设工作小组和阅读推广营销团队；制定《宁夏新华书店发行集团有限公司劳务派遣用工管理规定》《宁夏新华书店发行集团异地工作人员补助管理办法》；从综合评价、经营业绩、党建三个维度，完善管理人员考核评价体系；完成宁夏黄河书刊发行有限公司与新华书店图书音像公司整合工作。不断优化ERP系统，推动图书发行零售工作向科学化、规范化、专业化发展。

2022年，宁夏新华书店发行集团认真贯彻落实两个“一以贯之”，抓基础、固根本，明确党委在决策、执行、监督各环节的权责和工作方式。严格落实党委“三重一大”决策制度和重大事项报告制度；全面实施“基础管理提升建设年”活动，规范和完善各项管理制度，修订完善《宁夏新华书店发行集团有限公司考勤休假管理规定》《宁夏新华书店发行集团房屋租赁管理办法》《宁夏新华书店发行集团存货管理办法》《宁夏新华书店发行集团门店管理办法》等各项制度15项；完成惠农、隆德、彭阳、泾源新华书店财务集中统一管理工作；充分利用“一般图书销售ERP系统”和“宁夏中小学辅教平台”数据统计功能，规范教材教辅业务流程，提升全区教材教辅工作效率和财务管理水平。

人才培养

2021年5月11—12日，集团举办了教材教辅发行业务培训班和图书销售系统（中启E-SHOP）培训班，来自全区的23名教材教辅发行业务骨干人员参加了培训。通过对教材教辅的征订与审核、免费教科书的汇总与审核、系统内分发信息的跟踪等方面的学习，提高了业务骨干的政策理论水平，为做好教材教辅发行工作提供了有力保障；7月22—23日，举办了图书销售系统（中启E-SHOP）培训班，来自各子（分）公司的53名门市主任、营业员及业务员参加了培训，对中启E-SHOP销售系统的主要功能和特点进行了全面扎实的学习，进一步提升了自身的综合素质和服务水平。12月3日，举办法律知识培训讲座，对《中华人民共和国民法典》中第三编“合同”相关内容进行学习，为职工在工作实际中切实推进依法办事提供了帮助，同时，提升了广大职工在学法用法实践中运用法治思维开展工作的能力。

同年，集团开展了乡镇网点建设工作小组成员及阅读推广营销团队人员内部招聘工作，通过资格审查、笔试、面试环节，录取乡镇网点建设工作小组成员3人、阅读推广营销团队人员4人；完成自治区人才小高地考核评估验收，培养发行集团人才小高地骨干成员23人，其中，高级职称4人、中级职称4人，发表代表性论著5篇；根据《自治区人力资源和社会保障厅 自治区人才工作领导小组办公室关于组织申报2021年预引进优秀在读博士硕士研究生和中青年人才深造补助的通知》及《关于开展2021年自治区青年人才托举工程培养对象选拔工作的通知》的要求，推荐并申报中青年人才深造及2021年自治区青年人托举工程哲学社会科学和文化艺术类培养对象，确定中青年人才深造补助人选1名，2021年自治区青年人才托举工程培养对象1名。

2022年，集团在年初制定了《宁夏新华书店发行集团2022年员工教育培训计划》。5月6—7日，组织开展了教材教辅发行ERP信息管理系统连锁门店征订业务培训，来自各基层单位的42名学员参加了培训，使学员们熟练掌握了教材教辅发行ERP信息管理系统的操作流程，为2022年秋季教材教辅顺利征订及上报提供了保障；6月20日，举办集团财务会计培训班，提高全区财会人员业务素质，保证企业税收、财务数据信息合规正确；7月21—22日，开展2022年新员工培训，为集团培育适应夯实本业、深耕主业、升级产业发展目标的生力军。

同年，为进一步满足宁夏新华书店发行集团发展需要，提升员工整体队伍素质，黄河出版传媒集团根据宁夏新华书店上报人员需求，面向社会公开招聘大学本科以上学历人员共11人；为健全员工选拔推荐机制，增强企业竞争力，盘点推荐发行集团“85后”优秀管理人员26人。完成“自治区青年拔尖人才项目”“自治区青年托举人才项目”申报；完成第三次全国宣传思想文化领域人才资源统计调查工作，经档案系统职称评审，发行集团2名员工获评助理馆员职称。

物流配送

2021年，宁夏新华书店发行集团把物流配送作为一项重要工作去高质量、高标准完成。为克服新冠疫情带来的影响，保证按时准确配送，集团在讲政治、肯担当上下功夫，在人员设备上采取“安全第一、提早预案、管理规范”的工作方针，切实抓好物流配送工作。在主题出版物和农家书屋等重点发行工作中，集团专门成立领导小组，下设配送办公室，全区各连锁店专职负责进行接收和配发工作，以高质量的工作效率和服务质量圆满完成了任务。

2022 年，集团进一步加强教材、一般图书的运输服务，随时随地按需保障用车需求，并于每季开始之前提前与物流公司沟通协商当季情况，做优做细调度工作，紧密衔接各个环节。教材运输人员严格遵循疫情防控和库房管理要求，保证配送和送货车辆的消毒、登记，全力以赴确保教材“课前到书，人手一册”政治任务和主题出版物、农家书屋等重点发行工作的顺利完成。

社会责任

2021 年，集团发挥国有文化企业的社会责任，积极投身公益事业，全系统全年向学校、乡镇、单位机构捐赠图书 40 余万元，用实际行动助力全区基础教育质量提升行动、助力乡村振兴。

2021 年，宁夏新华书店发行集团选派马鑫、常平、俞红卫同志在同心县王团镇圆枣村开展驻村工作，选派兰海涛、孙亮同志在同心县韦州镇旧庄村开展驻村工作，选派王元晓同志在同心县石狮管委会惠安村开展驻村工作；同年，宋宗顺同志抽调到自治区党委党史学习教育第十一巡回指导组工作，主要负责指导组临时党支部的宣传工作；李自强同志赴西吉县新营乡挂职锻炼，任新营乡党委副书记。

2022 年，集团秉承社会效益和经济效益相统一的原则，认真履行社会责任，持续开展全民阅读和“七进”活动，全区各地新华书店积极参与社会公益事业，全系统向社会捐赠爱心 20 余万元。同年，选派马立涛同志在同心县韦州镇旧庄村开展驻村工作。

2021 年末领导班子成员名单

蔡文贵　党委书记、总经理

蒋银凤　党委副书记、副总经理

史振华　党委委员、副总经理、宁夏新华书店图书音像有限公司经理（兼）

姚　亮　党委委员、纪委书记

郭程程　副总经理、资产财务部部长（兼）

2022年末领导班子成员名单

蔡文贵　党委书记、总经理

蒋银凤　党委副书记、副总经理

史振华　党委委员、副总经理、宁夏新华书店图书音像有限公司经理（兼）

王　成　党委委员、纪委书记

郭程程　副总经理、资产财务部部长（兼）

王　睿　党委委员、宁夏灵武新华书店有限公司经理

青海省新华发行（集团）有限公司

年度概况

2021年，青海省新华发行（集团）有限公司（以下简称“集团公司”）团结带领集团上下围绕中心，服务大局，迎难而上，笃行实干，积极优化营销策略，应对化解疫情影响，经营效益稳中有增，整体状况持续向好。经济指标创新高。全年实现营业总收入3.44亿元、利润1758万元，同比增长5.94%、6.84%；资产总额达7.73亿元，国有资产保值增值率为115.85%；上缴税金308.76万元；人均工资增长9.99%。教材教辅再发力。召开经营工作会议，分析研判市场形势，全力保存量，积极谋增量，全年发行教材教辅2758万册，码洋2.59亿元，同比增长6.58%，完成目标任务的104.44%，实现发行册数和发行码洋双增长。书店门市重营销。组织开展全民阅读活动和流动售书活动246场，全年完成一般图书销售码洋6895.68万元，同比下降3%。党史学习教育理论读物、辅导读本等近百种主题出版物持续热销，实现销售1715.7万元，首获学习出版社重点通俗理论读物宣传推广优秀组织奖。完成党史学习教育2.19万件“党建大礼包”的配送任务及2021年“农（牧）家书屋”“寺庙书屋”图书配送工作。多种经营助增长。创新“书店+”运营模式，非书业务实现销售1146.93万元，以合作、引进等更加灵活的经营方式积极盘活闲置资产和门店富余场地，全年实现租金收入 1361.93 万元。江河电子出版社策划出版《用爱守护——儿童生命安全教育》《百年风华——青海省庆祝中国共产党成立 100 周年原创歌曲专辑》等电子出版物。

2022 年，集团公司围绕中心，服务大局，全力应对新冠疫情反复反弹带来的风险挑战和严峻的市场考验，紧盯年度目标任务，迎难而上，笃行实干，困难考验有效化解，经营状况稳中向好。经营效益总体平稳。全年实现营业总收入 3.2 亿元、利润 1724.7 万元，同比减少 6.91%、1.91%；资产总额达 7.87 亿元，国有资产保值增值率为 111.08%；人均工资增长 7.07%。教材发行任务圆满完成。全年发行教材、教辅 2867 万册、码洋 2.61 亿元，实现发行册数和发行码洋双增长。面对秋季教材全品种到货晚、疫情交通管制发运难等极端情况，集团上下攻坚克难，昼夜奋战，全力保障课前到书，圆满完成发行任务。门店销售受到影响，全年完成销售 4957.83 万元，同比下降 16.30%。全省门店克服疫情影响，积极开展全民阅读和流动售书等系列营销促销活动 203 场，有效遏制销售下滑态势。全力保障重点主题出版物征订发行，《习近平谈治国理政》第四卷、党的二十大文件及学习辅导读物等累计发行 18.22 万册，码洋 591.80 万元。“农（牧）家书屋”“寺庙书屋”图书补充配送工作积极推进。非书业务持续下滑。持续推广“书店 +”运营模式，非书业务实现销售 723 万元，同比下降 37%；全年实现租金收入 1285.09 万元，落实疫情有关政策，减免租户租金 225.16 万元；存量资金利息收入 672 万元，同比增长 21.79%。出版业务取得突破。江河电子出版社策划选题 18 种，2 种选题获 2022 年度“少数民族地区和边疆地区文化安全专项资金”资助 59 万元，《用爱守护——儿童生命安全教育》入选“2022 年度全国农家书屋重点出版物推荐目录”，列入 2022 年度青海省“农（牧）家书屋”采购书目名单，实现销售码洋 12 万元。

领导关怀

2021 年 11 月 22 日，青海省委常委、宣传部部长赵月霞到省新华发行集团调研党的十九届六中全会精神学习辅导读物征订发行工作和企业改革发展情况。在听取企业基本概况、改革发展、重点项目及企业党的建设、作风建设等情况汇报后，赵月霞部长要求，新华书店作为党的宣传意识形态领域主阵地、党和国家重要文献发行主渠道，要统筹谋划，迅速行动，全力做好全会精神学习辅导读物及主题出版物的发行保障工作，推动全会精神深入人心、家喻户晓。要紧紧依靠广大职工群众加快企业改革发展步伐，继续创新经营内容和服务模式，继续拓展产业领域和经营业态，继续深化内部改革和管理提升，补短板、强弱项、防风险、谋长远，乘势而上，进档升级。要切实加强党对国有企业的领导，发挥好公司党委把方向、管大局、保落实的作用，始终坚持服务生产经营不偏离，以企业改革发展成果检验基层党组织的工作实效。要践行好举旗帜、聚民心、育新人、兴文化、展形象的使命任务，履行好国有文化企业的责任担当，学习借鉴外省好的经验做法，正确处理好企业改革发展与防范化解风险的关系，始终把社会效益放在首位，实现社会效益和经济效益相统一、同增长。

2022 年 9 月 5 日，正值秋季中小学教材发行高峰期，青海省委宣传部常务副部长徐信阁，省委宣传部副部长、省新闻出版局（省版权局）局长卢彦等一行前往集团公司仓储配送中心了解秋季教材发行情况，并看望一线工作人员。徐信阁副部长指出，要从讲政治的高度充分认识教材发行工作的重要性，坚持把社会效益放在首位，坚定自觉履行好国有文化企业的社会责任，全力以赴做好秋季教材发行工作。要坚持一丝不苟抓质量，争分夺秒抢进度，倒排工期、压实责任、攻坚克难，保证“课前到书，人手一册”政治任务顺利完成，让师生舒心、家长安心、社会放心。

荣誉奖项

2021 年 2 月，在“新时代杯”2020 年时代出版 · 中国书店年度致敬活动中，尖扎县新华书店被中国书刊发行业协会评为“年度乡村书店”；大什字新华书店店长王维刚被评为“年度店长”。

2021 年 4 月，集团公司被人民教育出版社评为“感动人教 · 2020 年度白金合作伙伴”“感动人教 · 2020 年度特别贡献奖（教学资源板块）”“感动人教·2020新华人”。

2021年4月，省能化机冶工会、省教科文卫体工会、省财贸工会联合举办了“迎百年华诞·展职工风采”庆祝建党100周年暨“五一”国际劳动节职工乒乓球、羽毛球、气排球比赛，集团公司代表队从45支队伍中脱颖而出，荣获“优秀组织奖”，并取得乒乓球团体第七名、混双第三名的好成绩。

2021年4月，香格里拉新华书店“绘本小课堂”被省委宣传部评为“书香青海·全民阅读”示范点。

2021年5月，香格里拉新华书店被中国出版传媒商报社评为“2020—2021年度非书品经营示范店铺”。

2021年6月，集团公司党委荣获“省直机关先进基层党组织”和“全省先进基层党组织”荣誉称号。

2021年6月，李爱君同志被省委宣传部评为优秀党务工作者，王维刚同志被评为优秀共产党员。

2021年10月，海西州新华书店被中国新华书店协会、中国出版传媒商报社评为“示范基层店”。

2022年1月，集团公司被人民教育出版社评为“感动人教·2021年度白金合作伙伴”；刘文秀同志被人民教育出版社评为“感动人教·2021新华人”；刘海萍同志被人民教育出版社评为“感动人教·2021创新人物”。

2022年3月，江河电子出版社出版的《用爱守护——儿童生命安全教育》入选“2022年度全国农家书屋重点出版物推荐目录”。

2022年4月，果洛州有限公司玛沁分公司荣获中央宣传部、文化和旅游部、国家广播电视总局联合颁发的“第九届全国服务农民、服务基层文化建设先进集体”荣誉称号。

2022年4月，香格里拉新华书店荣获中国书刊发行业协会颁发的“首届全民阅读大会·年度最美书店”称号。

2022年7月，集团公司在2021年度考核中被省委宣传部评为优秀单位，刘文秀同志被评为企业优秀领导人员。

2022年12月，在中国书刊发行业协会、中国出版传媒商报社组织开展的“奋进新征程 建功新时代——中国出版物发行业喜迎党的二十大主题征文活动”中，李爱君同志撰写的《劣势之下的奋力追赶》荣获二等奖。

组织人事

2021年12月，免去梅加羊同志青海省新华发行（集团）有限公司党委委员、副总经理职务并退休。

2022年7月，免去林洪同志青海省新华发行（集团）有限公司党委委员、总经理职务并退休。

2022年12月，接中共青海省宣传部《关于李鹏程同志职务任免的通知》（青宣干〔2022〕70号）及青海省新闻出版局《关于李鹏程等同志职务任免的通知》（青新出字〔2022〕40号），李鹏程同志任青海省新华发行（集团）有限公司党委委员、监事会主席。

党建工作

2021年，一是以高质量党建引领企业高质量发展。加强理论学习，深入学习贯彻习近平新时代中国特色社会主义思想、党的十九届六中全会精神和习近平总书记重要指示批示精神，依托“学习强国”“大美青海”等网络学习平台，丰富学习内容形式，确保学习取得实效。抓实党建工作，先后印发党建、党风廉政及意识形态、精神文明、普法、民族团结进步工作要点，细化“个性化”党建考核内容，制定支部标准化、规范化建设台账清单。严格落实党委会“第一议题”制度，全年共组织党委理论学习中心组学习14次，党委班子召开民主生活会1次，指导17个党支部召开专题组织生活会；党委书记、支部书记分别讲党课42场次；举办党务培训班1期，75名基层党员参加；班子成员带头参加支部组织生活，推进基层“三会一课”、主题党日、谈心谈话等制度化、常态化。发展预备党员9名，转正党员10名，转出退休党员16名。促进党建工作与业务工作相互融合，深入开展“全员大学习、业务大比武、能力大提升”活动，通过形式多样的“党员带头练技能，新华员工展风采”技能竞赛活动，激励广大员工“在学中赛，在赛中干”，把党建工作贯穿于业务工作的全过程。认真落实党风廉政建设工作责任制，党委专题研究部署党风廉政建设工作4次，党委中心组落实党规党纪、专题党课等学习教育6次，对党委班子民主生活会征求到的7个方面25条意见建议立整立改。加强“三重一大”事项监督，开展节前纪律提醒、集体廉政谈话，观看警示教育片，强化日常纪律约束，依法依规从严治企。落实意识形态工作责任制，坚守新华书店宣传阵地，坚持出版物进销正规、正版、正品，坚决杜绝无资质、无授权的出版物进入卖场。全力做好疫情防控工作，全面加强综合治理和安全生产，全年未发生任何安全事故。发挥律师服务团队作用，为企业依法依规经营提供法律保障。二是深入推进党史学习教育取得实效。扎实开展党史学习教育，集团本级与基层一体动员部署，一体推进落实，确保党史学习教育质量。开展专题交流研讨4次、读书分享会3次，更新宣传展板和学习园地5次，基层党支部赴红色教育基地开展活动23次，收集交流研讨材料70篇，报送《坚定政治信仰传承红色基因》《加强党的领导，做强做优做大国有企业》2篇理论文章，编发信息简报16期。组织开展党史知识竞赛、“两优一先”评选表彰暨“奋进百年路启航新征程”职工文艺汇演，庆祝党的百年华诞；组织举办“百部主题出版物大联展”“百场朗读者计划·红色课堂”“百场流动售书”等活动；开展“我为读者找好书，我为好书找读者”“党员树标杆，奋战教材季”等活动，不断擦亮“新华党旗红”党建品牌。开展“我为群众办实事”实践活动，全力保障玛多地震灾后教材供应和门店图书销售需求；自筹资金购置5台经营用车配发给大什字、香格里拉直属门店和天峻、都兰、甘德（达日）使用，解决基层单位图书配送用车问题；支持黄南、格尔木、香日德新华书店改装更换取暖设施设备，把“暖意”送到基层；支持玉树、海西、黄南州有限公司等所属分公司修缮业务及办公用房，保证生产生活的正常运转。履行国有文化企业的责任与担当，向循化县尕楞乡牙尕村赠送价值2万余元的少儿图书及文具；向西宁市2021年“三下乡”活动捐赠一批党史、少儿、社科类图书；抽调8人分两批次连续作战48小时，配合社区做好疫情防控工作。

2022年，一是强化理论武装。印发《党委中心组理论学习计划》，落实主题党日、“三会一课”、谈心谈话、组织生活等制度。组织开展《中国共产党宣传思想工作简史》、《习近平谈治国理政》第四卷、省第十四次党代会精神、全省作风建设会议精神、党的二十大精神等线上、线下专题学习13次，收集交流研讨材料77篇，党委书记讲党课2次，更新宣传展板和学习园地6次；配发党的二十大报告、《论党的宣传思想工作》、《中国共产党章程》等学习用书300余本；指导各支部扎实开展“线上＋线下”学习教育活动，确保学习教育不放松。二是夯实党建基础。增设果洛州有限公司党支部1个，配备支部书记4名，发展预备党员6名，转正党员9名，确定发展对象10名；积极创建“新华党旗红”党建个性品牌，大力推动党建工作与业务工作相融互促；开展循化县尕楞乡哇龙村联点帮扶工作。三是深化作风建设。制定《党委领导班子党史学习教育专题民主生活会问题清单及整改方案》《党委落实全面从严治党主体责任清单》《关于深入开展“全员大学习、业务大比拼、作风大转变、能力大提升”专项行动实施方案》；召开党委班子民主生活会，围绕5个方面重点查摆出的15个问题逐条逐项整改落实；聚焦“六对照六查找六提升”专项行动要求，中层以上管理人员对“两张清单”进行梳理，找准不足，补齐短板；开展“我的岗位我负责、我的岗位请放心”“党员职工1+3”物流示范岗等实践活动，推动员工能力提升、作风转变。四是落实党风廉政建设工作责任。印发《2022年党建及党风廉政建设工作要点》，层层签订党建及党风廉政建设目标责任书；组织观看《零容忍》等警示教育片，深刻汲取违纪违法案例经验教训；党委专题研究部署党风廉政建设工作6次；开展新任中层任前谈话和廉政谈话；加强对“三重一大”事项监督，坚持节前纪律提醒，落实疫情防控纪律作风相关要求，持之以恒落实中央八项规定精神及青海省实施细则。五是筑牢意识形态工作责任。严格落实意识形态工作责任制，坚持党管意识形态原则，把好进货关、宣传关、陈列关，切实把意识形态工作有效融入书店转型发展和日常管理工作中，努力营造风清气正的发展环境，不断开创意识形态工作新局面。

教材发行

集团公司紧紧围绕“教材发行高于一切”的工作思路，全面贯彻“作风在攻坚克难中锤炼，能力在担当实干中提升”的理念，将“我的岗位我负责、我的岗位请放心”实践活动、“党员职工 1+3”物流示范岗活动融入发行工作各环节中，瞄准目标促提升，对照先进找差距，推动员工能力提升、作风转变。集团党委书记亲自动员部署，党委班子成员靠前指挥，第一时间启动应急预案，成立工作小组，召开教材发行动员大会，抽调人员赶赴一线。仓储人员全天候在岗，各门店全天候值守，业务环节配合默契，后勤保障及时到位，疫情防控落实有力，发行成果鼓舞人心。积极应对教材发行工作面临的新变化、新挑战，紧盯目标任务、提高工作标准、坚定必胜信念、不断自我加压，严要求、高效率、快节奏推进教材发行配送各项工作。畅通教材管理、图书仓储、基层单位之间的信息联动，采取 24 小时现场验收、第一时间配书分发、分组轮流装卸、多轮清仓清库、“零停留”管理等精准措施，提高全流程无缝对接效率和精细化管理水平。紧盯收发货环节，优化理件、分件、包装、发运等作业流程，加强车辆 GPS 定位管理，实现了全品种应收尽收、日清日发，既提高了工作效率，又实现了员工岗位交叉锻炼，有效提升了工作质量。2021 年，全年发行教材教辅 2758 万册，码洋 2.59 亿元，同比增长 6.58%，完成目标任务的 104.44%；2022 年，全年发行教材教辅 2867 万册、码洋 2.61 亿元，实现发行册数和发行码洋双增长。

门店建设

2021 年，集团公司争取项目资金 6870 万元，完成固定资产投资 1933 万元。“东风工程”二期民和、共和项目竣工，内装修工程进度过半，至此，“十二五”“十三五”期间国家实施的少数民族新闻出版“东风工程”31 个县级新华书店网点建设项目全部建成；完成大什字新华书店原址新建项目规划审批、地勘测绘、设计招标等工作，进入施工图设计阶段；在中共青海省委宣传部的积极协调支持下，藏文图书仓储配送中心建设项目纳入 2021 年中央预算内青海省“十四五”涉藏州县经济社会发展规划建设项目，《规划设计方案》已审议同意，《可行性研究报告》通过评审并批复立项，建设资金已拨付到位，进入初设阶段。果洛州新华书店拆旧建新项目土地划拨转出让手续办理中，缴纳土地出让金 39.76 万元。全省首家“红色书店”落户班玛县，西川新华书店装修施工正在进行中，祁连新华书店升级改造项目顺利推进，基层县级新华书店升级改造总数近半。

2022 年，集团公司全年累计完成固定资产投资 7995.78 万元。有序推进重点建设项目，大什字新华书店原址新建项目规划设计方案报批中；藏文图书仓储配送中心建设项目完成前期报批报审及招投标工作，开春开工建设；新华苑——天峻高原生态文旅综合体建设项目进入招标阶段；正式启动果洛新华书店原址新建项目前期工作；民和、共和项目酒店内装修基本完工。积极推进门店升级改造。西川钢铁小镇新华书店建还项目完成装修，正式投入试营业；尖扎、河南新华书店门店、库房及办公场所完成改造；班玛“红色书店”开业运营；计划 2022 年完工的祁连、同仁、泽库、治多、杂多、达日等新华书店升级改造项目，因疫情管控影响反复停工，施工进度受到一定影响。协调推进建还项目落地，班玛新华书店建还项目经与当地县委主要领导多次沟通，得到有效解决；玛多新华书店经过多方协调，取得了不动产权证。

融合创新

集团公司持续推广“书店 +”运营模式，继续推进多业态经营布局，打造图书、咖啡茶饮、文具文创、绘画等多业态的新型书店，集合阅读、教育、休闲、社交、文化消费等多种文化生活方式，实现从“产品运营”向“空间运营”转变；结合各店地域特色，因地制宜打造个性鲜明的主题场景，如班玛县新华书店打造了全省首家“红色书店”，天峻新华书店携手当地残联设立了全省首家新华书店盲人阅览区，进一步为读者创造了良好的阅读环境；积极拓展线上线下一体化运营，香格里拉新华书店、大什字新华书店等门店充分利用微信公众号开通微信商城，读者可以在线下单，选择到店自提或快递邮寄的便捷购书服务，真正拉近了阅读和读者的距离，实现了从线下门店到线上线下融合的跨越式发展。

网络运营

集团公司努力做好“政采云”网商业务，为全省党政机关各单位做好线上图书采购服务，全省共计18家门店入驻政府采购云平台，正式成为政府采购网上商城供应电商，全力为全省党政机关、企事业各单位提供便捷、优质的网上采购服务。集团公司与各门店在微信公众号、抖音等网络平台及时发布各类图书及活动资讯，在不断巩固和做大做强网络阵地上取得了显著成效。

全民阅读

2021年4月23日，第26个世界读书日如期而至。集团公司紧紧围绕庆祝建党100周年这一主线，结合党史学习教育，以“壮丽100年·共迎新时代”为主题开展了一系列立体式、沉浸式的阅读活动。大什字新华书店和大通新华书店分别举办了“阅百年历程 传精神力量”“童心向党·礼赞中国”红色阅读活动，以诗朗诵的形式向建党100周年献礼；香格里拉新华书店携手多家单位以“颂百年风华·传红色基因——送一缕书香到校园”为主题，为乐都区高店镇中心学校的同学们精心准备了一堂“读原著+聆听红色小故事+唱红歌+跳红舞+有声化‘爱’的礼物明信片”形式的传承红色基因党课，激励同学们做到知党史、感党恩；湟中新华书店“朗读者计划·红色课堂”朗读活动在湟中融媒视频号、湟中融媒抖音号、湟中融媒快手号同步直播，线上线下齐发力；泽库新华书店组织开展了“红色文化进课堂”活动，孩子们通过诵读一个个鲜活生动的红色故事，将红色精神深深烙印在脑海中；化隆、海西州、海北州、达日等新华书店以“书香青海·红色阅读永远跟党走”为主题开展“朗读者”活动，重温党的光辉历史，见证党的辉煌成就，引导大家在阅读红色经典中汲取文化养分和精神力量。流动售书遍及全省。大什字、小桥、香格里拉、平安新华书店联合在河湟民俗文化体验基地开展庆祝建党 100 周年暨“4·23 世界读书日”流动售书活动；民和新华书店在第二届隆治梨花节暨旅游产品推介会上设置流动售书摊位，吸引游客驻足购买；互助新华书店流动售书活动遍及班彦、高寨、丹麻等乡镇，将优质出版物送到百姓家门口；玉树州、海南州和果洛州有限公司把优秀的精神食粮送进了寺院、牧区，让广大僧尼与农牧民群众共享社会主义文化大发展大繁荣的成果；大通、乐都、湟源、化隆、格尔木等新华书店便利的售书服务也受到了当地群众的广泛好评。优惠力度普遍加大。全省各地新华书店加大优惠力度，以品种丰富、质优价廉的正版图书吸引读者的购书热情。据统计，全年组织开展全民阅读活动和流动售书活动 246 场，完成一般图书销售码洋 6895.68 万元，同比下降 3%。

2022 年，为进一步推进全民阅读，让阅读深入到基层群众，惠及广大读者，引导广大群众养成阅读习惯，丰富群众精神文化生活，倡导“爱读书、读好书、善读书”的文明风尚，集团公司在元旦、春节、“4·23”全民阅读季等重要时间节点，扎实推进线上线下全民阅读活动常态化，全年开展全民阅读和流动售书活动 203 场。在春节来临之际，大什字新华书店开展了“‘牛’转乾坤·书香迎春”系列促销活动，其中，“春节七天特别购书福利”“充值增值福利”吸引了广大读者的热情参与；香格里拉书店推出“新春福利一元享”优惠活动；民和分公司、湟中分公司通过线上向读者推送迎新春购书优惠活动和新书资讯、线下实行折扣让利与购送活动相结合的促销模式，加大惠民力度。在中国人民解放军建军 95 周年之际，为满足部队官兵阅读需求、丰富军营文化生活，着力打造书香军营，全省新华书店系统积极拓展服务形式，深入开展拥军活动，为驻地官兵送上了丰富的“文化大餐”。大什字新华书店组织开展了“聆听习语·读书逐梦——书香进军营”系列活动，应解放军某部广大官兵要求，持续开展了为期 20 天的图书展销，并向解放军某部队赠送了价值 8384 元的各类图书。海西州新华书店走进海西军分区，举办了“全民阅读进军营·军民共筑强军梦”主题活动。在广泛开展活动的同时，全省各级新华书店在八一建军节当天统一实行让利销售，开展军人购书优惠活动，受到官兵们的称赞与好评。

内控管理

2021年，强化议事决策内控管理。修订了《公司章程》及党委会、董事会、监事会等议事规则；选举产生新一届职工董事、职工监事，明确了新一任期董事会、监事会组成人员。全年召开党委会19次，研究议题76项；召开董事长办公会13次，研究议题124项；向中共青海省委宣传部请示报告10项，报送信息29篇。强化资产资金风控管理。清收应收账款306.02万元，解决不合理长期挂账817.95万元，提取存货跌价和坏账准备600.5万元，经营风险得到控制；存量资金利息收入458.88万元，同比增长10.3%，参与存量资金集合计划的分（子）公司达13家，利息收入43.72万元；加强固定资产、库存商品及报废资产处置管理；全年争取专项资金7028.90万元，严格规范资金使用管理，提高专项资金使用效率。强化财务审计监督管理。修订完善5项财务管理制度，进一步加强基层财务管理，规范基层经营业务，夯实会计基础工作，切实提高财务管控质量。加大内部审计监督力度，重点审计分（子）公司6家，发现问题142条、完成整改140条。完成“东风工程”二期竣工项目决算中介审计，配合政府职能部门开展专项审计。按照上年度第三方审计和驻中共青海省委宣传部纪检监察组检查中指出的有关财务管理方面的问题，逐条逐项整改落实到位。

2022年，加强制度建设。进一步完善董事会（董事长办公会）议事规则及人事管理、财务管理、目标责任与绩效考核、安全生产等管理制度，内控制度体系不断健全。严格议事决策。全年召开党委会19次，研究议题75项，党委会研究部署党风廉政建设工作6次；召开董事长办公会13次、专题会议1次，研究议题130项；向省委宣传部请示报告21项，报送信息22篇。强化风控管理。清收应收账款386.16万元，报废改版教材、教辅图书等码洋173.67万元，计提存货跌价和坏账准备462万元，全面加强和规范固定资产、库存商品、资产处置及资金使用管理，提高资产资金使用效率，经营风险得到有效控制。注重审计监督。财务审计检查实现分、子公司全覆盖，重点审计9家，发现问题42条，完成整改40条，收缴违规资金18.25万元，清理遗留问题挂账133.07万元，完成竣工项目决算中介审计。财务管理全面加强，经营业务全面规范，管控质量全面提升。

人才培养

2021年，集团公司注重人才选拔储备。注重中层管理人员选拔聘任、员工招聘补充、骨干培养储备等工作，共选拔聘用中层管理人员20名、轮岗交流1名，免职1人；公开招聘工作人员20名；引进专业人才2人，其中1名为酒店管理职业经理人；解除劳动合同5人；办理退休40人。结合“全员大学习、业务大比武、能力大提升”活动，举办一线员工业务培训等各级各类培训班10期，惠及467人次。培养团队精神。大力倡导“以企为家、同生共荣”理念，积极引导广大员工爱企、护企、忧企、兴企，广泛开展普法宣传、民族团结进步及思想品德、职业道德、社会公德、家庭美德教育，全体员工遵纪守规，爱岗敬业，纪律意识显著增强，全年未发生任何违纪违法问题。关心关爱员工。组织员工开展常规体检、女职工“两癌”筛查、缴纳“互保金”、发放员工生日卡、疫情期间组织核酸检测上门服务及一系列“夏送清凉”“冬送温暖”等工作，共计38.51万元；元旦、春节期间发放米、面、油等生活物资18.95万元；慰问离退休老干部、困难党员和困难职工，及时看望住院职工，让员工感受到企业大家庭的温暖。

2022年，集团公司注重人才选拔培养。加强中层管理人员选拔聘任、员工招聘补充、骨干培养储备等工作，选拔任用中层管理人员13人、轮岗交流2人，聘任业务骨干14人，公开招聘18人，举办基层一线业务技能等各类培训班7期，惠及524人次。关心员工生活。在疫情管控经营停滞的情况下，按时足额发放工资、缴纳社保，保障员工生活不受影响。修订《员工慰问管理办法》，组织开展女职工“两癌”筛查、缴纳“互保金”，发放员工生日卡6.99万元，发放米、面、油等生活用品21.09万元，慰问离退休老干部、困难党员和困难职工，及时看望住院职工，让员工感受到企业大家庭的温暖和担当。

物流配送

青海省新华发行集团藏文图书批销中心是一个集仓储、物流配送等多功能于一体的综合型仓储物流中心。它的建成，有助于集团公司进一步优化服务水平、提高服务质量、提升工作效率。集团公司物流主要是为教材发行和门店销售两块业务服务的，其中，教材发行占比较大，保证了“课前到书，人手一册”的发行任务，对更好地服务教育事业发展、推进全民阅读、打造书香青海、推动集团公司高质量发展，都具有十分重要的意义。

2021 年，青藏图书城全体员工打破班组界限，强化分工合作，一切以教材教辅发行为重，加班加点抢进度，不计成本保发行，争分夺秒将到货教材教辅进行卸车、入库、核对、分拣、打包、出单、配送，每个环节都高效有序地执行到位，确保配送准确无误。全年发行教材教辅 2758 万册、码洋 2.59 亿元，共配送各类一般图书（含藏文图书）码洋 6895.68 万元。集团公司于 5 月承接了省委组织部“党建大礼包”的配送发行任务，青藏图书城接到这项重大而光荣的政治任务后，立即开始组织货源，6 月进行集中配送。在时间紧、任务重的情况下，全体干部职工表现出强烈的主人翁责任感。大家紧盯生产环节和任务工序，严格按照质量要求，全神贯注埋头于工作流水线上，把自己的工作不折不扣完成好，再次展现出青海新华人团结奋进、勇于奉献的精神风貌。6 月 30 日，全省 21864 件“党建大礼包”全部配送完毕。年底圆满完成了 2021 年“农（牧）家书屋”“寺庙书屋”图书补充更新配送工作。为全省 4169 个行政村和 745 家“寺庙书屋”送去了一批又一批优秀、健康、丰富的文化食粮。

2022 年，青藏图书城积极应对教材发行工作面临的新变化、新挑战，紧盯目标任务、提高工作标准、坚定必胜信念、不断自我加压，严要求、高效率、快节奏推进教材发行配送各项工作。畅通教材管理、图书仓储、基层单位之间的信息联动，采取 24 小时现场验收、第一时间配书分发、分组轮流装卸、多轮清仓清库、“零停留”管理等精准措施，提高全流程无缝对接效率和精细化管理水平。紧盯收发货环节，优化理件、分件、包装、发运等作业流程，加强车辆GPS定位管理，实现了全品种应收尽收、日清日发，既提高了工作效率，又实现了员工岗位交叉锻炼，有效提升了工作质量。据统计，自8月以来，青藏图书城日均收货处理达5000包件，高峰时近1万包件，截至9月13日，累计发行总册数超1500万册。全年发行教材教辅2867万册，码洋2.61亿元，实现发行册数和发行码洋双增长；完成一般图书销售码洋6895.68万元。

社会责任

2021年，全省各级新华书店在严格落实疫情防控措施的前提下，坚持开展形式多样的文化惠民活动，全年开展各类阅读和流动售书活动共计247场。为读者提供导购宣传、送书上门、邮寄快递等服务，得到了读者一致好评。充分利用电子显示屏，及时发布活动资讯、征订信息、主题出版物推荐等内容。通过微信公众号等网络平台推送介绍相关图书和活动信息，扩大公司读者群和影响力。

2022年，因受新冠疫情影响，全省各门店内聚集性的全民阅读活动无法开展。集团公司认真履行国有文化企业社会责任，积极响应党和政府的号召，带领各门店积极克服困难，从线下到线上，从传统到创新，开展线上阅读活动，深受广大读者喜爱。全民阅读板块通过建立行之有效的全民阅读中长期规划，通过丰富阅读形式与内容，组建专业活动营销团队，推动学习、宣传、销售的相融相生。2022年，全民阅读主题活动“坚定信念，不负韶华”“我是阅读推广人，连线提问”深受广大读者喜爱。“人间四月·云享书香”迎接“4·23世界读书日”线上朗读音频征集活动，通过电波FM102.7西宁旅游广播，用悦耳的声音传播书香。全年全省共计开展主题全民阅读活动203场，更好地展现了国有企业履行社会责任担当的责任感，实现了文化惠民。

2021 年末领导班子成员名单

刘文秀　党委书记、董事长

林　洪　党委委员、总经理

李爱君　党委专职副书记、工会主席

白延义　党委委员、总会计师

刘海萍　党委委员、副总经理

2022 年末领导班子成员名单

刘文秀　党委书记、董事长

李鹏程　党委委员、监事会主席

李爱君　党委专职副书记、工会主席

白延义　党委委员、总会计师

刘海萍　党委委员、副总经理

新疆新华书店发行有限责任公司

年度概况

2021年，在自治区党委宣传部坚强领导下，新疆新华书店发行有限责任公司坚持以习近平新时代中国特色社会主义思想为指导，完整准确贯彻新时代党的治疆方略，牢牢扭住新疆工作总目标，切实把思想和行动统一到自治区党委的决策部署上来、统一到自治区党委宣传部的工作要求上来，以党的政治建设为统领，强化意识形态工作责任，紧紧围绕年初制定的“三个确保、六个抓好”工作计划，统筹社会稳定、疫情防控、安全生产和经营工作高质量发展各项重点工作，深入开展党史学习教育，实施文化润疆工程，挺拔主责主业、转变工作作风、强化监督管理、提升服务意识，较好地完成了全年各项工作和目标任务。全区新华书店年销售码洋44.62亿元（其中，教材教辅销售28.9亿元，一般图书销售12.8亿元），较上年同期增长4.53%；实现利润1.93亿元，较上年同期增长12.21%；净资产为25.05亿元，较上年同期增长5.7%。

2022年，新疆新华书店发行有限责任公司以习近平新时代中国特色社会主义思想为指导，紧紧围绕迎接、宣传、贯彻党的二十大精神工作主线，落实新时代党的治疆方略，落实自治区党委宣传部工作部署，统筹疫情防控、安全稳定和社会经济效益，持续推进国有企业改革发展，基本完成年度各项任务。2022年，经营总体稳定但局部略有下降。全区新华书店完成销售码洋43.72亿元，较上年的44.62亿元下降2.02%（其中，教材教辅销售31.01亿元，一般图书销售9.97亿元，“东风工程”销售2.26亿元，多元化销售0.37亿元，全区房租收入4574万元）；实现利润1.8791亿元，较上年的1.93亿元下降2.61%。全区新华书店资产负债率54%。

领导关怀

2021年4月15日，自治区党委常委、宣传部部长田文出席新疆新华书店工作会议并讲话，对新华书店近年来的工作成绩给予了肯定，对存在的问题提出了明确要求，为全区新华书店今后的工作指明了方向。

荣誉奖项

2021年1月20日，区公司营销中心员工张年树荣获人力资源社会保障部、国家广播电视总局、国家新闻出版署授予的“全国新闻出版广播影视系统劳动模范”称号。

2021年4月1日，伊犁新华书店党委书记、副经理侯树祥荣获“自治区脱贫攻坚先进个人”。

2021年6月1日，巴州新华书店被新疆维吾尔自治区关心下一代工作委员会、新疆维吾尔自治区精神文明建设指导委员会办公室评为“自治区关心下一代工作先进集体”。

2021年7月1日，区公司营销中心党支部荣获自治区直属机关工委颁发的“先进基层党组织”称号。

2021年7月1日，昌吉新华书店办公室副主任王艳荣获“自治区优秀党务工作者”。

2021年7月16日，在中国新华书店协会主办的庆祝建党100周年全国新华书店主题出版物造型设计大赛中，区公司作品《有你，山河无恙》荣获一等奖。

2021年7月29日，区公司党委书记、董事长范文诚荣获国家新闻出版署颁发的“第五届中国出版政府奖·优秀出版人物奖”。

2021年7月，区公司办公室孙咏在自治区直属机关红色故事演讲比赛决赛中，荣获三等奖。

2021年12月，和田地区新华书店皮山县连锁分店荣获中央宣传部、文化和旅游部、国家广播电视总局联合颁发的“第九届全国服务农民、服务基层文化建设先进集体”荣誉称号。

组织人事

2021年4月15日，自治区党委宣传部部务会议研究决定：

朱庆同志任新疆新华书店发行有限责任公司党委副书记、董事、总经理；裴金鸿同志任新疆新华书店发行有限责任公司党委副书记、纪委书记；玛依努尔·依明同志任新疆新华书店发行有限责任公司党委委员、董事、副总经理（列闫奇同志之后）。

2022年3月，新疆新华书店发行有限责任公司党委委员、副总经理韦春阳到龄退休。

2022年8月，新疆新华书店发行有限责任公司党委委员、副总经理闫奇到龄退休。

2022年9月24日，自治区党委宣传部部务会议研究决定：

吴卫东同志任新疆新华书店发行有限责任公司党委委员、总会计师（列玛依努尔·依明之前）；高建武同志任新疆新华书店发行有限责任公司党委委员、副总经理（列玛依努尔·依明之后）；万爱民同志任新疆新华书店发行有限责任公司副总经理。

党建工作

2021年，新疆新华书店党委坚持以习近平新时代中国特色社会主义思想为指导，全面加强新时代党的建设，为企业高质量发展保驾护航。一是扎实开展党史学习教育。以党委理论学习中心组学习为引领，以“三会一课”为抓手，抓好党组织集中学习、分类研讨和个人自学，确保人员、时间、内容、效果“四落实”。二是开展主题突出、特色鲜明、形式多样的学习活动。积极参加自治区党委宣传部党史学习教育“读书班”，坚持“早诵读、晚自学、周交流”活动；以“四微、一读、一平台”为载体，开展“跟着总书记学党史”微党课、微故事分享，党史碎片阅读、编册导学等线上线下助学；落实“一联一促”互学互助活动。开展每日集中早诵读半小时9100余场，参加5.2万余人次；微党课、微故事微分享200篇；党史碎片阅读160余篇；编册导学2册等。三是开展丰富多彩的学习实践活动。组织全区新华书店举办“共庆建党100周年”主题出版物造型展示比赛、“我和新华书店”演讲比赛、“最美新华书店”评选等活动；积极参加区直属机关工委“庆祝中国共产党成立100周年书画摄影作品展”、“百年风华 天山颂歌”红色故事演讲比赛、“百名书记讲党课”以及中国新华书店协会“颂建党百年辉煌 承新华不渝初心”主题快闪活动。四是分批次组织党员、干部、职工参加清明祭奠英烈、革命博物馆、纪念场馆等革命遗址遗迹，观看红色电影及自治区庆祝中国共产党成立100周年文艺晚会演出等。五是开展“我为群众办实事”“双报到”服务实践活动。把完善社区志愿服务和提升“访惠聚”驻村工作结合起来，为共建单位开展理论宣讲、走访慰问、文化帮扶、消费扶贫，用心、用情、用力解决基层困难。开展“双报到”活动473项，参加活动3460人次。开展“我为群众办实事”活动639项，参加活动7632人次。重要节日及七一前后慰问离退休、重病、困难党员干部共42人。六是抓好巡视整改落实工作。按照自治区党委宣传部党史学习教育巡回指导组要求，召开巡视整改专题民主生活会，检视问题、落实整改。区公司共梳理7个方面19项问题，已全部整改完成。七是按照组织生活会程序和内容，对标“为了谁、依靠谁、我是谁”，公司所属党支部较高质量完成专题组织生活会。

新疆新华书店党委始终坚持全面从严治党，大力推动党的建设引领力。一是加强政治建设，强化理论武装。积极参加自治区党委宣传部周三理论学习，坚持区公司党委每周六理论学习中心组学习，同步视频会议开到地、县两级新华书店。参加自治区党委宣传部党史学习教育读书班9期，区公司党委理论学习中心组学习45次，各地（州、市）新华书店参会8250人次，学习研讨、交流发言4806人次。二是按照党委议事规程，严格落实“三重一大”决策机制。召开党委（扩大）会议38次，研究事项428项。三是抓党建促业务。在每周理论学习中心组学习中融入业务制度的学习，做到党建和业务相融合，制度讲解、业务培训共7次。四是加强基层党组织标准化规范化建设。认真执行基层党组织建设质量提升三年行动计划，推动基层党组织书记抓党建工作全面提升，开展主题党日352次，讲专题党课290次。五是认真落实全面从严治党主体责任。制定2021年度党建、党风廉政建设和精神文明建设工作要点，层层签订责任书。印发《新疆新华书店发行有限责任公司党委加强党风廉政建设和纪检监察工作的意见》，为全区新华书店全面从严治党提供工作指导和措施保障，认真开展第23个党风廉政教育月活动。六是推动以案促改常态化。以本系统违法案件为典型开展警示教育，召开以案促改警示教育大会4次，邀请专家开展专题讲座1次，开展廉政集体谈话5次，参会900余人次，观看廉政警示教育片8部，编发廉政提醒短信300余条。七是深入开展反恐怖反渗透反分裂斗争宣传教育，旗帜鲜明发声亮剑，打牢维护社会稳定的思想基础，共撰写发声亮剑材料120余篇。八是强化监督执纪问责。全年运用“第一种形态”处理5人，运用“第二种形态”处理4人，运用“第三种形态”处理2人。

2022年，新疆新华书店在自治区党委宣传部的坚强领导下，坚持以习近平新时代中国特色社会主义思想为指导，认真落实自治区党委宣传部各项部署，以党的建设统领企业改革发展。这一年来，面对诸多风险挑战，公司上下共同努力，聚焦主责主业、挖掘发展潜力，统筹疫情防控、保障安全稳定，努力实现社会效益、经济效益相统一，较好地完成了年度各项任务。一是筑牢思想根基，突出政治引领。公司党委紧紧围绕习近平新时代中国特色社会主义思想，跟进自治区党委宣传部学习习近平总书记重要讲话、党中央和自治区党委重要会议精神，党委会第一议题学习43次，党委理论学习中心组全区视频学习48次，学习重要文章和新闻通稿294篇，交流发言2300人次，撰写心得体会4667篇，教育引导全体党员、干部、职工增强“四个意识”、坚定“四个自信”、做到“两个维护”，旗帜鲜明讲政治。二是围绕党的二十大，突出学习引领。党的二十大召开前，公司党委以学党史、学讲话、学文件为主要内容，为迎接党的二十大胜利召开打好思想基础、营造浓厚氛围。党的二十大闭幕后，公司党委认真落实自治区党委宣传部关于学习宣传贯彻党的二十大精神的部署要求，坚持党委会、中心组带头学，各级党组织、党员干部全覆盖，反复深入学习党的二十大报告；创建“感悟党的二十大·新华每日学”平台，每日推送党的二十大精神学习要点，交流分享各子公司、直属党支部学习动态，迅速在全区新华书店掀起学习贯彻党的二十大精神热潮。三是夯实基层基础，强化组织引领。公司党委持续加强基层党组织建设，充分发挥党支部的战斗堡垒作用，团结带领广大职工群众，以昂扬姿态投入企业改革发展和各项工作当中。这一年来，全区新华书店共开展与业务相结合的各类主题党日活动579次，参加活动5855人次，组织党课学习229次、3654人次参加，民主生活会、组织生活会、“三会一课”、主题党日等政治生活进一步规范。全区新华书店共发展党员65名，确定入党积极分子91名、发展对象42名，在壮大队伍的同时，各党支部紧扣创建目标，深入推进“五好党支部”和“四个合格”党员队伍建设，严格党员日常教育管理，认真落实“垂直”与“属地”双重管理各项要求，高质量严要求夯实基层基础。四是落实监督管理，强化纪律引领。这一年来，公司党委深化警示教育、持续净化生态、紧盯问题线索，确保经营管理工作依规依纪。坚持将监督执纪落实到图书发行的各方面、全过程，紧盯重点部门和关键岗位，进一步深化以案促改，健全常态化督查机制。印发指导意见，组织在全系统范围内开展严肃查处不实举报、诬告陷害行为的专项工作，坚决依规依纪遏制“歪风邪气”。全年接到信访举报6件，按程序处置5件，转有关职能部门办理1件；处理遗留问题线索4件；2人受到“第一种形态”处理，6人受到党纪和政务处分。

教材发行

2021年，新疆新华书店完成向国家新闻出版署申报“教科书发行资质”工作，取得了全区中小学教科书发行的总发资质。面对新冠疫情造成的物流不畅、货物检测周期长、人员集中到岗难等不利因素，全区新华书店加班加点、随到随发，保证了2021年春、秋两季教材“课前到书，人手一册”，共发行教材教辅1.65亿册。

2022年，新疆新华书店共发行教材教辅1.79亿册，较2021年增长5.42%；实现销售16.51亿元，较2021年增长8.26%。其中，教材发行10.63亿元，教辅发行5.88亿元，超额完成目标任务8%，圆满完成全年中小学教材教辅发行任务。一年来，全区新华书店坚持一手抓发行、一手抓回款，积极克服疫情带来的重大影响，区公司进一步提高发运效率，各子公司狠抓终端配送和发行服务，实现了教材教辅发行基本盘稳中有增。

门店建设

2021年，在城市书店建设方面：一是重点工程项目稳步推进，区公司白鸟湖教材中心建设项目完成竣工验收投入使用，经开区书城综合楼内部装修工程稳步推进；昌吉市庭州书城项目已完成竣工验收；石河子市图书大厦建成营业，成为当地文化地标；阿勒泰书城、和田书城及克拉玛依石油书城基建工作正在有序推进中。二是各店充分发挥地理位置优势，利用新华书店地处城市中心、人员流动量大的特点，对卖场进行升级改造，在销售出版物的同时，融入相关文化产品和休闲娱乐产品等经营业态，使书店成为集阅读学习、展示交流、聚会休闲、创意生活于一体的“全民阅读推广中心”“文化交流中心”“文化产品展示中心”和“学习教育中心”，成为当地文化地标和全民阅读主阵地，实现了社会效益和经济效益的有机结合。在县级门店建设方面：现有县级新华书店零售网点89个，并大力推进新设立的兵团城市建立图书发行网点（铁门关市、胡杨河市、双河市、可克达拉市、昆玉市、新星市）。在乡镇网点建设方面：现有乡镇（团场）零售网点25个，下一步计划采取租赁、代销、联营等方式，在规模较大的乡镇新设立网点，以扩大网点覆盖面。

2022年，在城市书店建设方面：一是重点工程项目持续稳步推进，区公司经开区书城已经竣工并完成内部装修装饰，正在有序筹备开业；昌吉市庭州书城项目已进入室内装修阶段；阿勒泰书城、和田书城及克拉玛依石油书城基建工作正在有序推进中，喀什书城、吐鲁番书城、焉耆县门市改造升级工作正在实施中，一批城市文化的新名片即将亮相。二是各地（州、市）新华书店积极向商圈、社区、学校、景区拓展营业网点。继巴州新华书店的博物馆店、克拉玛依新华书店的新疆第二医学院博雅书店、阿勒泰新华书店的可可托海干部学院校园店、塔城乌苏新华书店的习得馆等特色书店外，伊犁新华书店在那拉提国家森林公园建设了景区书店"那书院"，喀什新华书店新疆政法学院校园店已建成开业。在此基础上，区公司计划以那拉提景区书店的建成为新起点，探索在巴音布鲁克、赛里木湖、天池、喀纳斯、可可托海、江布拉克、博湖、福海等景区开设特色书店。在县级门店建设方面：现有县级新华书店零售网点89个，并持续推进在新设立的兵团城市建立图书发行网点，巴州新华书店铁门关市店、奎屯新华书店胡杨河市店网点建设项目正在稳步推进中。14个"十三五""东风工程"县级新华书店业务用房改扩建项目持续推进，总建筑面积6.8万平方米，总投资13610万元（中央预算内资金2474万元）。在乡镇网点建设方面：全区新华书店设有乡镇（团场）零售网点25个。按照全疆现有900个乡镇行政区划计算，公司乡镇网点覆盖率仅为3%，距离上级要求的5%还有差距［7个地（州、市）店已达5%覆盖要求，如克拉玛依店、奎屯店、哈密店、吐鲁番店、博州店、阿勒泰店、石河子店］。

在此基础上，新疆新华书店印发了《关于加强乡镇网点建设工作的通知》、建设方案及建设情况推进表，要求并督促各子公司及其分公司结合自身实际，积极采取措施，研究制定乡镇出版物发行网点建设计划。计划采取租赁、代销、联营等多种方式在规模较大的乡镇新设立网点，进一步扩大乡镇网点覆盖率。同时，通过积极与当地政府沟通，尝试将基层新华书店网点建设与新时代文明实践站点建设相融合，在乡镇新时代文明实践站点（农家书屋）内设立图书屋（图书角），以及依托各类乡镇便民店、电商服务点，切实有效地解决农村地区农牧民群众阅读需求，助推农村地区全民阅读，从而进一步强化新华书店主渠道主阵地主力军作用，更好地履行新华书店社会责任。

融合创新

2022年5月，伊犁新华书店与那拉提景区管委会共同打造的集读书、创作、社交、旅游咨询、游客服务等多功能于一体的“新华书店·那书院”建成营业，开启了“书店+旅游”模式和文旅融合发展的有益尝试，也是落实“文化润疆”工程的又一新举措。

网络运营

2021年，鉴于政策原因及技术人才的匮乏，新疆新华书店虽然开展了网络发行业务，但并未形成品牌，取得的成效一般。

2022年，区公司及各子公司转变观念，创新思路，积极探索网络运营模式，有的主动参与“政采云”平台，提升政府采购服务能力；有的创立网上商城，尝试直播带货，或与本地商超合作进行线上销售，在拓展市场、增加销售方面开展了一系列的有益尝试。为了积极参与新华书店网上联合发行平台建设，不断做大做强网络发行阵地，新疆新华书店与中华传媒在线、石榴融媒体公司合作，以视频授课的方式在全区新华书店范围内不定期开展短视频制作、网络发行业务等新媒体营销培训，着力提升员工素质和操作技能。年内，新疆新华书店线上平台已正式上线运营，为推动全区新华书店网上发行业务发展奠定了基础。

全民阅读

2021年，新疆新华书店在全民阅读方面：一是持续开展“绿书签·护苗”集中宣传活动，向全区中小学生派发绿书签3万余张，所有持绿书签的学生可享8.8折优惠购书；组织学生们开展“会读书、读好书、好读书”活动，引导学生绿色阅读，文明上网，树立正确的世界观、人生观、价值观。二是持续开展全民阅读系列活动合计1199次。2021年，恰逢中国共产党成立100周年，新疆新华书店在全区同步开展了“学好党史·培根铸魂”全民阅读系列活动，为广大群众提供文化阅读服务，让各族读者在阅读学习中汲取爱党爱国、弘扬中华民族美德、凝聚团结奋进、拼搏进取的精神力量。三是持续开展惠民公益性捐赠活动。作为宣传文化阵地窗口单位，始终秉持文化发展成果共享理念，承担文化企业的使命责任，积极参与公共文化服务体系建设，让党的惠民政策落到实处。2021年，共向各级学校、社区（乡村）、便民警务站等捐赠图书约5.7万册（套）、码洋约121.78万元。四是各地新华书店与当地相关部门联合开展“图书漂流活动”“中华优秀传统文化润校园 中华民族共同体意识润心田”系列活动，深入实施“文化润疆”工程，举办庆祝中国共产党成立100周年文艺创作和文化活动等。

2022年，一是各店充分利用卖场资源开展丰富多彩的阅读会、读书会、亲子互动等读书活动，全区共计开展全民阅读系列活动1950场次、流动售书1915次，把知识送到农牧区田间地头，为群众提供文化阅读服务。二是各地新华书店与当地相关部门联合开展“图书荐购”“你买书，我买单”“读红色经典·分享红色故事”等阅读活动；开展“我们新疆好地方”“中华古诗词”“童年”“乡村领读人”“爱朗读”等一系列文化专题活动；以节假日为契机，开展各类主题活动，如“爱国爱党庆六一”“端午节·读书分享”以及母亲节、端午节、八一建军节等节假日系列活动，深入实施“文化润疆”工程。三是节假日适当延长门店营业时间，利用新时代文明实践点开展丰富多彩的理论宣讲、志愿服务等便民活动，图书宣传推介、图书分享等活动进一步增强读者的阅读乐趣。

内控管理

一是稳步推进公司改制。区公司初步完善了“三重一大”事项党委前置研究、董事会和经理层具体决策的议事决策机制，建立了全区新华书店上下级子分公司的管理架构；15 个地（州、市）新华书店全部改为“新华书店有限责任公司”，制定了公司章程，明确了党组织在公司法人治理结构中的法定地位，建立了董监高健全的管理架构，换发了营业执照、公司印鉴，以及税务、银行、社保等证照，所属县级新华书店全部改为 15 个子公司的分公司，完成了公司改制的阶段性工作。二是强化内控管理。全区新华书店实现网上财务报销，基本实现全疆教材教辅在线收款；2022 年初，启动 9 个子公司领导离任审计工作；持续推进招标采购规范化，做到了各类招标采购依法依规、资料完备。三是优化固定资产管理。以固定资产完整准确、产权清晰为目标制定工作方案，组织开展全区新华书店固定资产盘点；同时，安排专人专班开展固定资产盘点，重点核实固定资产盘盈、盘亏、报废及待处理物品账目的准确性。全面清理、核查全区新华书店不动产，督促办理、变更不动产权证，集中解决了一批没有产权证和证件名称不规范的问题，排除了一批资产流失的风险隐患。四是推动闲置不动产出租利用。截至 2022 年底，全区新华书店可出租不动产面积 377025.80 平方米，已出租 340154.30 平方米，剩余闲置不动产面积 36183.21 平方米；严格落实自治区关于国有企业减免租金的工作要求，全区新华书店共有符合租金减免政策的小微企业 91 家、个体工商户 441 家，合计减免租金 2198.73 万元。

人才培养

1. 人员基本情况

2021 年，全疆新华书店在职职工 1869 人（其中内退职工 93 人），在岗职工中：少数民族职工 644 人（占 34%），女职工 922 人（占 49%）；研究生学历 17 人（占 0.9%），大学本科 505 人（占 27%），大学专科 1014 人（占 54%），中专及以下 333 人（占 18%）；专业技术职称人员 223 人（占 11.9%），其中，高级职称 2 人（占 0.1%），中级职称 24 人（占 1.3%），初级职称 106 人（占 5.7%）；出版物发行员资格证书：技师（二级）21 人（占 1.1%），高级（三级）321 人（占 17%），中级（四级）417 人（占 22%），初级（五级）229 人（占 12%）；全疆新华书店离退休人员 1176 人（其中离休

7人），全国会计领军人才1人。

2022年，全疆新华书店在职职工1864人（其中内退职工85人），在岗职工中：少数民族职工613人（占33%），女职工876人（占47%）；研究生学历18人（占1%），大学本科486人（占26%），大学专科955人（占51%），中专及以下320人（占17%）；专业技术职称人员219人（占12%），其中，高级职称3人（占0.2%），中级职称23人（占1.2%），初级职称112人（占6%）；出版物发行员资格证书：技师（二级）21人（占1.1%），高级（三级）321人（占17%），中级（四级）417人（占22%），初级（五级）229人（占12%）；全疆新华书店离退休人员1228人（其中离休6人），全国会计领军人才1人。

2. 干部队伍建设情况

2021年，在自治区党委宣传部的关心支持下，有9名同志调整进入区公司和子公司新华书店领导班子，优化了班子结构，加强了班子力量。按照选拔工作程序开展干部选拔，完成中层管理人员正职岗位干部选拔使用工作，新任干部6人、交流干部1人。全年组织4批支部书记参加培训，分11批次、选派127人次赴内地业务培训或参加相关会议，通过学习交流，干部职工的业务素质和能力水平得到提高。

2022年，研究制定了《选拔任用中层管理人员工作方案》《交流轮岗工作实施办法（试行）》《部门职工及业务主办定员定岗方案》，按照《党政领导干部选拔任用工作条例》和工作方案，完成3批40名中层管理人员选拔任用、干部职工交流轮岗工作，其中，提拔使用20人，交流任职15人，挂职锻炼5人，充实了中层管理人员，加强了业务交流和岗位锻炼。

3. 职工培训教育情况

2021年，先后举办全疆会计人员继续教育培训1次，120人参加；全疆教材教辅人员免费结算培训1次，140人参加；教材系统征订、结算业务培训1次，200人参加；Oracle数据库运维培训1次，14人参加；Linux小红帽运维培训1次，14人参加；白鸟湖物流基地物流设备培训1次，100人参加；接待礼仪服务培训班1次，128人参加；建筑消防设施操作培训1次，

13 人参加。

2022 年，由于受新冠疫情影响，全区大部分员工培训工作无法正常实施。全年共组织白鸟湖物流基地自动化系统培训 2 次，163 人参加；新媒体公众号短视频抖音制作运用培训 1 次，137 人参加。

4. 人才引进及交流情况

2021 年，公司本部通过社会招聘，引进 8 名专业技术人才，6 名中层管理人员进行了轮岗交流。

2022 年，公司本部通过社会招聘，引进 2 名专业技术人才，15 名员工进行了轮岗交流。

物流配送

为克服新冠疫情造成的物流不畅、货物检测周期长、人员集中到岗难等不利因素，全区新华书店加班加点、随到随发，保证了教材“课前到书，人手一册”。2021 年，共发行教材教辅 268 万件、5 万吨；2022 年，共发行教材教辅 247 万件、4.6 万吨。

社会责任

2021 年，全区新华书店对外捐赠 483.62 万元，用于向全疆各乡村、农牧区、基层社区、中小学校、文化站捐赠图书、文具及“访惠聚”驻村工作队和公益性捐赠方面。

2022 年，全区新华书店对外捐赠 627.04 万元，用于“访惠聚”驻村工作队和深度贫困村第一书记所在村的乡村振兴、民生项目建设、文化活动建设，提高社区居民文化生活、疫情防控、捐资助学等支持自治区社会公益事业方面。按时完成“东风工程”免费赠阅出版物发行工作。组织开展全民阅读活动 300 余场次，组织图书“七进”流动售书 800 余次。

2021 年末领导班子成员名单

范文诚　党委书记、董事长
朱　庆　党委副书记、董事、总经理
裴金鸿　党委副书记、纪委书记
韦春阳　党委委员、副总经理
闫　奇　党委委员、副总经理
玛依努尔·依明　党委委员、副总经理
万爱民　总会计师

2022 年末领导班子成员名单

范文诚　党委书记、董事长
朱　庆　党委副书记、董事、总经理
裴金鸿　党委副书记、纪委书记
吴卫东　党委委员、总会计师
玛依努尔·依明　党委委员、副总经理
高建武　党委委员、副总经理
万爱民　副总经理

西藏自治区新华书店

年度概况

2021年，西藏自治区新华书店党委（以下简称“店党委”）在西藏自治区党委宣传部的坚强领导下，团结带领全体干部职工发扬“爱党、爱国、爱店、敬业”的新华精神，以求真务实、踏实肯干、锐意进取的精神，全面深入贯彻落实党中央、自治区党委和自治区党委宣传部的决策部署，学习宣传贯彻党的十九大及党的十九届二中、三中、四中、五中、六中全会精神，坚决贯彻习近平总书记关于西藏工作的重要论述和新时代党的治藏方略，自觉承担起举旗帜、聚民心、育新人、兴文化、展形象的使命任务。全店上下一心，不畏困难，推进落实谋划发展，党的政治建设工作不断加强，聚焦主责主业，服务能力明显提升，社会效益成果丰硕，重点政治主题出版物发行成绩优异，全民阅读活动有声有色，全区中小学教科书“课前到书，人手一册”政治任务圆满完成。2021年，西藏自治区新华书店可供图书品种近3万种，新增图书品种3500种；发行一般图书0.6万种、63.3万册，码洋2623.92万元。

2022年，西藏自治区新华书店深入学习贯彻党的二十大精神，坚持用习近平新时代中国特色社会主义思想特别是习近平总书记关于宣传思想文化重要讲话精神和治边稳藏重要战略思想武装头脑、指导实践、推动工作，坚持党建与业务工作“两手抓、两促进”，坚持改进作风狠抓落实，贯彻落实疫情防控工作的各项决策部署。同时，充分发挥图书发行主渠道主阵地作用，把握正确导向、弘扬先进文化，坚持把社会效益放在首位，努力扩大各类优秀出版物的有效供给，唱响主旋律、传播正能量、提振精气神，突出发行主责主业，建设书香西藏，推动全民阅读，满足人民群众精神文化需求。2022 年，西藏自治区新华书店发行一般图书 3500 余种，43.3 万册，码洋 1833.77 万元。

领导关怀

2021 年 3 月 21 日，西藏自治区党委常委、自治区党委宣传部部长汪海洲一行到西藏自治区新华书店视察指导工作，实地察看了国家“十三五”重点在建项目拉萨中心书城、营业网点升级改造项目新华书吧施工工地、西藏自治区出版物物流配送中心、柳梧门市、区新华书店办公区。汪海洲同志认真听取了新华书店工作情况汇报后，询问了经营管理、项目建设、维稳生产等工作情况及存在的困难和问题，对西藏新华书店的整体工作给予了充分肯定，希望新华书店作为重要的文化宣传阵地，要注重选品，提升图书品质，保证图书导向正确，强化意识形态阵地建设。

荣誉奖项

2022 年 1 月，西藏自治区新华书店被人民教育出版社评为“感动人教·2021 年度钻石合作伙伴”。

2022 年 4 月，中共西藏自治区委员会宣传部授予西藏自治区新华书店“西藏自治区全民阅读示范单位”。

2021 年 5 月，西藏自治区新华书店教材科职工次仁被西藏自治区共青团委员会评选为 2020 年度西藏自治区“优秀共青团员”。

2022 年 8 月，西藏自治区新华书店第二党支部共产党员、教材科科长吴进龙，新华书店第一党支部组织委员、办公室副主任旦增，新华书店第二党支部共产党员、业务科职工单增洛桑，新华书店第二党支部共产党员、储运科职工张鹏及教材科员工边巴荣获拉萨市应对疫情工作领导小组办公室颁发的志愿抗疫荣誉证书。

2022年12月，西藏自治区新华书店被人民教育出版社评选为2022年度中小学教材发行工作先进单位。

2022年12月，第十批驻村工作队（2021年4月至2022年4月）队长德吉央宗被评为昌都市创先争优强基础惠民生活动第十批先进驻村（局）工作队员。

组织人事

2021年3月，根据《中国共产党章程》《中国共产党基层组织工作条例》等党内法规，西藏自治区新华书店第一党支部、第二党支部开展换届选举工作。

2021年8月，根据西藏自治区党委宣传部《关于同意聘任才让多杰等4名同志专业技术职务的通知》（藏党宣发〔2021〕13号）文件精神，西藏自治区新华书店职工戎海玲、王珺担任经济师（人力资源管理师）职务。

2021年9月，根据西藏自治区党委宣传部《关于同意聘任王秀、蔡玉洁同志专业技术职务的通知》（藏党宣〔2021〕192号）文件精神，西藏自治区新华书店职工蔡玉洁担任助理经济师（助理人力资源管理师）职务。

2021年9月，根据西藏自治区党委宣传部《关于张建华等10名同志任免职的通知》（藏党宣〔2021〕198号）文件精神：

吴进龙任西藏自治区新华书店教材科科长。

次吉措姆任西藏自治区新华书店计财科科长。

吴秀明任西藏自治区新华书店对外发行科科长。

洛桑边旦任西藏自治区新华书店业务科副科长。

戎海玲任西藏自治区新华书店办公室副主任。

以上同志任职试用期为一年。

2021年8月，西藏自治区新华书店技术工人央金技术等级晋升为高级工。

2022年1月，根据西藏自治区党委宣传部《关于同意聘任罗布同志专业技术职务的通知》（藏党宣〔2022〕14号）文件精神，西藏自治区新华书店职工罗布担任经济师（人力资源管理师）职务。

2022年10月，根据西藏自治区党委宣传部《关于旦增同志任职的通知》（藏党宣〔2022〕132号）文件精神，旦增任自治区新华书店办公室副主任，任职试用期为一年。

2022年12月，根据《关于同意索朗多清同志提前退休的通知》（藏人社办〔2023〕53号）精神，索朗多清提前退休。

党建工作

2021年，是中国共产党成立100周年、西藏和平解放70周年，是实施“十四五”规划的开局之年。在这个重要的历史节点，西藏自治区新华书店在自治区党委宣传部的统一安排部署下，同步开展了党史学习教育、“政治标准更高，党性要求更严，组织纪律性更强”专题教育，店党委所属三个党支部46名党员全部参加，党员覆盖率达100%。西藏新华书店党委紧扣学习贯彻习近平新时代中国特色社会主义思想这条主线，围绕学党史、悟思想、办实事、开新局，把学习贯彻习近平总书记在中国共产党成立100周年庆祝大会上的讲话、习近平总书记视察西藏重要讲话精神作为党史学习教育的重中之重，通过个人自学、集中学习、专家授课、参观感悟、研讨交流等形式，引导全体党员进一步坚定理想信念，传承红色基因，激发爱党、爱国热情。同时，立足出版物发行业职责使命，将党史学习教育同解决满足人民群众精神文化需要的实际问题结合起来，以全民阅读建设书香西藏、优秀出版物“七进”、党员志愿服务、新华“手拉手”爱心公益捐赠等活动为载体，深入开展“我为群众办实事”实践活动，真正做到学史明理、学史增信、学史崇德、学史力行，为推动出版物发行业可持续、高质量发展奠定了坚实基础。

全年组织召开区党委理论学习中心组学习会12次，“政治标准要更高，党性要求要更严，组织纪律性要更强”专题教育与党史学习教育专题学习会议12次。根据西藏自治区党委第三巡视组反馈意见整改通知，完成整改任务11项，组织召开党风廉政专题会议8次，三个党支部集中学习40余次，党务知识培训1次，参观教育基地4次，观看纪录影片14次，学习交流130余人次，党委班子成员开展谈心谈话40余人次。

2022年，西藏自治区新华书店坚持党建引领，按照区党委和区党委宣传部的决策部署，深入开展“进一步改进作风狠抓落实”工作，将“八个必须”“六个表率”“八个落实”的要求同出版物发行业具体实际紧密结合，聚焦突出矛盾和难点问题，明确了改进作风、狠抓落实的工作任务、具体举措、责任领导与部门、完成时限。

店党委始终把加强员工队伍思想政治教育作为打基础、固根本的重要工作，7月21—22日组织48名员工驱车400里，赴拉萨市林周县爱国主义教育基地、民族团结教育基地、党员党性教育基地接受教育。店党委书记杨红以《铸牢中华民族共同体意识 争做新时代合格的新华人》为题，在参观现场为党员们讲党课；严格对标对表中央精神，把握节点契机，组织开展庆祝中国共产党成立100周年《唱支山歌给党听》快闪和《走进新时代 奋进新征程》文艺汇演；组织参观爱国主义、民族团结教育基地藏热公墓纪念馆、山南博物馆、林周农场，参观西藏自治区“身边事教育身边人”廉政警示教育展等，进一步加强爱国主义教育、老西藏精神教育、民族团结教育、党员党性教育。

2022年，组织召开店党委理论学习中心组学习会8次，改进作风、狠抓落实专题会议5次，廉政警示教育会议10次，三个党支部线下集中学习30余次，线上集中学习12次，学习交流170余人次；组织党员干部开展“作风怎么改、工作怎么干”大讨论，不断提高想问题、办事情、作决策的政治站位，促进思维融合、制度融合、工作融合，在推进各项工作中进一步压实工作责任，改进作风，狠抓工作落实，打造党建业务“共同体”，确保了各项工作举措落实落细。本年度，为解决员工最关心、最直接、最现实的利益问题，给全店58名聘用人员购买了住房公积金、调整提高了工资待遇、发放了伙食补助。同时，制定了聘用员工年假办法，缩短了各门店员工工作时间，增强了员工的获得感、幸福感，增强了单位的凝聚力、向心力。

门店建设

2022年11月23日，自治区党委宣传部下达2021年度自治区文化产业发展专项资金补助300万元，用于支持新华书吧（原西郊门市）三层多功能卖场升级改造项目建设。该项目由西藏自治区新华书店自筹资金和申请西藏自治区文化产业发展专项资金扶持，旨在为广大读者打造多功能、多业态的城市文化会客厅和市民精神氧吧。新华书吧将通过融入多种文化类产业业态，打通线上线下智能文化服务平台，免费向广大读者供氧供暖，能同时容纳300人开展各类活动，一年累计10万人次。该项目建设正在积极推进中。

西藏自治区新华书店“十三五”重点建设项目——拉萨中心书城项目，总投资10421.67万元，总建筑面积18591.46平方米。建成后将作为拉萨市综合性公共文化服务地标性建筑，为市民提供一个集阅读学习、展示交流、文化沙龙、创意生活于一体，融文化消费和精神体验的复合式城市文化生活空间。该项目原计划于2022年12月竣工，2022年8月初因拉萨疫情而停工，目前尚未能如期完工。

网点建设

2021年5—9月，为深入贯彻落实中央第七次西藏工作座谈会精神，不断推动党史学习教育和“政治标准更高，党性要求更严，组织纪律性更强”专题教育走心走实走深，充分发挥新华书店宣传思想文化阵地作用、公共文化服务平台作用和全民阅读活动引领作用，满足人民对美好精神文化生活新期待，加强全区各级新华书店建设运行，西藏自治区新华书店先后选派党委班子成员、中层干部、业务骨干21人次分批赴西藏7市（地）、43县开展基层新华书店网点建设情况调研工作。

2022年3月，西藏自治区新华书店组织西藏7市（地）新华书店主要负责领导召开工作座谈会，传达学习汪海洲同志在全区宣传部长会议上的讲话，部署安排党的二十大学习材料征订发行工作，研讨全区新华书店建立统一业态供应平台事宜，围绕整合全区出版物发行供应渠道和市场资源、建立健全出版物发行保障机制、线上线下双向融合发展、集约化经营平台、连锁经营模式等问题共同探讨工作思路，谋划工作措施。会后，西藏自治区新华书店形成了《西藏自治区市（地）新华书店统一业态、统一平台战略合作协议书》，并广泛征求各市（地）新华书店意见建议。

全民阅读

西藏自治区新华书店始终把社会效益放在首位，坚持以习近平新时代中国特色社会主义思想为指导，按照全区宣传部长工作会议部署，以满足人民群众精神文化新期待为出发点和落脚点，在全社会大力营造爱读书、读好书、善读书的良好氛围，引导人民群众提升阅读兴趣、养成阅读习惯、提高阅读能力，为建设书香西藏，推进全民阅读工作贡献力量。

2021 年，西藏自治区新华书店以“共庆百年华诞、共创书香西藏”为主题，组织开展“4·23 世界读书日”优秀出版物展示展销活动；结合党史学习教育“我为群众办实事”实践活动，开展优秀出版物进学校、进军营、进寺庙、进工厂、进监狱、进社区活动；利用六一儿童节、雪顿节、国庆节等特殊节点，开展“书香童年”“书香雪顿”“书香国庆”图书展示展销等系列全民阅读活动 20 余场次，开展社会公益捐赠、图书销售让利近 50 万元。

西藏新华书店始终坚持围绕中心，服务大局，将党和国家领导人著作、重要文献文件和主题出版物发行工作作为重大政治任务，以高度的政治站位和强烈的政治担当，充分发挥主渠道、主阵地作用，努力提高市场覆盖率。

2021 年，为配合党史学习教育和庆祝建党百年，西藏自治区新华书店积极开展“庆祝中国共产党成立 100 周年”主题出版物展示展销活动，隆重举行《习近平谈治国理政》第四卷首发仪式。拉萨市区 5 个营业网点和全区 7 市（地）新华书店同步设立主题出版物专柜专架，组织开展读书分享、优惠促销活动，加大宣传推介力度，积极组织征订发行。

2021 年，西藏自治区新华书店共发行《习近平谈治国理政》第四卷、

《习近平新时代中国特色社会主义思想学习问答》、《中国共产党历史》、《中华人民共和国简史》、《社会主义发展简史》、《改革开放简史》、《新征程面对面》等重点图书 200 余种、26.8 万册、销售码洋达 993.7 万元。

2022 年，西藏自治区新华书店发挥自身优势，持续加强文化活动和服务供给，努力成为助推全民阅读的积极领航者和深度实践者。以“倡导全民阅读，建设书香西藏”为主题开展“4·23 世界读书日”系列活动；持续举办优秀出版物展销活动、图书免费赠阅活动、朗诵比赛活动；常态化组织送文化进学校、进社区、进军营、进监狱等“七进”活动，全年开展公益捐赠、图书销售让利近 20 万余元。

2022 年，西藏自治区新华书店共发行党的二十大报告及辅导读物、《习近平谈治国理政》第四卷、《让群众过上好日子——习近平正定足迹》等四部图书，《百年大党面对面》《百年初心成大道——党史学习教育案例选编》《中国共产党宣传工作简史》等重点主题出版物 200 种、22.8 万册，码洋 941.3 万元。

内控管理

2021 年，西藏自治区新华书店结合党史学习教育和“我为群众办实事”实践活动，认真梳理单位内部控制和风险管理体系，研究制定了《区新华书店党委周工作例会制度》《区新华书店购书卡管理办法》《区新华书店文秘工作管理制度》《区新华书店意识形态工作责任制办法》《区新华书店涉密文件保密管理制度》《区新华书店干部职工思想动态分析管理办法》等 13 项制度及管理办法。

2022 年，结合作风建设工作要求和巡视整改工作要求，进一步加强制度建设，先后制定了《文秘人员考核评价办法》《公文管理办法》《西藏自治区新华书店各营业网点流动红旗评定办法》《聘用人员工资结构与待遇调整暂行办法》《西藏自治区新华书店聘用人员休假规定》《西藏自治区新华书店生活区管理办法》；完善了《西藏自治区新华书店图书采购渠道和内容导向管理制度》《门店工作人员手册》。通过不断构建完善的制度体系，形成了较为有效的制度约束，进一步提升了规范化、精细化管理水平。

人才培养

随着拉萨中心书城和新华书吧项目建设的推进，自2021年以来，西藏自治区新华书店先后3次选派店党委班子成员、中层骨干人员、优秀年轻员工前往区外各大书城学习发行业界先进的管理理念、经营模式、数字化转型、业态融合等经验和做法，为谋划规划拉萨中心书城和“新华书店·新华书吧”经营管理模式、业态融合转型升级打下了坚实基础。

2021年3月17—19日，西藏自治区新华书店开展了为期两天的党务干部、纪检干部、党员队伍培训。

2021年9月，经西藏自治区党委宣传部批准，西藏自治区新华书店职工刘畅参加了四川大学公共管理专业硕士学位研究生为期3年的学历教育。

2022年3月，选派11名门市营业人员前往四川新华文轩开展为期15天的培训学习。

为加强全体党员的政治理论学习，深刻领会习近平新时代中国特色社会主义思想的丰富内涵，西藏自治区新华书店先后向党员干部发放《习近平谈治国理政》第一卷、第二卷、第三卷、第四卷，《习近平新时代中国特色社会主义思想三十讲》《论党的宣传思想工作》、党的十九大及十九届历次全会精神学习材料等600余本。

物流配送

2021年1月，西藏自治区“十三五”重点建设项目——西藏出版物物流配送中心迁址重建项目正式竣工。3月，区新华书店储运科搬迁入驻。由于工作条件改善，装卸设备增加，物流工作质量效率得到明显提升。

2021年，西藏新华物流储运完成一般图书收货码洋1445万元，同比增加14.5%；发货码洋1509万元，同比增长11.4%；春、秋两季中小学教材收货码洋1.82亿元，同比增长9.5%；发货码洋1.82亿元，同比增长9.5%；春、秋两季中小学教辅收货码洋581万元，同比下降37.7%；发货码洋595

万元，同比下降 18.7%。

2022 年，西藏新华物流储运完成一般图书收货码洋 1818 万元，同比增长 20.5%；发货码洋 1500 万元，同比下降 0.06%；春、秋两季中小学教材收货码洋 1.97 亿元，同比增长 7.4%；发货码洋 1.97 亿元，同比增长 7.4%；春、秋两季中小学教辅收货码洋 240 万元，同比下降 58.7%；发货码洋 220 万元，同比下降 63.0%。

2022 年秋季，由于中小学教材印制滞后，导致全区配送时间紧、任务重、压力大。为保证完成“课前到书，人手一册”政治任务，西藏自治区新华书店储运科共产党员、第二党支部纪检委员陈松林等 8 名员工自愿成立青年应急突击队，在疫情封控管理近 100 天的时间里，冒着被病毒感染的风险，克服生活物资不足等困难，24 小时坚守岗位，吃住在仓库，确保运货车辆随到随卸，共装卸货物 1600 余吨。突击队员们用忠诚坚守初心使命，用行动践行西藏新华人爱党、爱国、爱店敬业的精神风貌和战斗意志，以高度的责任感与强大的执行力，圆满完成了 2022 年秋季教材配送任务。

社会责任

2021 年，西藏自治区新华书店为强基础、惠民生驻村工作队提供慰问经费 2 万元，为驻村教学点学生购买了新华手拉手爱心书包、文具、课外读物等；驻村工作队自筹资金 0.3 万元为教学点学生及学龄前儿童购买了生活用品、学习用具，为驻村点孤寡老人开展献爱心送温暖活动；为推动基层精神文明建设，西藏自治区新华书店依托行业优势，先后两次向昌都市边坝县都瓦乡图书阅览室、中心小学及派出所赠送了优秀藏汉文图书，总码洋 4 万余元；开展新华手拉手公益捐赠活动，为日喀则萨嘎县昌果乡完全小学购买了价值 5 万余元的防寒外套、学生安全帽、红领巾等物品；结合党史学习教育，开展新华志愿服务活动 5 次。

2022 年，西藏自治区新华书店为强基础惠民生驻村工作队提供入户慰问经费 3 万元；11 名中层以上党员干部与驻村工作队开展“结对认亲交朋友”活动，为 14 户村民提供帮扶资金共计 0.34 万元。

2022 年 7 月，西藏自治区新华书店党委组织全体党员为“我在西藏有棵树”——拉萨南山绿化工程捐款，38 名党员个人捐款 0.98 万元。

2021—2022 年末领导班子成员名单

杨　　红　党委书记
益西坚村　党委副书记、总经理
尼　　玛　党委委员、副总经理
李 光 昌　党委委员、工会主席、储运科科长

深圳出版集团有限公司

年度概况

2021 年，深圳出版集团坚持以习近平新时代中国特色社会主义思想为指导，深入贯彻党的十九大和十九届历次全会精神，全面贯彻习近平总书记对广东、深圳系列重要讲话和重要指示批示精神，坚持统筹发展与安全，实现集团“十四五”平稳开局。深入开展党史学习教育，隆重庆祝中国共产党成立 100 周年。持续提升内容出版质量，策划出版献礼建党百年主题类图书，取得良好的社会效益和经济效益；揭牌成立“全国新书首发中心”，成为推动深圳全民阅读向纵深发展的有力抓手。圆满完成深圳区域内新华书店整合任务，进一步巩固集团教材教辅发行主阵地地位；持续擦亮文化活动金字招牌，创新举办第二十二届深圳读书月与第三届深圳书展两大阅读盛会，接待读者人次和销售规模创历史新高。持续完善阅读阵地建设，全新升级后的中心书城智能化元素更加丰富，成为深受市民读者喜爱的文化休闲目的地。湾区书城顺利开工，入选深圳“新时代十大文化设施”。全年实现营业收入 13.15 亿元，同比增长 11.2%。

2022 年，深圳出版集团在习近平新时代中国特色社会主义思想的指引下，紧紧围绕迎接和学习宣传贯彻党的二十大精神这一首要政治任务，全面落实“疫情要防住、经济要稳住、发展要安全”的重要要求，保持平稳发展势头。发行主阵地作用充分彰显，精心组织《习近平谈治国理政》等主题图书宣传发行活动，精心承办党的二十大主题书展和主题宣讲活动，助力深圳迅速掀起学习宣传贯彻热潮；出版实力稳步提升，策划完成《书都》杂志改版，打造一座城市的文化说明书，顺利将海天出版社更名为深圳出版社，为做大做强深圳出版产业奠定基础。社会效益持续凸显，成功举办第二十三届深圳读书月、第四届深圳书展，高效承办第十八届文博会媒体融合·数字出版展区，高规格举办数字出版高端论坛，顺利协办全国首届全民阅读大会，进一步巩固了业界权威形象和影响力。书城书吧阅读阵地持续完善，高标准创新推进湾区书城工程，有序推广公园书吧、地铁书栈等阅读空间产品线，打造“十分钟阅读圈”。“双统筹”工作取得扎实成效，坚决贯彻落实市委、市政府疫情防控政策和租金减免政策，减免租金 8800 万元，全力服务全市抗疫大局，用实际行动彰显国企担当。全力抓好“稳增长”，剔除疫情租金减免影响，全年实现营业总收入 13.5 亿元，同比增加 3149 万元，利润总额 402 万元，同比增加 5112 万元。

领导关怀

2021 年 4 月 16 日，中宣部副部长张建春到中心书城调研，听取深圳全民阅读工作及深圳书城运营情况汇报，对相关工作给予充分肯定。中宣部出版局局长冯士新，广东省委宣传部副部长杜新山，深圳市委常委、宣传部部长王强陪同调研。

2021 年 4 月 23 日，“庆祝第 26 个世界读书日暨第 6 个深圳未成年人读书日”系列活动启动仪式在中心书城举行。国务院参事、深圳读书月组委会总顾问王京生，国务院参事、国务院参事室《国是咨询》总编辑、生活·读书·新知三联书店原总经理樊希安，深圳市委常委、宣传部部长王强，深圳市人民政府副市长吴以环等领导出席启动仪式。

2021 年 5 月 26 日，广东省委常委、宣传部部长陈建文一行到中心书城调研，详细了解党史学习教育读物发行情况，对深圳书城模式予以肯定，称赞书城“为市民提供诗意生活空间”。

2021 年 6 月 4 日，广东省委党史学习教育第二巡回指导组组长苏一凡一行到中心书城调研集团党建、党史学习教育等有关情况，对集团书香党建特色、党史学习教育亮点及业务创新发展等给予充分肯定。

2021 年 9 月 23—27 日，第十七届中国（深圳）国际文化产业博览交易会在深圳国际会展中心举办。中共中央政治局委员、中宣部部长黄坤明等领导视察新闻出版馆，对集团承办工作给予充分肯定。

2021 年 12 月 18 日，深圳“新时代十大文化设施”——深圳书城湾区城正式开工。中国出版协会理事长邬书林，深圳市委常委、常务副市长黄敏，深圳市委常委、宣传部部长张玲，深圳副市长张华出席开工仪式。

2022 年 11 月 5 日，第二十三届深圳读书月启动仪式在深圳书城中心城举行。深圳市委书记孟凡利出席启动活动，读书月组委会总顾问厉有为、王京生、李小甘，深圳市领导陶永欣、张玲、张华参加活动。

2022 年 12 月 29 日，2022 数字出版高端论坛在深圳举办。中宣部副部长张建春出席论坛并作主旨讲话。多地党委宣传部门有关负责人，多家出版单位、数字出版企业代表参加论坛。中宣部、省委宣传部及深圳市领导对论坛举办给予充分肯定。

荣誉奖项

2021 年 6 月，中共广东省委农村工作领导小组授予深圳书城龙岗城实业有限公司资深专员陈华洲“广东省 2019—2020 年度脱贫攻坚突出贡献个人”称号。

2021 年 9 月，广东省社会科学界联合会授予深圳书城罗湖城、中心城、南山城、宝安城、龙岗城、龙华城“广东省人文社会科学普及基地”称号。

2021 年 12 月，在中国书刊发行业协会和韬奋基金会联合举办的 2021 年第三届“全民阅读 · 书店之选”系列活动中，深圳书城宝安城被评为“百佳阅读推广单位”。

2021 年 12 月，中国出版协会城市出版社工作委员会发布 2020 年度全国城市出版社优秀图书奖名录，海天出版社出版的《为什么是深圳》荣获一等奖。

2021 年 12 月，广东省委组织部开展广东“百部精品党课 百名优秀党史宣讲员”推荐评选活动，海天出版社党总支微党课《潮卷南海——深圳风雨一百年》获评“精品党课”。

2022 年 1 月，广东省科学技术协会授予深圳书城南山书城科普嘉年华系列活动“2021 年广东省全国科普日优秀活动”称号。

2022 年 2 月，海天出版社荣获广东省委宣传部颁发的“首届广东出版政府奖”4 个奖项，分别为《中国汉字美学史》获图书奖，《中国汉字美学史》《地名古今丛书》获装帧设计奖，《打开的窗口是美丽的——庆祝新中国成立 70 周年暨深圳建市 40 周年美术作品》获印刷复制奖，聂雄前同志获优秀出版人物奖。

2022 年 3 月，广东省科学技术协会、广东省科学技术厅授予深圳书城中心城 2022—2026 年“广东省科普教育基地”称号。

2022 年 9 月，广东省社会科学界联合会授予深圳书城罗湖城、中心城、南山城、书城投控简阅书吧“广东省社会科学普及基地”称号。

组织人事

2021 年 6 月，深圳市人民政府国有资产监督管理委员会委派龚民任深圳出版集团有限公司董事、财务总监。

2021 年 9 月，尹昌龙同志不再担任深圳出版集团有限公司党委书记、董事长，调离深圳出版集团有限公司。唐汉隆同志担任深圳出版集团有限公司党委书记、董事长，不再担任深圳出版集团有限公司总经理。

2021 年 12 月，经市委宣传部部务会研究同意，唐汉隆同志代行集团总经理职责至今。

2022 年 11 月，曹宇同志因身体原因不再担任深圳出版集团有限公司党委副书记、董事。

2022 年 12 月，曹宇同志转任深圳出版集团有限公司高级督导员。

党建工作

2021年，集团围绕学懂弄通做实习近平新时代中国特色社会主义思想，深入开展党史学习教育，隆重庆祝中国共产党成立100周年，弘扬伟大建党精神，传承“红色新华”基因。深入开展“我为群众办实事”实践活动，有力推动党员干部学党史、悟思想、办实事、开新局，激励广大群众满怀信心听党话、跟党走，得到市委党史学习教育巡回指导十组的充分肯定。坚决落实“两个维护”十项制度机制，推动“第一议题”制度、政治要件闭环落实机制等深入实施，坚定捍卫“两个确立”，进一步增强“四个意识”、坚定“四个自信”、做到“两个维护”。落实基层党建三年行动计划，在书香支部建设的基础上，开展“一支部一品牌”创建活动，推动党建与业务互促共进。压实党风廉政建设主体责任，深入开展纪律教育学习月品牌活动，涵养风清气正的廉洁文化氛围。聚焦重点领域和关键环节，常态化开展专项检查和督查督办，以强有力的审计监督保障执行、促进发展。市纪委监委派驻集团纪检监察组给予集团“政治生态良好”的评价。

2022年，集团围绕学习贯彻党的二十大精神等重大主题，开展党委理论学习中心组学习18次，发放学习资料逾千册，引导集团党员干部职工深刻领悟“两个确立”的决定性意义。坚决落实“两个维护”十项制度机制，对标对表扎实推进专项巡察整改。对照党的二十大报告任务清单，深入研究谋划形成五大年度重点项目、32项落实具体举措，切实把党的二十大精神贯彻到集团工作全过程、各方面。牢牢掌握党对意识形态工作领导权，将年度重点出版选题纳入党委议事范围，确保正确的政治方向。扎实开展“大学习、深调研、真落实”，推动党建与业务双融双促。坚定不移全面从严治党，持续擦亮集团纪律教育品牌，涵养清廉家风。开展专项检查，强化审计监督，落实集团与派驻组两个责任贯通联动，严格督察督办疫情防控、基建工程等重点工作，一体推进不敢腐、不能腐、不想腐体制机制建设，营造良好的政治生态。

教材发行

2021年，集团认真落实广东省委、省政府对全省新华书店改革重组的战略部署，成功收购宝安区新华书店100%股权，圆满完成深圳区域内新华书店整合任务，实现深汕合作区义务教育阶段教材发行权回归。面对“双减”政策出台、新冠疫情影响等因素，集团聚焦教材教辅发行，积极应对政策变化，积极拓展学校馆配市场，全年共争取到近80所学校的馆配图书，确保疫情防控与经营工作两不误。

2022年，为贯彻落实集团深化改革战略部署，新华书店集团成立了深圳新华书店教育服务有限公司，推动同类资源向专业化业务主体聚集，实现教材教辅集约发行。坚持业务规模化、集约化、专业化改革方向，充分发挥资源集聚优势，积极探索新型教育综合服务业务，打造集团新的利润增长点。策划推出智慧图书馆、智慧校园、智慧实验室以及多元化校园文化活动、素质教育服务等项目，加快推进新型教育综合服务业务平台搭建。加强与政府联系与合作，与坪山区教育局签署战略合作框架协议，为坪山区打造深圳东部教育高地和建设位居全市前列的教育强区提供更广、更优的产业资源和文化助力。

门店建设

2021年12月，深圳书城湾区城项目正式动工，计划于2025年开业运营。湾区书城定位世界一流、国际文化、湾区特色，以知识服务为核心，以推广全民阅读、凝聚大湾区文化认同为主旨，打造集知识成长、文化发布、艺文展演、科创展示于一体的复合式多元文化交流平台，为读者提供更加充实、更加丰富、更高质量的精神文化生活场。有序推广公园书吧、地铁书栈等阅读空间产品线，致力打造“十分钟阅读圈”。2021—2022年，简阅书吧新增网点布局4家，多家书吧成为职工书屋示范点、首批暖蜂驿站试点。其中，桃源之光书馆成为全市社区阅读示范品牌。与深圳地铁集团、巴士集团加强合作，地铁书吧、“爱阅号”移动书巴成功亮相，开创了“全民阅读+

绿色出行”新模式。

2021年，集团所属书城以提质增效为目标，加快转型步伐，以书为媒，跨界融合，优化卖场布局，增强书城丰富性，提升销售转化率，打造丰富多元的城市阅读生活空间。深化“深圳晚八点”“小桔灯童书会”、阿布讲故事、“龙城书声”图书分享会等活动品牌，集团一般图书销售品种27万余种，动销738万册，累计销售码洋2.7亿元。在全国大书城销售排名中，中心书城全国排名第2、南山书城全国排名第7、罗湖书城全国排名第12。

2022年，集团顺应消费升级趋势，夯实书业核心主业，强化“品质、品位、品格”三品书店建设。结合书城客群结构和消费习惯，积极探索卖场布局及动线的最优模式，营造浓厚的文化氛围，打造好复合文化空间。创新推出“全民惠读季”图书展销品牌，依托旗下大书城、小书吧策划开展108场一般活动，营造满城书香的阅读氛围。打造“夏日乐读季”暑期展销活动，联合全国近100家重点出版机构打造“热力联盟”图书展销，汇聚近2000种热门畅销好书，推出名家分享、新书首发、乐队快闪等暑期限定活动，为广大市民读者开启一场场精彩纷呈的暑期乐读狂欢节。2022年，集团一般图书销售品种24万种，动销591万册，累计销售码洋2.4亿元。在全国大书城销售排名中，深圳书城排名全面提升，其中，中心书城全国排名第1、南山书城全国排名第3、罗湖书城全国排名第8。

融合创新

2021年4月，全国新书首发中心成立，成为集团服务模式和营销方式创新的标志性举措。作为全国首个图书全行业的系统性新书推选发布平台，全国新书首发中心立足深圳、面向全国、覆盖行业、贯穿全年，旨在打破名家新作京沪首发的传统局面，吸引更多好书在深圳创新首发。2022年，全国新书首发中心持续优化选品、扩大合作范围，组织邀请周立民、郑诗亮、马培杰等全国业界专家担任智库成员，与人民文学、中信出版集团、中南博集天卷等35家头部出版机构建立战略合作，打造涵盖人民网、新华社、《光明日报》、新京报书评周刊、澎湃新闻上海书评等主流媒体的宣传矩阵，创新策划推出“首发 TALK”等视频栏目，全年征集新书选题近 600 种，吸引超过 50 家出版机构沟通洽谈新书首发合作。截至 2022 年底，已开展 22 场线上线下新书首发活动和 46 场名家新书签售活动，开辟了“重磅新书，首看深圳”的文化局面。

2021—2022 年，集团会员服务在服务模式创新上持续发力，新增会员近 50 万人。通过“文化＋金融”的跨界联动，与工商银行、农业银行、邮储银行、光大银行等金融机构合作，打通文化与金融消费客群，为会员累计提供近 400 万的优惠权益。通过与万象城、麦当劳、亚洲眼镜等品牌开展跨界合作，不断丰富会员专属福利，打造覆盖各式生活场景的会员权益体系。

2022 年，集团联合深圳市属国企深业集团，创新打造妇儿大厦图画书博物馆项目，这是集团在渠道建设和服务模式创新上的一次新尝试。作为国内首家展览陈列图画书的沉浸式阅读体验空间，图画书博物馆以“突出公益性、增强服务性、体现普惠性”为原则，建设创新性的图画书收藏与阅读场所，搭建“趣味博物馆＋绘本馆体验＋亲子互动”的复合型儿童美育精品空间和研学活动实践基地，为妇女、儿童、家庭提供多种活动交流平台，致力打造国内一流全景式妇女、儿童公益服务阵地和童书新书发布中心。

网络运营

2021 年，集团持续强化数字技术赋能业务发展作用，开展集团数字化转型需求调研，为完善数字化转型顶层设计奠定基础。持续完善掌上书城项目技术支撑，在数据层面，通过优化底层数据及算法规则，提升财务及运营的精细化数据统计分析效率；在运营层面，配合业务需求快速迭代产品，新增模块功能 38 处、优化模块功能 9 处、数据处理 7 处；团体卡总销售额较 2020 年实现 264% 的增长。同时，积极扩大行业影响力，凭借智慧书城建设领域优势，获得深圳第四届智慧零售大会颁发的“模式创新”奖。

2022 年，集团把加快数字化转型作为改革发展的重要抓手，全力推动数字化转型进程，在深入调研外部企业数字化实践、深刻总结自身建设经验的基础上，引入第三方专业咨询机构，编制数字化转型战略规划，助力集团构建科学的数字化转型路径。

全民阅读

2021年，深圳出版集团精耕细作，以阅读为纽带，丰富文化供给，持续擦亮文化活动金字招牌。

一是第二十二届深圳读书月以“打开一个新视界”为主题，举办250余项、1400多场主题活动，吸引约1100万人次参与。并首次在全市“10+1”区设立分会场，进一步加强“全域联动”，推动全城共读，营造了弥漫全城的浓郁书香氛围，为深圳改革开放再出发和全民阅读的不断发展注入了新活力。省委副书记、代省长、市委书记王伟中对此作出批示：“深圳读书月举办二十二届，坚持不断创新，推动全民阅读，讲好深圳故事，推进文化强市精神文明建设，成为城市文化名片，要总结经验，重视市民意见，办得更好。”

二是第三届深圳书展共展销500多家优秀出版机构约22.3万种、120万册精品图书，以主会场、分会场和专项活动点为主要阵地，打造全市联动的会展空间，形成“区区有亮点”的阅读文化生活新局面。市长覃伟中在视察深圳书展时表示：“在蓝天下、草地上办露天书展是深圳的特色，这样的书展应该多办几次。”

三是充分发挥书城书吧宣传阵地作用，精心打造“庆祝中国共产党成立100周年”重点出版物主题展专区，发行党史学习教育图书近100万册，较好地满足了广大党员群众的学习需求。高标准承办“奋斗百年路 启航新征程”党史学习教育读物主题展，获得广东省省长马兴瑞同志的高度肯定。

四是全年开展图书“七进”活动超30场，先后走进市内中小学、社区、街道、企业、政府、机关、监狱等单位，通过名家分享讲座、优秀出版物展销、党建书吧（书柜）、书籍快闪活动等形式，把优质的阅读资源送到广大读者身边。

2022年，集团深入贯彻落实党的二十大精神，在严格遵守防疫要求的前提下，积极举办各种文化活动，推动全民阅读事业纵深发展。

一是创新举办第二十三届深圳读书月。以“读时代新篇 创文明典范”

为年度主题，紧扣党的二十大主线，突出深港文化交流，组织开展主题活动260项，共计2300余场，吸引超千万人次参与。创新举办首届全民阅读推广（深圳）峰会，搭建全国交流平台，助力全民阅读高质量发展。深化“年度十大好书”“年度十大童书”“十大劳动者文学好书榜”系列品牌活动，打造全国书业风向标。策划“云上读书月”新板块，让市民足不出户云直播、云逛展、云互动、云购书、云听书。加强市区联动，在全市设立“10+1”区分会场，展现城市各区的文化风采。

二是第四届深圳书展首次与簕杜鹃花展深度联动，采用“1+8”主分会场模式，组织约600家优质出版机构参展，集中展销精品图书22万种、159万册，邀请20余位名家大咖齐聚深圳，组织开展新书首发、文创精品、品茗休闲、音乐表演等130余场文化活动，吸引超110万人次参与，共计实现销售码洋3434万元，同比增长24%，再次刷新了全国销量最高的城市书展纪录，实现社会效益与经济效益双丰收，被领导嘉宾、市民读者、新闻媒体亲切地誉为“深圳又一具有代表性和影响力的城市文化名片”。

三是高标准、高质量完成重点主题出版物发行。全力做好《习近平谈治国理政》第四卷发行，发行量位居全省前列。精心组织党的二十大报告、党章和辅导读物等主题图书的宣传发行，第一时间满足深圳党员领导干部的学习需求。积极承办在市委大院以及各区、全市书城书店开展的“奋进新征程 建功新时代”主题书展。贯彻落实市委有关党的二十大精神宣讲工作部署，读书月期间，在集团六大书城开展系列主题宣讲，助力深圳迅速掀起学习宣传贯彻热潮。

四是持续开展图书“七进”活动。先后走进市内中小学、社区、街道、企业、政府、机关等单位开展图书“七进”活动，坚持不断延伸服务边界，拓展店外销售边界，扩大业务范围，推动全市各区形成崇尚知识、热爱读书的良好风气。在积极探索深汕、大鹏等市内新市场的同时，进一步走出去开拓北京、惠州、东莞等市外市场，多渠道挖掘省外乃至全国的业务订单，进一步扩大阅读服务的辐射力和影响力。

内控管理

2021—2022年，集团坚持全面深化改革，完善合规运行机制，逐步构建合规管理体系，建立常态化隐患检测排查风险评估机制，切实推动依法治企。

2021年，集团合规管理体系进一步健全。一是开展集团公司制度适用性检视和制度执行情况检查工作，新增重要领域和新领域制度14项，保证各项管理制度的可行性和有效实施。二是运用移动互联网技术创新制度学习模式和制度宣传方式，开发制度学习系统，提高集团广大干部员工合规学习的便捷性。三是开展采购及合同管理等风险高发领域、企业内部控制、招标采购、法治等内外部培训5次，强化合规队伍建设，持续提高专业水平。

2022年，集团现代公司治理结构进一步完善。一是按照“能放则放、该管管好”的原则，建立高效有序的集团管控模式，印发下属企业审批事项清单和下属企业报告及备案事项清单，厘清集团总部和下属企业权责边界，推动总部科学高效履行监管职责、下属企业按独立法人治理结构依法自主决策和独立经营。二是推动下属企业依法合规完善公司治理机制，按照“两个一以贯之”的要求制定和修订公司章程，明确和落实党组织在公司治理结构中的法定地位。三是开展法治国企建设、合规管理理论与实践以及市属国企廉洁合规试点工作经验等专题讲座，将讲座课件纳入干部学习必修课程，提升集团领导干部的法律意识和合规意识，增强全员遵法守法、合规经营的法治文化氛围。四是建立合规管理长效机制和风险预防常态化机制，对重大决策中可能造成经济社会风险的因素进行预测、分析和评估，制定风险应对策略和预案。五是充分发挥财务管控和审计监督作用，抓严抓实风险防控和安全生产工作，推动企业精细化管理水平持续提升。

人才培养

深圳出版集团有限公司坚持人才引领发展的战略地位，拓宽视野多渠道加大引才力度，建立健全人才培养机制，聚焦专业人才储备，不断强化干部人才梯队建设，着力建设适应新时代发展需要的高素质人才队伍。

一是加强完善学习培训体系，提升干部人才干事创业本领。自2021年以来，集团严格按照各项要求落实干部人才教育培训相关工作，依托国家、省、市各级干部网络教育平台，联合业务部门组织开展线上线下学习，集团中层副职及以上干部年人均参训80个学时。选派20名干部和骨干人才参加专题培训班，助力干部人才开拓视野、提升业务能力和综合素质。优化新进校招生入职培训体系，除课程集训、行走阅读、一线轮岗、书展锻炼等常规项目外，新增“你期待的湾区书城”主题任务，帮助新进校招大学毕业生深入了解并快速融入集团，增强对集团的认同感和归属感。

二是聚焦专业人才储备，强化干部人才梯队建设。积极开展校园招聘，实施“人才蓄水池”计划，为集团引进优秀新生力量。2021—2022年，共引进本科及以上学历应届大学毕业生62名，同时，聚焦关键岗位高层次人才和急需紧缺人才。截至2022年底，集团共有高层次和急需紧缺人才20人，进一步厚植集团转型升级的人才基础，优化员工队伍结构。

此外，积极开展第四届金牌员工评选工作，激发员工钻研业务的积极性和创造性，覆盖店长、导购员、买手、主持、策划、平面设计师、编辑、教师等八大岗位系列，评选出金牌员工共63人，促进各类优秀员工脱颖而出并充分发挥模范作用。

三是落实优化人才培养政策，建立健全正向激励机制。自2020年以来，集团坚持落实人才队伍建设“1+7”系列文件精神，每年发放人才培养补贴覆盖储备干部、基层一线、金牌员工等近800人，为集团各所属单位开展人才稳岗、人才培养提供了资金支持。不断强化考核结果运用，积极稳定人才队伍。开展集团储备干部2020—2022年度考评工作，落实激励政策并跟进校招生成长情况，完成110人次薪级调整，7名储备干部因考评优秀被纳入后备人才库。2021年，修订发布《集团高层次和急需紧缺人才引进稳定办法》，对高层次和紧缺人才制定人才专项考核方案，设置差异化、针对性考核指标，通过考核激励人才充分发挥专业能力，扎实落实岗位激励津贴发放。

物流配送

2021—2022年，集团梳理优化物流配送工作流程，通过直发缩短配送到店时间，提升门店团购客户服务体验。在疫情期间，持续加强同各卖场的联系沟通，及时了解其需求情况，提供绿色通道灵活满足各卖场配送要求，提升配送效率。同时，按照“常备品、新品、畅销品”仓储模式重新规划调整各楼层库存商品，共清理积压的滞销品280万元，清退零散孤本图书50余万元。根据零售市场变化以及卖场特色化经营的需要，优化新品到货分发数量。优化工作环境，加强设备维护升级。新增硬件设备，提高货品周转运送效率，积极开展业务培训，提升员工技能，保障物流部业务正常运转。

深圳出版集团是深圳市内唯一具备中小学教科书发行资质的发行单位，始终坚持“服务教育”理念，不断提升教育服务能力和市场开拓能力。2021—2022年疫情之下，集团下属公司深圳新华书店集团严格落实疫情防控要求，周密部署，科学安排，制定教材教辅发行配送应急方案，强化仓库间联动、教材消毒、仓储合理规划、人力物力配备等措施，提前与学校沟通，实行“无接触”配送服务，凭着新华人“敢于吃苦、勇于奉献”的精神，圆满完成2021—2022年春、秋季送书到校的政治任务，实现“课前到书，人手一册”的服务承诺。

社会责任

“赠书献爱心”是由深圳读书月组委会办公室和深圳出版集团有限公司主办的社会公益性活动，是深圳读书月重点主题活动，也是唯一一项自首届读书月开始连续开展23年的公益性读书文化活动。自举办以来，捐赠活动得到了全国优秀出版发行单位、深圳企事业单位和市民们的热烈响应和大力支持。

2021年，第二十二届深圳读书月“赠书献爱心”活动募集全国近百家出版社共计150万元码洋的图书，面向广东东莞、汕尾，广西百色，内蒙古、西藏等地区，帮扶农家书屋、校园图书馆等近30家受赠单位。

2022 年，第二十三届深圳读书月策划举办了“圳兴乡村 · 阅见美好”系列活动。以全面推进乡村文化振兴为重点，创新策划读书月走进广东河源，广西那坡、靖西，开展“赠书献爱心”、读书月精品专题展、名家云直播等活动，深入推进书香社会建设，助力提升文明程度。

在扶贫项目方面，集团作为派驻河源市开展对口帮扶单位之一，积极发挥党建引领作用，引导干部职工积极投身乡村振兴事业，并从各领域出色的基层管理骨干和管理人才中选拔出 3 名同志参与对口帮扶工作，巩固拓展脱贫攻坚成果同乡村振兴有效衔接。2022 年，为进一步贯彻落实中央和省、市关于乡村振兴对口帮扶的决策部署，根据相关文件精神，深圳出版集团有效利用集团资源空间，以“文化 +”为载体，探索创新以深圳出版集团为特色的对口帮扶乡村振兴“文化帮扶”新路径，凸显集团在部署落实对口帮扶工作中的国有文化企业的责任和担当。一是积极开展图书捐赠。连续 3 批次向对口帮扶地中小学图书馆及村居阅览室捐赠图书 5000 余册，价值 21 万余元，极大缓解了本地中小学校及相关村居缺乏书籍的情况。由集团派驻工作队牵头，向由深圳市总工会牵头的驻蓝口镇帮镇扶村工作队定向捐赠价值 3 万余元的图书，联合推动乡村文化建设。二是通过“以购代捐、以买代帮”的方式，选购对口帮扶地东源县及漳溪畲族乡相关合作社生产的本地月饼、辣椒酱、蛋卷、板栗等初加工农产品 40 余万元，用实际行动支持东源县产业发展，助力产业振兴，带动本地村民增收致富。

在社会公益方面，2022 年，集团在认真做好新冠疫情常态化防控的同时，策划推出“深读有我 圳能抗疫”主题活动，汇聚 13 万 + 电子书等线上免费阅读资源，平台点击量近 200 万次，进一步满足市民读者的精神文化需求，以书香凝聚深圳爱阅之城的精神力量。广泛开展志愿服务、“党员亮身份”活动，建立常态化、制度化机制，成立 900 多人的志愿团队，全年开展志愿行动共计 600 余人次，全力服务全市抗疫大局。

2021 年末领导班子成员名单

唐汉隆　党委书记、董事长

聂雄前　党委副书记、董事、总编辑兼海天出版社社长、总编辑

曹　宇　党委副书记、董事

石克平　市纪委监委驻集团纪检监察组组长，党委委员、监事会主席

丘　干　党委委员、副总经理

邱　刚　党委委员、副总经理

龚　民　董事、财务总监

高　勇　党委委员、总会计师

张俊皞　党委委员

2022 年末领导班子成员名单

唐汉隆　党委书记、董事长

聂雄前　党委副书记、董事、总编辑兼海天出版社（已更名为深圳出版社）社长

石克平　市纪委监委驻集团纪检监察组组长，党委委员、监事会主席

丘　干　党委委员、副总经理

邱　刚　党委委员、副总经理

龚　民　董事、财务总监

高　勇　党委委员、总会计师

张俊皞　党委委员

广州新华出版发行集团

年度概况

2021年，广州新华出版发行集团（以下简称“集团”）以习近平新时代中国特色社会主义思想为指导，深入学习贯彻党的十九大和十九届六中全会精神，突出抓好庆祝建党百年系列活动，认真开展党史学习教育等重点工作，全面从严治党走深走实。全年实现营业收入7.33亿元，较2020年同期增加1.01亿元，顺利完成了文资办下达的考核任务。同时，认真执行《广州市人民政府关于印发积极应对新冠肺炎疫情影响着力为企业纾困减负若干措施的通知》等文件要求，共减免租金近500万元。

2022年，集团坚持以习近平新时代中国特色社会主义思想凝心聚魂，深刻认识“两个确立”的决定性意义，在战略上强化顶层设计，守正创新；在战术上坚持稳字当头，稳扎稳打；在思想上进一步坚定信心，团结奋斗，实现经济效益和社会效益协调发展。全年实现营业收入6.54亿元，其中，集团执行《广州市国资委关于做好2022年市属国企房屋减免租金工作的通知》等文件，对符合减免条件的203宗物业减免租金近2000万元，履行了国有企业的社会责任。

领导关怀

2021 年 10 月 20 日，广东省委宣传部副部长杜新山、广州市委宣传部副部长陈晓丹、广东省委宣传部新闻出版处调研员郭建平等一行到广州购书中心天河店调研，并针对实体书店的经营现状及未来发展进行座谈。集团党委书记、董事长沈育明，党委副书记、总经理、副董事长谢志杰，副总经理刘炬培等陪同调研。

2022 年 8 月 16 日，教育部基础教育司副司长李晓勇，教育部教材局课程教材规划处处长李明，西安交通大学马克思主义学院院长燕连福一行到北京路书店检查调研中小学教材发行工作。集团总会计师何锦潮陪同检查，并作了情况汇报。

荣誉奖项

2021 年 1 月，广州出版社有限公司被人力资源和社会保障部、国家广播电视总局、国家新闻出版署联合授予“全国新闻出版广播影视系统先进集体”称号。

2021 年 6 月，广州市新华书店集团有限公司连续 8 年（2013—2020 年）被评为广东省“守合同重信用”企业；广州新华书店集团传媒连锁有限公司连续 3 年（2018—2020 年）被评为广东省“守合同重信用”企业；广州购书中心有限公司被评为 2020 年度广东省“守合同重信用”企业。

2021 年 6 月，广州出版社出版的《荔湾年鉴（2019）》荣获中华印制大奖银奖;《粤剧表演艺术大全》荣获中华印制大奖铜奖。

2021 年 6 月，广州市新华书店集团有限公司党委书记、副总经理、广州新华书店集团传媒连锁有限公司党委书记、董事长何燕芬同志撰写的《广州市新华书店：发力线上 构建品牌文化活动》一文被党的基层建设与思想政治工作成果汇编编委会、中国历史唯物主义学会育人用人科学专业委员会评为优秀理论成果一等奖。

2021 年 6 月，广州购书中心张鹏同志在广东省新华书店协会举办的

2021年度“我和新华书店”演讲比赛中荣获第三名。

2021年7月，在中国新华书店协会主办的庆祝建党百年全国新华书店主题出版物造型设计大赛中，广州新华书店集团传媒连锁有限公司荣获三等奖和组织奖。

2021年12月，广州出版社重点选题《马克思和恩格斯说：什么是共产主义（图文本）》入选2021年中共广东省委宣传部主题出版重点出版物项目；广州出版社出版的《广州十三行与海上丝绸之路》《粤剧表演艺术大全》入选“十四五”时期国家重点图书、音像、电子出版物出版专项规划。

2021年12月，由中共广州市委宣传部、书香羊城全民阅读活动组委会办公室主办，广州新华出版发行集团承办的“广州读书月”项目入选国家新闻出版署2021年全民阅读优秀项目。

2021年12月，广州购书中心在中国书刊发行业协会、韬奋基金会共同指导的2021年第三届“全民阅读·书店之选”系列活动中，荣获“百佳阅读推广单位”。

2022年3月，广州出版社出版的《广州大典》（经史子集部）获首届广东出版政府奖图书奖；《中国民主革命策源地——广州（1840—1949）》获首届广东出版政府奖装帧设计奖；《跟〈红楼梦〉学诗词》《叙事人生：小说精读课》和《根：粤港澳大湾区家文化的共识与传承》入选“2022年农家书屋重点出版物推荐目录”。

2022年3月，广州新华出版发行集团股份有限公司物流配送分公司物流中心被命名为“第八批广东省学雷锋活动示范点”。

2022年6月，广州出版社出版的《诗·艺岭南》荣获第四届出版融合技术·编辑创新大赛“出版融合·品牌营销奖”。

2022年8月，广州新华出版发行集团被南国书香节组委会授予“首届南国书香节阅读推广奖”及“2021南国书香节优秀组织单位”；广州购书中心被授予“首届南国书香节阅读推广奖”及“2021南国书香节优秀分会场”；广州新华书店集团传媒连锁有限公司被授予“2021南国书香节特色分会场”。

2022年11月，广州出版社出版的《也许今生不再相见》入选2022年全国有声读物精品出版工程项目;《粤剧表演艺术大全》入选中华民族音乐传承出版工程精品出版项目。

2022 年 12 月，广州购书中心番禺店获 2022 巴黎 DNA 设计大奖室内设计——零售空间（Winner in Interior Design/Retails），奖项授予单位为 2022 巴黎 DNA 设计大奖组委会（DNA Paris Design Awards）。

组织人事

2021 年 1 月，黄山同志调离集团，不再任广州新华出版发行集团纪委书记职务。

2021 年 12 月，沈育明同志退休，不再任广州新华出版发行集团党委书记、委员、董事长职务。

2022 年 2 月，经集团党委会议研究决定，徐翔宇同志辞职，不再任广州市图书批发市场经营管理有限公司董事长、党支部书记职务；何燕芬同志临时兼任广州市图书批发市场经营管理有限公司董事长、党支部书记；何子彬同志临时兼任广州市图书批发市场经营管理有限公司董事、副总经理。

2022 年 7 月，刘炬培同志任广州新华出版发行集团党委书记、董事长，免去其广州新华出版发行集团副总经理职务。

2022 年 7 月，谢志杰同志辞职，不再任广州新华出版发行集团党委副书记、委员、总经理、副董事长职务。

2022 年 7 月，黄桓同志任广州新华出版发行集团党委委员、纪委书记。

2022 年 7 月，陈泽勤同志调离集团，不再任广州新华出版发行集团党委副书记、委员职务。

2022 年 8 月，黄桓同志任广州市监委驻广州新华出版发行集团监察专员。

党建工作

2021 年，集团党委切实履行党风廉政建设主体责任，坚持党要管党、全面从严治党，以党的政治建设为统领，聚焦政治生态建设和精准监督执纪，全面推进党的各项建设。一是全面贯彻落实新时代党的建设总要求，推进全面从严治党向纵深发展。集团党委坚决把党的政治建设摆在首位，严格执行市委关于落实“两个维护”十二项制度机制，提高把方向、管大局、作决策、保落实的能力。集团各级党组织大力开展“双微”志愿服务行动，认真落实“双报到”机制，主动向所属社区街道认领“微项目”，全体在职党员到所在社区报到并认领群众“微心愿”。二是全面落实意识形态工作责任制。集团党委牢牢把握意识形态工作主动权，层层签订《意识形态责任书》，定期组织开展意识形态领域突发事件应急预案演练，提升管控和防范能力。三是全面抓好党史学习教育。集团党委坚持将党史学习教育同推动集团高质量发展结合起来，切实将学习成果转化为干事创业的不竭动力。集团各级党组织共讲授党课 47 次，开展革命传统教育 140 余次，超 5000 人次参加；确定集团重点民生项目清单 8 项，整体推进率为 100%；向党员、干部发放相关学习教材共计 1000 余册。

2022 年，集团党委坚持以习近平新时代中国特色社会主义思想为指导，认真学习贯彻党的二十大精神，全面贯彻落实中央、省、市纪委全会精神，不断深化政治监督，持之以恒正风肃纪。一是推进全面从严治党向纵深发展、向基层延伸。集团党委全面落实“第一议题”制度，制定了《2022 年广州新华出版发行集团党委理论学习中心组专题学习计划》，带头集体自学、研讨交流、讲授党课，打牢抓好工作落实的思想基础。全体党员下沉基层一线，参与当地社区开展的疫情防控等志愿活动，共开展志愿服务 853 次，认领 160 个“微心愿”。二是坚决织密织牢意识形态安全防线。集团党委强化风险预判，层层签订《意识形态责任书》，严格把控出版发行关口，紧抓重要时间节点开展专项检查，强化协调配合，提高应急处置能力。三是国企专项整改工作落地见效。自 2022 年 6 月底开始，集团党委认真贯彻落实广州市属国企专项整改工作方案要求，深入查找集团存在的普遍性问题和倾向性风险隐患，不断深化拓展，完善长效机制，有序推进整改工作，共落实整改措施 72 条，整理佐证材料 79 份，整改工作成效得到广州市整改工作专班的肯定。

教材发行

2021年，受新冠疫情影响，教材到货周期大幅缩短。集团组建志愿服务突击队支援教材配送工作，全力做好2021年春、秋两季教材教辅的分发、配送和结算工作，确保完成“课前到书，人手一册”政治任务。同时，深入理解教育“双减”政策的有关精神，在继续做好原有教育精品出版的基础上，推出《人工智能》等教材及《教材解读与教学设计（语文）》等教师教学用书，为广州市提供更多优质教育资源。为深耕教育市场，集团大力拓展大中专教材、学校馆配图书业务，2021年成功中标27个团购馆配项目，总金额近8000万元。

2022年，集团坚守责任使命，全力以赴确保“课前到书，人手一册”工作目标，以保障教育教学工作为己任，认真做好2022年春、秋两季教材教辅配送工作。此外，针对馆配业务多元化需求，集团下属各发行单位提早谋划、制定对策，成功中标图书馆、学校等多项采购项目，馆配业务合作范围从广州向肇庆、珠海等7地辐射，成功实现集团馆配服务品牌向外扩展。2022年，累计馆配业务配送78.19万册，同比增长37.72%；码洋6039万元，同比增长73%。

门店建设

2021年，集团所属广州新华书店集团传媒连锁有限公司北京路新华书店群改造提升项目工程进展顺利，北京路书店施工工程已完成，进入复业前期筹备工作；同时，为进一步提升读者的阅读体验感，满足读者的阅读服务需求，岭南书店、科技书店等均进行并完成了微改造工程。广州购书中心坚持“一店一特色”的经营布局，新建番禺店全面升级会员服务体系，联动各方优质资源，提供多元文化体验服务，着力在番禺区打造首个阅读、购物、电影、旅游互融共通的城市文化综合平台。

2022年，集团不断优化拓展四级阅读服务网络。在大型书城方面，广州购书中心天河店以空间、内容、用户、品牌为运营目标，深化门店转型，优化空间布局，在各区设置阅读空间，分步打造特色文创片区，同步对图书品种进行精选优化，提升读者的体验感和满意度，进一步增强读者黏性。在特色书店方面，北京路步行街新华书店群改造提升项目实现飞跃式发展，致力为不同年龄层的读者群体拓展文化空间，焕发老品牌新活力。2022 年 4 月正式复业的北京路书店转型成为极具“广府新韵”岭南特色的复合型书店。转型升级后的儿童书店是全国首家携手腾讯 QQfamily 跨界联合打造的亲子阅读主题体验店。古籍书店以岭南文化建筑作为整体设计灵感，自成一格的古韵氛围得到多家媒体的广泛关注。在特色书吧方面，深耕书香进公园项目，与问山茶馆合作共建，在荔湾湖公园内打造了集书店和茶室于一体的复合式文化空间“问山书屋”；与广东省委党校共建的黄华园书屋揭牌，成为全市首个“书香羊城全民阅读共建点”；与增城区区直机关事务管理局共建的知行书苑荣获“书香羊城全民阅读示范点”称号。与此同时，持续打造“花城书房”“花街粤书吧”等文化传播空间，丰富城市文化传播途径。在报刊亭方面，利用全市 537 座智能报刊亭“智慧信息屏”网络，线上线下联动推广全民阅读，宣传公益文化，弘扬岭南特色文化，全面营造广州文化强市的浓厚氛围。

融合创新

2021 年，集团坚持以新技术促新文化业态发展，依托创新业态提升文化服务竞争力。在文化服务项目方面，新华连锁公司、广州购书中心承接了广州市内多个机关及企事业单位的文化服务项目，创新策划思路，举办珍藏海报展览、艺术藏品展、图书分享会、主题论坛、主题展览等带动门票和周边收入，全年文化活动项目收入同比上升 56%。在文创产品建设方面，广州购书中心加强自主研发设计能力，上线广购“粒子”品牌 IP 形象，与广州塔、南部空军、非遗广州剪纸项目等外部优质文化资源达成合作关系，推出创意文创产品 10 个品类、节日礼遇艺术家联名文创产品 4 个品类。新华连锁公司制作了庆祝中国共产党百年华诞红色文化服务手册，奋力向 B 端市场迈进，并寻找合适供货商，通过代销、专属定制和采销方式合作，实现文创纪念品的输出。在文化业态创新方面，广州购书中心推动自营餐饮品牌体系化建设，完善餐饮研发流程，实现自营餐饮销售、损耗与食品安全的监控规范化、可视化。同时，结合策划“咖啡的地域之味”等文化体验活动，年度自营餐饮销售码洋同比上升132%。

2022年，集团以创新技术赋能多元化产品营销。一是打开数字业务营销突破口。数字出版公司推出定制化学习机智能终端，通过各具特色的主题定位、氛围布设和智能终端配置，以“嵌入型空间”的概念，打造建设各类型文化驿站，实现“场景——产品——服务”的全方位融合服务。同时，数字出版公司围绕《人工智能》教材内容，定制开发了人工智能课程资源、人工智能学校版套件及人工智能430课程套件，在广州和茂名等地超过50所学校开始使用。二是政企文化服务市场竞争力不断增强。广州购书中心与广州链家品牌共同打造6个“城市书房”，创新“阅读+”服务形式，共建社区公共文化空间，已累计为广东省委党校等40多家客户单位提供活动选品提案、党建空间打造、视觉设计服务、新媒体运营等专业化服务。新华书店发挥文化优势，推出书房定制服务项目，与政企社团合作共建，将书店嵌入旅游文化服务中心、中小学校园、社区商场等公共生活场景中，精心打造了知行书苑、问山书屋、花城书房·陌上花开等匠心独运的文化空间。三是依托创新业态，精准发力多元营销。2022年适逢北京冬奥会举办，集团及时抓住爆款热点推动冬奥纪念品销售工作，并带动其他非书自营商品的销售增长同比超过200%。广州购书中心新增肇庆店和天河店享阅空间作为餐饮网点，在原有基础上持续研发和丰富餐饮品类，并结合场地租赁、分享沙龙等活动形式带动销售。北京路新华书店以“文化+”概念的形式，与逢此咖啡联名创建“书纽逢此咖啡”，通过“书店+咖啡”探索跨界融合，打造有温度的城市复合文化空间。

网络运营

2021年，集团以多元思维优化新媒体平台运营。在融媒营销方面，积极推进和开拓电子书销售平台业务，广州出版社在“中国知网”等7家平台上架电子书，以“一书一方案”形式，为特定图书量身定制营销方案，通过融媒手段，多措并举拓宽市场销售领域，有效提升精品图书的营销力度。在用户运营方面，“幸会”会员体系在“双减”危机中寻找新机遇，致力做长期性、延续性的产品，进一步激活细分市场潜在需求。全年新增全付费会员超过 7000 人，同比上升 217%；“书纽”平台运用新技术，优化微商城的功能及相关程序，持续在优质内容上精耕细作，实现线上线下同步推进业务对接，平台会员年度新增超过 2 万人，全年会员销售占比 15%。在内容宣传方面，根据订阅号、服务号及各类社交媒体用户属性差异调整内容输出，增强情感共鸣，优化视觉呈现，强化内容宣传。截至 2021 年底，广州购书中心公众号累计粉丝约 53 万，累计阅读量约 74 万。其视频号、抖音等短视频平台打造“文艺周游指南”“好物研究所”两大主要栏目，原创视频总浏览量较 2020 年上升 108%。新华连锁公司订阅号累计粉丝约 4.3 万人，服务号累计粉丝约 3.8 万人，抖音短视频平台年内成功吸纳粉丝 1 万人。微信短视频平台策划了“店长”领读等运营内容，全年浏览量超过 36 万人次。广州出版社采用京东直播、抖音和视频号等线上直播平台，全年共开展“手绘广府文化，趣话羊城历史”等直播推广活动 50 场，观看人数达 2 万人次，进一步扩大了品牌宣传效应。

2022 年，集团持续加强移动新媒体营销，丰富会员文化消费生态圈，努力为读者提供更优质、更多样化的文化服务内容。新华连锁公司积极拓展“书纽商城”运营功能，优化图书经营品种，推动“线上 + 线下”联动营销，各门店建立线上读者服务群，开展线上业务；集雅斋通过公众号打造《一集一故事》栏目，搭建网购平台；古籍书店通过孔夫子旧书网和社区群开拓线上业务，创新思维进行营销。广州购书中心新媒体运营体系搭建更加全面，服务号、订阅号、视频号围绕热点资讯、情感共鸣、湾区特色等不同主题输出差异化内容，多次获得平台推荐引流；新增抖音、小红书等内容社交平台布局，并建立优质原创账号库，进行荐号互推、资源整合，新媒体矩阵粉丝总量突破 78 万。

全民阅读

2021年，集团以文化活动为抓手，大力营造全民阅读浓厚氛围。联合人民出版社、人民教育出版社、珠江电影集团、广州市广播电视台举办“声入人心 红动广州”——寻找广州最美“悦”读之声系列主题阅读活动，收到投稿近400份，吸引超210万人次投票助力，实现红色主题阅读进机关、进校园、进社区、进企业、进医疗系统等特殊群体；紧密联动广州市11区、30多家书香羊城全民阅读活动组委会成员单位，广泛发动各大实体书店、图书馆及公益阅读组织，在广州读书月期间组织开展阅读活动400余场，举办2021广州读书月阅读盛典、发布2021书香羊城十大好书，引领全民优质阅读；采用云会场—特色书店联展—线下分会场的“1+11+66”办展模式，线上线下同频共振举办羊城书展，书展期间线上读者超75万，全市分会场展销图书超过20万种，约330万册，线下参展人数超40万，举办线下文化活动近100场，销售码洋超过1300万元；辐射全国举办第五届广州诗词挑战赛，将传统文化和红色文化深度融合，在传统诗词的基础上特别设置“红色咏叹”诗词篇章，引领广大读者学习红色诗词，重温革命文化，活动线上海选答题人次超100万；提升办会规格，创新办会模式，成功举办2021粤港澳大湾区（广州）出版创新对话，跨越时间与空间，通过“线上＋线下”“录播＋直播”的方式，邀请邬书林等10多位出版行业专家大咖共同开展大湾区出版界的对话交流，进一步推动湾区城市文化合作，全力打造粤港澳大湾区出版高地。

2022年，集团主动谋划，进一步提升大型文化活动影响力。2022广州读书月系列活动发挥广州全市各级文化场馆主阵地作用，以“线上＋线下”方式举办形式多样、亮点纷呈的全民阅读活动300余场，书香羊城十大好书评选、全民阅读推广大使评选等活动获得近150万市民读者广泛关注，在广州市营造出爱读书、读好书、善读书的浓厚氛围。由集团承办的2022南国书香节暨羊城书展创新办展模式，1个云会场、16家特色会场、53家线下分会场以及全民阅读示范点同频共振，展销图书逾20万种，约330万册，刘震云、庞贝等20位作家线上线下做客“花城书房”，全市实体书店、特色阅读空间办展面积超过7万平方米，线下直接参与书展人次超过500万，线上触达人次近3500万。

内控管理

2021年，集团深入完善内控机制，发挥监督优势。一方面，集团纪委加强“一把手”和领导班子成员监督，组织集团领导班子成员、中层管理人员及纪检监察干部填报廉政档案，监督下属企业领导离任经济责任审计情况；协助各级党组织推动党风建设、廉洁从业和反腐败工作，层层签订《廉洁从业承诺书》；加强选拔任用监督工作，按要求出具干部党风廉洁情况，开展任职廉洁谈话；督促下属公司修订或制定制度71份。另一方面，集团风险控制部对集团“三重一大”事项提供事前风险分析和决策依据、事中跟踪和监督，尽可能降低法律风险。截至2021年底，共对集团8个重大事项开展了可行性分析和风险研判工作。

2022年，集团充分发挥纪检监督、风险控制、人力资源管理三方面合力，加强内部管理。在纪检监督方面，集团纪委着力规范集团各级党组织党内政治生活，全年共监督党委会议35次，党委理论学习中心组学习26次，党委会议决策“三重一大”16项。在风险控制方面，制定并印发《广州新华出版发行集团股份有限公司法律纠纷案件管理办法》等3项内部控制管理制度，从制度体系搭建的层面上进一步完善集团内部控制管理体系。2022年5月开展图书批发公司主要领导干部任职期间履行经济责任情况审计工作，2022年底已进入落实审计整改阶段。人力资源管理方面，在广州市属文化企业中率先推进职业经理人试点工作，为推动集团全面落实企业经理层“市场化选聘、契约化管理、差异化薪酬、市场化退出”选人用人机制的建立做出有益的探索。

人才培养

2021年，集团先后组织开展《中基层管理能力提升训练——非财务人员的财务管理》、店长系列培训第三期《新零售时代的场景设计与引爆》《中华人民共和国著作权法》等专题课程及专题培训讲座，并协调组织财务、信息、人事、安全生产等专业管理人员参加线上学习及线下业务专题培训，包括高顿财税线上平台、《“数”说营销——大数据挖掘与营销应用》、《训出绩效——让战略落地的业务训练 TTT 设计》、《安全生产知识培训班》等一系列课程，累计协调组织 25 次专题培训工作，培训对象覆盖集团及下属公司各层级管理人员，总参训人数 272 人次。

2022 年，集团共组织开展 21 次专题培训工作，总参训人数 380 人次，脱产培训合计 1894 学时，网络培训合计 5071.2 学时。一是协助组织中高层管理人员参加“党的十九届六中全会精神网络专题培训”“碳达峰、碳中和学习专题培训”“学习贯彻党的二十大精神专题轮训”以及“读懂广州”学习大讲坛系列等课程学习和专题讲座。二是强化门店店长及营销人员对互联网时代品牌营销的认知，组织开展店长系列培训课程第四期《爆发式增长：互联网时代品牌营销方法》。三是提升基层管理人员、专业人员的职业技能和综合素养，对接国内专业培训机构，组织开展线上系列专题培训。

物流配送

2021 年，集团物流配送分公司积极应对疫情影响，不断提升“精准采购、高效配送”服务品质。一是结合集团进销存数据，对 127 家供应商作出供货状态调整，优化供应商结构，增强供应商整体供货能力，提高购进图书的适销性，显著降低经营的风险。二是圆满完成 2021 年广州市春、秋两季课本分发任务，并仅用 2 天时间解决了秋季三、四年级英语教材因印刷原因导致的图书更换配送问题，确保完成“课前到书，人手一册”政治任务。三是加快推进企业信息化建设进程，通过上线企业货款线上审批模块、应付模块财务机器人等方式，不断提高办公水平和工作效率。

2022 年，集团物流配送分公司稳步抓好图书采配供应，积极发挥国有发行主渠道作用。一是圆满完成 2022 年广州市春、秋两季教材和免费教辅的分发和配送工作。集团积极应对秋季教材印刷时间全面推迟、疫情交通管制以及台风恶劣天气等影响，为广州市学校师生“课前到书，人手一册”提供坚实保障。二是推进实施智能二次配货和订货业务流程，做好供应商 B2B 平台，方便供应商提供新书品种、可供库存、接收物流公司订单，并实现网上供应商平台的数据同网下的晴川业务管理软件服务器实时同步，提高采购工作效率。三是为了更好地服务图书馆客户，提升集团馆配业务核心竞争力，向浙江省新华书店集团信息技术有限公司购买了标准馆藏数据，并将数据转入晴川系统，实现数据共享。

社会责任

2021 年，集团坚守社会责任，实现经济效益和社会效益协调发展。一是主动践行国企防疫责任。集团各级党员干部和团员青年迅速组建志愿服务突击队，分批驰援广州市海珠区南华西街道各支援点，配合开展核酸检测志愿服务工作；向越秀区洪桥街道捐助口罩、防护服、帐篷等防疫物资；配合广州市委宣传部和广州市卫健委紧急印制 14 款共计 11 万张疫情防控宣传海报，并按时按要求分发到广州市 11 区。二是聚焦社会效益，助推城市精神文明建设。配合广州市委宣传部编制出版了“学习贯彻习近平新时代中国特色社会主义思想”“广州红色记忆”“习近平谈防范化解重大风险”系列主题和《习近平总书记“七一”重要讲话精神》等 4 种口袋书及《党员干部学习资料》共 78 万册，全面满足党员干部及群众的学习需求。积极发挥报刊亭公益宣传作用，2021 年共投放“党的十九届六中全会精神”等 18 项公益广告，传统报刊亭投放公益广告累计近 19 万日亭次，上画总数占亭体总数超过 40%。智能报刊亭公益视频广告全年刊播总时长近 50 万小时，公益宣传上画率超过 70%。三是巩固拓展脱贫攻坚成果，同乡村振兴有效衔接。一方面，通过实施防止返贫监测机制，继续巩固脱贫成效，防止脱贫户返贫，扎实做好脱贫攻坚帮扶收尾工作。集团驻村工作队荣获广东省 2019—2020 年脱贫攻坚突出贡献集体，2 名驻村干部分别获得广东省脱贫攻坚工作表现突出奖和广东省脱贫攻坚先进个人称号。另一方面，集团择优选派帮扶干部进驻湛江市吴川市覃巴镇，有力推进了新一轮乡村振兴驻镇帮镇扶村工作。

2022年，集团坚持社会效益，勇担文化国企责任。一是在围绕广州市委、市政府中心工作，推动“两个文明”建设方面，编制了《党员学习资料》《党的二十大精神应知应会手册》等学习材料共18.8万册。针对疫情防控新形势、新要求，紧急编印《新冠病毒个人防护与健康手册》超过3万册，并按广州市委宣传部要求在2天内全部送达广州市内106家机关单位、团体及市属国企。二是加强高品质阅读空间建设。集团根据《广州市推进公共阅读空间试点建设工作方案》遴选出首批23家书香羊城“全民阅读共建点”和“全民阅读示范点”，着力以高品质阅读空间提升全民阅读新体验。三是深入开展组团帮扶湛江市吴川市覃巴镇驻镇帮镇扶村工作，充分发挥集团资源力量，支持和推进镇村产业发展，共采购消费帮扶农副产品14.31万元。同时，根据广州市委宣传部的部署和要求，集团继续结对帮扶贵州省毕节市威宁县3个镇8个村，划拨结对帮扶专项资金40.07万元，积极推进落实东西部协作结对帮扶工作。

2021年末领导班子成员名单

沈育明　党委书记、董事长
谢志杰　党委副书记、总经理、副董事长
陈泽勤　党委副书记、工会主席
杨　斌　常务副总经理
刘景明　常务副总经理
何锦潮　总会计师
刘炬培　副总经理

2022年末领导班子成员名单

刘炬培　党委书记、董事长
黄　桓　纪委书记
杨　斌　常务副总经理
刘景明　常务副总经理
何锦潮　总会计师

武汉市新华书店有限公司

年度概况

2021年，武汉市新华书店有限公司（以下简称“武汉新华书店”）坚持以习近平新时代中国特色社会主义思想为指导，深入学习贯彻党的十九届五中、六中全会精神，团结带领全体党员干部职工学党史、悟思想、办实事、开新局，扎实开展党史学习教育和庆祝建党100周年活动，深入推进企业深化改革，持续加强经营网点建设，着力稳固传统主业优势，加快推进经营模式转型升级，圆满完成年度各项目标任务。2021年，武汉新华书店实现营业收入5.72亿元，利润总额3477万元，主营业务收入、利润均较上年同期有较大增长。

2022年，武汉新华书店紧紧围绕迎接宣传贯彻党的二十大精神工作主线，全面贯彻落实“疫情要防住、经济要稳住、发展要安全”的要求，落实落细常态化疫情防控措施，筑实筑牢安全发展屏障，扎实开展党员干部“下基层、察民情、解民忧、暖民心”实践活动，充分发挥国有图书发行主阵地、主渠道作用，全力以赴做好政治图书宣传发行和全民阅读推广工作，切实履行文化宣传使命，顺利完成深化改革任务，全面启动数字化提升工程，圆满完成年度各项目标任务。2022年，武汉新华书店实现营业收入6.23亿元，较上年增长 8.8%；实现利润总额 5143 万元，较上年增长 47.9%。

领导关怀

2022 年 7 月 20 日，武汉市政协主席杨智、副主席周晓琦和秘书长陈跃庆一行在武汉出版集团党委书记、董事长朱向梅的陪同下，到武汉新华书店江汉书店调研推进政协委员读书活动。

2022 年 12 月 30 日，武汉市委常委、宣传部部长吴朝安出席武汉中心书城开业暨武汉书展开幕式并致辞。

荣誉奖项

2021 年 3 月，在中国书刊发行业协会举办的“新时代杯”2020 时代出版·中国书店年度致敬活动中，武汉新华书店旗下武昌书店（水果湖店）荣获“2020 抗疫特别致敬”称号，武胜路书店经理汪汉萍同志荣获“年度店长”。

2021 年 4 月，武汉新华书店旗下江汉书店、青山书店分别荣获武汉市全民阅读活动指导委员会授予的“2019—2020 年度十大阅读基地”称号。

2021 年 5 月，在中国出版传媒商报社举办的 2020—2021 年度书业非书品经营推展活动中，武汉新华书店旗下武汉博克文化用品有限公司荣获“优秀团队”称号；江汉书店荣获“示范店铺”称号；公司副总经理王红卫同志荣获“创优领军人物”称号。

2021 年 7 月，在中国新华书店协会举办的庆祝建党 100 周年“全国新华书店主题出版物造型设计大赛”中，武汉新华书店荣获大赛优秀奖。

2021 年 7 月，在中国新华书店协会举办的庆祝建党 100 周年“我和新华书店”演讲大赛中，武汉新华书店选手王静荣获优秀奖；武汉新华书店荣获组织奖。

2021 年 10 月，在中国新华书店协会指导、中国出版传媒商报社主办的“2021 年度阅读空间新榜样推选活动”中，武汉新华书店旗下洪山书店荣获“示范基层店”称号；清源书店荣获“优秀运营团队”称号。

2022年1月，在中国书刊发行业协会主办的“新时代杯”2021时代出版·中国书店年度致敬活动中，武汉新华书店旗下洪山书店（首义书苑）荣获“年度校园书店”。

2022年1月，在武汉市文旅局举办的“2021武汉最具人气文化场馆TOP20评比活动”中，武汉新华书店旗下蒹葭书店成为书店业态类型中唯一一家入选单位。

2022年4月，在少先队武汉市工委办、武汉全民阅读促进会、武汉市少年儿童图书馆联合举办的“2022年国际儿童图书日系列儿童阅读推广”活动中，武汉新华书店旗下蒹葭书店荣获“阅读推广贡献单位”荣誉称号。

2022年4月，在武汉市全民阅读活动指导委员会办公室主办的“2021年度‘最受市民喜爱的阅读空间’‘最美阅读人’推选活动”中，武汉新华书店旗下江汉书店、洪山书店荣获“最受市民喜爱的阅读空间”称号；企划部员工王瑄荣获“最美阅读人”称号。

2022年6月，在湖北省出版物发行业协会主办的第五届湖北省出版物发行业工作经验交流会暨“湖北省出版发行营销金案奖”评选活动中，武汉新华书店从全省50余家出版、发行单位中脱颖而出，荣获最佳组织奖；推选的《双循环与营销矩阵》《传统文化与经营创新——宝藏书店差异化营销》分别荣获大赛金案奖和银案奖；旗下武胜路书店、沌口书店、清源书店、深蓝书吧、图书批销中心、青山书店、新洲书店推选的优秀案例共获大赛7个优秀奖。

组织人事

2021年7月23日，张建强同志任武汉市新华书店有限公司财务总监。

2021年10月11日，李薇同志任武汉市新华书店有限公司工会主席。

2022年2月22日，王红卫同志任武汉市新华书店有限公司党委副书记、总经理。

2022年5月31日，宋汉庆同志任武汉市新华书店有限公司党委副书记、纪委书记。程晓萍同志任武汉市新华书店有限公司党委委员、副总经理。陈亚莉同志任武汉市新华书店有限公司党委委员、副总经理。

2022 年 12 月 7 日，王红卫同志兼任武汉新华书店股份有限公司党委书记、董事长、总经理。宋汉庆同志兼任武汉新华书店股份有限公司党委副书记、纪委书记。李薇同志兼任武汉新华书店股份有限公司党委委员、副总经理、工会主席。程晓萍同志兼任武汉新华书店股份有限公司党委委员、副总经理。陈亚莉同志兼任武汉新华书店股份有限公司党委委员、副总经理。张建强同志兼任武汉新华书店股份有限公司财务总监。

党建工作

2021 年，武汉新华书店牢牢把握新时代党的建设总要求，坚持以党的政治建设为统领，以党史学习教育为主题主线，以理论学习中心组为龙头、以“三会一课”和主题党日活动为抓手，以“关键少数”示范带动“绝大多数”，形成领导班子带头学、支部书记跟进学、全体党员坚持学，采取专家授课、交流研讨、参观研学等丰富形式，充分利用好本地红色资源，开展主题鲜明的学习教育活动，引领全体党员干部进一步筑牢理想信念之基、坚定砥砺奋进之志、夯实担当履职之责，做到学史明理、学史增信、学史崇德、学史力行。同时，把学习党史同总结经验、观照现实、推动工作紧密结合，深入开展“我为群众办实事”实践活动，推进公共文化体系建设、爱心公益捐赠、党员干部参与社区治理取得实效，让群众分享高质量发展成果。

武汉新华书店严格落实党风廉政建设主体责任，把全面从严治党要求贯穿于公司党的建设、内部治理和业务开展全过程各环节，不断推动全面从严治党向纵深发展。先后组织开展“小金库”专项排查和“庸懒散慢乱浮”六项治理工作，锲而不舍落实中央八项规定精神，干部职工队伍纪律作风意识得到进一步加强；认真开展 2021 年党风廉政宣教月活动，通过组织全体党员学习党内纪律法规、观看警示教育片、开展廉政专题党课，有效提升全体党员干部廉洁自律意识，筑牢拒腐防变思想防线，进一步巩固了风清气正的政治生态。

2022 年，武汉新华书店充分发挥党委理论学习中心组学习示范带头作用和“第一议题”引领机制，指导各党支部依托“三会一课”、主题党日和“学习强国”平台等学习载体，深入学习党的十九届六中全会、湖北省第十二次党代会和党的二十大精神，引领全体党员干部职工深刻领悟“两个确立”决定性意义，增强“四个意识”、坚定“四个自信”、做到“两个维护”，不断推动习近平新时代中国特色社会主义思想深入人心、落地生根。根据湖北省委关于在全省开展党员干部下基层、察民情、解民忧、暖民心实践活动的决策部署，武汉新华书店精心组织、迅速行动，组织动员广大党员干部深入生产经营一线、对口服务社区和服务对象、职工群体，用心、用情、用力问需解难。活动期间，为满足疫情时期人民群众的文化需求，广泛开展店外流动展销，直接将精神食粮送到群众身边；针对小微企业经营困难，根据政策对符合条件的承租户减免房屋租金，助企纾困共克时艰；响应广大职工呼声，结合企业经营实际，合理调增职工薪酬，在企业健康发展中稳步改善职工民生。想群众之所想，急群众之所急，解群众之所难，群众幸福感获得感成色更足，党的群众基础愈发牢固。

武汉新华书店各级党组织认真履行管党治党政治责任，坚持把政治纪律和政治规矩挺在前面，严格贯彻落实中央八项规定精神及其实施细则，自觉履行意识形态工作责任制，扎实开展2022年党风廉政建设宣教月活动，深入推进清廉国企建设，持续健全管党治党制度建设，从严从紧抓好监督执纪问责，企业政治生态持续向好向优。各部门、各单位坚持问题导向，认真做好年度决算、经济责任及各专项审计反馈问题整改，全力配合十四届市委政治巡察，查短板找隐患补漏洞，企业内控制度和党风廉政建设体系日趋完善。

教材发行

2021年，武汉新华书店克服新冠疫情影响，全力以赴做好春、秋两季中小学教材的征订发行工作，圆满完成“课前到书，人手一册”政治任务。在此基础上，准确把握教育政策动向，加强与教育部门和学校的宣传沟通工作，深入挖掘地方教材、教辅品种、教师用书和青少年读书活动用书销售潜力，争取扩大征订品种和数量。2021年，武汉新华书店中小学教材教辅发行再创新高，实现发行码洋3.75亿元，较去年同期增长3547万元，增幅达10.5%。

2022年，面对疫情反复和秋季中小学教材重审重印到货较晚的情况，武汉新华书店统筹谋划、提前部署，各发行团队克服困难、迎难而上，顺利完成全市1112所中小学校、116万中小学生“课前到书，人手一册”政治任务。同时，准确把握教育政策，紧紧围绕广大师生教学需要，持续挖掘市场型教材、教辅、教参、教具发行潜力，狠抓主营业务提质增效，实现教材发行连年递增。2022年，武汉新华书店中小学教材教辅发行码洋4.28亿元，较去年同期增长5300万元，增幅12.3%，创历史最高水平。

门店建设

武汉新华书店立足“十四五”开篇，紧跟城市文化和校园文化建设需要，科学谋划网点布局，加快推进多元融合发展，不断扩大文化阅读服务辐射能力，提升公共文化服务水平，通过不断延伸公共文化服务触点和新型阅读场景搭建，在进一步扩大新华书店传统线下体验优势的同时，对于稳固和提升传统主业，扩大市场占有率、渗透率和覆盖面，推进主业转型，增强核心竞争力和社会影响力方面均具有十分重要的意义。

2021年4月8日，武汉新华书店旗下洪山书店完成提档升级重新开业。重装升级后的洪山书店在原有图书销售功能的基础上，扩大体验式文化消费空间，增设轻食咖啡、文化沙龙、艺术展览、电影展播等多元文化服务，蝶变为一个集购书、阅读、轻食、展览与文化交流于一体的复合式文化生活体验空间，现已成为武汉市洪山区重要的文化配套场所。

2021年5月8日，武汉新华书店蒹葭书店建成开业。蒹葭书店位于武汉著名的近现代历史文化街区——汉口沿江大道旁的江滩公园内，经营面积294平方米，是万里长江上离江最近的新华书店，也是位于长江经济带上首座以“长江文明”为人文主题、以“人与自然和谐共生”为新时代内涵的城市文化地标。该店通过对汉口江滩内原有老旧驿站进行硬件改造、功能升级，为武汉市民乃至中外游客精心打造了一个新理念、新模式、新形态的城市人文阅读空间。

2021 年 7 月 1 日，位于武汉市洪山区武昌首义学院内的首义书苑开业迎新。首义书苑是武汉新华书店推进全民阅读与书香校园建设，以书赋能高校“文化生态 +”、共享阅读圈层、孵化文化创意 IP、融合文化帮扶的多元、共享、开放的校园文化空间，经营面积 495 平方米。

2021 年 8 月 26 日，位于武汉市硚口区中国人民解放军海军工程大学内的深蓝书吧开业。该店是湖北省内首家开设在军事院校内的新华书店，经营面积 160 平方米。

2022 年 8 月 1 日，武汉新华书店旗下江夏区新华书店与武汉枫叶国际学校联合开办的原点书苑正式营业，经营面积 188 平方米。该店的建成打开了全市中小学校园书店建设的新局面，实现了公司旗下中小学校园书店“零”的突破。

2022 年 12 月 30 日，由同为武汉出版集团旗下的两家子公司武汉出版社和武汉新华书店合资运营的华中地区最大规模书城——武汉中心书城盛大开业。书城总建筑面积 72292 平方米，1~8 层裙楼以“沉浸式文化消费公园”为主旨，其中，4 楼为 5000 平方米的书店；9~23 层规划打造武汉首个、华中地区最大的元宇宙主题产业园。作为新型综合性文化体验消费中心和文创基地，武汉中心书城集图书出版及销售、文创用品展示及销售、艺术品及地方特色文化展示、咖啡茶座、教育培训、电影院、读者互动等多功能于一体。在空间设计上，充分利用移动互联网、大数据、AR、VR 等技术，完善信息推送、数据分析、移动支付、在线互动、个性定制等功能，增强店面场景化、立体化、智能化展示，打造新一代“智慧书城”。

融合创新

武汉新华书店聚焦主责主业，坚持守正创新，深化融合发展，积极对接公共文化服务需求，广泛聚合业内外渠道资源，加快推进技术手段更新，着力提升文化服务能力和水平。

2021年，为贯彻落实习近平总书记关于加强学习、建设学习大国的重要指示精神，倡导推广全民阅读，创新探索“学习强国”学习形式，推动全市形成浓厚的学习氛围，由武汉市委宣传部与武汉市国资委主办的“上‘学习强国’品江城书香”“学习强国”积分兑换图书活动在武汉新华书店旗下20余家门店落地。活动充分发挥武汉新华书店的开放文化服务属性及遍布全市网点资源优势，通过“以学促读”“以读促学”的形式，在全市范围内推动党员、群众兴起比、学、赶、超的学习热潮。此次活动参与受众达6000余人次，引发主流媒体报道达20余篇。

2021年6月，武汉新华书店联合中信出版集团开展“文艺打卡，图书潮漂——30天图书漂流”活动。活动通过整合出版与发行单位优势资源，用最文艺的方式打卡，以最潮流的方式读书，以开放型阅读生活服务迭代传统阅读模式。历时1个月的时间里，参与受众5000余人次，漂流图书万余册。

2021年11月，武汉市新华书店携手市图书馆探索“馆店融合”发展，旗下蒹葭书店加入“武汉城市书房”运营体系，挂牌“江岸蒹葭城市书房”，馆店双方充分发挥各自优势，由新华书店提供优质的文化运营，图书馆提供开放的借阅方式，共同打造融合“图书+借阅”的综合文化服务场所。

2022年10月，武汉新华书店旗下洪山书店加入“武汉城市书房”运营体系，挂牌“洪山街道口城市书房”。该城市书房是继“江岸蒹葭城市书房”后，武汉新华书店挂牌运营的第二家“武汉城市书房”。

2022年，武汉新华书店顺应科技革命和文化产业变革趋势，全面启动“武汉新华书店数字化提升工程建设项目”，项目总投资3778.99万元。项目采用大数据、人工智能、云计算、RF等先进技术，以数字化、智能化、自动化手段为引擎，以互联网为依托，对图书的流通与销售过程进行升级改造，对线上线下体验进行深度融合，构建高效、便捷、体验式、智慧化的服务场景。经过充分的前期准备，主体项目建设于2022年12月12日正式开工，预计2023年底上线运营。

网络运营

2021 年，随着新媒体传播方式的不断迭代，用户获取信息方式的日益多样，武汉新华书店紧跟时代步伐，相继进驻微信视频号、快手、B 站、小红书等短视频头部平台，积极拓展线上宣传新途径，陆续推出了“每期探店”“好书快读”等短视频栏目，利用新媒介的网络优势，将企业形象的推广工作做到更加精细化、多样化，在提升企业话题度的同时得到市场的广泛认可及关注，全年短视频用户播放量达数十万次。

2021 年，武汉新华书店淘宝店、孔夫子网、微店平台等线上渠道共销售图书 4.8 万册，码洋 246.77 万元。

2022 年，武汉新华书店开通“微信小商店”，同步配合视频号直播，邀请作家、名师及书友开展线上阅读分享活动，通过线上直播活动宣导，构建线上社群营销平台。全年共开展线上直播 55 场，直播平台参与观看达 3.6 万余人次，引发粉丝互动、评论、分享、喝彩达 146.63 万次。

2022 年，武汉新华书店淘宝店、孔夫子网、微店平台、微信小商店等线上渠道共销售图书 2.7 万册，销售码洋 174.22 万元。

全民阅读

2021 年，面对疫情反复、线下实体书店文化服务功能受到制约的不利局面，武汉新华书店充分运用新技术、新手段，广泛联合出版发行上下游以及社会各方资源，打通线上线下、店内店外链路，创新形式、丰富内容，全年共开展各类阅读推广活动近 300 场次，不仅实现了良好的社会效益，也极大地提升了自身参与公共文化服务的能力水平。

2021 年 4 月，武汉新华书店承办了市级重点阅读活动——“2021 书香武汉 · 全民读书月”活动中的多项重点活动，打造了“江城晚八点”“名家面对面”等多个文化服务品牌。其中，于 4 月 1 日启动的“江城晚八点”大型都市文化夜读活动，邀请专家学者、普通市民分享自己及这座城市的故事，用一群人影响另一群人，带动形成了全民参与的阅读新方式，活动共开展 34

场，受众读者近万人次。读书月期间，联合中信出版集团开展“名家面对面”“致敬英雄城市英雄人民公益捐赠”“文化打卡 图书潮漂”等多项全民阅读活动，邀请国家高端智库专家曹钟雄、经济研究专家张海冰及国务院发展研究中心副研究员孙超等宏观经济领域专家走进武汉市委党校、光谷中心城高科技园区及江汉大学开展“双循环下武汉的创新与发展”“创造新需求：软价值引领企业创新与中国经济转型”“从‘一带一路’大使访谈看创新机遇与挑战”等高端学术讲座活动。

2021年，围绕建党100周年主题和党史学习教育，武汉新华书店以高度的政治自觉，坚持把开展党史学习教育与坚守文化阵地、传播文化使命、服务广大读者的初心使命紧密结合，牢牢把握政治图书发行主动权，认真做好政治图书的宣传发行工作，为全市广大党员干部群众学习党史做好服务，助力党史学习教育深入群众、深入基层、深入人心，全年共发行《中国共产党简史》《论中国共产党历史》《习近平新时代中国特色社会主义思想学习问答》《毛泽东 邓小平 江泽民 胡锦涛 关于中国共产党历史论述摘编》等重点图书66.9万册，码洋2125万元。

2022年，武汉新华书店持续推进“书香武汉·全民读书月”阅读活动品牌建设，通过进一步打造“江城晚八点”，创新开展“武汉童书展”“少年领读者·一封家书”等活动，不断丰富与创新“书香武汉”活动内容与内涵，并将系列活动贯穿于全年、全市、全店网点，持续推进阅读进机关、进军营、进学校、进企业、进社区、进乡村、进景区，广泛开展文化帮扶、公益捐赠、惠民流动书展等多种形式的全民阅读推广活动共计449场，受众读者近10万人次，有力地推动了全民阅读活动走向深入。

2022年4月，为统筹推进疫情防控与全民阅读推广工作，武汉新华书店将“江城晚八点”活动由线下搬到线上，邀请知名作家、社会各领域知名人士、教育工作者、资深图书编辑等作为主讲嘉宾作客“书香武汉·江城晚八点”线上直播间，通过开展新书品鉴、阅读分享、历史漫谈、主题讲演、亲子阅读、绘本故事、科普知识等形式多样、题材丰富的文化内容输出，积极服务于全民阅读与书香武汉建设。活动共开展15场次，吸引2.28万人次观看，引发直播间读者互动、评论、分享、喝彩达93.92万次。

2022年“4·23世界读书日”，武汉新华书店联合武汉出版社与湖北广电融媒体新闻中心共同开启“少年领读者·一封家书”征文暨朗诵大赛。活动以习近平总书记关于家庭家教家风建设的重要讲话精神为指导，针对6~18岁青少年为受众参与对象，并覆盖武汉“1+8”城市圈内的农村读者、留守青少年及外来外出务工人员子女等多个受众维度，采取诵读经典家书、撰写原创家书的方式，将优良家风作创新传承。活动历时近5个月，共有3000余名选手报名参赛，共征得原创家书和朗诵视频5000余篇，参赛作品通过湖北广电“长江云”进行线上展示，全网总浏览量超1000万，大赛累计点赞量逾10万。

2022年6月1日，武汉新华书店携手全国百家出版社共同举办关注于青少年健康成长、专注于对青少年阅读服务的武汉地区首届“武汉童书展”。活动通过“阅读主张＋文化场景＋作家背书＋文化惠民＋公益捐赠”多种形式，以“门店主展＋流动巡展＋云上看展＋名家领读＋优惠赠礼”多种方式，在线上线下、店内店外同步开展。本次活动历时3个月，共开展线上线下阅读分享活动12场次，前往江滩、步行街、公园、社区、文体广场、体育馆等不同场所开展文化惠民展销82场，引发市民的广泛参与，受众读者达2万余人次。

2022年，围绕迎接宣传贯彻党的二十大精神工作主线，武汉新华书店充分发挥新华书店主渠道、主阵地作用，全力以赴做好政治图书宣传发行工作。全年共发行《习近平谈治国理政》第四卷10.7万册、党的二十大报告6万册、《中国共产党章程》12万册、《百年大党面对面：理论热点面对面·2022》4.2万册。全年累计发行重点政治图书48.95万册，码洋1553.63万元，有效地满足了全市党员干部群众学习需要。

内控管理

2021年，武汉新华书店持续完善现代企业管理制度，把坚持党的领导和公司法人治理结构相结合，制定了武汉市新华书店有限公司党委会、董事会、总经理办公会议事规则以及党建、党风廉政建设、“三重一大”、财务收支、业务管理、资产管理等方面制度20余项，内部治理体系和治理能力得到进一步提升，企业运行机制更趋顺畅。持续深化改革，研究制定《市属新华书店深化改革工作方案》，对武汉市新华书店有限公司和武汉新华书店股份有限公司进行整合，以进一步优化资源配置，突出国有资本的战略引领功能，发挥市属新华书店规模优势，着力提升企业经营效益和核心竞争力。

2022年，武汉新华书店根据市文资办批复同意的《市属新华书店深化改革工作方案》，以加强党的建设和领导为根本、健全企业制度为关键、完善法人治理结构为重点、增强企业内生活力为目标，对武汉市新华书店有限公司和武汉新华书店股份有限公司的组织架构、业务流程进行规划整合，于2022年11月10日完成了武汉新华书店股份有限公司国有股权划转，武汉市新华书店有限公司成为武汉新华书店股份有限公司国有控股股东，进一步理顺了以资本为纽带、以产权为基础的管理体制机制，为武汉新华书店实现规模化发展奠定了坚实基础。

人才培养

2021年1月26日，针对国有资产统计和2020年年报审计工作开展了财务专业知识培训，进一步规范操作，确保工作质量和效率。3月9日，组织新洲、黄陂、江夏、蔡甸、东西湖、汉南区6家新城区新华书店的财务主管、会计开展了会计电算化培训，致力提高专业水平和工作能力，确保企业资产统计和财务报表真实、准确、完整，同时，对工作过程进行监督和管理。7月13日，加大人才引进力度，武汉新华书店面向社会公开招聘优秀人才18人，并对新员工进行入职专题培训，为事业发展需求做好人才储备。

2022年7月15日，针对新媒体与门店运营操作的技能短板，开展了“经典营销案例分享与解析”专项培训，全面提升专业技能，参与培训人员35人。

物流配送

2021年，武汉新华书店紧紧围绕中心任务，持续推进物流配送能力建设，不断强化物流保供响应机制，顺利完成全市党史学习教育用书宣传发行和中小学教材“课前到书，人手一册”的政治任务。8月，江夏城区因新冠疫情实施封闭管理，为了保证江夏区及东湖新技术开发区两区学校正常开学，江夏书店紧急成立教材发行专班。一方面，封控在江夏内部的发行专员加班加点完成区内各校教材发行；另一方面，向江夏区防疫指挥部提出申请，调拨仓储部员工及发行专员，前往东湖新技术开发区租用光谷某小学车库进行教材分发，不惧酷暑，历时两周多完成东湖新技术开发区的中小学教材发行工作。

2022年12月，武汉新华书店数字化提升项目主体工程建设正式开工，仓储物流作为新华书店经营体系和业务流程的重要组成部分和关键环节，被纳为此次数字化提升项目的重要内容。此次项目按照仓储物流专业要求，结合现有建筑形态以及现有业务区域划分形态，对现场区域进行重新规划和物流线体的全面改造，以进一步契合全流程数字化升级。

社会责任

2021年4月28日，由中信出版集团党委与武汉出版集团党委共同主办，武汉新华书店党委及下辖各门店党支部承办的“书香武汉·全民读书月”图书捐赠活动在洪山书店举行。活动向武汉市有关机关团体、企业园区和街道社区等共计23个相关单位捐赠了《英雄城记》《张文宏说传染》《各国大使眼中的“一带一路”》《创造新需求：软价值引领企业创新与中国经济转型》《双循环：构建“十四五”新发展格局》等热门图书，共计2200册，价值逾10万元。

2021年6月，武汉新华书店积极参与中国新华书店协会开展的“为党的生日献份礼”百店百馆百本书活动，先后向武汉市东西湖区金银湖街花城社区、武汉市黄陂区长轩岭街道仙河店村捐赠了价值1万元的图书。

2022年5月25日，六一儿童节前夕，武汉新华书店联合武汉市妇女联合会开展慰问援沪援吉医务人员家庭子女活动，向援沪援吉医务人员子女及家庭捐赠价值8000元的图书大礼包。

2022年6月20日，武汉新华书店在党员干部“下基层、察民情、解民忧、暖民心”实践活动中，公司机关党支部与武汉市江岸区球场街道球新社区结对共建，向该社区书屋及辖区居民捐赠价值3000元图书。

2022年10月，武汉新华书店积极响应市总工会号召，开展爱心消费助农兴农活动，共购买脱贫地区农副产品6.17万元，以实际行动助力乡村振兴。

2022年10月12日，武汉新华书店旗下黄陂区新华书店开展“爱心捐赠，书香传情”公益捐赠活动，向武汉市黄陂区横店街道临空小学图书室捐赠优质图书500余册，价值7500元。

2022年12月16日，为深入学习宣传贯彻党的二十大精神，武汉新华书店与湖北广电融媒体中心共同开展“荆楚百人团，接力读报告”活动，向湖北省103个县（市、区）的党员代表捐赠价值5700元的《党的二十大报告辅导读本》和党员学习笔记本。

2022年，武汉新华书店自觉履行国有企业社会责任，按照国有房屋租金减免政策，对范围内符合条件的114家中小微企业、个体工商户共计减免租金453.27万元。

2021年末领导班子成员名单

袁亚兵　党委书记、董事长、总经理

王红卫　纪委书记、副总经理

宋汉庆　党委委员、副总经理

李　薇　党委委员、副总经理、工会主席

张建强　财务总监

2022年末领导班子成员名单

袁亚兵　党委书记、董事长

王红卫　党委副书记、总经理

宋汉庆　党委副书记、纪委书记

李　薇　党委委员、副总经理、工会主席

程晓萍　党委委员、副总经理

陈亚莉　党委委员、副总经理

张建强　财务总监

沈阳市新华书店有限公司

年度概况

2021年，沈阳市新华书店有限公司（以下简称“沈阳市店”）在沈阳出版发行集团（以下简称“集团”）的正确领导下，坚持“稳中有进”的工作总基调，拼搏实干，主动求变，积极作为，不仅战胜了疫情，厘清了思路，凝聚了力量，深化了改革，还实现了自我超越。全年实现营业收入3.22亿元，扣除房产相关损益，实现盈利595万元。

2022年，是沈阳市店在改革中谋发展的一年，也是沈阳市店发展史上又一个意义重大的一年。在领导班子的带领下，全店上下克服重重困难，勇毅前行，砥砺奋进，充分发挥国有出版物主力军、主渠道、主阵地作用，扎实推动各项重点工作取得新成效，有力推进企业在新征程上高质量发展。全年实现营业收入2.23亿元，实现利润665万元，扣除非经营性损益的影响，实际实现盈利673万元。

领导关怀

2021年12月4日，辽宁省委宣传部副部长付晨光到玖伍文化城参观指导，对玖伍文化的经营模式、发展理念给予了高度评价和认可。

2022 年 2 月 16 日，共青团辽宁省委副书记石宏博一行到玖伍文化城开展调研活动。沈阳出版发行集团工会主席詹军，团委书记马宪聪，沈阳玖伍苑文化有限公司党委书记、董事长、总经理朱晓冬，团委书记杨晓东全程陪同。石宏博对玖伍文化城创办的红色驿站、红色讲堂、青年之家等活动给予了很高评价。

2022 年 8 月 9 日，共青团辽宁省委副书记杨永峰，共青团沈阳市委副书记任大林，辽宁省少先队总辅导员罗曼等省、市共青团和少先队领导在沈阳出版发行集团纪委书记王刚、团委书记马宪聪的陪同下，参观了玖伍文化城举办的“少先队员学党史，走进辽宁红色六地”和“雷锋朗诵团志愿者手绘雷锋故事”红色主题展览，并给予了高度评价。

荣誉奖项

2021 年 10 月，在 2021 年度阅读空间新榜样推选活动中，沈阳玖伍苑文化有限公司被中国新华书店协会、中国出版传媒商报社评为“优秀大书城”；沈阳玖伍苑文化有限公司营销策划部被评为“优秀运营团队”。

2021 年 12 月，在 2021 年第三届“全民阅读 书店之选”系列活动中，沈阳玖伍苑文化有限公司及玖伍文化城被中国书刊发行业协会、韬奋基金会评为“百家阅读推广单位”。

2022 年 7 月，沈阳玖伍苑文化有限公司被民建辽宁省委直属工作委员会授予“国学学习基地”称号。

组织人事

2021 年 9 月 15 日，第十二届第二次职工（会员）代表大会选举丛日红为职工董事、王小峰为职工监事。

2021 年 11 月 15 日，孙世超同志任沈阳市新华书店有限公司总经理助理。

2022 年 2 月 9 日，免去白岩同志沈阳书业集团发行有限责任公司法人、沈阳教材发行有限公司法人职务；宫文卓同志任市场部经理（保留集团中层副职职级），沈阳书业集团发行有限责任公司、沈阳教材发行有限公司法人，免去其市场二部经理职务；张林野同志任市场部副经理（保留集团中层副职职级），免去其市场一部经理职务。

2022 年 8 月 28 日，免去白岩同志沈阳市新华书店有限公司总经理职务、免去白岩同志沈阳教材发行有限公司执行董事职务；免去张捷军同志沈阳市新华书店有限公司副总经理职务；免去李迎锋同志沈阳市新华书店有限公司副总经理职务；免去丛日红同志沈阳市新华书店有限公司副总经理职务；免去宫文卓同志沈阳书业集团发行有限责任公司总经理职务。为确保集团经营工作有序开展，竞聘工作顺利进行，以上集团相关中层管理人员在过渡期内，须继续履行相关工作岗位职责、承担相关义务。

2022 年 9 月 8 日，朱晓冬同志任沈阳市新华书店有限公司党委书记。

2022 年 9 月 15 日，朱晓冬同志任沈阳市新华书店有限公司董事长。

2022 年 9 月 16 日，刘远程同志任沈阳市新华书店有限公司总经理；张捷军同志任沈阳市新华书店有限公司常务副总经理；李迎锋同志任沈阳市新华书店有限公司副总经理；任延熙同志任沈阳市新华书店有限公司副总经理；丛日红同志任沈阳市新华书店有限公司副总经理；王广法同志任沈阳市新华书店有限公司副总经理。

党建工作

2021 年，沈阳市店党委深入领会十九届中央纪委五次全会及省、市、集团有关指示精神，不打折扣抓好落实，着力把党风廉政工作做实做细。一是抓好警示教育。系统学习了习近平总书记在十九届中央纪委五次全会上的重要讲话、在中央全面依法治国工作会议上的重要讲话，以及省纪委十二届六次全会、市纪委十三届六次全会等内容，传递了“坚决反腐”的强烈信号。派人参加了沈阳市纪检监察系统庆祝建党 100 周年党史讲述活动，展示了沈阳市店纪检干部的风采。二是落实基本制度。组织签订了《党风廉政建设责任书》25 套。按要求完成第一、二、三季度大数据填报。节假日期间对公车进行封存，对党员干部进行廉政教育，杜绝违反中央八项规定精神的隐患。

三是盯住专项治理。在“廉政警示教育月”活动中，及时制定下发活动方案，落实“十一个一”活动要求。开展第二次房产填报工作，在资料不全的情况下，通过走访老同志、集体研究决策等方式，完成了相关数据的填报。

2022年，沈阳市店党委深入学习十九届中央纪委六次全会精神、十九届中央纪律检查委员会向中国共产党第二十次全国代表大会的工作报告内容，把党的纪律挺在前面，努力营造风清气正的政治生态环境。开展常态化警示教育，将党风廉政教育与党建工作有机融合，通过党支部主题党日等形式，重点学习了习近平法治思想和《中国共产党纪律检查委员会工作条例》等内容，观看了警示教育片《长鸣的警钟》，并在节假日前对党员干部进行了谈话提醒。创新开展了《教辅征订数据管理监督模型》立项，该模型收入了2021年秋季、2022年春季销售数据2.7万余条，可对教辅报订、销售、回款全链条实施有效监督，在利用现代信息技术手段进行纪检监督方面进行了有益尝试。该项目实施过程中，沈阳市店3次向市纪委进行了汇报，得到了上级的认可。积极开展内部自查自省工作，对下属机构2022年春季漏订、多订教材情况进行了自查。

教学用书

2021年，沈阳市店积极应对“双减”政策、教育制度改革以及职能部门、学校人员调整带来的一系列影响，2021年秋季，继教育局采纳沈阳市店“五点建议”后，再次获得政策支持，在高中地方收费教材、劳动教育教材征订工作中收到良好效果。在应对“双减”影响上，更加强调“一课一辅”政策执行力，规范好发行渠道，有效地将“双减”冲击转化为“利好”政策，2022春季征订数据再次逆势上扬。同时，为有效应对新冠疫情突发频繁等因素，沈阳市店事业中心员工主动上门服务，开展精准营销，解决“服务最后一公里”问题，开学季实现补订近10万册。

2022年，围绕春、秋两季教材教辅发行工作，沈阳市店多次召开专题会议，分析市场形势，研究营销策略，整合机构力量。在经济下行压力大、疫情突发频繁等不利条件下，再次实现了主营业务的跃升。2022年秋，新冠疫情再次暴发，为了确保2023年春季征订工作顺利开展，沈阳市店总经理室靠前指挥，精准指导，5个事业中心认真梳理营销策略，细化营销流程，尽最大努力减少疫情带来的影响。西区事业中心实现沈阳版《中考全品》业绩增长；新组建的中区事业中心在育才双语等重点学校实现了“从0到1”的突破。

门店建设

2021年，深度参与各区县、各街道、各单位的书房书屋规划设计工作，先后建设了3个“红色书吧”，全力保障学习贯彻习近平新时代中国特色社会主义思想和党史学习教育类重点主题出版物的发行工作。朝文书店借助原有资源优势，着手打造赤山路校园店。浑南区首家校内主题书店开始谋划筹备。

2022年，参与了沈阳14家书房、书屋的筹建。协助完成了沈阳首家抗美援朝纪念馆红色英雄书吧的筹建。《习近平谈治国理政》第四卷是2022年度重点党政学习材料，为保障党员干部的学习需要，对渠道拓展、数据汇总、宣传营销、账期回款等方面做了具体要求。另外，积极组织党的二十大相关学习材料征订发行工作。朝文书店西塔店搬回旧址，同时，朝文书店借助原有资源优势，以全新模式打造了赤山路校园店。

融合创新

2021年，沈阳市店在馆配业务上积极寻求转型发展。立足自身，完成阜新高专、乐华科技等20余家客户采购任务。红色文化服务异军突起，新型业务持续拓展，承接中纪委“百年‘纪’忆”拍摄制作项目、市纪委“廉洁沈阳”公益广告项目，社会效益持续扩大。

2022年，一是市场部顶住疫情压力，在大中专院校减少征订、加大非正常退货的情况下，竭尽全力开拓市场、维护客户关系。克服中职学校（技术学校）教材正版化和统一规范征订管理过程中遇到的困难，走访政府相关部门并取得支持，实现15家重点客户全部中标或续签合同。改变教材配送方式，采取现场发放和快递邮寄相结合的方式，减少发行损失。市场部主动融入特殊时期的新发展形势，牢固树立为客户着想的服务意识，坚守为教育服务的初心，不断打通“外循环”、畅通“内循环”，彰显新华书店的品牌力量。二是馆配公司在做好一般图书团购服务的基础上，自主开发阜新高等专科学校、盘锦魏书生中学等10个客户。三是沈阳市店从业务沟通、政策传达、系统使用、对账结款等方面，对4个县店进行指导帮助，推进融合式发展，不断实现服务链条延伸突破，持续拓展行业发展空间和利润空间。四是结合城市转型升级发展的实际，将文化产业赋能乡村振兴，策划实施了“得稻”计划。实地走访项目所在地辽中区潘家堡镇的各个行政村，专题调研辽中区各大农民合作社和种植、养殖大户，形成了以农业定制为发展模式、以绿色生态为发展方向的调研报告，并确定了“得稻”项目计划。开通“得稻”小程序平台，让项目插上互联网的翅膀，在提升服务的同时，扩大了品牌影响力。分别与辽宁省乡村振兴协会、辽中区潘家堡人民政府等单位建立合作；与辽宁省浙江商会、沈阳哈尔滨行会等10余家商协会组织建立联系；与和平作协、兴业银行南塔支行等企事业单位建立沟通。五是素质教育拓展中心项目，完成了素教课程体系的搭建。

网络运营

2021年，在努力保证线下收入的同时，加大线上渠道销售力度。以“精准触达、提高转化”为企划营销目标，促销活动实现线上线下联动。“玖伍×”异业系列活动持续开展，玖伍×抖音、玖伍×滴滴、玖伍×高德出行、玖伍×开心麻花、玖伍×六合社、玖伍×大风天喜剧、玖伍×鸟岛、玖伍×奉天麦场、玖伍×罗森、玖伍文化城×自然造物等陆续开展。邀约名家领读分享录制倡导全民阅读的短视频，在玖伍文化城视频号及抖音号、盛京读书视频号及抖音号、地铁站及校园、沈阳广播电视台等众多媒体渠道进行了宣发。“不朽丰碑——献礼中国共产党成立100周年”主题展深入挖掘沈阳“红色根脉”资源，立足讲好沈阳故事，用红色文化展览、作品向党的百年华诞献礼。策划“童心向党”系列活动，开展红色传承人、红船精神、不朽丰碑、儿童红色阅读区家庭打卡活动，接待7万+组家庭。灼见·金灿荣《大国来了》主题分享会在沈阳各界党员干部群众中引发了强烈反响，人民网、新华网、中国新闻网、央广网、《辽沈晚报》、《沈阳日报》、新北方、直播生活等中央、省、市级57家媒体与自媒体进行了报道与转载。“夜宿玖伍”首期上线后，共开团12期，其中哈利·波特主题夜宿创造了连开6场，单场15分钟售罄的记录，夜宿玖伍文化城已成为沈阳市最受欢迎的夜宿项目。

2022年，沈阳市店全面整合线上资源，紧密围绕电商平台、社群微商城和新媒体直播这三大板块，广泛拓展线上营销渠道。“中国冰雪 × 玖伍文化城”系列活动，是玖伍文化城与国家级IP的首次携手，通过多次与品牌方沟通，成功将此IP落地玖伍文化城。“沈阳市第十四届全民读书季”系列活动，通过多种平台及渠道，结合线上线下，举办宣传推广、主题书展、优惠促销、阅读分享等不同规模的丰富阅读活动。“玖伍文化城五周年庆暨东北首座知乎城市落地”主题活动，作为东北首个新兴互联网平台线下实体服务互动空间，在玖伍文化城开业5周年之际，将主题空间落地玖伍文化城2层。携手沈阳市汉服协会打造“第八届沈阳汉服节”主题活动，获得央视网、央视影音等媒体宣发报道，同时，引发多个“抖音+小红书”内容博主对活动进行宣推，两个平台流量达10万+。

全民阅读

2021年，沈阳市店为助力全民阅读，在多所学校同步开展“点燃读书激情，共建书香校园”捐书活动，为第十三届全民读书季贡献了力量。朝文书店走进皇姑区朝鲜族学校，开展“书香飘沈城 阅读润校园——我读书 我快乐 我参与 我收获”世界读书日主题活动。玖伍文化城在第十三届全民读书季中，邀请了陈鲁豫、敬一丹、沈石溪、胡世宗、闻邦椿、宫正、徐梦桃等30位文体界名人，刘积仁、姜妍等9位全国劳动模范共同录制倡导全民阅读的短视频。携手沈阳广播电视台29位当家主播，共同推介红色经典书籍，创作短视频作品29期。由市委宣传部组织各区委宣传部部长录制倡导全民阅读的短视频，在玖伍文化城视频号及抖音号、盛京读书视频号及抖音号、地铁站及校园、沈阳广播电视台等众多媒体渠道进行了宣发。

2022年，“沈阳市第十四届全民读书季”通过多种平台及渠道，结合线上线下，举办宣传推广、主题书展、优惠促销、阅读分享等不同规模的丰富阅读活动。拍摄读书季主题视频宣传片，设计读书季主题LOGO及主形象海报，在全市应用；邀请央视知名主播康辉，著名主持人敬一丹，著名作家刘震云、祝勇，才女作家安意如，人气漫画家白茶、许先哲，知名媒体人伊险峰，医生陶勇，辽宁历史建筑专业委员会副主任兼秘书长罗云天，以及辽宁人民出版社副总编辑艾明秋及编辑石玥、张婷婷总计13位嘉宾为读书季活动录制推广宣传视频；在玖伍线下打造“知识百科”“童心飞扬”等4类主题书展；举办“情蕴香笺——李仲元自书吟稿”“跃然纸上的昆虫世界”“庆七一 辽沈名家红色经典朗诵”等近百场线下文化分享会。

内控管理

2021年，在组织架构方面，将原隶属于集团的沈阳教材发行有限公司、沈阳书业集团发行有限责任公司合并到沈阳市店后，调整为两个市场部，变更董事会为执行董事；增设了业务部，扩大了财务部，撤销了沈阳智慧苑书刊批发市场有限公司，整合了相关行政、管理、保障部门职能；完成朝文书店的公司化改制，并将其股权划转入沈阳市店。在治理体制方面，修订了公司章程，引入了外部董事，出台了授权制度，明确了权责边界；全面推进管理层的任期制和契约化，完成了相关方案、制度以及责任书的签订。

自2020年国企改革三年行动开展以来，沈阳市店在合并前，按照集团的统一部署，结合实际，制订了切实可行的实施方案，并在规定时间内，分步骤、按要求地完成了各阶段的改革任务，国企改革三年行动取得了较好的进展，主体任务已经基本完成。2022年，大力推进新华玖伍资源整合，合署办公。两家公司合并后，在组织架构、人员配置、经营板块、服务体系等多方面出现了工作冗余、人员富余、资源浪费的现象。在国企改革三年行动即将收官之际，为了全面激活老国企高质量发展新动能，沈阳市店根据整体安排，围绕“干部人事、劳动用工、收入分配”等方面再次思考“三项制度”改革，牢牢把握“干部能上能下、员工能进能出、收入能增能减”的中心任务，立足企业发展整体战略，坚持以“业务、战略、效益”为导向，通过“竞争、价值、市场”驱动企业不断释放发展内生动力，持续推动企业高质量发展。加强内控管理，提升合规经营能力。一是在工作筹划上，有力保证沈阳市店健康高效运转，董事会、经理层的指示精神在全店得以贯彻落实。进一步完善了董事会授权经理层工作清单，以及落实沈阳市店董事会职权实施方案；完成国企改革三年行动评估资料检查工作；推动下属企业全面加强合规管理，下发《沈阳市新华书店有限公司合规管理实施细则》及《沈阳市新华书店合规管理指引（试行）》；按照集团要求完成《沈阳市店三年发展规划纲要》；认真梳理子公司法人治理结构；做好沈阳市店内控体系建设，进一步落实降本增效要求。二是在财务管理上，建立健全内控体系，从制度上加强沈阳市店运营环节的内控管理。明确财务管理职责，确保财务岗位设置和业务流程衔接顺畅，既相互协调，又相互制约。不定期组织相关人员进行内审工作，防范公司经营风险和隐患。重新梳理财务审批流程和各项规章制度，实现对外归口管理。实施预算化管理，强化资金支付、存货管理环节的监管，严格控制成本。三是在房产管理上，按照市纪委、集团纪委要求，对所属房产信息进行了收集、整理、填报；加强房产租金管理；对 5 处房产进行处置，协助集团完成各项手续办理。四是在法务工作上，积极处理涉法涉诉及历史遗留问题，最大限度化解经营风险，降低公司经济损失、名誉损失。五是大中专教材销售持续发力，根据集团的统一部署和企业发展需要，将市场一部、市场二部合并，统称为“市场部”。

人才培养

2021 年，沈阳市店认真抓好职工培训工作，有效提升员工专业素质。积极思考在疫情常态化的情况下，如何有效开展职工培训工作，采取线上和线下相结合的形式，共开展培训 3 次，其中，线上培训 1 次，线下培训 2 次，共参训 92 人次，中高层管理者参训 44 人次，普通员工参训 48 人次，充分挖掘不同培训方式的优势，结合员工参训体验，提升培训效果与目标。

2022 年，沈阳市店共组织培训 7 次，参训人员 200 余次。内容包括员工综合素质提升、国企改革应用、领导力培养、财务专业知识等，充分挖掘不同培训方式的优势，结合员工参训体验，提升培训效果与目标。组织全体职工开展线上职业技能培训，并申请了政府培训补贴。推行市场化选聘引进人才，带动企业建立起灵活高效的市场化经营机制。

物流配送

2021 年，沈阳市店以物流部为试点，整合力量，区分任务，实施全要素独立发运。在最大限度节省成本、提升效率的同时，全力保障一线销售人员，服务好“最后一公里”。辽宁新华教育产业发展有限公司召开了 2021 年秋季线上视频征订工作会议，部署 2021 年秋季征订发行工作及产业拓展具体要求。沈阳分公司按照省华育公司总体部署，结合沈阳市教育局发行要求，全面展开秋季教材教辅征订工作。

2022 年，全面实施公司发行板块“大物流”战略，新华玖伍合署办公后，内部物流实行统一管理，即玖伍物流配送中心、沈阳市店课本物流部、书业公司物流进行统一调度，合署办公。使各部物流相互赋能，从而节约人力成本，合理降低费用支出。为打赢“课前到书，人手一册”攻坚战，春、秋两季，面对新冠疫情间歇性暴发、人教版教材插图出现问题、高中教材字号修改等突发状况，物流部全体干部员工主动作为，多措并举，克服发行周期压缩，发货量加大带来的严重压力，以昂扬的姿态拼速度、抢进度，确保教材发行工作有序推进，圆满完成了全市中小学“课前到书，人手一册”政治任务。

社会责任

2021 年，沈阳市店携手华育沈阳分公司开展了以“点燃读书激情·共建书香校园”为主题的图书捐赠活动。东区事业部暨华育大东分公司走进大东区辽沈街第二小学和杏坛小学两所学校，为孩子们带去宝贵的精神食粮。

西区事业部对皇姑区、铁西区和于洪区的23所中小学开展了捐书活动。南区事业部与南京九校共同举行了“小红船”思政课活动暨“党的故事我来讲——争做红领巾讲解员”实践体验及赠书活动启动仪式。北区事业部暨辽宁新华教育产业发展有限公司沈北分公司在新城子街第一小学南校区举行了“快乐阅读 书送希望”主题图书捐赠仪式。

2022年，为弘扬雷锋精神，切实推进“振兴新突破 我要当先锋”专项活动部署，践行“两邻”工作理念，玖伍文化城响应号召，参与法库县卧牛石中心小学2022年学雷锋活动，捐赠了1000本图书；10月30日，玖伍文化城在沈阳市辽中区潘家堡镇举行“得稻”项目启动仪式，该项目既是辽中区潘家堡镇认养产业发展的核心项目，同时也是沈阳出版发行集团文化赋能乡村振兴的重点项目。项目以认养稻田为平台，以研学旅游、休闲娱乐为发展方向，重点开发利用农村闲置资源，做实、做深农村庭院经济；将私人定制和品牌打造作为首要目标，通过传统古法的种植和养殖方式，为目标消费人群提供健康、绿色无公害的优质农产品。

2021年末领导班子成员名单

孙　迪　党委书记、董事长

白　岩　党委副书记、总经理

张捷军　纪委书记、监事会主席、副总经理

李迎锋　副总经理

丛日红　副总经理、工会主席

王广法　总经理助理

2022年末领导班子成员名单

朱晓冬　党委书记、董事长

刘远程　总经理

白　岩　党委副书记

张捷军　纪委书记、监事会主席、常务副总经理

李迎锋　副总经理

任延熙　副总经理

从日红　副总经理、工会主席

王广法　副总经理

乌鲁木齐市新华书店发行有限责任公司

年度概述

在自治区党委宣传部的坚强领导下，乌鲁木齐市新华书店发行有限责任公司（以下简称“公司”）坚持以习近平新时代中国特色社会主义思想为指导，深入学习贯彻党的十九大、二十大精神，完整准确全面贯彻落实新时代党的治疆方略，牢记宣传思想工作使命任务，众志成城，共克时艰，在严密做好疫情防控的同时，充分发挥新华书店主渠道、主阵地、主力军作用，不断探索驱动企业创新发展战略，推动落实图书发行工作高质量发展。2021年，全年实现图书销售码洋3.05亿元，同比增长19%；实现经营利润2345万元，同比增长22%，社会效益和经济效益成效显著。2022年受新冠疫情影响，实现营业收入2.58亿元、净利润1555万元，同比下降8%左右。

领导关怀

2021年2月9日，自治区党委常委、宣传部部长田文，自治区党委宣传部常务副部长周旭勇一行到公司购书中心看望慰问春节前夕坚守在图书发行一线的工作人员，并送上新春祝福。在查看疫情防控和安全生产工作情况时，田文指示，要切实落实好疫情防控与安全生产工作措施，确保职工群众平安祥和过好春节。

2021年4月20日，自治区党委常委、宣传部部长田文到公司北京路办公区走访调研。她强调，办公区搬迁后员工的办公环境有了质的提升，工作需要更加用心用功。要重点抓紧抓实中小学教材发行工作，高度重视企业党建工作，在中国共产党成立100周年之际，要做好党史学习教育读物的发行工作。

荣誉奖项

2021年10月，由中国新华书店协会指导、中国出版传媒商报社主办的2020—2021年度书业榜样阅读空间推展结果揭晓。乌鲁木齐市新华书店发行有限责任公司购书中心荣获“标杆大书城”称号。

2021年11月，乌鲁木齐市新华书店发行有限责任公司在中国新华书店协会主办的庆祝建党100周年“我和新华书店”演讲大赛中，荣获优秀组织奖。

2021年，乌鲁木齐市新华书店发行有限责任公司被机械工业出版社、中国电力出版社等出版单位评为“优秀经销商”；被中国法制出版社、长江少年儿童出版社、外语教学与研究出版社等单位评为“最佳合作伙伴”。

2022年2月，乌鲁木齐市新华书店发行有限责任公司被自治区党委宣传部评为2021年度“先进基层党组织”。

2022年8月，中共中央宣传部办公厅印发了《关于表扬2021年度新闻出版统计工作单位、个人的通知》，乌鲁木齐市新华书店发行有限责任公司因统计工作成绩突出，被中央宣传部办公厅通报表扬。

2022年，乌鲁木齐市新华书店发行有限责任公司被华文出版社、机械工业出版社、中国电力出版社等出版单位评为“优秀经销商”；被中国法制出版社、长江少年儿童出版社等单位评为“最佳合作伙伴”；多名业务员荣获外语教学与研究出版社、安徽少年儿童出版社、中南博集出版公司、中共党校出版社“金牌采购”“优秀发行员”“优秀业务员”“优秀采购员”荣誉称号。

组织人事

2021年4月，高雅丽同志任乌鲁木齐市新华书店发行有限责任公司党委委员、纪委书记。

2021年7月，阿不都吾甫尔·阿不力孜同志任乌鲁木齐市新华书店发行有限责任公司党委副书记、董事、总经理。

2022年5月，免去芦瑜乌鲁木齐市新华书店发行有限责任公司党委书记、董事长职务（到龄退休）。

2022年9月，邹士洪任乌鲁木齐市新华书店发行有限责任公司党委书记、董事长。

2022年9月，免去吴卫东乌鲁木齐市新华书店发行有限责任公司党委委员、总会计师职务（调离）。

党建工作

公司党委严格落实全面从严治党主体责任，以党史学习教育为主线，严格按照“学党史、悟思想、办实事、开新局”工作要求，规范推进党史学习教育工作，做到安排部署、组织领导、学习培训、思想认识、规定动作、工作落实六个到位和自选动作有创新的工作目标，以实际行动庆祝建党100周年。加强政治理论学习，严格落实“三会一课”制度，深入学习领会习近平总书记在党史学习教育动员大会上的重要讲话、“七一”重要讲话、视察新疆重要讲话和重要指示批示精神，认真贯彻落实党的十九届六中全会、党的二十大、第三次中央新疆工作座谈会、中央民族工作会议精神，通过开展主题宣讲、座谈交流、撰写心得体会等形式，有力促进了党员干部理论水平的提高。公司坚持以活动为载体，不断激发党建工作活力，先后开展了“党旗映天山”主题党日活动、组织观看主题教育影片、参观爱国主义教育基地、重温入党誓词、集体“政治生日”、“微党课”、党员承诺践诺、党员义务奉献日、主题征文演讲比赛、应知应会专题测试等活动。召开党史学习教育总结会、专题民主生活会、组织生活会，巩固党史学习教育成果。

明确工作重点和方向，做到创建有平台、争优有目标，实现支部有活动、党员有行动、工作有推动。以落实全面从严治党主体责任为抓手，加强政治建设、思想建设、组织建设、作风建设、纪律建设和反分裂斗争，努力破解企业党建工作与发行业务工作“两张皮”问题，实现党建工作和发行业务工作深度融合。制定党委换届选举工作实施方案和党员大会选举办法，按组织程序履行审批流程。坚持民主集中制原则，凡“三重一大”事项，一律经党委会集体研究后再按程序履行相关决策手续。召开基层党支部书记抓党建述职评议考核会议，形成综合评定评价和反馈整改意见，进一步传导压力、激发动力、增强活力。选派党务、纪检干部参加机关党建汇报会和观摩推进会，交流工作经验，推动支部标准化规范化建设和“五个好”党支部、“四个合格”党员队伍建设工作扎实有效。党委班子深入基层一线调研，畅通意见征集渠道，制订“我为群众办实事”实践活动项目清单和“双报到”服务实践活动实施方案，逐项推进落实，本着把好事办实、把实事办好的目的，着力解决职工群众急难愁盼问题。投入资金270余万元对羊毛湖库房进行整修改造、购买生产用车及设备、增加员工伙食标准、改善工作生活环境，11项“我为群众办实事”实践活动项目全部落实完成。签订年度党建暨党风廉政建设、精神文明建设、疫情防控、信访工作管理责任书，制定《基层党支部建设质量提升三年攻坚行动方案》《落实全面从严治党主体责任任务安排》《落实全面从严治党主体责任清单》，印发公司党风廉政建设工作要点和廉政风险点、信访风险点台账。定期开展各类专项工作督查检查，并就各方面存在的问题进行集体提醒谈话、发送提醒短信，公布举报电话，公开民主监督，不断筑牢反腐倡廉和拒腐防变防线。运用监督执纪“第一形态”对因疫情防控工作落实不力和违反组织纪律的12名同志进行了诫勉谈话并通报批评。

门店建设

截至2022年底，乌鲁木齐市新华书店发行有限责任公司拥有营业面积近7000平方米大中型综合卖场1个、200平方米左右小型卖场2个，卖场陈列图书品种12万多种，流通品种近25万种，同时，积极落实友好路分店的建设工作，努力实现城市重点区域发行网点的基本覆盖。开展图书卖场规范化标准化服务培训，制订图书卖场更新改造计划，努力打造城市阅读新空间。坚持卖场每日晨会制度，及时通报销售情况，点评员工服务表现。严格卖场管理规定，强调劳动纪律，树立良好的企业形象及员工风貌，并结合不同发行周期，调动员工创造力，丰富卖场陈列，适时调整书花造型，不断提高商品陈列美感水平。升级卖场收款系统软硬件设备、更新老旧空调、增设文创产品、益智用品专区等，尝试多业态、多元化经营模式，满足不同读者对文化产品的消费需求。为降低新冠疫情影响，适当延长卖场营业时间，使每日营业时间保持在10.5小时以上，为读者购书提供便利。

融合创新

2021年，公司依托实体书店资源优势，推进传统发行平台的数字化、智能化升级改造，打通线上线下“双行道”，尝试打造实体书店线上线下一体化平台，保障数据链完整，构建网上自主支付平台。利用广电网络电子交易平台首次进行网上直播购书，参与新疆地方及兵团政府采购云平台投标，拓展巩固团购客户群，实现公司“政采云”平台图书类交易品种、数量及销售码洋、下单数均居首位。

2022年，为适应新时代图书发行业发展要求，加快推动线上营销布局，优化健全线上线下销售网络和数字化服务功能，公司顺应政府采购改革和“电商化”采购趋势，打通电子链路，完成图书数据信息资源共享，实现图书团购网络化、图书抖音推荐和微信商城直播销售。在卖场各楼层开通图书抖音推荐和微信商城直播间，结合全年卖场开展的系列主题阅读活动，进行线上直播互动和营销推荐，培育打造营销直播品牌。注重高素质、能互动、懂技术的直播人才的培养，以直播服务为优化图书营销机制的突破口，推动“书店+网络直播”融合，探索营销新机制和营销技术创新，提高读者参与度、关注度。

全民阅读

为了迎接建党100周年，全市各卖场对党和国家重要文献等重点主题出版物进行集中陈列，营造出浓厚的宣传舆论氛围，并以此为销售突破口，将销售任务全面分解到人，进一步细化工作流程，优化销售网络，深挖潜力扩大销售份额；以主题教育为契机，把做好《习近平谈治国理政》第四卷、党的二十大报告及相关辅导读物等重点主题出版物发行作为首要工作任务，紧盯主题图书需求动向，全方位、立体式加大宣传征订力度；认真落实图书“七进”工程，深入党政机关、企事业单位、部队军营、大中专院校、社区街道、兵团农场、乡镇农村开展流动售书，满足广大群众多样化文化阅读需求；积极探索“课后服务+阅读分享”模式，联合中小学校举办“科学家校园行”活动，邀请科学家、教授走进中小学校园开展科普讲座；发挥实体卖场优势，创新开展假日研学活动，培养学生的阅读热情和阅读能力，吸引学生走进书店，在潜移默化中让阅读成为习惯。受新冠疫情影响，2022年下半年卖场处于闭店状态，严重影响了门店销售，但留守人员克服困难，加强与客户和读者之间的沟通协调，全力做好服务保障，确保重点图书的正常供给。

内控管理

2021年，公司坚持依法治理、守法经营，认真执行行业法规条例，严格内部管控；坚持关口前移，举办违纪违法案件警示教育和《中华人民共和国民法典》专题讲座，常态化开展廉政警示教育；制订党风廉政教育月活动方案，注重实施落实，以点带面，加强思想引导，同时，通过网络平台加强党纪法规及德廉教育；开展内部审计和审计工作“回头看”，落实审计问题整改；严格公车使用，规范公司各项采购及项目招投标程序，全年“三公”经费大幅下降。

2022年，公司不断完善企业内部控制制度，对业务、财务、人事、办公等方面的各项制度进行了梳理修订，确保制度建设贯穿公司管理工作全过程；制订对标一流管理提升三年行动跟踪落实进度计划和实施方案台账，落实国有企业改革措施；合理调整公司薪酬制度，使岗位标准、分配更加明确；成立数字信息中心，开展发行数字化信息化探索；规范健全重点工作风险点台账，明确风险防范点，重要节点加大督查检查力度，严防风险漏洞；进一步细化规范采购询价流程，清理整顿租赁及闲置房产，加强风险防范，提升经济效益。

采配物流

公司不断加强业务进货人员的岗位培训和学习交流，提升图书选品能力，优化卖场经营品种，准确研判市场需求；坚持正确的政治方向，严格落实意识形态工作责任制，严把图书导向关，定期召开图书审读联席会，不断规范图书采购供应程序和进货审核制度，实行审核确认签字清单制，建立健全新书采购工作台账和样本室，将进货把关责任层层落实到人；积极贯彻自治区教育“双减”政策，把握提高少儿类、综合素质类阅读的契机，不做发行量和排行榜等消费误导，重点对存在误导及提示词语的图书加强审查，严格做下架退货处理，确保发行渠道健康有序，为读者提供高品位的优秀出版物。

人才培养

2021 年，公司党委实行人员轮岗、竞聘上岗，建立健全人才培养机制，调整任命中层管理人员 16 人次，提拔任命 1 名参加“访惠聚”驻村工作表现突出的年轻员工进入中层管理岗位，完成员工轮岗 8 人次，对工作表现较差、执行不力的 2 名中层干部做降职处理，并与 1 名中层干部解除劳动关系。经网上公开报名，严格按人员招聘程序，公平公正招聘新入职员工 7 人。开展干部任前谈话、党规党纪知识测试。

结合公司发展规划，逐步建立健全人力资源绩效管理机制。2022 年，对部分岗位进行公开竞聘，调整任命中层管理人员 3 人，完成全店 3 批次、41 人次员工轮岗工作，对年终考核不合格的 12 人进行待岗、轮岗处理，面向社会招聘录用 8 人，对 1 名违规违纪党员给予党内严重警告处分，相关责任领导也受到相应处罚。

社会责任

积极参与文化惠民活动和扶贫工作，向和田地区皮山县乔达乡古勒巴格村等贫困乡村赠送图书，宣传党和政府惠民利民政策，选派优秀员工参加“访惠聚”驻村和“双语”支教工作，推进落实党员“双报到”志愿活动，为贫困乡村办好事、办实事。落实全民阅读见行动，在履行疫情防控责任的同时，组织开展形式多样的打折优惠、发放优惠券、赠送小礼品等文化惠民活动。开通线上预订渠道，为有需求的读者送书上门，用周到细致的服务提升读者满意度。2021 年，公司向自治区党委宣传部参加“访惠聚”驻村工作队捐助资金 310 万元；2022 年，捐助资金、走访慰问金合计 150 万元，合计捐赠各类种植、养殖、农产品加工、文化教育、卫生保健、科普、普法以及爱国主义教育类图书 2000 余册，有效促进精准帮扶、文化惠民行动的开展，实现扶贫工作目标，承担起新华书店的社会责任。

特色工作

2021—2022 年，公司结合自身发展实际，积极探索多元经营模式，推进实现转型升级及多元业态入驻。将文化用品专区由场地租赁方式转为自营，同时，引进文创产品、高端益智商品，满足读者多样化的文化消费需求。结合线上线下开展阅读体验活动，设立“书苑对话”阅读交流专栏，由读者参与互动，通过朗读朗诵、阅读竞答等互动形式，开办立意新颖、情感真挚的各类主题阅读宣讲课堂。以世界读书日为契机，依托新时代文明实践中心，开展新时代文明实践大讲堂、“六点半”课堂等，组织各类阅读推荐活动，涵盖红色经典、健康生活、科学普及、儿童阅读等内容。通过活动阅读推荐和教育引导，使全民阅读进一步普及基层、惠及群众、落到实处，使“倡导全民阅读、建设书香社会”见行动、获实效。

2021 年末领导班子成员名单

芦　瑜　党委书记、董事长

阿不都吾甫尔·阿不力孜　党委副书记、董事、总经理

吴卫东　党委委员、总会计师

李　明　党委委员、董事、副总经理

高雅丽　党委委员、纪委书记

2022 年末领导班子成员名单

邹士洪　党委书记、董事长

阿不都吾甫尔·阿不力孜　党委副书记、董事、总经理

李　明　党委委员、董事、副总经理

高雅丽　党委委员、纪委书记

西安市新华书店有限公司

年度概况

2021—2022 年，是西安市新华书店有限公司（以下简称“西安新华”）持续深化改革、积极探寻新的发展路径的质变年、突破年，也是产业布局成效显著的丰收年。在曲江新区、文化产业集团的坚强领导下，西安新华深入学习贯彻习近平总书记“疫情要防住、经济要稳住、发展要安全”的重要指示，按照“守正、革新、提质、做实”工作要求，围绕企业“不掉队、向前进、站前列”战略目标，跟随文化集团“十四五”发展规划，以建党百年为契机，紧扣文化融合发展脉搏，科学决策，确保各项经营工作平稳向前推进。

2021 年，为积极探寻新的发展模式，西安新华结合自身优势，整合内部资源，通过梳理业务结构、拓展新业务等手段，更加清晰地厘清企业发展思路，加速新业务布局，推进业务多元化发展，以企业内部自我造血的方式寻求新的增长点。2021 年，在受疫情反复影响的情况下，圆满地完成了集团下达的各项经济指标，实现营业收入 6.7 亿元，较上一年增长 5000 万元，增长 8.45%；利润 833 万元，较上一年增长 390 万元。

2022 年，为积极应对后疫情时代实体书店经营困境，顺应短视频电商高速增长的趋势，西安新华积极布局线上业务，强化数字赋能，全力打造线上平台矩阵。2022 年在实体书店经营整体下降的大环境下，西安新华经营呈现逆势平稳增长态势，全年实现销售收入 7 亿元，较上年同期增加 4000 万元，增长 5.7%；完成净利润指标 300 万元，较上年同期增长 46.6%，较好地完成了经济指标、利润指标任务，根据社会效益考核指标自评达到优秀标准，全面完成了双效指标。

荣誉奖项

2021 年 3 月，在中国书刊发行业协会主办的“新时代杯”2020 时代出版·中国书店年度致敬评选活动中，西安新华古旧书店荣获“2020 抗疫特别致敬”殊荣。

2021 年 7 月，在中国新华书店协会主办的庆祝建党百年全国新华书店主题出版物造型设计大赛上，西安新华代表队荣获二等奖。

2021 年 9 月，政协陕西省委员会办公厅为感谢西安新华对“委员活动日”的大力支持，特发感谢信，称赞在本次活动中新安新华展现了责任担当，传递社会正能量，为奋力谱写陕西高质量发展新篇章贡献了自己的力量。

2021 年 10 月，在中国新华书店协会指导、中国出版传媒商报社主办的“2020—2021 年度阅读空间榜样推选”活动中，曲江书城分公司荣获“标杆大书城”称号；钟楼书店荣获优秀基层店。

2021 年 11 月，在由中共陕西省委宣传部、中共陕西省委网信办指导，“学习强国”陕西学习平台、西部网主办，“学习强国”陕西各市级学习平台及部分主流媒体协办的“永远跟党走”陕西省短视频大赛中，西安新华作品《百年书店中国梦》荣获一等奖。

2022 年 4 月，在由中央宣传部印刷发行局指导、中国书刊发行业协会主办的首届“全民阅读大会·年度最美书店”发布会上，西安新华曲江书城荣获“年度最美书店”称号。

2022 年 4 月，西安新华在由《图书馆报》主办的 2021 年度全国优秀馆配商评选中，荣获“省级优秀馆配商”称号。

2022 年 11 月，西安新华荣获陕西省出版物发行协会颁发的“2022 年助力抗击疫情、确保课前到书行动中做出特别贡献的会员单位”称号。

组织人事

2021 年 1 月 23 日，西安新华决定成立沣东分公司和浐灞分公司，分别负责沣东地区和浐灞生态区的发行工作。

2021 年 2 月 12 日，西安新华调研员王世华到龄退休。

2021 年 3 月 11 日，经曲江文化集团党委研究同意，赵彦平为西安新华董事长人选，张赶为西安新华总经理、法定代表人人选，王宜懿不再担任西安新华董事长、法定代表人，赵彦平不再担任西安新华总经理，张赶不再担任西安新华常务副总经理。

2021 年 8 月 10 日，为进一步加强基层党组织建设，确保党建工作全覆盖，西安新华党委决定对部分党支部建制予以调整，成立 5 家联合党支部，分别是：曲江书城分公司、航天书城分公司联合党支部；雁塔分公司、高新分公司联合党支部；莲湖分公司、沣东分公司联合党支部；灞桥分公司、浐灞分公司联合党支部；瑞新公司、上林公司联合党支部。

2021 年 11 月 12 日，西安新华召开工会第六届第四次会议，差额选举赵震为工会主席、王静为工会副主席。

2021 年 12 月 8 日，西安新华召开党员代表大会，补选西安新华总经理助理张江为党委委员。

2022 年 1 月 30 日，西安新华总会计师卫建春到龄退休。

2022 年 2 月 19 日，西安新华党委决定对领导班子成员工作分工予以调整。同日，决定设立西安新华党委办公室、西安新华人力资源部，撤销西安新华人力资源部（党办）。

党建工作

2021 年，西安新华坚定不移地贯彻落实习近平新时代中国特色社会主义思想，坚持抓根本，树核心，全面加强党的建设，持续深化“不忘初心、牢记使命”主题教育成果；隆重开展了庆祝建党 100 周年系列活动，先后举办了“阅百年历程，传红色经典”红色主题书展、“为党的生日献份礼”图书捐赠活动、庆祝建党 100 周年主题出版物造型展示大赛、“党在我心中，实现百年梦”演讲比赛和“颂建党百年辉煌 承新华不渝初心”主题快闪活动，拍摄短视频《百年书店中国梦》，喜庆党的百年华诞。坚持党建引领，扎实开展“我为群众办实事”实践活动。坚持“党建 + 经营”，把党建工作的落脚点踏稳踏实到促经营、谋发展上；坚持抓基层，强基础，不断夯实发展根基，成立 5 个联合党支部，配齐配强党支部书记；新发展 11 名预备党员，6 名预备党员按期转正；发挥党组织战斗堡垒作用，领导干部带头垂范，广大党员勇当先锋，坚决做好疫情防控等急难险重工作。

2022 年，西安新华坚决把牢政治方向，把学习贯彻习近平总书记重要指示批示精神和党的二十大精神作为“第一议题”，在学深悟透习近平新时代中国特色社会主义思想方面持久发力，用党的创新理论武装头脑、指导实践、推动工作。坚持抓党建保经营，努力克服新冠疫情等不利因素影响，先进文化传播阵地得到巩固，保证了全市 120 万名中小学生“课前到书，人手一册”，发行《习近平谈治国理政》第四卷和党的二十大文件及辅导读物约 40 万册，举办各类文化活动 450 余场，圆满完成了年度经济指标；坚持抓党建促发展。持续推进体制机制改革，实施零售事业部专项改革，加强零售门店连锁机制和标准化建设。坚定推进子公司市场化改革；加快主业经营向数字化转型，先后开通新华书店抖音宣传平台、线上商城（小程序）、新华阅知党建图书平台，升级云馆配运营服务；坚持抓党建育人才。坚持和强化人才兴企战略，逐步推进挂职锻炼制度启动实施，一批综合表现突出的年轻干部和优秀人才得到晋升、调整；持续优化薪酬体系改革，多劳多得、优绩优酬的分配格局已基本形成。

教材发行

2021 年，在西安市店党委、总经理室的领导下，教材教辅事业部以市店“十四五”发展规划为指导，狠抓经营，拓展市场，以服务为先导，向管理要效益，不断细化分层级管理，紧紧扭住教材、教辅这条工作主线毫不放松，从管理和服务上入手，使工作在质量上和服务满意度上等方面得到了全方位提升。继续探索、开拓多元化、多业态经营模式，并以扩销增效为工作目标，深入推进教装项目等新业务整体工作进程，进一步加快教装项目成果的转化，加快效益形成。

2021 年 6 月 17 日，陕西省教育厅等四部门联合印发了《关于进一步加强全省中小学教辅材料管理使用工作的通知》，提出了“五限原则”，对中小学教辅发行进行了严格的规定。西安新华通过深入研究政策，调整经营思路，提高服务水平，不但有效扭转了教辅品种减少的颓势，并且在教辅品种上又有新的增加，同时，有效地抵消了教辅定价下调的压力。

2022 年，西安新华在教材教辅发行工作中，以渠道换渠道、以渠道换产品、以产品换渠道的延展性经营规划，深挖中小学教材教辅发行潜力，用最大努力实现扩销增效的目标，圆满完成了 2022 年西安市 135 万中小学生春、秋两季教材教辅征订发行工作，确保了“课前到书，人手一册”政治任务圆满完成。

门店建设

2021—2022 年，为持续倡导和推进全民阅读，增强西安市的城市文化发展软实力，西安新华以高度的责任感、使命感，持续推进书香之城建设，不断完善网点建设，积极开展多样化的文化惠民活动。

在完善网点建设方面：阅己书屋、西影书吧、大学南路小学书店等 3 家书店的筹建运营，成为完善城市文化生态的新亮点；航天书城、不夜城读书阁项目的建设，打造了新的书店模型，品牌影响力持续增强；提升改造钟楼书店，顺利完成原址回归，引发“钟楼书店回迁”等话题浪潮，受到了媒体和社会各界的广泛赞誉，被新华网、《陕西日报》、西安网、《西安晚报》等数十家权威媒体宣传报道，再一次擦亮新华底色。

在项目建设方面：西安新华积极助力“三河一山”绿道项目建设，完成绿道“奥体驿”等 3 个驿站筹建运营；顺利推进湖北荆州市城市文化地标荆州曲江书城项目落地。

在门店管理方面：深化零售事业部专项改革，搭建以营销、产品、渠道、服务四大体系为模型、精细化管理与标准化体系相结合的组织架构。围绕零售板块业务布局，成立业务中心及专业分公司，从多元化的复合经营、科技赋能的精细运营和线上线下相结合的运营思路切入，与市场发展紧密结合，打破以往各零售店自成体系而无统一化标准的情况，逐步实现零售板块的减亏、强化品牌管理。强化企业内控管理，营造用制度管权、按制度办事、靠制度用人的浓厚氛围。建立健全管理制度，完成公司经营管理、财务管理公司治理等方面 21 项规章制度的审议下发。完成对基层单位的调研 30 余次，深入基层了解企业管理中的问题，为各项内控管理制度的落实及科学决策提供支持，以规范化管理助力企业高质量发展。

融合创新

2021—2022 年，西安新华围绕“图书 +”战略核心，打造全域产业链。零售板块以打造集合“专业化主题书店”“综合性文化商业体”“多元电子商务平台”“咖啡餐饮”等多业态经营为导向，努力实现零售板块的逐步减亏；教材板块向新业务延伸，努力降低“双减”“五限”教辅发行政策给经营工作带来的不利影响。

西安新华线上销售渠道持续拓宽，实现直播带货、短视频带货从无到有的突破；以“西安市新华书店”抖音号为龙头的销售矩阵逐步建立，线上商城、新华阅知党建图书选购平台的建立进一步丰富了线上经营品类，读者黏性持续增强；线上高校教材选购平台的研发上线，增强了企业竞争力，为提高中标率、扩大市场占有率奠定了基础；搭建自有文化 IP，助力企业多元发展，自主研发的“新华 xian 咖啡（茶饮）”文化 IP 自创立以来，已入驻曲江书城、钟楼书店等多家门店，推动文化衍生产业创新融合；完成了新华 1937 酱香白酒及贵宾茶礼的新品研发上市工作。

网络运营

2021 年 3 月，西安新华自主开发线上零售平台“新华书店小程序购书平台”上线。

2022 年 4 月，西安新华建立“西安市新华书店”抖音号，并以此为基础，直播带货销售矩阵逐步建立。

2022 年 4 月 23 日，“新华阅知”党政图书服务平台上线，同名微信公众号同步建立。

2022 年 9 月，面向义务教育阶段用户的“中小学生服务平台”上线，创立了西安新华在教育服务领域新创举。

2022 年 12 月，面向大中专院校的“高校教材服务平台”上线，进一步完善了西安新华多赛道、多维度数字化转型的部署。

全民阅读

2021 年，西安新华在倡导全民阅读方面，以丰富多彩的文化活动为支点，持续激发广大市民的阅读兴趣，建立了书店与读者之间的良性互动。

3 月 23 日，曲江书城邀请陕西省社科院特聘研究员、著名收藏家、摄影家薛勇老师，为广大读者讲述 5000 张全家福的收藏故事。

4 月 10 日，茅盾文学奖作家陈彦携新作《喜剧》亮相曲江书城，为读者带来一场从文化看时代传承的经典之旅；四海书城分公司联合陕西省国际象棋协会，共同举办了“书香未央，弈动人生”国际象棋文化系列活动。

4 月 13 日，团购中心在西安科技大学开展庆祝建党 100 周年党史精品图书展销活动。

4 月 16 日，“庆百年 · 迎全运 书香满长安”2021 年曲江读书月暨曲江文化大讲堂启动仪式在曲江书城隆重启幕。

4 月 17 日，西北大学文学院教授刘炜评，鲁迅文学奖得主、《美文》杂志常务副主编穆涛受邀在曲江书城为广大读者分享国学经典、解读传统。

4 月 18 日，四海书城联合陕西省考古研究院共同举办“考古在春天”系列活动，和广大读者一起体味历史、解读文化。

5月6日，曲江书城举办“秦汉文化走进曲江书城”系列活动第二季，通过穿汉服、投壶等多种体验活动传播秦汉文化。

5月9日，为迎接母亲节的到来，北大街书店、图书大厦等多家分公司举办母爱主题文化分享活动，通过分享与母爱相关的图书，传递对母亲的爱与祝福。

5月13日，钟楼书店举办著名科学家吴季的最新科幻作品《月球峰会》读者见面会。

5月15日，图书大厦、北大街书店等单位联合举办“行阅西安”徒步公益换书活动，号召市民朋友积极参加公益活动，让市民充分领略书的魅力，体味阅读乐趣。

5月22日，“丝路大讲堂”第二期在曲江书城顺利开讲，陕西省民协副主席、西安非遗保护中心副主任王志老师现场解读丝路沿线的非遗历史。

6月1日，为庆祝第71个国际儿童节的到来，曲江书城、新华里、四海书城等单位联袂开展丰富多彩的文化活动，与小朋友们一起分享阅读之美。

6月5日，四海书城邀请当当网实力作家兼亲子达人贝妈，举办《如何成为智慧懂爱高效能父母》线下亲子读书交流分享会。

6月13日，新华里举办“妈妈知道怎么办”育儿分享活动。

6月14日，曲江书城特邀国家一级作家、陕西省文联副主席、陕西省作家协会副主席高建群开展“旗帜的使命是飘扬”文化分享活动。

7月18日，西安新华零售事业部主办的“童心筑梦畅享科学”科技节活动在航天书城圆满举办，科技节以“科学、不止万能”“机器人大作战”等科普活动为主题，挖掘孩子们的科学探究能力，培养良好的阅读习惯；同日，曲江书城邀请国家图书馆副研究员赵爱学老师，为市民读者带来一场甲骨文公开课，深入解读汉字文化的历史渊源。

9月10日，西安新华举办“长安·理想之城”系列文化活动。本次活动以“书香萦绕满长安”“相邀明月梦长安”“举国欢庆夜长安”三大篇章为主线，围绕“理想之城，文化盛会”“文化之约，感受历史”“盛世长安，书香之城”三大主题，联动11家零售门店，通过多样化主题文化活动，让读者走近文化名人，参与文化共享，品鉴传统文化，体味历史足迹。

9月11日，钟楼书店特邀陕西省文联副主席、中国西部文艺研究会会长、著名文化学者、书法家肖云儒先生举办签售活动，现场为市民读者讲述丝路故事，畅谈西部文学。

9月19日，曲江书城举办“注木中秋”为主题的明清月饼模具展，节日期间，分别在曲江书城、钟楼书店、图书大厦、大唐不夜城读书阁、四海书城、航天书城等6家单位进行“秋韵唐音”主题的民乐巡演，中国著名月琴演奏家王铁牛老师受邀参加本次活动。

10月9日，西安新华首届“云馆配”图书展示会盛大开幕，共有570余家出版单位携10余万种新版图书、30余万种在库图书参展。本次展会涵盖了高校、中小学、企事业单位图书馆及公共图书馆的馆配业务，是西安新华线上平台拓展的一次全新尝试。

12月4日，曲江书城联合西安曲江康桥学校开展流动图书进校园活动。

12月5日，钟楼书店举办幼儿亲子关系知识讲座，现场邀请中国青少年研究中心认证家庭指导教师为读者讲述低幼段孩子的亲子沟通方法；同日，读书阁举办永生花亲子互动体验活动，花艺老师现场教授永生花的搭配技巧及造型方法，让孩子们在实践中感受艺术的独特魅力。

12月，高新分公司、浐东分公司分别组织开展流动图书进校园活动，践行新华书店为教育服务、为教学服务宗旨。

2022年，西安新华以各类大型主题文化活动为支点，积极举办文化沙龙、签售分享、文化展览等各类文化活动。在积极落实疫情防控要求的前提下，以文化惠民、文化利民的大动作持续提升新华书店品牌影响力。

1月30日起，曲江书城张灯结彩，打造新年“祈愿墙”，让更多读者及游客感受西安古城深厚的文化底蕴。

2月15日，图书大厦举办了“浓情过元宵，温馨度佳节——有奖猜灯谜”主题元宵节活动。

3月18日，图书大厦邀请乐乐趣儿童阅读推广专业讲师在抖音直播海洋生物科普知识讲座。

3月25日、29日，浐东分公司分别前往西安浐东中加学校、浐东第一小学、浐东第一初级中学举办“书香幽幽寄真情 新华情谊暖校园”主题捐赠活动。

3月，曲江书城以“春意盎然”为主题，举办为期一个月的文创市集活动。

4月9日，曲江书城联合西安市铁一中学，开展“阅悦长安向未来，喜迎党的二十大”活动。

4月13日起，图书大厦、曲江书城、钟楼书店、新华里、团购中心等单位先后举办流动售书进社区、进校园活动，蓝田、周至、鄠邑、临潼、高陵、阎良、长安分公司在属地有序开展流动售书活动。

4月23日，以“阅悦长安向未来·喜迎党的二十大”为主题的2022年曲江读书月暨曲江文化大讲堂启动仪式在曲江书城拉开序幕。

5月8日，四海书城举办“书香润童年·阅读伴成长——在心中播下一颗种子”主题分享会，邀请“丰子恺童书奖”得主黄丽老师现场分享童书阅读的方法。

6月9—10日，西安新华主办的2022年教材巡展在西安建筑科技大学（草堂校区）顺利开幕。

6月12日，图书大厦邀请全国著名高考志愿填报专家薛梅老师举办高考志愿填报公益讲座。

6月25日，第四届丝路朗诵大赛西安分赛区复赛在新华读书阁成功举办。

7月17日，读书阁举办“承载星星的乐谱”音乐会，为市民读者带来丰富的文化阅读体验。

7月29日，曲江书城开展关心关爱未成年人亲子读书会，让家长学会做孩子的朋友，和孩子一起成长。

8月13日，曲江书城举办《光明领导者》作者分享暨签售会。

9月4日，曲江书城举办“秋日读书日”线下读书会活动，作家卞寿堂先生亲临现场，与读者分享了《走进白鹿原》创作历程。

9月7日，“新加坡国际钢琴比赛陕西赛区发布会”在曲江书城正式开幕。

10月2—7日，新华读书阁举办“我和我的祖国”钢琴音乐会。现场演奏多首爱国乐曲，通过旋律传承爱国情怀，表达对祖国生日的美好祝福。

10月10日，高新分公司举办“喜迎二十大 书香润校园”读书活动。

11月13日，四海书城举办《婷婷姐姐讲故事》红色主题儿童绘本线下阅读分享会。

11月17日，浐东分公司在西安浐东第三小学开展《线绳串接竹节兵》劳动公开课。

内控管理

2021年，西安新华积极巩固改制成果，健全体制机制，企业管理更加规范，决策更加科学，企业在人事、业务、财务、信息化建设发展等方面进一步系统化和完善化，组织架构的整体性与协同性进一步增强。

一是完成了《西安市新华书店有限公司“十四五”发展战略规划》的编制；起草并完善了《人员异动管理制度》《新员工试用期满考核办法》《审计管理办法》《西安市新华书店有限公司薪酬管理体系》《机关及事业部中层岗位薪酬套算办法》等20余项管理制度。二是助力企业发展，强化内控管理。全年总计开展内控检查及摸底调研30余次，厘清工作程序，理清业务流程，有效解决了部分账款手续不健全问题，收回欠款1656万元。三是信息化建设水平不断深入。打破连锁门店单一商品售卖局限，实现了以“图书+商业+会员+财务”一体化信息系统建设。继续加强无纸化办公进程，推行HER人力资源管理系统，实现人员信息、薪酬信息的规范化。四是优化调整财务架构设置，建立“机关总部+分公司”财务共享管理模式，加强集团化的管控力度，为实现人力资源、数据资源、信息资源的共享奠定了基础。五是完成物业公司体制机制改革，完善管理体系，坐稳阵地，逐步扩大经营范围，完成从内部项目管理经营向市场化项目服务的转型。

2022年，西安新华持续推进体制机制改革，激活企业内在动能。一是深化零售事业部专项改革，推进深改工作纵深发展，搭建以营销、产品、渠道、服务四大体系为模型、精细化管理与标准化体系相结合的组织架构。围绕零售板块业务布局，成立业务中心及专业分公司，从多元化的复合经营、科技赋能的精细运营和线上线下相结合的运营思路切入，与市场发展紧密结合，打破以往各零售店自成体系而无统一化标准的情况，逐步实现零售板块的减亏、强化品牌管理。二是完善健全管理制度，强化企业内控管理，营造用制度管权、按制度办事、靠制度用人的浓厚氛围。建立健全管理制度，完成公司经营管理、财务管理、公司治理等方面21项规章制度的审议下发。完成对基层单位的调研30余次，深入基层了解企业管理中的问题，为各项内控管理制度的落实及科学决策提供支持，以规范化管理助力企业高质量发展。三是完善企业人才梯队建设，坚定人才兴企战略。通过挂职锻炼、员工培训等方式为干部职工提供更加广阔的施展平台，从实践中多维度提升员工的综合能力，实现"一岗多能"人才培养目标，为企业提质增效储备人才。四是持续优化薪酬体系，焕发企业发展活力。把工资总额的内部分配权交给各基层单位，由基层单位以业绩为导向，根据岗位职责和绩效贡献自主确定不同岗位人员工资，增强企业人才的薪酬竞争机制，实现多劳多得、优绩优酬的分配原则，全面焕发企业发展活力。

人才培养

2021年12月，由曲江文化产业集团工会主办、西安市新华书店有限公司工会承办的"2021年出版发行板块职业技能竞赛"成功举行，西安市新华书店、西安出版社等出版发行单位参加。受新冠疫情影响，为了能够顺利完成此次职业技能竞赛，同时减少人员聚集，经组委会多次商议，本次竞赛多措并举，采取线下线上联合比赛的形式开展，这一举措突破了竞赛空间的约束，借助互联网和数字技术，使赛事的观赏性、互动性进一步增强，丰富了职业技能赛事的内容和形式，这是一次比赛模式上的创新，也是多样化比赛的一次探索。

2022年，为弘扬劳模精神和工匠精神，发挥职业技能竞赛在技能人才培养、选拔和激励方面的促进作用，建设行业知识型、技能型、创新型劳动者大军，助力出版发行板块高质量发展，12月8日，由曲江文化产业集团工会委员会主办、西安市新华书店有限公司工会承办的“2022年出版发行板块职业技能竞赛”成功举行，西安市新华书店有限公司各分子公司纷纷派出精兵强将参加。受新冠疫情影响，本次竞赛沿用线下线上联合比赛的形式开展，同时首次增加咖啡拉花、主题陈列项目，使赛事的观赏性、互动性进一步增强，丰富了职业技能赛事的内容和形式。

物流配送

教材是学校教育教学的基本依据，是“立德树人”的重要载体。在春、秋两季开学前将教材送至所有中小学校，是西安市新华书店每年承担的一项重要政治任务。2021年、2022年，由于受教材改版和新冠疫情等因素的影响，西安新华的中小学教材配发工作遇到了前所未有的困难。在时间紧、任务重、交通运输受到限制等不利情况下，西安新华强化管理，强化统筹，科学部署，各分公司干部员工发扬新华人敢于担当、敢于啃硬骨头的敬业精神，坚守岗位，尽职尽责，加班加点，争分夺秒，不断挑战体能极限、时间极限和天气极限，用优质高效的工作，为“课前到书，人手一册”政治任务画上了圆满的句号。

社会责任

2021年9月3日，一场暴雨突袭蓝田县部分地区，房屋、道路、通信损毁惨重，给人民群众的正常生活带来严重困扰和影响。西安新华第一时间关注受灾群众的相关情况，以国有企业的社会责任和担当助力抗汛救灾。为保障受灾地区中小学生正常的学习生活，西安新华党委、总经理室紧急部署，委托蓝田分公司及时为灾区学生送去温暖，向受灾严重的灞源镇、蓝桥镇、九间房镇学生捐赠防近视作业簿1.2万余册，为抗汛救灾贡献企业的一份力量。

自 2021 年 12 月 23 日来，为全力打赢疫情防控阻击战，切实保障人民群众生命安全，西安新华坚持党建引领，党员干部纷纷在第一时间递交“请战书”，用实际行动践行初心和使命。危急时刻，他们不计得失，在疫情防控一线勇挑重担，冲锋在前，彰显了新华精神。

2021 年 12 月 26 日，是 2022 年全国硕士研究生招生考试的日子，虽然西安市疫情防控形势严峻，但为了保障包抓社区的考生们顺利赴考，西安新华的党员干部积极应对，按照疫情防控要求，认真核查考生 48 小时内两次核酸证明，避免因健康码异常导致考生无法参加考试。考虑到有些考生雪天出行不便，特派专车送考生去考场，实现点对点精准服务。

2022 年 1—11 月，西安新华积极组织员工投入到当地防疫工作中，参与包抓小区封城管控、核酸检测、物资配送、到户摸排、流调等工作的人员 300 余人，累计支援疫情防控工作 7500 余人次。

2021 年末领导班子成员名单

王宣懿　党委书记
赵彦平　党委副书记、董事长
张　赶　党委副书记、总经理
卫建春　党委委员、总会计师
马山民　党委委员、副总经理
王喜才　党委委员、纪委书记
张　彬　党委委员、副总经理
曾满园　党委委员、副总经理
张　江　党委委员、总经理助理

2022 年末领导班子成员名单

王宣懿　党委书记

赵彦平　党委副书记、董事长

张　赶　党委副书记、总经理

马山民　党委委员、副总经理

王喜才　党委委员、纪委书记

张　彬　党委委员、副总经理

曾满园　党委委员、副总经理

张　江　党委委员、总经理助理

赵　震　工会主席、零售事业部经理

银川市新华书店有限公司

年度概况

2021年，银川市新华书店有限公司（以下简称“公司”）以习近平新时代中国特色社会主义思想、党的十九大和十九届二中、三中、四中、五中、六中全会精神为指引，以“推进党的建设与生产经营深度融合发展”为主线，全面贯彻落实银川市委、市国资委的决策部署，以高质量党建赋能业务高质量发展，扎实开展党史学习教育，狠抓中心组理论学习，制定学习计划，签订目标责任书，确保理论学习不走过场。对照新时代高质量党建要求，调动一切有利资源，动员一切可靠力量，推动各党支部将党建工作与业务发展、经营目标、安全管理、人才培训等主要生产任务同计划、同部署、同落实、同检查、同考核。立足出版发行主责主业，持续开展“红色图书进军营”“百年党史弥久新，红色记忆永流传”等系列读书活动，深化“书香宁夏”“书香银川”全民阅读品牌建设。这一年来，公司勇迎挑战，克服困难，发行主业稳中有升，多元业态拓展有力，社会效益成果显著，重点政治读物发行成绩优异，“课前到书，人手一册”政治任务高效完成，销售业绩依旧喜人，达到10840.08万元，利润亏损691.52万元。

2022年，公司坚持以习近平新时代中国特色社会主义思想为指导，全面贯彻落实党的二十大精神，以“大学习、大讨论、大宣传、大实践”活动，深入贯彻落实习近平总书记来宁夏视察重要讲话和重要指示批示精神，围绕自治区第十三次党代会和银川市第十五次党代会部署，全力攻坚国企改革三年行动任务，积极参与打赢疫情防控的人民战争、总体战、阻击战，统筹疫情防控与生产经营，优化资源配置。坚持服务生产经营不偏离，把提高企业效益、增强企业竞争实力、实现国有资产保值增值作为书店工作的出发点和落脚点，把坚持党的领导、加强党的建设贯穿于生产经营和改革发展全过程、各方面，按照“党建统领、改革统揽、创新驱动、提质增效、转型升级”工作思路，全面抓思想教育、抓党员队伍、抓阵地建设、抓政治生活、抓基础保障，促进安全生产、改革创新、转型升级、作风转变，推动党建工作与治理体系、生产经营、重点任务深度融合，以高质量党建引领保障企业高质量发展。公司党委充分发挥把方向、管大局、保落实的作用，顶住市场压力，突出问题导向，积极争取并用足用好各类优惠政策，围绕公司战略发展目标，融贯“线上＋线下”运营渠道，在新业态融合发展领域挖掘销售增长点，寻求发展空间，培植发展后劲。一年来，公司市场文化供给能力持续增强，品牌建设取得新成效，“文化惠民·四送六进”社会效益、经济效益显著提升，主业融合发展迈上新台阶，品牌竞争力、影响力大幅提高，销售自 2019 年以来，连续 4 年稳定在亿元以上。2022 年，实现销售 12301.05 万元，同比增长 1460.97 万元，利润亏损 459.58 万元，实现减亏 231.94 万元，减亏率在 30% 以上。

领导关怀

2021 年 8 月 11 日，银川市副市长陈康仁、市国资委主任马建国等一行到公司考察调研。

2022 年 4 月 9 日，银川市国资委主任邵中宏等一行到公司调研疫情防控、企业复工复产情况。

2022 年 9 月 16 日，银川市国资委副主任陆萍等一行到公司进行调研。

荣誉奖项

2021年7月，在中国新华书店协会主办的庆祝建党100周年主题出版物造型设计大赛中，银川市新华书店有限公司图书出版物造型《红船再出发》荣获三等奖，公司荣获组织奖。

2021年12月，银川市新华书店有限公司银川书城、书香苑、品读时光·阅彩城店、品读时光·西夏店荣获中共银川市委宣传部、银川市新闻出版局颁发的“银川市实体书店最美阅读空间”称号。

2022年8月，中共中央宣传部办公厅印发《关于表扬2021年度新闻出版统计工作单位、个人的通知》，银川市新华书店有限公司因统计工作成绩突出，被中央宣传部办公厅通报表扬。

2022年10月，银川市新华书店有限公司被华文出版社有限公司授予“优秀发行商”称号。

2022年12月，银川市新华书店有限公司被银川市爱国卫生运动委员会授予“健康企业”称号。

2022年12月，银川市新华书店有限公司被中国法制出版社有限公司评为“2022年度优秀经销商”。

2022年，银川市新华书店有限公司被中南博集天卷文化传媒有限公司授予“最佳合作伙伴”称号。

2022年，银川市新华书店有限公司被中国国际广播出版社有限公司授予“2022年度优秀经销商”称号。

2022年，银川市新华书店有限公司被银川市国家税务局认定为AAA级纳税企业，已连续10年以上被认定为AAA级纳税企业。

组织人事

2021年5月，银川市新华书店有限公司党委委员、副总经理于敏燕退休。

2021年11月14日，中国共产党银川市委员会任命程伟为银川市新华书店有限公司党委书记、总经理。

2021年11月14日，银川市新华书店有限公司党委书记、总经理许海雁调离公司到银川通联资本投资运营有限公司任职。

2022年4月18日，中国共产党银川市委员会任命彭安民为银川市新华书店有限公司党委副书记、纪委书记。

2022年6月，银川市新华书店有限公司党委委员、工会主席刘丽智退休。

党建工作

2021年，公司党委以习近平新时代中国特色社会主义思想为指导，认真贯彻新时代党的建设总要求，创新思路谋突破，丰富载体上水平、狠抓落实求实效，有效促进党的建设与生产经营深度融合，以党建水平推动企业高质量发展。一是提高政治站位，压实管党治党责任。公司党委始终贯彻落实加强党的政治建设部署要求，通过理论学习中心组学习、支部集中学习、例会等学习载体，及时学习传达中央、区委、市委和市国资委最新指示精神，紧紧围绕大局、把准方向研究部署和指导推进工作。二是抓实学习教育，铸牢思想之魂。坚持以上率下，把党史学习教育作为一项重大政治任务，成立7个读书班，开展专题辅导4期，专题研讨5次，讲专题党课9场次，外报专题简讯45期，实地观摩培训学习6批次。三是坚持从严管党治党，严守风险防控红线。组织90余名党员和入党积极分子分2个批次开展实地廉政观摩学习；加强对党建工作的谋划，与7个党支部签订了《党建精神文明建设目标责任书》和《党风廉政建设目标责任书》；坚持依法治企，组织23名管理人员参加民法典合同编写及担保新规专项法律知识培训；聚焦巡察整改反馈的问题和提出的要求，通过召开专题民主生活会，梳理意见、建议28条。四是坚持企业文化铸魂，筑牢意识形态底线。坚守主责主业，充分发挥意识形态主力军作用，以专题展台、展架、海报等多种载体，广泛宣传中国共产党成立100年来的辉煌成就；多形式庆祝建党100周年，组织开展六盘山红色教育培训2批次，图书技能比赛1次，“我和新华书店的故事”演讲比赛1次，举办红色经典诵读、唱红歌2场次，参加文艺汇演经典诵读比赛2场次；强化线上宣传，正确引导职工思想言论，发布公众号图书荐读、简讯150余篇；积极践行国企责任，走访慰问退休党员、生活困难党员2批次。这一年来，公司整体党建工作水平稳步提升，党建和生产经营工作相得益彰。

2022年，公司全面贯彻落实党的二十大精神，围绕举旗帜、聚民心、育新人、兴文化、展形象的使命任务，自信自强、守正创新，立足发行业主阵地，以国企改革为契机，强化红色引擎作用，以体制机制改革和创新为驱动，取得党建高质量发展效果。一是突出政治学习教育，为公司高质量发展提供有力指导。开展专题学习20余次，形成研讨稿150余篇，研学市国资制度办法20余项，始终将党的政治建设摆在首要位置，把讲政治的要求贯穿到经营管理全过程。二是遵守“三重一大”议事规则，召开党委会39次，严格落实“三会一课”、主题党日、组织生活会等党内政治制度，开展党课辅导共计30余次，发展党员3名。三是发挥支部战斗堡垒作用，整合党支部1个，成立委员会1个，增补支部委员7人。四是积极宣传推广惠民售书、文明城市创建、疫情防控阻击战等，全方位、多角度展现新华书店干事创业实时动态，凝心聚力提升企业软实力，促进企业发展。共发布企业动态96次、文章260余篇。五是充分发挥精神文明窗口和党的思想文化宣传主渠道、主阵地作用，开展“文化惠民·四送六进”、“银川书香·书香银川”全民阅读、“传承红色基因”主题诵读、“党建引领聚合力·先锋引领亮初心”等系列“喜迎党的二十大 同心奋进新征程”活动。六是开展党组织联建帮扶，为社区捐赠图书200余册，向社区困难群众送去慰问品和慰问金1万余元。

教材发行

2021年，面对严峻的市场环境和实体书店零售份额逐渐下降的现状，公司大力拓展教材、教辅市场。积极转变工作思路，加强和上游供货商的合作，突出需求导向，丰富教辅品种，综合ERP数据，加强春、秋两季教辅图书的进销存数据分析，精选门市供货品种，合理控制库存，做到银川市教辅市场的精准服务。及时跟进宁夏大中专教材、馆配市场的招标信息，加强对目标客户的追踪，做到部门联动，以协同合作的形式提高市场竞争实力，成功取得宁夏16所大中专院校教材和3家馆配图书供货资格。为全年销售任务的圆满完成夯实了基础。全年发行大中专教材教辅470余万册。

2022年，公司坚持把社会效益放在首位，牢牢把握正确导向，充分发挥文化企业示范引领和表率带动作用，始终将服务教育作为中心工作任务，助推书香校园建设，推动社会主义核心价值观进校园、进课堂、进头脑，保障“课前到书，人手一册”政治任务高效完成。搭建“校企服务”平台，邀请区内名家、宁夏大学教授走进校园开展传统文化讲座，增强与客户之间的黏度。通过成立市场部，架起沟通教材、上游供货商、院校之间的信息桥梁，实现教材和馆配市场服务专业化。充分利用政策优势，丰富评议教辅和辅助教辅的种类，为学校教师和家长提供更大的选择空间。全年完成银川市三区181所中小学、全区15所大中专院校582.6万册教材发行工作，发行思政类教材4.1万册，销售辅助教辅23.16万册，实现馆配图书供货12余万册，实现了稳中有升的既定目标，坚守了中小学教科书“课前到书，人手一册”的服务承诺。

门店建设

2021年，公司面对日益激烈的市场竞争，立足建设美丽新银川战略目标，提升银川市文化软实力的具体要求，加快服务创新，突出服务特色，推行优质服务，不断完善网点建设。紧贴优质客户群体，依托自身优势，不断完善公司子品牌——“品读时光”建设，提高无形资产价值，拓展“图书+”的多元业态，打破传统书店格局，全新打造集“书店+咖啡吧+文化交流空间+休闲区+文化沙龙活动”等多元化组合的精品概念书店，切切实实为市民创造优越的读书氛围和空间，全方位呈现一种全新的阅读体验。选择建发阅彩城、新华百货等商业综合体，开设了品读时光·阅彩城店和品读时光·西夏店，与影院等文化场所一起成为商业综合体的组成业态，更好、更便利地满足市民文化消费需求。

2022年，公司秉承“为好书找读者，为读者找好书”的宗旨，致力于为读者提供更贴心、更有温度的服务。聚焦自治区第十三次党代会提出的新目标、新举措，主动融入城市发展体系，发挥文化粮仓地标性作用，突出为读者营造优质阅读场景和氛围的目标，着力改善大型综合门店银川书城的店堂环境，调整空间布局，增设沉浸式阅读空间，开辟亲子共读服务区域，打造多业态“文化驿站”。突出以书为媒介、以文化活动为载体的工作导向，升级集图书、咖啡、文创、文化交流、线上线下互动体验于一体的书店3家；以“围绕中心 服务大局”为核心理念，以“主题出版物首发地”为书店定位，积极进行“学习强国”线下体验空间建设，完成3家门店入驻，旨在满足银川市区域范围内各级基层党组织开展主题党日、文明实践、党群服务、阅读分享、接受教育和培训的基地，为基层党组织开展活动提供场地保障。

融合创新

2021年，公司坚持市场需求导向，大力拓展教育装备市场，集中力量对重点项目作出部署和跟进，稳步扩大教育市场份额。进一步以服务教育为切入点，依托教育书店客户资源，聚起和新华新文化实业有限公司的合力，积极推行“文化+教育”。通过走访多家院校，了解教育需求，为学校提供电子教育设备、定制书架等，全力服务各界读者，满足多元化的文化需求，为积极争取教材发行资格奠定了良好的基础。

2022年，公司深入贯彻落实习近平总书记指出的“要提倡多读书，建设书香社会”和“要牢牢把握正确导向，在坚守主业基础上推动经营多元化，努力实现社会效益和经济效益双丰收”的重要指示精神，树立“立足出版发行主业阵地，转型文化消费体验服务，换挡升级线上线下提质，守正创新多元融合发展”的战略目标，紧贴市场发展动向和群众文化需求，新成立了主题书店、市场部、运营发展中心，完善“品读时光”子品牌建设，提升团购市场拓展优势，融贯线上线下双渠道发展。大力推行“文化+文创”“文化+教育”“文化+培训”“文化+生活”等新的商业模式，引进文创产品1000

余种，构建新型阅读空间 3 家，大胆实践“文化 +”的运营模式，把实体书店打造成公共服务的提供者。

网络运营

2021 年，公司在全力做好主营业务的同时，充分利用互联网和现代移动技术，加快推进建设公司微信公众号，进一步拓宽了网络宣传渠道，开辟了公司新的网络营销模式，各门店立足资源优势，建立多个微信读者群，通过社群互动等方式，打造私域流量。通过丰富线上微书城图书陈列品种，推出党建类、文学畅销等图书榜单，为团购和零售客户提供了“线上 + 线下”的服务工作，形成线上线下深度融合的立体场景营销新模式。

2022 年，公司以数字赋能经营发展，倾力拓宽线上服务渠道，培植发展优势。为深化转型发展，增强市场营销的实力，紧跟时代发展步伐，开通抖音蓝 V 号、小红书账号、快手号、视频号，通过发布主题阅读和畅销书单以及传统文化知识普及等视频，扩大品牌效应，加强与读者之间的互动。在重要时间节点，举办线上公益文化讲座直播活动 18 场次，观看人数累计 20 万人次以上，涵盖老、中、青三个阅读群体。立足客户资源，推出电子会员制度，以线上办理电子购书卡、会员卡保障会员权益，构建了多终端、多形式的文化服务体系，有效实现了线上线下的协调与统一，满足了广大读者的多元化需求。

全民阅读

2021 年，公司始终坚定文化自信，传承红色基因，以“促进全民阅读，建设书香社会”为使命担当，传播先进思想、弘扬中华优秀传统文化、革命文化和社会主义先进文化，为城市文明进步供给了高质量文化产品。一是坚定不移地把政治理论读物发行工作作为第一要务和使命所在，积极做好重点图书的宣传、推广、征订工作，及时把党和国家重要文件文献送到党员干部和群众手中。特别是《习近平新时代中国特色社会主义思想学习问答》《中共中央关于党的百年奋斗重大成就和历史经验的决议》《中国共产党简史》

《论中国共产党历史》等重点文献设立专区，集中展示展销，实现销售码洋964万元。二是持续助力“书香宁夏”“书香银川”全民阅读活动建设。充分发挥门店阅读资源优势，组织开展“书香银川·银川书香”全民阅读活动60余场，邀请区内外知名作家与读者面对面交流，举办读书沙龙等。三是在疫情防控形势持续稳定的情况下，重点开展“文化进乡村”“迎新春文化下乡”活动15次，开展文化“七进”活动14次，扩大文化覆盖面，促进全民阅读的深入开展。四是在“4·23世界读书日”开展“书香浸润心灵 阅读丰盈人生”推广系列活动，通过亲子活动、主题活动、读者见面会、读书沙龙等形式推广全民阅读。发挥新华书店优势，融合线上线下各个渠道，与不同的企事业单位、学校、协会、社团等联手举办多种形式的阅读活动。

2022年，公司聚焦主责主业，坚持创新转型和业态融合发展，紧跟新时代实体书店发展要求，加快构建以用户体验为导向的线上线下多元文化服务平台，推进全民阅读走深走实。一是充分发挥新华书店作为党政读物发行主渠道、主阵地作用，紧紧围绕学习宣传贯彻党的二十大精神主题，组织线下7家门店同时举办“喜迎党的二十大 同心奋进新征程”主题活动。在门店显著位置设置展台、展架，集中展陈党的二十大报告单行本、《党的二十大报告学习辅导百问》、《党的二十大报告辅导读本》、《习近平谈治国理政》第四卷等主题出版物，保障广大党员干部群众的购书需要。二是积极拓展党建书房矩阵建设，先后为银川市北塔中学、银川高级中学等20家企事业单位提供订单式服务，助力红色书屋建设。三是联合宁夏作家协会举办“大家谈文学公益系列讲座”16期，先后邀请宁夏作家协会副主席金瓯、宁夏大学人文学院教授王琳琳等20余位文化名家与读者分享读书心得，解读中国传统文化，每期活动线上线下参与量近万人。四是联合银川市文学艺术联合会共同启动“第五届阅读之星”活动，先后累计培养了上百名优秀的“阅读之星”。五是以“点亮一盏灯 照亮读书路”为主题，邀请宁夏本土知名作家唐荣尧、郭文斌等19位文化名人录制图书荐读视频19期，引领读者阅读好书佳作。六是在“4·23世界读书日”来临之际，拍摄主题宣传片，深刻诠释银川市新华书店一直以来致力于银川市文化建设，主动承担“政治读物发行主渠道、教育服务主要承担者、全民阅读主要推广人、地方文化建设主要标识物”的重要任务。七是以“世界读书日 阅读不止一天”为主题，开展新思想、红色文化、手工制作、文化讲座等主题活动，线上线下同步开展购书八五折优惠惠民活动，共计开展阅读活动 11 场，实现图书销售同比增长 10% 以上，活动覆盖人群超 2 万人次。八是以银川书城、书香苑、品读时光·阅彩城店等新华子品牌精品书店为抓手，先后组织开展“阅读辞旧岁 书香迎新年”“逛书店 猜灯谜 新春书香常相伴”“玫瑰书香·香气女人”“唐装文化”“心手相传 献爱母亲”“小小图书管理员”“绘本故事亲子共读”等 30 余场主题全民阅读活动，以实际行动将各门店打造成为更有温度、更有社会影响力的公益活动基地。

内控管理

2021 年，公司积极完善企业管理体系，加强各项协议的合规性审核，每项制度和合同协议都经过办公室和法务的专业审核，确保经营管理的合规合法性。加强内控制度的执行效果，充分发挥内部审计监督作用，将内控制度执行情况的检查与内部审计工作相结合，提升内控制度执行力。积极开展内部控制风险排查，根据部门及子公司业务流程，检查实际执行与内控制度是否一致、经营管理风险点是否得到有效控制、内控制度是否存在不完善的方面等，通过内控检查排查工作，稳步推进内控体系建设，进一步提高了公司内部控制的有效性，增强抵御各种风险的能力。

2022 年，公司不断优化完善法人治理结构、管控模式及各部门职能发挥，提升经营管理效能。根据业务板块，成立市场部集中拓展大中专教材和馆配市场，成立主题书店不断增强“品读时光”品牌效应，成立运营发展中心培植线上发展优势。公司内设党群工作部、纪检监察室、财务部、办公室、人力资源部 5 个职能部门，根据发展需求，在党群工作部新增企业文化宣传职能，办公室下设文档信息中心；5 个职能部门根据分工全面加强风险管理与控制，提升公司总体管理水平。始终高度重视内控制度体系建设，多次召开党委会、总经理办公会和专题会议进行研究，先后修订或新制定了

“三重一大”事项决策办法、“一把手”及领导班子成员监督管理办法、领导审批管理办法、经营目标管理办法、生产经营目标考核办法等10余项规范性文件，基本形成了完善的内部控制体系。同时，在深化用人制度改革的基础上，进一步深化薪酬分配制度改革，完善企业内部分配办法，以重点任务考核、绩效考核等多种措施，真正实现干部能上能下、员工能进能出、收入能增能减，进一步破解能下的难题，打通能出的通道。

人才培养

2021年，公司紧紧围绕生产经营和业务发展，重点加强管理、专业技术、技能人才三支队伍建设，以优化人才机制、文化建设为手段，形成一套适合公司发展的人力资源管理体系。积极营造各类人才各尽所能的良好局面，通过开展演讲、图书推荐、图书码堆造型、售书连续作业等多种比赛，激发各岗位职工的感恩情结和工作热情，真正做到人尽其才。加强后备队伍建设，重视青年职工的教育培养，坚持给任务、压担子，锤炼其扎实的工作作风，在生产一线和关键岗位上增加人才配备，建立以业绩为核心，以德、智、能为基本素质的人才评价指标体系，确保人才评价的客观公正。

2022年，公司进一步加强人力资源统筹管理，全面加强职工队伍建设。完善人才选拔任用机制，按照“公开、平等、竞争、择优”的原则，大力推行公开选拔、竞争上岗机制，公开选拔中层管理人员4名，关键岗位人员5名。牢固树立“人人都是人才，人人都能成为有用之人”和“我为企业改革发展出力，企业为我搭建实现价值的平台”的工作理念，形成鼓励人才干事业、支持人才干事业、帮助人才干好事业的优良环境，通过开展团队建设、业务培训等活动，拓展工作舞台，增强工作保障，激发创新活力，积极创造各种人才相互交流和学习提高的机会。充分发挥企业文化的引领作用，加强广大职工的思想道德建设，培养他们的责任感、使命感和荣誉感，大力宣传劳动模范、优秀人才和先进典型事迹，形成爱岗敬业光荣、淡泊名利可贵、乐于奉献崇高的良好风尚。

物流配送

2021年，受新冠疫情影响，公司的教材和一般图书配送工作遇到新的挑战和困难。为确保“课前到书，人手一册”政治任务的高效完成，公司全体职工勇于担当，按照教材发行预案，严格把控教材收货、配送、发行等工作流程，按照片区划分、包干到校等责任落实，全力做好教材服务保障工作。库房工作人员在做好自身健康监测的前提下，及时对工作场地进行每日通风、消毒，为一般图书的正常零售提供安全保证。

2022年，公司对物流配送中心进行改革，优化配送功能。通过内部签订合同，全力承担大中专教材收货、配送、发行、退货工作，实行按量考核制度，优化绩效分配，进一步提升了物流配送能力，同时，节省了人力和大量的配送费用。

社会责任

2021年，公司深入学习宣传贯彻习近平生态文明思想，全面贯彻落实习近平总书记在黄河流域生态保护和高质量发展座谈会上的讲话和视察宁夏时的重要讲话精神，将垃圾分类新风尚和植树造林好传统结合起来，积极开展环境宣传公益活动，为推进黄河流域生态保护和高质量发展先行区建设贡献了力量。公司积极承担国有文化企业责任，主动参与社会公益活动，先后为社区困难群众、孤寡老人送去慰问品和慰问金3600元，向希望工程捐款3000元，向困难职工家属爱心捐赠8.32万元，全年推出残疾人9折优惠购书活动。

2022年，公司坚定履行社会责任，奋力彰显国企担当。一是充分发挥党支部战斗堡垒和党员先锋模范作用，积极开展植树、黄河流域生态保护实践、社区卫生治理等活动，为推进黄河流域生态保护和高质量发展先行区建设以及创建文明城市贡献国企力量。二是及时响应银川市委、市政府和市国资委的“战疫”部署，先后组织40余人次的志愿者下沉机场、社区、隔离酒店等防疫点进行抗疫支援，全力以赴做好疫情防控工作，以实际行动守护全市人民的生命安全和身体健康，为全市打赢“战疫”攻坚战作出贡献。三是坚持把社会效益放在首位，积极开展“情暖八一 爱国拥军”活动，通过开展优惠图书、送书进军营等多种形式，继承和弘扬爱国拥军的光荣传统；大力弘扬社会新风，以捐助文具、图书、多功能积木桌等形式，助力“扫黄打非”护苗工作站活动，倡导青少年养成良好的阅读习惯，促进自身全面发展；开展文化惠民服务，全年推出残疾人购书优惠活动，并在关爱残疾人日到社区和残疾人保障中心开展慰问活动；各支部在春节前夕组织开展送温暖活动，为共建社区困难群众送上米、面、油和慰问金，全年爱心捐赠金额达1.2万余元。

2021年末领导班子成员名单

程　伟　党委书记、总经理

黄海英　党委委员、副总经理

刘丽智　党委委员、工会主席

2022年末领导班子成员名单

程　伟　党委书记、总经理

彭安民　党委副书记、纪委书记

黄海英　党委委员、副总经理

青岛新华书店有限责任公司

年度概况

2021年，是中国共产党建党100周年，也是“十四五”规划开局之年。这一年，青岛新华书店有限责任公司（以下简称“青岛市店”）在青岛出版集团党委的正确领导下，以习近平新时代中国特色社会主义思想为指导，将社会效益放在首位，在履行社会责任的过程中实现企业的经济价值，践行国有文化企业的使命担当，自觉承担举旗帜、聚民心、育新人、兴文化、展形象的使命任务。坚持巩固传统优势板块，不断强化挺拔发行主业；以创新求突破，不断拓展新领域，探索新业态经营创利模式；加强门店转型升级，提升创利空间，开发城市文化需求的新场景及经营服务新模式。2021年，完成营业收入18.89亿元，同比增长8.79%；实现利润1.18亿元，同比增长17.35%。

2022年，是党的二十大胜利召开的一年。在青岛出版集团党委的坚强领导下，青岛市店深入学习贯彻党的二十大精神，统一思想，上下一心，狠抓作风能力提升，努力克服新冠疫情等不利因素的影响，不断转型升级，提质增效，取得了两个效益的双丰收。全力服务城市发展，发挥主阵地作用，彰显文化企业责任担当；坚持全民阅读推广，打造新型文化空间，不断彰显文化影响力；推进线上渠道建设，拓展线上业务，加快线上线下融合发展；不断推动业态创新，探索发展路径，企业经营能力进一步拓展。2022 年，完成营业收入 19.87 亿元，同比增长 5.19%；实现利润 1.50 亿元，同比增长 27.16%。

荣誉奖项

2021 年 4 月 23，在山东省委宣传部组织的山东省最美书店活动评选中，青岛胶州市新华书店涵泳 · 复合阅读空间、青岛市城阳区新华书店、青岛市黄岛区新华书店均荣获“山东省最美书店”荣誉称号。

2021 年 7 月 16 日，在中国新华书店协会主办的全国新华书店“百年建党正青春，万店共庆书风华”庆祝建党 100 周年主题出版物造型设计大赛中，青岛市店作品“红色基因，薪火相传”荣获大赛三等奖；作品“红船依旧，不忘初心”荣获最具人气奖。

2021 年 10 月 16 日，在中国出版传媒商报社举办的“年度书业榜样阅读空间”推展活动中，青岛书城荣获“标杆大书城”称号；青岛传媒书城荣获“优秀大书城”称号；即墨书城荣获“示范基层店”称号；栈桥书店荣获“优秀基层店”称号；青岛书城思享空间文化定制荣获“优秀新品牌”称号；崂山区店涵泳 · 复合阅读空间荣获“优秀商超店”称号；青岛新华书店企划部荣获“卓越运营团队”称号。

2021 年 12 月 25 日，在第三届“全民阅读 · 书店之选”活动中，青岛书城和黄岛区新华书店分别荣获由中国书刊发行业协会、韬奋基金会共同颁发的“百佳阅读推广单位”和“优秀营销策划”称号。

2022 年 1 月，在《图书馆报》主办的 2021 年全国优秀馆配商评选活动中，青岛市店获得 2021 年度“全国优秀馆配商”荣誉称号。

2022 年 11 月，在山东省新闻出版局、山东省财政厅、山东省人力资源和社会保障厅组织的第四届山东省新闻出版奖评选活动中，青岛书城荣获“优秀集体奖”。

组织人事

2021年4月14日，经青岛出版集团党委研究决定，增补王钧同志为青岛新华书店有限责任公司党委委员。

2021年8月27日，经青岛出版集团党委研究决定，杨华山同志兼任青岛新华书店有限责任公司安全总监。

2022年8月2日，经青岛出版集团党委研究决定，张华杰同志任青岛新华书店有限责任公司副总经理。

2023年1月10日，因刘廷浩同志已到法定退休年龄，经青岛出版集团党委研究决定，免去刘廷浩的新华书店有限责任公司党委委员、总经理职务。

党建工作

2021年，青岛市店坚持党建统领和监督执纪，全面筑牢发展根基。一是全面加强党的建设。扎实推进“不忘初心、牢记使命”主题教育、党史学习教育、“三述”等工作；开展“建功新时代”职工技能大赛，参加全国“万店共庆建党100周年”造型展示活动；完成7个基层党支部261名党员的党组织关系上收管理工作，使党组织的核心作用更加突出。二是推进全面从严治党。根据青岛市委巡察组对青岛出版集团提出的涉及新华书店的相关问题，全程监督推进各单位和各部门各个环节的完善整改落实；按照出版集团纪委的部署要求，积极开展专项整治工作，持续开展党员廉洁廉政教育，多次组织全地区干部收看警示教育片，坚持每周转发典型警示案例、纪检监察工作简报，持续加强党员廉洁和警示教育。三是全面落实意识形态。落实党委书记第一责任，带头抓实抓细意识形态工作，建立意识形态工作常态化考核机制，将意识形态纳入市店党建工作责任制，与经营和党建工作紧密结合，制定意识形态领域相关管理规定，筑牢意识形态主阵地。

2022年，青岛市店牢牢把握正确的政治方向，坚定不移地推进党的各项建设工作和党风廉政建设工作。一是深化理论武装，不断夯实党建基础。严格落实党委“第一议题”学习制度，制订党委理论学习中心组及支部年度学习计划，用好用活“三会一课”、主题党日、“学习强国”和灯塔党建平台等有效载体，固定专题，开展常态化学习，不断提升党员的政治理论素养。高质量组织党的二十大精神学习宣传贯彻工作，在全系统内开展“喜迎二十大 先锋耀岛城”主题党日、收听收看党的二十大胜利召开盛况等学习教育活动，举办了为期5天的专题学习班，各支部各小组深入学习党的二十大精神，认真进行交流研讨，真正做到学深、学透、学到位。二是加强组织建设，发挥基层党组织战斗堡垒作用。在全系统内组织开展基层党组织书记落实全面从严治党主体责任及抓基层党建网上述职评议，各党支部制定了抓基层党建工作“三张清单”及党建一览表，按照相关规定，对书店所属党支部落实全面从严治党主体责任和党建工作进行审查考核。规范基层党组织选举的具体举措，督导4个党支部进行新一届支部换届选举相关工作，选优配强基层党组织支委成员。全年共发展入党申请人17名，确定为发展对象5名，转为正式党员10名，不断增强党组织的凝聚力、战斗力。三是强化政治监督，落实管党治党责任。坚持监督落实市店全年党委会议“第一议题”制度。加强党风廉政建设，制定书店系统《2022年全面从严治党监督责任清单》和《2022年度纪委工作要点》，层层签订书店系统《2022年全面从严治党责任书》。监督推进书店经营风险的防控，监督落实内巡整改、青岛出版集团专项整治等重点工作，监督各项制度建设，构筑反腐防腐制度体系。四是落实党委书记第一责任，抓实抓细意识形态工作。始终将意识形态工作纳入市店党建工作责任制，与经营和党建工作紧密结合，严格意识形态领域相关管理规定，筑牢意识形态主阵地。由出版集团和青岛市店组成检查小组，对新华书店所有门市进行了迎接党的二十大意识形态安全风险防范工作专项检查，全面落实意识形态工作责任制，确保守牢意识形态阵地。

门店建设

2021年，为解决部分门店比较传统和陈旧的现状，加快门店转型步伐，青岛市店成立了工作专班，认真研究和实施门店转型工作，经青岛出版集团和城市传媒股份有限公司多次研究，形成了青岛新华书店市区门店转型方案，明确了转型方向、转型重点和实施步骤。青岛市店加强选书荐书和优化库存品种，努力提升门店坪效能力。市店全系统进一步强化了选书荐书能力建设，为客户甄选优品精品，高质量满足顾客的阅读需求，全年全地区合计推荐各种书单 1771 期，通过微信公众号、会员群、抖音视频等媒体平台广泛传播。不断优化库存结构，提升动销品种，提高门店坪效能力，全年各连锁门店累计清退一般图书 17 万种。并对优化出来的空间积极引入新业态，如青岛书城优化出 500 余平方米，引进了雅马哈电钢琴、民乐等，打造了小蓝鲸绘本馆。选书荐书、品种优化成效明显。

2022 年，青岛市店门店经营业态进一步优化，努力向文化服务空间转型。青岛书城完成了硬件设施改造项目，优化了读者的到店体验感；对书城内的儿童阅读馆进行了硬件环境升级和业态引进，为市店全地区儿童阅读馆建设积累经验，打造模板；积极推进禁毒基地建设、引进了龙飞国球项目，向帮助青少年教育成长方面进行拓展。莱西书城引进了乔奥斯项目，与儿童乐园、红黄蓝早教深度合作、跨界营销，形成了客户黏性，增效显著。黄岛区店引进慧尔戏精剧场、艺投当代美术馆、念念有瓷等文化多元业态，努力促进多业态融合发展。

营销服务

2021 年，青岛市店积极发挥传统优势，图书主业迈上了新台阶。一是积极开展教材教辅征订，全力以赴做好服务教育工作。加强与各级教育部门、学校的沟通协调，下沉工作重心，提升服务质量，2021 年，全年全地区教材教辅合计征订码洋 8.29 亿元。二是彰显责任担当，重点政治理论读物发行取得新突破。青岛市店上下紧紧围绕党和政府的中心工作，积极对接市委、市政府等有关部门，创造征订环境，成立工作专班，强化分片包干，通过上门服务、流动供应，征订发行工作取得了历史性突破。全年重点政治理论读物累计发行码洋 9900 余万元，同比增长 312.87%。三是大力开拓团供市场，不断提升社会影响力。面对新冠疫情的持续影响，导致门店客流量明显减少的现状，青岛市店各单位努力拓展店外销售，积极参与一般书馆配、大中专教材、教装设备及电子设备等各类招投标业务，市店全系统全年共计中标 165 包（次），中标金额 2.25 亿元。市店顶住疫情防控的压力，坚持举办了春季线下“图采会”和秋季线上“图采会”，累计报订码洋达 1800 余万元。

2022 年，青岛市店在主业经营上持续发力，各板块取得新的成果。一是攻坚克难，教育图书市场稳步扩大。面对严峻的市场形势和征订环境，市店各单位深入教育部门各个环节，全力以赴开展教材教辅征订工作。同时，青岛市店积极拓展与市教科院的合作，争取到了全市“学生大阅读”活动运营权，在服务教育工作中实现了重要突破。受人教版教材插图舆情、疫情停课等影响，2022 年教材发运工作遇到了前所未有的挑战。市店各单位直面困难，主动担当，高效有序地打赢了教材发运攻坚战，圆满完成了“课前到书，人手一册”政治任务。全年全系统教材教辅发行码洋再创新高，征订码洋合计 8.93 亿元，同比增长 7.80%。二是完善发行体系，重点政治理论读物征订发行取得新突破。围绕学习宣传贯彻党的二十大精神这一首要政治任务，市店上下积极争取征订政策，不断完善发行体系，压实工作责任，认真做好党和国家的重要文件、政治理论读物的宣传发行推广。各门店布置了主题展台，利用线上线下多渠道、多形式，广泛开展宣传，为广大党员干部群众学习宣传贯彻党的二十大精神提供全方位的服务保障。全年重点政治理论读物共发行码洋 5600 万元，其中《习近平谈治国理政》第四卷全地区征订 56 万册，征订数量列全省第一名。党的二十大文件及辅导读物全地区共征订 56.79 万册，征订发行效果在全省名列前茅。三是团供及招投标业务持续发力，不断扩大店外销售。面对疫情的持续影响，导致门店客流量明显减少，市店各单位努力拓展店外销售，不断密切客户关系，关注招投标市场动态，全力拓展一般书馆配、大中专教材、教装设备及电子设备等各类招投标业务。2022 年，全系统中标招投标项目 185 个，中标金额 2.33 亿元。春、秋两季图书馆采购会均采取了“云馆配”的方式，累计报订码洋 1400 万元。团供业务扩大了团供市场和新领域新业态成果。四是不断提升营销能力，主题活动和阅读推广有声有色。为迎接党的二十大胜利召开，市店全系统各门店开展了“喜迎党的二十大，共享阅读新时代”主题书展，彰显了主渠道、主阵地作用。针对广大消费者的文化生活消费需求，全系统共举办朗读者、岛上读书会、阅读分享会、绘本故事会、文化惠民进社区等各类营销活动500余场，包括世界读书日的“阅读，遇见更好的自己”系列活动、2022年国际儿童读书日“致敬安徒生致敬经典”图书展、童书荐读短视频大赛等活动均取得了良好的社会效益和经济效益。为积极应对疫情对门店销售的影响，市店主动对接商务局、文旅局等部门，积极参与线上直播、消费促进月、文化惠民消费等活动，拉动了客流，促进了销售。

网络运营

2021年，青岛市店不断加大线上营销力度，加快线上线下融合发展。各单位开展多平台线上运营，积极拓展发展空间。通过线上书城、天猫、京东、微店、微信群、直播等各种方式积极开展线上销售，不断规范平台运营，优化产品结构，创新营销措施，提升服务质量和运营效率，加快新兴赛道拓展，全年累计完成线上销售收入1.99亿元，同比增长27.76%。

2022年，青岛市店线上发行多点开花，换挡升级。通过加强渠道建设、拓展新型电商等措施，线上发行继续保持较好增长，2022年，市店全系统线上店铺发展到84家，同比增长46家，新增直播短视频电商20家。全年累计实现线上销售收入2.76亿元，同比增长37.15%。特别是莱西市店采取了“短视频＋直播带货”“快团团＋社群团购”的组合营销模式，加速向直播电商、社群电商的换档升级，直播销售实现销售收入6110万元，为全地区下一步拓展直播销售新路径树立了标杆，积累了经验。

业态创新

2021年，青岛市店在巩固主业阵地的同时，不断拓展新业态项目，积极拓宽经营渠道，延伸服务范围。市店积极布局研学业态，注册成立了城市传媒（青岛）研学旅行有限公司，进行了全系统的资源整合和业务模式布局。全年研学业务累计参加学校348所（场），营业收入630万元。青岛书城“思享空间”文化定制化项目全年完成12个，实现营业收入1000余万元，同比增长98%。胶南书店设计研发了“学校课后特长培训运营服务平台”，建立起完善的课程服务体系。奥威亚录播产品分销业务全年实现主营收入3000余万元，多元业态的盈利能力有了明显提升。

2022年，青岛市店进一步加快新业态拓展，不断寻求新的增长点。一是继续大力开拓定制服务。虽然疫情反复对定制化整体业务推进速度造成了较大影响，全部项目的施工、验收、回款等环节均被延后，但通过项目团队的不懈努力，定制化服务项目全年完成建设12处，实现营业收入1225万元，同比增长26%，其中，军休老年大学项目获评国家级荣誉。二是积极拓展研学业务。城市传媒（青岛）研学旅行有限公司完成组织架构调整，取得了《旅行社业务行业经营许可证》。同时，积极争取政府扶持，开拓本土研学基地，承接了青岛市公安局禁毒教育宣传推广工作，合作打造禁毒教育基地；与青岛市北区教体局合作的心理评测项目进入区教体局第三方服务库；与青岛市研学旅行基地协会共同打造了“不负韶华，走读家乡”阅读研学营系列活动。全年全系统累计开展262场次（学校）研学活动，实现营业收入200余万元。三是努力拓展重点多元新业态。深化与中国国新文化和广州奥威亚公司合作，开展奥威亚录播产品分销业务，同时，推进河北广电教育视频课堂项目，取得了较大的经营成果。黄岛区店深度围绕自主开发的“智慧图书馆”和“智慧书店”系统，先后开展中德生态园绿馆书店、德州城市书房、湖南娄底吉星中学图书馆等项目搭建，实现了省外市场的推广落地，全年智能化业务实现销售近300万元，获批青岛市第二批专精特新企业认证。

内控管理

2021年，青岛市店通过采取调整架构机制等有效手段，不断提升管理能力和水平。一是为提升中盘管理、运营和服务能力，市店围绕中盘组织架构、业务模式和业务流程着手实施中盘改革，制定了书店中盘业务改革方案，调整中盘组织架构、重塑中盘运营模式、提升中盘运营能力，积极推进中盘改革工作。二是为提升市场化水平和经营管理能力，组建了教育市场部，将教育图书征订从区店业务中剥离，组建教育服务专员队伍，专门负责对接市区内各所学校，专职做好教育图书发行工作，加强教育类图书市场化运营能力。三是加强应收账款管理，增强经营风险管控力度。强化调度，严格要求，建立风险提示机制，下发“经营风险警示告知书”。定期进行应收账款分析，逐笔落实应收账款直接责任人和部门负责人，落实回款时间。将应收账款的指标完成与经营部门绩效考核直接挂钩，取得显著效果。

2022年，青岛市店进一步强化管理，提升企业规范运营能力和综合水平。一是继续推进中盘改革，提升中盘运营质量和效率。按照《书店中盘业务改革初步方案》，有序推进各项改革工作，针对现有ERP系统不能为快速推进中盘改革提供更有效的基础支撑等问题，形成完善ERP系统功能需求报告和中盘架构调整实施方案，在完善总仓建设、灵活业务流程、提升物流效率等方面取得了一定的成效。二是加强科技手段的应用，扎实推进新ERP系统建设工作，通过对内部业务流程与功能的调研，根据不同业务环节需求，积极推进各项工作。三是进一步加强应收账款回收，增强经营风险管控力度。对应收账款、资金安全等进行了再梳理，纪检和审计部门也开展专项督查，强化责任落实，加大追责力度。

2021年末领导班子成员名单

王东华　党委书记
孙少峰　党委副书记、纪委书记
刘廷浩　党委委员、总经理
蔡晓林　党委委员、副总经理
卢　涛　党委委员、副总经理
王　钧　党委委员、副总经理
杨华山　副总经理
韩朝辉　副总经理

2022年末领导班子成员名单

王东华　党委书记

孙少峰　党委副书记、纪委书记

刘廷浩　党委委员、总经理

蔡晓林　党委委员、副总经理

卢　涛　党委委员、副总经理

王　钧　党委委员、副总经理

杨华山　副总经理

韩朝辉　副总经理

张华杰　副总经理

大连市新华书店有限公司

年度概况

大连市新华书店有限公司（以下简称“公司”）是大连地区唯一一家从事中小学教科书、图书、报纸、期刊及电子出版物批发和零售业务的大型国有文化企业，拥有图书大厦、未来书城、甘井子书店等10余个大中型零售门市。公司始终坚守主业，深挖零售市场潜力，取得了社会效益、经济效益的双丰收，创造了令行业瞩目的“大连新华现象”。

2021年，公司坚持以习近平新时代中国特色社会主义思想为指导，全面贯彻党的十九大精神和习近平总书记系列重要讲话精神，深入贯彻新发展理念，加快构建新发展格局，全力推动公司高质量发展。积极承担国有发行主渠道的政治责任和文化使命，以党和国家重要文件文献的发行工作为己任，牢牢把握意识形态的领导权、主动权，坚决做好党史、党的十九届六中全会等书目及辅导物征订工作，全年发行近70万册。公司坚持将零售市场、教材发行、馆配服务“三大主业”作为生存发展的生命线，融入多元业态，加快实体书店的转型升级步伐，大力推进“文化+”的融合发展模式，数字化产业转型和多元化发展路径初步形成，在巩固传统主业市场优势的基础上，优化整合资产资源，不断提升企业品牌影响力。2021年6月，公司中心门市图书大厦被辽宁省全民读书节活动组委会办公室授予“辽宁省全民读书节最美阅读空间”称号。7月，公司被国家新闻出版署授予“第五届中国出版政府奖先进出版单位”称号。2021年，公司实现销售2.89亿元，同比增长11.96%；利润4705.65万元，同比增长42.9%。公司团体供应中心全年共参与45个投标项目，中标项目32个，中标率达71%。

2022年，公司全面贯彻党的二十大精神，聚力推进“三大主业”，创新发展“三大辅业”，健全完善“三项制度”，不断提升“三个品牌”，为“书香大连”建设作出了积极贡献。牢牢把握意识形态的领导权、主动权，始终坚持以党和国家重要文件文献的发行工作为己任，坚决做好党的二十大文件、《习近平谈治国理政》第四卷等书目及辅导读物的征订工作，全年共发行近65万册。为营造全社会“喜迎党的二十大”的浓厚氛围，公司精心策划开展了“奋进新征程，建功新时代”喜迎党的二十大主题书展等大型书展，全年举办200余场线上线下公益文化活动，高质量承办省、市读书节、社科周等大型系列文化活动，吸引数以万计的市民和学生走进书店，共沐书香，提升了书店的品牌影响力。2022年4月，公司中心门市图书大厦荣获“首届全民阅读大会·年度最美书店”称号，成为辽宁省唯一获此殊荣的单位。8月，又荣获辽宁省第十一届全民读书节“最美阅读空间”称号。公司全年实现销售额2.86亿元，利润4659.67万元。其中，团体供应中心参与投标项目39个，中标项目32个，中标率为82.05%，团体供应市场占有率不断扩大。

领导关怀

2021年4月28日，大连市委副书记、市长陈绍旺视察大连市新华书店。大连文化产业集团党委书记、董事长兼新华书店党委书记、总经理王延生，大连文化产业集团董事、副总经理兼新华书店副总经理管月坤陪同。

2021年6月22日，大连市委副书记、宣传部部长徐少达，市委副秘书长石传东，市委宣传部副部长王旭等领导到大连市新华书店检查指导安全生产和疫情防控相关工作。大连文化产业集团党委书记、董事长兼新华书店党委书记、总经理王延生陪同检查，书店班子参加。

2021年8月5日，大连市委副书记、宣传部部长徐少达，市委宣传部副部长王旭等领导到大连市新华书店调研疫情防控工作。大连文化产业集团党委书记、董事长兼新华书店党委书记、总经理王延生陪同，并汇报了公司疫情防控工作开展情况，书店班子参加。

2021年9月15日，大连市委副书记、宣传部部长徐少达，市委宣传部副部长王旭，市应急管理局副局长宋常辉到大连市新华书店进行安全生产工作检查。大连文化产业集团党委书记、董事长兼新华书店党委书记、总经理王延生，大连文化产业集团党委副书记、董事、副总经理兼新华书店副总经理管月坤陪同检查并作工作汇报。

2021年12月30日，大连市委常委、宣传部部长郭铁钧，市委宣传部副部长王旭到大连市新华书店检查指导疫情防控工作。大连文化产业集团党委书记、董事长兼新华书店党委书记、总经理王延生汇报了公司疫情防控开展情况，书店班子参加。

2022年4月23日，第十三届大连读书季开幕式在大连市新华书店隆重举行。大连市委宣传部常务副部长张金双、副部长霍燕，大连市中山区区委书记张洪喜，大连市文化和旅游局党组书记、局长马涛，以及大连新闻传媒集团、大连文化产业集团领导共同为活动启幕。

2022年6月30日，辽宁省委宣传部副部长兼省新闻出版局（省版权局）局长付晨明，省委宣传部二级巡视员马春，市委宣传部副部长霍燕等领导到新华书店调研。大连文化产业集团党委书记、董事长兼新华书店党委书记、董事长王延生进行了工作汇报，书店班子参加调研。

2022年6月15日，新华社新闻信息中心辽宁中心副主任张良，内容总监、高级记者于新超，图片总监、高级记者李永宏，传媒融合部大连区域负责人梁宏博一行4人对大连市新华书店改革发展情况进行了实地调研采访。

2022年9月30日，大连市委宣传部副部长霍燕到大连市新华书店检查安全生产和疫情防控工作。大连文化产业集团党委书记、董事长兼新华书店党委书记、董事长王延生陪同并介绍相关工作情况。

荣誉奖项

2021 年 1 月，大连市新华书店有限公司党委副书记、副总经理管月坤被人力资源社会保障部、国家广播电视总局、国家新闻出版署联合授予“全国新闻出版广电系统劳动模范”称号。

2021 年 1 月，大连市新华书店有限公司被大连市总工会、大连市应急管理局、大连市卫生健康委员会授予“2019—2020 年度‘安康杯’竞赛优胜单位”称号。

2021 年 4 月，大连市新华书店有限公司党委委员、副总经理于洪卫被辽宁省总工会授予“辽宁五一劳动奖章”称号。

2021 年 6 月，大连市新华书店有限公司图书大厦被辽宁省全民读书节活动组委会办公室授予“辽宁省全民读书节最美阅读空间”称号。

2021 年 7 月，大连市新华书店有限公司被国家新闻出版署授予“第五届中国出版政府奖·先进出版单位奖”称号。

2021 年 12 月，大连市新华书店有限公司品牌运营中心经理关军在大连市总工会举办的“大连市职工庆祝中国共产党成立 100 周年‘中国梦·劳动美——永远跟党走 奋进新征程’书画摄影作品展”中荣获二等奖。

2022 年 4 月，大连市新华书店有限公司图书大厦荣获中国书刊发行业协会授予的“首届全民阅读大会·年度最美书店”称号，成为辽宁省唯一获此殊荣的单位。

2022 年 4 月，大连市新华书店有限公司被大连市人力资源和社会保障局、大连市总工会、大连市企业联合会、企业家协会、大连市人民政府国有资产监督管理委员会、大连市工商业联合会授予“辽宁省 AA 级模范劳动关系和谐企业”称号。

2022 年 4 月，大连市新华书店有限公司被中共辽宁省委宣传部、辽宁省文化和旅游厅、辽宁省广播电视局授予“2020—2021 年度全省服务农民、服务基层文化建设先进集体”称号。

2022 年 8 月，大连市新华书店有限公司图书大厦被辽宁省全民读书节活动组委会办公室授予“辽宁省全民读书节最美阅读空间”称号。

2022年12月，大连市新华书店有限公司被大连市总工会、大连市应急管理局、大连市卫生健康委员会授予“2021—2022年度‘安康杯’竞赛优胜单位”称号。

组织人事

2021年7月29日，公司召开第六次党员大会，换届选举产生了大连市新华书店新一届领导班子。王延生同志任大连市新华书店有限公司党委书记、总经理；管月坤同志任大连市新华书店有限公司党委委员、副总经理；刘亦敏同志任大连市新华书店有限公司党委委员、纪委书记；于洪卫同志任大连市新华书店有限公司党委委员、副总经理；逄淑娇同志任大连市新华书店有限公司党委委员、工会主席；王琦同志任大连市新华书店有限公司党委委员、总经理助理；丁鹏同志任大连市新华书店有限公司党委委员。

2022年2月11日，公司成立董事会。王延生同志任大连市新华书店有限公司党委书记、董事长；管月坤同志任大连市新华书店有限公司党委副书记、董事、总经理；刘亦敏同志任大连市新华书店有限公司党委委员、董事、纪委书记；于洪卫同志任大连市新华书店有限公司党委委员、董事、副总经理。

2022年11月，大连出版社、大连音像出版社股权划转到公司的母公司大连文化产业集团有限公司，公司打通了上下游壁垒，实现了出版、发行、销售全产业链发展。

党建工作

2021年，公司党委始终以党建工作为引领，严格按照母公司大连文化产业集团有限公司党委相关要求，厘清思路、把握重点、创新载体，扎实推动党建工作深入开展。一是在科学部署、完善制度上下功夫。严格按照上级党组关于党史学习教育和“两学一做”等要求，结合公司实际，制定《在新华书店党员中开展党史学习教育实施方案》，成立党史学习教育领导小组。全年开展党委理论学习中心组学习8次，党委书记讲党课1次，基层党组织累计开展主题党日活动33次、组织“三会一课”33次，支部书记讲党课11次，全体党员在党史学习教育中参加集中专题学习2次、主题党课2次。二是创新学习方式，做到入脑入心、走深走实、见行见效。公司党委采取多种方式组织开展党史学习教育。采取“走出去”“请进来”的方式，先后组织党员观看大型交响音乐史诗《长征组歌——红军不怕远征难》，参观关向应纪念馆，并组织8名新党员进行了入党宣誓；邀请市委党校教授等专家学者走进公司进行主题宣讲。三是把“我为群众办实事、争做贡献促振兴”实践活动作为党史学习教育的重要内容和突出抓手。公司党委立足群众需求，组织开展了第十二届大连读书季等实践活动，并列出“办实事”清单，严格按照各时间节点推进，在让人民群众真正得到实惠的同时，增强了人民群众的文化获得感和幸福感。四是加强基层组织建设，增强党组织凝聚力战斗力。公司党委严格落实“一岗双责”主体责任，全面落实“一线筑垒”工作，进一步强化“三册两薄三台账”管理，严肃党内政治生活，以认真的态度和钉钉子的精神抓好“三会一课”制度，实行干部竞聘上岗制和选拔聘任制，严格党员发展程序，严把党员“入口关”。同时，围绕国有企业领导20字要求，培养选拔优秀年轻干部，召开了第六次党员大会，换届选举产生了新华书店新一届领导班子，班子成员新增加了2名“80后”，为企业高质量发展注入了新思想、新活力。五是守廉洁强信念，营造风清气正的良好工作氛围。公司党委严格贯彻落实中央八项规定精神，严格执行领导干部报告个人有关事项、述职述廉、民主测评等党内监督制度，严格落实民主集中制，全年召开党委会33次，多次召开全体干部大会，强化党风廉政建设和思想道德建设。

2022年，公司党委坚持以习近平新时代中国特色社会主义思想为指导，深入学习贯彻党的二十大精神，认真落实国有企业党的建设工作重点任务，围绕中心，服务大局，扎实开展书店党建各项工作，为公司高质量发展提供了坚强有力的政治保证和组织保障。一是狠抓思想政治建设不松懈，推动理论学习向纵深发展。把《中国共产党章程》、《习近平谈治国理政》第四卷、《党的二十大文件汇编》等列为中心组学习必修书目，全年开展党委理论学习中心组集中学习 9 次。深入学习宣传贯彻党的二十大精神，第一时间传达省委、市委和上级党委关于学习贯彻党的二十大精神的重要指示，收听收看了国务院国资委党委召开的宣讲报告会，迅速部署，迅速行动。二是现代企业制度得到完善，党的领导进一步加强。公司将党的领导与公司治理有机统一，坚持“两个一以贯之”要求，不断深化国有企业改革，完善法人治理结构，建立健全现代企业制度。以“党委核心领导、董事会战略决策、经营层执行落实、监事会依法监督”的公司治理机制，落实“三会一层”尽职归位。2022 年 2 月 11 日成立公司董事会、完善了公司经理层。同时，以国企改革三年行动收官为契机，将党管党建工作要求写入公司章程，确保党组织内嵌到公司治理结构中。出台了《公司党委会议事规则》《党委前置研究讨论事项清单》《跟进督办制度》《党委第一议题制度》等，在完善制度中强化党的领导。三是深入实施先锋引领、固根守魂行动，激发基层党组织战斗力。公司党委认真履行“第一责任人”职责、“一岗双责”制、“三重一大”集体决策制，全年召开党委会 17 次。坚持把政治标准摆在首位，实行竞聘上岗制和选拔聘任制。认真落实“三会一课”制度，完善“三册两簿三台账”，规范各级党组织日常工作，强化“痕迹”管理，确保有章可循、有规可依、有序运行。四是持续强化党风廉政建设，净化企业发展政治生态。公司党委始终聚焦党风廉政建设和反腐败这一中心任务，制定责任清单，明确党委班子责任清单 15 项，党委书记责任清单 4 项，党委领导班子其他成员责任清单 7 项，并实行严格动态管理，全面落实主体责任。驰而不息开展“四风”监督工作，持续开展巩固落实中央八项规定精神成果的监督检查。五是持续抓好意识形态工作，不折不扣落实政治方向、舆论导向主体责任。将意识形态纳入领导班子专题学习、民主生活会的重要内容，出台了《意识形态工作责任清单》《网络舆情工作预案》《宣传工作管理办法》《意识形态“三审三校”制度》等规章制度。充分利用公司网站、微信公众号、LED 大屏等载体，及时发布主流声音，壮大主流舆论，做好重要节点和敏感时期的舆情监管，牢牢掌握意识形态领域的主动权和话语权。

教材发行

2021 年，公司圆满完成大连市中小学教材发行工作，面对疫情防控的严峻形势，公司党委靠前指挥、深入一线，团结带领全体员工提前做好教材征订、备货、运输、消杀等各方面准备，克服冬季严寒天气和夏季高温酷暑的影响，保质保量完成了春、秋两季教材“课前到书，人手一册”政治任务。全年共发行中小学教科书 1605.93 万册，总码洋 12926.13 万元。

2022 年，面对教材改版、秋季中小学教材到货晚及疫情防控影响等诸多不利因素，公司党委统筹谋划、科学调度，团结带领全体员工攻坚克难，顽强拼搏，圆满完成了春、秋两季中小学教材发行工作。全年共发行中小学教科书 1812.54 万册，总码洋 14243.60 万元。

在 2022 年春季教材分发期间，考虑到疫情对教材发行造成的不确定性影响，公司提前安排教材中心员工进库，对到货教材进行提前集中分发，号召公司各部门全力配合，为顺利完成发行任务打下了良好基础。在春节前就完成了大部分教材的分发打包工作，春节后进行收尾并安排送货。公司还与出版社积极配合，密切联系大连各中小学校，做好教辅图书推广工作，创下了教辅图书发行新高。

门店建设

2021 年，公司继续实施新阅读共享体验空间建设项目，在上年度完成对中心门市图书大厦一至二楼升级改造的基础上，又完成了对三至六楼的升级改造工作。改造后的图书大厦改变了原有陈旧呆板的形象，同时，丰富了北纬 39° 创意坊的文创产品，升级了小海星绘本馆的互动体验功能，为读者提供了更加舒适多元的阅读体验，也为打造多元化最美阅读空间奠定了基础。

公司在已经开设 510 家袖珍式实体书店和 195 家农村连锁体验店的基础上，2021 年度重点打造基于农家书屋、社区书屋的“智慧书吧”建设。该项工作被列入大连市政府 2021 年重点民生工程建设项目计划，2021 年建成并运行 30 家“智慧书吧”，总面积近 2300 平方米，铺设专业书柜 266 个，配备社科、文学、科普、少儿、养生保健类图书24万余册，极大丰富了周边社区居民的日常文化生活，创新了网点建设模式，切实打通服务城乡居民的“最后一公里”。

2022年，公司完成物流中心和西岗书店的装修改造工作，并将团体供应中心搬迁至此，提高了工作效率，节约了办公成本。全新升级后的西岗书店更名为未来书城，为大连中西部地区面积较大的综合书店，能够更好地满足市民的阅读学习需求。

融合创新

2021年，公司以文化体验为核心，创新多元经营新模式，对多种业态进行有机整合，实现文旅深度融合发展。在中心门市图书大厦一楼铺设具有大连特色、非遗特点的文创产品展示专区，为市民在购书同时提供文化休闲体验；积极拓展研学业务，打造新华研学品牌，推动研学活动多元化，有效对接玻璃印记体验馆、冰山工业展览馆、黄海前哨、老码头红色教育基地、世界音乐文化博物馆等文博场馆，成功举办4期研学活动，受到家长和孩子们的好评。通过“书店+文创”“书店+研学”“书店+培训”等消费模式的创新，在打造文化综合体的同时，也有效提升了效益增长点，提高了抗风险能力。

2022年，公司进一步发力“文化+”多元经营业务，以文化体验为核心，对多种业态进行有机整合，大力推进文创销售、简餐阅读、创意手工等非书经营，营造更加舒适、多元的阅读休闲体验，满足读者多样化的消费需求。寒假期间，加大研学课程开发和招生宣传力度，增加课程的参与性、互动性，共成功举办12期研学活动，举办期数和参加人数均大幅增加。

公司2022年度还首次自主承办了大连市文化和旅游局主办的“文化有约”惠民公益文化服务，面对时间紧、任务重以及疫情反复等不确定性因素，积极创新线上线下相结合的授课方式，取得了良好的效果。其中，《古诗词讲座》《色彩搭配知识讲座》《让优秀成为习惯》等系列线上讲座，每场观看人数近2000人次，让更多市民享受到文化惠民的成果，极大提升了

"文化有约"惠民公益文化服务的覆盖面和影响力。

网络运营

2021年，公司持续加大数字化建设力度，完成了"云馆配"平台的开发建设工作，充分满足团体客户线上选书、购书需求；研发具有国内领先水平的数字化新华书店系统——集自助购买、借阅功能于一体的"智慧共享书吧"，在大连市委、市政府、高新园区等地安装40余台的基础上，2021年度又在甘井子区图书馆、甘井子区政府等处安装了10台；与新华书店总店网络平台深度合作，加快系统对接、平台建设、数据采集、业务拓展，并尝试与天猫、拼多多等电商合作，实现线上平台全面发展；自主开发、上线"大连新华书店"小程序，满足读者的线上购书需求；在全市门店因疫情原因闭店期间，坚持"购书不打烊"，利用抖音、快手、云犀、视频号等新媒体平台，推广书店活动；通过短视频、读者微信群等延伸阅读服务空间，积极应对疫情给书店经营带来的不利影响，以细致周到的服务，赢得了读者的广泛好评。

2022年，公司持续加大数字化建设力度，拓展线上销售渠道，做好图书书目数据多平台共享整合工作，不断丰富、完善"云馆配"平台、购书小程序功能，丰富用户体验，更好地满足读者和团体客户的线上选书、购书需求；与新华书店总店所属新华互联电子商务有限责任公司深度合作，入驻"新华书店网上商城"，形成"文化+科技"线上营销与线下体验相融合的出版物发行新模式；官网电商平台升级改版同步小程序微店，建立起适应互联网与移动互联网时代环境，积极探索"出版+文创"转型升级的电商之路；从门店销售代表中挖掘线上销售达人，开启视频号、抖音号直播售书，精心策划实施直播带货方案，寻求销售突破点；加大社群营销力度，全店共创建50余个读者微信群和QQ群，覆盖数万名读者，积极搭建私域流量，不定期向读者推荐图书，提高转化率；新安装4台"智慧共享书吧"，以科技赋能城市文化发展，助力书香大连建设。

全民阅读

2021年，公司全方位创新公益文化活动开展方式，先后举办了第十二届大连读书季系列活动、爱心图书漂流活动、母亲节特色感恩活动等；圆满完成第二十二期、第二十三期“远离网游 走进书店 明德修身”大连市中小学生假期道德实践活动，其中包括31场名校名师、优秀学子公益讲座；以“阅百年奋斗历程 享文明书香大连”为主题，开展公益活动、惠民书展、公益讲座三大系列10余项主题活动以及作家签售活动等，助力全民阅读推广。

2022年，公司继续举办高品质惠民公益文化活动，做强做优金牌项目。为营造全社会喜迎党的二十大的浓厚氛围，公司精心策划开展了“奋进新征程，建功新时代”喜迎党的二十大主题书展等大型书展，并在重要节庆、纪念日组织专题书展，切实做到“月月有主题、周周有亮点、天天有活动”，取得了良好的经济效益和社会效益；持续打造金牌活动，圆满完成第二十四期“远离网游 走进书店 明德修身”大连市中小学生假期道德实践活动，其中17场名校名师、优秀学子公益讲座共吸引3000余名学生及家长参与，多数场次人气爆棚，一座难求；加大小海星绘本课堂举办频次，全年共开展50余场活动，并结合所讲绘本内容设计创意手工课程，受到广大小读者和家长的好评。

2022年度公司还承办了第十三届大连读书季开幕式，大连市委宣传部常务副部长张金双、副部长霍燕，大连市中山区区委书记张洪喜，大连市文化和旅游局党组书记、局长马涛，以及大连新闻传媒集团、大连文化产业集团的领导共同为活动启幕。在读书季期间，公司以图书大厦刚刚荣获“首届全民阅读大会·年度最美书店”为抓手，加大媒体宣传和活动举办力度，叫响“大连文化新地标”的品牌。通过举办“世界读书日423分钟不间断直播”、辽宁省第十一届全民读书节“随心而阅 打卡最美阅读空间”、“遇见读书，遇见更好的自己”爱心图书漂流活动、“新华伴读”等市民参与度高的文化活动，积极推广全国最美书店品牌。同时，加大在各级媒体上的宣传力度，形成宣传合力，使新华书店作为大连文化新地标的印象深入人心，扩大了品牌知名度，提高了企业影响力。8 月 19 日，大连市新华书店总经理管月坤作为颁奖嘉宾，赴沈阳万达 ONE 城市书房参加辽宁省第十一届全民读书节阅读盛典，并应邀参加了现场访谈，对“首届全民阅读大会·年度最美书店”——大连市新华书店进行了推介。

内控管理

健全和完善内控管理制度，是公司实现稳健经营，提高经营效益，防范化解风险，确保安全发展的重要保障。两年来，公司在内控管理建设中，进行了积极有效的探索，对增强业务竞争能力，提高经营管理水平发挥了积极的作用。

2021 年，公司不断完善内控主体建设，健全内控机制，积极培育符合书店实际的内部控制文化，使内控意识和内控文化渗透到每一位员工的思想深处，使内控成为全体书店人的行动自觉。要求全体员工通过熟悉自身岗位工作的职责要求，理解和掌握内控要点，及时发现问题和风险，把这些作为加强内控建设的重要任务。建立完善经营风险识别和评估体系，认真借鉴同行业的先进经验，积极运用现代科技手段，逐步建立覆盖所有业务风险的监控、评价和预警系统。

2022 年，公司进一步强化自我自律监管。各项业务主管部门实施“一岗双责”，发挥再监管作用，强化授权管理，认真履行岗位职责，确保监督不流于形式；制定切实可行的自律监管检查实施方案，坚持自律监管与自查自纠相结合，常规检查与专项检查相结合，确保监管检查到位，不走过场，不留监管盲点；审计与督考中心对业务部门进行再监管，使监管真正落到实处，不断提升有效监管水平；法务中心全面加强合规管理，以有效识别、防范和化解风险为目的，避免因不遵循法律、规则和准则而可能遭受法律制裁、监管处罚、重大财务损失风险和声誉损失风险；出台了《财务内部控制制度》《合同管理制度》《企业投资监督管理办法》《违规经营投资责任追究实施办法》等几十项制度，确保各项业务工作稳健发展。

人才培养

2021年，公司根据现代市场发展需要，面向社会公开招聘营销策划总监、资深内容编辑、新媒体编辑等12个重要岗位的精英人才。同时，实行干部竞聘上岗制和选拔聘任制，通过公开报名、资格审查、个人自荐、竞聘演讲、民主测评、任前公示、组织决定等程序进行了干部选拔聘任工作。新选拔聘任的干部为公司人才队伍建设注入了新鲜血液，也为建设一支业务精湛、作风优良、战斗力强、能堪重任的高素质干部队伍奠定了基础。

2022年，公司不断强化干部队伍建设，夯实公司高质量发展人才根基，结合工作实际制定了《组织机构设置和干部竞聘上岗方案》，并开展干部竞聘上岗工作，以“能”作为识别、选用干部的重要依据，切实做到能者有为、能者有位，营造了良好的干事创业氛围。以国企改革三年行动收官之年为紧密抓手，以深化劳动、人事和分配三项制度改革为突破口，以契约化管理为依托，实现市场化岗位管理，激发每一个员工干事创业热情。一是推行任期制和契约化管理，健全干部能上能下机制。公司调整中层干部的工作岗位，明确了中层干部的工作职责。实行任期制和契约化管理，所有经理层人员全部签订了“两书一协议”。二是创新选人用人市场机制，健全员工能进能出机制。公司实行全员公开招聘制度，有针对性地制定了各层级人员薪酬管理办法和经营业绩考核管理办法，科学设置岗位，推行岗位管理，构建员工正常流动机制，激发员工内生活力，营造“能进能出”的管理氛围。三是深化分配制度改革，健全收入能增能减机制。坚持目标导向，建立自上而下的绩效激励，打造精细化考评体系。公司结合工作实际，制定“能增能减”收入激励机制，在薪酬管理上，形成基础工资、绩效工资和年绩效激励的工资模式，将各层级员工收入与公司效益挂钩、与岗位业绩挂钩，分配向重点、关键岗位倾斜，形成灵活有效的收入调节机制，撬动企业高质量发展。

物流配送

2021年，公司春、秋两季总计发行中小学教材162500件、1605.93万册；成功中标“2021年大连市书屋出版物补充采购项目”，为全市1553个农家书屋、社区书屋补充出版物；参与“大连市图书馆2021年中文图书采购”“大连民族大学学生教材和教师用书定点供应商采购”等32个项目，团体供应市场占有率不断扩大。

2022年，公司完成物流中心的装修改造工作，并将团体供应中心搬迁至此，提高了物流与团体供应分发、配送的效率，节约了办公成本；完成春、秋两季中小学教材发行178044件、1812.54万册。物流中心全年完成配送2159车次，其中教材配送540车次，农家书屋图书20余车次，计生用品41车次；圆满完成大连市1553个农家书屋、社区书屋的图书分发及配送工作，总计配送图书3106件、136664册。

社会责任

公司深入贯彻落实中央关于文化体制改革、国有企业改革的决策部署，以满足人民群众日益增长的精神文化需求、增强人民精神力量为目标，始终坚持把社会效益放在首位，注重产业整合、品牌塑造，增强文化传播的引导性、创新性、有效性、可持续性，切实实现社会效益和经济效益相统一。

2021年，公司践行初心使命，把脱贫攻坚作为重要的社会责任，切实提高政治站位，全年为农村中小学校、街道社区捐赠图书近万册。积极开展消费协作，持续推进与受援地区消费协作，采取“以购代捐”等方式采购贵州六盘水产品3万元，超额完成任务。

2022年，公司持续放大社会效益，依托新华书店优秀的运营能力，启动了大连全域新华书店整合工作，将下属区（市、县）的大连金普新区新华书店有限公司、大连市旅顺口区新华书店有限公司、大连市普兰店区新华书店、瓦房店市新华书店、庄河市新华书店、长海县新华书店无偿划转至公司。公司规划以实体书店和全民阅读活动为载体，在每个区（市、县）打造一个以阅读为核心的文化惠民综合体，将图书展示展销、共享阅读空间、惠民文化服务有机融合，打造“最美新华空间”，“一站式”实现文化赋能区域发展。

2021 年末领导班子成员名单

王延生　党委书记、总经理

管月坤　党委委员、副总经理

刘亦敏　党委委员、纪委书记

于洪卫　党委委员、副总经理

逄淑娇　党委委员、工会主席

王　琦　党委委员、总经理助理

丁　鹏　党委委员

2022 年末领导班子成员名单

王延生　党委书记、董事长

管月坤　党委副书记、董事、总经理

刘亦敏　党委委员、董事、纪委书记

于洪卫　党委委员、董事、副总经理

逄淑娇　党委委员、工会主席

王　琦　党委委员、总经理助理

丁　鹏　党委委员

宁波新华书店集团有限公司

年度概况

2021年，宁波新华书店集团（以下简称“集团”）上下精诚团结，勇于创新，甘于奉献，兴企有为，坚定目标，加压奋进，全年主要经济指标表现亮眼，社会效益显著提升。书香文化园获省级文化创意街区荣誉，集团获评宁波市服务业百强企业。尤其是面对复杂的经济环境和严峻的市场形势，集团进一步明确了以效益为核心的经营导向，于危机中育新机，于变局中开新局，狠抓改革任务落实落地，管理效能不断提升，内部融合发展加速，企业活力有效激发，发展质量和可持续发展能力显著提高，各项工作交出了一份亮丽的答卷。据统计，全年集团累计完成营业收入7.63亿元，实现利润2012万元。

2022年，宁波新华书店集团坚持以习近平新时代中国特色社会主义思想为指导，进一步增强“四个意识”、坚定“四个自信”、做到“两个维护”。全面推进改革创新，面对飞速变化的业态环境和竞争激烈的市场格局，以效益指标为导向，强变革、拓赛道，笃行不怠，图书主业成果丰硕；锐意进取，探索新业态卓有成效；踔厉奋发，整体实力和服务水平稳步提升；守正创新，企业改革有序推进，积极应对各种不利因素，牢牢守住了图书发行文化阵地，市场活力不断增强，经营规模逆势扩张。据统计，全年集团累计完成营业收入 7.65 亿元，实现利润 2782 万元。

领导关怀

2021 年 10 月 9 日，第七届浙江书展在宁波开幕。省委常委、宣传部部长朱国贤，省委常委、市委书记彭佳学，中宣部印刷发行局局长刘晓凯等领导出席开幕式并致辞。

荣誉奖项

2021 年 7 月，在中国新华书店协会主办的庆祝建党百年全国新华书店主题出版物造型设计大赛中，宁波代表队荣获三等奖。

2021 年 10 月，在由中国新华书店协会指导、中国出版传媒商报社主办的“2020—2021 年度书业榜样阅读空间推展发布礼”上，宁波市镇海区新华书店镇海书城获评“优秀基层店”；宁波市鄞州新华书店（四明书局 · 堇书房）获评“十佳新品牌”；宁波市鄞州新华书店悦读时光姜山中学店（堇南书苑）获评“优秀校园店”；宁波市新华书店高鑫广场店获评“优秀商超店”；宁波市新华书店天一书房获评“优秀新品牌”；宁波市新华书店工商学院店获评“最 in 校园店”；宁波象山新华书店“三余时光”文化社团获评“卓越运营团队”。

2021 年 11 月，在中国新华书店协会主办的庆祝建党百年“我和新华书店”演讲大赛中，宁波新华书店集团员工方挺荣获优秀奖。

2021 年 12 月，在第三届“全民阅读 · 书店之选”系列评选活动中，宁波新华书店集团被中国书刊发行业协会、韬奋基金会授予“百佳阅读推广单位”荣誉称号。

2022 年 1 月，在中国书刊发行业协会主办、百道网承办的“新时代杯”2021 时代出版 · 中国书店年度致敬活动中，宁波新华书店集团旗下四明书局 · 堇书房荣获“年度主题书店”称号。

2022 年 1 月，鄞州新华书店在阅读公众号联盟组织举办的 2021 年度书店公众号（订阅号）评选中，获得“十佳活跃度”称号。

2022 年 3 月，象山书城被省妇联评为“省级巾帼文明岗”。

2022 年 10 月，宁波新华书店集团被华文出版社评为“优秀发行商”。

党建工作

2021 年，宁波新华书店集团积极探索构建集团大党建格局，通过支部结对，实现组织共建、资源共享、事务共商、活动共办、发展共赢，推动集团融合发展、转型发展。建立党委理论学习中心组学习制度，明确领导班子成员全面从严治党主体责任范围，签订了《全面从严治党责任书》，并层层落实分解目标任务，打通党建责任落实“最后一公里”；狠抓意识形态建设，建立党史学习教育领导小组，积极开展党史学习教育党课、理论学习大讨论等。出台谈心谈话制度，进一步密切党组织与党员、党员与党员之间的关系。健全完善制度建设，制定了宁波新华书店集团内部审计制度，重新修订了固定资产管理办法、房屋资产出租及招商管理办法和资金管理办法，以内控制度建设为抓手，从源头上预防风险点，重点领域重点布控、重点权力重点防范、重点对象重点要求，让经营管理活动有章可循、有据可依，筑牢党员干部拒腐防变的思想防线。

2022 年，宁波新华书店集团扎实推进学习宣传贯彻党的二十大精神，制定了《宁波新华书店集团学习宣传贯彻党的二十大精神实施方案》，开展多形式、分层次、全覆盖的学习。全力以赴做好党的二十大文件及学习辅导读物的宣传发行服务工作；认真落实“第一议题”学习制度，集团党委会、各支部委员会、党员大会等党组织会议将学习贯彻习近平新时代中国特色社会主义思想、习近平总书记重要讲话和重要指示批示作为会议“第一议题”；强化基层党组织建设，规范落实“三会一课”、组织生活会、民主评议党员、谈心谈话等制度，增强党组织政治功能；开展形式丰富的党建共建、支部主题党日活动、增强组织生活的吸引力和实效性；落实“五问五破五比五先”作风建设各项活动任务，推动广大党员干部在集团发展上建功立业，把组织优势转化为发展优势；推进“书香”党建品牌建设，以品牌建设促党建与业务深度融合。

教材发行

2021 年，宁波新华书店集团教材教辅业务继续保持增长势头。在宁波市直属职业学校学生教材教学辅导材料招标中，宁波新华书店集团以得分第一名的成绩，获得了 3 个标段中最大的 1 个。鄞州公司积极拓展职高教材供应领域，委托省店集团馆藏公司顺利中标鄞州职高教材，取得历史性突破。

2022 年，宁波新华书店集团教材教辅业务继续呈现增长态势，并在业务创新上不断突破。教材分公司新增宁波开放大学教材项目，成功拓展了专业的职高教材市场，打破了原来一直被民营书业垄断的职教发行模式，初步建成职高从基础教材到专业教材采购渠道的全覆盖，在采购渠道建设、服务领域探索方面取得重大突破。余姚公司积极推动王阳明地方教材项目落地，2022 年秋季，《走近阳明》专题教育系列教材已由书店发行进入余姚当地学校试用。

门店建设

1. 门店转型升级

2021 年以来，集团加大资源整合力度，各子公司主动调整布局，空出场地积极招商招租，丰富经营业态，与图书形成互补，并制定了从门店业绩考核、营销活动策划、店长晋升机制、非图引入合作、团购客户维护、读者服务意识等具体举措，全面铺开。丰富门店经营业态，提升服务功能，与乐歌、MQD 品牌达成战略合作，乐歌人体工学新华体验店项目、MQD- 马小新集合店等一批品牌落地；同时，借助门店网点优势，探索部分多元产品自营业务，新引进了眼镜自营业务，在多个书城开设专柜。

2022 年，面对复杂多变的经营形势，集团层层压实任务，号召全体职工认清严峻形势、增强危机意识。通过对历史数据进行分析，发掘数据的规律和指标之间的相关性，推出门店绩效指标评价体系，从营收、利润、空间利用、人力成本、库存周转等 5 个方面为集团各个门店评分，开展横向、纵向评比，并设立标杆奖、提效奖，促进各门店做好提质增效工作。各子公司也纷纷推出针对性的措施，推进书店各项改革措施。

2. 一般图书销售

2021年，受到网购冲击、读者阅读习惯改变、邮政介入党政读物发行等多重不利因素冲击，传统图书业务面临着巨大压力。危机之下，宁波新华书店集团积极应对市场挑战，全力做好建党百年党史重点读物的征订、发行工作，主动对接，精心做好保供服务，全年共发行4本党史学习教育必读书目及其他主要党史学习教育书目130多万册；进一步强化图书自采业务，目前累计建户供货商200余家，完成了与供货商各项对接工作，取得初步成效。加大图书自采业务量，全年完成图书自采量比去年翻一番，利润率有所提高；提升专业化服务水平，馆藏业务市内绝对龙头地位得到巩固。

2022年，集团顶住了重重压力，按照既定的节奏，稳中求进，果断作为。守住主题出版物发行主阵地，全员发动，主动营销，圆满完成《习近平在浙江》、《干在实处，勇立潮头——习近平浙江足迹》、《习近平谈治国理政》第四卷、党的二十大相关文件及《笔墨当随时代》等重点党政图书的宣传、征订、发行工作。

3. 重点项目建设

2022年，由宁波新华书店集团旗下鄞州新华书店有限公司投资、建设并运维的“Y+”文化艺术综合体正式签约。该项目总建筑面积约2.2万平方米，定位为集聚文化艺术公共服务、汇聚文化艺术体验消费、聚合文化艺术产业经营的复合型文化艺术综合体。功能布局上，未来的“Y+”文化艺术综合体由艺术中心、阅读之城、声音小镇、文艺社区四大板块组成，经营目标是成为全省首个以书香为媒介、文艺为路径的精神共富新场景。

4. 实体店服务标准化

宁波新华书店集团在推进新网点建设的同时，着力提升现有网点的经营管理水平，不断强化一般图书经营能力建设，以市场为导向，打造线上线下、店内店外全方位营销服务体系。指导门店因地制宜，根据自身特点调整业务结构，提高盈利能力。组织开展了“我的岗位我作为——我是荐书师”比赛、庆祝建党100周年主题出版物造型比赛等职业技能竞赛，以赛促学，不断提升员工综合业务能力，强化用户服务力，激励和提升零售一线人员的工作热情和服务能力，真正实现把读者转化为用户、把书店融入人们的美好生活当中。

5. 各类特色网点建设

面对激烈的市场竞争，实体书店如何持续丰富文化阅读、创意体验、休闲服务功能作用，开源节流打造新型消费场景，一直是集团重点关注的内容。2022 年，宁波新华书店集团创新打造“新华书店 + 图书馆 + 城市书房”全新模式，实现零装修投入、零房租水电、运维经费政府保障及子品牌创设的门店建设新样板，连续新开东吴天童老街“新华书店 · 山外”、院士公园“宋韵书房”、咸祥“新华书店 · 咸笈”3 家新型门店。其中，“新华书店 · 山外”作为浙江省“乡村书房”示范点之一、宁波市首个乡村阅读公园，集书店经营、文化消费、空间赋能、文旅融合于一体，书店与湖光山色完美交汇，更有“新华书店 + 图书馆 + 文化服务”三合一功能，读者可以在青山绿水之间远离城市喧嚣，品茗、读书，享受“山外”风光，成为书香宁波又一文化打卡地；“宋韵 · 堇书房”拥有各类宋韵文化藏书 1300 余册，其他各类书籍 2700 余册，不仅集公共阅读、图书借售、休闲品茗、非遗展陈、文化交流等服务于一体，更是为广大市民提供免费休闲、阅读、交流的公共文化空间，同时，也是一个展现宋韵文化、展示宋韵美学、讲述宋韵历史、体验国风宋韵的文化精品工程；“咸笈 · 堇书房”面对象山港，前眺茫茫无垠的东海，建筑面积约 280 平方米，分上下两层，外设全景落地式玻璃大窗简约美观，内嵌红白双色墙柜相得益彰。目前，全店图书存量近 2 万余册，整合了图书借阅、名家讲座、文化沙龙、读书分享、文人雅叙等多项文化功能。

这三个文化空间都是由历史遗存及废旧闲置空间改造而成，经过活化利用，将它们整体提升成有内容、有温度、有连接的城市文化生活新空间，达到了赋能城市公共文化服务、重塑文化地标的目的。

融合创新

2021 年，集团进一步确立了打造宁波重要的“文化产品供应商、文化服务提供商和文化业态集聚平台”的总目标，涉足多元产品规模不断扩大、品种逐步增多。书店非书品的经营范围也从店内拓展到店外，从线下实体店延伸到线上平台。持续推进中盘建设，顺利通过质量管理体系、商品售后服务体系等认证。

对子公司智阅数字文化公司作架构调整，专门负责集团非图业务的开拓、经营。对“微生物”线上平台进行改版，加强平台技术开发，扩大平台采购供应链，增加用户体验与黏性；宁波新华教育培训学校调整经营思路，通过研发特色课程、引进创新课程等方式，主动服务学校，不断提升进校四点钟业务竞争力；创新文化服务，打造“堇蜜”品牌，为集团在文化服务方面的转型拓展提供了先行榜样，先后为市委宣传部、宁波财经学院、鄞州区纪委设计打造阅读文化空间，承接鄞州区新时代文明实践中心整体运维文化服务；还首次尝试介入网络游戏领域，与业内专业公司签订合作协议，开展棋牌类相关游戏开发和经营。

2022 年，按照打造宁波重要的“文化产品供应商、文化服务提供商和文化业态集聚平台”的总目标，宁波新华书店集团充分结合经营现状实际，不断扩大多元产品规模，引入更多大文化范畴的产业形态。智阅公司以“飞卫眼镜”为试点，不断调整运营思路，实现从“产品输出导向”到“品牌输出导向”的重要升级；华育公司教育装备业务快速增长，通过产品线的延伸，进一步拓宽了教育仪器的选择范围，促进教装业务向纵深发展；面对“双减”引发的教培市场大震荡，宁波新华教育培训学校进行了一系列的转型重塑，敏锐捕捉到了中小学生课后服务、定单式暑期托管、研学教育等教育培训领域的市场潜力，取得逆势增长；注册成立新华科艺公司，重点瞄准课后服务、素质教育、暑期托管、研学等；鄞州新华书店持续发力文化服务，继续为区新时代文明实践中心提供优质高效的运维服务，打响“堇蜜志愿服务”品牌；奉化新华书店依托奉化区级优势资源，打造“小书虫”项目，为学生提供作品刊登、实践参与等服务，多维度地提升学生综合素养，使“小书虫”成为一个有明显特色的小学生成长参与平台，为非图业务拓展创造了空间、打响了品牌。

网络运营

2021年，宁波新华书店集团积极拓展线上渠道，8家子公司22个门店上线美团外卖，为读者提供更便捷的购书体验。积极打造新型消费场景，探索社群运营、策展运营、IP运营、空间运营等全新的运营模式，搭建了微店连锁版和企业微信、视频号的商品管理销售、企业微信读者服务群的销售服务、客户定制书单内购模式等功能，

2022年，宁波新华书店集团上线智慧书城“新华伴读”小程序，实现了商品通、订单通、会员通。特别是打破了多年来各子公司之间的壁垒，实现了全门店会员权益的互通，标志着集团已经从传统零售模式正式跨入了新零售模式。建立读者社群为读者提供个性化服务，利用微信、抖音等线上渠道，策划并推出多元主题直播活动，线上线下联动，拉近与读者的距离，进行多渠道、多角度优质文化内容输出，在满足线上读者文化需求的同时，实现线上线下融合发展，文化推广与经营销售同频共振。

全民阅读

2021年，作为第七届浙江书展的主要执行承办单位，按照“打造有重要影响力的文化盛会、全国一流水平的省级书展”的目标，宁波新华书店集团上下一心、全员上阵，克服时间紧、要求高、任务重、变化多的困难，圆满完成了浙江书展的承办任务，充分彰显宁波新华人的能力和担当。在本届书展现场，共计100余种新书首发亮相。宁波主会场设立了十大展馆，来自全国300多家出版单位的2万多种精选图书参展。3天时间，书展主会场入场读者6.12万人次，举办各类活动90余场，图书和文创产品销售453万元。全省11个地市100+线下分会场共举办阅读推广活动340多场，销售1068万元。100+线上分会场展销图书约20万种，书展直播间各路直播达人带货1076万元，增量800多万元。此外，“2021秋浙版传媒云馆配”吸引了全国572家供应商参加，省内外605家图书馆采订品种19.5万种，订货码洋共计1.12亿元。无论是开幕式规格、专业程度、线上销售成绩，还是数字阅读氛

围营造、集约办展等方面都有所突破，获得了各级领导、各界嘉宾的称赞和广大市民的好评。相关新闻报道连续三次登上中央电视台，并亮相央视《新闻联播》，浙江书展的文化吸引力和社会影响力得到了不断提升。

2022 年，借助旗下众多实体平台，宁波新华书店集团以书为媒，全年不间断举办形式多样的阅读推广活动。以书为媒，举办书城大课堂、名家校园行、全民读书月、365 朗读者计划等品牌活动。承办“书香宁波日”活动。期间，全市举办主题论坛、演讲诵读、图书展览、优秀读物推荐等公益性、普惠性全民阅读活动近百项，播撒全城书香，助力市民读出美好生活，共享精神富有，获得了良好的社会效益，尽心竭力打造读书交友、交流分享的公益文化平台，让越来越多的市民爱上阅读。

内控管理

2021 年，宁波新华书店集团进一步完善内控制度建设，制定了宁波新华书店集团内部审计制度，重新修订了固定资产管理办法、房屋资产出租及招商管理办法和资金管理办法。以内控制度建设为抓手，从源头上预防风险点，重点领域重点布控、重点权力重点防范、重点对象重点要求，让经营管理活动有章可循、有据可依，筑牢党员干部拒腐防变的思想防线。根据多元转型的需要，对新项目实行独立考核，配套相适应的激励办法，调动人员积极性和能动性，助推新业务渠道取得快速拓展。

2022 年，宁波新华书店集团强化图书业务部、教材业务部、经营发展部的统筹指导职能，为子公司具体业务做好服务。搭建信息平台，打破信息孤岛，实施 OA 二期工程，增加了资产审批、人力资源审批、采购审批等管理流程，部分流程与宁波日报报业集团用友财务和人事管理软件打通，进一步加强非业务经营类活动的规范化管理，实现了业务协同在集团的通达性及参与度；制定出台《宁波新华书店集团信息发布审核办法（试行）》《宁波新华书店集团活动审批管理办法（试行）》，完善和规范日常图书推介、活动推广、信息发布等环节的管理，加强源头管控，确保不出现导向问题；修改制定《生产经营（保障）车辆管理制度》《房屋资产出租及招商管理办法》《联营合作管理办法》《采购管理办法》《信息系统资产管理办法》等，从源头上预防风险点。

人才培养

2021 年，宁波新华书店集团不断优化干部队伍结构，制订了员工年度培训计划，举办新媒体制作、图书营销等专题课程。开展了“我的岗位我作为——我是荐书师”比赛、庆祝建党 100 周年主题出版物造型比赛等职业技能竞赛，以赛促学，不断提升员工综合业务能力。举办了“共忆店史、共话初心”座谈会、“我和新华书店”演讲比赛，以新华书店的深厚历史为鉴共话初心，激励新华新人展现自我、奋发有为。建立干部荣誉退休制度，为到龄退休员工举办荣誉退休仪式，倡导广大青年员工学习继承老一辈新华人的敬业精神和优良作风，切实增强干部退休的荣誉感、仪式感和归属感。

2022 年，宁波新华书店集团更加注重对青年力量和干部梯队的支持和促进，先后开展了全集团各地区优秀青年店长、青年干部交流会、门店优秀服务经验分享会；加大投入，分别在宁波市委党校和开放大学专门组织了两期干部培训班，修炼干部党性、提高文化素养、拓宽视野、丰富知识层面、提高综合能力。

物流配送

2021 年，宁波新华书店集团优化完善了 ERP 信息管理平台，充分发挥奉化方桥物流基地仓储功能，确保了图书业务各环节顺畅、规范运作。

2022 年，“课前到书，人手一册”工作面临供型较晚、疫情反复等困难，宁波新华书店集团坚守初心使命，以坚实行动兑现了“课前到书，人手一册”的铮铮誓言。为确保送书进度，业务人员加大与上级相关部门的联系，及时了解教材特别是主课品种出版印刷发行的进展情况，制定好教材教辅发行应急预案，不折不扣地践行“课前到书，人手一册”这一庄严承诺。

社会责任

2021年，宁波新华书店集团在宁波书香文化园、各县（市、区）大型书城或中心门市利用电子屏轮播、在显著位置处张贴公益广告、微信公众号宣传、图书造型展示等多种形式进行公益宣传，举办公益阅读活动，推广阅读、传播文化。11个“甬·书循环”流通箱落户地铁站，鼓励市民乘坐地铁时人手一本书，将碎片化的时间有效地利用起来进行阅读，并同步接受各类图书捐赠；第七届浙江书展期间，“甬·书循环”项目以“爱不孤‘读’”为主题，发动全社会募集图书。在极短的时间内完成了收集整理等艰巨工作，最终向四川凉山州捐赠爱心书籍4万余册。央视给予了重点报道，相关负责人向全国观众介绍了该活动，其公益理念愈发深入人心。

2022年，宁波新华书店持续加强公益宣传，集团公众号、视频号、各门店电子屏广告位等均刊播优秀图书推介及公益广告。举办公益阅读活动，邀请名家开展线上线下阅读分享会，周末、暑期开展绘本故事、小小图书管理员等公益活动，同时，严格活动管理传导正能量。策划举办宁波读书月系列活动。鼓励员工加强学习投身实践，组建志愿服务小分队开展各类志愿服务活动；“书香宁波日”期间，“爱不孤‘读’——书香‘甬’动”凉山州公益活动将爱延续，向四川大凉山乡村学校赠送2000册书籍，继续助力凉山州的孩子们共品书香。

2021—2022年末领导班子成员名单

郭　靖　党委书记、董事长

余　慧　党委副书记、总经理

胡晓军　党委副书记、副总经理

卓祖未　党委委员、副总经理

叶佑祥　党委委员、副总经理

王亚娣　财务总监（副总经理级）

许静杰　党委委员、鄞州公司总经理

大事记

2021 年

1 月 11 日 海南省新华书店集团有限公司以 6.47 亿元人民币成功摘牌受让江苏凤凰出版传媒股份有限公司持有的海南凤凰新华出版发行有限责任公司 51% 的股权。

1 月 16 日 重塑再造的 2.0 版云书网和百姓文化云上线启动仪式在河南出版物流配送中心举行。河南新华携手京东集团、河南 863 公司知名企业，历时一年对两个平台的板块、功能、内容、服务等方面进行信息化升级，加强线上与线下、电商与物流、图书与非图的深度融合发展，致力将云书网打造成河南本土最大的开放性文化电商平台。

1 月 18—24 日 安徽新华发行集团举办第二届“皖新传媒读者节”，开展“发布四大书单、年度好书打榜、阅读榜样评选、新春文化年货”等文化阅读活动 200 余场，服务读者 69.5 万人次，实现图书销售 919.5 万元，较去年同期增长 78.1%。

1 月 20 日 人力资源社会保障部、国家广播电视总局、国家新闻出版署授予河北省新华书店有限责任公司、浙江省新华书店集团有限公司、河南省新华书店发行集团有限公司、广东新华发行集团股份有限公司、海南凤凰新华出版发行有限责任公司、云南新华书店集团有限公司、重庆新华传媒有限公司采购分公司、新华影轩（北京）影视文化股份有限公司、内蒙古鄂尔多斯市新华书店有限公司、上海书城五角场店、合肥新华书店有限公司三孝口店、江苏凤凰新华书店集团有限公司姜堰分公司、江西新华发行集团有限公司新余市分公司、宝鸡市新华书店有限责任公司、宁夏中卫新华书店有限公司、广州新华出版发行集团旗下广州出版社有限公司“全国新闻出版广播影视系统先进集体”称号；授予北京发行集团有限责任公司财务管理处处长杨峰，保定市新华书店有限责任公司徐水分公司经理邢丽红，大连市新华书店有限公司副经理管月坤，安庆新华书店有限公司岳西县分公司便民店店长胡险峰，湖北省新华书店（集团）有限公司武汉市分公司常务副经理周怡，宁夏新华书店发行集团有限公司党委书记、总经理何学军，新疆新华书店发行有限责任公司员工张年树，四川少年儿童出版社明琴“全国新闻出版广播影视系统劳动模范”称号。

同日 宁夏新华书店发行集团开启2020年度农家书屋线上“百姓点单”模式，农民朋友可在宁夏新华书店有限公司开发的“农家书屋”线上小程序上选书下单。

1月28日 由中国新华书店协会主办的会刊正式创刊，中国新华书店协会理事长茅院生为此做发刊词。会刊每月一期，随《新华书目报（科技新书目版）》发行。会刊是全国新华书店系统深入学习贯彻习近平新时代中国特色社会主义思想，着力推进全民阅读，培育读书风尚，传播先进文化的新阵地，是反映协会动态，搭建沟通桥梁，加强会员交流，发布行业信息的重要平台，是协会服务会员单位的重要窗口，是广大新华人和读者的精神家园。

1月31日 由内蒙古自治区党委宣传部等部门主办、内蒙古新华发行集团承办的“我帮你·书香伴你过大年”主题志愿服务和全民阅读活动启动仪式在马文化主题书店举行。自治区党委常委、宣传部部长白玉刚，自治区党委宣传部常务副部长、新闻出版局（版权局）局长吴振清，内蒙古新华发行集团党委书记、董事长秦建平，集团党委副书记、总经理王亚东出席活动。

1月 江苏凤凰新华书店集团有限公司总部组织架构调整全面完成。调整后，遵循“业务市场化、职能专业化、管理扁平化”原则，凤凰新华总部围绕职能管理与支撑、业务管理与服务两大功能，共设置17个中心（部门）。

2月1日 钮也仿同志被任命为上海新华传媒连锁有限公司党委书记、执行董事。

同日 重庆新华传媒有限公司“献礼建党100周年优秀出版物展示展销”活动拉开帷幕，精选领袖著作、党史、政治等党政类读物进行重点陈列展销，喜迎中国共产党成立100周年。

2月10日 吉林省委常委、宣传部部长石玉钢，省委宣传部副部长、省新闻出版局（版权局）局长姚玉和等领导一行，在春节前夕到长春市新华书店走访慰问一线员工。

2月11日 中共中央政治局委员、北京市委书记蔡奇以“四不两直”的方式到王府井书店视察，亲切慰问在岗干部职工。他仔细察看了营业店堂的每个区域，询问了图书销售和文创产品信息，观看了数字货币的使用流程及冬奥智能穿戴设备的演示，听取了发行集团对10家书店24小时不打烊的简要介绍。

2月 为积极响应全市“在京过年”倡议，北京发行集团在春节期间组织北京图书大厦、王府井书店、中关村图书大厦、王府井外文书店等开展春节特色文化活动，让在京过年的读者感受到浓浓的“书香味儿”。

3月8—10日 中国共产党四川新华出版发行集团第一次代表大会召开，选举产生了中共四川新华出版发行集团第一届委员会和第一届纪律检查委员会。

3月11日 经曲江文化集团党委研究同意，赵彦平为西安市新华书店有限公司董事长人选，张赶为西安市新华书店有限公司总经理、法定代表人人选。王宣懿不再担任西安市新华书店有限公司董事长、法定代表人，赵彦平不再担任西安市新华书店有限公司总经理，张赶不再担任西安市新华书店有限公司常务副总经理。

3月21日 西藏自治区党委常委、宣传部部长汪海洲一行到西藏自治区新华书店视察指导工作，实地察看了国家“十三五”重点在建项目拉萨中心书城、营业网点升级改造项目新华书吧施工工地、西藏自治区出版物物流配送中心、柳梧门市和区新华书店办公区。

3月22—26日 2021年浙江省春季“云馆配”图书展示会成功举办。展会总采购码洋达1.85亿元，同比增长14%。本届“云馆配”是“十四五”开局之年全国新华书店系统的首场线上馆配会，共有578家出版社参展，超过1500家图书馆赴展，参会人员超过5000人。

3月24日 海南凤凰新华出版发行有限责任公司正式完成与8家股东的股权转让事宜，并通过海南省市场监督管理局审核备案，完善公司法人治理结构。至此，海南省新华书店集团有限公司、新华文轩出版传媒股份有限公司、海南省教材出版有限公司、三亚市天涯国际文化产业发展有限公司、海南日报有限责任公司、海南广播电影电视传媒集团有限公司、东方星空创业投资有限公司、南方出版社有限公司等8家公司成为海南凤凰新华出版发行有限责任公司的股东。

3月30—31日 乌鲁木齐市新华书店将公司职能部门搬迁至自治区广播电视局办公大楼4至5层，办公环境焕然一新。

3月31日 由北京图书订货会组委会、中国出版集团有限公司、新华书店总店有限公司主办，图书馆报、新华万维国际文化传媒（北京）有限公司承办，新华互联电子商务有限责任公司、辽宁北方出版物配送有限公司、山东中教产业发展股份有限公司协办的“2021全国馆社高层论坛”在北京成功举办。

同日 在北京图书订货会开幕当天，新华文轩与商务印书馆在北京举行共建文轩出版博物馆签约仪式，标志着文轩出版博物馆的筹建工作正式开启。这是出版业首家全国性、综合性的博物馆，也是全国首家由国有文化企业组织建设的出版博物馆。

3月 根据中宣部机关党委的要求，中国新华书店协会和中国版权协会共同组建联合党支部，进一步完善了协会党支部建设。

同月 福建新华发行集团将所属的福建新华传媒发展有限公司对台业务整合到所属的福建省出版对外贸易有限责任公司。

4月1日 武汉新华书店以重点打造的“江城晚八点”都市文化夜读活动拉开2021年全民读书月活动序幕。活动从4月1日持续到5月2日，共开展34场，参与读者近万人。

4月13日 “书香满龙江”——第二届黑龙江省出版奖发布仪式在省电视台演播大厅举行，黑龙江新华书店集团荣获“先进出版单位奖”。

4月15日 在中宣部统一部署安排下，“大湾区 大未来”集中采访活动走进深圳书城中心城，来自人民日报、新华社、中央广播电视台、中新社、南方报业传媒集团等15家媒体约60名记者，就深圳全民阅读工作及书城运营情况进行集中采访，进一步展现深圳作为全球全民阅读典范城市的阅读风采。

同日 新疆维吾尔自治区党委常委、宣传部部长田文出席新疆新华书店工作会议并讲话，对新华书店近年来的工作成绩给予了充分肯定。

4月16日 中宣部副部长张建春到深圳书城中心城调研，先后参观了中心书城AI智能互动屏、书城大台阶、光之塔、美学生活馆、“天圆地方”景观、综合书店、24小时书吧、益文书店和南区艺廊，听取了关于深圳市全民阅读工作及书城运营情况的汇报，对相关工作给予充分肯定。中宣部出版局局长冯士新，广东省委宣传部副部长杜新山，深圳市委常委、宣传部部长王强参加调研。

同日 在2021年中国数字阅读大会出版发行业融合发展高峰论坛上，浙江省新华书店集团和咪咕数字传媒有限公司签订战略合作框架协议，双方将在节展举办、内容开发、会员导流、空间运营等方面，借力深耕双方线上线下优势资源，实现互通互融、合作共赢。

4月20日 新疆维吾尔自治区党委常委、宣传部部长田文到乌鲁木齐市新华书店北京路办公区走访调研。强调要抓紧抓实企业党建工作，在中国共产党成立100周年之际，重点做好党史学习教育读物发行工作。

4 月 21 日 深圳首开先河、创新打造的“全国新书首发中心”在深圳书城中心城揭牌成立。该中心吸引了中华书局、商务印书馆、人民文学出版社等 30 家头部出版机构加盟，每年精选首发 200 余种新书好书，构建“重磅新书首看深圳”的文化生态。

4 月 22—24 日 辽宁北方出版物配送有限公司召开春季馆配订货会，汇集全国 160 余家出版社的新书 6 万余种、辽版图书精品 2000 余种、建党百年主题图书 1000 余种及精选库存图书样本 20 余万种。展会期间，有百余家大中专院校图书馆、公共图书馆、省内外新华书店以及出版集团内部的北方图书城和校园书店客户等共计约 600 人参加。

4 月 23 日 由中国新华书店协会主办、新华书店总店和全国新华书店共同参与的“第三届新华书店网上商城读者大会”拉开序幕。本次活动包括新华万店“学四史、守初心、担使命、筑信仰”线上线下图书联展、全民阅读读书周、新华书店阅读狂欢节和主题出版物直播推广等多项内容，把全国新华书店共庆建党 100 周年、新华书店 84 周年店庆、世界读书日有机结合。

同日 在贵州省遵义市举办的 2021 年全国新时代乡村阅读季暨“多彩贵州 书香高原”全民阅读活动启动仪式上，中央宣传部印刷发行局副局长、一级巡视员董伊薇，贵州省委宣传部副部长、省广播电视局局长耿杰为娄山关新华书店红色书屋第一站揭牌。

同日 2021 年“书香吉林阅读季”系列活动启动仪式在吉林省图书馆举行。吉林省委常委、宣传部部长石玉钢，吉林东北亚出版传媒集团党委书记、董事长张宝宗，吉林省新华书店集团党委书记、董事长曾昭群等领导出席本次活动。

同日 深圳出版集团以“播撒阅读种子，创造民族未来”为主题，在中心书城举行“庆祝第 26 个世界读书日暨第 6 个深圳未成年人读书日”系列活动启动仪式。国务院参事、深圳读书月组委会总顾问王京生，国务院参事、国务院参事室《国是咨询》总编辑、生活 · 读书 · 新知三联书店原总经理樊希安，深圳市委常委、宣传部部长王强，深圳市人民政府副市长吴以环等领导出席启动仪式。

同日 2021年“书香中原·全民阅读”活动、第二十八届全省青少年爱国主义读书教育活动、2021年世界知识产权日版权宣传周活动、2021年“绿书签行动”系列宣传活动启动仪式在中原出版博物馆举行，全省新华书店积极联动掀起全民阅读高潮。

同日 以“庆祝百年华诞 阅读美好时代”为主题的安徽省2021世界读书日活动启动仪式在新华书店安徽图书城店举行。

同日 第26个世界读书日到来之际，青海省新华发行集团紧紧围绕庆祝建党100周年这一主线，结合党史学习教育，以“壮丽100年·共迎新时代”为主题开展了一系列立体式、沉浸式的阅读活动。

同日 第七届海峡读者节在商务印书馆福州分馆开幕，福建省人大常委会副主任严可仕、福建省政协副主席刘献祥出席开幕式。

同日 2021年甘肃省书香陇原阅读季“4·23世界读书日”活动在西北书城举行。韬奋基金会理事长聂震宁，甘肃省委宣传部常务副部长高志凌，读者出版集团有限公司党委书记、董事长刘永生，人民日报出版社副社长赵军等领导及有关单位负责人、代表及知名作家共120余人参加了开幕式。

4月24日 由中国新华书店协会主办、河北省新华书店有限责任公司和陕西新华出版传媒集团新华书店分公司承办、延安新华书店协办的全国新华书店系统“百年党建 情系新华”党建工作交流会在延安举行，来自全国新华书店的50余位代表参加。

4月27日 内蒙古新华发行集团股份有限公司荣获“全国五一劳动奖状”，成为全国出版发行行业唯一获此殊荣的企业。

4月28日 大连市委副书记、市长陈绍旺到大连市新华书店视察指导。大连文化产业集团党委书记、董事长兼新华书店党委书记、总经理王延生，大连文化产业集团董事、副总经理兼新华书店副总经理管月坤陪同。

4月 湖北新华武汉市分公司被中华全国总工会授予“全国五一巾帼标兵岗”称号。

同月 在中共山东省委宣传部第六届全民阅读先进典型评选中，滕州分公司等8家单位被授予“书香企业”称号；山东书城等6家单位被授予“全民阅读示范基地”称号。

5月12日 皖新传媒中标阜阳市图书馆新馆设计、建设、采购、运营EPCO一体化项目，中标金额6914.55万元。这是2021年继马鞍山市博望区图书馆项目、六安市叶集区图书馆项目之后中标的第三个公共文化服务项目。

5月14日 中宣部印刷发行局副局长、一级巡视员董伊薇视察乐之书店·橘子洲店，听取了湖南新华书店集团数字化转型情况汇报。

5月15日 作为青岛新华书店子公司的青岛书城文化发展公司，将主体业务转至青岛市店运营，不再为青岛市店的下属子公司。

5月17日 中宣部副部长张建春视察天津市外文书店。天津市委常委、宣传部部长陈浙闽，天津出版传媒集团党委书记、董事长杨红杰，总经理班峰、副总经理纪秀荣等陪同。

5月21日 新华文轩召开2020年度股东大会，选举罗勇、刘龙章为新华文轩第四届董事会执行董事，选举戴卫东为非执行董事。同日，新华文轩召开第四届董事会第六次会议，选举罗勇为新华文轩第四届董事会董事长，刘龙章为新华文轩第四届董事会副董事长。

同日 海南省委常委、宣传部部长肖莺子一行到定安母瑞山琼崖红色书店考察。海南省委宣传部常务副部长符宣国、理论处处长曾繁诗等陪同考察。

同日 云南省大理白族自治州漾濞县分别发生5.6级和6.4级地震，给当地人民群众的生产生活带来严重影响。为了更好地履行社会责任，大力弘扬“一方有难、八方支援”的社会主义互助精神，云南新华书店向漾濞县教育系统捐赠办公设备100套，价值55.8万元。

同日 由广州新华出版发行集团主办、广州出版社承办的广东省中小学地方教材《人工智能》出版发布会在北京师范大学广州实验学校隆重举行。该套教材是全国首套经省级教材审定部门审定通过的中小学人工智能教材，在全国范围内具有引领和示范作用。

5月26日 广东省委常委、宣传部部长陈建文一行到深圳书城中心城调研，对深圳书城模式给予了充分肯定，称赞书城“为市民提供了诗意生活空间”。

5月28日 辽宁北方出版物配送有限公司与中国出版集团旗下新华联合发行有限公司在北京正式签订战略合作协议。北配公司将借助新华联合先进、专业、成熟的物流体系，以轻资产方式在北京部署区域图书分仓，充分发挥北京图书资源聚集、物流运输发达的区位优势，为初步形成面向全国市场的产业布局提供有力支撑。

5月31日 黑龙江省书刊发行业协会召开第四届三次理事会，黑龙江新华书店集团党委书记、董事长、总经理刘金凤当选新一届理事长。

5月 北京发行集团成功承办2021年“北京书市”，设置了九大展区共500多个展位，有160余家单位参展，11天接待读者30余万人次。

6月1日 由贵州省新华书店有限公司倾力打造的新华文渊超市紫林庵店正式开业，贵州省委常委、宣传部部长卢雍政到新华文渊超市紫林庵店调研指导工作。

6月3日 广西新华书店集团与人民日报出版社、广西行动学习研究会联合开展“百年党史共读好书”——2021年广西“党史学习教育+行动学习”直播活动。

6月16日 湖北省委常委、宣传部部长许正中，常务副部长邓务贵，副部长陈树林一行到湖北省新华书店集团检查安全生产工作。

6月17日 由中国出版协会、韬奋基金会、中国书刊发行业协会、中国新华书店协会、中国出版集团有限公司、吉林东北亚出版传媒集团、长春市文化广播电视和旅游局主办，《国际出版周报》、《图书馆报》、长春市图书馆承办，新华万维国际文化传媒（北京）有限公司协办的2021年出版发行界图书馆界阅读推广论坛在长春举办。中共吉林省委常委、宣传部部长石玉钢，中国出版集团有限公司董事长、党组书记，中国出版传媒股份有限公司董事长黄志坚，中国出版集团有限公司党组成员，中国出版传媒股份有限公司董事、副总经理，中国新华书店协会理事长茅院生，中共吉林省委宣传部常务副部长张宝宗，中国图书馆学会副理事长，原文化部公共文化司副司长、巡视员刘小琴，中国书刊发行业协会副理事长兼秘书长纪宏，中国出版协会副秘书长刘丽霞，韬奋基金会副秘书长黄国荣，中共吉林省委宣传部副部长、省新闻出版局（省版权局）局长栾国栋，长春市委常委、宣传部部长赵明，长春市文化广播电视和旅游局党组书记、局长曲笑，长春市文化广播电视和旅游局党组成员、副局长吴疆等领导和专家出席。

6 月 26 日 上海新华连锁将当年陈云同志入党和工作过的商务印书馆虹口分店重装开业，命名为“1925 书局”。

6 月 29 日 在中国共产党百年华诞来临之际，中国共产党历史展览馆配套工程新华书店百年书房正式开业。百年书房由新华书店总店建设运营，总面积约 600 平方米。百年书房以“围绕中心、服务大局”为核心理念，以“主题出版物首发地”为书店定位，以为广大读者提供优质阅读内容和多元化文化产品为经营模式。

同日 中宣部副部长张建春到中国共产党历史展览馆配套工程新华书店百年书房调研指导。中宣部副秘书长郭义强、出版局局长冯士新、印刷发行局局长刘晓凯、进出口管理局局长王志成、出版局副局长李一昕、中国印刷博物馆馆长孙宝林等一同参加调研。

同日 在中国共产党成立 100 周年之际，由天津出版传媒集团、天津市委党校共同打造，天津图书大厦负责管理运营的育梁书局在天津市委党校正式开业，经营面积 1000 平方米。

6 月 30 日 由中国新华书店协会主办，中国新华书店协会品牌与多元经营发展工作委员会、江苏凤凰新华书店集团有限公司、新华书店总店、全国各省（自治区、直辖市）新华书店和网上商城承办的“颂建党百年辉煌、承新华不渝初心”庆祝建党百年主题快闪活动在全国新华书店同步展开。各省、市、区新华书店及数百家大型门店共同唱响《唱支山歌给党听》，深情表达新华人敬党爱党、始终跟党走的坚定信念。59 家书店还把快闪活动制作成视频，在新华书店网上商城平台持续展播，成为建党百年庆祝活动中的一大亮点。

6 月 由中国新华书店协会主办、浙江省新华书店集团有限公司承办的“为党的生日献份礼”百店百馆百本书捐赠活动在全国各地新华书店集团拉开序幕。据统计，此次全国新华书店共向百余家中小图书馆及中小学校捐赠图书 3 万余册，总价值近百万元，充分体现了新华书店的社会责任和文化担当。

同月 由中国新华书店协会主办、新华书店总店新华互联电子商务公司承办、全国新华人共同参与的“我与新华书店”摄影大赛正式启动。活动以展示新华风采、凝聚新华力量、推动新华高质量发展为宗旨，用镜头真实反映新华人的精神风貌。本次大赛共收到全国新华书店的参赛作品 588 幅，评出获奖作品 100 余幅。

6—7 月 湖南新华书店集团开展“千家门店展销千种党建主题（红色）出版物”、“阅读三湘行”、名家“七进”等一系列中国共产党建党 100 周年庆祝活动，广泛营造传承红色基因、宣扬红色文化的浓厚氛围，向建党 100 周年献礼。

7 月 7—11 日 第十一届江苏书展在苏州国际博览中心成功举办。本次书展采取线上线下结合、主分展场联动的方式，主展场设在苏州国际博览中心、全省设 132 个分展场以及 2 个线上分展场。主展场共有 400 余家出版发行单位参展，展销 8 万余种优秀出版物，举办活动 170 余场。主分展场共实现销售 9263 万元，比上届增加 1430 万元。

7 月 16 日 由中国新华书店协会主办，中国新华书店协会实体书店建设委员会、新华书店网上商城、深圳出版集团、山东新华书店集团有限公司泰安分公司承办的“庆祝中国共产党建党 100 周年全国新华书店主题出版物造型设计大赛”决赛在山东泰安举行，从全国万余家新华书店门店选拔出的 34 家代表队参加了比赛。

同日 中国新华书店协会在山东第三十届图书交易博览会泰安分会场发布了《中国新华书店社会责任报告书（2019 年）》。报告书分为五大部分十个章节，全面展示了全国各级新华书店坚持党的领导，坚持传承红色基因、传播科学真理、弘扬先进文化、履行社会责任，为推动全民阅读、建设书香社会、营造积极向上的舆论氛围所发挥的重要作用，作出的重要贡献。

7月29日　第五届中国出版政府奖表彰大会在北京召开，浙江省新华书店集团有限公司、河北省新华书店有限责任公司、大连市新华书店有限公司、四川文轩在线电子商务有限公司荣获国家新闻出版署颁发的“第五届中国出版政府奖·先进出版单位奖”；山西新华书店集团有限公司刘兴太、江西新华发行集团有限公司汤晓红、湖南新华书店有限责任公司周亦翔、江苏凤凰新华书店集团有限公司秦俊俊、新疆新华书店发行有限责任公司范文诚、新华文轩出版传媒股份有限公司李强荣获“第五届中国出版政府奖·优秀出版人物奖”；四川民族出版社、四川美术出版社出版的《〈格萨尔王传〉大全》（1—300卷）荣获“第五届中国出版政府奖·图书奖”。

7月30日《习近平在福建》读者见面会在福州鳌峰坊书城举办，福建省委常委、宣传部部长邢善萍出席并讲话，福建省人大常委会原副主任潘征出席。

同日　为提高公司市场竞争力，山东新华物流有限公司注册资金由500万元增至2000万元。

7月　为庆祝中国共产党成立100周年，《国际出版周报》隆重推出《庆祝中国共产党成立100周年特刊》，全面、集中、立体展示了建党100周年来的出版、发行、图书馆等领域的光辉历程与丰硕成果。

同月　山西新华书店集团成功打造推出了“新华e教装”线上展示平台。该平台运用VR技术、3D建模、H5前端制作等互联网人工智能技术手段，给用户带来全新的视觉体验。

同月　广西新华书店集团连续9年上榜“广西企业100强”，连续6年上榜“广西服务业企业50强”。

8月8日　广西新华书店集团总部新办公区揭牌仪式在南宁市茶花园路23号举行。

8月19日　由广州市委宣传部主办、广州新华出版发行集团承办的2022南国书香节暨羊城书展开幕式在广州购书中心举行，广州市委常委、宣传部部长杜新山出席活动。

8月26日　湖南省委常委、宣传部部长曾万明调研乐之书店·开福店和华瑞物流公司，湖南省委宣传部常务副部长、省新闻出版局（版权局）局长蒋祖烜，湖南省委宣传部部务会成员、省文资委专职副主任刘尤碧等陪同调研。

8月 湖北省新华书店（集团）有限公司被湖北省企业联合会、湖北省企业家协会评为“2021 湖北服务业企业 100 强”。

9月2日 内蒙古新华文化物流基地开工仪式在呼和浩特市隆重举行。基地位于呼和浩特市赛罕区黄合少镇西讨速号村，建设面积 30950 平方米，建成后将以图书、教材教辅、文化产品配送为基础，整合全区出版文化产品资源，打造辐射全区、功能完善、自成体系的现代化物流网络。

9月6日 总店召开干部大会，中国出版集团有限公司董事长、党组书记、中国出版传媒股份有限公司董事长黄志坚宣布任江哲同志任新华书店总店执行董事、党委书记。中国出版集团有限公司董事、党组副书记、中国出版传媒股份有限公司监事会主席刘伯根，中国出版集团有限公司党组成员、中国出版传媒股份有限公司董事、副总经理茅院生出席大会。

9月14日 中共中央政治局委员、中央宣传部部长黄坤明，北京市委常委、宣传部部长莫高义，市委宣传部副部长、市新闻出版局局长王野霏一行到第十九届北京国际图书节北京发行集团展区视察指导工作。

9月16日 由中国出版协会、国际出版商协会、中国出版集团有限公司主办，新华书店总店有限公司、广西师范大学出版社集团、东方出版中心、中国出版协会“一带一路”出版工作委员会和《国际出版周报》承办，新华万维国际文化传媒（北京）有限公司、新华国采教育网络科技有限责任公司、新华互联电子商务有限责任公司协办的“2021 国际出版企业高层论坛”在北京成功举办。百余位国内外出版界高层人士，围绕“国际传播能力与国际市场”主题，通过线上线下相结合的形式，共同探讨如何加强国际传播能力建设和国际出版合作高质量发展。

9月22—25日 由上海出版社经营管理协会、上海图书馆、上海新华传媒联合主办，新华连锁承办的 2021“中国书业馆配年会”在新华连锁举行。活动邀请了全市 100 余家公共图书馆、大中小学图书馆、专业图书馆及浙江、江苏等外省市图书馆、渠道商等客户约300人现场参会，实现总销售码洋近2500万元。

9月23日 光明日报社和经济日报社联合发布了第十三届“全国文化企业30强”名单。安徽新华发行（集团）控股有限公司、四川新华出版发行集团入选“全国文化企业30强”；河北省新华书店有限责任公司入选“全国文化企业30强”提名名单。

9月23—27日 第十七届中国（深圳）国际文化产业博览交易会在深圳国际会展中心举办，深圳出版集团作为媒体融合馆承办单位，重点推出了“党史学习教育主题读物专区”“纪念建党百年红色主题数字内容精品展”等。期间，中宣部部长黄坤明等领导同志视察了新闻出版馆，对集团承办工作给予充分肯定。

9月26日 江西省委副书记叶建春到江西新华文化广场调研，股份公司党委委员、发行集团党委书记、总经理汤晓红作了相关工作汇报。叶建春强调，要始终坚持把社会效益放在首位，履行好国有文化企业的社会责任，全力做好主题出版物发行工作，助力党史学习教育走深走实。要主动适应新形势下大众阅读新需求，采取线上线下相结合的方式，提升出版物的关注度与感染力，助力营造全民阅读浓厚氛围。

同日 由海南凤凰新华出版发行有限责任公司承办的第十三届海南书香节暨2021年海南全民阅读活动启动仪式在海南省博物馆隆重举行。本届海南书香节以“书香海南 阅读天堂”为主题，采用“线上线下融合、全省各市县联动、分散同期办活动”的形式，围绕14大板块开展阅读推广活动。

9月29日 海南省新华书店集团有限公司将海南广播电影电视传媒集团有限公司持有的海南凤凰新华出版发行有限责任公司3.94%的股权转让给海南省文化投资管理有限公司。

9月30日 读者集团“金秋阅读·点亮兰州文化之光”暨张掖路新华书店升级重启仪式隆重举行。甘肃省委常委、宣传部部长王嘉毅，省委宣传部副部长、省新闻出版局（版权局）局长王成勇，省作家协会主席叶舟，兰州市委宣传部副部长丁瑞娟以及部分出版发行单位负责人及读者代表、新闻媒体代表等出席仪式。

10月3日 中共中央政治局委员、北京市委书记蔡奇到台湖会贸中心调研，提出要加快A库转型工作，助推台湖演艺小镇建设的工作要求。

10月9日 第七届浙江书展在宁波开幕，浙江省委常委、宣传部部长朱国贤，浙江省委常委、宁波市委书记彭佳学，中宣部印刷发行局局长刘晓凯等领导出席开幕式并致辞。本届浙江书展以“致敬百年 读领风尚”为年度主题，共有300余家出版社参展，参展图书约2万种，设有主题馆、浙版馆、宁波馆等10个展馆。同时，全省新华书店、特色书店、农家书屋还设有100多个线下分会场，天猫、京东、微信等电商平台网络书店设有100多个线上分会场。

10月11—15日 第六届全国学生“学宪法 讲宪法”活动“新华书店杯”山西赛区总决赛在山西新华书店集团晋中园区隆重举行。本次总决赛由山西省教育厅主办，山西新华书店集团、《作文周刊》报社承办。

10月14—22日 2021年秋季南京馆藏图书展销会在南京新港成功举办。为期9天的展销会吸引了全国356家供应商、省内外超600家单位客户参会，到访客户2797人次，实现销售总码洋1.11亿元。

10月15日 由中国出版协会、中国出版集团有限公司主办，中国出版协会“一带一路”出版工作委员会、新华文轩出版传媒股份有限公司、《国际出版周报》承办，新华万维国际文化传媒（北京）有限公司、辽宁北方出版物配送有限公司协办的第二届“一带一路”出版合作经验交流会在四川成都成功举办。来自全国出版发行界的近200名代表围绕“‘一带一路’出版合作新机遇新举措”进行了深入交流和探讨。

10月15—17日 第十一届河北省图书交易博览会在廊坊举行。本届书博会由河北省新闻出版局、河北出版传媒集团、廊坊市委宣传部共同主办，河北省出版物发行业协会、河北省新华书店有限责任公司、廊坊市新华书店有限责任公司承办，采取“线上+线下”的方式举行。线下主会场设在廊坊市人民公园时代广场，分会场设在廊坊市新华书店中心书城，同时，设有河北省新华书店“新华优选”线上商城线上会场，全国500家出版社的20多万种图书参加展销，为历届河北省书博会之最。

10 月 15—18 日 2021 天府书展在成都举行，本届书展以“致敬建党百年 · 逐梦书香天府”为年度主题，共吸引了来自全国 500 余家出版单位、300 余家网上书店和众多行业专家、文化名人参展。主展场、分展场、分会场逛展人次 160 万，线上逛展人次 4300 万，实现图书总销售码洋 1.18 亿元，同比去年增长 21.6%。

10 月 18 日 武汉市委宣传部批复同意《市属新华书店深化改革工作方案》，对武汉市新华书店有限公司和武汉新华书店股份有限公司进行整合，以进一步优化资源配置，理顺资产纽带关系，突出国有资本的战略引领功能，发挥市属新华书店规模优势。

10 月 21 日 第九届全国出版物馆配馆建交易会暨河北省首届馆配会在正定国际会展中心开幕。本届交易会由中国出版协会、河北出版传媒集团主办，河北省新华书店有限责任公司、北京人天书店有限公司、北京书友之家文化交流有限公司联合承办。展场面积近 1 万平方米，共有全国 400 多家出版单位参展，设 800 个图书展台，展示图书 10 万余种。交易会通过展馆现采和河北省新华书店云馆配平台线上采购联动开展。

10 月 22 日 为期 10 天的 2021 河北省新华书店金秋惠民书市拉开帷幕。本届书市以“致敬百年 读书追梦”为主题，全省 224 家新华书店实体店与“新华优选”商城平台 172 家网店同步联动，集中展示展销党政主题出版物、冀版精品出版物及其他全国优秀出版物 20 余万种。

同日 由重庆书刊发行业协会主办、重庆新华书店集团公司承办的“实体书店图书营销经验分享会”暨“庆祝中国共产党成立 100 周年系列活动——好书推荐短视频征集、书香重庆摄影作品征集、创意海报征集活动颁奖仪式”在重庆新华传媒有限公司举行。

10 月 23 日 “凤凰读书会 · 全民阅读星空间”全省新华书店挂牌仪式在南京凤凰国际书城成功举行。“凤凰读书会”是凤凰出版传媒集团整合旗下优质资源，打造的具有统一品牌标识的现象级阅读推广平台。10 月以来，凤凰新华旗下 100 家中心门店、大型书城、特色门店进行了“凤凰读书会·全民阅读星空间”的统一挂牌和活动部署，同时，开展了一系列阅读活动。

10月26日 浙江省新华书店集团与政采云有限公司签订战略合作协议，双方将发挥各自资源优势，在政企采购领域、供应链领域、渠道建设、数字化建设等方面开展全面战略合作。浙江省新华书店集团是第一家与“政采云”建立全面战略合作的图书类目战略合作伙伴。

10月28日 由深圳市委宣传部主办，深圳读书月组委会办公室、深圳出版集团承办的第二十二届深圳读书月启动仪式在深圳书城中心城举行，市长覃伟中出席启动仪式。本届读书月以“打开一个新视界”为年度主题，以“文化的闹钟、城市的雅集、阅读的节日”为定位，组织策划250余项、1400多场主题活动。

10月31日 由广州市委宣传部指导，书香羊城全民阅读活动组委会办公室、广州新华出版发行集团股份有限公司主办的第五届广州诗词挑战赛决赛在广州广播电视台圆满落幕。

11月14日 中国共产党银川市委员会任命程伟为银川市新华书店有限公司党委书记、总经理。

11月5—7日 由安徽省委宣传部、安徽省新闻出版局、合肥市人民政府主办，安徽新华发行集团、安徽出版集团承办的2021中国黄山书会在合肥举办。书会以“书声阅百年 书香满江淮”为主题，坚持线上线下融合创新，为广大读者带来了精彩纷呈的阅读活动。安徽省委常委、合肥市委书记虞爱华致辞并宣布开幕，中国出版协会理事长邬书林出席并致辞。安徽省委宣传部常务副部长王宏、副部长陈韶光等领导出席了开幕式。

11月10日 中宣部副部长张建春到北京发行集团所属中国书店调研指导，参观了中国书店古籍库房和中国书店邃雅斋，听取了中国书店对古籍修复、雕版印刷技艺、拍卖等情况的详细介绍，肯定了中国书店在传承和保护中国传统文化方面的积极贡献，并对下一步发展提出了要求。

11月22日 青海省委常委、宣传部部长赵月霞到省新华发行集团调研党的十九届六中全会学习辅导读物征订发行工作和企业改革发展情况。

11 月 24 日　中央宣传部文化体制改革和发展办公室副主任、一级巡视员高书生到新华书店总店就国资项目发展、文化大数据建设等情况进行调研。中国出版集团有限公司党组成员，中国出版传媒股份有限公司董事、副总经理茅院生，总店党委书记、执行董事任江哲，总店党委副书记、总经理朱涛等出席调研活动。

同日　由中国新华书店协会主办、湖南新华书店集团承办的“我和新华书店”演讲大赛决赛落下帷幕，来自全国新华书店的 31 位选手以饱满的激情，抒发了对新华精神的感悟、对新华事业的热爱。

11 月 28 日　为期 10 天的 2021 南国书香节暨第三届深圳书展圆满落幕。本届书展采用主会场与分会场同步、室内与户外联动的模式，展销 500 多家国内外优秀出版机构约 22.3 万种、120 万册精品图书，邀请 102 家出版社设摊参展，开展文化活动 100 余场，接待读者超 155 万人次，现场销售突破 2700 万元，接待人数与销售规模创历史新高。

11 月　深圳读书月品牌活动“赠书献爱心”，募集全国近百家出版社共计 150 万元码洋的图书，面向广东东莞、汕尾、广西百色、内蒙古、西藏等地区帮扶农家书屋、校园图书馆等近 30 家受赠单位。“赠书献爱心”是深圳出版集团唯一一项自首届深圳读书月开始，连续进行 22 年的公益性读书文化活动。

12 月 5 日　由广州市委宣传部、书香羊城全民阅读活动组委会办公室指导，南方出版传媒股份有限公司、广州新华出版发行集团、中国出版传媒商报社主办，广东省粤港澳大湾区文化教育交流中心、广州购书中心、广州出版社承办的 2021 粤港澳大湾区（广州）出版创新对话在广州主会场（广州越秀国际会议中心）、北京分会场（中国出版传媒商报社）同步开启。

12 月 8 日　浙江省新华书店集团与杭州良渚文化创意有限公司签订战略合作协议，双方将围绕“良渚文化”大 IP，共同推进良渚研学项目及文创产品合作，共同打造良渚文化对外展示窗口和文创新高地。首个合作项目“中华五千多年文明史的实证——良渚文明全国巡展”浙江首展在温州苍南书城举办。

12 月 15 日 深圳市宝安区新华书店有限公司股权转让签约仪式在宝安区金港商务大厦举行，深圳出版集团与宝安产业集团签署股权转让协议，受让宝安区新华书店 100% 的股权。此次股权转让标志着深圳区域内新华书店重组整合任务全面完成，推动深圳市文化事业改革迈上一个新台阶。

12 月 18 日 深圳书城湾区城（以下简称“湾区书城”）正式开工。中国出版协会理事长邬书林，深圳市委常委、常务副市长黄敏，深圳市委常委、宣传部部长张玲，深圳副市长张华出席开工仪式。作为深圳“新时代十大文化设施”系列工程之一，以及建设“全球全民阅读典范城市”的重点项目，湾区书城是继深圳书城罗湖城、南山城、中心城、宝安城、龙岗城、龙华城之后，由深圳出版集团全力打造的新一代大书城，建成后将成为国内面积最大的书城文化综合体，也是粤港澳大湾区标志性公共文化设施。

12 月 20 日 “铭记初心使命，弘扬精神谱系”——2021—2022 年度弘扬中国共产党人精神谱系大型出版物展示活动在重庆新华书店集团各区、县中心门店同步启动。这是全国发行界首家举办的关于弘扬共产党人精神谱系的图书主题营销活动。首批精选了市场上主题最贴切、版本最权威的 118 种优秀图书进行集中陈列，在全市以统一的宣传形式亮相。

12 月 24 日 中央宣传部印刷发行局副局长、一级巡视员董伊薇到总店就新华书店网上商城建设工作进行调研。中国出版集团有限公司党组成员，中国出版传媒股份有限公司董事、副总经理茅院生陪同调研。总店党委书记、执行董事任江哲，党委副书记、总经理朱涛，中国新华书店协会常务副理事长张雅珊，新华互联电子商务有限责任公司副总经理李美贵出席会议。

同日 内蒙古新华发行集团股份有限公司成功在上海证券交易所主板上市，成为内蒙古自治区国有文化产业“第一股”。内蒙古自治区党委常委、呼和浩特市委书记包钢，自治区党委常委、宣传部部长郑宏范，自治区地方金融监督管理局局长姜华，内蒙古新华发行集团股份有限公司党委书记、董事长秦建平共同为内蒙古新华鸣锣开市，宣告内蒙古新华正式登陆资本市场。

12 月 27 日 浙江省新华书店集团与阿里集团旗下阿里拍卖就推进国有

资产数字化管理转型达成战略合作，上线全国首家省级新华书店集团资产交易云平台。双方将以云平台为合作基础，推动实现资产运营全流程标准化、数据化、高效化。

12月29—31日 中国共产党安徽新华发行（集团）控股有限公司第二次代表大会在合肥召开，选举产生了中共安徽新华发行（集团）控股有限公司第二届委员会和第二届纪律检查委员会。

12月31日 贵州省新华书店有限公司与深圳市富润德供应链管理有限公司合作，共同成立贵州新华富润德供应链管理有限公司。

12月 北京市新华书店连锁有限责任公司河滩书店、山西新华书店集团晋中有限公司、江苏凤凰新华书店集团有限公司如东分公司、浙江省桐乡市新华书店濮院小连锁店、安徽省马鞍山新华书店有限公司和县龙潭南路店、福建新华发行（集团）有限责任公司永春分公司、江西新华发行集团有限公司鄱阳县分公司、广东新华发行集团新会新华书店有限公司、云南省楚雄新华书店有限公司大姚分公司石羊云上乡愁书院、陕西新华发行集团富平县新华书店有限责任公司、甘肃省天水市麦积区新华书店、青海省新华发行（集团）有限公司果洛州有限公司玛沁分公司、新疆维吾尔自治区和田地区新华书店皮山县连锁分店等被中共中央宣传部、文化和旅游部、国家广播电视总局联合授予"第九届全国服务农民、服务基层文化建设先进集体"荣誉称号。

2022年

1月1日 “北国书香网”正式上线运营。该平台是黑龙江新华书店集团为顺应数字经济发展新趋势，自主研发打造的线上线下一体化电商平台，为黑龙江全省中小学生及广大读者提供了120余万种教材教辅、一般图书及文教、文创产品。

1月8日 湖南新华书店集团打造的乐之书店·橘子洲店正式开业，总营业面积584平方米，另有户外花园252平方米。书店结合橘子洲景区及长沙地方文化地标特色，用复合文化空间串联起了毛泽东同志“恰同学少年”时期的历史场景，是一家具有地标性的主题书店。

1月17日 江苏省政府采购中心公布中标结果，凤凰新华“阳光采购平台”成功入围江苏省政府采购网上商城定点电商项目，在50家入围单位中综合评分名列第三。

1月26日 “书香地铁”福田站在深圳地铁正式开业。作为深圳首个地铁站书吧，充分发挥“全民阅读+绿色出行”引领示范作用，为深圳市民提供了图书线上线下借阅、租售、阅读、订购等四大功能。

1月30日 上海书城九六广场店正式开业入驻浦东新区东方路796号九六广场内下沉式广场，填补了新华书店门店在上海陆家嘴区域的布点空白。

1月 山东滨州、东营、泰安等28家新华书店被山东省精神文明建设委员会授予2021年度“省级文明单位”称号。

2月11日 云南新华书店印发《云南新华书店集团教育服务板块校园书店发展规划（试行）》，重新明确校园书店的战略定位、经营业态，理顺校园书店管理关系、供应链关系及业务管理系统关系，明确全省到2025年要建成300家校园书店，2022年起按照新标准建设新型校园书店的规划目标。

2月24日 浙江省新华书店集团与吉林省新华书店集团在杭州签署战略合作协议，双方将在技术应用、连锁经营、产品资源、管理经验等方面开展全方位深度合作，共同做大做强国有主渠道发行网络，携手为发行业高质量发展探索新经验、新模式、新路径。

2 月 25 日 广东新华发行集团与阿里云计算有限公司签署了智慧教育合作框架协议，双方将在智慧作业、智慧教育领域展开全面合作，携手助力广东乃至全国的教育信息化、教育资源数字化建设。

2 月 广西壮族自治区党委宣传部、自治区财政厅、自治区文旅厅、自治区广电局联合授予广西新华书店集团“广西文化产业龙头企业”称号。

同月 四川省人力资源和社会保障厅通报了 2021 年度博士后创新实践基地评估结果，新华文轩博士后创新实践基地综合评估为“优秀”等级，是省内唯一获此殊荣的文化企业。

3 月 8 日 江西新华发行集团旗下江西新华云教育科技有限公司继入选南昌市专精特新中小企业后，荣获 2021 年度江西省专精特新中小企业称号。

3 月 23 日 内蒙古自治区政府召开 2022 年推进企业上市工作会议，自治区党委副书记、自治区主席王莉霞为“内蒙新华”授奖。

3 月 中国新华书店协会对外发布了《中国新华书店社会责任报告书（2020 年）》，向社会各界全面展示了全国新华书店 2020 年承担企业社会责任的举措及成果，对各地新华书店在重点图书发行、卖场升级改造、网点布局建设、全民阅读推广、公益扶贫捐赠、文化企业担当等方面的成绩和做法一一进行了介绍。

同月 为了全面记录中国新华书店的发展进程，展示新华精神，反映年度创新业绩，《中国新华书店双年鉴》（2019—2020）编纂工作正式启动。中国新华书店协会组建了《双年鉴》编委会和编辑部，向全国各省级新华书店下发了文件，提出了指导意见和要求。

同月 西藏自治区新华书店召开西藏 7 市（地）新华书店主要负责领导座谈会，会后形成了《西藏自治区市（地）新华书店统一业态、统一平台战略合作协议书》。

同月 四川民族出版社陈蓉被全国妇联授予“全国三八红旗手”称号。

4 月 13 日 广西新华书店集团入选广西首批“国企党建 + 企业文化研究实践教学站”。

4 月 15 日　首批百家“凤凰校园文学基地”授牌仪式在南京举行。“凤凰校园文学基地”项目由凤凰出版传媒集团筹划主办、江苏凤凰新华书店集团和江苏凤凰文艺出版社承办，是为积极响应习近平总书记提出的把“立德树人”作为教育根本任务的号召，进一步提升校园文化建设、书香校园建设的内涵，搭建创新型校园文化阅读平台。

4 月 19 日　贵州省新华书店打造的全省首家社区 24 小时无人值守书店——文渊阅智慧书房落地贵阳市云岩区头桥街道，正式对公众开放。

4 月 20 日　北京发行集团中国书店雁翅楼店“中轴文化阅读空间”正式开放，将持续开展以“中轴文化”为特色主题的照片专展、图书展销、讲座论坛、线上直播等活动，丰富市民精神文化生活，传承和推广中轴线文化，以实际行动助力北京中轴线申遗。

4 月 21 日　中宣部副部长张建春，中宣部版权管理局局长王志成、副局长赵秀玲等一行到海口市解放路书城考察调研。海南凤凰新华出版发行有限责任公司党委书记、董事长、总经理何洋等陪同调研。

4 月 23 日　由中宣部出版局指导，北京市委宣传部、中国出版集团有限公司主办，北京广播电视台、总店新华书店网上商城承办的首届全民阅读大会新时代主题阅读推广分论坛在北京举行。中宣部出版局副局长杨芳，北京市委宣传部一级巡视员王野霏，中国出版集团有限公司副总经理、党组成员陈永刚等出席论坛。

同日　在第 27 个世界读书日和新华书店成立 85 周年纪念日来临之际，在中国新华书店协会指导下，新华书店总店联合各省市新华书店共同举办“第四届新华书店网上商城读书大会暨‘春润书香浓’全民阅读月”系列活动。

同日　在首届全民阅读大会活动现场，北京图书大厦全国新书首发平台正式启动，并发布首批 10 本新书。首发平台是北京发行集团推动实体书店由传统图书卖场转变为“服务读者、服务出版社、服务行业”平台运营模式的第一步，也是落实北京市委常委、宣传部部长莫高义关于实体书店“推荐好书、营造氛围”指示精神的具体举措。

同日 在世界读书日来临之际，上海新华连锁结合疫情之下的特殊情况，以"'疫'齐携手，书香守'沪'"为主题，在4月15—25日为读者们举办了一系列丰富别样的线上阅读活动。

同日 由河北省委宣传部、河北省教育厅、河北出版传媒集团公司联合主办，河北省新华书店有限责任公司承办的第十届河北省青少年"阅·知·行"读书活动云端总结展演暨第十一届活动动员会隆重举行。第十届"阅·知·行"读书活动自2021年4月在全省启动以来，共有529万名中小学生参加。

同日 "阅读新时代 奋进新征程"2022年书香内蒙古全民阅读活动在呼和浩特市举行，自治区党委常委、呼和浩特市委书记包钢，自治区党委常委、宣传部部长郑宏范等领导出席仪式，并向现场群众赠送书籍。

同日 由山西出版传媒集团主办，山西新华书店集团、希望出版社承办的"讲好中国故事，弘扬航天精神——《中国精神·太空双子星》英文版新书分享会"在山西图书大厦成功举办。

同日 第八届海峡读者节在商务印书馆福州分馆开幕，中共福建省委常委、宣传部部长张彦出席并致辞。

同日 青岛新华书店在全地区各门店开展了全民阅读月主题书展，邀请连谏、阿占、余耕3位作家、百花文学奖得主举办"'4·23世界读书日'特别分享会"。

同日 《全民阅读大会·2021年度中国好书》盛典在央视科教频道播出，深圳书城龙岗城以科技书店的典型范例亮相该节目。

同日 由海南凤凰新华出版发行有限责任公司承办的第十四届海南书香节暨2022年海南全民阅读活动在海口解放路书城启动。本届海南书香节以"深入推进全民阅读 奋力建设自由贸易港"为主题，依托海南全省新华书店、农家书屋、公共图书馆等阅读空间，开展六大板块上千场次的线上线下文化活动。

同日 宁夏新华书店发行集团围绕"喜迎党代会·书香进万家"活动主题，开展了"4·23世界读书日"好书推荐网络直播活动。

同日 第十三届大连读书季开幕式在大连市新华书店隆重举行，市委宣传部常务副部长张金双、副部长霍燕，大连市中山区区委书记张洪喜，大连市文化和旅游局党组书记、局长马涛，以及大连新闻传媒集团、大连文化产业集团领导共同为活动启幕。

4月23日—5月4日 北京发行集团组织全市实体书店开展了“全民购书节”活动。世界读书日当天举办了“点亮读书灯”主题快闪活动，通过活动引领读者依次点亮阅读之灯，发出阅读倡议，倡导开卷有益、阅读精品，掀起全民读书热潮。

4月25日 安徽省委常委、宣传部部长郭强出席在安徽图书城举办的全民阅读系列活动暨第六届全省校园读书创作活动启动仪式并发表讲话。

4月26日 汉中市新华书店汉中书城被陕西省总工会授予“陕西省工人先锋号”荣誉称号。

4月27—29日 2022年重庆新华馆配会在重庆书城举行。展场面积约660平方米，邀请了全国200家大社、名社、重点社参展，集中展出重点书、精品书、畅销书、高端专业书4.5万种，参会客户共采购图书8.5万册、码洋547万元。

4月30日 湖南省委常委、宣传部部长、省社科联主席杨浩东调研乐之书店·橘子洲店。湖南省委宣传部常务副部长、省新闻出版局（版权局）局长蒋祖烜，湖南省委宣传部印刷发行处处长张云峰陪同调研。

5月9日 西北书城“最美书店”授牌仪式在兰州举行。甘肃省委宣传部副部长、省新闻出版局（版权局）局长王成勇，读者出版集团党委书记、董事长刘永升，省委宣传部印刷发行处处长张东林参加了揭牌仪式。

5月12日 中宣部印刷发行局副局长、一级巡视员董伊薇一行到新华书店总店调研，探讨新时代下农家书屋建设工作，就推进实施全民阅读乡村促进工程进行座谈交流。中宣部印刷发行局发行处处长武远明、办公室（农家书屋办公室）主任何彬、办公室（农家书屋办公室）副主任徐雪、发行处调研员王成斌陪同调研。总店党委书记、执行董事任江哲，党委副书记、总经理朱涛等参加座谈。

5 月 13 日 由福建新华发行集团、福建省全民阅读促进会、连江县总工会共同主办的首届福建新华阅读大会·全民阅读“八进”工作论坛暨连江读书活动在福建连江举办。

同日 中国共产党宁夏新华书店发行集团有限公司委员会召开党员大会，选举产生了新一届中国共产党宁夏新华书店发行集团有限公司委员会和纪律检查委员会。

5 月 23 日 由广东新华发行集团与广东荷田田文化传媒有限公司合资成立的广东新荷传媒有限公司在琶洲举行揭牌成立仪式。

5 月 26 日 在 2022 年江西省文化强省建设推进大会上，江西新华发行集团有限公司荣获“江西省文化企业 20 强”。

5 月 新疆伊犁新华书店与那拉提景区管委会共同打造的“新华书店·那书院”建成营业，开启了“书店＋旅游”模式和文旅融合发展的有益尝试。

6 月 1 日 安徽省新华书店成立 70 周年座谈会在合肥举行，省委常委、宣传部部长郭强出席座谈会并讲话。座谈会发布了《安徽省新华书店社会责任报告（1952—2022）》，举行了项目云签约仪式。

同日 武汉新华书店携手全国百家出版社共同举办武汉地区首届“武汉童书展”。本次活动历时 3 个月，共开展线上线下阅读分享活动 12 场、文化惠民展销 82 场，受众读者达 2 万余人次。

6 月 6 日 《闽山闽水物华新——习近平福建足迹》读者见面会在福州鳌峰坊书城举办，福建省委常委、宣传部部长张彦出席并讲话。

6 月 17 日 江苏凤凰新华苏北物流分中心启用仪式在淮安隆重举行。苏北物流分中心建设是凤凰新华首个区域性物流整合项目，是凤凰传媒“十四五”发展规划项目之一。项目占地面积 24679 平方米，仓储办公用房面积约 2.1 万平方米，是凤凰新华首个区域性物流整合项目。

6 月 20—24 日 山西新华书店集团服务大教育转型项目及文创产品展订会在晋中园区举行，全省教育装备项目意向订单和文创产品订单合计达 8000 万元，开创了非图业务历次订货会新高。

6月27日 广东省出版集团“十四五”发展重点项目——岭南文化创意产业园在肇庆高新技术产业开发区滨江路1号正式启动。

6月28日 由浙江省新华书店集团参与编制的行业标准CY/T 262—2022《中小学馆配书目数据编制规则》由国家新闻出版署正式发布并实施。

6月29日 中宣部副部长张建春考察湖南乐之书店营盘路店和橘子洲店。湖南省委常委、长沙市委书记吴桂英，湖南省委常委、宣传部部长杨浩东，湖南省委宣传部部务会成员、省人民政府新闻办公室副主任黄海陪同考察。

6月30日 中国共产党海南凤凰新华出版发行有限责任公司召开党员代表大会，选举产生新一届公司党委和公司纪委。

6月 吉林省委宣传部任命宋孟林为吉林省新华书店集团有限责任公司董事长；吉林东北亚出版传媒集团任命宋孟林为吉林省新华书店集团有限责任公司党委书记。

7月2日 广东新华发行集团在广州四阅书店·东湖店和珠海横琴书笙馆同步举行《习近平谈治国理政》第四卷首发仪式。

7月12日 由中共党史出版社和北京发行集团联合举办的《中国共产党的一百年》首发式在北京图书大厦全国新书首发平台隆重举行。中央党史和文献研究院副院长黄一兵，中宣部出版局副局长杨芳，中宣部出版局图书处处长王为衡，北京市委宣传部一级巡视员王野霏，北京发行集团党委书记、董事长郭小明等出席活动。

7月20日 武汉市政协主席杨智、副主席周晓琦、秘书长陈跃庆一行到武汉新华书店江汉书店调研推进政协委员读书活动。

7月21日 河南省委、省政府下发《书香河南建设实施方案》，为全省新华书店持续推进全民阅读提供了基本遵循和政策支持。河南新华抢抓契机、创新提升，紧急下发《全省新华书店落实“书香河南”建设总体工作安排》工作通知，细化举措，创新服务，凝心聚力联动各级书店落地实施。

7月24日 “喜迎二十大 阅读新时代”2022年自治区“法治进嘎查”主题阅读暨全市草原书屋中心书房主题阅读打卡启动仪式正式举行，内蒙古自治区党委宣传部副部长田瑞华等领导出席。

同日 贵州省第一家村级新华书店——阿嘎村书屋正式营业。

7月 沈阳市新华书店举办“玖伍文化城五周年庆暨东北首座知乎城市落地”主题活动。作为东北首个新兴互联网平台线下实体服务互动空间，知乎主题空间正式落地玖伍文化城。

同月 河北省新华书店原创读书栏目《阅见》以专题形式亮相“学习强国”总平台，首期发布的14部优秀作品单日阅读量近20万次，在业内引发广泛反响。

同月 湖南新华书店集团协助湖南出版集团筹办中国作协“新时代山乡巨变创作计划”“新时代文学攀登计划”系列活动，匠心建造了“立波清溪书屋”“王蒙清溪书屋”“作家出版社清溪书屋”等11家作家书屋，嫁接起读者和作家交流互动的桥梁。

8月2日 湖北省委常委、宣传部部长许正中，省委宣传部常务副部长邓务贵一行顶着高温酷暑，先后深入湖北新华印务有限公司生产车间、湖北省新华书店集团物流中心一线调研慰问。

8月3日 位于庐山名胜风景区牯岭正街的庐山·观云书屋（新华书店）盛装开业，庐山·观云书屋（新华书店）是江西新华发行集团有限公司重点打造的“小而美”精品旅游主题书店，被列入江西出版传媒集团2022年重点建设项目。

8月10日 “年华璀璨”少年成长主题江苏省巡回公益讲座全面启动。为贯彻习近平总书记关爱未成年人健康成长的指示精神，落实省委、省政府和省全民阅读活动领导小组有关决策部署，江苏凤凰新华联合南京图书馆、江苏凤凰少年儿童出版社、南京大学出版社在全省范围内开展了“年华璀璨”大型系列公益阅读讲座活动，并将此活动纳入“江苏青少年阅读季”重点阅读推广活动之中。

8月17日 中国新华书店协会第四届第五次常务理事会在北京召开。大会审议了中国新华书店协会2022年上半年工作报告，通报了《习近平谈治国理政》第四卷在全国新华书店征订发行情况、《中国新华书店双年鉴》

（2019—2020）、《中国新华书店社会责任报告书》（2021）的编制进展情况和规范新华书店门店网点品牌授权等事项。针对新冠疫情对新华书店经营活动带来的影响及压力，为减轻企业负担，会议通过了协会2022年会费减半收取的决议。

8月19日 由湖南省委宣传部、湖南省农业农村厅、湖南省乡村振兴局主办，长沙市委宣传部、湖南出版投资控股集团、浏阳市委宣传部协办，湖南广播电视台都市频道、湖南新华书店集团、天舟文化股份有限公司承办的“喜迎二十大 奋进新征程”湖南省2022年“新时代乡村阅读季”示范引领活动启动式在浏阳市新华书店乐之书店举行。

8月26日 第十二届河北省图书交易博览会在沧州开幕。本届书博会以“喜迎二十大 书香润燕赵”为主题，由河北省新闻出版局、河北出版传媒集团、沧州市委宣传部共同主办，河北省出版物发行业协会、河北省新华书店有限责任公司等单位承办。中宣部印刷发行局发行处处长武远明，河北省委宣传部常务副部长、省新闻出版局（省版权局）局长宋文新，河北出版传媒集团公司党委委员，河北省新华书店有限责任公司党委书记、董事长于慧丰出席开幕式并致辞。书博会为期3天，采取以线上为主、线上线下相结合的办展模式，参展图书20余万种。同时，举办线上读书分享会、名家访谈、惠民赠书等系列文化活动。

8月26—28日 由中共安徽省委宣传部、安徽省新闻出版局（省版权局）、合肥市人民政府、六安市人民政府主办，安徽新华发行集团、安徽出版集团承办的2022中国黄山书会在合肥举行。本届书会以“皖美新阅读 喜迎二十大”为主题，在安徽合肥滨湖国际会展中心主展场、六安市图书馆分展场和3个线上、全省170家线下分会场同步举办。省委常委、合肥市委书记虞爱华，中国出版协会理事长邬书林，中宣部印刷发行局副局长、一级巡视员董伊薇，韬奋基金会理事长聂震宁，省委宣传部常务副部长王宏，中国书刊发行业协会理事长艾立民，中国新闻出版研究院院长魏玉山，中国新闻出版传媒集团总经理李忠，省委宣传部副部长、省新闻出版局（省版权局）局长查结联，中国作家协会主席团委员、茅盾文学奖获得者柳建伟等百余位嘉宾参加了开幕式。

8月　上海证券交易所发布《沪市主板上市公司2021年至2022年度信息披露工作评价结果》。在1642家主板公司中，新华文轩信息披露工作连续第五年获得A级评价，反映了监管机构对于新华文轩公司治理水平、信息披露质量、投资者关系管理的高度认可。

同月　由教育部中外语言交流合作中心发起，四川新华出版发行集团旗下四川新华乐知文化科技有限公司参与执行的“庆祝中德建交五十周年——中德青少年云音乐会”在德国北威州埃森市音乐厅成功举行。央视新闻联播、CCTV13、新华社、《人民日报》、中国新闻社、欧洲时报等媒体进行了报道。

9月1日　以“全民享阅读 书香满京城”为主题的第二十届北京国际图书节在北京首钢园服贸会展区盛大开幕。本届图书节由商务部、北京市人民政府指导，北京市委宣传部主办，北京发行集团承办。

9月8日　“书香文山数字农家书屋”正式上线。作为云南省建成的第一家数字农家书屋，书屋以“书香文山数字农家书屋”公众号、APP等平台为载体，配置了图书71369册、听书37132集、期刊150种的数字资源。

9月13日　广西新华书店集团连续第十年上榜“广西企业100强”，连续第七年上榜“广西服务业企业50强”。

9月14日　国家新闻出版署印发《关于深圳市海天出版社有限责任公司更名及从事音像制品和电子出版物出版业务的批复》（国新出审〔2022〕1262号），同意深圳市海天出版社有限责任公司更名为深圳出版社有限责任公司并增加音像制品及电子出版物出版业务，出版范围为出版与深圳出版社有限责任公司图书出版业务范围相一致的音像制品、电子出版物。

9月16日　广西新华书店集团举行以“科技赋能知识，创造无限可能”为主题的“中国—东盟出版人才知识服务系统”上线发布会。

9月20日　第七届中国—亚欧博览会·2022新疆图书展在新疆国际会展中心7号馆举行。乌鲁木齐市新华书店南门购书中心作为分展场，搭建了五大主题图书展台，进行重点图书推荐。

9 月 28 日　吉林省 2021 年优秀实体书店授牌暨新华书店福祉大路店阅读空间启动仪式在吉林出版集团龙腾大厦门前举行。中共吉林省委常委、宣传部部长阿东出席活动并为优秀实体书店授牌。

9 月　中国企业联合会、中国企业家协会发布了“2022 中国服务业企业 500 强”榜单，四川新华出版发行集团荣列其中。

10 月 1 日　由江西省委宣传部主办，江西出版传媒集团承办的“书香赣鄱·喜迎二十大 书香润洪城”全民阅读活动正式启动，首场活动在阔别十年、盛装归来的八一广场新华文化综合体拉开帷幕。

10 月 10 日　由深圳市委宣传部主办、深圳出版集团承办的“奋进新征程 建功新时代”党的二十大主题书展在深圳各大书城、书吧、深圳图书馆举办。主题书展以迎接宣传贯彻党的二十大为主线，突出领袖著作、党史读物、人文艺术、科技数字、岭南文化、深圳元素，共设六大专区。

10 月 11—15 日　2022 秋浙版传媒“云馆配”图书展示会成功举办，实现订货码洋 1.18 亿。本次展会聚合了全国 685 家供应商超 10 万种新书，省内外 651 家图书馆参展，参会人数达 5100 余人，订货册数 159 万册。

10 月 28 日　党的二十大文件及学习辅导读物上海首发式在上海书城九六广场店隆重举行。《中国共产党第二十次全国代表大会文件汇编》和《党的二十大报告辅导读本》等 4 个品种在全市新华书店、上海书城上架销售。

同日　天津图书大厦举办党的二十大文件及学习辅导读物首发式，天津市委常委、宣传部部长沈蕾，市委宣传部副部长王立文，天津出版传媒集团党委书记、董事长杨红杰，副总经理张云峰出席。

同日　由吉林省委宣传部主办，吉林东北亚出版传媒集团、吉林人民出版社、吉林省新华书店集团承办的党的二十大文件及学习辅导读物首发式在长春市新华书店重庆路店举行，全省新华书店门店同步征订发行。

同日　党的二十大文件及学习辅导读物贵州首发式在贵阳新华文渊超市云岩广场店举行。现场首发推出《党的二十大报告辅导读本》和《中国共产党章程》单行本，为全省广大党员干部群众学习贯彻党的二十大精神提供了权威读本。

10月29日 党的二十大文件及学习辅导读物湖南首发式在乐之书店·雨花店举办。湖南省委宣传部副部长、省政府新闻办公室主任卿立新，湖南省委宣传部部务会成员、省人民政府新闻办公室副主任黄海等出席活动。

同日 党的二十大文件及学习辅导读物江苏首发式在凤凰广场举行。江苏省委常委、宣传部部长张爱军出席首发式并讲话。省委宣传部常务副部长、省新闻出版局（省版权局）局长梁勇主持首发式，凤凰集团党委书记、董事长孙真福介绍了党的二十大文件及学习辅导读物在江苏的印刷发行工作情况。

同日 由安徽省委宣传部主办，安徽新华发行集团、安徽出版集团承办的党的二十大文件及学习辅导读物安徽首发式在合肥市举行。省委常委、宣传部部长郭强出席并为首发式揭幕。

10月 中国新华书店协会和所属财务管理工作委员会联合撰写了《中国新华书店行业2021年度资产运行情况》，对全国（省、自治区、直辖市）新华书店集团和单独建制集团2021年经营质量，从近30个方面进行分析、排序和打分，提出分析意见和建议，报告对全国新华书店提升经营管理水平具有重要意义。

同月 陕西新华出版传媒集团新华书店分公司打造的"西北出版物物流配送中心"1号物流配送中心部分楼层投入使用。该项目被评为省、市重点项目和"万亿级文旅产业省级重点项目"。

11月2日 云南新华书店集团有限公司与云南省林业和草原科学院在昆明举行战略合作协议签约仪式。双方将在图书出版物、文创产品、科普基地、科普温室、研学活动、生物资源科普库等方面开展紧密深入的合作，共同提升广大群众科学知识水平，积极拓展全省中小学生自然教育发展空间，共同助力区域乡村振兴。

11月3日 由内蒙古自治区党委宣传部主办，内蒙古新华发行集团、赤峰市委宣传部承办的党的二十大文件及学习辅导读物内蒙古首发式在赤峰市新华书店举行。

同日 广西新华书店集团旗下的广西邕华图书有限公司与南宁市青秀区联合建设的新华书店·新竹社区店举行揭牌仪式。该店实现了广西三个“第一”，即全区第一家社区新华书店，全区第一家实现数字化借阅功能的智慧社区书店，全区第一家“书店＋社区”深度融合、共建的新型书店。

11月5日 由深圳市委宣传部主办、深圳出版集团承办的“第二十三届深圳读书月启动仪式”在深圳书城中心城举行。深圳市委书记孟凡利出席启动活动，读书月组委会总顾问厉有为、王京生、李小甘，市领导陶永欣、张玲、张华参加活动。本届读书月聚焦学习宣传贯彻党的二十大精神，以“读时代新篇、创文明典范”为主题，共开展260多项、2300余场阅读文化活动。

11月7日 安徽省委宣传部常务副部长王宏到发行集团宣布集团主要领导人事调整决定。省委决定，根据工作需要，吴文胜同志不再担任安徽新华发行集团党委书记、董事长职务，金涛同志临时负责集团和股份公司全面工作。

11月8日 海南省企业联合会、海南省企业家协会发布2022海南省企业100强（含制造业企业40强、服务业企业50强）名单。海南凤凰新华出版发行有限责任公司位列2022海南省企业100强第96名、服务业企业50强第50名。

11月10日 武汉新华书店持续推进深化改革，完成了武汉新华书店股份有限公司国有股权划转，武汉市新华书店有限公司成为武汉新华书店股份有限公司国有控股股东，进一步理顺了以资本为纽带、以产权为基础的管理体制机制。

同日 吉林省新华书店集团新教材业务管理系统软件正式上线运行，构建了全省信息化、全方位、多层次、零距离的专业教材发行服务体系，为圆满完成“课前到书，人手一册”政治任务提供了技术支持。

11月11日 第四届深圳书展启动仪式在深圳书城举行。市委常委、宣传部部长张玲，副市长张华出席开幕式。本届书展以“阅读新时代 奋进新征程”为年度主题，采用“1+8”模式，实现主分会场全域联动。活动组织约600家国内优质出版机构参展，开展130余场文化活动，累计接待读者超110万人次，销售图书3434万元码洋，再度刷新全国时间最长、销量最高的城市书展纪录。

11月16—25日 由湖南省委宣传部指导，郴州市委宣传部、岳阳市委宣传部、湘西州委宣传部、湖南出版集团、中南出版传媒集团主办，湖南新华书店集团承办的首届岳麓书会“沿着总书记的足迹”阅读分享会，依托习近平总书记在湖南考察的4个地点，精心举办了4场阅读分享会，被湖南省委宣传部领导称赞是学习新思想，贯彻党的二十大精神的一次生动实践。《人民日报》、《光明日报》、中新社、湖南卫视等20多家媒体对活动进行了全方位报道。

11月18—22日 上海书展暨“书香中国”上海周在上海展览中心举行。上海新华连锁承办了“民营出版品牌馆”，总面积约350平方米。公司共组织13家供应商参展，总计发货4900种，并从教育、健康、艺术等多个领域策划开展了8场精彩纷呈的主题阅读活动。

11月24日 首届全民阅读推广（深圳）峰会在深圳福田香格里拉大酒店成功举行。本届峰会以“读新篇 阅无界”为主题，与第二十三届深圳读书月年度主题相呼应。

11月25—28日 以“阅读新时代 奋进新征程”为主题的2022天府书展在成都举行。本届书展坚持“行业资源整合、线上线下融合、省市展场联合”的办展模式，组织200余家出版发行单位、80余万种图书、430余场文化活动，以场景化、交互化的方式亮相书展，线下线上共5000万人次参加，同比增长10.42%；实现总销售码洋1.37亿元，同比增长12.4%。

11月26日 在当年内山书店原址上恢复并扩建的1927·鲁迅与内山纪念书局全新开业。上海市委常委、市委宣传部部长赵嘉鸣，上海市委常委、虹口区委书记郭芳，上海报业集团党委书记、社长李芸，上海报业集团党委副书记、总经理、副社长、上海新华传媒股份有限公司党委书记、董事长陈启伟，虹口区委常委、宣传部部长吴强，鲁迅先生长孙、鲁迅文化基金会会长周令飞，中国工商银行上海市分行党委委员、副行长王睿及上海新华党政班子出席了开业仪式。

11 月 27 日 由中国出版协会、中国出版集团有限公司主办，中国出版协会"一带一路"出版工作委员会、新华文轩出版传媒股份有限公司、《国际出版周报》承办，新华万维国际文化传媒（北京）有限公司、锐拓传媒有限公司支持的第三届"一带一路"出版合作经验交流会在四川成都成功举办。

11 月 28 日 2022 年全国少儿阅读峰会在四川省成都市举办。本届峰会由韬奋基金会、中国书刊发行业协会指导，《图书馆报》与四川省图书馆联合主办，四川少年儿童出版社承办，新华万维国际文化传媒（北京）有限公司协办，采取线上线下相结合的形式举办。

11 月 2022 年四川省文化和旅游发展大会在南充市召开，新华文轩入选"第三批四川省文化旅游产业优秀龙头企业"。

同月 湖北省新华书店（集团）有限公司被湖北省企业联合会、湖北省企业家协会评为"2022 湖北服务业企业 100 强"。

12 月 9 日 广州购书中心番禺店获 2022 巴黎 DNA 设计大奖室内设计——零售空间（Winner in Interior Design/Retails），该奖项授予单位为 2022 巴黎 DNA 设计大奖组委会（DNA Paris Design Awards）。

12 月 14 日 陕西省委常委、宣传部部长蒿慧杰到新华书店分公司西北出版物物流配送中心考察调研。

12 月 17 日 由深圳出版集团和深圳巴士集团联合打造的主题巴士"爱阅号"移动书巴亮相中心书城，旨在通过更具创意、更深度的体验式阅读服务丰富市民文化生活，提升市民文化获得感。

12 月 26 日 第五届山西文化产业博览交易会（云上文博会）以线上形式正式启幕，为期 30 天。文博会上线当天，山西新华书店集团各连锁门店精选能够展现山西深厚历史文化底蕴和新时代山西发展成就的图书，设立专柜、专台、专区进行集中展示。

12 月 27 日 中国新华书店协会第四届第六次常务理事会以视频会议形

式召开。中宣部印刷发行局副局长、一级巡视员董伊薇出席会议并讲话，中国新华书店协会理事长茅院生对2023年重点工作做了部署。会议审议了常务副理事长张雅珊做的中国新华书店协会2022年度工作报告，听取了协会专业委员会组织建设及有关工作情况、协会2022年度财务收支情况及2022年会费收取情况、《中国新华书店双年鉴》（2019—2020）编制进展、协会成立20周年纪念活动方案征集等事项报告。协会副理事长、秘书长、副秘书长、常务理事单位主要负责人、协会各专业委员会负责人等出席会议。副理事长兼秘书长吕晓清主持会议。

同日 第十八届中国（深圳）国际文化产业博览交易会在深圳国际会展中心（宝安）举办。深圳出版集团采用"1+4"模式，承办1个"媒体融合·新闻出版展区"主会场，深圳书城中心城、南山城、宝安城、龙岗城等4个分会场，通过"线上＋线下""展览＋论坛"相结合的形式，在深圳本土出版、文化设施建设、文化资产运营、全民阅读促进工作等领域展现新成果、新亮点，并配套举办"2022数字出版高端论坛""元宇宙版权保护与未来文化产业发展论坛"两大国家级论坛，进一步擦亮深圳"全球全民阅读典范城市"的文化名片。

12月28日 由浙江出版传媒股份有限公司、浙江省新华书店集团有限公司联合主办，台湾天龙文创事业有限公司承办的"绿水青山就是金山银山——台湾浙江图书图片展"在台北市重庆南路天龙书局正式举行。书展集中展示了来自浙版传媒旗下8家出版社出版的精品图书200余种，同时，展出了30余幅浙江自然风光山水、现代地标建筑、特色民俗风情的摄影佳作。此次图书图片展旨在借助两岸出版发行的社店资源，共同弘扬中华优秀文化，增强两岸读者的文化交流和文化认同。

12月29日 由中宣部出版局、版权管理局指导，中国新闻出版研究院、深圳出版集团有限公司主办的"2022数字出版高端论坛"在深圳举办。中宣部副部长张建春出席论坛并作主旨讲话。本届论坛是第十八届中国（深圳）国际文化产业博览交易会媒体融合·新闻出版展区的配套论坛，以"融合驱动 创新服务"为主题，出版业界、学界代表通过线上线下相结合的方式，共同探讨出版业深度融合发展之路。

12 月 30 日 武汉中心书城开业暨武汉书展开幕式隆重举行，武汉市委常委、宣传部部长吴朝安出席活动并致辞。武汉中心书城总建筑面积 72292 平方米，集图书出版及销售、文创用品展示及销售、艺术品及地方特色文化展示、咖啡茶座、教育培训、电影院、读者互动等多功能于一体，是华中地区规模最大的书城。

12 月 光明日报社和经济日报社向社会联合发布了第十四届“全国文化企业 30 强”名单，安徽新华发行（集团）控股有限公司、四川新华出版发行集团荣膺“全国文化企业 30 强”。

附录 1

中国新华书店社会责任报告书（2021 年）

2021 年，是党和国家历史上具有里程碑意义的一年。以习近平同志为核心的党中央团结带领全党全国各族人民，隆重庆祝中国共产党成立 100 周年，胜利召开党的十九届六中全会、制定党的第三个历史决议，如期打赢脱贫攻坚战，如期全面建成小康社会、实现第一个百年奋斗目标，开启全面建设社会主义现代化国家、向第二个百年奋斗目标进军新征程。

本报告介绍了全国新华书店 2021 年承担企业社会责任的举措及成果，是社会各界了解新华书店的重要方式。报告数据统计时间为 2021 年 1 月 1 日至 12 月 31 日，范围涵盖全国各省（自治区、直辖市）新华书店集团及集团下属各级子公司。报告中所使用数据均来自各省、市新华书店集团根据中国新华书店协会要求提交的正式文件。为便于表述，文中新华书店总店简称为“总店新华”，各地新华书店集团简称为“×× 新华”。

据报告数据统计，2021 年，全国新华书店营业收入 1437.68 亿元，同比增长 11.31%；资产总额 2381.48 亿元，同比增长 11.56%；利润 119.09 亿元，同比增长 12.81%。新华书店员工总数 11.5 万人，党、团员人数 4.12 万人。新华书店网点总数 14227 个，其中，自有网点 10924 个，加盟网点 3293 个，海外网点 10 个。新华书店大型书城（营业面积 10000 平方米以上）总计 40

个，24小时书店63个，2021年卖场升级改造288个。所有门店卖场在为读者服务、科技文化传播、构建书香社会、丰富文化生活等方面作出了全方位的积极贡献。

在企业稳步发展的同时，新华书店还积极履行社会责任，在主题出版物和重点图书发行、卖场升级改造、网点布局建设、全民阅读推广、公益扶贫捐赠等方面，都体现了国有文化企业的责任担当。

一、强化使命担当，服务政治大局

作为中国共产党于1937年在延安创建并亲自领导的红色文化企业，新华书店始终与党的事业共命运，与人民的需求同呼吸，始终把国有文化企业的社会责任扛在肩上，"守初心、担使命"，为党和国家、为社会、为读者履行社会责任，通过提供优质的文化产品和文化服务，大力传播习近平新时代中国特色社会主义思想，以积极健康的"精神食粮"丰富人民群众精神文化生活。

（一）积极发挥党组织核心作用

新华书店始终以党的方针路线为统领，以高质量党建引领高质量发展，始终旗帜鲜明，坚持党管发行、党管文化产业、党管干部人才、党要管党治党，将党的领导贯穿于企业生产经营的各方面、全过程，坚持"融入中心、服务大局、务实有效"，为企业发展提供坚强有力的政治保障。

新华书店把开展党史学习教育作为全年重大政治任务，建立和完善党员理论学习制度，做到学习有安排、有主题、有记录、有督查、有评比，保证时间、人员和内容的落实；坚持民主集中制组织原则和"三会一课"等党的建设要求，丰富党内政治生活，切实增强党支部工作活力。

上海新华部分同志和党支部分别荣获宣传系统优秀共产党员称号和上海报业集团优秀共产党员称号、先进党支部称号。

湖南新华严格抓好党员发展工作，组织公司各级党组织112名发展对象进行培训，发展预备党员107名。精心策划中国共产党成立100周年系列庆祝活动，并承办全国新华书店庆祝中国共产党成立100周年重点活动"我和新华书店”全国演讲大赛。

福建新华2021年共有41个先进基层党组织、优秀党员和党务工作者受到省、市、县和海峡出版发行集团党委表彰。

广东新华深入开展党史学习教育，建立领导示范带头学、全体党员集中学、青年干部交流学、专题宣讲深度学为主的“四学联动”学习模式，全年共开展各类革命传统教育活动35场，参与人数达1406人次，同时，通过评比学习之星、开展专项竞赛答题、选树先进典型等活动巩固学习成果。扎实做好新党员培养和发展情况，严格按照党员发展标准和要求，有计划、有目的地培养积极上进的入党积极分子，做到成熟一个发展一个。

总店新华2021年共发展6名党员，有34人向党组织递交了入党申请书。其中17人被确定为入党积极分子，2人被确定为发展对象。

黑龙江新华共发展新党员16名，为党组织输送了新鲜血液。

截至2021年底，河南新华党员总数3386人，新增69人，培养入党积极分子245人。

贵州新华2021年办理党组织关系的转接手续280宗，49名同志被确定为入党积极分子，7名同志被列为发展对象，5名同志发展为预备党员。

（二）高质量完成重要文件文献和主题出版物发行

作为党的重要思想文化宣传阵地，党和国家重要文件、文献的发行是图书发行工作的重中之重。2021年，是中国共产党成立100周年，也是“十四五”规划开局之年，党的十九届六中全会在两个一百年历史交汇点胜利召开。作为党和国家的重要思想文化宣传阵地，新华书店全力做好党的十九届六中全会重要文件与辅导读物的发行工作，确保党的重要文件、文献、辅导读物在第一时间与读者见面。

河北新华重点发行中国共产党第十九届中央委员会第六次全体会议公报、《中共中央关于党的百年奋斗重大成就和历史经验的决议》、《中国共产党第十九届中央委员会第六次全体会议文件汇编》等重要文件文献。全年征订党政重点图书390.4万册，同比增长43.82%。其中，党史学习教育指定用书、“四史”教育图书共征订376.50万册，较好地满足了社会各界学习使用需求。

辽宁新华北方出版物配送有限公司党政业务板块累计发行423.89万册，实现销售收入8994万元，较2020年同比增长233%。

吉林新华克服疫情不利因素的影响，拓宽经营思路，利用多种形式，大力度开展《中国共产党简史》《毛泽东 邓小平 江泽民 胡锦涛关于中国共产党历史论述摘编》等重要文献的宣传征订发行工作，累计发行68万余册，实现销售码洋3653万元。

上海新华发行《论中国共产党历史》《毛泽东 邓小平 江泽民 胡锦涛关于中国共产党历史论述摘编》《习近平新时代中国特色社会主义思想学习问答》《习近平新时代中国特色社会主义思想学习纲要》等重点品种达497万余册。

2021年，江苏新华发行重点党政读物码洋6.7亿元、2670万册，创历史新高，其中4种“党史学习教育指定用书”发行1819万册，党员人均征订配套率88.7%。

天津新华全年发行政治理论读物34种、277.84万册、码洋8079.91万元，创下一年发行政治理论读物码洋历史新高。

福建新华充分运用线下载体和线上平台，着力宣传发行好党史学习教育活动用书以及相关重点主题出版物。全年共发行各类主题出版物691万册、码洋3.13亿元，实现了2021年主题出版物发行工作继续保持在全国第一方阵的目标。

对于重点主题出版物，新华书店积极组织货源、精心布置、周密安排，提高主动性、创新性的服务能力，充分有效发挥了主阵地、主渠道、主力军的作用。2021年，新华书店开展了庆祝中国共产党成立100周相关活动，主要门店在核心区域设置专区专台，宣传推荐优秀出版物；一些省新华书店定期推出建党百年书目，及时通过门店公众号、门店社群进行推送宣传。各省新华均积极开展由中国新华书店协会组织的庆建党百年主题出版物造型设计大赛，通过图书造型来突出经典红色阅读主题与地方文化特色；通过快闪、朗读活动、红色主题读书节等活动在当地掀起阅读优秀主题出版物的热潮。

（三）践行教材发行初心，兑现课前到书承诺

新华书店始终把“课前到书，人手一册”作为国有文化企业的重要政治责任，每年春、秋两季的教材教辅发行工作，都是全国各级新华书店工作的重中之重。

2021年，吉林新华教材教辅销售码洋8.56亿元，较上一年增加2812万元，实现了稳中有升的既定目标，坚守了中小学教科书“课前到书，人手一册”的服务承诺。

上海新华面对常态化下的各项防疫要求、教材内容改版、征订启动日期延后等不利因素，积极制定工作预案，确保2021年春季、秋季开学前顺利完成了发行工作。2021年，共征订中小学教材1402种，同比增长7.1%，配发教材5912.39万册，同比增长3.34%。其中统编三科教材配发695.67万册，同比增长2.79%。

江苏新华针对疫情防控常态化特点，首次将2021春季教材教辅发行提前为“节前到书”；秋季扛住南京、扬州先后疫情严重的压力，圆满完成“课前到书，人手一册”任务，并按要求将《习近平新时代中国特色社会主义思想学生读本》紧急配送到位；积极应对“双减”政策，主动优化征订结构，规范发行流程，创新驱动、提升效益。江苏新华春、秋两季教材教辅销售的册数和码洋分别增长6%和12%。

安徽新华在疫情的影响下，积极协调教材出版、印制单位以及皖新物流，全力保障市、县公司“服务到校、送书到人”服务的顺利开展。多种方法并用，顺利完成全年2.59亿册教材教辅的征订发行工作。

湖南新华在疫情形势起伏反复的特殊之年，克难奋进、砥砺实干，持续巩固教育服务主渠道地位，加快构建以“四维阅读”精读和“校园共享书屋”泛读为核心的阅读体系，校园阅读服务路径逐渐清晰。

（四）扩大优秀出版物供给，引领全民阅读风尚

新华书店立足主业，通过持续开展各种形式的好书推介、阅读推广、上门推销、流动售书等丰富多彩的营销活动，努力做好优秀图书发行工作，引领全民阅读新风尚。

总店新华充分发挥引领示范作用，加强与“学习强国”深度合作，其所属新华互联公司全年图书销售额约 2.4 亿元，新华书店网上商城（含“学习强国”网上书城）图书类商品下单量 75 万单，一般图书零售额较上一年增长约 41.7%。

北京新华全年累计推出 1000 多种精品图书，营造了“多读书、读好书”的浓厚氛围，一般图书销售码洋 48597.2 万元。

山东新华 2021 年度全省中心门店各项销售较 2020 年码洋增加 51171.76 万元，同比增长 78.94%。

重庆新华积极开展全民阅读活动，继续承办好重庆市阅读月惠民书展、全民阅读金秋书市等阅读推广活动；积极开展“七进”流动售书活动；大力开展“百本好书送你读”活动，推进“百本好书”进农村、进社区、进家庭、进学校、进机关、进企业、进军营；围绕“百本好书送你读”精心开展主题活动，不断创新活动内容和形式；做好“书香重庆”年度好书的展示推广，邀请专家开设讲座进行导读、领读。2021 年，全年实现一般图书销售 1003 万册，销售码洋 3.1 亿元。

湖南新华在全国率先成立“时政读物发行中心”，全省构建省、市、县三级宣传推广体系，“上”到组织精心部署，“下”到一线落地生根，以最快的速度、最优的服务满足干部群众的用书需求。

（五）严把图书质量关，以诚取信，以信立誉

新华书店始终恪守图书发行职业道德规范，自觉维护行业秩序和健康的市场环境，对图书进货渠道、内容质量严格把关，不断强化意识形态和问题导向的管控与防范，对有质量问题的图书做到无条件退换，对读者的意见和建议认真吸收和借鉴，不断提高服务质量。

深圳新华积极创新业态，从单一售书场所向为市民提供文化休闲生活的“城市文化客厅”转变。年接待读者近千万人次、港澳读者百万人次、中外参观考察团 100 余批次，年均举办各类文化活动 1000 余场。

海南新华荣获 2021 年海南省“诚信兴商”示范企业。

甘肃新华天水市麦积区新华书店荣获中宣部、文化和旅游部、国家广电总局颁发的“第九届全国服务农民、服务基层文化建设先进集体”称号；定西市、陇西、渭源、漳县新华书店被定西市委宣传部授予“十佳书店”；读者小站被中共兰州市委宣传部授予“优质读书空间”。

大连新华自2004年起连续荣获“守合同 重信用”企业称号，2021年被多家出版社评为优秀经销商、最佳合作伙伴等。

新华书店努力擦亮金字招牌，实现社会效益和经济效益双丰收。

二、坚持融合创新发展，打造图书发行主阵地、主渠道

作为图书发行主阵地和主渠道，新华书店始终坚持把社会效益放在首位，积极开展优质服务，秉承“为好书找读者，为读者找好书”的宗旨，致力于为读者提供更贴心、更有温度的服务。在做好实体店建设的同时，各省市新华书店创新突破，大力拓展网络发行渠道，探索“书店+”运营新模式。

（一）积极拓展书店建设，打造综合文化空间

2021年，各省市新华书店充分发挥国有图书发行主阵地、主渠道作用，积极拓展各类新型书店，为读者提供舒适温馨的阅读环境和种类繁多的图书，让读者真切感受到阅读的乐趣。

总店新华积极向商圈、社区、学校、景区等拓展城市书店建设，中国共产党历史展览馆配套工程——新华书店百年书房于2021年6月29日正式开业。百年书房继承“新华书店”红色品牌精神，以“围绕中心、服务大局”为核心理念，以“主题出版物首发地”为书店定位，以为广大读者提供优质阅读内容和多元化文化产品为经营模式，通过融入多种带有科技元素的智能设备，致力打造线上线下融合的智慧、网红、特色书店，助力全民阅读推广。总店积极进行线下学习空间建设，“‘学习强国’线下体验空间”布局稳步推进。2021年，四川省线下体验空间入驻门店16家，并在天府书展会场设立专门推广展位；10月初，宁波举行浙江书展，线下“学习强国”体验空间同步上线，现场摆放“学习强国”平台重点推荐图书；11月初，安徽举行黄山书展，线下“学习强国”体验空间同步上线。

北京新华以进社区、进校园、进园区为主要方向积极拓展新型主题书

店。集团所属新华连锁公司在昌平区回龙观东大街云智中心开设云智中心书店，在副中心服务大厅、北京市委保卫处、回龙观大地院线新建了 3 处阅读空间；新华文化公司打造全国首家以“幽默”为主题的特色书店——幽默书店等。

河北新华共有市级门店 30 个，总经营面积 75576.93 平方米。截至 2021 年底，已完成邯郸书城、唐山书城、保定图书大厦等 24 个市级门店升级改造工作。在做好大型书城建设的同时，大力推进子品牌书店建设，2021 年，新建以书为媒介、以文化活动为载体，提供文创产品、咖啡饮品等增值服务的“啡页书咖”商场书店 2 家，累计建成 8 家；新建集图书、咖啡、文创、文化交流、线上线下互动体验于一体的新型书店品牌“新华·品阅生活”1 家，累计建成 5 家，充分满足了社会各界读者的文化消费需求。

内蒙古新华 2021 年新增实体书店 10 家。利用盟市大书城自身资源多、体量大的优势，丰富卖场业态，开展创新经营模式，打造富有地方的特色书店模式。

浙江新华共有连锁门店 825 家，面积近 53 万平方米，基本完成了全省新华书店门店提升改造工程，大力开展小微网点建设，推动书店网点进社区、进校园，完善公共文化服务体系。

湖南新华新建中心门店 1 家、升级改造中心门店 6 家，新建校园书店 60 家，新建特色书店 5 家，新建乡镇书店 1 家，新建社区书店 3 家。

江西新华制定《全省新华书店新型阅读空间建设实施方案（2020—2023 年）》，成立全省新华书店新型阅读空间建设领导小组和工作小组，通过建设城市大型文化教育综合体，建设集图书销售、教育培训、休闲娱乐、创意空间、主题活动、新时代文明实践中心等功能于一体的“美专新特”新型阅读空间，将新华书店新型阅读空间打造成集新零售、线上线下、增值服务、艺术品展示以及“学习强国”线下阵地等于一体的融合示范点和当地文化地标、市民精神生活中心、青年人交流场所、新时代文化传播高地。

山东新华重点推进大型文化综合体项目建设，逐步建成以大型文化综合体为龙头，以市、县（市、区）综合性门店为依托，以社区书店、商圈书店、校园书店为延伸的网点发展新格局。截至2021年底，集团共有6家营业面积5000平方米以上的大型文化综合体。

（二）加强县级门店建设，做优图书发行网格

各省市新华书店2021年持续加强县级门店建设，促进门店升级和服务水平提升，为读者提供良好的阅读服务环境。

河南新华持续推动14家县级书店建设，稳步对现有符合条件的温县、延津、通许、浚县、博爱、宁陵、封丘、兰考等老旧门店实施升级改造，优化了店内环境、丰富了经营内容，提升了文化服务。

海南新华2021年完成了万宁新华书店、白沙新华书店的整体升级改造项目。文昌新华书店部分楼层于2021年11月进行升级改造，并已恢复营业。

贵州新华完成改造门店7家，包括紫林庵店、花溪店、播州店、湄潭店、安顺店、黔西店、普安店。

甘肃新华对有条件的县级新华书店逐步开展门店升级改造，2021年度完成了榆中、夏河2处县级门店的升级改造。

（三）加强乡镇网点建设，助力乡村文化振兴

为满足农村及偏远地区群众文化需求，丰富农民精神文化生活，各省、市新华书店加强乡镇网点建设。

上海新华2021年农村网点20余家，总面积近万平方米，遍布上海各市郊区域。

重庆新华运管部实地选址考察5次，经过勘察规划、建设定位、合作磋商、场地整改、店招设计、软装装饰等各环节准备，历时4个月新建了石柱华溪初心书屋、江津米兰小镇店等红色文化、文旅融合的特色乡镇图书发行网点。

新疆新华乡镇（团场）零售网点25个。在现有基础上，正推进采取租赁、代销、联营等方式在规模较大的乡镇新设立网点，以扩大网点覆盖面。

武汉新华先后对新洲区汪集分店、阳逻分店、仓埠分店，黄陂区长岭门市部、横店门市部、李集门市部等6家乡镇网点进行了局部升级改造，采取合作方式设立江夏区大桥旭升文具代销点，进一步完善城乡公共文化服务网点布局，保障乡村文化产品供给。

西安新华在长安、临潼、阎良、高陵、蓝田、户县、周至等7个县区，均设有分公司（县级新华书店）。每家分公司都至少有一家直营的门店。同时，根据区域情况不同，在部分乡镇设置了图书代销代购点，乡镇发行网点覆盖率逐年提升。

（四）开展农村流动售书，满足农民群众阅读需求

为打通阅读“最后一公里”，切实解决广大农民群众“买书难、借书难、看书难”的问题，各省、市新华书店以多种创新形式开展送书下乡活动，满足农民群众阅读需求，推进农村地区全民阅读工作。

广东新华配置了5台流动售书车，在全省开展流动售书活动，全年共开展活动969场，取得良好的社会反响，有效扩大乡镇网点覆盖面。

广西新华2021年共开展农村流动售书1322次，流动售书覆盖率达100%以上，实现了流动售书服务覆盖所有不具备建设实体乡镇网点的目标，解决了偏远地区群众的“购书难”问题。

天津新华积极面向农村、农民开展文化服务。4月9日，市店所属教材发行中心支部委员会组织河东区店、津版书店、南开区店、海光寺图书城联合蓟州区新华书店在蓟州区开展“送书下乡”活动，为蓟州区的农民群众免费发放新宪法手册100余册。

湖北新华2021年共开展“流动书店”服务180多场次，开展“我为群众办实事”阅读公益活动，举行“新华关爱”公益捐赠75场，实现了流动售书全覆盖。

海南新华2021年共开展流动服务活动450次，参与阅读群众上万人次。其中，“新时代乡村阅读季”进乡镇、进农村开展流动惠民活动99场次；进校园流动294次；进社区、进部队、进公共场所、进企业等流动57场次。

陕西新华成立了“流动展销服务小分队”，利用节假日和“三下乡”活动，服务基层文化建设，完成农家书屋出版物配送，开展书香进学校、进社区等活动。据不完全统计，各级新华书店全年共开展农村流动售书活动700

余次。

青岛新华的8家县店子公司，坚持开展图书下乡流动服务，通过赶大集、上田头、进农户等形式，广泛进行农村流动售书活动，及时把有效的优质图书送到农村广大群众手中。

（五）持续拓展网络发行渠道，顺应数字技术发展

在互联网及数字技术发展转型的重要之年，各省市新华书店持续拓展网络发行渠道，通过线上营销、网络直播等形式满足读者不断增长的购书需求。

总店新华2021年上半年“新华直播”正式上线运营，新华书店网上商城新媒体矩阵搭建完成，积极组织运营团队参与北京图书订货会及“4·23图书大会”活动现场直播活动。采选系统在完成全面开发建设的基础之上，于10月28日在集团各部门的指导下顺利完成项目结项，平台运维开发已全部实现自主接管。采选系统重点建设微信公众号，共发布内容140余篇，2021年11月上线视频号。

吉林新华的天猫网上书城积极策划主题推送和网络营销，访客数量已突破8万，支付人数达1.1万人次，成交码洋25.37万元；与新华书店总店合作建立新华书店网上商城，一年来，共计发货图书1595册，销售码洋7.1万元；建立微信新华云书店，累计发货3294册，销售码洋10.6万元；建立省店集团网上微店，累计上架各类图书7万余种，做到日日有新书，周周有排行。

浙江新华完成了线上业务板块“1+10+N”的顶层设计，以浙江新华天猫专营店为龙头，直营10家地市新华书店线上门店，指导全省市、县新华书店的线上门店建设，形成完整的电商连锁运营体系，持续保持高速稳健发展态势，为线上线下双循环建设形成重要一极。

湖南新华的“线上端”阅达平台矩阵初现雏形，并精心打造了包括阅达教育、阅达书城、阅达时政、阅达幼教、阅达高教、阅达职教、阅达馆配等在内的阅达全系线上运营平台，覆盖公司现有各主营业务板块，平台累计注册会员突破535万。

四川新华持续巩固在淘宝、京东、拼多多等综合电商平台的竞争优势，积极发掘和拓展抖音、快手等新媒体渠道，形成销售簇群矩阵。同时，探索线上分销、社群经营、直播销售等方式与传统门店经营深度融合，建立“我是阅读推广人”员工分销机制。

广州新华坚持开展网上发行业务。一是大力拓展销售渠道，优化了自有“GG1994”网站平台，特别是2021年羊城书展期间，对网站进行了迭代升级，开设各类线上图书展销。二是进一步完善了广州购书中心“书纽”微信小程序线上商城，并利用线上线下相结合的方式，加强对线上商城的宣传力度。三是依托京东、当当、孔夫子等第三方电商渠道等开展图书销售。

沈阳新华加大线上渠道销售力度，全年线上销售2185万。其中，平台销售1800万元，同比增长153%；社群销售200万元，同比增长163%。

（六）创新书店运营新模式，促进深度融合发展

各省市新华书店坚持“书店+”发展理念，集思广益焕发新动能，塑造新华书店品牌新形象，进一步增强社会影响力与读者黏合力。

总店新华与各省新华融合工作进一步深化。“新华书店网上商城”受邀参加2021年第三届天府书展，在线上活动方面，继续延续前两届书展合作模式，在“学习强国”新华书店网上书城、新华书店网上商城PC端、APP端搭建主题活动专区以及文轩周活动。在线下活动方面，在天府书展展会现场的“红色”主题专区内，新华文轩特设“新华书店网上商城”独立展示专区——“学习强国”线下体验空间图书展示区以及新华书店网上商城宣传展示区，不但商城增加了曝光率，还为商城引入流量。总店联合部分省市新华书店以及重点物流集团联合打造智慧仓储物流系统。总店《新华书目报》《图书馆报》《国际出版周报》紧紧围绕学习贯彻新发展理念、新发展格局，更加注重选题策划，“全国‘两会’”“出版发行界深入学习贯彻党的十九届五中全会精神”“落实全国宣传部长会议精神”“习近平致信人民出版社成立100周年”等专题，围绕重大时间节点、重大事件，做好重大专题报道工作。总店与12家省、市级新华书店或其下属文创公司签约了互购互销协议，逐步搭建“新华+”文创平台建设。

江苏新华2021年多元板块营业收入实现4.26亿元，同比增长3.9%。不断加强多元业态和图书主业的融合，科大讯飞项目进驻12家门店，千禧项目进驻10家门店。全年凤凰系列酒实现销售2936万元，同比增长55.18%。

青海新华创新“书店+”运营模式，非书业务实现销售1146.93万元，以合作、引进等更加灵活的经营方式，积极盘活闲置资产和门店富余场地，全年实现租金收入1361.93万元。

湖南新华全力构建现代化、智能化、数据化的校园书店网络体系，新华书店校园书店也在向校园共享书屋模式进行转型，以降低人力成本，保证可持续发展。

深圳新华的美学生活馆增设人文社科、经管科技、艺术设计等类别精品，打造为“一站式精品选购站”，并全力拓展创意多元项目。龙华书城以“艺术”为核心理念，创新“书城+艺术展览”经营模式，根据书城定向人群，精准规划特色展览空间。龙岗书城推出“阿布e无人书店”，成为全国面积最大的“无人书店”（面积330平方米）。

大连新华在图书大厦一楼创建北纬39°创意坊，集中展示展销具有大连特色、非遗特色的文创产品，同时，积极拓展研学、培训业务。通过“书店+文创”“书店+研学”“书店+培训”等消费模式的创新，探讨文旅融合发展新途径，做好文旅融合大文章。

三、勇担社会责任，积极参加社会公益活动

新华书店作为出版行业的国家队，积极参与社会公益活动，扶贫帮困。发挥自身社会影响力和示范作用，坚持把社会效益放在首位，以满足人民群众对美好生活的需要为己任，努力提供更多、更好、更有时代特色的精神文化服务。

（一）参与社会公益活动，积极扶贫帮困

总店新华为认真贯彻习近平总书记关于巩固脱贫成果和乡村振兴的重要讲话精神，积极推进“我为群众办实事”实践活动走深走实，于2021年12月向中国出版集团帮扶工作点——青海省泽库县进行了爱心捐赠。本次活动

共募集捐赠衣被200余件、图书670余册（2.1万码洋）、文化用品480余件，为切实解决泽库县群众生活、学习上的困难做出力所能及的贡献。

湖北新华坚持履行作为国有文化企业的责任和担当，把社会效益放在首位，以全省各地新华书店为服务平台，支持地方文化教育事业发展、应对疫情防控需要、关爱乡村儿童、助力乡村振兴等工作，全年共对文化教育、乡村振兴、防疫等捐赠金额达5300余万元。

河北新华积极做好扶贫帮困工作，省店公司及63家市县店累计向平泉县石洞子村、张家口阳原县等197个贫困地区、学校、单位捐赠了价值414.12万元的图书、文化用品等。同时，配合河北出版传媒集团公司全力做好阳原文化综合体扶贫工程建设，已完成主体工程竣工验收。

山东新华自觉承担社会责任，积极参与扶贫帮困。集团共累计捐赠资金约232万元，捐赠图书、设备等物资折款约258.25万元，合计490.25万元。

广东新华积极配合各地党委政府开展惠民活动，高质量完成全省150个新时代文明实践中心“七个一百”百部精品图书配送工作，共配送图书4.5万册、听书机300台，为广大基层干部群众提供优质精神食粮，推动新时代广东精神文明建设开创新局面。

陕西新华完成巩固脱贫攻坚销售任务506.58万元，完成销售任务的102.01%。汉中市各级新华书店大力开展巩固拓展脱贫攻坚成果同乡村振兴有效衔接工作，认真做好省级和国家评估各项工作，派出2名第一书记及5名工作人员常年驻村，另有67名干部结对帮扶193户对象，下乡开展入户帮扶达800余人次。

宁夏新华全年向学校、乡镇、单位机构捐赠价值40余万元的图书，用实际行动助力全区基础教育质量提升行动、助力乡村振兴。

新疆新华完成2021年两个批次“东风工程”13108个乡（镇）、村（社区、农牧区）赠阅点458万余册、码洋1.23亿元的出版物配发工作；协调组织货源向全区各级统战部门配送图书247.12万册，码洋9525万元。

银川新华积极开展扶贫帮困等爱心活动，先后向希望工程捐款3000元；向社区困难群众、孤寡老人赠送慰问品和慰问金3600元；向去世困难职工家属爱心捐赠 83200 元；面向残障读者推出 9 折优惠购书活动。

（二）强化社会影响力，发挥行业示范作用

天津新华外文书店、海光寺图书城荣获市委宣传部、市新闻出版局、市全民阅读活动办公室授予的“最美书店”称号；河北分局书吧、北方创客书吧、海顺印业书吧、西营门红色书屋荣获市委宣传部、市新闻出版局、市全民阅读活动办公室授予的“2021 示范阅读新空间”称号；员工赵志昕荣获市宣传系统优秀党员称号；王建敏荣获市宣传系统优秀党务工作者称号。

内蒙古新华积极推进全民阅读，助力打造书香内蒙古，组织全区 12 个盟市 100 余家门店多地同时举办“传承红色基因，共享全民阅读”——第四届“4·23 世界读书日”活动。其中“书香伴我成长·知识伴我同行”寒假主题活动、“你阅读，我买单”“我帮你”主题志愿服务等全民阅读活动深受读者欢迎，将新华书店打造成为更有温度、更有社会影响力、更有美誉度的公益活动基地。

江苏新华获得 2021 年度江苏省文化科技卫生“三下乡”先进集体、南京市百强企业、“江苏省双优诚信发行单位”、2021 年江苏省统计信用红名单企业、2021 年栖霞区高质量发展先进集体等奖项。

重庆新华开展各类讲座、绘本故事等公益文化活动及小小图书管理员职业体验活动百余场，深受读者欢迎；开展“七进”流动售书活动 200 余场次；积极参与“三下乡”“双服务”文化惠民活动；开展向贫困地区在校生、农民工、残障人士等捐赠图书、让利销售活动。

西藏新华充分发挥宣传思想文化阵地作用，积极主动开展藏文版《习近平谈治国理政》第三卷等重点主题出版物发行工作，先后被中央媒体、西藏电视台及西藏日报等媒体报道。

深圳新华全年通过纸媒、网媒、视媒、刊物等进行宣传报道近 4 万条，其中，中央电视台在中心书城 24 小时书吧拍摄的《遇见书店》纪录片，在全国引起巨大反响。

宁波新华分别获得浙江省中小学教材发行先进单位、2021 年度职高、大中专教材发行先进单位，中国新华书店协会组织的庆祝建党 100 周年全国新华书店主题出版物造型设计大赛三等奖，中国书刊发行业协会第三届“全民阅读·书店之选”系列活动“百家阅读推广单位”，中国新华书店协会、中国出版传媒商报社“2021 年度阅读空间新榜样推选”十佳新品牌、优秀校园店、卓越运营团队等，海豚出版社图书堆码一等奖。

上海新华上海书城福州路店连续 10 次被评为上海市文明单位；上海书城五角场店被人力资源社会保障部、国家广播电视总局、国家新闻出版署授予“全国新闻出版广播影视系统先进集体”荣誉称号。

四、落实常态化疫情防控措施，扎实做好疫情防控工作

全国各地新华积极与省、市疫情防控部门对接，应对疫情带来的各种负面影响。制定有效防控措施，划清权责，严防死守，确保疫情防控和安全生产层层落实，将生产安全、消防安全、四防安全、防疫安全、人员管控等各项工作落到实处。严格落实“日报告”和“零报告”制度，每天逐级汇报职工健康状况、人员外出及卖场疫情防控措施落实等情况，全面实行网格化管理，确保工作不出问题。教育引导全体员工不信谣、不传谣，不随意发布未经证实的虚假信息；充分发挥党员先锋模范作用，在做好个人防护的同时，积极协助社区开展防疫宣传、人员排查、信息收集等“双报到”活动。引导尚未接种新冠疫苗的员工尽快完成接种工作，做到“应种尽种”，逐步建立健全人群免疫屏障，织密织牢疫情防控网。

确保读者的生命安全和身体健康是疫情防控工作第一责任。各地新华严格执行进店读者测温、验码制度，进店读者全程佩戴口罩。严格控制读者密度，根据书店面积，控制高峰时期客流量。推荐读者进行自助购书、自助结算等无接触服务。同时，鼓励读者通过各地新华的线上平台购书，减少读者到店的安全隐患。

疫情期间，各地新华积极履行国有企业的社会职责，向社会各界捐赠图书、防疫物资和现金等。

福建新华为受疫情影响无法外出的读者捐赠图书 3 万多册。

山东新华日照、菏泽、枣庄、东营等分公司向当地社区、教育系统捐赠

了价值 24.45 万元的防疫物资。

广西新华向医院、学校、社区等单位捐款合计 25.38 万元。

甘肃新华协助各级政府开展疫情防控，捐赠各类图书 2.8 万册，捐赠各类防疫物资及资金 22.86 万元。

面对疫情，各地新华员工积极投身“战疫”，纷纷加入志愿者行列。各基层党组织和全体党员干部积极响应号召，主动下沉结对社区和居住地社区开展志愿服务活动，并根据社区工作安排，协助做好防疫宣传、疫情排查、核酸检测秩序维护等各项工作，发挥了先锋模范与战斗堡垒作用，站好岗、担好责、带好头，凝聚起众志成城抗击疫情的强大合力，为守护疫情防控成果、筑牢疫情防控阵地贡献了新华力量，彰显了国有企业的使命担当和社会责任。

北京新华 2021 年共有 456 人次党员干部下沉到所属社区参加疫情防控工作。

河北新华 2021 年积极组织参与疫情防控志愿服务活动 3341 次，5612 人次参加。

新疆新华全区新华书店参与志愿防疫人次有 1766 人次。

各地新华积极贯彻落实中央、集团及各省市对国有企业适当减免小微企业、个体工商户房租的相关政策，帮助中小微企业和商户减负纾困，助力经济社会平稳运行。根据已报数据，2021 年度各地新华对符合条件的租户减免租金 2800 余万元。

五、履行社会责任，促进全民阅读工作发展

各级新书书店积极主动服务全民阅读活动，不断加强公共文化服务能力，创新读者服务模式，参与文化惠民活动，始终将推动全民阅读作为履行社会责任的重要抓手，切实履行文化企业的社会责任。

（一）服务读者新举措

各地新华主动适应环境变化，不断创新优化服务形式，努力满足读者需求。

1. 建设多渠道、多平台网络发行渠道

安徽新华2021年度新增天猫店铺11家，累计已在京东、天猫平台开设网店26家，实现全省16个市级新华书店线上网店全覆盖，全年销售码洋3.8亿元。

江苏新华18家分公司建立了网上自有书城，初步实现了自有网上书城和实体书店的销售、营销闭环，引流凤凰好书和畅销书。

湖北新华建立了全省统一的互联网营销平台和会员管理体系，累计建立社群800余个，会员经济、粉丝效应初步显现。京东、天猫、拼多多等三方线上平台网络粉丝总量达92万人，实现了流量和业绩"双提升"。

陕西新华中国红色书店书城依托"品筑国际供应链客户平台"上300多个品牌和上万种产品，采取线下实体和线上预定相结合的销售模式，精心打造了"精品生活馆"。

2. 开展直播活动，通过新书分享会、联合出版社、名人直播带货等形式，为读者推荐优质出版物，吸引大量读者观看

安徽新华实施的"千场文化直播"项目，全年共开展直播1164场，直播观看人数超过百万。

山西新华全省各连锁门店开展"学党史 读好书"读书分享会、红色经典诵读等系列主题活动线上直播30余场，观看人数达10万余人次。

福建新华鳌峰坊书城举办的"开学第一课——护眼·阅读两不误"直播活动，连续两天三场的直播活动累计观看人次超5万人，点赞超80万，评论3万多条，获得该直播时段同城热度第一名、同城直播热度榜首。

山东新华临沂市直分公司组建专门的线上平台运营团队，积极探索平台直播与社群营销，对线上选品、店铺装修、引流、上架、客服等工作明确分工，形成线上销售的有效闭环，累计直播带货50场，发布短视频100余条，浏览量15万次。

上海新华连锁开展门店"陪伴计划""魔音"社群语音直播活动，累计开展各类社群活动59场次，累计在线收听达13万余人次，平均每场活动在线收听2211人次。

四川新华2021年通过“自营矩阵+合作达人矩阵”的方式，累计开展直播1000余场，观看人次超过1000万，原创短视频播放量超过2.5亿次，实现销售超4000万。

3. 打造阅读服务项目，满足不同群体阅读需求

总店新华举办“新华书店总店杯青少年书画大赛”，共覆盖23个省市33907所学校1700万以上师生，社会关注度显著，报名作品超过1万幅。

北京新华在所属北京图书大厦推出“童书绘本馆”借阅服务项目，提升儿童及青少年会员服务体验，增强消费黏性，打造全民共享阅读服务功能，深受读者好评。

河北新华开展的第九届河北青少年“阅·知·行”读书活动吸引500余万人在线观看，活动成为河北省传播中华优秀传统文化、倡导国学经典阅读的有力载体。

山东新华济宁市直分公司与任城区政府共同合作运营的“运河书屋”项目，目前在全市已开设了6处，为市民提供普遍、均等、免费、无障碍的公共图书馆服务，满足广大市民文化阅读和学习的需求。

浙江新华联合浙江图书馆在全国率先推出覆盖全省的“你选书，我买单”全新免费借阅服务“信阅”项目，将图书馆功能延伸到书店，全省34家门店开展新书免费借阅，4万余人次参与，总借阅量超过21万册。

湖南新华推出“云游潇湘红色之旅”线上活动，全省上万名读者参与；推出“爱党初心，‘声’情记录”线上活动，活动参与人数8万人以上。

福建新华打造“有声智慧党建书屋”，依托新华云平台，为党政机关、企事业单位、学校、社区创新党史学习教育、加强党员教育管理、推动党建品牌建设提供新方式。

河南新华2021年正式启动全省23家“馆店融合”试点店运营工作并制定建设方案，加快实现免费借阅的公共文化服务功能，持续拓展全民阅读文化服务新功能，探索文化服务新模式。

云南新华全年累计举办460余场“书香九进”活动，范围覆盖全省70%以上的乡镇，将文化服务向革命老区、民族地区、边疆地区、贫困地区等地不断延伸，让惠民文化真正深入到基层、普及到群众。

4. 构建多媒体服务矩阵，通过微信公众号、微信群等方式，提升服务读者能力

广西新华通过公众号、视频号“新华悦读”发布荐书视频，全年推荐图书品种数717种，实现销售152930册，销售总码洋466.31万元。

河南新华建立全民阅读共读社群。截至目前，已建立了“最美读书声”“全民阅读FLAG打卡活动”“国学爱好”“书法爱好”“文旅玩家”等10余个超万人的文化服务微信社群。

辽宁新华通过公众号和读者服务群发送新书推荐目录、专题推荐目录等内容，及时向读者提供图书宣传。

（二）政府民生项目完成情况

各地新华全力克服疫情不利影响，强化沟通协调，圆满完成“课前到书，人手一册”政治任务。高质量完成《习近平新时代中国特色社会主义思想学生读本》发行政治任务，覆盖率达到100%。认真做好2021年农家书屋出版物配备工作，持续助力农村文化阅读推广。

天津新华圆满完成天津市宝坻、武清两区“农村书屋”项目履标工作，满足了两区350万元农家书屋网点图书的更新需求，赢得省外合作发展新增量。

江苏新华全面完成2021年江苏省42家市、县单位更新农家书屋图书工作，总采购品种2155种、531309册。

安徽新华高质量完成全省15434个农家书屋网点配送工作。中标阜阳市图书馆新馆、马鞍山博望区图书馆、六安市叶集区图书馆、霍山县图书馆、芜湖城市书房、滁州市城市阅读空间等21个公共文化服务项目，中标金额共2.5亿元，其中，六安市叶集区图书馆以及芜湖城市书房10个阅读点、滁州市阅读空间5个阅读点已开业运营。

江西新华全年完成85个地、市、县、区文化招投标工作，总计中标金额为2283万元。及时补充更新农家书屋出版物品种1043个，发货码洋3150万，配送图书108万册，配送网点数15551个。

云南新华全省16个州市96家新华书店向约9600个乡镇的农家书屋网点图书进行配送及维护，配送图书数量约70万册，开展助力农家书屋阅读活动171场。

（三）文化惠民活动参与情况

各地新华认真履行国有文化企业的社会责任，全力推动农村文化基础设施的建设与发展，坚持以文化惠民活动为读者服务，积极参与政府公共服务，持续开展文化惠民活动进机关、进企业、进学校、进社区、进军营、进家庭活动，满足全社会各阶层的阅读需求。

河北新华开展了“第十一届河北省图书交易博览会”“2021金秋惠民书市”，组织全省100余家市县店参加新华书香节展销、文化“三下乡”、图书“七进”等文化惠民及全民阅读推广活动，向读者优惠让利超400万元。

辽宁新华创新支付平台营销合作，助力政府惠民，与银联云闪付合作实现全体系营销活动项目3次，累计参与销售交易笔数2.8万次，补贴165.05万元。

上海新华2021年共计开展名家进校园20余场，流动供应近40场，为上海市第六人民医院、上海电气集团等70余家医院、企业提供文化服务，取得了良好的经济效益和社会效益。

乌鲁木齐新华为和田地区皮山县乔达乡古勒巴格村等贫困乡村传播国家惠民利民政策，选派优秀职工参加“访惠聚”驻村和“双语”支教工作，扎实推进党员“双报到”志愿活动，为贫困乡村办好事、办实事，全年捐助资金、图书及走访慰问金合计310万元，捐赠种植业、养殖业、加工业、文化教育、卫生保健、科普图书和普法类图书近2000册，将优秀的图书送到农民群众手里。

（四）开展全民阅读活动

各地新华2021年度持续参与举办丰富多彩的全民阅读活动，倾力打造阅读品牌，满足广大读者文化阅读需求，实现实体书店文化服务升级的新探索和新实践。

辽宁新华连锁全年举办读书活动超过1200场，每年邀请全国著名专家、学者、作家做客北方图书城，举办持续的读书会、签售活动，并形成制度。高频次、高质量的作家签售会活跃了百姓业余文化生活。

山西新华组织开展第二十八届全国青少年爱国主义读书教育活动和山西省第二届青少年爱国主义读书活动，参与人数达113万人次。

深圳新华在原有知名阅读品牌基础上推陈出新，全新策划了“文学经典重读”北大经典课、“福田演说家”脱口秀大赛、“名校校长讲堂”、“科普研学营”等新势力品牌，据此开展了一系列针对不同读者群体的细分活动，场场爆满，凝聚形成了不同社群，引流能力和变现能力增强。

青岛新华全年策划、组织、实施的全民阅读活动共计200多场，其中包括“小志愿者”“朗读者”等品牌文化活动。按照月度和节日，在春节、三八妇女节、世界读书日、清明节、母亲节、父亲节、儿童节、端午节等分别向读者进行主题推荐，共计参与人数2万余人。

附录 2

中国新华书店社会责任报告书（2022 年）

2022 年，是不平凡的一年，是党的二十大召开之年，也是踏上全面建设社会主义现代化国家、向第二个百年奋斗目标进军新征程的开局之年。党的二十大擘画了全面建设社会主义现代化国家、全面推进中华民族伟大复兴的宏伟蓝图和实践路径，发出了推进文化自信自强，铸就社会主义文化新辉煌的伟大号召。

本报告介绍了全国新华书店 2022 年承担企业社会责任的举措及成果，是社会各界了解新华书店的重要方式。报告数据统计时间为 2022 年 1 月 1 日至 12 月 31 日，范围涵盖新华书店总店，31 个省、自治区、直辖市和独立建制新华书店集团及所属各级公司。报告中所使用数据均来自各单位提交的正式文件。为便于表述，文中新华书店总店简称为“总店新华”，各地新华书店集团简称为“× × 新华”。

据报告数据统计，2022 年全国新华书店营业收入 1407.76 亿元，同比下降 2.08%；资产总额 2480.12 亿元，同比增长 4.14%；税后利润 132.29 亿元，同比增长 11.09%。新华书店员工总数 10.85 万人，党、团员人数 4.16 万人。据不完全统计，全国新华书店年龄在 30 岁以下的员工占比 16.65%，30 岁到 50 岁的员工占比 62.72%，50 岁以上的员工共占比 20.63%，学历在本科以上的员工占比 1.90%，本科及大专学历的员工占比 70.67%，其他学历占比 27.43%。新华书店网点总数 13531 个，其中自有网点 8091 个，合作网点 5433 个，海外网点 7 个。新华书店大型书城（营业面积 10000 平方米以上）总计 35 个，24 小时书店 41 个，2022 年网点改造 483 个。据不完全统计，全国新华书店门店总营业面积达 437 万平方米。所有门店卖场在主题出版物发行、为读者服务、科技文化传播、构建书香社会、丰富文化生活等方面作出了全方位的积极贡献。

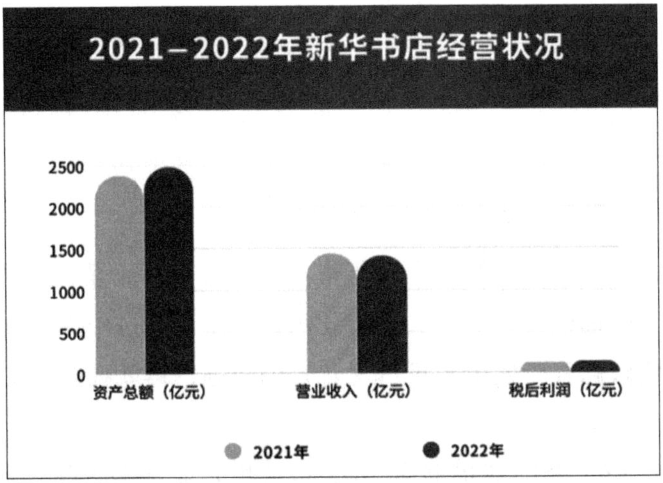

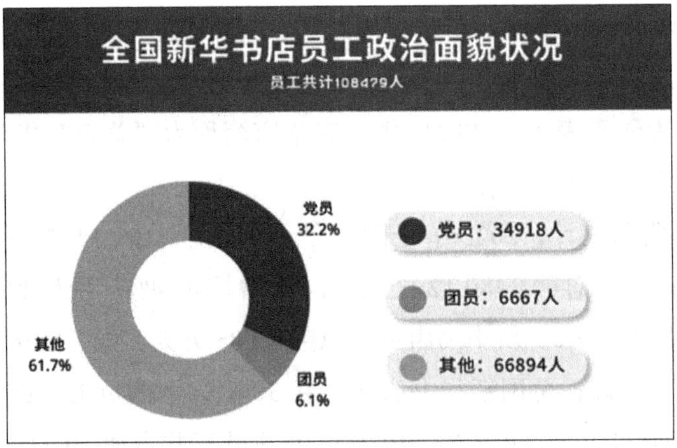

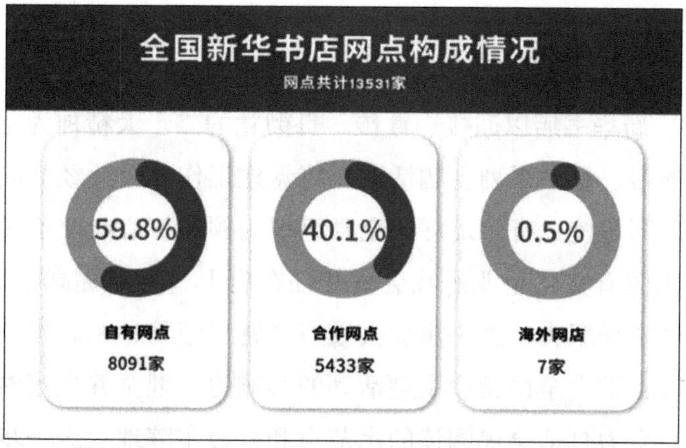

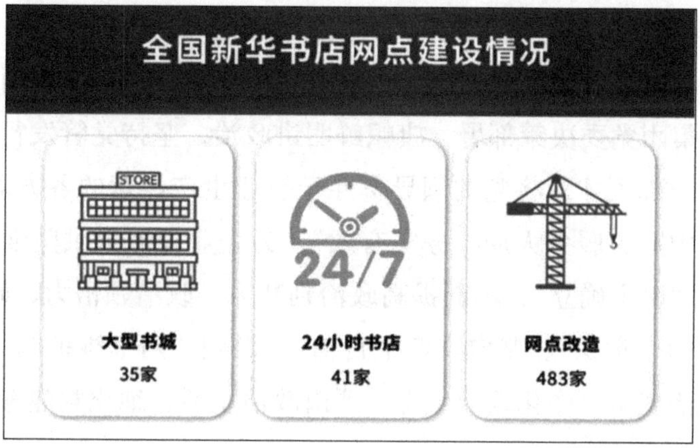

在企业稳步发展的同时，新华书店积极履行社会责任，强化使命担当，服务政治大局，在重要文件文献、主题出版物及重点图书发行推广方面积极作为，有效满足了各类群体对党政读物的学习需求；在发行主业方面，持续推进城市书店智慧化升级，多业态融合发展，发力网点布局建设；在全民阅读推广方面，积极举办各类形式丰富、社会效益显著的文化惠民活动，全力打造全民阅读的示范点和宣传主阵地。同时，积极组织并参与各类社会公益活动，体现了国有文化企业的责任担当。

一、强化使命担当，服务政治大局

2022年，新华书店以迎接、宣传、贯彻党的二十大精神为主线，积极开展党建集中学习、举办系列主题活动，将党建工作与企业经营同谋划、同部署、同推进、同考核，有效发挥国企党组织的领导核心与政治核心作用。各地新华始终把国有文化企业的社会责任扛在肩上，不断提高自身政治站位，积极履行社会责任职责，进一步加大重点主题出版物、主旋律及优秀大众读物的发行力度，扩大全民阅读主题活动的影响力，健全并规范网点布局与线上平台建设，全力打造全民阅读的示范点和宣传主阵地，进一步强化了新华书店的社会效益职能。

（一）积极发挥党组核心作用，扎实推动党建工作

新华书店坚决履职尽责，扎实推动党建工作落实落细。全面贯彻落实中央、省委和集团党委决策部署，旗帜鲜明讲政治，坚持党管发行、党管文化产业、党管干部人才，将党的领导贯穿于企业生产经营的各方面、全过程，坚持“融入中心、服务大局、务实有效”，为企业发展提供坚强有力的政治保障。坚持“两个确立”，不断提高政治判断力、政治领悟力、政治执行力，不断增强“四个意识”、坚定“四个自信”、做到“两个维护”。严格遵守政治纪律和政治规矩、净化政治生态、严肃政治生活、细化党建考核、强化党务管理。

总店新华2022年共发展3名党员，共有34人向党组织递交了入党申请书，2人被确定为发展对象。

北京新华新建新华书店有限公司、北京图书大厦、资产公司3个党组织。缩减集团系统党组织层级，将已具备党组织设置条件的所属10家企业党组织，全部调整为直接隶属于集团党委，全年共新增党员11名。

河北新华进一步增强基层党组织政治功能和组织力，认真做好党员动态管理，全系统共吸纳123名同志入党。

山西新华2022年实施发展党员提质行动，发展党员48人，转正党员84人；开展党建品牌创建活动，实施党建项目化管理，向出版传媒集团报送4

个党建项目。

内蒙古新华2022年新发展党员28名，党员队伍活力得到增强。

吉林新华2022年度考察发展预备党员2名，有5名同志荣获东北亚集团“优秀志愿者标兵”称号，14名同志荣获东北亚集团“优秀志愿者突击队队员”称号。

福建新华坚持把政治标准放在首位，注重从业务骨干中发展党员，2022年全年共发展党员39人。

江西新华2022年共有3名发展对象转为预备党员，9名预备党员转为正式党员，为党组织不断注入新鲜血液。

山东新华积极发挥党员先锋模范作用，成立了“党员突击队”，围绕集团各项战略布局，发挥各级党组织和广大党员的榜样力量，推动集团的高质量发展取得新成效。

湖北新华持续推行党建“五个融入”工作法。公司拍摄了党建短视频《党建+智未来》《新速度 心服务》；评选表彰了一批优秀共产党员、优秀党务工作者，选出了一批先进典型、宣传了先进风采；开展了“喜迎二十大 阅读悦青春”短视频制作、朗读者诵读、拍摄阅读之美系列活动。在党员干部“下基层、察民情、解民忧、暖民心”实践活动中，集团领导班子成员带队下基层走访调研，共征集173项问题，其中127项已完成立行立改。全年共10名优秀员工入党。

湖南新华2022年各级党组织先后对79名发展对象进行培训，组织预备党员转正86名；制定出台了《党支部工作考核方案》，明确考核内容为党建日常工作重点专项工作，每季度印发《党支部工作考核评分细则》作为考核标准。

广西新华2022年全年新增入党积极分子34名，备案发展对象11名；注重锻造基层党建过硬队伍，分期轮训基层党务工作人员近600人次。

海南新华2022年公司党委共推荐了10名入党发展对象参加2022年省直机关党员发展对象培训班，11名同志加入中国共产党。

重庆新华制定《重庆新华书店集团公司党委前置研究讨论事项清单》，

确保党委研究讨论是董事会、经理层决策重大问题的前置程序。夯实基层党建基础，着力提升组织力。制定集团公司《贯彻落实〈关于推动党史学习教育常态化长效化的意见〉实施方案》《基层党建工作督查制度》，推动基层党建工作高质量发展。

四川新华2022年共有党委4个，党总支13个，党支部101个，新增党员36人，党员总数1252人。

贵州新华2022年共有基层党组织57个、党员362名，全年新发展党员5名，基层党组织建设规范有力，党组织核心作用有力发挥。

西藏新华全年组织召开店党委理论学习中心组学习会8次、改进作风狠抓落实专题会议4次、党风廉政警示教育会议5次、专题培训1次、参观教育基地5次、三个党支部集中学习30余次，学习交流130余人次。

甘肃新华全年共发展党员44名。其中，省店直属党支部发展党员12名，各市（州）新华书店党总支发展党员32名，为党组织输送了新鲜血液。

青海新华2022年增设党支部1个，配备支部书记4名，发展预备党员6名，转正党员9名，确定发展对象10名；积极创建“新华党旗红”党建新品牌。

宁夏新华2022年“新华书店德胜仓”成为党建活动优选店，上半年组织接待了自治区党委宣传部、自治区退役军人事务厅、自治区文联等多家单位、团体各类活动56场，成为自治区国资委青年学习基地、宁夏第一建筑公司和贺兰县消防救援大队的党员教育共建基地。

新疆新华2022年全区新华书店共发展党员65名。

沈阳新华深入开展“我为群众办实事，争做贡献促振兴”活动，共立项33个，覆盖企业经营发展、服务社区“两邻”、为群众排忧解难等方方面面。积极推进党组织书记抓基层党建项目、“先锋计划”、“党强书香 振兴突破”等系列工程，累计立项26个。

广州新华各级党组织大力开展“双微”志愿服务行动，认真落实“双报到”制度，完成群众“微心愿”，认领“微项目”。2022年以来，全体党员共开展志愿服务853次，认领160个“微心愿”。

（二）高质量完成重要文件文献和主题出版物发行

各地新华自觉肩负党和国家思想文化传播主阵地、主渠道职责，高度重视党和国家重要政治理论读物和文件文献的发行工作，积极采取各项措施，持续推动重点主题出版物征订发行工作全覆盖，有效满足了各类社会群体对党政读物的学习需求。

总店新华新华书店网上商城继续承担“新时代 新经典”重点数字图书专栏上线工作。2022 年，专栏上线有声书 101 种，电子书 35 种，累计上线有声书 101 种，电子书 255 种。

北京新华 2022 年先后承办《习近平谈治国理政》第四卷、党的二十大报告及相关辅导读物等主题图书的首发活动。党的二十大学习辅导读物全年发行超过 170 万册，累计为 2000 多家单位开展征订服务。

天津新华将 127 万多册《中国共产党章程》和 127 万多册党的二十大报告单行本送到全市党员手中，在全国率先实现党员全覆盖，坚决落实了市委的指示精神。

河北新华发行《中国共产党章程》《中共中央关于党的百年奋斗重大成就和历史经验的决议》等重要文件文献共计 37.74 万册。

山西新华累计发行党的二十大报告及学习辅导读物 237 万册，码洋 2135 万元，助力全省掀起学习热潮。

辽宁新华北方出版物配送有限公司共发行《习近平谈治国理政》第四卷、党的二十大文件及学习辅导读物、习近平总书记“足迹”系列等主题出版物 207.21 万册，码洋 7294 万元。

吉林新华全年累计发行重要文献类图书 132 余万册，实现销售码洋近 991 万元。

上海新华 2022 年发行党的二十大文件及辅导读物总计 89.5 万多册。

江苏新华 2022 年实现全省重点政治理论读物发行 1765.7 万册，码洋 3.2 亿元。发行党的二十大重要文件出版物 1400 万册，总量居全国第一。其中《中国共产党章程》576 万册，党的二十大报告单行本 606 万册。

福建新华 2022 年发行《闽山闽水物华新——习近平福建足迹》118 万册，

实现销售码洋 2 亿元。集团累计组织 10031 人次，为全省各单位配送图书 6.3 万次，同时，全省以共建共学等方式开展读书分享会 236 场、“八进”活动 1073 场，有效发挥了党的政治理论读物发行主渠道、主阵地作用。

江西新华 2022 年发行党的二十大文件及学习辅导读物 241.79 万册，较党的十九大相关文件发行增长 14.05%。

湖北新华发行党的二十大学习辅导读物 434.76 万册，有效满足了党员干部群众学习需求。

湖南新华 2022 年发行党的二十大文件及学习辅导读物 891 万册。

广西新华共发行《让群众过上好日子——习近平正定足迹》等四部系统记述习近平同志地方工作经历图书、党的二十大文件及学习辅导读物 166.82 万册，码洋 7965.42 万元。

海南新华 2022 年发行党的二十大文件及辅导读物、《习近平谈治国理政》第四卷、《让群众过上好日子——习近平正定足迹》等四部图书、党委（党组）理论学习中心组学习推荐书目等重点品种 71 个，累计征订册数 93.68 万册。

重庆新华对党的创新理论著作、重要文件文献、重点主题出版物专台专架陈列，突出展示展销。公司 500 余人组成 38 支宣传征订队伍深入机关、军营、农村、学校、企事业单位广泛宣传征订，共发行政治读物 55.5 万册，党的二十大文件及学习辅导读物 60 万册。

云南新华全年各类重要文件文献发行约 460 万册，党的二十大文件及学习辅导读物发行 189.28 万册，《2021 清廉云南建设学习教育丛书》发行 27.78 万套、《百年大党面对面》发行 17.96 万册。

四川新华 2022 年共发行《中共中央关于党的百年奋斗重大成就和历史经验的决议》《中国共产党第二十次全国代表大会文件汇编》等党和国家重要文件文献 29 个品种，共计 91.52 万余册。

贵州新华 2022 年共发行重要文件文献 20 万册，码洋 341.3 万元。党的二十大相关文件共发行 14.8 万册，销售码洋 124.5 万元。

甘肃新华 2022 年发行重点党政理论读物 166 万册。其中，党的二十大文件及学习辅导读物共发行 110 万册，全力保障了全省党员干部群众政治理论学习需要。

宁夏新华高效统筹党的二十大文件及学习辅导读物的宣传发行，本地承印品种实现销售 56.03 万册。

青海新华 2022 年累计发行《习近平谈治国理政》第四卷、党的二十大文件及学习辅导读物等 18.22 万册。《高举中国特色社会主义伟大旗帜 为全面建设社会主义现代化国家而团结奋斗——在中国共产党第二十次全国代表大会上的报告》单行本 1.8 万册，《中国共产党章程》3.1 万册，《中国共产党第二十次全国代表大会文件汇编》0.94 万册，《党的二十大报告辅导读本》1.12 万册，总计 10.3 万册。

新疆新华 2022 年销售 40 种重要文件文献 186 万册（含民文），码洋 5572.3 万元。

沈阳新华 2022 年发行《习近平谈治国理政》第四卷和党的二十大学习材料 8.3 万册，销售码洋 195 万元。

宁波新华 2022 年共发行党的二十大文件、《习近平科学的思维方法在浙江的探索与实践》、《习近平新时代中国特色社会主义思想在浙江的萌发与实践》等党政学习重点图书 90 余万册。

大连新华圆满完成党史学习教育、十九届六中全会、党的二十大文件等书目及辅导读物征订工作，全年发行近 70 万册。

青岛新华 2022 年全地区重点政治理论读物发行码洋合计 3200 万元，同比增长 6.67%，很好地完成了重要文件文献的征订发行工作。

武汉新华全年累计发行重点政治图书 48.95 万册，码洋 1553.63 万元，有效地满足了全市党员干部群众学习需要。

深圳新华 2022 年发行《习近平谈治国理政》第四卷、党的二十大主题图书等党史学习教育图书超过 100 万册。

西安新华认真做好党的重要文件文献的宣传推广、征订发行工作，合计销售码洋 1636 万元，销售量同比增长 57%。

银川新华积极宣传党的理论和路线方针政策，发行党的二十大相关读本

29.36 万册。

各地新华紧扣时代脉搏，聚焦主题主线，围绕党的二十大主线，先后开展各类主题书展；围绕国家重要节庆节点开展主题图书展销活动，有力推动主题思想和重点主题出版物走近群众身边、走进群众心里。

天津新华 2022 年发行重点主题出版物 80 种，327 万册，码洋 6040 万元。

河北新华全年共发行重点党政理论读物 359.95 万册，有力推动党的创新理论和社会主义先进文化深入群众、深入基层、深入人心。

山西新华 2022 年政治类图书实现销售码洋 1.65 亿元，《中国共产党宣传工作简史》发行 30.88 万册，按党员覆盖率全国排名第一，实际征订数全国排名第二；《百年初心成大道——党史学习教育案例选编》发行 5 万册；《百年大党面对面——理论热点面对面 2022》发行 12 万册；《习近平经济思想学习纲要》发行 8 万册，全力满足广大党员干部群众学习需求。

内蒙古新华 2022 年发行政治理论读物 222.43 万册，其中党的二十大文件及学习辅导读物发行 122.45 万册，有力保障了人民群众的学用需求。

辽宁新华北方出版物配送有限公司获得《党风廉政建设》刊物在辽宁省的独家渠道发行权，进一步夯实了北配公司重点主题出版物在全省发行渠道的主体地位。2022 年，公司成立了以书店配供一部为主体的专项工作组，快速完成省内 5664 家机关团体及企事业单位共计 1.7 万笔的订单订数汇总与校核工作，当年发行 5.8 万套，实现销售收入 730 万元。

吉林新华 2022 年重点党政类图书销售 1729 万元，党的二十大文件及学习辅导读物销售 117 万册，1004 万元。

黑龙江新华 2022 年累计发行《习近平谈治国理政》第四卷、党的二十大文件及学习辅导读物等 104 万册，码洋 2500 余万元。

上海新华 2022 年发行《习近平在上海》《习近平上海足迹》《习近平谈治国理政》第四卷合计 195 万余册。

江苏新华 2022 年发行《习近平谈治国理政》第四卷多语种版 8.02 万册，多语种版位列全国第一。发行《习近平关于坚持和完善党和国家监督体系论述摘编》15万册，《习近平经济思想学习纲要》24.9万册。

福建新华2022年对“新华·党建读物空间”目录进行动态修订，将734个品种纳入特定图书品种奖励范畴，累计实现销售39万册，码洋2012万元。

江西新华2022年四部系统记述习近平同志地方工作经历的图书共发行3.2万套，《百年大党面对面——理论热点面对面·2022》累计发行8万册；《中国共产党宣传工作简史》发行5.8万册，《百年初心成大道：党史学习教育案例选编》发行3.6万册。

山东新华2022年重点党政读物发行工作稳居全国省级店前列，《习近平谈治国理政》第四卷发行量稳居全国首位，高质量完成了党的重要文件文献发行工作。

河南新华全年发行《习近平谈治国理政》第四卷等重点理论读物500余万册。在省委宣传部的统筹协调下，发行集团完成党的二十大相关读物收发货2.97万件、410.94万册；线上订单发货4.2万单、7.3万册。同时，围绕五四青年节、七一建党节、八一建军节、十一国庆节和党的二十大等开展主题图书展销活动。

湖北新华全年累计发行主题出版物203.62万册。其中《习近平谈治国理政》第四卷、《百年大党面对面》和“足迹系列”共发行134.17万册；《总体国家安全观学习纲要》共发行7.3万册；“党委书记荐书”相关品种共发行47.58万册，重点主题出版物发行量再创新高。

湖南新华2022年发行《中国共产党宣传工作简史》26万册，《百年初心成大道——党史学习教育案例选编》13万册，《百年大党面对面——理论热点面对面·2022》31万册，《让群众过上好日子——习近平正定足迹》等四部图书共计74万套，发行工作走在全国前列。

广东新华2022年全省共发行重要文件文献及重点主题出版物21种、881.8万册，总发行码洋3.2亿元。其中，《习近平谈治国理政》第四卷总发行323万册，稳居全国前列。

广西新华2022年共发行重点主题出版物码洋2.08亿元，同比增长

47.62%。

重庆新华全市38家区县中心门店均打造出特色鲜明的中国共产党人精神谱系主题展区及“阅读+展览”一体化沉浸式体验区。同时，开展向广大市民推荐100本弘扬共产党人精神谱系的主题图书、向100个文明单位捐赠价值20万元的弘扬共产党人精神谱系类图书、开展1000场弘扬共产党人精神谱系类图书的“七进”活动、完成1000场次弘扬共产党人精神谱系主题体验活动。

四川新华2022年共发行《习近平谈治国理政》第四卷、《中国共产党宣传工作简史》、习近平同志“足迹”系统等重点主题出版物90个品种，共计499万余册，实现销售码洋2.81亿元，有效保障广大党员干部和群众的学习需求。

贵州新华2022年发行主题出版物35.6万册，码洋共计2347.9万元。

西藏新华2022年发行党的二十大报告、《习近平谈治国理政》第四卷、《让群众过上好日子——习近平正定足迹》等四部图书、《百年大党面对面》、《百年初心成大道——党史学习教育案例选编》、《中国共产党宣传工作简史》等重点主题出版物200种，22.8万册，码洋941.3万元。

陕西新华2022年共发行重点党政理论读物264万余册，码洋7667.84万元。

新疆新华全年共发行重点主题出版物24种，51万册（含民文），码洋1966万元。充分利用全区新华书店卖场资源，在显著位置设立党的建设发展成就、重点主题出版物展示专架专柜，举办习近平总书记重要著作、党的创新理论展销活动。

沈阳新华2022年累计发行《中国共产党宣传工作简史》《百年大党面对面》等重点主题出版物147万元码洋。

广州新华2022年发行党的二十大报告及辅导读本等6种图书41.7万册，码洋483.4万元。

西安新华2022年发行《中国共产党宣传工作简史》《让群众过上好日子——习近平正定足迹》《百年大党面对面》等重点主题出版物码洋合计940

万元，销售量同比增长 8.7%。

（三）践行服务教育工作使命，完成课前到书任务

各地新华坚定服务教育事业的政治使命，全力保障中小学教材发行工作正常开展，克服多重不利因素影响，启动 24 小时收发货机制，动员广大干部职工投身一线，抢发抢运，圆满完成春、秋两季教材“课前到书，人手一册”政治任务。

北京新华 2022 年实现教材一体化建设，重塑北京市新华书店中小学课本发行体系，2022 年实现教材、教辅类图书销售码洋 15970.64 万元。

天津新华保证了教材发行“课前到书，人手一册”总目标的实现，2022 年，春季教材总计到货品种 2389 种，2074.41 万册，码洋 21950.12 万元。

河北新华 2022 年教材发行同比增长 18.12%，全省课前送书到校率达到 100%，圆满完成“课前到书，人手一册”政治任务。省店公司在第三十四次全国中小学教材工作会议上荣获“2022 年中小学教材发行先进单位”称号。2022 年教辅同比增长 12.69%，义教阶段公告教辅市场覆盖率为 90.83%，高中公告教辅覆盖率为 45.47%，教辅市场占有率进一步巩固。

内蒙古新华优质高效完成了“课前到书，人手一册”的政治任务，实现教材销售收入 3.91 亿元，同比增长 1.5%；教辅销售收入 7.35 亿元，同比增长 9.91%，受到党委宣传部和教育厅的表彰，并在全国出版（版权）工作会议上作为全行业唯一一家代表作了经验分享。

辽宁新华北方出版物配送有限公司 2022 年圆满完成了疫情之下的“课前到书，人手一册”政治任务。春、秋两季教材发货总码洋为 5.5 亿元，同比下降 0.78 亿元，总配发时间为 95 天。全年华育教辅发货总码洋为 5.35 亿元，同比增长 1 亿元，增幅达 23%；人均劳效 1188 万元码洋，同比增长 37%。

黑龙江新华 2022 年累计发行教材教辅码洋 13.95 亿元，其中，教材发行 5.33 亿元，教辅发行 8.62 亿元，同比增长近 7200 万元。集团大力加强教材教辅发行网络建设，辐射大兴安岭、农垦地区，全力提升集团教育服务能力。

上海新华 2022 年共发行中小学教材 1393 种，配发教材 6224.28 万册，同比增长 1.05%。其中，统编三科教材配发 752.42 万册，同比增长 1.08%。

安徽新华 2022 年共向全省 11000 多所中小学、810 多万中小学生发放教材 16200 万册，发行码洋 136000 万元，其中，《习近平新时代中国特色社会主义思想学生读本》287 万册，国家统编三科教材 4043 万册，课前到书率为 100%，圆满完成“课前到书，人手一册”任务。

福建新华完成 2022 年春季中小学教材 5503.56 万册基订数的发运任务，再次实现春季中小学教材的“假前到书”。在秋季开学前，完成了 2022 秋中小学教材总计 589 种、7562.31 万册的发运工作。完成全省初中民族团结进步教育教材 53.9 万册的紧急征订发行任务，确保春季全省初中民族团结进步教育课的顺利开设。科学应对“双减”政策冲击，目录内教辅发行码洋增加 1.17 亿元。进一步巩固拓展目录外教辅市场，发行码洋增加 1.15 亿元。

江西新华 2022 年春、秋两季教材发行 1.68 亿册，教辅征订做到应订尽订，配套率超过 90%。

河南新华 2022 年圆满完成春、秋两季“课前到书，人手一册”的政治任务。特别是在秋季开学前 10 天时间内，发运图书 4000 多万册，刷新了新华书店服务教育教学工作的新纪录。

湖北新华联合出版社开展“教材巡展”“送课到校”“公告教辅质量回访”等系列活动。全年教材教辅销售码洋分别实现 21.26 亿元、17.6 亿元，同比分别增长 8.6% 和 8%。

湖南新华 2022 年教材总发行量创历史新高达 1.19 亿册，全力完成了“课前到书，人手一册”的政治任务。发运量峰值达 122366 件，发货量峰值达 2100 吨，不断刷新和创造了发行工作历史。截至 2022 年 12 月，“智趣新课后”平台已在全省 5294 所中小学校（义务教育阶段）课后服务开始应用，全省超过 384 万中小学生和 9 万老师使用平台开展课后服务。

广东新华 2022 年圆满完成了“课前到书，人手一册”的政治任务，全省中小学教材发行册数 4.11 亿册，总码洋 31 亿元。

广西新华 2022 年出色完成“课前到书，人手一册的政治任务，实现教材销发货4.3亿册，码洋32.05亿元。

海南新华2022年春、秋两季全省共计发行中小学教材教辅5038.26万册，码洋3.88亿元，分别同比增长6.61%和7.1%。

四川新华2022年克服教材内容改版、四川高温限电等困难，坚持送书到校，连续44年保障“课前到书，人手一册”。2022年，配发教材评议教辅、文教图书5.02亿册，同比增长0.47%；销售码洋62.23亿元，同比增长11.08%；营业收入59.17亿元，同比增长10.45%。

贵州新华圆满实现了“课前到书，人手一册”的工作目标。2022年，共发行教材1.5亿册，同比增长566.40万册，增长率3.82%；教材发行码洋10.8亿元，同比增长2148.60万元，增长率1.98%。教辅发行6508.28万册，同比增长487.36万册，增长率8.09%；教辅发行码洋15.8亿元，同比增长1.8亿元，增长率13.13%。

西藏新华2022年圆满完成春、秋两季中小学教科书发行工作，共发行政府采购教材781种、码洋1.8亿元。

陕西新华2022年共发行教材、教辅、读本、中职教材15928.81万册、码洋14亿元。

甘肃新华全力保障市、县公司“服务到校、送书到人”服务的顺利开展，多措并举，顺利完成全年1.17亿册教材教辅的征订发行工作。

青海新华2022年发行教材教辅2867万册，码洋2.61亿元，同比增长0.77%，实现发行册数和发行码洋双增长。

新疆新华2022年共发行教材教辅1.79亿册，较2021年增长5.42%；实现销售16.51亿元，较2021年增长8.26%，其中教材发行10.63亿元，教辅发行5.88亿元，超额完成目标任务8%，圆满完成全年中小学教材教辅发行任务。

深圳新华2022年教材教辅共发货6030.93万册，同比增长6.52%；发货码洋4.8亿元，同比增长6.1%。

沈阳新华教材教辅发行总码洋2.01亿元，首次突破发行码洋2亿大关，同比2021年上涨5%。

武汉新华顺利完成全市1112所中小学校、116万中小学生“课前到书，人手一册”政治任务。2022年中小学课本发行码洋4.3亿元，较去年同期3.9亿元增长3810万元，增幅9.7%，创历史最高水平。

广州新华圆满完成2022年全市春、秋两季教材和免费教辅的分发和配送工作。集团积极应对秋季教材印刷时间全面推迟、疫情交通管制以及台风恶劣天气等影响，2022年春、秋两季共完成课本收货2756万册，码洋2.24亿元，为全市学校师生“课前到书，人手一册”提供坚实保障。

西安新华2022年中小学教材销售2647.2万册，码洋1.96亿元，较去年同期册数增加323.16万册，增加13.91%；码洋增加2722.29万元，增加16.07%。2022年，中小学教辅销售2001.58万册，码洋2.37亿元。

银川新华助推书香校园建设，推动社会主义核心价值观进校园、进课堂、进头脑，保障“课前到书，人手一册”政治任务高效完成。2022年完成银川市3区181所中小学、全区15所大中专院校582.6万册教材发行工作，发行思政类教材4.1万册。

乌鲁木齐新华全力保证教材教辅随到随收、日收日清、随清随发、应发尽发，单日收货达18000余册。全年大中专教材批销码洋10912万元，完成销售任务6481万元。

（四）引领优秀图书发行，满足人民高质量阅读需求

各地新华聚焦主责主业，多措并举，守正创新，以满足人民高质量阅读需求、增强人民精神力量为出发点，广泛开展形式多样的系列主题阅读活动，强化活动引领，带动图书发行工作提质增效。

黑龙江新华全力践行“书香龙江”建设，积极策划推出主题新颖、层次丰富的文化服务和产品供给。2022年，全省一般图书销售码洋1.27亿元。

福建新华2022年一般图书销售码洋7.52亿元，较2021年的7.48亿元，同比增长0.53%。

湖北新华2022年一般图书销售码洋达10.74亿元，同比增长19.33%。

湖南新华2022年实现一般图书销售码洋9.53亿元。

广东新华2022年门店销售一般图书4.33亿元。

广西新华一般图书销发货4800万册，码洋10.4亿元。其中桂版图书（含广西师大、广西民族社）销售册数563万册，同比增加357.87%，码洋8301.71万元，同比增长152.03%。本版图书（广西出版传媒集团6家社）销售册数552万册，同比增加448.86%，销售码洋7831.72万元，同比增长201.03%。

海南新华2022年全省一般图书销售码洋3.08亿元，同比增长7.46%。

四川新华2022年一般图书销售量为1.4亿册，销售码洋66.67亿元；销售收入36.76亿元，较上年同期的33.77亿元，增长8.85%。

贵州新华2022年一般图书共完成码洋3.44亿元，较2021年增加1.05%，总体呈上升趋势。

陕西新华2022年一般图书销售码洋2.01亿元、营业收入1.6亿元。

深圳新华2022年一般出版物销售超过3亿元。其中，中心、南山、罗湖三个书城共销售2.8亿元，在全国大书城零售排名中，分别位列第一、第三和第八。宝安书城、龙岗书城和龙华书城一般图书销售码洋分别为949.88万元、920万元和751.29万元。

青岛新华一般图书销售3.1亿元，同比增长1374.12万元，增长幅度为4.67%。

（五）严把质量关，发挥正能量

各地新华始终坚持以图书质量作为标准，坚持精品战略，强化精品意识，规范一般图书采购渠道把关源头，持续优化细化图书进发流程，提升产品判断识别能力，弘扬主旋律，发挥正能量，充分发挥了主阵地、主渠道的作用。

总店新华为加强新华书店网上商城平台、新媒体以及第三方渠道的内容管理，有关部门认真落实总店下发的《新华书店总店意识形态责任制实施细则》制度，严格遵守《新华书店网上商城新媒体运营规划及制度规范》，规范内容发布流程。同时。加强内容建设，不断完善新媒体内容审校制度，严把方向导向关。

浙江新华编制出台《图书业务商务合作规范指引》，建立供应商业务质量评价体系和对子公司图书供应评价机制，探索建立图书采供业务质量管理体系，进一步完善图书业务流程，强化业务管控、信用管理等。

湖南新华在省委宣传部的领导下，积极面向全省开展“扫黄打非·护苗2022”专项行动暨“护苗·绿书签”活动，着力净化未成年人阅读环境；严格按照省“扫黄打非”工作小组办公室的相关工作部署，在省内开展湖南省文化出版市场暗访检查工作，全年共计开展督查工作4次以上。

四川新华高度重视图书版权保护，与全国出版机构加强版权合作，持续深耕纸质书、电子书及有声书等多形态内容的版权获取与合法经营，防范版权风险，释放版权价值。建立健全与电商平台长效沟通机制。呼吁、抵制盗版乱象，自觉维护行业秩序，保障消费者权益。旗下新华文轩荣获2022年四川省版权示范单位。

贵州新华公司党委班子成员深入书城，检查上架图书、联营产品等4次，印发《关于意识形态领域工作排查的工作提示》，确保上架图书符合要求，坚守发行责任。

青海新华高度重视涉及宗教、民族、民俗及藏文图书内容质量，坚决杜绝非法、内容低俗、导向错误及质量低劣等图书（期刊）通过卖场进入市场。为师生主动推荐主渠道、优秀出版社、强编辑团队的教辅材料，帮助师生和家长提高辨识优劣教辅的能力。

新疆新华党委在工作中始终坚持全区发行工作一盘棋，教材教辅发行统一标准，规范出版物发行秩序，持续加强主题出版物、教材教辅用书、一般图书规范发行工作；以视频形式不定期培训全区各地、州、市（县）新华书店配备的专（兼）职出版物内容审查员，压紧压实主体责任，确保意识形态阵地安全。

青岛新华2022年持续加强选书荐书工作，市店公司定期召开“荐书团队”和“选书团队”的例会和培训工作。优化上游供货商，保证连锁门店的陈展品种都是内容优质的品种。

（六）坚持诚信经营，自觉维护行业良好生态

各地新华始终坚持诚信经营，自觉维护行业秩序和市场环境。不做数据造假、误导读者、虚假宣传等行为；不发起价格战、恶意打折等扰乱市场秩序行为；在退货、回款等经营过程中不制造失信、故意拖欠等行为，对读者的意见和建议认真吸收和借鉴，不断提高服务质量。

内蒙古新华2022年被评为诚信示范企业，旗下多家企业荣获年度最美书店、自治区诚信达标企业等殊荣，企业综合实力和核心竞争力显著增强。

上海新华凭借良好的信誉和业绩，荣获“上海市守合同重信用企业”称号，并获AAA级合同信用等级认定。

江苏新华2022年获得了全国质量诚信标杆企业、2021年度江苏省文化科技卫生“三下乡”活动先进集体、2021年度全国优秀馆配商、2021年度全国优秀中小学馆配商等荣誉。

广东新华2022年成为第一批获得“广东省守合同重信用企业”等级评定AAAAA的企业。

湖北新华公司及下属子公司湖北省外文书店均被湖北省市场监督管理局授予“湖北省第十六届守合同重信用企业”称号。

宁波新华2022年获评AAA信用等级、宁波市服务业百强企业，诚信管理体系、五星售后管理体系复审通过。

广州新华所属广州市新华书店集团连续8年荣获广东省“守合同重信用”企业称号；广州新华书店集团传媒连锁有限公司连续3年荣获广东省“守合同重信用”企业称号，2022年获得“北京路商圈诚信经营商户”荣誉称号。

二、打造发行主阵地主渠道，融合发展开启新局面

作为图书发行主阵地和主渠道，新华书店始终坚持把社会效益放在首位，持续推进城市书店智慧化升级，多业态融合发展。持续加强县级门店、乡镇网点建设，不断提高运营和服务水平。持续拓展网络发行渠道，构建多媒体营销矩阵。

（一）持续推进城市书店智慧化升级，多业态融合发展

2022年，各省市新华书店积极推进城市书店智慧化升级，打造特色品牌

书店，多方位地满足了人民群众的阅读需求。

总店新华完成百年书房及城市书房北京市实体书店扶持项目申报、阅读文化活动申报等共 10 项申报工作。“学习强国”线下体验空间布局基本完成，其中在天津地区新华书店门店实现了“学习强国”线下体验空间全覆盖，充分发挥“学习强国”线下空间学习、党建活动开展的作用。

北京新华 2022 年新增北京图书大厦市纪委 A5 店、新华书店东方时尚驾校店、北京理工大学良乡校区店、世界公园店、回龙观云智中心店等 5 家实体店，与建设银行合作打造“善读港湾”阅读空间品牌。对中小门店进行主题化、专业化、特色化升级改造，构建场景化、沉浸式经营布局，打造了东单医药书店、超级玛特动漫主题店、和平街宠物书店、左家庄茶文化书店等 6 家新型特色主题书店。推进北京图书大厦“童书借阅”服务升级、王府井书店一层改造升级等大型书城业态改造升级项目。

天津新华已完成河东区店七经路书店智慧化改造，同时启动了和平路书店和党政书店智能化改造工作。

河北新华共有省市级门店 25 个，总营业面积为 71902.03 平方米。2022 年，坚持以重点项目为抓手，持续深化网点建设运营和服务转型，全省已基本完成转型升级建设工作。改造后的门店实现了从“传统卖场”向“文化空间”的转型，在以图书为主的基础上，增加了多元复合业态，丰富了书店作为公共文化阅读空间的功能。同时，建设运营了 145 家校园书店、24 家特色书店，上述门店总营业面积为 8737.66 平方米。成功打造了“啡页书咖”“新华·品阅生活”“新华·小桔灯绘本馆”3 个子品牌，打造了以平山县西柏坡镇北庄村团结书屋为代表的一批红色书屋。

山西新华积极拓展网点布局，2022 年新增校园书店、24 小时城市智慧书房、社区书店等网点 24 家；推进实体书店转型升级，推出山西第一家完全会员制书店——南宫书店。

吉林新华对延吉、四平、通榆、辉南 4 家门店进行了升级改造工作，全省有 9 家书店获得吉林省委宣传部授予的优秀实体书店称号，获得奖励资金 270 万元。2022 年 9 月底，新华书店福祉大路店正式开业，总面积 700 平方米，陈列图书1万余种，线上可选购15万种。

上海新华以实体书店转型发展为契机，强化“书店+”经营新思维，全面推动实体书店换标升级、业态布局优化和重大项目建设工作。2022年，共计新开和升级门店5家。上海书城九六广场店于1月30日正式开业，入驻浦东新区东方路796号九六广场内下沉式广场，使上海书城在浦东“重现”。1927·鲁迅与内山纪念书局、江南书局·书的庭院和新华书店·逆光226等3家新型门店相继开业。

江苏新华积极引导实体门店探索转型升级道路，明确“以提供优质精品图书、丰富文化活动、综合消费业态，线上线下融合服务为转型方向，打造城市文化地标”的定位，确定转型升级方向，制定具体工作举措。凤凰国际书城喜获“首届全民阅读大会·年度最美书店”；镇江望山书局、通州书城、淮安区东长街店、靖江书城、金湖衡阳路店5家门店入选2022“江苏最美书店”。截至2022年底，全省网点总数1497个，总建筑面积112.41万平方米。

浙江新华线下门店加快物理空间转型，确立旗舰店、标杆店、校园店、社区店四大特色门店体系集群。

福建新华全省9家设区市分公司共有城市书店29家，经营面积3.96万平方米。2022年，共完成2家城市门店升级改造工作，分别是全省单层面积最大的书城——福州安泰书城以及福州金山图书城。

江西新华积极实施门店新建、改扩建及升级改造工程，抓好网点投资建设，尤其是城市书店的建设工作。一是着力打造南昌、抚州、赣州等大型城市文化综合体。二是推进新型时尚悦读空间建设和参建城市书房。

山东新华调整门店定位，在综合性门店建设保持平稳发展的基础上，积极向商圈、社区、学校拓展辐射，新建的两处大型文化综合体潍坊新华新阅广场、济宁新华书店漫舟书城已投入使用。截至2022年底，全省共有城市书店133家，校园书店328家，社区商圈书店50家。

湖北新华全面推动实体书店转型升级，全年新建潜江书城、黄石青少年主题书店等市、县中心门店8家、高校校园书店5家、中小学校园书店8家。

湖南新华全省城市书店（含县级门店）进行原址装修共计 14 家、改扩建共计 10 家，新建特色书店 4 家、原址装修 1 家。结合实际，因地制宜，注重“形象、品位、选品、互动”是湖南新华城市书店（中心门店）升级改造的主要特点。全省现有特色书店 24 家，特色书店的品牌设立与建设对打造城市文化客厅、丰富市民精神生活发挥了积极作用。

广东新华积极推进中心门店补网新建和改造升级工作，切实发挥基础设施功效，全年新建及改造门店 17 家；持续实施多品牌战略，打造了“四阅”“书笙”“渡”“泊”“吾悦”等系列品牌，累计建成品牌书店 25 家。

广西新华 2022 年增加图书发行网点 22 家，其中，校园书店 7 家，社区书店 8 家，乡镇网点 7 家。网点数量由 2021 年的 253 家增加到 275 家，经营面积由 106622 平方米增加到 110830 平方米，增加了 4208 平方米。

河南新华全省 18 个省辖市政府所在主城区现有运营中的城市书店 67 个，累计经营面积 10.09 万平方米，较 2021 年新增 4 个城市书店，新增经营面积 2450 平方米。其中，新乡市图书城、漯河市店长江路图书城、漯河市店新建的漯湾古镇店、洛阳市店新建的长安社区店 4 家店通过门店主题化、特色化、智能化升级，促进业态融合、创新转型，引领书店成为文化地标中心、社会交流中心、活动体验中心、文化消费中心。

海南新华完成海口解放路书城、文化广场书店、海南侨中书店、定安公司中心门店和文昌公司中心门店等 5 家门店的改造升级工作，门店环境得以改善，服务功能得以完善。

重庆新华大力推进江北中心书城、新华国际、长寿、潼南等 5 家门店的提档升级工作，共计 2.36 万平方米。

云南新华 2022 年新建校园书店 8 家，城市书店完成转型升级 10 家，新建经营面积较上年同期增加 1500 余平方米。

四川新华 2022 年共新开、改造及迁址门店 11 家，涉及面积 7735 平方米，为读者提供了环境更加优美、业态更加丰富、服务更加多样的阅读文化服务场所。

贵州新华 2022 年已建成无人值守智慧书屋项目 4 个，面积共 460 平方米，分别位于贵阳市花果园A北区、黔西市水西广场、黔东南州图书馆一楼、印江县文昌广场；在建项目5个，面积共704平方米。

甘肃新华西北书城升级改造后，阅读服务不断升级，日均接待读者5000余人次，阅读体验不断升级。积极拓展城市销售网店建设，现有甘肃省财政厅、省国资委、机关事务管理局、甘肃省血液中心设立“图书角”，多方位满足人民群众阅读需求，运行效果良好。

宁夏新华深入推进“市店振兴”计划，完成了吴忠、固原新华书店中心店综合升级改造。

新疆新华重点工程项目持续稳步推进，各地（州、市）新华书店将营业网点积极向商圈、社区、学校、景区拓展，伊犁州新华书店在那拉提国家森林公园建设了景区书店“那书院”。

深圳新华目前已建成6座超万平方米的大书城和46家特色书吧，在建1座超万平方米的大型书城，每年接待市民读者2000余万人次，成为深圳重要的文化标识和精神符号。在建的湾区书城于2021年12月18日正式开工，是继深圳书城罗湖城、南山城、中心城、宝安城、龙岗城、龙华城之后，深圳出版集团全力打造的新一代大书城。深圳书城龙岗城实业有限公司2022年承建并运营了阿布@书吧大运店和宝龙店2家分店，将其打造成为集阅读、休闲、亲子教育于一体的综合文化生活空间。

沈阳新华积极向繁华商圈拓展网点，努力实现门店环境优美、特色鲜明突出、服务功能完善、经营模式创新。

大连新华对中心门市图书大厦开启了新一轮的“门市靓化”工程，引领书店由单一零售卖场向城市文化会客厅转型升级。

宁波新华新增江北区怡丰汇店、建设银行鼎泰路店2家城市门店。

武汉新华建成武汉枫叶国际学校校园书店“原点学苑”，打开了全市中小学校园书店建设的新局面，实现了公司旗下中小学校园书店“零”的突破。

广州新华2022年4月正式复业的北京路书店转型成为具有“广府新韵”岭南特色的复合型书店。转型升级后的儿童书店是全国首家携手腾讯

QQfamily 跨界联合打造的亲子阅读主题体验店。

西安新华 2022 年先后改造完成阅已书屋海洋馆店、阅已书屋陕西名人馆店、唐城墙遗址公园西部店、西安建筑科技大学校园书店，网点覆盖率逐年提升。

（二）加强县级门店建设，不断提高运营、服务水平

2022 年，各省市新华书店持续加强县级门店建设，推动县级门店升级改造工作，不断提高县级门店运营、服务水平，提升了当地公共文化服务水平。

河北新华全省共有县级门店 159 家，总面积 135678.55 平方米。为进一步推动全省门店运营服务优化升级，印发了《省店公司 2022 年实体店服务标准贯标活动工作方案》，组织门店贯标评审小组对部分市县店门店进行了抽查评审，门店服务内容和模式不断丰富完善，受到读者好评。

江苏新华 2022 年新增乡镇网点 31 个，进一步丰富了省内农村发行系统脉络，在推动“农家书屋”重点工程、开展“服务‘三农’，送书下乡”活动和多渠道构建农村发行体系方面取得明显成效。

山西新华现有连锁门店 129 个，已达到“一县一店”标准。2022 年，集团立项投入资金 2089.48 万元，对山西图书大厦、岢岚分公司连锁门店等 11 家公司门店、网点进行升级改造。

吉林新华在全省所有县（市）主城区都建有一家以上且经营面积超过 200 平方米的门店。

浙江新华 2022 年持续推进山区 26 县门店转型升级项目。

福建新华全省共有县级门店 64 家，经营面积 3.83 万平方米，集团年度共完成 11 家县级门店升级改造工作，分别是古田、仙游、惠安、南安、漳浦、武平、连城、将乐、政和、建阳、建瓯等县级新华书店。通过县级门店升级改造提升了当地公共文化服务水平，打造了多元融合的复合式体验空间，有效推动了书香社会建设。

江西新华全省县级门店 114 家，面积约 8.61 万平方米。通过融入地方文化、特色旅游、时尚创意、实用功能等新元素，“屋”尽其用，将传统书店打造成极具地方特色的城市书房。2022年，抚州市汤显祖书店、进贤县新华书店·晏殊书坊、庐山观云书屋、拾年山仙女湖城市书房、于都县雩阳书房及江西省首个服务区特色书店——庐山西海服务区水云间书屋等一批特色书店相继建成，实现自然景观、人文历史与时尚书店的完美结合。

湖北新华注重地域文化和主题特色，统筹推进全省实体书店建设，按照所有县（市）主城区建有不少于1家、经营面积不少于200平方米门店的建设标准。2022年，钟祥、远安、通山、黄梅、大悟、嘉鱼等一批县级中心门店改造升级后重新开业，迅速成为当地的文化地标。

广西新华所有县（市）主城区均建设了至少1家、经营面积不少于200平方米的新华书店门店。2022年，广西新华持续开展门店转型升级工作，梧州市新华书店有限公司藤县分公司河西门店、岑溪分公司门店完成转型升级，贵港市新华书店有限公司平南分公司平南书城完成二次升级，全区各市、县主城区门店在巩固主业发展的基础上均实现多元经营，进一步完善了地方公共文化服务体系。

河南新华在所有县（市）主城区均建有不少于1家且经营面积不少于200平方米的门店的基础上，对符合条件的卫辉市店友谊路中心店、淅川县店崇德公园店、安阳县店中心门市、灵宝市店尹庄门市进行门店综合升级改造。

贵州新华积极推进以新华文渊超市为中心的全民覆盖公共文化服务阅读体系，升级改造新华文渊超市31个，总面积共11318平方米。其中，已完工门店16个，正在改造门店15个。

新疆新华共有县级新华书店零售网点89个，持续推进在新设立的兵团城市建立图书发行网点。

武汉新华新洲新华书店对红旗街门店进行了升级改造，加盟市店博克文化公司实行连锁经营，打造区域文创产品旗舰店。

西安新华每家分公司都设有门市，特别是阎良书城、鄠邑书屋、长安书舍等经过提升改造已成为区域文化地标。

（三）加强乡镇网点建设，完善乡镇公共文化服务体系

各省市新华书店2022年持续加强乡镇网点建设，努力拓宽农村发行渠道，进一步完善了乡镇公共文化服务体系。

河北新华坚持将服务触角向基层延伸，不断提升200家农村发行网点运营质量，印发了《关于做好农村发行网点示范店评选工作的通知》。通过数据筛选、现场评审、查看影像等多种方式，扎实开展示范评比活动，网点形象和服务水平有效提升，以平山县西柏坡镇北庄村团结书屋为代表的红色书屋运营初见成效。

山西新华共建有农村网点164家，2022年新增农村发行网点7家。其中，原平公司农村网点开展了线上讲书活动，阳泉公司在农村网点开展了“最受村民喜爱的年度好书”评选活动、“新华送书香 文化惠民行”晋版图书流动书展以及捐赠活动。

内蒙古新华新建“七进”店8家，投放自动售书机5台，新建农牧区家庭书屋12家、草原书屋中心书房133家，开展流动售书1156场。

上海新华现有农村网点20余家，遍布上海各市郊区域。在嘉定、松江、青浦、金山、奉贤、崇明等各市郊地区立足商业体和市郊中心地段，积极融入周边文化主题商圈，积极把握文化商圈带来的客流。全力推进上海市郊五大新城旗舰店建设，以“江南书局”为品牌，全力打造新江南文化引领地。其中，位于奉贤南桥新城传悦坊的“江南书局·书的庭院”于2022年11月29日试营业。

江苏新华成功中标“2022—2024年度江苏省农家书屋出版物更新项目”，项目图书采购预算每年1162.50万元，3年预算合计3487.50万元，16242家农家书屋平均每年更新图书52万册以上。

浙江新华大力推进全省乡村书房建设，实现“新华书店+农家书屋”模式示范店地市全覆盖。

福建新华2022年底乡镇网点（含农家书屋加挂新华书屋）数量达到103个，完成了新华书店社会效益评价发行网点覆盖不少于本地区10%的乡镇的目标，延伸了服务半径，满足了农民群众选书、看书、购书的迫切需求，为

乡村振兴提供文化支持。

山东新华制定了《山东新华书店集团农村发行网点建设方案（2021—2022）》，对农村发行网点建设和发展进行了全面规划。截至2022年底，全省共有206家乡镇发行网点，完成了当年推进计划。

湖北新华全省农村网点目前已建成100家，建成面积0.5万平方米，有效弥补了农村阅读空间不足短板，实现了全省乡镇覆盖率10%以上。

湖南新华积极做好农村出版物发行、“农家书屋”项目、实体书店网点建设等相关工作。其中，郴州市汝城县沙洲农家书屋于2022年6月22日建设正式对外开放，总面积103平方米，备有图书6000余册。益阳清溪书屋是以清溪村内农民的房屋为建筑载体，以作家或出版社命名，融入不同文学元素，精心打造的别致、精美、主题各异的作家书屋。

广东新华坚持以书为媒，建设集乡镇居民休闲娱乐、教育服务与文化交流于一体的阵地，满足基层群众文化需求。截至2022年底，全省累计建成乡镇发行网点137家，覆盖率达12.5%，超额完成中宣部和省委宣传部下达的建设任务。

广西新华在上年建成86个乡镇网点的基础上，再新建乡镇网点7个，累计建成农村乡镇发行网点93个，进一步拓宽农村发行渠道，完善乡镇公共文化服务体系。

河南新华已完成覆盖不少于全省10%的乡镇网点建设目标任务，全省拥有乡镇发行网点206个、乡村电商服务站2114家，与云书网线上电商平台、“百姓文化云”数字公共文化服务平台、农家书屋、流动供应相结合，构建了完善的乡镇网络体系。

截至2022年底，海南新华全省共有农村发行网点21家，白沙对俄村委会党建文化活动中心（农村发行网点）等乡镇网点正在积极推进建设中。

重庆新华完成长寿古镇店、南川大观原店、巴南黄金林村店3个网点新建工作，总网点数量108个，乡镇网点经营面积合计5610.85平方米。

贵州新华建成贵州省首家村级书店——啊嘎村书屋，该书屋共有两层，包含9种不同的功能板块，总面积798平方米，是集阅读、娱乐、休闲、茶饮、书画、作品展示、活动交流等多功能为一体的多形态文化阅读空间。

大连新华新建马桥子街道城润社区智慧书吧等网点2处，新安装10台“智慧共享书吧”，丰富周边社区居民的业余文化生活，切实打通服务城乡居民的“最后一公里”。

西安新华新增高陵2个代购点，阎良3个代购点，蓝田2个代购点，长安1个代购点，周至2个代购点，鄠邑2个代购点，乡镇发行网点覆盖率逐年提升。

（四）持续开展流动售书，受到乡村读者的广泛好评

为缓解农村读者“看书难、买书难”的问题，各省市新华书店精心挑选各类优质图书，持续推进流动供应送书下乡活动，多地实现流动售书乡镇的全覆盖。

河北新华2022年开展图书进乡镇、进集市等流动售书活动1827次，实现流动售书全覆盖，成为了农民家门口的“新华书店”。

山西新华结合“七进”活动，对尚不具备网点建设条件的乡镇积极采取流动售书，不定期利用农村庙会、集市摆摊售书等方式，服务农民，服务基层文化建设，农村流动售书率达95%以上。

吉林新华对尚不具备图书网点建设条件的乡镇，实现了流动售书全覆盖。

福建新华对全省尚不具备实体网点建设条件的813个乡镇中的801个开展了流动售书活动，流动售书覆盖率为98.52%。

江西新华精心挑选各类优质图书，持续推进送书下乡活动。2022年共开展农村流动售书100余次，实现流动售书乡镇的全覆盖。

广东新华配置了5台流动售书车，全年开展流动售书活动900余场次，取得良好的社会反响，有效扩大乡镇网点覆盖面。

广西新华共开展农村流动售书1321次，流动售书覆盖率达100%，实现了流动售书服务覆盖所有不具备建设实体乡镇网点的目标，解决了偏远地区群众的“购书难”问题。

河南新华充分结合乡村集会、走亲访友节假日等节点，选取乡村学校、文化大院、乡镇机关等场地，在春节期间开展“迎新春·赶书集”，在世界读书日开展“阅读进乡村”等，全年积极开展文化大讲堂、乡村阅读季等主题鲜明、内容丰富、形式多样的阅读活动684场。

海南新华全省18个市、县（除三沙市外）24家新华书店中心门店共组织开展流动服务活动317次，服务里程数超过5000千米，参与阅读群众7.3万余人次，共计销售图书9.79万册。

云南新华多批次组织优秀出版物、文化用品、文化服务和阅读专题讲座，通过“书香九进”的形式，服务覆盖全省91.36%的乡镇。

四川新华在2022天府书展期间，联合自贡市图书馆、作协等单位，在自贡市大安区、沿滩区、贡井区等地的农家书屋设立2022天府书展分展场，持续深入推进全民阅读进乡村，全年共开展各类流动售书活动680余场。

贵州新华开展流动售书、红色书展、送书下乡等活动共74次，惠及群众6万余人，总里程约11891千米。

陕西新华各级新华书店均成立了“流动展销服务小分队”，利用节假日和“三下乡”活动，服务基层文化建设，完成农家书屋出版物配送，开展书香进学校、进社区等活动。据不完全统计，各级新华书店全年共开展农村流动售书活动800余次。

甘肃新华全省开展流动售书720余次，参与人数4.6万人次，流动售书覆盖率达100%以上，有效地解决了偏远地区群众的“购书难”问题。

宁夏新华开展“我们的中国梦——文化进万家”活动，各店“三下乡”、乡镇流动售书160多次。

新疆新华全区新华书店开展流动售书1915次，其中农村流动售书达1627次，惠及275万人次，总里程达11.4万千米，实现了对尚不具备网点建设条件的乡镇和重点学校流动售书全覆盖。

青岛新华深入乡镇开展流动售书500余次，实现乡镇流动售书全覆盖。

（五）持续拓展网络发行渠道，构建多媒体营销矩阵

各地新华书店积极建设、拓展网络发行渠道，构建多媒体营销矩阵，多平台推动线上发行业务。

总店新华认真做好新华书店网上商城、“新华读佳”APP、“学习强国”新华书店网上书城、文创城等平台运营，围绕私域流量，积极探索微信小程序运营模式。新华书店网上商城各平台围绕“北京冬奥会，一起向未来”主题，精选高质量奥运产品进行线上线下联合推广，实现线上商品交易总额1.2亿元，销售收入7800.72万元，销售利润911.83万元，新增会员近百万。

北京新华继续依托相关电商平台，积极开发网上经营业务。截至2022年底，集团所属新华书店网络营销渠道覆盖自营网站、第三方平台店、微博、团购、微商城、直播、社群、企业APP等七大网络发行传播渠道，基本构建了覆盖所有创新渠道较完善的网络图书发行矩阵。

天津新华完成建设24小时智慧书店，并与遍布全市地铁、社区、景点、医院、学校、机关等的40多处智能售书机组网成形，提升了图书发行的智能化水平。

河北新华2022年全省各级新华书店中心门店全面开通了线上业务，网店数量达到174家，实现线上销售同比增长67%。高效打造线上平台矩阵，初步形成以自营电商、自有新媒体和会员系统连接用户和社群的营销闭环，55家网店开通定期直播，为新媒体规模化运营打下良好基础。

山西新华经过近3年的运营与迭代，以会员服务为基础的“新华云书”电子商务平台拥有注册用户38630人，2022年实现平台交易金额304.01万元，其中在线交易金额为80.47万元。

内蒙古新华构建了以抖音、美团、京东为运营平台的特色店铺集群和以视频号、微信公众平台、书友群为介质的多媒体营销矩阵。“内蒙新华马上购”小程序从视觉感官、模块功能等方面进行多维度优化提升，新增会员3.9万人，累计会员达19万人。

辽宁新华北方出版物配送有限公司建设完成了“理论读物先行者”微商城系统，实现产品发布、订单下达、物流跟踪、电子发票开具全流程一键式触达。自上线以来，访问用户超16000家，累计收到订单8473份，实现征订码洋2546万元，客户好评率达100%，已形成较为完整的线上党政读物征订分发运营体系。此外，北配“采云”平台建设迈出坚实步伐。公司持续完善和升级“网上馆配会采选平台”的服务功能，使图书信息能够通过云端实现立体化呈现。

黑龙江新华通过“百店互联”，打造以“北国书香网”为核心，以抖音短视频、直播带货为增长点的集团电商新业态。截至2022年末，“北国书香网”关注人数达55万人，抖音平台关注粉丝数超1万，电商销售业绩取得阶段性突破。

上海新华网上平台已有上海书城天猫旗舰店、京东旗舰店、有赞（新华一城书集微店）、“新华一城书集”官网、拼多多、建行善融、建工营造商、新华总店、饿了么、美团共计10家。上海新华还针对天猫、京东、B站、抖音、微博等在线销售和导流平台进行视频发布，并用于商品的详情页，增加店铺与顾客之间的黏性，吸引读者购买。

江苏新华电商推进两库融合，实现了ERP和WMS两系统融合，一体化运作，实现物流分区调度，优化拣货路径，物流拣货效率提升20%。凤凰新华电商完成销售码洋20亿元。凤凰新华自营平台建设日臻完善。优化阳光采购平台省采业务系统及供应链建设，阳光采购平台累计完成销售2.04亿元，同比增长34%。

浙江新华持续推进集团线上线下双循环体系建设，成立大数据中心，建立基于数智ERP系统的智版大脑经营决策系统，开展全集团数据资源的归集、挖掘、分析等工作，实现对经营决策和经营过程的前瞻研判和基础指导。公域电商矩阵形成71家店铺群，天猫省店专营店排名稳步上升，代运营店铺70%进入第五层级；加速布局短视频电商赛道，打造浙江新华品牌直播间，各类短视频账号矩阵粉丝总量突破174万，官方号抖音直播间位列新华系第2名。

山东新华“新华助学”平台持续发挥重要作用，2022年，平台下单用户数496万，完成订单1035万笔；“新华悦购”平台持续提升对线上业务的支撑能力，实现销售订单116万笔；爱书客会员累计发展1319万人。

湖北新华2022年线上电商渠道销售已占新华书店一般图书板块销售的32%。发力新媒体平台，抖音矩阵建设初见成效。以微商城为核心，疏通微生态链大循环，在全省建成线上微店84家，打造“微店＋微信社群＋短视频＋公众号宣传”微生态圈，积累微店粉丝9.7万人，累计访客量31.96万次。布局新媒体全平台引流，拓展会员营销，线下门店、线上电商全渠道会员及粉丝人数双双破百万，消费会员人数同比增长24%、成交额增长22%。

湖南新华“阅达教育”平台会员人数达648万，交易订单量2596万笔，覆盖门店50多个。“智趣新课后”通过17个版本迭代，快速、高效地打造了一个涵盖教育局端、学校端、老师端、家长端等六大端一体化平台，实现了“一站式”课后服务管理体系。

广东新华持续优化自有电商平台“通读在线”功能，定期开展满减购、组合购、秒杀、预售等线上促销，2022年已上线147家门店，实现销售1491万元。参与投资设立新荷传媒公司，以抖音为主阵地迈进新媒体营销快车道，2022年，已有28家基层新华书店完成抖音号建号工作。应用“快团团”开展社群全员营销。2022年，各基层新华书店积极拓展网络发行渠道，多平台推动线上发行业务，线上销售累计1.84亿元。

河南新华云书网平台浏览量1.84亿次，访客量1326.42万人次，新增注册用户数52.66万人；百姓文化云平台新增资源数2.2万个，新增文化活动2570个，资源累计总量19万个，实现累计浏览量2.4亿次，新增用户50.2万人，用户总数达1030.4万人。

四川新华持续优化“全网连锁发行”模式，持续加强淘系、京东、拼多多等综合电商平台的纵深经营，系统优化抖音、快手布局，积极探索bilibili、小红书、私域社群等新渠道，完善全媒介布局、多场景运营的销售矩阵。进一步完善了全国仓储布局，供应链协同效率、服务效能得到提升。

西安新华对标抖音图书直播第一梯队，2022年累计直播247场，粉丝增至18.5万，完成销售码洋127万元，服务读者拓展至全国多省市，省外客户占比增至30%。

三、勇担社会责任，助力社会公益

新华书店作为出版发行行业的国家队，积极参与社会公益活动，扶贫帮困。发挥自身社会影响力和示范作用，坚持把社会效益放在首位，以满足人民群众对美好生活的需要为己任，努力提供更多、更好、更有时代特色的精神文化服务。

（一）参与政府惠民活动，积极回馈社会

各级新华书店积极响应当地政府号召，主办承办协办政府惠民活动项目，创新手段形式，为居民提供高质量的文化让利补贴。

天津新华举办了“喜迎二十大·永远跟党走·奋进新征程”世界读书日红色教育主题宣讲和“风飘书香满三义”世界读书日阅读分享会；与河西区文化和旅游局合作推出“阅读焕新世界”、打卡“城市朗读亭”变身“最美朗读者”活动；开展了“礼”遇阅读·揽书赠“伞”、“阅读的N种打开方式”、百城百店共读计划等14场阅读活动；参加2022年天津市青少年“津彩阅读·崇尚科学精神·展望科学未来”读书系列活动。

河北新华线上线下联动开展“新华书香节”、“三下乡”、图书“七进”等文化活动1500余场；直播开展第十届河北省青少年“阅·知·行”读书活动云端展演；成功举办第十二届河北省图书交易博览会。

安徽新华参加第九届安徽文化惠民消费季、2022年安徽省文化科技卫生“三下乡”、全省图书销售惠民月等文化惠民活动，捐赠图书、文化产品和数字教育资源，发放文化惠民补贴近百万元。全省各级新华书店开展农村流动售书、上门服务、送书到校、送书下乡等文化惠民活动超过1200场次，覆盖全省90%以上的乡镇。

福建新华积极参加文化科技“三下乡”活动，各项捐赠共计40.97万元。其中，向宁德市古田县杉洋镇捐赠现金10万元，向三明市沙县区夏茂镇人民政府捐赠图书、文化用品等共计9.99万元。

广西新华公开发行广西全民阅读文化惠民卡超10万张，总价值超500万元；开展“三下乡”、“双服务”、振兴乡村、爱心捐赠、助学助困等文化惠民活动近1500次；为全区超15000家农家书屋补充配送图书超100万册，码洋超4000万元。

云南新华积极参与云南省商务厅“彩云消费券”的宣传推广与兑付；积

极联动各金融机构，开展形式多样的惠民补贴；在首届全民阅读大会期间，指导全省400多家门店开展“阅读之城”启动仪式、青年读书会等阅读活动；组织开展了“红色故事报告会”学习服务、“我看国家这十年、我与云南这十年”等主题教育活动，邀请党政机关、军队、学校等各级单位参与；开展“好书相伴 快乐成长”青少年党史国史教育活动。

大连新华参与公益投标项目39个，中标项目32个，中标率为82.05%；为1553家农家书屋、社区书屋配送图书3106件、136664册。

（二）参与社会公益活动，传递爱心正能量

北京新华开展“激情冬奥 在北京过个文化大年”春节特色主题活动，组织4家大型书店为留京守岁的读者开展“7×24小时书香不打烊”系列活动；与抖音平台合作，邀请业内人士在线上开展了一系列新春文化活动。

黑龙江新华组织员工向青冈县捐赠爱心图书；开展无偿献血志愿活动，保障哈尔滨市医疗急救用血。

上海新华在疫情期间，组建“方舱图书供应专班”，将数百册图书送入奉贤方舱医院和金山方舱医院，并为防疫人员送去慰问物资，为缺乏物资的方舱医院送去爱心善款；与上海市残疾人福利基金会联合发起“爱上海·学手语”新华传媒手语微课堂，上海书城长宁店等门店成为手语基地。

江苏新华向拉萨市新华书店、伊犁州图书馆等捐赠价值110万元的图书；开展公益助学活动，推进“江苏凤凰出版传媒集团爱心图书馆”项目，携手江苏省妇女儿童福利基金会完成东海县曲阳中心小学、响水县张集实验学校两所“爱心图书馆”捐建，捐赠图书码洋共计15万元，为阜宁县陈集镇停翅港村农家书屋捐赠图书及配套设施约15万元。

山东新华组织分公司结合当地实际开展公益活动。济南市店持续开展“泉·悦·读——名师公益讲堂”活动，启动“阅读服务站”发展计划，先后设立4个“泉·悦·读——阅读服务站”，让教育资源平等惠及地处偏远乡村学校的学生。潍坊市店开展“文化振兴、送书下乡”阅读活动，精选500余册书籍，到10余个乡村开展了送书下乡活动。

湖南新华全年开展爱心捐赠以及公益活动280余次，向社会捐赠爱心图书、文化用品等总价值超过1000万元。长沙分公司组织了第三届“红书签·爱满星城”活动；邵阳分公司开展了“创文创卫”“爱心送考”“抗疫先锋”志愿服务，号召450余名员工参加志愿活动5000余人次，向学校、乡村振兴点捐赠钱物200余万元，为疫区84户小微企业和个体工商户减免租金133万余元；岳阳分公司举办了第二届“爱心阅读·书香岳阳”全民阅读公益活动，为黄金小学捐赠图书5万元。

广东新华协同广东省总工会建设40家户外劳动者工会爱心驿站，解决环卫工、建筑工、快递员等户外劳动者工作生活的实际需求；协同广东省文旅厅在10家乡村贫困学校建设“爱心非遗室”；协同共青团广东省委为全省1887个贫困村学校赠送中小学生课外图书，建设“红领巾悦读书屋”。

重庆新华组织实施“书香新华”新时代文明实践基地建设工作，扎实推进集团本部1个基地和重庆书城、万州、酉阳新华书店等首批10个站点建设；注册志愿者900余名，开展“铭记初心使命，弘扬精神谱系”主题活动，完成100个文明单位精神谱系图书角共建工作，向100余个学校、机关、企事业单位捐赠图书20余万元；全市各门店通过讲绘本、讲故事等形式开展形式多样的主题公益活动，“阅淘读书联盟”累计开展公益讲座200余场；万州、垫江、云阳、北碚等新华书店干部员工积极参与疫情防控、山火救援等公益志愿活动，捐赠物资款项共计1.5万余元。

西藏新华开展送文化进学校、进社区、进军营、进监狱等图书“七进”活动5次，赠送图书近1200种、2000余册、码洋10.32万元；组织全体党员参加“我在西藏有棵树”公益活动，捐款9800元；驻村工作队在都瓦乡中心小学举办了世界读书日朗诵比赛活动。

陕西新华组织开展庆“六一”科普进校园暨慰问华州区渔池小学留守儿童活动；榆林市店参加各类图书捐赠活动50余次，累计金额21万元；咸阳市店参加各类图书捐赠活动68次，累计金额25万元；渭南市店参加各类公益捐赠活动33次，累计金额18.9万元；杨凌区店组织职工开展交通疏导、关爱孤寡老人、免费接送考生、无偿献血等志愿服务活动；铜川市店为2所小学和3所幼儿园捐赠价值2万元的绿色防近视作业本和图书；安康市店积极组织职工开展志愿服务活动，时长达千余小时。

深圳新华开展“乐新春”温暖行动，向河源市东源县漳溪乡、蓝口镇和深圳市大鹏新区工人疗休养院捐赠爱心图书3500册，金额共计13.8万元，惠及贫困儿童、教职工及深圳偏远基层劳动者近1000人；开展“悦心灵”幸福行动，开展牵牛花故事会、小小工程师等活动30余场，线上推出“每月艺术”公益展览。

青岛新华举办“书城朗读者”“惠民书展”“约惠青岛”等阅读推广活动；参与协办2022年全国群众登山健身大会青岛站暨青岛市全民健身登山节活动。

宁波新华举办名家阅读分享会、绘本故事会、小小图书管理员等公益活动；策划举办宁波读书月系列活动，在地铁站新增书循环公益流通箱；鼓励员工组建志愿服务小分队，开展各类志愿服务活动；组织员工参加浙江省文明城市知识竞答；安排志愿者协助交警维护早晚高峰交通秩序。

西安新华全年举办各类活动450余场，其中惠民促销类60场，文化沙龙类70场，签售分享类20场，文化展览10场，流动售书60余次。西安新华还联合“学习强国”西安学习平台和中共西安市委理论讲师团，打造西安市首家“学习强国”线下体验空间。

银川新华为社区困难群众、孤寡老人送去慰问品和慰问金共计1万元；组织关爱困难职工爱心捐款43800元；推出残疾人购书9折优惠活动；开展“情暖八一 爱国拥军”活动；开展义务植树活动1次、黄河流域生态保护实践活动2次、社区卫生治理活动5次。

（三）参与社会扶贫帮困，巩固脱贫成果

总店新华连续4年承担中国出版集团对口帮扶采购工作，与青海省黄南州泽库县对接，帮助帮扶企业优选当地特色农产品，上线新华书店网上商城及“学习强国”商城助农板块，2022年完成泽库县农副商品115万元的销售任务；向泽库县捐赠衣物200余件、图书近700册、文化用品近500件；为泽库县而尖村贫困学生多杰措、冷智多杰捐款2400余元；为内蒙古自治区鄂伦春自治旗乌鲁布铁镇等贫困地区捐赠图书889册、价值2.82万元。

山西新华选派优秀干部职工驻村帮扶，直接投入资金 47.88 万元，捐赠米、面、油等春节慰问物资 19.33 万元；通过爱心超市、图书阅览室，丰富帮扶村群众文化生活。

安徽新华投入资金，扶持阜阳市颍东区袁寨镇武郢村发展清洁能源产业项目；帮助武郢村小学加大爱心书屋的图书采购，把村小图书室改造升级为全镇村小图书馆标杆；统筹协调下属单位向定点帮扶村捐赠图书文具；帮助叶寨村建造路灯 356 盏，实现入村四条主干道路照明全覆盖。

江西新华组织员工深入大街小巷，清理居民楼垃圾，慰问社区老党员及困难户；常态化开展志愿服务活动，每季度至少组织一次；全系统先后开展社会便民、垃圾分类宣传、安全生产知识宣传、文明交通等活动；向结对帮建村捐赠图书及完善路灯设施资金逾 300 万元。

广西新华向帮扶村派驻第一书记 3 人、工作队员 1 人；向 10 家对口帮扶农家书屋捐赠图书 850 册，码洋 31220 元；到河池市罗城仫佬族自治县四把镇新安村、德能村、长春村开展“送温暖防返贫”走访慰问及民族团结宣传教育活动。

重庆新华向桥头农文旅融合发展示范建设项目捐赠资金 100 万元；向石柱县、彭水县的两所小学捐赠价值 4 万余元的图书；帮助桥头镇田畈村销售翠冠梨 1000 件，共计 6.8 万元；分别从大渡口、彭水、忠县、开州、巫溪、黔江、秀山等店抽调 7 名讲政治、守纪律的党员干部，派驻乡村配合开展精准帮扶。

四川新华开展“爱心妈妈”亲子结对、文轩姐姐讲故事关爱留守儿童等活动；向松潘县白羊乡政府及溜索头村捐赠办公电脑 20 台、打印复印扫描一体机 3 台，为乡图书室添置图书 1400 册；帮助溜索头村发展中蜂养殖，落实蜂蜜商标注册工作，支持村民发展茶叶产业，为当地茶叶种植户提供 300 元 / 亩的补助；打造溜索头村红色微景观，组织溜索头村党支部与四川新华集团开展支部共建。

甘肃新华投入扶贫资金 40 万元，为扶贫村、扶贫户建立图书室、提供养殖种苗、改善村条件、慰问困难户；在 30 多个帮扶村共派驻驻村帮扶干部 43 人。

武汉新华旗下新洲书店为汪集街孔埠社区捐赠图书 1200 余元、物品 400 余元；黄陂书店走访慰问 8 户困难党员家庭，向社区捐赠图书和物资 6800 元，配合学校乡村少年宫建设赠送图书 500 余册；东西湖新华书店向社区捐赠图书 190 册；蔡甸新华书店向留守儿童及特殊人群等捐赠图书 500 余册。

（四）政府表彰、媒体报道，广受大众聚焦

总店新华围绕中心、服务大局，积极承担“新时代 新经典”重点数字图书专栏上线工作，获得中宣部 70 万元专项资金支持。总店第一党支部被中央和国家机关工委评为“四强”党支部。新华书店文创精选为 OFA World Award 赛事专门推出“新华之星”艺术家全球招募计划，受到新华网、央视新闻联播等媒体报道。

天津新华外文书店荣获中国书刊发行业协会颁发的“首届全民阅读大会·年度最美书店”称号；24 小时智慧书店被市委宣传部、市全民阅读活动办公室授予 2022 年“天津市最美书店”称号；海光寺图书城获 2022 年“天津市特色书店”称号；西营门红色书屋、北方创客书吧、市公安局辅警图书吧、必胜客滨江餐厅阅读新空间等荣获 2022 年“天津市示范农家书屋城市书吧阅读新空间”称号。

河北新华获得省级以上党委、政府部门表彰 3 次，厅局级表彰 5 次；获河北省直“安康杯”竞赛优胜单位，受到中宣部新闻出版统计工作通报表扬；获评人教社“2022 年中小学教材发行先进单位”；保定市店、衡水市店入围河北省“知名文化企业 30 强”。

山西新华荣获中共中央党校出版社颁发的“2022 年度优秀发行单位”；山西图书大厦荣获中国书刊发行业协会颁发的“首届全民阅读大会·年度最美书店”荣誉。山西新华 44 家公司被全国青少年爱国主义读书教育活动组委会授予“发行先进单位”称号；山西新华《中国共产党宣传工作简史》发行工作作为优秀典型受到中宣部表扬；《百年大党面对面——理论热点面对面 2022》发行工作被央视新闻、山西卫视、山西日报等媒体报道；山西图书大厦《习近平谈治国理政》第四卷、《百年大党面对面》等重点政治类读物发行工作被中央电视台新闻联播等媒体报道；永济“4·23世界读书日”活动被央视频报道。

江西新华连续6年荣获“全国新华书店社会效益考核优秀单位”；先后荣获“中国企业信用500强”“全国培育诚信经营、守信践诺标杆企业”“全国优秀大中专教材经销商”等称号；被人教社评为“感动人教年度钻石合作伙伴”；被江西省文化强省建设工作领导小组评为“江西省文化企业二十强”。江西新华“送书到校、分书到班、服务到生”的做法，被人民日报、新华社等30多家主流媒体报道；抚州新华书店汤显祖书店受到中宣部旗下“中国全民阅读网”宣传介绍；南昌市分公司八一广场新华文化综合体受到江西电视台、江西日报等媒体报道。

湖北新华被湖北省政府部门、社会机构评为“2022年度湖北省放心消费创建示范单位”“全省‘扫黄打非’工作先进集体”“2022湖北服务业企业100强”；荆州市分公司被湖北省委省政府评为“全省宣传思想工作先进集体”；湖北新华全民阅读志愿服务队、荆州市分公司青少年宫悦读书吧被评为2022—2023年度“湖北省青年文明号创建集体”；湖北新华员工聂海龙、赵立被湖北省委省政府评为“全省宣传思想工作先进个人”；来碧海被湖北省委省政府授予“荆楚楷模”与“湖北好人”称号；李悦被评为“省直机关担当奉献好青年”；员工彭英子家庭被省直机关工委评为“最美家庭”。

海南新华入选“2022海南省企业100强”“2022海南省服务业企业50强”；被海南省委组织部评为“抗疫先进集体”；澄迈新华被评为2021—2022学年度“十佳尊师重教先进单位”；海南新华员工王华荣被海南省委评为支援市县抗击疫情志愿服务工作“突出个人”；钟佩汶等17名员工被海南省委授予“最美志愿者”称号。

重庆新华旗下重庆书城被评为“年度最美书店”“重庆市宣传思想文化工作先进集体”“重庆市年度十佳最美书店”；集团公司工会在重庆市第四届集体协商竞赛中荣获三等奖；传媒公司被评为“重庆市A级和谐劳动关系企业”；沙坪坝书城获评“重庆市全民阅读推广示范单位”；石柱新华书店初心书屋获评“重庆市年度十佳最美阅读空间”。重庆书城经理朱健安获评“重庆市全民阅读推广点灯人”；重庆书城值班经理陈熙获评重庆市第九届青年志愿者优秀个人；南岸新华书店店长游婉丽获评“重庆市宣传思想文化工作先进个人”；南岸新华书店“书香新华”志愿服务队获评重庆市第九届青年志愿者优秀集体。集团公司主办的“弘扬中国共产党人精神谱系主题活动”获评“重庆市优秀全民阅读推广活动”。重庆新华受到新华网、人民网、光明日报、中国青年网等媒体报道共计 180 篇，其中，精神谱系活动系列报道有 149 篇，世界读书日、传媒公司抗疫举措、全民阅读等主题相关报道有 31 篇。

四川新华被光明日报社和经济日报社评为“全国文化企业 30 强”；旗下新华文轩获得省级“企业社会责任特别贡献奖”“第四届中华经典诵写讲大赛优秀组织（团体）奖”和省级“守合同重信用”企业公示证明；旗下文轩在线入选 2021—2022 年度四川电子商务百强企业，入围“2022 成都电商企业 TOP 榜单”，获得“年度突出贡献奖”“2022 年四川省版权示范单位”；文轩 BOOKS 九方店荣获“首届全民阅读大会·年度最美书店”称号，并被评为“2021—2022 年度四川省青年文明号”；成都购书中心、双流万达店、KID WINSHARE 环球店、轩客会 SM 广场店被评为 2022 年成都“最美书店”；新华文轩所属天地出版社出版的《我用一生爱中国》荣获中宣部“五个一工程”奖。四川新华全年被新华社、人民日报、光明日报、环球网等宣传报道近 20 条，被省级媒体宣传报道 100 余篇。天府书展海报登上纽约纳斯达克大屏，被环球网、香港《文汇报》、美国《华兴报》等主流媒体报道 82 条。

贵州新华遵义市店 1935 分店荣获“首届全民阅读大会·年度最美书店”“2022 年贵州最美书店”；文渊超市紫林庵店、云岩广场店等门店被评为“2022 年贵州最美书店”；遵义、毕节两地的两名员工共被评为“省级最美劳动者”。

陕西新华宝鸡市店被陕西省政府评为“2022 年省级文明单位称号”；汉中书城被陕西省政府评为“三秦最美阅读空间”；富平县店被中央宣传部、文化和旅游部、国家广播电视总局评为“第九届全国服务农民、服务基层文化建设先进集体”；安塞区店、蒲城县店和光书城在第四届“全民阅读·书店之选”评选活动中荣获“百佳阅读推广单位”；咸阳市店被评为“第二十九届全国青少年爱国主义读书教育活动发行先进单位”；延安市店机关党支部被陕西省委评为“五星级党支部”；职工侯伟被陕西省政府评为“全省退役军人抗疫志愿服务先进个人”；榆林市店门市部被授予“五一巾帼标兵岗”。

甘肃新华麦积区店被中央宣传部、文化和旅游部、国家广播电视总局评为“第九届全国服务农民、服务基层文化建设先进集体”；西北书城党支部被甘肃省委评为“先进基层党组织”“省直机关文明单位”，获甘肃省委宣传部颁发的《以阅读的名义在这里相遇》短视频大赛最佳人气奖；甘肃新华连锁经营分公司党支部被评为省直机关“标准化建设示范党支部（第四批）”；“读者小站”金城公园站入选“2021 年度社区书店”；甘肃新华员工宋艳丽被甘肃省委评为“优秀党务工作者”，当选甘肃省第十四次党代会党代表，被省总工会评为“巾帼标兵”。

青海新华被人力资源社会保障部、全国总工会、全国工商联、中国企联评为“全国百家金牌劳动人事争议调解组织”，被青海省委宣传部评为“优秀单位”；香格里拉新华书店被中国书刊发行业协会评为“首届全民阅读大会·年度最美书店”；大什字新华书店在第三届“全民阅读·书店之选”评选活动中荣获“百佳阅读推广单位”。

新疆新华旗下新华国际图书城荣获“首届全民阅读大会·年度最美书店”称号，受到新疆广播电视台、乌鲁木齐市广播电视台重点报道；新疆新华加班加点发运教材，确保课前到书的工作受到新疆电视台新闻联播、“学习强国”新疆学习平台等媒体报道；巴州店开展“学习书屋营造书香生活”，被“学习强国”新疆学习平台报道；昌吉州店开展“强国有约·新青颂典，感悟经典·凝聚前行力量”活动，被“学习强国”新疆学习平台报道；伊犁州店教材教辅配送工作被新疆日报报道。

广州新华各级书店获得社会荣誉及奖项共 22 项，其中，国家级 6 项，省级 8 项，市级 8 项；个人获得社会荣誉及奖项共 15 项。广州新华举办的北京路书店复业、羊城书展地标阅读嘉年华、羊城书展启动仪式等活动受到《人民日报》、《南方日报》、《广州日报》、央视总台等60家媒体报道。

四、落实常态化疫情防控措施，扎实做好疫情防控工作

全国各地新华积极与省、市疫情防控部门对接，应对疫情带来的各种负面影响；严格执行进店读者测温、验码制度，进店读者全程佩戴口罩，控制高峰时期客流量，推荐读者采用无接触服务，保护读者生命健康；履行国有企业的社会职责，向社会各界捐赠图书、防疫物资和现金；组织员工下沉社区，支援基层疫情防控工作；落实中央地方要求，为经营受到疫情影响的困难小微企业租户减免租金。

内蒙古新华向呼和浩特市红十字会、自治区红十字会先后捐赠共150万元，并向包联社区及各地疫情防控一线捐赠30余万元物资。内蒙古新华457名干部员工主动参与到志愿者服务工作中，累计参与志愿服务达1.2万人次。

吉林新华在微信公众号、媒体平台等发布抗疫事迹报道近30篇。吉林新华在全省疫情集中暴发期，每天有200余人下沉到抗疫一线，承担高速卡点、交通指挥、社区服务、医疗救助、运输保障等多项任务，全年累计达上万人次。

湖北新华组建“党员突击队”“青年突击队”，下沉村（社区）一线协助开展疫情防控，全体党员下沉次数人均达6次，平均时长超过20小时；各门店全年营业时间平均不少于4000小时，开展读书活动平均不少于12次；对319家租户依规依程序减免租金，合计980.16万元。

广东新华组织直属党支部党员参与21场次核酸检测志愿服务工作；发动在职党员向所在社区下沉报到，就地就便转为志愿者，配合社区做好信息登记、核酸检测等工作；作为街道的核酸检测点，共承担50余次核酸检测任务，员工参与志愿服务达150人次；派出60人支援辖区派出所的疫情防控溯源流调工作达10余场次；向广州宝树堂血液透析中心有限公司捐赠防疫物资合计金额约8000元；为困难租户减免房租金额共计1335.7万元，受惠企业286家。

河南新华组织3300余名党员干部投入社区参与核酸检测、蔬菜配送等工作，志愿服务群众生活；向社区、医院、村镇等地捐赠防疫物资19.45万元；减免545家商户房租达2471.94万元。

宁夏新华组织员工下沉社区参与核酸检测、维护秩序、讲解流程等志愿服务300余次；向宁夏教育厅直属学校捐赠一次性医用外科口罩，金额约19500元；向宁夏大学国家大学科技园捐赠一批防疫物资，金额约15000元；为银川市的4家租户分别减免2022年9个月房屋租金，共计146.5万元。

深圳新华成立900多人的志愿团队，全年开展志愿行动共计800多人次；为520家商户减免租金近5000万元。后续又主动减免租金880万元；组织策划"爱阅之城，从未停步""深读有我 圳能抗疫"等线上文化活动。

沈阳新华组织4支志愿者队伍支援抗疫，共出动91人，参加了84个社区的抗疫支援工作；5月之后，又抽调10名骨干参加"三长五员"小区包保工作；8—12月全时值守和平区、大东区的10个小区；12月后再次派出8名同志编入铁西区应急防控体系；向国资委报送市店先锋队在疫情防控工作中涌现出的先进典型16个；在企业公众号上推送抗疫纪实报道18篇，并拍摄制作了《抗疫先锋在行动》纪录片。

乌鲁木齐新华向永和巷辖区各社区派送"党的二十大精神宣讲图书包""学生需求图书包""文化用品补充包"等总计100余件；对3家租户给予减免4个月租费，减轻了租户的负担。

据不完全统计，全国各地新华书店在疫情期间，为受到疫情影响的租户减免租金约3.7亿元。

五、促进全民阅读工作发展

全国新华书店始终以服务读者为初心，坚持把社会效益放在首位，认真贯彻落实关于全民阅读的各项工作要求，自觉突出文化企业属性，积极提升服务举措，加强公共文化服务能力，参与文化惠民活动，创新全民阅读活动方式，始终将推动全民阅读作为履行社会责任的重要抓手。

（一）服务读者新举措

各地新华书店积极应对传播环境变化，不断创新优化服务形式，努力满足读者需求。

北京新华推出北京图书大厦全国新书首发平台，打造新书首发第一站；推出全息 3D 绘本、裸眼 3D 电影等，打造沉浸式儿童阅读空间；创建自有品牌文化市集活动“我的文具节”，举办首届“BOOK 艺市”隆福寺图书市集，打造消费新热点。

广州新华强化会员体系建设，“幸会”会员体系深化跨界品牌联动，全年与广州长隆、如祺出行合作开展 71 场幸会品牌活动。同时，整合不同文化资源，打造“文化 + 商业 + 旅游”会员综合生态圈，扩大“幸会”品牌的文化服务覆盖范围，“幸会”存量会员超过 27 万人。

乌鲁木齐新华积极探索文化润疆工程在新华书店的实施路径，紧盯目标不动摇，逐步加大投入，对图书卖场软硬件设施设备进行更新改造，开展规范化标准化服务培训，提升整体服务水平。

总店新华书店网上商城尝试小程序运营方式，访问人数 58 万余人；借助新媒体、直播等进行品宣推广，全年新媒体粉丝数达 87.2 万人，新华直播累计直播场次 78 场，抖音账号累计完成直播 141 场。

山西新华积极开拓新媒体营销，下属各级公司共开设新媒体账号 140 余个，进行信息发布、图书推荐和直播销售。

福建新华建设悦读驿站线上 APP 与线下体验空间，全年有 79 家店铺入驻在线电商平台，销售实洋 535 万元；持续孵化阅读品牌“我们正在读”，视频号平台总播放量超 30 万人次；在首届福建新华阅读大会上，首次采用大会全程直播、达人视频推广、超级话题开设等新媒体端的整合传播方式，达成百万级的直播观看量、3000 万以上的总曝光量，抖音话题“‘4·23’今天你读书了吗”达成千万级别总播放量。

山东新华在齐鲁书香节期间创新融合办展模式，各会场在抖音、视频号、快手等主流平台及自主研发平台上开启直播活动，进行图书和多元文创产品销售的直播展销，观看人次近万。2022 年，山东新华启动了社群运营工作，全省建立企微社群9165个，发展企微群成员98.4万人，企微好友数61.6万人。

河南新华不断强化与主流社交平台的合作，策划制作原创短视频256条，累计播放392万次，粉丝65万人；搭建“总部+区域”的抖音直播带货体系，全年开展直播活动1.12万场；百姓文化云平台推出“食豫”“游豫”等河南特色文化品牌栏目，推出播放量破百万的短视频13个，开展精品活动直播1606场，用户浏览4510.2万次。

沈阳新华旗下沈阳新华购书中心全面整合线上资源，紧密围绕电商平台、社群微商城和新媒体直播拓展线上营销渠道，全年线上流量突破259万，营业收入合计865.38万元。

（二）政府民生项目完成情况

新华书店始终高度重视重点民生项目的推进落实，力求让每一个读者都触摸到实实在在的民生温度。

新华书店克服疫情影响，按时、按质、按量完成2022年春、秋两季中小学教材教辅发行工作，圆满完成“课前到书，人手一册”的政治任务。

西藏新华组建2022年秋季教材发行青年应急志愿突击队，全体成员24小时坚守岗位、不分昼夜、吃住在仓库，有条不紊开展卸车、搬运、分拣、制票、入库、出库、发行等各环节工作，做到了“不漏一车、不落一本、随到随收、能发必发”。

新华书店出色完成2022年农家书屋出版物的补充更新工作。

黑龙江新华加强文化服务内涵和外延，精耕细作，多举措提升农家书屋服务效能，2022年农家书屋发行码洋330万元。

上海新华全力推动农村文化基础设施的建设与发展，青浦区店全年为近180家农家书屋配送图书4.2万余册；金山区店全年为近30家农家书屋配送近5000册；奉贤、嘉定、松江区店为乡镇、街道、社区、学校图书馆提供图书配送、分类上架、数据信息导入等服务。

江西新华2022年参加39次农家书屋项目招投标工作并成功中标，总计中标金额2285万元，补充更新农家书屋出版物配送网点总计15594个、配送图书100余万册。

广西新华更新农家书屋总数量15278个，总采购品种306个，共105.91万册、4182.07万元。

海南新华完成了2691个农家书屋的图书配送、上架、制作分类牌、整理图书等服务工作，共计采购配送图书16.53万册。

贵州新华完成85个县（区）的农家书屋发行工作，合计服务12393个农家书屋网点，采购配送图书2650.6万元。

陕西新华完成“干部教材专项配送”“‘双碳’读本”7个品种、7万余册、码洋318.78万元图书的发行工作；完成西安国家版本馆2741万元图书采购的配送工作，各项验收均符合招标方要求。

青海新华圆满完成2022年“农（牧）家书屋”“寺庙书屋”图书补充更新配送工作，为全省4169家行政村和745家“寺庙书屋”送去了一批又一批优秀、健康、丰富的文化食粮。

大连新华完成1553家农家书屋、社区书屋的分发及配送工作；完成市政协、普兰店区农家书屋等多家图书馆图书加工服务，共2万余册；完成大连市少年儿童图书馆少儿图书全域资源共享服务项目的图书清点及配送工作，共清点71家图书馆、36万余册图书。

武汉新华全年完成1927个农家书屋出版物补充更新工作，补充更新图书14.9万余册、码洋544.9万元；配合完成5家农家书屋的数字化提升建设。旗下黄陂、江夏新华书店自觉承担“国企联村”工作任务，与2个行政村组结对共建，以实际行动助力乡村振兴。

（三）文化惠民活动参与情况

全国新华书店积极响应党委、政府号召，开展文化惠民活动，通过文化进校园、进社区、进乡镇等多种形式的活动，丰富基层群众文化生活。

河北新华通过线上线下联动开展“新华书香节”、“三下乡”、图书“七进”等文化活动1500余场，通过“新华优选”商城组织开展开学季、读书月、金秋购书节等12场线上文化惠民活动，通过发放优惠券等方式实现让利652万元。

内蒙古新华“书香伴你过大年”“阅旧知新 图书共享”等品牌活动规模不断扩大、方式不断创新，开展活动1.76万场；持续推动“鸿雁图书悦读”与“内蒙古数字草原书屋”一体化建设，草原书屋平台注册总人数达29.5万人，阅读时长7.4万小时，其中家庭定制阅读服务范围覆盖全区12盟市及下辖旗县、乡镇、嘎查（村）。

宁夏新华组织开展“4·23世界读书日”“五四青年说”等阅读推广、读书分享、主题诵读活动百余场；实施“我们的中国梦——文化进万家”活动、“三下乡”、乡镇流动售书160余次。

新疆新华充分利用门店各种资源举办阅读会、读书会、亲子活动等，全区合计开展活动1950场次、流动售书1915次，把知识送到农牧区田间地头，为群众提供文化阅读服务。

深圳新华积极承办深圳读书月、深圳书展、创意十二月、文博会、文惠券、数字人民币等大型文化惠民活动，年均举办文化惠民活动1000余场。

青岛新华8家县店子公司坚持开展图书下乡流动服务，通过赶大集、上田头、进农户等形式，及时把优质图书送到农村广大群众手中，2022年先后开展下乡流动服务、到乡镇流动售书500余次，实现乡镇流动售书全覆盖。

银川新华通过积极争取市场优惠政策，发放线上电子优惠券、推出银行满减活动、教辅季图书打折让利等活动，实现图书让利于民1021.97万元。

（四）开展全民阅读活动

江苏新华圆满举办第十二届江苏书展，苏州主展场和全省152个实体书店分展场，江苏书展APP、凤凰新华官网两个线上分展场同步开展，实现总销售1.55亿元，同比增幅67.7%。2022春季馆藏会升级为线上“云馆配”，实现销售7683万元；秋季馆藏会形成“云馆配+线下现货采选”运作模式，实现报订总码洋9102万元。

浙江新华举办“之江好书节”“春风悦读盛典”等重点文化品牌活动，参与举办衢州书展、温州书展等特色地方书展，策划开展“精神富有 读领风尚”等主题营销活动，累计举办近5000场活动。

安徽新华在第三届皖新传媒读者节期间开展为民、乐民、惠民文化活动

200多场，参与读者超40万人次；围绕“4·23世界读书日”开展活动1100多场，参与读者73万人次；举办庆祝安徽新华成立70周年系列活动近300场，服务读者超过50万人次；第十八届中国黄山书会期间开展阅读活动500多场，共有206万人次参与。

湖北新华开展的“阅读的种子”经典领读人 & 经典推广人招募计划，在全省召集经典领读人1000余位、经典推广人80余位，累计服务阅读爱好者50余万人次；策划组织的“全民悦读会”“假期读一本好书”话题参与人数达30万人，共拍摄短视频40余万条。其中，“全民悦读会”系列话题播放量1亿余次，“假期读一本好书”话题播放量1.5亿余次。

湖南新华2022年各门店开展营销活动2076场，首届“湘书书香——过新年读好书”全民阅读活动实现销售4600多万元，同比增长106.11%，“湘书书香”全民阅读活动相关热词或话题的综合阅读量超过19.2亿；“千灯共阅 宵遥书会”元宵灯会登上央视“晚间新闻”；“名家方言荐书”系列短视频，各大平台阅读量突破5500万人次。

广东新华成功举办2022南国书香节，在全省设立373个分会场，展销优秀出版物30万余种，邀请950多名嘉宾举办文化活动1263场（线上活动267场，线下活动996场），惠民折扣超1400万元，覆盖人群超5000万人，阅读总量超2.6亿次。

重庆新华全年各店累计举办全民阅读活动5646场次，重庆书城“缱绻与书”系列活动、新华阅淘网“阅淘读书联盟”、沙坪坝书城“绘本时光”等阅读体验活动持续深入开展，增强了读者对书店的认同感。

四川新华在全省共组织活动3693场，触达读者百万余人。成功承办2022天府书展，共组织200余家出版发行单位、80余万种图书参展，举办540余场文化活动，总计5000多万人次参与，实现总销售码洋1.37亿元；发放惠民券20余万张，累计金额641万元。

宁波新华举办各类公益阅读活动超700场。其中，宁波书城店2022年全年营业时间4300小时，全年开展读书活动300余场；鄞州书城全年开展周六悦读沙龙、悦读起跑线、悦读手作坊、红色品牌课程“红新课堂”等活动超 115 场。

西安新华以各类大型主题文化活动为支点，积极举办文化沙龙、签售分享、文化展览等文化活动 450 余场，开展“七进”售书 100 余次，持续提升新华书店品牌影响力。

2022 年，全国新华书店以高度的社会责任感，扎实稳健、担当务实，服务国家大局，服务社会大众，在全面融合发展、社会公益实践、全民阅读推进和全面履行国企社会责任等方面取得了显著的成绩，收获了喜人的成果，践行了新华书店作为国有文化企业的担当和追求，赢得全社会的高度肯定。

附录 3

庆祝中国共产党建党 100 周年全国新华书店主题出版物造型设计大赛获奖名单

一等奖

新疆新华书店发行有限责任公司《有你，山河无恙》

甘肃省新华书店《百年跨越》

山东新华书店集团有限公司济南分公司《科技托起强国梦》

二等奖

湖南省新华书店集团《半条被子的温暖》

浙江省新华书店集团有限公司《中国有了一条船》

云南新华书店集团有限公司《一心向党》

西安市新华书店有限公司《光耀百年 盛世全运》

海南凤凰新华出版发行有限责任公司《不忘初心，永跟党走》

山东新华书店集团有限公司泰安分公司《百年追梦》

三等奖

青岛新华书店有限责任公司《红色基因，薪火相传》

陕西新华出版传媒集团新华书店分公司《百年交汇》
湖北省新华书店（集团）有限公司《一桥飞驾南北 通途复兴大业》
广西新华书店集团股份有限公司《奋斗百年路，永远跟党走》
新华文轩出版传媒股份有限公司《信仰》
山西新华书店集团有限公司《奋斗百年路 启航新征程》
江苏凤凰新华书店集团有限公司《百年红船新征程 英风浩气永传承》
银川市新华书店有限公司《红船再出发》
上海新华传媒股份有限公司《党在这里诞生》
江西新华发行集团有限公司九江市分公司《星星之火，可以燎原》
广州新华书店集团传媒连锁有限公司《百年奋进 同心向党》
宁波新华书店集团有限公司《百年初心 伟大征程》
河北省新华书店有限责任公司《百年奋斗来时路 初心不改新航程》

优秀奖

吉林省新华书店集团有限责任公司《中国最美乡村——梁家河》
河南省新华书店发行集团有限公司《传奇中原 风采河南》
内蒙古新华发行集团《奋斗百年路 启航新征程》
贵州省新华书店有限公司《传承·展望》
安徽新华传媒股份有限公司《奋进百年 美好安徽》
福建新华发行（集团）有限责任公司宁德分公司《走向新征程》
深圳出版集团有限公司《百年风华茂，奋进新征程》
广东新华发行集团股份有限公司《活力大湾区 奋进新征程》
武汉新华书店股份有限公司《奋斗百年路 书写英雄城》
黑龙江省哈尔滨市新华书店有限公司《龙腾百年 乘风追梦》
天津市北辰区新华书店有限公司《红心向党 共铸辉煌》
宁夏中卫新华书店有限公司《乘风破浪 砥砺前行》

组织奖

内蒙古新华发行集团

吉林省新华书店集团有限责任公司

山东新华书店集团有限公司

上海新华传媒股份有限公司

广州新华书店集团传媒连锁有限公司

深圳出版集团有限公司

云南新华书店集团有限公司

新华文轩出版传媒股份有限公司

新疆新华书店发行有限责任公司

银川市新华书店有限公司

附录 4

全国新华书店庆祝建党百年
“我和新华书店”演讲大赛获奖名单

一等奖

《我的新华情》　陕西新华出版传媒集团有限责任公司 袁莉雯

《一路传承》　湖南新华书店集团 刘霞

《传承新华精神 尽显时代担当》　湖北新华书店集团 陈晓萱

二等奖

《梦想在新华起航》　江苏凤凰新华书店集团有限公司 袁莉婕

《荷梦而行 感恩新华》　山东新华书店集团有限公司 王涛

《以热爱致敬梦想》　内蒙古新华发行集团股份有限公司 吴建楠

《历久弥香 做新时期的“书店人”》　浙江省新华书店集团有限公司 王琤

《我乘新华船 坚定跟党走》　甘肃新华书店飞天传媒股份有限公司 曹燕侠

三等奖

《诗在远方 诗在当下》 宁夏新华书店有限公司 梁文渊

《书香追梦 润疆无声》 新疆新华书店发行有限责任公司 田晓薇 白洁

《青春向党 追梦前行》 湖南新华书店集团 许鹏飞

《以青春之我 助力新时代新华书店之发展》 新华书店总店 刘小雪

《坚守初心 筑梦新华》 山西新华书店集团 田甜

《党旗辉映新华红》 河南省新华书店发行集团有限公司 康建红

《越简单越幸福，越纯粹越坚定》 江西新华发行集团有限公司 孙倩

《永远心向党 书香绽芳华》 乌鲁木齐市新华书店发行有限责任公司 杨阳

《新华人的温度》 海南凤凰新华出版发行有限责任公司 吴花叶

优秀奖

《新华书店，一座璀璨的灯塔》 河北省新华书店有限责任公司 巨晶晶

《做脚踏实地的理想家》 广东新华发行集团股份有限公司 肖雅文

《一只蚂蚁的担当》 宁波新华书店集团有限公司 方挺

《砥砺奋进追梦路 青春无悔新华人》 黑龙江新华书店集团 牟家莹

《传承红色信仰 树立时代灯塔》 西安市新华书店有限公司 刘雨欣

《温暖的种子：让爱看得见》 福建新华发行集团 丁靖绵

《成为红色传奇的标点》 安徽新华发行集团 庞倩

《新华烙印》 武汉新华书店股份有限公司 王静

《当梦想照进现实》 广西新华书店集团股份有限公司 林鑫

《薪火相传 书有余香》 吉林省新华书店集团有限责任公司 唐子涵

《云上乡愁书院》 云南新华书店集团 周渝迪

《我与新华书店》 大连市新华书店有限公司 徐晓艺

《与新华同行 将使命传承》 上海新华传媒连锁有限公司 郑超

《三代新华人在坚守中传承》 青海省新华发行集团有限公司 李精伦

组织奖

湖南新华书店集团

山东新华书店集团有限公司

陕西新华出版传媒集团有限责任公司

新疆新华书店发行有限责任公司

河北省新华书店有限责任公司

青海省新华发行集团有限公司

浙江省新华书店集团有限公司

广东新华发行集团股份有限公司

广西新华书店集团股份有限公司

黑龙江新华书店集团

福建新华发行集团

武汉新华书店股份有限公司

吉林省新华书店集团有限责任公司

山西新华书店集团

乌鲁木齐市新华书店发行有限责任公司

最佳人气奖

《坚守初心 筑梦新华》 山西新华书店集团 田甜

《砥砺奋进追梦路 青春无悔新华人》 黑龙江新华书店集团 牟家莹

《新华书店，一座璀璨的灯塔》 河北省新华书店有限责任公司 巨晶晶

优秀视频制作奖

《成为红色传奇的标点》 安徽新华发行集团 庞倩

《新华书店，一座璀璨的灯塔》 河北省新华书店有限责任公司 巨晶晶

《传承红色信仰 树立时代灯塔》 西安市新华书店有限公司 刘雨欣

优秀文稿奖

《一只蚂蚁的担当》 宁波新华书店集团有限公司 方挺

《云上乡愁书院》 云南新华书店集团 周渝迪

《与新华同行 将使命传承》 上海新华传媒连锁有限公司 郑超

优秀气质奖

《越简单越幸福，越纯粹越坚定》 江西新华发行集团有限公司 孙倩

《我的新华情》 陕西新华出版传媒集团有限责任公司 袁莉雯

《我与新华书店》 大连市新华书店有限公司 徐晓艺

附录 5

庆祝中国共产党建党 100 周年全国新华书店“我与新华书店”摄影大赛获奖名单

特等奖

《建党百年庆 新华百岁人》 梁钢 新华书店总店

一等奖

《三代同乐》 李小榕 福建新华发行集团总部

《留学生参与新华书店“英语角”品牌活动》 梁京 湖北省外文书店有限公司

《防疫出行》 邹向荣 江西新华发行集团有限公司上高县分公司

二等奖

《常客》 易江石 湖南新华书店集团

《纯真》 符瑶 江苏凤凰新华书店集团有限公司南通分公司

《奔向未来》 邹向荣 江西新华发行集团有限公司上高县分公司

《组图：“送春联”》 胡志勇 山西新华书店集团工会

《震后送书》 新华文轩出版传媒股份有限公司

《书海深处》 田敏强 福建新华发行集团三明分公司

三等奖

《精心绘制》 田敏强 福建新华发行集团三明分公司

《小读者》 田敏强 福建新华发行集团三明分公司

《入心》 刘建平 湖北省新华书店（集团）有限公司咸宁通城店

《午后时光》 陈卫华 湖北省新华书店（集团）有限公司荆门书城

《不忘初心》 邹向荣 江西新华发行集团有限公司上高县分公司

《党史学习教育流动书车进校园》 广东新华发行集团

《我心向党》 惠一飞 江苏凤凰新华书店集团有限公司常州分公司

《无题》 王苗苗 山西新华书店集团河津公司

《红色图书进军营》 李佳 江苏凤凰新华书店集团有限公司宿迁分公司

《小读者》 邓强 福建新华发行集团建瓯分公司

优秀组织奖获奖单位

山西新华书店集团有限公司

新华文轩出版传媒股份有限公司

新华书店总店